AF832312

Das Recht

des

Bürgerlichen Gesetzbuchs

in

Einzeldarstellungen.

X.

Leonhard,
Der Allgemeine Theil des Bürgerlichen Gesetzbuchs.

Berlin 1900.
J. Guttentag, Verlagsbuchhandlung,
G. m. b. H.

Der Allgemeine Theil

des

Bürgerlichen Gesetzbuchs

in seinem Einflusse

auf die Fortentwickelung der Rechtswissenschaft

dargestellt von

Dr. R. Leonhard,

Professor an der Universität Breslau, Geh. Justizrath.

Berlin 1900.

J. Guttentag, Verlagsbuchhandlung,

G. m. b. H.

Herrn Dr. Heinrich Dernburg,

Geheimem Justizrath, ordentlichem Professor an der Universität Berlin, Mitgliede des Herrenhauses

zur

Feier des fünfzigjährigen Besitzes der Doktorwürde

am 4. April 1900

in dankbarer Verehrung

der Verfasser.

Vorwort.

Schon naht die Zeit ihrem Ende, in der man das neue Gesetzbuch lediglich aus seinen Materialien erläutern durfte.

Nunmehr gilt es allgemein tiefer zu greifen bis auf die Materialien der Materialien, die Quellen ihres Inhaltes.

Unser Gesetzbuch, das mehr dazu dienen sollte, das Recht zu festigen als es umzugestalten, ist vornehmlich von Rechtspflegern geschaffen, deren Berufsaufgabe es nicht war, an den Grundlagen der herrschenden Lehren zu rütteln. So hat es die Fühlung mit der Wissenschaft seiner Entstehungszeit im höheren Maße gesucht, als irgend ein anderes Werk seiner Art.

Dennoch darf man es nicht auf die bisherige Lehre, gewissermaßen als ihre Fortbildung, einfach aufpropfen.

Die Grundlage, auf der der Neubau errichtet wurde, mußte an vielen Stellen umgestaltet werden, um ihn stützen zu können.

Dies geschah namentlich im allgemeinen Theile, der von durchgreifenden Zweifeln zerwühlt war.

Hier war die streng rechtsgeschichtliche Färbung am Schwächsten aufgetragen. Hier tummelten sich freie Gedankenschöpfungen, denen die quellenmäßige Begründung oftmals fehlte, im Uebermaße.

Mag man nun solche Erzeugnisse billigen oder verwerfen, sie sind jedenfalls zu vollwerthigen Rechtsquellen geworden, insoweit der Gesetzgeber den Stempel seiner Genehmigung darauf gedrückt hat. Was noch vor Kurzem als unbegründet bekämpft werden durfte, muß jetzt als Gesetzeswort heilig gehalten werden, und manches, was gut und richtig schien, ist der Vergessenheit anheimgefallen. So bewirkt das Bürgerliche Gesetzbuch in vielen Dingen einen starken Rückschlag auf die Wissenschaft, der es entsprungen ist.

Dem sucht die nachfolgende Darstellung so viel wie möglich gerecht zu werden.

Breslau, im März 1900.

Der Verfasser.

Abkürzungen,

die neben den allgemein üblichen vorkommen.

Einfache Zahlen bedeuten Paragraphenzahlen des B.G.B., neben Buchtiteln sind es Seitenzahlen.

Achilles = Bürgerliches Gesetzbuch nebst Einführungsgesetz in Verbindung mi. André, Greiff, Ritgen und Unzner, herausgegeben von Achilles. 2. Auflage Berlin. Guttentag 1899.

Bekker und Fischer, Beiträge = Beiträge zur Erläuterung und Beurtheilung des Entwurfes eines Bürgerlichen Gesetzbuches f. d. D. R. Berlin und Leipzig. Guttentag 1888ff.

Bendix = Das Deutsche Privatrecht auf Grund des Deutschen Bürgerlichen Gesetzbuches systematisch dargestellt. Breslau. Kerns Verlag 1899.

v. Buchka = Vergleichende Darstellung des Bürgerlichen Gesetzbuches für das Deutsche Reich und des gemeinen Rechts. 2. Auflage. Berlin. Liebmann 1898.

Bunsen = Einführung in das Bürgerliche Gesetzbuch. Rostock. Werther 1897.

Cohn = Das neue Deutsche Bürgerliche Recht in Sprüchen I. Allgemeiner Theil. Berlin. Liebmann 1896, von S. 81 ab in zweiter Auflage (Berlin 1899) angeführt.

Cosack = Lehrbuch des Deutschen Bürgerlichen Rechts I. 2. Auflage. Jena. Fischer 1899.

Denkschrift = Denkschrift zum Entwurf eines B.G.B. nebst drei Anlagen. Dem Reichstage vorgelegt. Berlin. Vahlen 1896.

Dernburg = Pandekten. Erster Band. Sechste Auflage unter Mitwirkung von Johannes Biermann. Berlin. H. W. Müller 1900.

Dickel = Zusammenstellungen aus dem Deutschen Bürgerlichen Rechte, insbesondere aus dem B.G.B. und Handelsgesetzbuche. Berlin 1890. Vahlen (während des Druckes erschienen).

E. = Entwurf.

Eck, Sammlung H. I = Sammlung von Vorträgen über den Entwurf eines Bürgerlichen Gesetzbuchs. Berlin. Guttentags Verlag 1896. Heft I.

Eck, Vorträge = Vorträge über das Recht des Bürgerlichen Gesetzbuchs. 2. Ausg. Berlin. Guttentags Verlag 1898.

Endemann = Einführung in das Studium des Bürgerlichen Gesetzbuchs. Lehrbuch des Bürgerlichen Rechts. 8. und 4. Auflage. Erster Band. Berlin. Heymanns Verlag 1898.

Engelmann = Das alte und das neue bürgerliche Recht Deutschlands mit Einschluß des Handelsrechts historisch und dogmatisch dargestellt. Berlin. Heines Verlag 1897ff.

Enneccerus = Das Bürgerliche Recht. Eine Einführung in das Recht des Bürgerlichen Gesetzbuchs von L. Enneccerus und H. O. Lehmann. Bd. I von Enneccerus. Marburg. Elwert. 1898.

Fischer, Handausgabe = Bürgerliches Gesetzbuch. Handausgabe mit Anmerkungen in Verbindung mit Eugen Ebert und Heinrich Schneider, herausgegeben von Otto Fischer und Wilhelm Henle. 3. Auflage. München. Beck. 1899.
Fischer-Henle = Dasselbe Werk.
Gareis = Bürgerliches Gesetzbuch nebst Einführungsgesetz. Mit einführender Einleitung, kurzen erläuternden Anmerkungen und ausführlichem Sachregister. 2. Auflage. 1897.
Goldmann und Lilienthal = Das Bürgerliche Gesetzbuch. Systematisch dargestellt nach der Legalordnung des Allgemeinen Landrechts. Berlin. 1897 ff.
Hachenburg = Das Bürgerliche Gesetzbuch f. d. Deutsche Reich. Vorträge. Mannheim, Bensheimer 1898.
Heilfron = Lehrbuch des Bürgerlichen Rechts. I. Abtheilung. Allg. Theil. Berlin.
Hellmann = Vorträge über das Bürgerliche Gesetzbuch für das Deutsche Reich. Allgemeiner Theil. Freiburg i. B. Mohr 1897.
Kaufmann = Kommentar und Institutionen des Bürgerlichen Gesetzbuchs für Studium und Praxis. Band I. Allgemeiner Theil. Bonn. Röhrscheid und Ebbecke 1900 (nur in den letzten Theilen der vorliegenden Schrift berücksichtigt).
K.Pr. = Protokolle der Kommission für die zweite Lesung des Entwurfs des Bürgerlichen Gesetzbuchs. Im Auftrage des Reichsjustizamts bearbeitet von Achilles, Gebhard, Spahn. Berlin. Guttentag 1897 ff.
Krückmann = Institutionen des Bürgerlichen Gesetzbuchs. Ein Lehrbuch für Anfänger. 2. Auflage. Göttingen 1899.
Kuhlenbeck = Von den Pandekten zum Bürgerlichen Gesetzbuch. Berlin. Heymanns Verlag 1897 ff.
R. Leonhard, Entwurf = Der Entwurf eines Bürgerlichen Gesetzbuchs für das Deutsche Reich und seine Beurtheilung in einer kurzgefaßten Ueberschrift dargestellt. Marburg. Elwerts Verlag 1891.
Loewenfeld = Kommentar zum Bürgerlichen Gesetzbuch für das Deutsche Reich nebst Einführungsgesetz in Gemeinschaft mit Loewenfeld, Mayring, Kober, Engelmann, Herzfelder und Wagner, herausgegeben von J. v. Staudinger. München. Schweitzers Verlag 1899. Lieferung 8.
Hölder = Kommentar zum Bürgerlichen Gesetzbuch vom 18. August 1896 nebst dem Einführungsgesetz. Erster Band. Allgemeiner Theil und Einleitung. München. Beck 1900 (während des Druckes erschienen).
Matthiaß = Lehrbuch des Bürgerlichen Rechtes. Berlin. Häring 1899. 2 Bände.
Monich = Willenserklärung und Rechtsgeschäft. Berlin 1900 (erst von § 98 ab berücksichtigt).
Mot. = Motive Bd. I.
Müller-Meikel = Das Bürgerliche Recht in seiner neuen Gestaltung. Verständlich für Jedermann dargestellt von Müller und Meikel. München. Schweitzers Verlag. München 1898 ff.
Neumann = Dr. Hugo Neumann, Handausgabe des Bürgerlichen Gesetzbuchs u. s. w. Berlin. Vahlen 1898 ff.
Niedner = Das Einführungsgesetz, Kommentar zum Bürgerlichen Gesetzbuch, herausgegeben von Biermann, Frommhold, Gareis, Hubrich, Niedner, Oertmann. Berlin. Heymann 1899.
von der Pfordten = Das neue Deutsche Civilrecht in Einzeldarstellungen systematisch bearbeitet. Allgemeiner Theil. Fürth i. B. Rosenberg 1898.
Planck = Bürgerliches Gesetzbuch nebst Einführungsgesetz, erläutert von Dr. G. Planck in Verbindung mit Achilles, André, Greiff, Ritgen und Unzner. Berlin. Guttentag 1897 ff.
Philler = Vorlesungen über das Bürgerliche Gesetzbuch. Leipzig 1899.
Reatz = Die zweite Lesung des Entwurfs eines Bürgerlichen Gesetzbuchs für das Deutsche Reich unter Gegenüberstellung der ersten Lesung. Berlin. Heymanns Verlag 1892 ff.

Regelsberger = Pandekten Bd. 1. Leipzig. Duncker & Humblot 1893.
Rehbein = Das Bürgerliche Gesetzbuch mit Erläuterungen für das Studium und die Praxis. Berlin. H. W. Müller. 1900.
Rudorff und Schaefer = Das Reichs-Civilrecht mit Anmerkungen und Sachregister. Berlin. Müller 1900, während des Druckes erschienen.
Riedel = Das Bürgerliche Gesetzbuch in Vergleichung mit dem preußischen Rechte. Berlin, seit 1896. Siemenroth & Troschel, in Lieferungen (zum Theil während des Druckes erschienen, noch unvollendet).
Wanjeck = Preußisches und Deutsches Civilrecht. Berlin 1897.
Weyl = Vorträge über das Bürgerliche Gesetzbuch für Praktiker. Erster Band. München. Becksche Verlagsbuchhandlung 1898.
Zitelmann = Das Recht des Bürgerlichen Gesetzbuchs. Allgemeiner Theil. Leipzig. Duncker & Humblot 1900, erst während des Druckes erschienen und nur bei einem Theile des Buches benutzt.

Erst nach der Vollendung des Druckes erschien: Sigmund Schloßmann, Die Lehre von der Stellvertretung insbesondere bei obligatorischen Verträgen. Erster Theil: Kritik der herrschenden Lehren. Leipzig. Deichert 1900.

Inhaltsübersicht.

Erstes Kapitel.

Einleitung in die Lehre des deutschen bürgerlichen Rechtes.

I. Die Begriffsmerkmale des deutschen bürgerlichen Rechtes.

Drittes Kapitel.

Die Rechte.

Viertes Kapitel.

Die Rechtsgeschäfte.

III. Der Geschäftsinhalt.

IV. Geschäftsmängel.

Erstes Kapitel.

Einleitung in die Lehre des Deutschen bürgerlichen Rechtes.

I. Die Begriffsmerkmale des Deutschen bürgerlichen Rechtes.

1. Die Rechtsnormen.

a) Die Begriffsmerkmale der Rechtsnormen.[1])

§ 1.

I. Das neue Gesetzbuch weicht der allgemeinen Rechtslehre grundsätzlich aus. Es behandelt das begrenzte Gebiet des bürgerlichen Rechtes und vermeidet Bestimmungen, die darüber hinausgehen. Trotzdem durchkreuzen seine Vorschriften in doppelter Hinsicht den Inhalt der weiter greifenden Normen, indem sie ihn in ihrem engeren Kreise entweder anwenden oder mit Ausnahmen durchbrechen.

Daher kann der allgemeine Theil des B.G.B. nur durch eine Bezugnahme auf die obersten Grundlagen der Rechtswissenschaft verstanden werden, obwohl er sie nicht in sich aufgenommen hat.

Dieser Aufgabe ist das erste Kapitel des Buches gewidmet.

II. Die Redeweise des Bürgerlichen Gesetzbuches vermeidet jeden Hinweis auf die Bedeutung des Wortes Recht und die Unterscheidung des objektiven Rechtes vom subjektiven. Wir werden auch in Zukunft mit dem Worte Recht ebensowohl den „Rechtssatz" oder die Rechtsnorm (objektives Recht) wie die „Berechtigung" oder die „Rechtsbefugniß" bezeichnen können, also z. B. eben so gut das allgemeine Verbot der Eigenthumsstörung (903), wie das dadurch gewährte Recht des Eigenthümers, den Störer seines Rechtes von der Sache auszuschließen. Das objektive Recht heißt im Bürger-

1) Endemann § 7, Krückmann § 1, Matthiaß 18 ff., von der Pfordten 1 ff., Regelsberger 57 ff., 74 ff.

lichen Gesetzbuch in der Regel Gesetz,[1]) das „subjektive" Recht schlechtweg Recht.[2])

III. Der Unterschied der Rechtssätze von anderen gemeinnützigen Verhaltungsregeln, namentlich den Religionsgeboten, den Sittlichkeitsregeln und den Geboten des Anstandes (oder der Sitte) wird vom Gesetzbuche in der Weise vorausgesetzt, daß zu den Thatsachen, an die es Rechtsfolgen anlehnt, auch Religions-, Sittlichkeits- und Sittengebote gehören. So sind namentlich alle Verträge gegen die guten Sitten nichtig (138 vgl. unten § 83, Art. 30). Auf die Sittlichkeit verweist der Ausdruck „Treu und Glauben" (157, 162, 242).[3]) Vgl. auch 814.

Eine besonders wichtige Abart der Sitte ist die Verkehrssitte (vgl. z. B. 157, 242 und unten § 18 und § 84).

Eine Angabe des Unterscheidungsmerkmales des Sittlichkeits- und des Sittengebotes vom Rechtsgebote fehlt.

Die Meinung, daß das Rechtsgebot nur das äußere Verhalten, nicht die innere Gesinnung berühre, läßt sich gegenüber dem Gesetzbuche nicht aufrecht erhalten (vgl. dawider z. B. § 226).

Dagegen ist die Ansicht, daß das Rechtsgebot oder die Rechtsnorm (E.G. Art. 2) ein Gebot ist, das aus Rücksicht auf eine bestimmte Staatsgewalt befolgt werden soll, mit dem Texte des Gesetzbuches wohl vereinbar und namentlich als Grundlage der Absonderung zwischen Reichs- und Landesrecht wichtig (s. unten § 12).

Als Kennzeichen des Staates betrachten wir auch hier den Herrschaftszustand einer Menschenmenge, in deren Mitte dauernde Gehorsamsverhältnisse bestehen, über eine Landfläche (das Staatsgebiet).

b) Die wichtigsten Eintheilungen des Rechts.

a) Der Einfluß der Rechtssätze auf das Verhalten der Einzelnen.[4])

§ 2.

I. Die Stellung des Bürgerlichen Gesetzbuches zu den allgemeinen Eintheilungen der Rechtssätze. Es giebt Gruppen

---

[1]) Vgl. namentlich Art. 2 § 134. 186. u. a.

[2]) Vgl. 12, 35, 82, 96, 99, 100, 101, 103, 123 u. a.

[3]) Vgl. hierzu Stammler, Das Recht der Schuldverhältnisse 36 ff. und dazu wieder Dernburg, Das bürgerliche Recht Deutschlands und Preußens II. 24 ff. § 10. Hachenburg 5 ff.

[4]) Bendix 20 ff. Dernburg, Pand. 66 ff. Endemann §§ 8 u. 9, 5, 33 ff. Fischer, Handausgabe Einleitung XXIX. Matthiaß 23 ff., 26 ff. Neumann, Einleitung II. Müller und Meckel II. Regelsberger 128 ff.

rechtlicher Normen, die über das bürgerliche Recht hinausgreifen und daher vom Bürgerlichen Gesetzbuche stillschweigend vorausgesetzt und in ihm beachtet sind.

Die Haupteintheilungsgründe dieser Gruppen sind:

a) Die Form, in der die Rechtssätze entstehen und vor uns liegen s. § 16 ff.,

b) ihre Einflüsse auf das Verhalten der Einzelnen (§ 2),

c) die Stellung der Rechtssätze neben einander und nach einander (§ 3).

II. Der Einfluß des Rechtes auf das Verhalten der Einzelnen besteht nicht in einem unentrinnbaren Zwange, dem ihre Entschließung nicht zu trotzen im Stande wäre, sondern nur in einer Unterstützung gewisser Beweggründe, um den Menschen die von der Rechtsordnung erwünschten Entschlüsse zu erleichtern (Dig. I, 1, 1, 1).

Die von der Rechtsordnung so beeinflußten Entschließungen betreffen entweder ein Thun (eine Handlung) oder ein Unterlassen (194, 241). Eine Zusammenfassung dieser beiden Beziehungen zur Außenwelt unter dem Namen „Verhalten" (Benehmen, Betragen) ist für die Rechtslehre unentbehrlich.[1]) Die Handlung ist ein aktives Verhalten, die Unterlassung ein passives (in der Sprache der Motive 383 eine sog. negative Thatsache).

Die Redeweise des Bürgerlichen Gesetzbuches darf im Uebrigen als die volksthümliche angesehen werden, welche Handlungen und Unterlassungen vom Standpunkte des Beobachters, also von der Außenseite des Handelnden oder Unthätigen betrachtet. Handlung ist in diesem Sinne nur eine von außen wahrnehmbare Körperbewegung, Unterlassung die von außen wahrnehmbare Unthätigkeit eines Menschen in einem bestimmten Augenblicke.

Wir kennen aber noch einen andern Standpunkt, von dem Handlung und Unthätigkeit zu unterscheiden sind, den der inneren Wahrnehmung des Handelnden. Von diesem aus, der für die Ethik der wichtige, aber auch für das Recht (man denke an die sog. Omissivdelikte!) nicht gleichgültig ist, scheiden wir die äußerlich wahrnehmbare Unterlassung oder Unthätigkeit in zwei Klassen: „Die zielbewußte oder selbsterzwungene Unthätigkeit", z. B. das Stillstehen auf Befehl, oder die anbefohlene Aufmerksamkeit, die in der inneren Abwehr störender Gedanken besteht und dergl., und andererseits „die völlig willenlose Unthätigkeit ohne jede innere Anspannung."

---

[1]) K.Prot. I, 201.

Die zielbewußte Unthätigkeit besteht in dem Unterdrücken eines Triebes, das vom Gefühle der Verantwortlichkeit ebenso begleitet ist, wie die äußere Körperbewegung. Es ist zwar ein blos innerer Vorgang, aber keineswegs ein rein geistiges Ereigniß, vielmehr von physiologischen Vorgängen ebenso begleitet, wie die äußere Bewegung; denn er beeinflußt den Blutumlauf und hat in der Farbe des Gesichts sowie im Pulsschlage eine äußerlich wahrnehmbare Folge.

Die Unterlassungen zerfallen daher in innere Handlungen und in Zustände völliger Unthätigkeit. Nur die ersteren sind ein Zielpunkt des Einflusses der Rechtssätze (Unterlassungen im juristischen Sinne), die letzteren kommen höchstens als Voraussetzungen einer Rechtsfolge, z. B. einer Ersatzpflicht, in Betracht.

Nach dem Gegensatze der Handlungen und der Unterlassungen unterscheidet man die Formen des Einflusses der Gesetze auf den Einzelwillen (ihre vis ac potestas Dig. I, 3, 17). Ihn kennzeichnet Modestinus Dig. I, 3, 7: Legis virtus haec est imperare vetare permittere punire.

a) Befehle (imperare) an den Einzelnen liegen vor, wenn ihm ein gewisses Verhalten zur Rechtspflicht gemacht wird, z. B. die Leistungspflicht bei Schuldverhältnissen (242), die Lebensgemeinschaft bei Ehegatten (1353), die ordnungsmäßige Verwaltung des eingebrachten Gutes durch den Ehemann (1374), die Auskunftsertheilung der Hausgenossen eines Verstorbenen (2028).

b) Verbote (vetare) sind eine Unterart der Befehle. Sie richten sich nicht auf ein Thun, sondern ein Unterlassen, d. h. die innere Unterdrückung eines entgegengesetzten Triebes, z. B. das Verbot der Rechtsausübung aus Chikane, das aus 226 gefolgert werden muß, das Verbot gewisser Anlagen, die den Nachbarn belästigen 907, von Grenzvertiefungen 909 u. dergl.

c) Ermächtigungen (permittere) sind mehr als bloße Duldungen des nicht verbotenen Verhaltens. Dieses Dulden ist selbstverständlich; was nicht verboten ist, ist erlaubt.

Eine Ermächtigung ist vielmehr eine solche durch Rechtsnorm gewährte Erlaubniß, die sich auf einen gleichzeitigen Befehl an andere stützt, ohne den sie kraftlos sein würde. Eine solche Ermächtigung wird auf drei Arten gewährt:

α) Der Normalfall ist die Rechtseinräumung durch allgemeine Regel, z. B. der Eigenthumsherrschaft (903).

β) Auch durch Ausnahme von einem Verbote kann ein Recht

gegeben werden. So z. B. die Ermächtigung zur Nothwehr (227), zur Besitzvertheidigung (859), zur Aneignung übergefallener Früchte (911) und dergl. Wenn hier nicht das Recht dazu zwänge, den Inhalt der erlaubten Handlung zu dulden, würde sie nicht zulässig sein. Ihre Zulässigkeit beruht daher nicht blos auf dem Mangel eines Verbotes, sondern auf einer besondern Ermächtigung.

Das Recht ermächtigt auch zur selbstthätigen Verschiebung der eigenen Herrschaftsgrenzen (Privatautonomie) s. unten § 68 ff. Die Kraft dieser Erlaubnisse beruht auf dem Befehle an die anderen, solche Handlungen und Anordnungen ihrer Mitmenschen zu dulden oder sogar zu beachten. Dahin gehört z. B. die Möglichkeit, einem Minderjährigen ein Taschengeld zu rechtsgültiger Verfügung zu überlassen (110), Schuldverträge abzuschließen (305), zu testiren u. a. mehr.

Alle diese Ermächtigungen beweisen, daß sich die Kraft der Rechtssätze im Befehlen nicht erschöpft. Der mit ihnen verbundene Befehl ist ein bloßes Mittel zum Zwecke der Ermächtigung.

d) Neben den bisher erwähnten Befehlen von Seiten der Rechtsnormen steht der Schutz der Befehle durch sekundäre Drohungen (die wiederum einen neuen Befehl in sich schließen, den Bestrafungsbefehl). Dieses **punire** muß als Ergänzung des **imperare**, **vetare** und **permittere** in weiterem Sinne verstanden werden, nicht blos als Anordnung einer eigentlichen Strafe, sondern als die Zufügung von Ungehorsamsnachtheilen. (Es ist also eine Unterart des **imperare** oder **vetare**).

Sanctio legis heißt eine Feststellung, die die Scheu vor Ungehorsam gegen ein Gesetz erwecken soll. Je nach der Bedeutung, die der Gesetzgeber einem Gebote oder Verbote beilegt, kann er den Zügel der Ungehorsams-Nachtheile schärfer oder minder scharf anspannen. Man kann daher von stärker und schwächer geschützten Befehlssätzen reden. Nicht immer greift das Gesetz zur eigentlichen Strafe. Zuweilen nimmt es sogar überhaupt von der Androhung eines Nachtheiles Abstand. So wenn die Reichsverfassung dem Kaiser die Pflicht zur Veröffentlichung der Reichsgesetze auferlegt (Art. 17 Reichsverfassung). Solche sanktionslose Gesetze[1]) nennt man in der

---

[1]) Zweifelhaft ist, ob hierher gehört: § 1588 „Die kirchlichen Verpflichtungen in Ansehung der Ehe werden durch die Vorschriften dieses Abschnittes nicht berührt“. Dies ist aber überhaupt wohl nur ein gesetzgeberischer Monolog, der eine irrige Vermuthung über die Denkweise des Gesetzgebers klarlegen soll; kein eigentliches Gebot.

Regel leges imperfectae (nach Ulp. fragm. 1 einer Stelle, deren Sinn zweifelhaft ist).

Die bekannte Eintheilung der Gesetze in leges perfectae und minus quam perfectae bezieht sich nicht auf alle Rechtssätze, sondern strenge genommen nur auf die Erfordernisse der Rechtsgeschäfte. Die Gesetzwidrigkeit eines Geschäftes kann eine bloße Strafe nach sich ziehen, ohne die Gültigkeit zu beeinträchtigen. So z. B. bei Verkaufsgeschäften, bei denen die Vorschriften über Sonntagsheiligung verletzt sind. In solchem Falle heißt das Verbot eine lex minus quam perfectae (die minder wirksame Anordnung eines Geschäftserfordernisses). Eine Abart hiervon sind die blos aufschiebenden Hindernisse bei der Ehe (die auch bei andern Geschäften denkbar sind), das sind Mängel eines Geschäftserfordernisses, die ein Dritter, bei Ehen der Standesbeamte (zur Vermeidung einer Disziplinarstrafe) beachten soll, widrigenfalls jedoch das Geschäft nicht ungültig ist (1312, 1313).

Im Gegensatz hierzu heißen leges perfectae (vollwirksame Anordnungen von Geschäftserfordernissen) solche, deren Nichtbeachtung dem Geschäfte seine Vollgültigkeit raubt, z. B. 1326, 1335.

Dieser Gegensatz ist nach dem Vorbilde der Reichs-Civilprozeßordnung im Bürgerlichen Gesetzbuch durch die Worte „soll" und „muß" gekennzeichnet. Die Sollvorschrift ist minder wirksam, die Mußvorschrift vollwirksam. Der Zwang ist dort ein blos präventiver, hier ein repressiver.

Aehnlich ist der Unterschied zwischen „kann nicht" und „darf nicht".[1]) So müssen z. B. die Testamentszeugen bei dem notariellen Testamente vorhanden sein (2233), die Ehezeugen sollen da sein (1318). Fehlen jene Zeugen, so kommt das Testament nicht zu Stande, fehlen diese, so gilt der Eheschluß.

Eine eigene Art des Zwanges übt das Recht dadurch aus, daß es gewisse mangelhafte Geschäfte im Widerspruche mit dem Parteiwillen umdeutet (vgl. 624). Ein bekanntes gemeinrechtliches Beispiel enthält Dig. XIII, 7 fr. 4.

III. Die Stellung der Rechtssätze zur Parteiwillkür. Nicht auf alle Rechtssätze, sondern nur auf gewisse Vorschriften über die zulässigen Grenzen und den Inhalt der Rechtsgeschäfte bezieht sich die übliche Eintheilung des Rechtes in jus cogens (zwingendes

[1]) Vgl. Eck, Vorträge über das Recht des Bürgerlichen Gesetzbuches. Berlin, Guttentag 1898. S. 33. Planck 25 u. 26.

Recht) und jus subsidiarium (privatum in besonderem Sinne, auch nicht zwingendes oder nachgiebiges Recht, jus hypotheticum oder dispositivum[1]) genannt.) Diese Unterscheidung ist überhaupt nicht streng logisch gedacht.[2]) Cogere wäre allenfalls ein Gegensatz zu dem bloßen permittere oder zu dem bloßen' imperare sine ulla sanctione. Gesetze, die, soweit sie reichen, dem Einzelnen gegenüber „nachgiebig" (Mot. 17) sind, giebt es, strenge genommen, überhaupt nicht. Der Gegensatz des subsidiarium ist in Wahrheit das in erster Linie Gültige;[3]) an zweiter Stelle, d. h. wenn nichts anderes von der Partei festgesetzt ist, zwingt auch das jus subsidiarium. Sind z. B. die Verzugszinsen auf 3 % verabredet, so ist § 246 vermieden worden. Ist nichts in dieser Hinsicht bestimmt, so nöthigt dieser § 246 zu einem Verzugszinse von 4 vom Hundert.

Gemeint ist bei dem erwähnten Gegensatz die im einzelnen Falle vermeidbare und die durch Rechtsgeschäfte unvermeidliche Regel für das Parteiverhalten, m. a. Worten eine Vorschrift, der man durch ein Rechtsgeschäft ausweichen kann und eine solche, der man nicht ausweichen kann, die unentrinnbar ist.[4])

Vermeidbar ist z. B. in der Regel das Recht der Schuldverhältnisse, z. B. die Haftung für fahrlässige Schädigung, die Grundsätze über Vertragsaufhebung und dergl. ja überhaupt zum großen Theile das Gebiet der Rechtsgeschäfte, weil das Recht ihren Inhalt grundsätzlich den Parteibedürfnissen überläßt und in der Regel nur das hinzufügt, was im Zweifel als selbstverständlich angesehen werden soll. Vermeidbar sind ferner z. B. die Festlegung des Vereinssitzes am Verwaltungsorte (24) einige der gesetzlichen Vereinsbestimmungen (40), das Erforderniß der Einstimmigkeit der Liquidatoren (48,3), die Gebundenheit bei dem Vertragsanerbieten (145) u. A. mehr.

Unvermeidlich dagegen ist Alles, was die Parteien bei ihren Geschäften nicht blos unterstützen, sondern in eine bestimmte Richtung hineindrängen oder von einer solchen abdrängen soll, daher im

---

[1]) Vgl. Ehrlich, Das zwingende und nichtzwingende Recht im B.G.B.f.d.D.R. Jena 1899, zugleich in Fischers Abhandlungen zum Privatrecht und Civilprozeß d. D.R. IV, 441 ff.

[2]) Vgl. K. Prot. VI, 35.

[3]) Unter „ergänzendem Recht" (Stammler, R. der Schuldverhältnisse 56 ff.) kann man ebensowohl den Rechtssatz verstehen, der eine fehlende Bestimmung der Partei ersetzt, als denjenigen, der zu einer vorhandenen Bestimmung hinzutritt.

[4]) Vgl. überhaupt hierzu Stammler a. a. O.

Zweifel jedes Verbot eines Geschäftsinhalts (Cod. I, 14 c. 5, ebenso 134). Ohne das würden solche Verbote ohnmächtig sein.[1])

Hierher gehören das Verbot der Pfandbestellung ohne Einräumung eines Verkaufsrechtes (1204), der Erschwerung von Verjährungen (225), des Anatocismus (248), der Verträge, die den Dienstbotenschutz des § 619 mindern wollen u. A. mehr (vgl. hierzu Eck, a. a. O. 31.) Nach Mot. 17 sind die vermeidbaren (abänderlichen oder nachgiebigen Normen) nicht immer, wohl aber da, wo es nöthig schien, besonders gekennzeichnet und zwar durch die Worte „sofern nicht durch Rechtsgeschäft ein Anderes bestimmt ist.“ Die Worte „im Zweifel“ sollen nach Mot. 18 „sowohl den dispositiven als den auslegenden Rechtssatz bezeichnen“ (vgl. hierüber unten § 84).

Uebrigens kann derselbe Rechtssatz gegenüber einer Parteifestsetzung ergänzend und doch unvermeidlich sein, z. B. die Geltung eines Verkaufsrechtes des Pfandgläubigers (1204), daher der Ausdruck „ergänzend“ das Wesen der vermeidbaren Rechtsnorm nicht genügend kennzeichnet.[2])

b) Die Beziehungen der Rechtssätze auf einander.[3])

§ 3.

I. Die Eintheilung der Rechtssätze nach ihrer zeitlichen Beziehung ist für ihr Verständniß von Werth (Paulus Dig. I, 3, 26. Non est novum, ut priores leges ad posteriores trahantur 28: Sed et posteriores leges ad priores pertinent, nisi contrariae sint). In dieser Hinsicht unterscheiden wir:

α) bestätigende Rechtssätze. Dahin gehört das Bürgerliche Gesetzbuch überall da, wo es das bisherige Landesrecht aufrecht erhält, vgl. § 12.

β) zerstörende[4]) vgl. z. B. Art. 55, Aufhebung des bürgerlichen Landesrechtes und Art. 95, 3, Aufhebung des Züchtigungsrechtes gegenüber dem Gesinde.

---

[1]) Ueber die Beziehungen der unvermeidlichen Rechtssätze zur Verhandlungsmaxime vgl. Mot. 18.

[2]) Vgl. oben S. 7 Anmerkung 3.

[3]) Dernburg, Pand. 33 ff., Regelsberger, 121 ff.

[4]) Thöl (Einleitung in das Deutsche Privatrecht §§ 38 ff.) sprach von „verneinenden“ (besser wäre vernichtenden) Rechtssätzen. Dieselben hätten jedoch nicht zu den berechtigenden in Gegensatz gestellt werden sollen. So berechtigt z. B. die „Verneinung“ des Vellejanum im Bürgerlichen Gesetzbuch die Frauen zu vollgültigen Intercessionen. Derselbe Rechtssatz kann also verneinend und berechtigend sein.

γ) ergänzende Rechtssätze, die neben die bisher vorhandenen als neue treten, z. B. die Entmündigung des Trunksüchtigen 6, 3, das holographische Testament für den größesten Theil Deutschlands 2231, 2.

δ) ändernde Rechtssätze sind solche zugleich zerstörende und ergänzende Normen, bei denen die Ergänzung den Zweck hat, die durch die Zerstörung gerissene Lücke auszufüllen,[1]) vgl. Art. 40 und 41; ferner die neue gesetzliche Erbfolge-Ordnung 1924 ff., überhaupt die Mehrzahl der Bestimmungen des Gesetzbuches, weil es die Mannigfaltigkeit der Landesrechte auszugleichen bestimmt ist.

II. Das Verhältniß der gleichzeitigen Rechtssätze zu einander ist die Quelle der Systematik. Wir unterscheiden:

a) Sätze auf gleicher Stufe des Einflusses (koordinirte Sätze), d. h. ohne Abhängigkeitsverhältniß.

α) Inhaltlich von einander unabhängige Sätze, z. B. 1 und 2.

β) Widersprüche (Antinomien). Diese können unbeabsichtigt sein[2]), und sind dann Ausarbeitungsfehler bei der Herstellung der Texte. Sie können aber absichtlich einander widerstreiten, dann liegt entweder eine Rechtsaufhebung vor, oder eine Unterordnung des einen Satzes unter den andern.[3])

γ) Wiederholungen (Parallelstellen), häufig im Corpus juris civilis, sind im Bürgerlichen Gesetzbuch grundsätzlich vermieden.

b) Ueber- und unterzuordnende Sätze.

α) Sätze, die sich andern überordnen, sind die meisten Vorschriften des ersten Buches (allgemeiner Theil), weil sie auch für den Inhalt der andern Bücher gelten wollen, z. B. die Vorschriften über Geschäftsfähigkeit auch für die Schuldverträge, die sachen- und familienrechtlichen Geschäfte und die Testamente. Die §§ 241—432 sind, obwohl äußerlich nicht als allgemeiner Theil der Schuldverhältnisse gekennzeichnet, doch den §§ 433—853 übergeordnet, vgl. ferner §§ 873 bis 902 (allgemeine Vorschriften über Rechte an Grundstücken).

---

[1]) Formell gehört dahin das ganze Bürgerliche Gesetzbuch, sachlich freilich nur, insoweit es nicht die bisherigen Vorschriften einfach wiederholt.

[2]) Vgl. z. B. unten über den Widerspruch im Wortlaute des § 119 den § 101 dieser Schrift. § 420 und 427 sind wohl keine Antinomien, wenn man sie streng beim Worte nimmt.

[3]) So ist z. B. 118 Bürgerliches Gesetzbuch eine Ausnahme von 119, siehe unten § 108 dieser Schrift.

β) Sätze, die sich andern unterordnen, sind:

αα) Alle erläuternden Rechtssätze. Je nachdem der Gesetzgeber oder das Gewohnheitsrecht das ältere Recht erläutern, unterscheidet man interpretationes authenticae und usuales.[1]) Solche Auslegungsregeln enthalten namentlich die Vorschriften über Fristen und Termine (186ff.), vgl. ferner für die gesetzlichen Ausdrücke: Erbfall, Erbschaft und Erbe 1922 für den entgangenen Gewinn 252 u. A. mehr.

ββ) Die Ausnahmevorschriften (Vorschriften für Ausnahmefälle, z. B. das Erforderniß einer gesetzlichen Genehmigung einer religiösen Genossenschaft).[2]) Solche Gesetze für den einzelnen Fall sind strenge genommen nur Verfügungen der höchsten Staatsgewalt und nach dem Ursprung, nicht nach dem Inhalte Gesetze, sog. formelle, nicht materielle Gesetze. Daneben giebt es auch Ausnahmeregeln und Rechtssätze, die sich neben ein jus commune als Singularität stellen (jus singulare). Kennzeichen ist der zur Schau getragene Ausnahmecharakter. Sie kommen in neuerer Zeit nur selten vor.[3])

2. Der Begriff des bürgerlichen Rechtes.[4])

§ 4.

I. Der Name des bürgerlichen Rechtes beruht auf nachrömischen Umdeutungen des römischen jus civile, eines Ausdruckes, dessen Gegensatz zu dem Rechte der Peregrinen und dem jus gentium ebenso in Vergessenheit gerieth, wie der völlig veraltete Unterschied vom prätorischen Recht. Auch den Gegensatz zum sogenannten Naturrecht pflegt man neuerdings als positives Recht zu bezeichnen[5]), nicht als jus civile.[6])

Dagegen bildete sich im Mittelalter die scharfe Scheidung des jus civile und des jus canonicum (das sog. jus utrumque). Da

[1]) Nach Thöl, a. a. O. gehören die Auslegungen durch Gesetz zu den „begriffsentwickelnden“ Rechtssätzen, zu denen er aber auch alle solche rechnete, die einem Rechte und also auch seinem Begriffe einen neuen Inhalt geben (z. B. das Ueberfallsrecht dem Eigenthume hinzufügen wie 911).

[2]) Art. 84. Preuß. Verfassung Art. 18.

[3]) Mot. 19: „Herrschaft der Rechtsregel und Gleichheit des Rechtes ist ein Grundprinzip der modernen Rechtsordnung“.

[4]) Cosack 3. Dernburg, Pand. 42ff. Endemann 27ff., Gareis, Einleitung XI, Goldmann und Lilienthal 1. Kuhlenbeck 1ff. Matthiaß 25ff. Weyl 82.

[5]) Vgl. über das neue Fremdenrecht unten § 6.

[6]) Vgl. Regelsberger 68ff.

die Kanonisten vorwiegend das Strafrecht und das Prozeßrecht pflegten, auch das öffentliche Recht auf nachrömischen Quellen fußte, so erschien das jus civile als derjenige Rechtszweig, der vorwiegend auf den Grundlagen der römischen Quellen stand, das Privatrecht. Dem entsprechen namentlich die Titel der Napoleonischen Gesetzbücher: code civil, code de procedure civile, code de commerce, code pénal, code d'instruction criminelle.

Aehnlich § 1 Oesterreich. Bürgerl. Gesetzbuch: „Der Inbegriff der Gesetze, wodurch die Privat-Rechte und Pflichten der Einwohner des Staates unter sich bestimmt werden, macht das bürgerliche Recht in demselben aus."

Das preußische Landrecht verstand allerdings unter dem „Rechte des Bürgerstandes" (II, 8) das Sonderrecht eines Standes. Da dieser aber vornehmlich als Pfleger der Privatrechtsordnung aufgefaßt wurde, so erscheint das „bürgerliche" Recht auch in seinem Sinne als das Recht, das der Einzelne nicht als Glied der Staatsgewalt, sondern als ihr Schützling, d. h. als Privatperson (Mot. 1) genießt.

In diesem Sinne gewährte das Reichsgesetz vom 20. Dezember 1873 dem Reiche die Gesetzgebung über das gesammte bürgerliche Recht und § 13 des Gerichtsverfassungsgesetzes den ordentlichen Gerichten die Entscheidung über alle „bürgerlichen Rechtsstreitigkeiten". Vergl. auch Art. 55: „Die privatrechtlichen Vorschriften der Landesgesetze treten außer Kraft, soweit nicht in dem Bürgerlichen Gesetzbuche oder in diesem Gesetze ein Anderes bestimmt ist." Auch Art. 6 spricht von bürgerlichen Rechtsstreitigkeiten.

II. Das Unterscheidungsmerkmal des Privatrechts gegenüber dem öffentlichen Rechte ist im Bürgerlichen Gesetzbuche als bekannt vorausgesetzt. Dem Gemeinwohle und dem Einzelwohle dienen beide, das öffentliche Recht aber zielt auf den Bestand, d. i. Zusammenhalt der Staatsgemeinde und anderer öffentlicher Körperschaften hin, das private auf die Unabhängigkeit des Einzelnen von den andern Rechtsgenossen. (Ulpianus Dig. I, 1, 1, 2.) Publicum jus est quod ad statum rei Romanae spectat, privatum quod ad singulorum utilitatem. Status reipublicae ist der Bestand (Zusammenhalt) des Ganzen singulorum utilitas die Benutzbarkeit des Rechtes für die Sonderbedürfnisse der Einzelnen.

Wichtig ist der Unterschied durch die scharfe Sonderung der verschiedenen Zweige des gerichtlichen Verfahrens. Wichtig ist er aber namentlich jetzt auch dadurch, daß die Landesgesetze, soweit sie privatrechtliche sind, von Art. 55 aufgehoben werden, soweit sie öffentlichrechtliche sind, bestehen bleiben sollen.

Da der Unterschied nicht im Inhalte, sondern im Zwecke der Rechtssätze liegt, so entscheidet der erkennbare Gedanke der Verfasser eines Gesetzes, ob es als bürgerliches oder öffentlichrechtliches zu gelten hat. Verschiedene Zeiten und Völker ziehen die Grenze verschieden, es giebt kein allgemein gültiges Abgrenzungsmerkmal. Mit Recht hat man in der Aufnahme einer Norm in das bürgerliche Gesetzbuch die Anerkennung ihrer Zugehörigkeit zum bürgerlichen Rechte erblickt.

Insoweit das Gesetzbuch gewisse Dinge, z. B. die Gehaltsansprüche der Beamten (Art. 80), die Rückforderung unrechtmäßig erhobener Abgaben (Art. 104), Schadensersatzforderungen aus einem Betriebe auf einem Gemeingebrauchs-Grundstücke (Art. 106) und Enteignungen (Art. 109), von dem Gesetzbuche ausschließt, erklärt es jedoch nur, daß es nicht von Reichswegen diese Sachen zu privaten machen wolle, nicht aber, daß sie auch nach dem Landesrechte Privatrechtssachen sein sollen, sondern höchstens nur, daß man sie für solche würde halten können, wenn das Reichsgesetzbuch es nicht ablehnte, diese Angelegenheiten zu regeln.

Ob diese Zweige bürgerlichen Rechtes sind, entscheidet daher das Landesrecht, weil das Reichsrecht schweigt.

III. Die Möglichkeit eines nach seinen Zwecken gemischten Rechts,[1]) das zugleich öffentliches und privates ist, wird zuweilen verneint. In Wahrheit kann aber sehr wohl derselbe Rechtssatz in einer Hinsicht die Absonderung der Staatsglieder von einander begünstigen, in anderer den Zusammenhalt des Ganzen kräftigen. So, wenn 873 Rechte an Grundstücken durch Eintragung erwerben läßt. Die Ermächtigung zum Erwerb sichert einen besondern Vortheil des Erwerbers, die Form schützt gegen Rechtsunsicherheit und stärkt dadurch das Zusammenleben der Staatsgenossen.

Solche gemischte Sätze lassen sich ebenso dem öffentlichen, wie dem privaten Rechte zutheilen. Das Herkommen spricht sie bald dem einen, bald dem andern Zweige zu. Wo die Rechtsquellen dies thun, da ist diese Ueberweisung maßgebend; ein logischer Zwang besteht für die Gesetzgebung nicht. Wo Bestimmungen fehlen, da muß die allgemeine Rechtslage entscheiden.

So lange die Gerichte über den Schutz des Privatrechts hinaus-

---

[1]) Anerkannt Mot. 1.

griffen, worin sie erst nachträglich beschränkt worden sind, mochte man geneigt sein, im Zweifel den Umfang des Privatrechts möglichst weit abzustecken. Gegenüber dem Reichsrechte werden wir dagegen Rechtssätze gemischter Art in der Regel nicht für privatrechtliche halten,[1]) weil das Reichsprivatrecht das öffentliche Landesrecht schont, dagegen dem privaten Landesrechte einschränkend gegenübertritt, Art. 55. Hierbei will es wohl nirgends tiefer eingreifen, als dies ganz sicher feststeht, vgl. unten § 12.

IV. Das Civilprozeßrecht ist grundsätzlich ein gemischtes Recht, da es das bürgerliche Rechtsleben der Einzelnen schützt und zugleich den allgemeinen Frieden wahrt. Seine Unterscheidung vom Privatrechte, die in Rom kaum betont, aber seit dem Mittelalter üblich wurde, spielt bei uns eine große Rolle, weil das Landesprozeßrecht nicht erst durch das neue Bürgerliche Gesetzbuch, sondern schon durch das Einführungsgesetz zur Civilprozeßordnung § 14 aufgehoben worden ist.

Als Unterscheidungsmerkmal des Prozeßrechtes und des materiellen Rechtes ist anzusehen, daß dieses das friedliche Zusammenleben regelt, jenes den gestörten Rechtsfrieden in bestimmten Formen herstellt. Das formelle Recht ist also die Form der Verwirklichung der rechtlichen Lebensregeln als des eigentlichen Rechtsstoffes (des materiellen Rechtes). Man könnte daher von „formgebendem" und „stoffgebendem" Rechte reden.

So gehört z. B. das sog. beneficium competentiae zum bürgerlichen Rechte (vgl. 519); denn es nimmt dem Gläubiger, so weit es reicht, nicht blos die Aussicht auf eine Zwangsvollstreckung, sondern sogar auf eine wirksame Mahnung, regelt also nicht blos die Ereignisse vor Gericht, sondern auch das außergerichtliche Leben und Treiben.

3. Der Begriff des Deutschen bürgerlichen Rechtes.

a) Die geschichtliche Entwicklung des deutschen bürgerlichen Rechtes.[2])

α) Die Entstehung eines gemeinen Deutschen Rechts.

αα) Die Ausgangspunkte einer deutschen Rechtseinheit.[3])

§ 5.

I. Die Bedeutung der Vorgeschichte für die Auslegung des Bürgerlichen Gesetzbuches ergiebt sich daraus, daß nach dem

---

[1]) Z. B. nicht die streitigen Bedingungen eines Erwerbes des Adels durch Adoption, von dem das Bürgerliche Gesetzbuch nicht besonders redet, s. unten § 31.

[2]) Vgl. E. Schwartz, die Geschichte der privatrechtlichen Kodifikationsbestrebungen in Deutschland, Archiv für bürg. Recht. I. 1. ff. Hölder 1—15.

[3]) Cosack 4, Matthiaß 1 ff., Planck 1 ff.

Grundgesetze der historischen Schule auch das Bürgerliche Gesetzbuch als Endergebniß der vaterländischen Rechtsgeschichte aufzufassen ist, auch insoweit dies in den Materialien nicht ausdrücklich hervortritt. Dadurch erhebt es sich über die Gesetzbücher der Einzelstaaten.

II. Die geschichtlichen Ausgangspunkte der Rechtseinigung sind die Ausgangspunkte der Volkseinigung, nämlich uralte Ueberlieferungen über Stammesverwandtschaft, die Zusammenfassung deutscher Stämme durch die fränkische Herrschaft, die Fortdauer eines solchen Zusammenhanges im Deutschen Reiche, der gemeinsame deutsche Verkehr. Der Einfluß dieser rechtseinigenden Elemente trat jedoch im bürgerlichen Rechte zunächst nur in Quellen hervor, die nicht für ganz Deutschland galten. Ueberhaupt ging die Entwicklung der deutschen Geschichte auf eine unausgesetzte Schwächung der Centralgewalt und eine Stärkung der Reichstheile hin. Die Rechtsgeschichte hatte eine partikularistische Tendenz.

Der Parallelismus altgermanischer Rechtsbildungen war weniger eine Folge gemeinsamer Ueberlieferungen aus der Vorzeit, als vielmehr der Ausdruck ähnlicher Verkehrs- und Schutzbedürfnisse. Ihre Grundgedanken, die in großer Mannigfaltigkeit auftraten, konnten im Mittelalter noch nicht entwickelt werden, weil vor der Erfindung der Buchdruckerkunst die Uebersicht über den Stoff fehlte, auch die erst später nach antiken Vorbildern entwickelte Methode noch nicht vorhanden war.

Erst in unserm Jahrhunderte gelang es, die gemeinsamen Gedanken der älteren Quellen neu zu entwickeln und in ein System zu bringen, dessen Spuren in vielen grundlegenden Bestimmungen des Bürgerlichen Gesetzbuches zu finden sind, namentlich in der Gewährung dinglichen Schutzes (1007) und dem unmittelbaren Erbschaftserwerbe von Seiten des Erben (1922). Das ganze System des neuen Gesetzbuches läßt sich jedoch nicht unmittelbar an die Anschauungen der älteren Zeit anlehnen, da diese in vielen Punkten durch die Aufnahme der römischen Gedankenwelt theils verdrängt, theils ergänzt oder innerlich umgestaltet worden sind.

ββ) Die Verwerthung der fremden Rechtsbücher in der deutschen Rechtspflege.[1])

§ 6.

I. Die Aufnahme der in einer fremden Sprache ver-

[1]) Dernburg, Pand. 4 ff., Regelsberger 3 ff.

faßten Bücher, der Justinianischen Sammlung, des **corpus juris canonici** und der **libri feudorum**, in die deutsche Rechtspflege gehört der deutschen Rechtsgeschichte an. Daß es dieser Thatsache, wie jeder andern nicht an zureichenden Ursachen gefehlt hat, versteht sich von selbst, ebenso wie die unvermeidliche Schattenseite einer derartigen Umwälzung.

Die Behauptung, daß die Reception der fremden Bücher sich zu ihrer Zeit hätte vermeiden lassen, ist ohne wissenschaftlichen Werth, weil eine volle Einsicht in das, was jener Zeit auf dem Wege der Gesetzgebung erreichbar war, der Nachwelt nicht zu Gebote steht.

Man kann heutzutage auch nicht mehr die Rechtsgedanken der fremden Bücher als „Fremdrecht" bezeichnen (vgl. Cosack I, §§ 4, 5, 8 ff., dessen Darstellung eine einseitige Voreingenommenheit bekundet). Ihr Inhalt steht vielmehr dem Denken der späteren Zeit weit weniger fremd gegenüber, als die älteren deutschen Schöpfungen, die erst neuerdings durch das Verdienst der Wissenschaft dem Volksbewußtsein zugänglich geworden sind.

II. Die Hauptfolgen der Aufnahme der fremden Bücher sind die geistige Einigung der deutschen Juristenwelt und die Entwicklung der Landeshoheit.

Die Einigung der deutschen Rechtsgedanken durch die fremden Bücher liegt nicht bloß auf dem Gebiete der Methode und des Systems, sondern auch auf dem Gebiete des Rechtsinhalts. Die Gedanken der fremden Bücher haben überall auch da, wo altdeutsche Einrichtungen ihnen widerstanden, die juristische Denkweise der letzten Jahrhunderte beeinflußt. Die Anschauungen unserer Zeit, aus denen das Gesetzbuch herausgewachsen ist, stehen durchaus unter diesem Einflusse. Einseitig wäre es daher, bei der Darstellung des neuen Rechts diesen Einfluß verschleiern zu wollen. Nur durch seine Klarstellung kann das neue Werk verstanden werden.[1])

III. Die Auffassung der Reception des fremden Rechtes in die deutsche Gedankenwelt und das neue Gesetzbuch darf nicht als eine rein mechanische Uebertragung fremden Stoffes auf heimischen Boden angesehen werden, sondern als eine geistige Verschmelzung fremder Gedanken mit den eigenen, wie sie bei jedem geistigen

---

[1]) Grundbegriffe des Bürgerlichen Gesetzbuchs wie der „Anspruch", die „Unwirksamkeit der Rechtsgeschäfte" und dergl. sind ohne Kenntniß der neueren romanistischen Dogmengeschichte völlig unverständlich.

Bildungsprozesse vorliegt. Verfehlt ist es daher, das neuere Recht als eine Fortsetzung des Justinianischen anzusehen. Es ist vielmehr eine Umbildung der älteren deutschen Rechtszustände durch das Studium der fremden Rechtsbücher. In diesem Sinne ist auch der Inhalt des deutschen Gesetzbuches so viel wie möglich zu erläutern.

β) Der Zerfall des alten gemeinsamen Rechtes.[1])

§ 7.

I. Eine Hauptquelle des neuen Gesetzbuches sind neben den altdeutschen und den römisch-italienischen Anschauungen die Landesgesetzbücher, die selbst wiederum aus beiden entstanden sind.

Die Wurzel der Landesgesetzgebungen liegt in der Unzufriedenheit mit dem Reichsrechte. Reich und Reichsrecht zerfielen zugleich aus ähnlichen Ursachen. Den eigentlichen Nährboden fand diese Strömung in der Naturrechtslehre, der Mutter der wissenschaftlichen Kritik des Rechtes. Sie ging von der Möglichkeit aus, das Recht ohne Rücksicht auf die Ueberlieferung aus der Natur der Verhältnisse unmittelbar zu entwickeln, wobei man übersah, daß auch diese Natur der Verhältnisse immer ein Erzeugniß der Ueberlieferung ist. Die geschichtlich erzeugten Verbesserungswünsche traten so als übergeschichtliche Naturgebote auf und gewannen dadurch an Umgestaltungskraft. Es war dies ein Rückschritt für die Rechtslehre, ein Fortschritt für die Rechtserzeugung. Dadurch entstanden unvermeidliche Reformen, die in dem zerfallenden Reiche nicht erzielt werden konnten, wohl aber in den Einzelstaaten, zugleich Vorstufen der Wiedervereinigung des Rechtes in dem wiedererstandenen deutschen Reiche. Das neue gemeinsame Recht ist so auf einem Umwege durch die Sonderrechte erreicht worden. Gegenüber den Gesetzbüchern der Einzelstaaten und dem in Lehrbüchern aufgezeichneten gemeinen Rechte erscheint das Bürgerliche Gesetzbuch nicht als Kodifikation, sondern als Unifikation.

II. Die ersten Vorläufer der Loslösung vom gemeinen Rechte waren solche Gesetzbücher, die die Quellen des gemeinen deutschen Rechtes als Grundlage beibehielten, namentlich die Reformationen in den Städten, so z. B. in Frankfurt am Main 1509 und 1578, ferner die vom Freiherrn von Kreitmayr in Bayern verfaßten Gesetzbücher 1751—1753.

---

[1]) Cosack 17 ff., Endemann § 2, Engelmann 9 ff., Gareis, Einleitung XII ff., Matthiaß 4 ff., Planck 8 ff.

III. Eine völlige Loslösung vom gemeinen Rechte geschah namentlich durch das preußische allgemeine Landrecht von 1794 (veröffentlicht am 5. Februar 1794 mit Geltung vom 1. Juni 1794), ein vollständiges Gegenstück zu dem gemeinen Rechte, das jedoch die örtlichen Partikularrechte noch nicht vertilgte.

IV. Das französische Gesetzbuch (code civil), das seit 1804 in Deutschland auf dem linken Rheinufer galt, hat nicht blos das gemeine Recht, sondern auch die Sonderrechte beseitigt.

Unter den übrigen Gesetzbüchern ist namentlich hervorzuheben: das österreichische bürgerliche Gesetzbuch von 1811 und das sächsische Gesetzbuch von 1863.

γ) Der Wiederaufbau des gemeinsamen Rechtes in Deutschland.

$\alpha\alpha$) Antriebe zur Abfassung eines Deutschen Bürgerlichen Gesetzbuches.[1])

§ 8.

I. Die Zeit des Deutschen Bundes.[2]) Die Wiedervereinigungswünsche für Reich und Recht schlossen sich an die Befreiungskriege an, vgl. Thibaut: Ueber die Nothwendigkeit eines allgemeinen bürgerlichen Rechtes für Deutschland 1814. Einer voreiligen Lösung der Aufgabe, bei der der Werth des gemeinen deutschen Rechtes gegenüber den Landesgesetzgebungen, insbesondere dem französischen Rechte, sicherlich zu kurz gekommen sein würde, widerstrebte namentlich von Savigny: (Von dem Berufe unserer Zeit für Gesetzgebung und Wissenschaft, Heidelberg 1814), der von dem Streben nach Neuerungen auf eine eingehendere Erforschung des Ueberlieferten zurückwies. Durch diese Verzögerung wurde erreicht, daß die Rechtsreform auf dem Boden eingehender Spezial-Kenntnisse des bisher geltenden Rechtes möglich wurde.

Die Gesetzgebung des Bundes griff in einzelnen Rechtszweigen ein, namentlich für das Urheberrecht und durch die Herstellung des Handelsgesetzbuches und der Wechselordnung.

Von besonderer Bedeutung war der 1863—66 angefertigte Dresdener Entwurf für das Obligationenrecht, verfaßt in einem Auftrage,

---

[1]) Engelmann 11, Enneccerus 1 ff., Fischer, Handausg., Einl. XV, Hölder, 1 ff., Matthiaß 7 ff., Planck 8 ff.

[2]) Ueber erfolglose ältere Anregungen zur Abfassung eines deutschen Gesetzbuches vgl. Eck, Vorträge 2, Weyl 12.

der von Oesterreich, den vier kleineren Königreichen und fünf anderen Staaten, zu denen Preußen nicht gehörte, ausging (vgl. über diesen Entwurf § 9).

II. Das Deutsche Reich erhielt seine Zuständigkeit für die Gesetzgebung des gesammten bürgerlichen Rechtes durch das Reichsgesetz vom 20. Dezember 1873 (Annahme eines fünfmal im Reichstage gestellten Antrages Miquel-Lasker).

Die tiefere treibende Ursache lag in dem Mißstande, daß der durch das Reich hervorgerufenen Verkehrseinheit die Rechtseinheit nicht entsprach.

ββ) Die Abfassung des Bürgerlichen Gesetzbuches für das Deutsche Reich.[1])

§ 9.

I. Die Abfassung des Bürgerlichen Gesetzbuches ist in Druckwerken dargestellt, die als „Materialien" bezeichnet werden. Sie sind die unmittelbare Quelle zum Verständnisse des Werkes und zugleich der Abschluß der ihm vorangegangenen Entwickelung.[2])

II. Die sog. Vorkommission, die 1874 tagte, steckte dem Werke Maaß und Ziel. Sie empfahl eine Verschmelzung der oben besprochenen drei Rechtsgruppen, des deutschen, römischen und partikularen Rechts. Dabei wurde festgesetzt, daß es sich nicht um eine Neuschöpfung des Rechts handeln sollte, aber auch nicht um eine bloße Auswahl aus dem vorhandenen Stoffe.

III. Die sog. erste Kommission, die Schöpferin der Grundlagen des Werkes, bestand unter dem Vorsitze des Reichsgerichts-Präsidenten von Pape aus neun Praktikern und zwei Professoren, Windscheid und Roth, von denen Windscheid später ausschied, aber durch sein Pandektenwerk auch nachher einen bedeutenden Einfluß auf den Gesetzestext ausübte, Roth vertrat vorwiegend die Vollständigkeit

[1]) Vgl. Bierhaus, Die Entstehungsgeschichte des Entwurfes eines Bürgerlichen Gesetzbuches für das Deutsche Reich 1888 Heft 1 der Beiträge zur Erläuterung und Beurtheilung des Entwurfes von Bekker und Fischer. Vgl. auch das Vorwort der K.Prot. Achilles, Einleitung, von Buchka, Einleitung, Cosack 24 ff., Denkschrift 1 ff., Eck, Vorträge 1 ff., Endemann § 1, Engelmann 12 ff., Enneccerus 5 ff., Fischer, Handausgabe, Einleitung XVI ff., Gareis, Einleitung XV ff., Hölder. 6 ff., Leske 1 ff., Philler 1, Planck 4 ff., Rehbein, Vorwort III ff., Weyl 16 ff.

[2]) Vgl. Haidlen, Bürgerliches Gesetzbuch nebst Einführungsgesetz mit den Motiven und sonstigen gesetzgeberischen Vorarbeiten. 5 Bände. Berlin, Stuttgart, Leipzig. Kohlhammer 1897 ff. Mugdan, Die gesammten Materialien zum Bürgerlichen Gesetzbuch. 5 Bände. Berlin 1899 ff. Deckers Verlag.

in der Berücksichtigung der Partikularrechte. An Stelle eines ausscheidenden Praktikers wurde Professor Mandry Mitglied der Kommission. Sie trat am 17. September 1874 zusammen und stellte das Werk in drei Stufen her: in der Ausarbeitung der fünf Theilentwürfe, die den fünf Büchern des Gesetzbuches entsprechen, den Plenarberathungen vom 1. Oktober 1881 bis Ende Dezember 1887 und der Schlußredaktion, die am 31. Januar 1888 als „Entwurf eines Bürgerlichen Gesetzbuches für das Deutsche Reich" veröffentlicht wurde.

Die Verfasser der Theilentwürfe sind Gebhard, dessen hervorragende Verdienste um den allgemeinen Theil für die vorliegende Schrift grundlegend geworden sind, von Kübel, Johow, Planck und von Schmitt; neben ihnen standen sechs Hülfsarbeiter, unter denen Achilles hervorzuheben ist.

Da der Verfasser des zweiten Theiles vor dessen Vollendung starb, so füllte man die daraus entstandene Lücke des Werkes durch den im vorigen Paragraphen erwähnten Dresdener Entwurf.

Die Berathungs-Protokolle sind auf 12 309 metallographirten Folioseiten zwar nicht veröffentlicht und daher sehr schwer zugänglich, werden aber nicht mehr, wie das wohl anfangs beabsichtigt sein mochte, geheim gehalten.

Die dem Gesetzentwurfe beigefügten Motive (fünf Bände) sind „Privatarbeiten" der Hülfsarbeiter und der Redaktoren, die aber dadurch, daß sie (aus den metallographirten Protokollen) Gedanken veröffentlichen, die auf den Gesetzbuchsinhalt von Einfluß waren, eine mehr als private Bedeutung besitzen.

IV. Die Litteratur zum ersten Entwurfe hat sehr hohe Bedeutung erlangt,[1]) theils durch ihre überraschende Reichhaltigkeit, theils durch die Stellung, die sie zu dem Werke einnahm. Am

---

1) Vgl. Mühlbrecht, Die Literatur des Entwurfes eines Bürgerlichen Gesetzbuches. Berlin. Puttkammer & M. seit 1892. Eine Uebersicht über einen Theil dieser Litteratur vom Verfasser dieser Schrift erschien in v. Kirchenheims Centralblatt für Rechtswissenschaft und in einer zusammenhängenden Darstellung für das niederländische Rechtsgeleerd Magazijn. Diese ist in Marburg (Elwert'sche Buchhandlung) in der Form von drei Abhandlungen veröffentlicht: 1. Der Entwurf eines Bürgerlichen Gesetzbuches für das Deutsche Reich und seine Beurtheilung; 2. die besonderen Rechtszweige im Entwurfe eines Bürgerlichen Gesetzbuches für das Deutsche Reich und 3. die Vollendung des Deutschen Bürgerlichen Gesetzbuches, 1891, 1892, 1897, vgl. ferner Reatz, Die Literatur über den Entwurf eines Bürgerlichen Gesetzbuches für das Deutsche Reich, Leipzig, 1895.

Schärfsten verwarf Gierke, der Entwurf eines Bürgerlichen Gesetzbuchs und das Deutsche Recht, Leipzig, 1889, das Werk. Auch A. Menger, das bürgerliche Recht und die besitzlosen Volksklassen, Tübingen, 1890, tadelte es sehr hart aus Rücksicht auf die ärmeren Volksklassen. Ueberhaupt erlangte es in den Kreisen der Wissenschaft wenig Billigung.

Dagegen nahmen die „Gutachten aus dem Anwaltsstande, über die erste Lesung des Entwurfs eines Bürgerlichen Gesetzbuches“, herausgegeben im Auftrage des Deutschen Anwalt-Vereins, Berlin, 1888 ff., die sich im Wesentlichen auf Einzelheiten richten, dem Gesammtwerke gegenüber eine freundliche Haltung ein.[1])

Hervorzuheben sind namentlich Bekker und Fischer, Beiträge zur Erläuterung und Beurtheilung des Entwurfs eines Bürgerlichen Gesetzbuches für das Deutsche Reich, Berlin und Leipzig, 1888 ff.

Eine sachlich geordnete (freilich zum Theil etwas knapp gehaltene) Uebersicht über die wichtigsten Kritiken des Entwurfes ist in 6 Bänden vom Reichsjustizamte verfaßt und unter dem Titel „Zusammenstellung der gutachtlichen Aeußerungen zu dem Entwurfe eines Bürgerlichen Gesetzbuches“ veröffentlicht.[2])

V. Die zweite Lesung wurde nach Pape's Tode von einer neuen Kommission seit dem 15. Dezember 1890 bearbeitet, deren Vorsitzende Bosse, Hanauer und Nieberding waren; neben Letzterem führte Küntzel vielfach den stellvertretenden Vorsitz. Das Generalreferat hatte Planck. Der Kommission gehörten die überlebenden Angehörigen der ersten Kommission neben neuen Mitgliedern an, daneben außerordentliche Theilnehmer aus dem Parlamente.

Die Arbeiten dauerten vom 1. April 1891 bis zum 19. Juni 1895. Die Protokolle sind veröffentlicht.[3]) Ihr Hauptinhalt wurde schon während der Arbeit in wissenschaftlichen Zeitschriften abgedruckt.

---

[1]) Auch der Verfasser dieser Darstellung hat sich in den oben angegebenen Schriften und bei andern Gelegenheiten für die Beibehaltung der Grundlagen des Entwurfes erklärt.

[2]) Vgl. auch die Bibliographie des bürgerlichen Rechts. Verzeichniß von Einzelschriften und Aufsätzen über das im Bürgerlichen Gesetzbuch für das Deutsche Reich vereinigte Recht (1888—98) von Dr. jur. Georg Maas, Bibliothekar bei dem Reichsgericht.

[3]) Protokolle der Kommission für die zweite Lesung des Entwurfs des Bürgerlichen Gesetzbuches. Im Auftrage des Reichsjustizamts bearbeitet von Achilles, Gebhard und Spahn. Berlin, 1897—99. 7 Bde.

Eine zusammenstellende Vergleichung der beiden Lesungen enthält Reatz, die zweite Lesung des Entwurfs eines Bürgerlichen Gesetzbuches für das Deutsche Reich unter Gegenüberstellung der ersten Lesung, Berlin, Heymanns Verlag, 1892 ff.

Nach der Veröffentlichung der zweiten Lesung fand im Oktober eine Revisionslesung statt.

Eigenthümlich ist dieser zweiten Lesung das Streben nach einem volksthümlicheren Stile, die stärkere Rücksicht auf altdeutsche und preußischen Rechtssätze gegenüber den Vorschriften des römischen Rechts, endlich eine noch schärfere Betonung des legislativ-politischen Elements in der Angabe von Gründen für den Gesetzestext, (vgl. namentlich die unter VII erwähnte Denkschrift).

VI. Der Bundesrath nahm an der Vorlage mehrfache Aenderungen vor, die unter anderm auch das Vereinsrecht und das internationale Privatrecht betreffen.

Motive dieser Aenderungen sind nicht veröffentlicht.

VII. Die Reichstagsvorlage vom 17. Januar 1896 (vielfach ungenau die dritte Lesung genannt) ist begleitet von einer „Denkschrift zum Entwurfe eines Bürgerlichen Gesetzbuchs,“ Berlin, 1896, die (allerdings in ungleichmäßiger Weise) die Hauptgrundzüge des Gesetzbuches aus ihren Zwecken zu rechtfertigen sucht.

VIII. Die Reichstagsberathungen verliefen zunächst im Plenum (in den Sitzungen vom 3.—6. Februar 1896), sodann in den drei Lesungen einer Kommission unter dem Vorsitze Spahn's, zuletzt wieder im Plenum. Das Gesetzbuch wurde hierbei in einer Reihe von Punkten abgeändert und ergänzt.

Der Bundesrath stimmte den Reichstagsbeschlüssen am 9. Juli 1896 zu.[1])

IX. Die Verkündung des Gesetzbuches erfolgte unter dem Datum vom 18. August 1896 im Reichsgesetzblatte vom 24. August 1896.

---

[1]) Der Bericht der Reichstags-Kommission über den Entwurf eines Bürgerlichen Gesetzbuches und die Reichstags-Berathungen über den Entwurf sind von der Guttentag'schen Verlagsbuchhandlung veröffentlicht.

b) Das Geltungsgebiet des deutschen bürgerlichen Rechtes.[1])

α) Die gleichzeitige Kraft anderer Rechtsordnungen neben dem bürgerlichen Gesetzbuche.

αα) Auswärtiges Recht neben dem einheimischen.[2])

§ 10.

I. Staatsgebiet und Rechtsgebiet. Jeder Staat hat ein Gebiet. Auch die Wandervölker beherrschen ein solches in jedem Augenblicke. Aber die Befehle des Staats reichen über dies Gebiet hinaus. Soweit sie sich an Obrigkeiten richten, ist ihnen freilich das Ausland unmittelbar verschlossen. Das Verhalten der Einzelnen kann aber aus Achtung oder Scheu vor der inländischen Staatsgewalt auch im Auslande vom einheimischen Rechte beeinflußt sein. Selbst die Staatsgewalt des Auslandes kann aus Rücksicht auf Gegenseitigkeit durch inländische Einflüsse bestimmt werden.[3]) So setzt sich an das inländische Gebiet des einheimischen Rechtes eine auswärtige Einflußsphäre an, deren Grenzen nicht genau abgesteckt werden können.

Umgekehrt legt sich die Gesetzgebung eine Selbstbeschränkung im Inlande auf, wenn sie das Gebiet ihrer Vorschriften einengt. Nach vier Richtungen ist dies möglich: nach Personen, Sachen, Beziehungen unter Personen oder Sachen (Rechtsverhältnissen) und nach Ereignissen.

Während das Recht also seine Vorschriften in der Regel neuerdings auf Landgebiete erstreckt, kann es als Ausnahme innerhalb der Landgebiete seine Kraft auf gewisse Gruppen von Thatbeständen beschränken und andere Gruppen einem fremden Rechte überweisen,

---

[1]) Den Gegenstand der folgenden §§ 10—14 behandelt ein zugleich mit dieser Schrift entstandener Aufsatz des Verfassers im holländischen „Rechtsgeleerd Magazijn" 1899. §§ 15 ff.: Die Ergänzung des deutschen Bürgerlichen Gesetzbuches durch neuere Reichsgesetze.

[2]) K.Prot. VI, 1 ff. Eine eingehende Darstellung dieses Rechtszweiges wird in Guttentags Sammlung von Einzeldarstellungen des Bürgerlichen Gesetzbuches von Niemeyer veröffentlicht werden, vgl. auch Barazetti. Das internationale Privatrecht im Bürgerlichen Gesetzbuche für das Deutsche Reich. Hannover 1897. Bendix, 14 ff., von Buchka, 2 ff., Dernburg, Pand. 97 ff., Endemann, 63 ff., Enneccerus, 80 ff., Heilfron, § 8, Kuhlenbeck, 46 ff., Leske, 10 ff., Matthiaß, 42 ff., woselbst Anm. 2 weitere Litteraturangaben zu finden sind, Riedner, 10 ff., Reatz, II 475 ff., Regelsberger, 161 ff., Wanjeck, 4 ff.

[3]) Hierauf beruhen namentlich Art. 27, 28, 31.

das es für diese letzteren Gruppen gewisser Maßen adoptirt (K. Prot. VI, 1). Es liegt hier eine Coexistenz verschiedener Rechtsordnungen im selben Gebiete vor, d. h. ein Nebeneinanderstehen mehrerer Sätze in einem Gebiete mit verschiedenen Anwendungskreisen, die mit Unrecht in der Regel als „Kollision" oder Widerstreit bezeichnet wird. Wo z. B. ein Rechtssatz für Deutschland gilt und ein anderer für Ausländer, so liegt darin ebenso wenig eine Kollision, wie wenn ein Satz für Dienstbarkeiten neben einem solchen für Reallasten steht.

Ein derartiges Nebeneinanderstehen verschiedener Rechtsordnungen für verschiedene Gruppen von Thatbeständen gilt nicht blos für die Rechtsordnungen der ganzen Staaten, sondern auch für das Recht ihrer Theilgebiete.[1])

So kommt z. B. in Berlin neben dem preußischen Landrechte ebenso gut das englische Recht wie das gemeine als auswärtiges Recht in Betracht.[2])

Der erste Entwurf sprach von räumlicher Herrschaft der „Rechtsnormen",[3]) während es sich hier gerade darum handelt, im selben Raume verschiedene Rechtsordnungen wirken zu lassen, wie etwa die Zweige zweier benachbarter Büsche sich mit einander verschlingen. Der zweite Entwurf (Buch VI) sprach „von Anwendung ausländischen Rechtes.[4]) Es fehlte dabei der Zusatz: „neben inländischem in demselben Gebiete".

Das Einführungsgesetz hat schließlich jede Benennung der auf diese Verhältnisse bezüglichen Vorschriften vermieden.

Dem Völkerrechte gehört dieser Zweig nur insoweit an, als er den Schutz der Ausländer im Inlande betrifft. Eine Benachtheiligung der Inländer oder eine Bevorzugung der Ausländer dadurch, daß die Grenzen zwischen in- und ausländischem Rechte nicht beachtet werden, ist völkerrechtlich gleichgültig. Das Völkerrecht bindet auch nur

---

1) Zitelmann, Internationales Privatrecht, Leipzig. 1897, erwähnt daher neben dem internationalen ein interlokales, sogar ein interkonfessionales Privatrecht (895 ff).

2) Das Einführungsgesetz des Bürgerlichen Gesetzbuches unterscheidet nicht blos Deutschland vom Auslande, sondern auch verschiedene Staaten (7, 18, 17, 21), freilich in Rechtszweigen, in denen die deutschen Staaten jetzt im Wesentlichen ein einheitliches Recht haben. Von verschiedenen Gebieten (also auch desselben Staates) redet nur Art. 11.

3) Reatz 475.

4) Andere Benennungsvorschläge vgl. K.Prot. VI, 89.

die Staatsgewalt, nicht unmittelbar die untergebenen Richter oder Rechtsgenossen.[1])

Das „interlokale" und interprovinziale Recht ist dem Völkerrechte völlig gleichgültig.[2])

Eine Beziehung zu dem Völkerrechte ist übrigens insoweit hergestellt, als das Vergeltungsrecht, dessen Umfang diesem Rechtszweige angehört, auch für das bürgerliche Recht bedeutsam sein soll, insoweit es auswärtigen Gesetzen die Gültigkeit verweigert.[3]) Es wird vom Reichskanzler mit Zustimmung des Bundesrathes ausgeübt.

II. Die Grundsätze über die Geltung des auswärtigen Rechtes neben den inländischen sind aus rechtsgeschichtlichen Gründen nach Zeit und Raum verschieden.[4]) Eine gesonderte Betrachtung verlangen die folgenden Hauptgesichtspunkte.

a) Auswärtige Ereignisse, namentlich Handlungen, die ohne Beziehungen zum Inlande sind, können sich dem inländischen Rechte nicht anpassen. Trotzdem kann das inländische Recht ihre auswärtigen Rechtsfolgen unbeachtet lassen. Durch solche Ausnahmevorschriften kann das Inland zum Asyl auswärtiger Schuldner werden, die ihre Lage durch Einwanderung verbessern (so Art. 12. 17, 4. 21). Wer z. B. im Auslande aus einer Schwängerung ungeachtet der exceptio plurium haftet, kann sich diese Einrede dadurch nachträglich verschaffen, daß er sich in das Gebiet des Bürgerlichen Gesetzbuches begiebt.[5])

---

[1]) Man nennt darum das Völkerrecht „überstaatlich" (Zitelmann, a. a. O. 35). Genauer wäre „außerstaatlich", denn die Geneigtheit einen Völkerrechtssatz zu befolgen, hängt durchaus von der Scheu vor dem Auslande ab. Darum ist sie leider bei schwachen Staaten mustergültiger als bei starken. Vgl. auch Beling, kritische Vierteljahrsschrift XII 277: „Völkerrecht und nationales Recht sind zweifellos zwei getrennte Welten."

[2]) K.Prot. 2 theilen ausdrücklich das internationale Privatrecht dem bürgerlichen Rechte und nicht dem Völkerrechte zu.

[3]) In diesem Sinne ist Art. 31 nach der sedes materiae einschränkend auszulegen.

[4]) Die Ansicht, daß jedes Rechtsverhältniß seiner Natur nach einen Sitz im Raume habe, ist dem Einführungsgesetze zum Bürgerlichen Gesetzbuche fremd. Es hat in Wahrheit dort seinen Sitz, wohin es der Gesetzgeber aus rechtspolitischen Gründen verweist.

[5]) Diese merkwürdigen Asylparagraphen veranlaßten zwei Entscheidungen des Reichsgerichts über die Haftung des Rheders für den Zwangslootsen (XXIX Nr. 25 und XVIII Nr. 7), K.Prot. VI, 42, auch die englische und amerikanische Jurisprudenz K.Prot. VI, 43.

Im Uebrigen unterliegen Ereignisse, die am Entstehungsorte wirksam sein sollen, dem Rechte dieses Ortes (locus regit actum).

Dies gilt überall da, wo die Grenzüberschreitung Auswärtiger ihnen und ihren Gläubigern gefahrlos sein soll und zwar im Wesentlichen auch nach dem Einführungsgesetz des Bürgerlichen Gesetzbuchs.

Wird das Ausland aufgesucht, um bei Geschäftsabschlüssen dem inländischen Rechte auszuweichen (also in fraudem legis), so erscheint eine Ausnahme geboten. Dem ist für Eheschließungen (Art. 13), Legitimationen und Kindesannahmen (Art. 22, 1) vorgebeugt. Jene müssen von Deutschen nach dem inländischen Rechte abgeschlossen werden, und für die Vornahme dieser gilt das deutsche Recht, wenn der Vater die Reichsangehörigkeit besitzt. Wo die böse Absicht, das deutsche Recht zu umgehen, klar ist, muß aber auch in andern Fällen 138 helfen, nach dem alle Geschäfte, die gegen die guten Sitten gehen, nichtig sind.[1])

Ereignisse im Auslande, die mit ihrer beabsichtigten Wirkung über die Grenze hinüberzielen, z. B. ein inländisches Grundstück belasten wollen, müssen sich dagegen dem inländischen Rechte anpassen. Dies ist hinsichtlich der Form solcher grenzüberspringender Geschäfte in Art. 11 aus Rücksicht gegen den Völkerverkehr nur für sachenrechtliche Geschäfte streng festgehalten, sonst aber preisgegeben worden.[2])

Daß die herrschende Lehre für den Inhalt der Schuldverhältnisse das Recht des Erfüllungsortes gelten läßt (worüber das Bürgerliche Gesetzbuch schweigt),[3]) läßt sich ebenfalls rechtfertigen, weil Parteien, die für ein thatsächliches Verhalten einen Rechtsschutz in einem bestimmten Gebiete anstreben, Anlaß haben, sich dem Rechte dieses Gebietes zu unterwerfen.[4])

b) Die Rechte der Einwandernden erlöschen an der Grenze dann (Art. 30), wenn ihr Inhalt „gegen die guten Sitten oder den Zweck eines deutschen Gesetzes" verstößt. („Schutz der Zwecktendenz

---

[1]) Zwei Parteien überschreiten z. B. die nahe Grenze, um bei einem Grundstückskauf die Kosten des gerichtlichen und notariellen Verkaufes (313) zu vermeiden.

[2]) Vgl. K.Prot. VI, 33. „Wo bestimmte Einrichtungen der freiwilligen Gerichtsbarkeit oder das Notariat unbekannt seien, werde die Einhaltung der in dem maßgebenden anderen Rechte vorgeschriebenen Formen oft unmöglich sein."

[3]) Ueber die ursprüngliche Vorlage vgl. K.Prot. VI, 39 ff., 44 ff.

[4]) Die Regel locus regit actum ist doppelsinnig. Es giebt einen locus, ubi actus fit und einen locus, wo er wirken will.

deutscher Gesetze" K.Prot. VI, 83.) Unter den guten Sitten müssen Sitten verstanden werden, die in Deutschland als gut gelten.[1])

Zu den Rechtsinstituten, die hiernach im Inlande schutzlos bleiben, gehört jedenfalls die Sklaverei, das bigamische Gattenrecht, wohl auch der klagbare Anspruch des Heirathsvermittlers u. dergl. Dahin gehören aber auch solche Rechte, die das Recht zwar nicht geradezu mißbilligt, aber nicht zuläßt, z. B. der usus an beweglichen Sachen und das Konventionalpfand,[2]) weil der Gesetzgeber bezweckt, das Verkehrsleben von der Rücksicht auf die Möglichkeit solcher Rechte zu befreien, indem er ihnen seinen Schutz verweigert.

Alle anderen Rechte bleiben bei der Grenzüberschreitung des Berechtigten oder des Rechtsgegenstandes gültig. Auch fest zugesicherte Rechtsvortheile, wie z. B. die Großjährigkeit, gehören dahin (Art. 7, 2, Art. 24, 3, Satz 1, 2. Hälfte).

c) Weitere Schicksale der unter inländischen Schutz gekommenen Rechte im Inlande. Die hiernach im Auslande entstandenen und im Inlande geduldeten Rechte können entweder nach der Einwanderung des Berechtigten oder des Rechtsgegenstandes unveränderlich (unwandelbar) sein oder im Inlande einer Unterwerfung unter das inländische Recht unterliegen.

Die Wandelbarkeit wird dann Grundsatz sein, wenn das Inland die Rechte der Auswärtigen mit denen der Einheimischen verschmelzen will (Grundsatz der Verschmelzung der einheimischen und der auswärtigen Rechte).

Dieser Grundsatz wird namentlich in der Regel gegenüber den auswärtigen Theilgebieten desselben Staates gelten. Er ist aber nach dem Einführungsgesetz zum Bürgerlichen Gesetzbuch auch für das Vermögensrecht anzunehmen, so daß z. B. der Schutz des Eigenthumes an dem über die Grenze gebrachten Koffer in Zukunft inländischen Rechtsregeln unterliegt; denn eine Verschmelzung des Vermögensverkehres der Inländer und der Ausländer ist dem neueren Rechte seit längerer Zeit eigenthümlich.

Für die Familienrechts-, Personenrechts- und Erbrechtsverhältnisse des Ausländers ist jedoch eine Unwandelbarkeit im Inlande beliebt worden, namentlich für die Fähigkeit der Erblasser, von gewissen Personen beerbt zu werden. Für diese Rechtsverhältnisse gilt nicht

---

[1]) Vgl. K.Prot. VI, 84.

[2]) Vgl. zu diesem Beispiele K.Prot. VI, 84.

das Territorialprinzip, sondern der Staatsangehörigkeitsgrundsatz (Art. 7, 14, 15, 16, 19, 20, 21, 23, 24), also ein System der Nichtverschmelzung oder in Ausnahmefällen nach Art. 27 der fakultativen Verschmelzung (beneficia non obtrudantur).

Das Familienleben wird hierdurch einer kosmopolitischen Vermischung entzogen und es wird dem Streben nach einer schärferen Sonderung der verschiedenen Nationen Rechnung getragen.[1])

Das Recht der Staatsangehörigkeit soll als „Personalstatut" gelten (K.Prot. 6).[2])

Der Inhalt der Familienrechte eines einwandernden Ausländers bleibt hiernach von der Grenzüberschreitung unberührt. Das Gleiche kann nicht gelten, wenn Staatsangehörige aus einem Theilgebiete ihres Staates in ein anderes ziehen und diese Theilgebiete verschiedenen Gesetzen unterliegen.

III. Das Peregrinenrecht oder Fremdenrecht ist von den Vorschriften über das Nebeneinanderstehen des einheimischen und auswärtigen Rechtes zu unterscheiden. Es enthält nicht, wie diese, Vorschriften zugleich für In- und Ausländer, sondern nur für letztere (vgl. über seinen Inhalt unten § 33).

In den gesetzgeberischen Grundgedanken, namentlich der zur Zeit beliebten Stellung zum Auslande hängen die beiden Rechtszweige allerdings eng zusammen.

ββ) Das alte Reichsrecht neben dem Bürgerlichen Gesetzbuche.[3])

§ 11.

I. Die Stellung des Bürgerlichen Gesetzbuches zum bisherigen Reichsrechte ist grundsätzlich eine ergänzende. Nach E.G. Art. 32 sollen die Vorschriften der Reichsgesetze fortgelten, insoweit nicht das Bürgerliche Gesetzbuch und das Einführungsgesetz das Gegentheil ergiebt. Hierdurch ist es möglich geworden, weite Rechtsgebiete des bürgerlichen Rechtes gänzlich unberührt neben dem neuen Gesetzbuche stehen zu lassen. Die Motive zum Einführungsgesetz 67 erwähnen „das Wechsel- und Handelsrecht und das dazu ge-

[1]) Nach französischem Vorbilde in Anlehnung an Wissenschaft und Praxis. K.Prot. VI, 15.

[2]) Ueber die Beziehungen der verschiedenen Rechtsordnungen deutscher Staaten zu einander vgl. K.Prot. VI, 5.

[3]) Enneccerus 8 ff., Riedner 82 ff., Weyl 28 ff.

hörige Rechtsgebiet (Binnenschifffahrt, Versicherung, Verlagsvertrag, Erwerbs- und Wirthschaftsgenossenschaften)", ferner „das Urheberrecht, das Recht des Patent-, Marken- und Musterschutzes". Als Grund für diese Zerreißung des Privatrechts wird namentlich darauf hingewiesen, daß die Reichsgesetze privatrechtliche und andere Bestandtheile enthalten, die sich schwer auseinanderreißen lassen. Wo dieses Bedenken nicht Platz griff, hat man jedoch nur einzelne Gesetze, z. B. die Volljährigkeitsbestimmung vom 17. Febr. 1875 (R.G.Bl. S. 71) dem Gesetzbuchstext einverleibt, ebenso das Gesetz, betreffend die vertragsmäßigen Zinsen, vom 14. November 1867 (B.G.Bl. S. 159), nicht aber das Gesetz, betr. den Wucher, vom 24. Mai 1880 (R.G.Bl. S. 109). (Vgl. Art. 47, woselbst nur § 3 aufgehoben ist.)

II. Einflüsse des Bürgerlichen Gesetzbuches auf den Inhalt des aufrecht erhaltenen Reichsrechtes. Durch das neue Gesetzbuch wird den fortgeltenden Reichsgesetzen (ebenso wie den weiterhin gültigen Landesgesetzen) insoweit der Boden entzogen, als sie sich auf das bisher geltende bürgerliche Recht stützen und mit dessen Aufhebung ihre Grundlage verlieren. Es hätte nahe gelegen, zu bestimmen, daß das neue bürgerliche Recht überall da an die Stelle des aufgehobenen treten soll, wo andere nicht aufgehobene Rechtsquellen auf dieses verweisen.[1]) Einen so allgemeinen Satz hat man jedoch nicht aufgestellt, vielmehr seinen Grundgedanken auf dem Wege der Kasuistik durchgeführt (Art. 32—54).

Sinngemäße Ausdehnungen dieser Vorschriften werden in jedem einzelnen Falle in Frage zu ziehen sein.

Die Anfügungen des neuen Reichsrechtes an das alte zerfallen in drei Gruppen:

a) Anpassung der neuen Terminologien des bürgerlichen Rechtes an Reichsgesetze, die noch die alte Redeweise erwähnen. So z. B. nach Art. 33 für die „Verwandtschaft" der Prozeßgesetze. Indem sie mit dem gleichen Ausdrucke des Bürgerlichen Gesetzbuches in Fühlung kam, sollte zugleich entschieden werden, daß dieser Begriff nicht die Beziehungen zwischen dem unehelichen Kinde und seinem Erzeuger umfassen soll (Motive z. E.G. S. 70). Terminologische Anpassungen betreffen weiterhin das Vormundschafts-

[1]) Vgl. hierzu jetzt auch Art. 87 des preußischen Ausführungsgesetzes zum B.G.B. und Art. 47 des preußischen Ausf.-Ges. zum Reichsgesetze über die Zwangsversteigerung.

recht (Art. 34, I, VII und VIII) und der Begriff des gesetzlichen Vertreters, einer Bezeichnung, die vielfach an Stelle einer älteren umständlicheren Redeweise treten soll (Art. 34, III und VI, 35, 36, II, V, VI, 37, 41), endlich auch die Ausdrücke, mit denen das Bürgerliche Gesetzbuch die Mängel der Eheschließung im Gegensatze zu älteren Gesetzgebungen kennzeichnet.

b) Sachliche Neuerungen des Bürgerlichen Gesetzbuches sind mehrfach vom Einführungsgesetze auf verwandte Gebiete des älteren Reichsrechtes hinübergeleitet worden. Dahin gehört die nunmehr der Ehefrau eingeräumte Stellung (vgl. Art. 36, 50), die neue Testamentsform, die in Zukunft vor den Bundeskonsulaten des Reiches beobachtet werden soll (Art. 38); das Eheschließungsrecht, das nunmehr auch auf die Eheschließungen im Auslande übertragen wird und auch bei Eheschließungen im Inlande zwar nicht völlig dem Bürgerlichen Gesetzbuche einverleibt worden ist, aber dennoch durch Umgestaltung des Reichsgesetzes vom 6. Februar 1875 ihm entsprechend umgewandelt werden mußte (Art. 46). Ebenso sind die Vorschriften des Gesetzbuches über Schadensersatz mit den aufrecht erhaltenen Bestimmungen des Reichshaftpflichtgesetzes in Einklang gebracht (Art. 42). Das Militärtestament, das dem Reichsmilitärgesetze verblieben ist, ist auf die Marine ausgedehnt worden (Art. 44). Endlich sind einige Sondervorschriften über kurze Verjährungen bei Witwen- und Waisengeldern aufgehoben worden (Art. 48, 49, 51), weil das allgemeine Recht der kurzen Verjährungen, wie es im Bürgerlichen Gesetzbuche steht, sie als überflüssig erscheinen ließ.

c) Einige Neuschöpfungen sind bei Gelegenheit der durchgreifenden Reform auf reichsrechtlichen Nachbargebieten des Bürgerlichen Gesetzbuches ins Leben gerufen worden. Dahin gehören einige Sonderbestimmungen über jugendliche Verbrecher (Art. 34, II), zu denen die Erneuerung des Familienrechtes Anlaß gab, die Bestrafung der unberechtigten Ausstellung von Inhaberpapieren (Art. 34, IV), wozu die Vorschriften des Bürgerlichen Gesetzbuches über Schuldverschreibungen auf den Inhaber anregten; ferner die neue Gestaltung der als unzulänglich empfundenen strafprozessualen Sondervorschriften über den Wohnsitz (Art. 35), dessen civilrechtliche Bedeutung im Bürgerlichen Gesetzbuch geordnet ist. Wenn endlich in Art. 52—54 auch einige Zweige des Reichsenteignungsrechtes (Entschädigungsgrundsätze und Vertheilungsverfahren) eine Regelung erhalten haben, so war hierfür weniger der Inhalt des neuen Gesetzbuches entscheidend, als vielmehr eine Lücke dieses Werkes, das das Enteignungsrecht der Landesgesetzgebung überläßt (Art. 109). Die neuen Vorschriften des Reichsenteignungsrechts (Art. 52ff.) sollen auf das Landesenteignungsrecht Anwendung finden, falls Letzteres nicht das Gegentheil bestimmt.

γγ) Das bürgerliche Landesrecht neben dem Reichsrechte.[1])

§ 12.

I. Das Machtverhältniß des Reichsrechtes zum Landesrecht beruht auf der Reichsverfassung vom 16. April 1871 (Art. 4). Hiernach hat das Reich eine sachlich beschränkte Gesetzgebungsgewalt, die durch Reichsgesetz vom 20. Dezember 1873 auf das bürgerliche Recht erweitert worden ist, und deren Bestimmungen dem Landesrechte vorgehen. Wo die Reichsgesetzgebung auf ihrem Zuständigkeitsgebiete Lücken läßt, da darf die Landesgesetzgebung einspringen.

II. Das Bürgerliche Gesetzbuch verdrängt grundsätzlich das bürgerliche Landesrecht (Art. 55). Die Motive nennen diesen Grundsatz „Kodifikationsprinzip" (Mot. zum E.G. S. 146). In Wahrheit deutet das Wort „Kodifikation" zunächst nur auf eine Aufzeichnung hin, nicht auf ihre Vollständigkeit, zumal es sich um eine Unifikation verschiedener zum größesten Theile bereits kodifizirter Rechte handelte.

III. Die Ausnahmen der Rechtseinigung, d. h. die Zweige des bürgerlichen Rechtes, die dem Landesrechte vorbehalten bleiben sind sehr zahlreich, Einführungsgesetz Art. 55ff. (sog. „Verlustliste der deutschen Einheit"). Ihre Aufzählung würde wegen des mangelhaften Zusammenhanges unter den einzelnen Stücken des wissenschaftlichen Werthes entbehren und nur den Gesetzestext wiederholen. Eine wissenschaftliche Würdigung dieses Abschnittes (3) des Einführungsgesetzes ist nur im besondern Theile möglich, um dessen einzelne Zweige es sich hier handelt. Die leitenden Gesichtspunkte bei der Ausscheidung einzelner Theile des bürgerlichen Rechtes aus dem Umfange des Reichsgesetzbuches waren verschiedene. Vor Allem sollte das öffentliche Recht der Einzelstaaten vom Reiche geschont werden, indem man ihnen die damit zusammenhängenden Zweige des bürgerlichen Rechtes überließ (vgl. Mot. III, 4ff., Mot. zum E.G. 33). Nicht ohne Bedeutung war auch die Gewohnheit, gewisse Rechtszweige von dem üblichen Systeme der Pandektenlehre auszu-

[1]) Enneccerus, 12ff., Leske, 18ff., Riedner, 116ff.

schließen, eine Nachwirkung der Spaltung des deutschen bürgerlichen Rechtes in einen romanistischen und einen germanistischen Theil. Andere Rechtsgebiete (z. B. das Wasserrecht Mot. III, 5, das Deich- und Sielrecht, Fischerei- und Jagdrecht, das Gesinderecht) sollten der Anpassung an die örtlichen Verhältnisse nicht entzogen werden. Die ursprünglich geplante völlige Ausschließung des Agrarrechtes und Forstrechtes vom Bürgerlichen Gesetzbuch hat man später auf einige wichtige Theile dieser Rechtsgebiete beschränkt (K. Prot. I, 614).

Für andere Rechtszweige, die früheren Wirthschaftszuständen entstammen, fehlte unserer Zeit der Beruf zur Gesetzgebung (vgl. Mot. III, 6). Dahin gehören Emphyteusis, Erbzinsrecht und Erbpachtrecht; auch die Lehen, so wie die Familienfideikommisse, die überdies mit dem öffentlichen Rechte zusammenhängen (Mot. z. E.G. 157, 158).

Endlich schienen umgekehrt manche in einer Entwicklung begriffenen Materien zur gesetzlichen Festlegung durch das Reich noch nicht reif. So z. B. die Rentengüter (Art. 62), das Versicherungsrecht (Art. 75), und das Verlagsrecht (Art. 76).

Auf einigen Gebieten sollen in Zukunft Reichsrecht und Landesrecht in eigenartiger Weise in einander greifen, z. B. bei Wildschäden (Art. 69, 70, 71) und im Gesinderechte (Art. 95).

IV. Eine Uebersicht über die verschiedenen bürgerlichen Gesetzesbücher im Deutschen Reiche, die hiernach für gewisse Rechtszweige fortgelten sollen, enthält die Denkschrift S. 450 ff.

Eine Berichtigung bezüglich des Kreises Meisenheim siehe bei Cosack.

Eine Karte des im Deutschen Reiche geltenden Privatrechts findet sich als Beilage zu Stammlers Institutionen-Uebungen. Leipzig 1896.

β) **Die Nachwirkungen des aufgehobenen Rechtes.**

αα) Die Kraft der Aufhebung gültiger Rechtssätze.[1])

§ 13.

I. Die Erörterung der allgemeinen Vorbegriffe über die zeitlichen Grenzen der Geltung der Rechte wird dadurch nöthig, daß die Uebergangsbestimmungen des Bürgerlichen Gesetzbuchs streng kasuistisch sein wollen und auch die Motive einer wissenschaftlichen Feststellung der leitenden Grundsätze ausdrücklich freie Bahn lassen. (Mot. 19 ff., Motive zum Einführungs-Gesetz 235 ff.)

---

1) Dernburg, Pand. 92 ff., Kuhlenbeck, 33 ff., Matthiaß, 33 ff., Regelsberger, 109 ff., 184 ff.

II. Die möglichen Formen einer Aufhebung gültiger Rechtssätze. Die Aufhebung eines Rechtssatzes kann ohne Rücksicht auf das Wohl der Betheiligten geschehen (so bei Eroberungen und Staatsumwälzungen). Hier fällt das beseitigte Recht sofort völlig weg.

Im geordneten Staatswesen erfolgt dagegen die Aufhebung der Gesetze in der Regel so, daß dabei das Wohl der Betheiligten so wenig wie möglich verletzt wird, damit die Rechtsordnung nicht aufgelöst, sondern verbessert werde. Dies ist nur möglich, wenn diese Umänderung nicht sofort und in jeder Hinsicht eintritt, sondern das Alte durch das Neue allmählich abgelöst wird.

Man kann diesen Uebergang die Nachwirkung der aufgehobenen Gesetze nennen, gewöhnlich nennt man ihr Gegentheil Rückwirkung, d. i. im weiteren Sinne der Eingriff des neuen Rechtes in die bei seiner Entstehung vorhandenen Rechtsverhältnisse.

Die Stärke dieses Eingriffes hängt durchaus vom Willen des Gesetzgebers ab. Eine zu weit gehende Rücksicht würde seine Fähigkeit zur Verbesserung des Rechtes lähmen, eine zu große Rücksichtslosigkeit ein ferneres Vertrauen auf den Bestand seiner Rechtsordnung erschüttern.

Art. 9 der preußischen Verfassung erklärt zwar das Eigenthum für unverletzlich und seine Entziehung oder Beschränkung nur gegen Schadensersatz für zulässig, doch ist dies nur cum grano salis zu verstehen (vgl. Mot. I, 24). Einen Schadensersatz wegen Einschränkung der Eigenthumsklage gegen Dritte, wegen Abkürzung der Verjährungsfristen oder wegen Entwerthung eines Heirathsvermittelungsbureaus wegen 656 wird Niemand ernstlich befürworten.

Wo der Gesetzgeber den verfassungsmäßigen Schadensersatz nicht gewährt, da darf ihn auch der Richter nicht gewähren.[1])

Wie weit daher der Gesetzgeber in dem Befehle einer Rückwirkung und in der Gewährung eines Schadensersatzes geht, hängt von seiner Bestimmung im einzelnen Falle ab. Das Maaß von Rücksicht, das er dabei den wohlerworbenen (richtiger den vorher erworbenen) Rechten der Einzelnen erweist, ist, wie die Rechtsgeschichte zeigt, von der Stärke der gesetzgebenden Gewalt, gegenüber den Einzelnen abhängig.

Völlig zwecklos erscheint im Zweifel die nachtheilige Rückwirkung eines Rechtssatzes auf die Folgen eines älteren Thatbestandes,

---

[1]) Vorschriften über diesen Punkt sind absichtlich vermieden. Mot. 24.

der schon abgeschlossen vorlag, ehe das neue Gesetz begann. Cod. I, 14, c. 7 (tempus regit actum). Auch wohlthätige Rückwirkungen dieser Art (z. B. die Gewährung des Adels an die Vorfahren eines dadurch Begünstigten vgl. auch Cod. V, 4 de nupt. c. 23 § 8) sind nur ausnahmsweise zweckmäßig. Es folgt dies daraus, daß das Gesetz das Verhalten der Einzelnen zu beeinflussen sucht (s. oben § 2) und dies nur für die Zukunft kann. Dagegen hat es einen guten Sinn, wenn das neue Recht auf den Inhalt früher entstandener Rechte einwirkt (vgl. v. Savigny, System VIII § 398 ff. S. 514 ff.), z. B. die neue Einschränkung einer Eigenthumsklage ebensowohl auf früher als auf später entstandene Eigenthumsrechte bezieht. Es entsteht nämlich eine Rechtsunsicherheit und Unklarheit, sobald dauernd dieselbe Art von Befugnissen (z. B. Eigenthum) bei Rechten älteren Ursprungs andern Regeln unterworfen sein soll, als bei Rechten, die erst unter dem neuen Gesetze entstanden sind.

Wo der Gesetzgeber die Frage, ob man die Scheu vor den wohl erworbenen Rechten höher stellen solle, als die oben genannte Rücksicht auf die Rechtseinheit, der Entscheidung des Richters überläßt, so wird dieser sie im einzelnen Falle nach freiem Ermessen beantworten müssen. Allgemeingültige Regeln über den Einfluß der neuen Gesetze auf den Inhalt der vorher erworbenen Rechte sind zwar oftmals von der Wissenschaft aufgestellt worden, aber mit Unrecht; denn es ist unmöglich, die beiden hier widerstreitenden Rücksichten mit Sicherheit gegen einander abzuwägen.

Vielmehr hat ebensowohl der Grundsatz der Einwirkung des neuen Rechtes auf den Inhalt der früher entstandenen Befugnisse seine Vorzüge und Nachtheile, wie das Gegentheil.

Die zwecklose Rückbeziehung des neuen Rechtes auf die Folgen der schon früher vorgefallenen Ereignisse wird daher im Zweifel zu verneinen sein, da man einem Gesetzgeber ebenso wenig wie jedem andern die Absicht einer zwecklosen Schädigung der Mitmenschen zutrauen darf. Im Uebrigen ist die Ansicht, daß der Richter hinsichtlich unvernünftiger Rückwirkungen über dem Gesetzgeber stehe und sie auch gegen dessen Willen außer Betracht lassen dürfe, heutzutage als völlig aufgegeben anzusehen.[1])

---

[1]) Vgl. Habicht in der am Eingange des folgenden Paragraphen angeführten Schrift S. 8.

ββ) Die Uebergangsbestimmungen für das Bürgerliche Gesetzbuch.[1])

§ 14.

I. Der Geltungsbeginn des Bürgerlichen Gesetzbuchs ist der 1. Januar 1900 (Art. 1). Für einzelne Theile des Gesetzbuches ist ausnahmsweise ein späterer Termin angeordnet, nämlich der Zeitpunkt, in dem in einem bestimmten Gebiete „das Grundbuch als angelegt anzusehen ist" (Art. 189, 1, 190, 191, 1, 192, Einschränkungen von Art. 1). Es sind dies Vorschriften, die ein Grundbuch voraussetzen und daher nicht eher gelten können, als bis ein solches vorliegt. (Motive zum Einführungsgesetz 271).

Unter dem Geltungsbeginn versteht auch das Bürgerliche Gesetzbuch nicht den Beginn einer ausschließlichen, sondern nur einer neben der Nachwirkung des älteren Rechtes wirksamen Geltung.

Das Maß der Nachwirkungen des grundsätzlich aufgehobenen Rechtes geben die Uebergangsbestimmungen des Bürgerlichen Gesetzbuches (Art. 153 ff.) an.

II. Allgemeine Grundsätze der Uebergangsbestimmungen sind absichtlich dem Gesetzestexte ferngeblieben.

Er enthält weder eine Anerkennung der oben aus dem Zwecke des Rechts gefolgerten Nachwirkung des alten Rechts hinsichtlich der älteren Ereignisse (vgl. Motive zum Einführungsgesetz 255), noch auch eine Antwort auf die Frage, ob der Inhalt der vorher erworbenen Rechte durch das Bürgerliche Gesetzbuch geändert werden soll.[2])

Dagegen giebt das Ausführungsgesetz eine Fülle einzelner Uebergangs-Vorschriften, die theils Bestätigungen, theils Abweichungen allgemeiner Regeln enthalten, ohne anzugeben, welche dieser Gruppen als Anwendung solcher Regeln anzusehen sind. Man würde sie ebenso gut durch Analogie verallgemeinern, wie als Grundlage eines argu-

---

[1]) Eine eingehende Darstellung dieses Rechtszweiges enthält Dr. Habicht, Die Einwirkung des Bürgerlichen Gesetzbuchs auf zuvor entstandene Rechtsverhältnisse. Jena 1899 (zugleich in Fischers Abhandlungen Band 3). Vgl. ferner Bendix 11 ff., Enneccerus 25 ff., Goldmann und Lilienthal 6 ff., Heilfron § 7, Kuhlenbeck 86 ff., Leske 7 ff., Matthiaß 36 ff., Müller und Meikel 6, Riedner 241 ff.

[2]) Vgl. Motive 22 ff. und Motive zum Einführungsgesetze 285 ff. Der dort (285) auf die Wissenschaft gezogene Wechsel kann nach den Ausführungen des vorigen Paragraphen nicht eingelöst werden.

mentum e contrario im Sinne von Ausnahmevorschriften behandeln können.[1])

So weit sie nicht ausreichen, bleibt es daher bei der bisherigen Schrankenlosigkeit des richterlichen Ermessens, insofern nicht die (von der Gesetzgebung im Zweifel gebilligten) Motive des ersten Entwurfes und des Einführungs-Gesetzes eine Auskunft über die Meinung der Verfasser des Gesetzbuches geben.

Es ist dies bei den einzelnen Gruppen der Uebergangsbestimmungen zu untersuchen.

III. Anwendungen der Regel tempus regit actum sind die Fortdauer der Volljährigkeitserklärungen des alten Rechtes (Art. 153), entsprechend über Testamentsmündigkeit Art. 215 (Motive zum Einführungsgesetz S. 310), ebenso die Todeserklärungen (Art. 158), des Erwerbes eines bestimmten Ranges unter den Rechten an fremder Sache (Art. 184), der Fortbestand der nach altem Rechte erworbenen Grunddienstbarkeiten (Art. 187, 1), der früher geschlossenen Ehe (198, 1), des bereits begründeten Kindesverhältnisses (Art. 207, 209), der durch einen Todesfall hervorgerufenen Erbrechtsverhältnisse (Art. 213), der letztwilligen Verfügungen (Art. 214), sowie der Erbverzichte (Art. 217).

Alle diese Bestimmungen sind Beispiele einer selbstverständlichen Regel. Darum vertragen sie kein argumentum e contrario, wohl aber eine entsprechende Ausdehnung.[2])

IV. Wahre Rückbeziehungen des neuen Gesetzes auf die Folgen früher vollendeter juristischer Thatbestände sind:

Die nichtigen oder ungültigen Ehen des älteren Rechtes (Art. 198, 2) sollen fortan vollgültig werden, wenn das neue Recht den Mangel, an dem sie leiden, als solchen nicht anerkennt.

Auch die vor der Geltung des neuen Rechts errichteten Testamente entmündigter Personen gewinnen in zwei Ausnahmefällen (§ 2230) eine durch das neue Recht angeordnete Convalescenz (Art. 215, 2).

Diese Ausnahmevorschriften vertragen keine Ausdehnung.

V. Nachwirkungen des alten Rechtes auf den Inhalt vorher begründeter Rechte sind mehrfach gewährt.

---

[1]) Vgl. über das Verhältniß der Analogie zum argumentum e contrario unten § 20.

[2]) Richtig z. B. Dernburg, das bürgerl. Recht des Deutschen Reichs und Preußens III, Sachenrecht, S. 302: Die Wintersaat des Jahres 1899 sichert im Gebiete des preußischen Landrechtes (I, 9, § 221) dem Pächter unbedingt das Eigenthum an der Frucht.

Unverändert bleibt hiernach die Rechtslage der für todt Erklärten (Art. 158), der Fortgang des einem Verschollenen gewidmeten Gerichtsverfahrens nach altem Rechte (Art. 161, 1),[1]) die Beschränkungen einer Person in ihrer Verfügungsgewalt (Art. 168 mit einer Ausnahme), der Verjährungslauf des alten Rechtes, falls dieser eher sein Ende erreicht, als derjenige des neuen (Art. 169 a. E.). (Eine Verkürzung der Verjährungen durch ein neues Gesetz will den Ablauf der Frist beschleunigen, nicht verzögern.) Im andern Falle gilt das neue Recht.[2])

Schuldverhältnisse bleiben unverändert (Art. 170), was sich bei Verpflichtungen aus Verträgen sehr wohl auf den muthmaßlichen Willen der Parteien zurückführen läßt.[3])

Für dingliche Rechte war wegen ihrer Dauerhaftigkeit das Gegentheil beabsichtigt (Motive 22), doch sind auch sie schließlich der Abänderung entzogen worden (Art. 184, Motive zum Einführungsgesetz 265). Unberührt bleiben ferner die Kraftloserklärung und Zahlungssperre gewisser Papiere (Art. 174, Satz 2) und das Recht der Dividendenscheine und der Coupons (Art. 175), ferner das schwebende Amortisationsverfahren bei Inhaber- und Legitimationspapieren (Art. 178), und die Kraft eingetragener Schuldverhältnisse gegenüber dritten Personen (Art. 179).

Alle diese Nachwirkungen sind im Sinne der Motive als der Ausdruck einer Regel anzusehen, da die Motive die im Zweifel vermiedene Rückwirkung im weiteren Sinne als jede Einwirkung auf bestehende Rechtsverhältnisse auffassen (Motive zum Einführungsgesetz 21).

Die Praxis wird schwerlich geneigt sein, dies zu übersehen, wenn auch den Motiven nur ein „Privatcharakter" beigelegt ist und sie gerade in der vorliegenden Frage eine allgemeine Entscheidung über den Umfang der zu vermeidenden Rückwirkung ablehnen.

---

[1]) Ein und dasselbe Verfahren nach zwei Gesetzbüchern zu erledigen, wäre deshalb verfehlt, weil die Gesetzbücher ihre einzelnen Vorschriften über die Theile eines Verfahrens nach einem für alle bestimmten Gesammtplane zu treffen pflegen; vgl. Motive zum Einführungsgesetz S. 238.

[2]) Vgl. hierzu Motive zum Einführungsgesetz S. 251: „Vor unvollendeten juristischen Thatsachen zieht ein neues Gesetz sich nicht zurück" und S. 253 unten.

[3]) Motiv 22 und Motiv zum Einführungsgesetz 255 rechtfertigen dies aus dem Einflusse der Privatautonomie auf das Forderungsrecht und dem engen Zusammenhange der Schuldverhältnisse mit ihrem Entstehungsgrunde.

VI. Ausschluß der Nachwirkung des alten Rechts auf den Inhalt der Befugnisse. Die Umgestaltungskraft des neuen Rechtes wird in den Motiven durchweg als Ausnahmeerscheinung gerechtfertigt, obwohl sie auch ebensogut als Regel hätte anerkannt werden können.

Dahin gehört namentlich die Beurtheilung der früher Entmündigten (Art. 155), und der Wiederverheirathungsrechte der Gattin eines für todt Erklärten (Art. 159), der Einfluß der Todeserklärung auf Familienrechtsverhältnisse nach Art. 160, der Einfluß der neuen Verjährungsfristen nach Art. 169 Abs. 2 Satz 1, die Umgestaltung gewisser Vertragsverhältnisse nach Art. 171 und 172, das Recht der Gemeinschaftsquoten Art. 173, der Schuldverschreibungen auf den Inhaber Art. 174 Satz 1, die volle Veräußerungsfähigkeit der außer Kurs gesetzten Inhaberpapiere Art. 176, die Fähigkeit bloßer Legitimationspapiere nach dem neuen Rechte (808) aufgeboten zu werden Art. 177, der Inhalt der Besitz- und Eigenthumsverhältnisse Art. 180, 181, 1. Was die Motive zum Einführungsgesetz für diese Ausnahme sagen, spricht für das Gegentheil der angenommenen Regel. Hierher gehört auch noch der Einfluß des neuen Rechts auf gewisse Ersitzungen Art. 189 Absatz 2, auf den Besitzschutz gewisser Dienstbarkeiten Art. 191, 2, auf den Inhalt der Grundschulden Art. 195, 1, die Lage ehelicher und unehelicher Kinder Art. 203, 208 und die Vormundschaftsverhältnisse Art. 210.

VII. Nachwirkung des alten Rechtes zum Schutze einzelner ihrer Art nach beseitigten Rechte. Während die Landesgesetze vielfach gänzlich unberührt gelassen sind, sind sie in andern Fällen zwar eingeschränkt und für zukünftig entstehende Rechte ausgeschlossen, aber dennoch für früher entstandene Befugnisse maßgebend geblieben. Hierher gehören die Vorschriften über die Realgemeinden und ähnlichen Verbände Art. 164; über die eingetragenen Vereine des bayerischen und sächsischen Rechtes Art. 165, 166, über die landschaftlichen und ritterschaftlichen Kreditkassen Art. 167, das Stockwerkseigenthum Art. 182, die pupillarische Sicherheit Art. 212, Ausnahmevorschriften des Pflichttheilsrechts Art. 216 und vor allem über das eheliche Güterrecht Art. 200 (Motive zum Einführungs-Gesetz S. 282). Auch das Nachbarrecht der Wälder soll nach Art. 183 keine Aenderung erleiden. (Vgl. auch Art. 189, 3.)

Diese Vorschriften tragen so sehr die Fassung von Ausnahmen, daß man daraus folgern kann: Alle ihrer Art nach beseitigten

Rechte fallen in der Regel weg, auch wenn sie vorher begründet waren.

Dieser Satz widerspricht zwar dem weiten Rückwirkungsbegriffe der Motive, ist jedoch mehrfach von ihnen als selbstverständlich vorausgesetzt.[1])

Wir werden daher auch Art. 184, nach dem die bisher bestehenden dinglichen Rechte ihrem Inhalte nach fortdauern sollen, auf solche Rechte beschränken müssen, die ihrer Art nach beibehalten sind.[2])

Ein usus an fahrender Habe und ein Vertragspfand kann hiernach die Schwelle des neuen Jahrhunderts ebenso wenig überschreiten, wie diese Rechte in Zukunft die Schwelle der Reichsgrenze werden überschreiten können (s. oben S. 26 Anm. 2).

VIII. Ein neues Sonderrecht für die früher erworbenen Rechte enthalten einige Vorschriften zur Erleichterung des Rechtsumschwunges.

So können z. B. alle ehelichen Güterstände, obwohl sie dem alten Rechte unterliegen, durch Vertrag neu geregelt werden Art. 200, 2, auch wenn dies nach dem sonst fortdauernden alten Rechte sonst nicht zulässig sein würde (Art. 200). In ähnlichem Sinne wollte das Gesetzbuch bei Miethsverträgen das neue Recht zwar nicht unbedingt aufdrängen, es verlangt aber von den Parteien eine Kündigung, wenn sie diesem Rechte ausweichen wollen (Art. 171). Das Gleiche gilt auch für Pacht- und Dienstverhältnisse. (Bei diesen häufigen Erscheinungen des täglichen Lebens, die auch Dritten gegenüber von Bedeutung sind, ist es oft zweifelhaft, ob die Parteien wirklich für den Fall einer Rechtsänderung die Fortdauer des bisherigen Sachverhaltes begehren oder mit der neu gestalteten Rechtsordnung gleichen Schritt halten wollen.)

Gesetzlichen Pfandrechten soll durch landesherrliche Gnade eine Befreiung vom Eintragungszwange zugänglich werden (Art. 188). Hierher gehört auch ein Besitzschutz, der ausnahmsweise nichteingetragenen Dienstbarkeiten gewährt ist (Art. 191 a. E.). Eine gesetzliche Umwandlung gewisser Grundstückspfänder in eigenartiger Weise soll die allzu große Mannigfaltigkeit dieser Rechtsformen in Zukunft beschränken (Art. 192, 193, 195, 2). Das Gleiche gilt für gewisse Bevormundungsformen (Art. 210 Satz 2 und 3). Art. 196 bezieht

[1]) Vgl. Motive z. E.G. 288, 296, 302, 303, 304.

[2]) A. M. Dernburg, Sachenrecht S. 453.

sich vornehmlich auf Stockwerkseigenthum und Erbpacht und macht es dem Landesrechte möglich, diese Ausnahmeerscheinungen mit den Grundgedanken des neuen Gesetzbuches in Einklang zu bringen.

Man kann in allen diesen Fällen von eigenthümlichen Neuwirkungen reden (einem Mittelwege zwischen den Härten entgegengesetzter Grundsätze).

IX. Ausnahmen von der durch Sondervorschrift zugelassenen Rückwirkung sind im Bürgerlichen Gesetzbuch nicht anerkannt. Die verbreitete (nicht unangefochtene) Lehre, daß authentische Interpretationen im Zweifel zurückwirken sollen, ist absichtlich nicht aufgenommen (Mot. 23), ebensowenig, wie der römische Satz, daß die angeordnete Rückwirkung keine Fälle berührt, die bereits durch Urtheil, Vertrag oder Schulderfüllung erledigt sind.

II. Die Wissenschaft des Deutschen bürgerlichen Rechtes.

1. Die allgemeinen Aufgaben der Rechtswissenschaft in ihrer Beziehung zum Bürgerlichen Gesetzbuch.[1]

a) Der Stoff der Rechtswissenschaft.

α) Uebersicht über die Rechtsquellen.

αα) Die Quellen der Rechtswissenschaft.

§ 15.

I. Die Quellen des Rechtes sind von den Quellen der Rechtswissenschaft (den Rechtserkenntnißquellen) zu unterscheiden, d. i. den Spuren einer Rechtserzeugung.

Jede Rechtserzeugung enthält die Herstellung eines Rechtsgedankens und die Beleihung dieses Gedankens mit verbindlicher Kraft. Die Wissenschaft beachtet beide Erzeugungsakte als wichtig, weil in der Erhebung eines fremden Gedankens zum Gesetze zugleich die Billigung eines Inhaltes liegt, selbst wenn dabei eine geistige Aneignung nicht stattfindet.[2] Hierauf beruht der Werth der sog. Materialien des Bürgerlichen Gesetzbuches.

---

[1]) Vgl. zu dem Folgenden des Verfassers: Institutionen des römischen Rechts. Leipzig 1894. S. 10ff. Regelsberger 82 ff.

[2]) Vgl. R. Leonhard, Der Erbschaftsbesitz. 1899. S. 4.

II. Obere und tiefere Quellen. Bei beidem, dem Gesetzesinhalte und seiner Sanktion, giebt es hinter der Oberfläche der letzten Vollendung tiefere Quellen, die, wenn man sie aufwärts verfolgt, in der allgemeinen Rechtsgeschichte und der davon nicht trennbaren allgemeinen Weltgeschichte sich nach allen Seiten hin verlieren. Die Aufgabe der Rechtswissenschaft geht hier zwar nicht in das Unendliche, wohl aber bis zu einer Anknüpfung ihrer Ergebnisse an die Lehren der allgemeinen Geschichtswissenschaft, die mit ihr in Wechselwirkung steht.

Zu diesen tieferen Quellen rechnet man die „Natur der Sache". Unter ihr versteht man zwei ganz verschiedene Dinge, nämlich:

a) Die unwandelbare Natur der Sache, das sind die Grenzen, die der Macht des Gesetzgebers von den Naturgesetzen gestellt sind, z. B. die Unmöglichkeit, eine juristische Person ohne Verwalter aufrecht zu erhalten oder an der Luft- und Wasserwelle Eigenthum zu gewähren. Die Einschaltung derartiger Thatsachen in die Gesetzestexte, die sie als selbstverständlich verschweigen, ist Aufgabe der Wissenschaft.

Der Inhalt dieser „Natur der Sache" ist stärker als der Wille des Gesetzgebers.

b) Eine wandelbare „Natur der Sache" liegt in den Schutzbedürfnissen der Einzelnen und dem Bedürfnisse der Gesammtheit, einen entsprechenden Schutz zu gewähren. Diese Bedürfnisse klären im Zweifel den dunkeln Sinn einer Gesetzesvorschrift auf. Die wandelbare Natur der Sache hängt von der Zeit ab, in der sie eine Rechtsbildung beeinflußt hat.[1]) So kann das Bürgerliche Gesetzbuch nur aus den Bedürfnissen unserer Zeit erklärt werden. Eine in ihrem Inhalte über Zeit und Raum erhabene Natur der Sache in diesem Sinne giebt es nicht, wenn auch gewisse allgemeine Gruppen von Schutzbedürfnissen sich innerhalb der Geschichte immer wiederholen, und ein bleibender Kern in den wandelbaren Anschauungen über die Gebote der Sittlichkeit nicht bestritten werden kann.

III. Geschriebene und ungeschriebene Quellen der Rechtserkenntniß sind nicht gleichbedeutend mit geschriebenen und ungeschriebenen Formen der Rechtserzeugung. Geschriebene Gesetze können mündlich überliefert und Gewohnheitsrechte aufgezeichnet werden. Der Ausdruck: „geschriebenes Recht" ist daher zweideutig.

---

[1]) Nach K.Prot. VI, 8 können aus dieser „Natur der Sache" keine Rechtssätze abgeleitet, sondern nur Anhaltspunkte für die gesetzgeberische oder gewohnheitsrechtliche Ausgestaltung des Rechts gewonnen werden.

ββ) Die Quellen der Rechtserzeugung.[1])

§ 16.

I. Die allgemeinen Gesetze der Rechtserzeugung sind auch für das Verständniß des B.G.B. wichtig.

Die Beschaffenheit der Rechtserzeugungsquellen bestimmt den Umfang der Erkenntnißquellen, da diese die Spuren jener sind.

Auch hier unterscheiden wir in dem Verlaufe der Rechtserzeugung das letzte Ereigniß (z. B. die Publikation des Bürgerlichen Gesetzbuchs) von den vorhergehenden Ereignissen.

Wir müssen hierbei die Erzeugungsstellen von den Erzeugungsthatsachen (-ursachen) sondern. Beide nennt man Rechtsquellen.

II. Die Erzeugungsstellen eines neuen Rechtsgedankens:

a) Das Volksleben kann einen Gedanken nicht blos sanktioniren (z. B. die Aufnahme der fremden Rechtsbücher), sondern auch in sich entwickeln. Dies ist die regelmäßige Bildung des Gewohnheitsrechtes.

b) Das freie Ermessen der Rechtsverständigen kann

α) in der Praxis entweder ein neues Gewohnheitsrecht anbahnen (wobei die Rechtspflege als Theil des Volkslebens erscheint), oder auch kraft gesetzlicher oder gewohnheitsrechtlicher Ermächtigung einen allgemeinen Satz in besondere Anwendungen zergliedern. So wird z. B. in Zukunft 138 (Verbot der Geschäfte gegen die guten Sitten) nach seinem Inhalte entwickelt werden müssen.

β) Die Wissenschaft verfährt im Allgemeinen mit den Gruppen der Lebenserscheinungen ebenso wie die Praxis mit den einzelnen Fällen. Daher kann auch sie Gewohnheitsrechtsbildungen anregen, wenn auch nicht vollenden. Ferner kann auch sie aus allgemeinen Sätzen durch Zergliederung ihres Inhaltes besondere Regeln entwickeln und so den Gedankenstoff des Rechtes vermehren.

Diese Erzeugungen eines neuen Gedankeninhalts bedürfen immer noch einer besonderen Sanktion. Die letztere steht ausschließlich dem Gesetzgeber oder der rechtsbildenden Gewohnheit zu (s. unten).

III. Die Erzeugungsursachen der Rechtssätze zeigen sich uns in einer Entwicklungsreihe, die bei der Quellenauslegung rückwärts zu verfolgen ist, um den Sinn des Ausgelegten zu finden:

a) Der oberste Ausgangspunkt ist die menschliche Naturanlage.

---

1) Dernburg 50 ff., Matthiaß 13 ff., Regelsberger 82 ff.

Aus dieser entwickeln sich

b) die rechtsbildenden geschichtlichen Ereignisse,[1]) nämlich die Einzelbedürfnisse und die Bedürfnisse der Staatsgemeinden.

c) Diese Bedürfnisse nach einem Rechtsschutze rufen in den rechtsbildenden Gewalten Zweckgedanken[2]) hervor, die sich auf irgend eine Förderung menschlichen Wohlbefindens richten.

d) Diese erzeugen wieder die eigentlichen rationes juris (Rechtsgrundsätze), d. h. die Feststellung der Art und Weise, in der ein Einfluß auf das menschliche Verhalten im Dienste der Zweckgedanken anzustreben ist. Sie enthalten den Ausführungsplan der Zweckgedanken.

Dieses Entwicklungsglied, d. h. die Vorstellung des vom Gesetzgeber angestrebten Einflusses wird zuweilen unter dem Namen „Prinzip" oder „Rechtsprinzip" als der eigentliche Ausgangspunkt (principium) der Rechtsbildung angesehen, während es in Wirklichkeit nur ein Durchgangsmoment und ein Ergebniß der noch tiefer liegenden wahren Ausgangspunkte der Rechtsbildung darstellt. Ein ungenügendes Eindringen in die Tiefe der Vorbedingungen des Rechts ist namentlich der ersten Lesung des Entwurfs vielfach zum Vorwurf gemacht worden;[3]) jedoch nur an einzelnen Punkten, nicht durchweg mit Recht.

e) Die Gesetzestexte und die rechtsbildenden Gewohnheiten sind das Endergebniß dieser Entwicklungsreihe. Sie erscheinen als die Mittel zur Verwirklichung des in den rationes juris liegenden Rechtserzeugungsplanes, der wiederum seinerseits dem Zweckgedanken dient und damit mittelbar den menschlichen Bedürfnissen.[4])

---

[1]) Geschichte und Natur sind freilich keine Gegensätze. Die Geschichte ist vielmehr nur die Betheiligung der menschlichen Natur in Raum und Zeit.

[2]) „Zwecktendenzen" K.Prot. VI 83.

[3]) Vgl. namentlich E. Ehrlich in der Zeitschrift: Unsere Zeit. Leipzig 1890. S. 24 ff.

[4]) Beispiel: Das S. C. Macedonianum beruht auf der ratio juris, Darlehne an Haussöhne zu verhindern; dadurch sollte der Zweckgedanke einer Abwehr des Sittenverfalls verwirklicht werden. Die Ursachen des römischen Sittenverfalls sind also die Quelle des Macedonianum. Das neuere Recht trieb dagegen zur Befreiung großjähriger Kinder von der väterlichen Gewalt und zur Geschäftsunfähigkeit der Minderjährigen. Das Volksbedürfniß, Hauskinder vor leichtsinnigen Schulden zu schützen, war hiernach auch schon ohne das Macedonianum befriedigt, dies führte zu dem Zweckgedanken, Darlehn an Hauskinder freizugeben und zu der ratio juris der Aufhebung dieses Senatsschlusses durch das Bürgerliche Gesetzbuch, die es sodann verwirklichte, indem es über diesen Rechtszweig schwieg.

IV. Der Volkswille wird vielfach als oberste Rechtsquelle genannt. Unrichtig ist dies nur insofern, als darunter der Mehrheitswille verstanden wird, der nur zu gewissen Zeiten und immer nur unter besondern Bedingungen eine rechtsbildende Kraft gehabt hat. Versteht man aber unter Volkswille das Gesammtergebniß aller Einzelwillen, so ist dies nur ein anderer Name für die thatsächliche Staatsgewalt, die das Recht unter ihren Schutz nimmt und dadurch zum Rechte macht. Diese Gewalt beruht im despotischen Staate, wie im freien, auf dem Gehorsame ihrer Werkzeuge und auf der dadurch bedingten Unterwerfung der übrigen Masse unter ihre Anordnungen, also durchaus auf der Seelenstimmung von Volksgliedern, die man in ihrer Gesammtheit Volkswille nennen kann. So richtig verstanden ist die Lehre von der Kraft des Volkswillens wichtig, weil sie dazu nöthigt, die Staatsgewalt auf ihrer wahren Grundlage anzuschauen und nicht als eine von der Beschaffenheit des Volkes unabhängige und losgelöste Größe aufzufassen.

Aber auch jeder einzelne Rechtssatz läßt sich als Volkswille bezeichnen. Wie wir in der Seele des Einzelnen nur solche Gedanken „Willen" nennen, die entgegengesetzte Anschauungen überwinden und eine That nach sich ziehen, so sind auch im Volke nur solche Gedanken als Willen des Volkes anzusehen, die den Widerstand anderer Meinungen siegreich überwinden und einen Gesetzgebungsakt und eine Gewohnheitsrechtsbildung hervorrufen. Es gilt dies für Staaten ohne Volksvertretungen nicht minder wie für konstitutionelle Gemeinwesen und für Republiken. In diesem Sinne ist auch das Bürgerliche Gesetzbuch ein Ausdruck des Willens des deutschen Volkes. Daß bei einer Erhebung zum Gesetze sein Inhalt der großen Masse fremd geblieben ist, ändert daran nichts; denn die Gleichgültigkeit, mit der die Menge neuen Kundgebungen des Volkswillens gegenüberzustehen pflegt, ist für das Schicksal dieser Kundgebungen bestimmend, sogar zuweilen eine Hauptursache ihres Erfolges. Eben darum ist das Ergebniß der Rechtserzeugung auch den theilnahmlosen Volksgenossen zuzurechnen.

Niemals aber ist der Volkswille die oberste Quelle der Rechtsbildung, sondern immer nur das Erzeugniß der Volksbedürfnisse, die ihn hervortreiben und seinen Inhalt nach der augenblicklichen politischen Lage bestimmen. Deshalb muß die Wissenschaft ihre Erläuterungen bis auf diese Bedürfnisse und ihre Ursachen zurückführen.[1])

[1]) Sehr schroff erklärt sich Cosack 41 dagegen, die Gesetze aus ihrer Entstehungsgeschichte zu erläutern. Es liegt darin übrigens ein wahrer Kern s. unten S. 50 Z. 13.

β) Die Rechtsquellen im Einzelnen.

αα) Die Gesetzestexte.[1])

§ 17.

I. Der Sprachgebrauch des Bürgerlichen Gesetzbuches. Lex bedeutet im allerweitesten Sinn jede verbindliche Festsetzung, z. B. auch die lex contractus, in einem minder weiten jede Rechtsnorm, d. h. jede als Rechtssatz verbindliche Regel, also auch das Gewohnheitsrecht (Art. 2).[2]) Namentlich umfassen die Landesgesetze in der Redeweise des Einführungsgesetzes zum B.G.B. durchweg auch das Landesgewohnheitsrecht. Im engeren Sinne bezeichnet Gesetz den gesprochenen oder geschriebenen Befehl der höchsten Staatsgewalt, sofern er für diese selbst verbindlich sein soll (eine feste Zusicherung gegenüber den Rechtsgenossen enthält).[3])

Die nicht in dieser Weise bindenden Vorschriften nennt man „Verordnungen".[4]) Sie können im konstitutionellen Staate, auch wenn sie aus der Zeit vor Erlaß der Verfassung stammen, vom Herrscher allein aufgehoben werden.[5]) In einem anderen Sinne heißen im konstitutionellen Staate alle solche Bestimmungen der obersten Stelle Verordnungen, welche der Herrscher allein erlassen und folgeweise auch aufheben darf. Dahin gehört:

a) das verfassungsmäßige Gebiet selbständiger Anordnungen des Landesherren;

b) von früheren Satzungen aus der Zeit der unumschränkten Herrschergewalt jede Anordnung, die nicht im Sinne einer für den Herrscher verbindlichen Zusicherung erlassen wurde, d. h. einen nicht verpflichtenden Inhalt haben sollte, z. B. bloße Rangordnungen.[6])

---

[1]) Bendix 1 ff., Cosack 32 ff., Dernburg 51 ff., Engelmann 16 ff., Heilfron § 2, Krückmann § 3, Kuhlenbeck 8, Leske 23 ff., Regelsberger 90 ff., Weyl 52 ff.

[2]) Vgl. Mot. 2 Einführungsgesetz zur Civilprozeßordnung § 12. Konkursordnung § 2. Strafprozeßordnung § 7. Verordnung, betr. die Begründung der Revision 28. Sept. 1879 (R.G.Bl. 299) § 13.

[3]) Motive 2 die „staatliche Rechtssatzung".

[4]) Vgl. Jellinek, Gesetz und Verordnung 1887 und dazu Bergbohm, Jurisprudenz und Rechtsphilosophie S. 41.

[5]) Art. 5, 17, Reichsverfassung, Art. 62, Preußische Verfassung.

[6]) Man unterscheidet daher, je nachdem sie Rechtssätze enthalten oder nicht, die Verordnungen in Rechtsverordnungen und Verwaltungsverordnungen vgl. z. B. Engelmann 18.

Ausgeschlossen sind im Verfassungsstaate aus dem Kreise der Verordnungen alle Gesetze „im formellen Sinne", d. h. alle Verfügungen, die mit Zustimmung der Volksvertretung ergangen sind Diese können auch nur mit ihrer Zustimmung beseitigt werden.[1])

In der Regel versteht man heutzutage unter Gesetzen im Gegensatz zu dem Gewohnheitsrechte nur die Gesetzestexte, d. h. die in geschriebener Form verkündeten und vorliegenden Rechtssätze.

Die blos gesprochenen und die blos mündlich überlieferten Gesetze haben auf höherer Kulturstufe keine Bedeutung.

II. Eine Kritik der Verbindlichkeit des gehörig verkündeten Gesetzes wäre selbst im absoluten Staate denkbar, insofern es möglich wäre, ein vom Herrscher nicht vollzogenes Gesetz zu verkünden. Im konstitutionellen Staate käme noch die Prüfung des verfassungsmäßigen Ursprungs in Frage.[2]) Dagegen bestimmt Art. 106 der Preußischen Verfassung: „Die Prüfung der Rechtsgiltigkeit gehörig verkündeter Königlicher Verordnungen steht nicht den Behörden, sondern nur den Kammern zu."

Für das Reichsrecht entspricht dies wohl ebenfalls im Interesse der Rechtssicherheit dem vermuthlichen Willen der Urheber der Reichsverfassung, insoweit nicht ein Mangel einer kaiserlichen Verordnung aus dem Veröffentlichten ersichtlich ist, also z. B. nicht, wenn ein Gesetz durch eine Verordnung aufgehoben werden sollte, die sich nicht auf einen Beschluß des Bundesrathes und des Reichstages gründet.

III. Autonomie ist Rechtssetzung durch eine der staatlichen Gesetzgebung untergeordnete Macht.[3]) Privatautonomie ist die rechtsgeschäftliche Thätigkeit (s. unten §§ 68ff.), bei der eine Partei sich selbst oder einem andern, den sie vertritt, eine Norm hinstellt, während bei der wahren Autonomie ebenso, wie bei der Gesetzgebung, der Gegensatz zwischen Gesetzgeber und Gesetzesunterthan vorliegt.[4])

---

[1]) Ueber die Unterscheidung von formellen (d. h. von der Gesetzgebungsgewalt ausgehenden) und materiellen (d. h. einen allgemeinen Rechtssatz enthaltenden) Gesetzen und das Wort Heraclits οὐδεὶς γὰρ νόμος ἐφ' ἑνὸς ἀλλὰ κρίσις. Vgl. Göppert, Jahrb. f. Dogma XXII, S. 148.

[2]) Motive 3 theilen dies dem Staatsrechte zu. In Wahrheit berührt es alle Rechtszweige.

[3]) Vgl. Motive 10, „eine kleineren Kreisen fließende Rechtsquelle". Allein auch der Gesetzgeber kann seine Quelle nur einem kleineren Kreise zuwenden. Nicht das Gebiet entscheidet, sondern der Ursprung.

[4]) Dies ist von Gerber, System des deutschen Privatrechts (§ 29). Archiv für civ. Praxis, XXXVII S. 35ff. übersehen.

Jede Autonomie ist eine stellvertretende Gesetzgebung oder Gewohnheitsrechtsbildung, sie leitet ihre Kraft von der obersten Stelle her, unter der sie steht. Daher bemerkt Cosack (S. 36) mit Recht, daß die vom Landesgesetze angeordnete Autonomie nur in denjenigen Rechtszweigen fortdauern kann, die den Landesrechten in Zukunft vorbehalten bleiben, und in denen sie durch Art. 57 und 58 anerkannt ist (Autonomie der souveränen, vormals reichsständischen und reichsritterschaftlichen Häuser s. unten § 31). Die Autonomie kann auch Städten zustehen, ebenso wie sonstigen Körperschaften, Reichs-Gewerbeordnung 19 a, 2. (Vgl. über den Charakter der Vereinsbeschlüsse Mot. 93 und unten § 68.)

Wo gerichtlichen Entscheidungen eine Kraft über den einzelnen Rechtsstreit hinaus beigelegt ist, da fallen auch sie unter den Begriff der Autonomie (vgl. G.V.G. § 137 und Aehnliches).

IV. Die Entstehung der Gesetze ist Sache des Staatsrechtes (Mot. 1, ebenso wie die Staatsverträge Mot. 3).

ββ) Die Rechtsgewohnheiten.

ααα) Das Gewohnheitsrecht.[1])

§ 18.

I. Form der Bezeichnungen einer Gewohnheit zum Recht.

a) Die Gewohnheit kann eine bloße Ueberlieferungsform eines Gesetzes sein.

b) Sie kann einen Thatbestand darstellen, den das Gesetz zur Auslegung von Rechtsgeschäften verwerthet.

So die Verkehrssitte (157, 242).

c) Sie kann eine bloße tiefere Quelle der Entstehung eines Gesetzes oder einer vom Gesetze anbefohlenen Bethätigung freien richterlichen Ermessens sein.

d) Sie kann die Entstehung eines Rechtssatzes zum Abschlusse bringen. Dies ist das eigentliche Gewohnheitsrecht, das nicht durch eine Willenserklärung zur Vollendung gelangt ist, sondern rebus ipsis et factis Dig. I, 3, 32. Eine Ueberzeugung, die nicht in einer Uebung zu Tage tritt, kann niemals ein jus moribus introductum herstellen. Sie ist kein Gewohnheitsrecht und überhaupt kein Recht.[2])

---

[1]) Dernburg 55 ff., Regelsberger 93 ff., und die dort Angeführten, auch Brie, die Lehre vom Gewohnheitsrecht. Eine historisch-dogmatische Untersuchung. Erster Theil. Geschichtliche Grundlegung. Breslau. Marcus. 1899.

[2]) Inwieweit das Wort „mores“ die bloße Sitte (s. oben S. 2) oder das

Auch eine mehrfache Rechtsbeugung (z. B. die Beseitigung grausamer Strafen aus Menschlichkeit) ist kein Gewohnheitsrecht, kann aber durch Wiederholung zu einem solchen führen.

II. Die Entstehung des Gewohnheitsrechtes ist in zwei Fälle zu scheiden, deren Vermengung die ganze Lehre verwirrt.

a) Die Entstehung eines Gewohnheitsrechtes außerhalb jeder gesetzlichen Vorschrift.

Ein sicheres Merkzeichen dafür, ob eine Gewohnheit in einem bestimmten Staatswesen zum Gewohnheitsrechtssatze geworden, d. h. als maßgebend gilt, läßt sich nicht angeben, es ist dies eine rechtsgeschichtliche Frage.

Da zu jedem Rechtssatze eine Norm und ein Grund gehört, der ihr für irgend eine Staatsgewalt Verpflichtungskraft verleiht, so gehört auch zu dem Gewohnheitsrecht nicht blos die Ausprägung eines Gedankens in einem häufig wiederkehrenden Verhalten der Betheiligten, sondern auch ein Einfluß von Beweggründen, der die Träger der Staatsgewalt an den Schutz dieser Regel bindet. Diese Beweggründe können, wie die Geschichte lehrt, sehr mannigfacher Art sein. Eine allgemeine Lehre über ihre Beschaffenheit ist danach unmöglich. Ueberall kommt es nur darauf an, ob bestimmte sittliche und politische Gründe die Träger einer Staatsgewalt in solcher Weise binden, daß man die Heilighaltung des Inhaltes einer Gewohnheit zu erwarten Anlaß hat. Wo sich in dieser Weise der Inhalt und die Verpflichtungskraft eines Rechtssatzes durch Gewohnheit entwickelt hat, ist er einfach festzustellen und anzuerkennen.[1]) Ob in solcher Art eine Gewohnheit ein Gesetz fortzuräumen vermag, ist eine reine Machtfrage. Wo es ihr mißlingt, da liegt kein neues Gewohnheitsrecht vor.[2])

b) Die Entstehung von Gewohnheitsrechtssätzen kann auch in einem Gesetze im Voraus genehmigt sein. Hier ist sie eine viel leichtere. Sie stützt sich nicht blos auf das Verhalten des Volkes, sondern auch auf die Kraft des Gesetzes selbst. Dafür kann aber das Gesetz solchen Gewohnheiten Bedingungen stellen, die ihre Kraft und ihre Voraussetzungen regeln. Dahin gehört z. B. Constantins bekannte Vorschrift (Cod. VIII, 52, quae sit longa consuetudo c. 2), während Julians Theorie (Dig. I, 3. fr. 32 § 1), die das Gewohn-

---

durch eine solche geschaffene Recht bezeichnet, ist bei Auslegung der Quellen oft sehr zweifelhaft. vgl. Brie a. a. O., S. 11.

[1]) Vgl. hierzu Zitelmann, Archiv f. civ. Praxis. Bd. LXVI. S. 446 ff.

[2]) Vgl. auch Rümelin Iherings Jahrbücher. Bd. XXVII, 153 ff.

heitsrecht dem Gesetze gleichstellte, sich auf die nicht vom Gesetzgeber im Voraus normirte Gewohnheit bezog. Constantins Vorschrift, die den consuetudines contra legem die Unterstützung des Gesetzes versagte, kann die ohne Rücksicht auf die Gesetzgebung entstandene Gewohnheit nicht berühren. Sie berührt namentlich auch nicht die Deutsche Gewohnheit, die Justinians Rechtsbücher zwar als Ganzes (in complexu), aber nicht in allen Theilen aufgenommen hat. Insoweit dies nicht geschehen war, konnte sie unmöglich als consuetudo contra legem ungültig sein.[1]) So kam es, daß man in der Annahme einer angeblichen Antinomie der beiden Quellenstellen in der Regel der älteren Julianischen für Deutschland den Vorzug gab.

Lediglich auf die im Voraus durch Gesetz genehmigte Gewohnheit sind auch die Vorschriften deutscher Gesetzbücher über das Gewohnheitsrecht zu beziehen. Soweit sie ein solches Recht verwerfen, beseitigen sie nur in Zukunft die vorher geltende gesetzliche Anerkennung derartiger Rechtsbildungen. Dies hat z. B. im Strafrechte genügt, um ihre Entstehung zu verhindern und auch in Zukunft unwahrscheinlich zu machen. Die Bildung eines vom Gesetze unabhängigen Gewohnheitsrechtes für alle Zeiten mit Sicherheit zu verhindern, übersteigt dagegen die Macht des Gesetzgebers.

βββ) Die Stellung des Bürgerlichen Gesetzbuches zum Gewohnheitsrechte.[2])

§ 19.

I. Der Standpunkt des Bürgerlichen Gesetzbuches. Die erste Lesung verwarf das Gewohnheitsrecht in einer eigenthümlichen Weise.[3]) Die zweite Kommission stellte hier eine Lücke her (K.Prot. I, 4). Sie strich § 2 und überließ die Regelung des Gewohnheitsrechtes dem Einführungsgesetze. Dieses schweigt aber über das Gewohnheitsrecht. Der Wortlaut von Art. 2 spricht zwar für die Fortdauer von Gewohnheitsrecht, bestimmt aber nicht den Umfang dieser Fortdauer des

---

[1]) Vgl. hierzu Dernburg 7 ff.,

[2]) Vgl. Krückmann in Iherings Jahrb. f. Dogm. XXXVIII. 191 ff. und dagegen Crome, ebenda XXXIV. 328 ff., Bendix 5 ff., v. Buchka 2, Cosack 36 ff., Endemann § 12, Engelmann 22, Gareis XXIII, Goldmann und Lilienthal 4 ff., Heilfron § 4, Kuhlenbeck 9 ff., Leske 23 ff., Matthiaß 18 ff., Weyl 48.

[3]) Vgl. § 2 Entwurf I. Die Motive rechtfertigen dies S. 7 mit der Leistungsfähigkeit der modernen Gesetzgebung und mit der freien wissenschaftlichen Behandlung ihrer Ergebnisse.

Gewohnheitsrechtes. Diese Frage ist offen geblieben und greift über das bürgerliche Recht hinaus. Schon jetzt sind aus der Lücke des Gesetzbuches Streitfragen entstanden.

II. Neues Gewohnheitsrecht.

a) Die vom Gesetz unabhängige Gewohnheitsrechtsbildung liegt jenseits des Bürgerlichen Gesetzbuches wie jedes andern Textes. Ob und in wie weit sie eintreten wird, bleibt abzuwarten. Es ist nicht die Aufgabe der Wissenschaft, Prophezeiungen auszusprechen.

b) Die vom Gesetze abhängige Gewohnheitsrechtsbildung. Das Reichsrecht kennt eine solche nicht. Die vom Landesrechte zugelassene Gewohnheitsrechtsbildung würde nur dann als aufgehoben anzusehen sein, wenn man die Vorschriften, die sie zulassen, dem rein bürgerlichen Rechte überwiese. Man wird dies jedoch nach der in § 4 gegebenen Begriffsbestimmung zu verneinen haben. Trotzdem kann sich lediglich durch die Anerkennung der Landesgesetze wirksames Gewohnheitsrecht nicht insoweit bilden, als das Reichsrecht dadurch beeinträchtigt werden würde. (Reichsrecht geht vor Landesrecht.)

Doch ist nicht ausgeschlossen, daß ein neues Reichsgewohnheitsrecht der landesrechtlichen Gewohnheit eine weitergehende Kraft geben kann. Auch dieses Ereigniß würde jenseits des Rechts stehen und neues Recht erzeugen. Ob es eintreten wird, bleibt abzuwarten.

III. Das alte Gewohnheitsrecht gilt insofern weiter, als die „Landesgesetze" neben dem Bürgerlichen Gesetzbuche bestehen bleiben. Es entspricht dies dem rein territorialen Charakter, den das gemeine Gewohnheitsrecht mit dem Zerfalle der alten deutschen Rechtseinheit angenommen hat.

b) Die wissenschaftliche Behandlung des Stoffes.

α) Die Auslegung der Quellen.[1])

§ 20.

I. Stellung des Bürgerlichen Gesetzbuches. Es über-

[1]) Vgl. Danz, Auslegung der Rechtsgeschäfte. Jena 1897, eine Schrift, die namentlich die Aehnlichkeit der Gesetzes- und der Rechtsgeschäftsauslegung (wohl etwas zu scharf) betont. Hölder, die Auslegung des Deutschen bürgerlichen Gesetzbuchs. Leipziger Universitätsschrift 1898. Leipzig, Edelmann. Ferner Reuterskiöld, über Rechtsauslegung. Leipzig 1899, und dazu Bierling, Deutsche Literatur-Zeitung. 1899, S. 993, 994. Bendix 8, Cosack 40 ff., Dernburg 72 ff., Eck, Vorträge 29 ff., Endemann §§ 10 u. 11, Engelmann 28 ff., Fischer, Handausgabe

läßt im Gegensatze zu andern Gesetzbüchern die Auslegungslehre der Rechtswissenschaft.[1])

II. Begriff der Auslegung. Sie ist die Feststellung des Gedankens, der mit einer Aeußerung verbunden werden muß.

Insoweit eine Aeußerung zur Kenntnißnahme bestimmt ist und nicht blos als Monolog oder Notiz dienen soll, muß man unterscheiden, was der Urheber der Aeußerung gedacht hat und was er hat mittheilen wollen. Nur das Letztere ist der Sinn seiner Aeußerung. Das erstere ist eine bloße Vorgeschichte, aus der freilich unter Umständen auf den Sinn des Geäußerten geschlossen werden darf.

Hintergedanken, die jemand nicht mittheilen wollte, dürfen zur Auslegung seines Willens nicht verwendet werden. Insoweit ist der Protest Cosack's (vgl. oben S. 43 Anm. 1) gegen eine kritiklose Verwendung der Vorgeschichte beim Auslegen der Gesetze berechtigt.

Bei Zusicherungen, durch die ihr Urheber sich einen Zwang auferlegt, bleiben außerdem auch alle solche Hintergedanken außer Betracht, die der Empfänger des Erklärten nicht erkennen konnte.

Es entspricht dies im Zweifel dem eigenen Willen des Erklärenden und folgt aus dem Zwecke der Zusicherung, Vertrauen zu erwecken, der ohnedies verfehlt werden würde. Es muß dies auch für Gesetze gelten, aber nur für Gesetzestexte, nicht für bloße Mittheilungen, die, gleich den meisten Pandektenstellen und den Materialien des Bürgerlichen Gesetzbuches, über den Inhalt des Rechts nur berichten, aber nichts anordnen wollen.

III. Die Bedeutung der Sprachgesetze für die Auslegung.

Die wörtliche Auslegung oder die Feststellung des Wortlautes oder Wortsinnes (auch buchstäbliche Auslegung genannt) ist eine solche, welche sich blos der Sprachkenntniß als Hülfsmittel bedient. Unhaltbar ist der Glaube an die Möglichkeit, eine Aeußerung „aus sich selbst" auszulegen. Eine solche Auslegung giebt es, streng genommen, nicht, vielmehr bringt jeder Ausleger von außen her etwas an seinen

---

XXVIII ff., Heilfron § 5c., Krückmann § 5, Kuhlenbeck 16 ff., Matthiaß 31 ff., Neumann 1 ff., Planck 20 ff., 27 ff., Regelsberger 140 ff., Rehbein XI, Wanjek 7.

[1]) Motiv 15. Der Gesetzgeber, welcher den Versuch macht, Regeln dieser Art in Gesetzesparagraphen einzukleiden, disponirt nicht, sondern unterweist. K.Prot. 2,

Gegenstand heran, und seien es nur die Sprachkenntnisse.[1]) Unpassend ist auch die Bezeichnung der wörtlichen Auslegung nach den Sprachgesetzen als einer „grammatischen," da die Grammatik zur Sprachkenntniß nicht genügt und im Verkehrsleben gegenüber der Muttersprache keine große Rolle spielt.

Die freiere sinngemäße Auslegung ist dagegen eine solche, die sich von dem Ergebnisse der Sprachregeln freimacht, weil sie neben der Sprachkenntniß auch noch andere Vorkenntnisse von der Entstehung der zu deutenden Texte benutzt.[2]) (Man nennt sie unpassend die logische, obwohl auch schon jede grammatische Thätigkeit eine angewandte Logik ist.)

Man redet oft vom Willen eines Gesetzgebers da, wo eine bestimmte gesetzgebende Persönlichkeit nicht vorhanden oder nicht bekannt ist.[3])

Wohl aber ist es geboten, neben dem Wortlaute der Gesetze die Absichten ihrer Verfasser zu beachten, in der Voraussetzung, daß sie im Zweifel vom Gesetzgeber gebilligt sind.[4]) Es gilt dies im hohen Maße vom Bürgerlichen Gesetzbuche.

Gegen die hergebrachte bildliche Bezeichnung dieser Absichten als „Willen des Gesetzes" (Dig. I, 3, 18 u. 19) läßt sich wohl nichts einwenden.

Abweichungen vom Wortsinne ergeben sich bei diesem Verfahren:

a) als einschränkende Auslegung (interpretatio restrictiva), z. B. bei dem Begriffe der Vereine mit wirthschaftlichem Geschäftsbetriebe

---

[1]) Natürlich kann man ein Gesetz insofern „aus sich" auslegen, als man den einen seiner Sätze aus einem andern erklärt, z. B. aus dem geäußerten Zwecke den daneben ausgesprochenen Inhalt berichtigt. Dies soll durch den Text nicht bestritten werden. Vgl. auch z. B. 252 Satz 2 im Verhältnisse zu Satz 1.

[2]) Vgl. aber auch Fischer, Handausgabe XXIX, nach dem „nur das losgelöst von jeder menschlichen Persönlichkeit in die Erscheinung tretende Wort des Gesetzes als bindend betrachtet werden" darf. Dieser strenge Standpunkt würde allerdings der Rechtssicherheit in hohem Maße dienen, wird aber bekanntlich thatsächlich nicht beachtet. Insofern ist aber Fischer unbedingt beizustimmen, als der Gesetzgeber nicht wünscht, daß man persönlichen Erwägungen, die er für sich behalten hat, nachspüre, und verlangen kann, daß man seine Aussprüche auf das Gemeinwohl, nicht aber auf individuelle Launen zurückführe.

[3]) Dagegen z. B. Fischer, a. a. O.

[4]) Vgl. R. Leonhard, Der Erbschaftsbesitz, S. 4. Nach Cosack 41 sind die Motive nicht mehr werth, als „die Meinung irgend einer Privatperson". Sie enthalten aber überhaupt keine Meinung über den Text, sondern dessen geistige Vorgeschichte.

(22) eine Beschränkung auf hauptsächlich wirthschaftliche Betriebe. Bei dem Selbstzugriffe (229) ist die Erlaubniß, einen Widerstand des Verpflichteten zu beseitigen, auf eine Beseitigung mit den der Obrigkeit gestatteten Mitteln zu beschränken (s. unten § 60), ebenso das Verbot der Geschäfte gegen die guten Sitten (Art. 138, 1) auf solche Geschäfte, bei deren Abschluß die verwerfliche Absicht zu Tage tritt (s. unten § 83), vgl. auch die oben S. 38 bei Anm. 2 (§ 14) befürwortete Einschränkung des Art. 184.)

b) Die ausdehnende Auslegung (interpretatio extensiva) deutet ein Wort in ungewöhnlich weitem Sinne. So z. B. wenn man die Uebertragung der Forderungen als Uebertragung aller Ansprüche, auch der dinglichen, deutet (vgl. unten § 57). Nach ihrem Ergebnisse läßt sie sich von der Analogie nicht unterscheiden;[1]) denn, wer ein einzelnes Wort nach seinem Sinne ausdehnt, dehnt damit immer auch den Gedanken aus, zu dem es gehört.

Das Bürgerliche Gesetzbuch nennt die Analogie „entsprechende Anwendung“. Sie kann vom Gesetzgeber anbefohlen sein, z. B. 1654, 1660, auch vom Richter als angemessen erachtet werden.

Die Analogie aus dem Gesammteindrucke des Rechtsganzen nennt man neuerdings Rechtsanalogie, die Ausdehnung eines einzelnen Satzes auf neue ähnliche Fälle Gesetzesanalogie. Der richtigen Meinung nach sollte jedoch das Ganze stets beachtet werden, so daß sich eine Gesetzesanalogie, die nicht zugleich Rechtsanalogie ist, von selbst verbietet (ähnlich Motive 16 und § 1 des ersten Entwurfes).

Eine Schranke für die Analogie wie für die ausdehnende Auslegung giebt der erkennbare Zweck des Gesetzes (Dig. I, 3, 13). Der Ausleger darf zwar über den Gedanken, der dem Verfasser der Gesetzestexte als Gesetzesinhalt vorschwebte, hinausgehen, nicht aber über den angestrebten Zweck.

Ueberhaupt kann die freie Auslegung nur da angewandt werden, wo sie dem Willen der Gesetzgeber entspricht, daher sie auf niedriger Kulturstufe in geringerem Umfange galt als heutzutage, weil auf jener ein geringeres Maß von Einsicht des Volkes erwartet wurde, als dies jetzt der Fall ist.

Die freie Auslegung kann den Wortsinn nicht blos ändern, sondern

[1]) Dies war der Grund dafür eine Vorschrift des ersten Entwurfes über die Analogie wegzustreichen. K.Prot. I, 2.

auch ergänzen, so namentlich bei zweideutigen Sätzen. Hier gilt immer diejenige unter den mehrfachen Deutungen, die dem Willen des Erklärenden entspricht.[1]) (Streng genommen müßte eine solche Erklärung wegen Unbestimmtheit des Ausdruckes als unausführbar gelten).

Auch wo eine freiere Auslegung zulässig ist, soll sie nicht ohne Noth angewandt werden, d. h. da nicht, wo der Wortsinn keine Zweifel erweckt. Dig. de leg. III. fr. 25 § 1: Quum in verbis nulla ambiguitas est, non debet admitti voluntatis quaestio, ein Satz, der bei der Zweifelhaftigkeit der menschlichen Ausdrucksweise nicht so weit reicht, als es zunächst scheint. Er ergiebt sich aus dem Bedürfnisse der Rechtssicherheit.

Ein bekanntes, oft mißbrauchtes Auslegungsmittel ist das argumentum e contrario z. B. daß verschollene Nichtdeutsche in der Regel nicht für todt erklärt werden können, Art. 9, vergl. Dig. de leg. I, 3 fr. 22, XXVIII, 1. qui test. fac. fr. 20 § 6. Es ist nur bei solchen Gesetzen zulässig, die als Annahmevorschriften gedacht sind. Die K. Prot. VI, 134 und 138, II geben Beispiele der Abwehr eines befürchteten argumentum e contrario. Dadurch, daß von einer Regel ausdrücklich eine Ausnahme gemacht wird, wird bestätigt, daß die Regel in allen andern Fällen gelten solle. Die Beschränkung eines Privatrechtssatzes auf einen Deutschen ist z. B. heutzutage eine Ausnahme von der Gleichstellung der In- und Ausländer. Folglich verträgt sie ein argumentum e contrario.[2]) Exceptio firmat regulam in casibus non exceptis, wobei exceptio so viel sagen will wie „die erklärte Absicht, eine Bestimmung als Ausnahme hinzustellen". Analogie und argumentum e contrario schließen daher einander aus. Wo jene geboten ist, ist dieses unmöglich, und umgekehrt.

Die Ausnahmevorschriften (Dig. I, 13, 14) sind nicht mit dem Sonderrechte (jus singulare) zu verwechseln. Es giebt Sondervorschriften, die keine Ausnahmen, sondern bloße Ergänzungen der allgemeinen Regeln enthalten und bei denen deshalb die Analogie zulässig ist.[3]) Ein allgemeines Verbot der Analogie für das Sonderrecht lehnen die Mot. 17 daher ab. Doch muß sich auch

---

1) Dig. de leg. I, 3, fr. 18, 19.

2) Weitere Beispiele siehe oben bei den Uebergangsbestimmungen. S. 35, III.

3) Es enthält z. B. Art. 57 ein einschränkendes, Art. 59 ein ergänzendes Sonderrecht. Hier ist eine Analogie möglich (z. B. unter Umständen zwischen Familienfideikommissen und Familienstiftungen), dort nicht.

hier die Analogie in den Grenzen halten, die der erkennbare Zweck des Gesetzgebers zieht.

So kann z. B. der Eintritt der Herrenlosigkeit an einem ausgezogenen Bienenschwarm, dessen Verfolgung der Eigenthümer aufgegeben hat (961), auf den Nießbraucher ausgedehnt werden, nicht aber auf andere Thiere als Bienen Anwendung finden.[1])

IV. Es giebt auch neben den wissenschaftlichen Auslegungsregeln gesetzliche und gewohnheitsrechtliche Auslegungen älterer Gesetze (interpretationes authenticae und usuales), vgl. z. B. 252. Art. 3 ff. 33, Mot. 16.

Insoweit solche Regeln das ohnehin Richtige ergeben, sind sie praktisch ohne Bedeutung. Insoweit sie unrichtig sind, können sie Vorschriften mit rückwirkender Kraft enthalten, jedoch der richtigen Meinung nach nur da, wo dies beabsichtigt ist. Es ist dies allerdings nicht unbestritten. Bei den oben angeführten Artikeln des Einführungsgesetzes wird man aber schwerlich eine Rückwirkungsabsicht annehmen können. Wenn z. B. in Art. 33 der Verwandtschaftsbegriff in älteren Gesetzen dem Bürgerlichen Gesetzbuch angepaßt werden soll, so kann die dadurch bewirkte Rechtseinheit doch nur für die Geltungszeit des neuen Gesetzbuches bezweckt sein. Ein reiner Wortstreit wäre es, ob man in diesen Erläuterungen älterer Gesetze ohne Rückwirkungsabsicht wahre gesetzliche Auslegungsnormen zu sehen habe oder vielmehr einfach Abänderungen der alten Gesetze. Jedenfalls treten sie in der Gestalt der Auslegungsnorm auf.

V. Von der Auslegung verschieden ist die Ergänzung der Gesetzestexte mit dem Willen des Gesetzgebers.[2]) Der Gesetzgeber kann dem Richter einen Befehl nach Art eines Blanketts geben, den er in angemessener Weise selbst ausfüllen soll. Gerade im Bürgerlichen Gesetzbuche ist dies häufiger geschehen als z. B. im preußischen Landrechte. Man vergleiche z. B. das oben S. 34, II über die Ergänzung der Uebergangsbestimmungen Gesagte.

Der Richter erzeugt hier selbst einen Ergänzungsinhalt der Gesetze, nicht aber deren Verpflichtungskraft (eine Art ergänzender

---

[1]) Man denke auch an die römischrechtliche Ausdehnung des Rechtes der Weiberbürgschaft auf ähnliche Geschäfte, nicht aber auf andere ebenso schutzbedürftige Personen (Kinder und dergl.). Vgl. überhaupt hierzu Dernburg 70 ff., Regelsberger 126 ff., 152 ff.

[2]) Dies ist wohl Ulpians von der interpretatio unterschiedene jurisdiotio Dig. I, 3. fr. 13.

Autonomie). Dieses Recht reicht jedoch nicht über den von der Gesetzgebung gebilligten Wunsch der Verfasser des Gesetzbuches (den sog. Willen des Gesetzes) hinaus.

Auf dieser Fähigkeit der Gesetze, einen allgemeineren Gedanken dem Richter mitzutheilen mit dem Auftrage, ihn in angemessener Weise innerhalb gegebener Schranken zu spezialisiren, beruht der Gegensatz zwischen jus strictum und jus aequum (sog. strengem und billigem Recht). Jenes überläßt dem Ermessen des Richters einen möglichst geringen Spielraum, dieses einen möglichst weit gehenden. Da einerseits die Mittel der Sprache an einer gewissen Unbestimmtheit leiden und andererseits im Rechtsstaate das Ermessen des Richters immer nur innerhalb gegebener Schranken auftritt, so verzeichnet der genannte Gegensatz weniger zwei verschiedene Dinge, als vielmehr Abstufungen einer und derselben Erscheinung. (Anders zur Zeit des altrömischen Rechtsdualismus, wo eine grundsätzlich strengere Rechtsordnung neben einer grundsätzlich elastischeren stand.)

Wir können daher eine Unterscheidung von strengem und billigem Rechte zur Erläuterung des Bürgerlichen Gesetzbuchs nicht verwerthen, obgleich bei manchen Vorschriften der starre, bei andern der biegsame Charakter des Rechtes klar hervortritt. Man vergleiche z. B. die Kündigungsfristen (609, 2) mit der Bestimmung des Schuldinhaltes nach Treu und Glauben (ex fide bona, 242). Je biegsamer das Recht ist, desto weniger ist seine Anwendung eine rein logische Deduktion und desto mehr eine nach ihrer Methode der Gesetzgebung nachgebildete Geistesthätigkeit, die eine für Gesetzgeber erforderliche Vorbildung verlangt.

VI. Das vom Bürgerlichen Gesetzbuch aufgehobene Recht soll nach Mot. 17 in zwei Richtungen als Auslegungsmittel fortleben

a) soweit es allgemeine Rechtswahrheiten enthält,

b) als Hilfsmittel historisch-systematischer Auslegung, d. h. als Quelle der Gedanken der Verfasser des neuen Gesetzbuchtextes.

Nur in diesem Umfange soll es in den nachfolgenden Ausführungen berücksichtigt werden.

β) Die Darstellungsformen der Rechtswissenschaft.

§ 21.

I. Ueberblick. Den logischen Grundformen der Begriffe, Urtheile und Schlüsse entspricht die Sorge der Rechtswissenschaft für die Rechtsbegriffe, die Rechtsregeln und die Systematik, welche letztere diese Regeln zum Zwecke einer Schlußfolgerung (vom allgemeinen Rechtssatze auf den einzelnen Fall) ordnet. Auch das Bürgerliche Gesetzbuch verlangt eine Behandlung nach allen drei Richtungen.

II. Die Beziehung der Rechtswissenschaft zu den Rechtsbegriffen.[1])

Wir unterscheiden die Begriffsbestimmung (Definition) von der Begriffsbildung (Verbesserung der juristischen Begriffswelt).

a) Die Begriffsabgrenzung (Definition) ist eine Art Kollektiv-Interpretation. Der mit einem Worte in einer Fülle von Rechtsquellen zu verbindende Begriff (z. B. Besitz) wird durch eine Auslegung aller dieser Stellen erläutert. Ergiebt sich ein mehrfaches Resultat, so liegen Homonymen vor, die in keiner Sprache völlig zu vermeiden sind.

Das Streben, sie zu meiden, ist der neueren Gesetzessprache eigenthümlich, namentlich auch dem Bürgerlichen Gesetzbuch.

Im Uebrigen hat das Bürgerliche Gesetzbuch zwar Begriffsbestimmungen möglichst vermieden, jedoch für sie in der Regel durch eine Angabe des Inhalts der verschiedenen Institute eine Grundlage geschaffen, vgl. z. B. 241 (Schuldverhältniß), 398 (Abtretung), 433 (Kauf), 535 (Miethe), 903 (Eigenthum). Der technische Ausdruck steht hier neben dem Thatbestande, der ihn erläutert, im Gesetzestexte in Klammern.[2])

b) Eine Begriffsbildung ist nur gestattet, soweit sie aus den Rechtsquellen selbst geschöpft wird. Sie kann auf Spaltung eines in den Rechtsquellen überlieferten Begriffes beruhen, z. B. der Willenserklärungen in empfangsbedürftige und nichtempfangsbedürftige siehe unten § 69.

Sie kann aber auch in der Zusammenfassung verschiedener Begriffe liegen, z. B. die Grundbuchsgegenstände (vgl. Dernburgs Sachenrecht, § 36), die Geschäftsmängel (unten § 94 ff.) u. dergl.

In beiden Fällen muß der Anlaß zu der Spaltung oder Zusammenfassung in den Rechtsquellen selbst liegen. Spaltung gleich-

---

[1]) Vgl. Weyl 84 ff., 92 ff.

[2]) Planck zählt (23 und 24) nicht weniger als 69 Ausdrücke auf, die im Gesetzbuche theils unmittelbar, theils auf die im Texte angegebene Art erläutert sind. Die Verfasser scheinen das Bedürfniß empfunden zu haben, statt der in Deutschland fehlenden Sprach-Akademie nach besten Kräften für die Einheit der Redeweise zu wirken.

artiger Dinge und Zusammenfassung verschiedenartiger beschwert die Wissenschaft mit unnöthigem Ballast.

Die Begriffsbildung kann auch durch Verbindung bloßer Elemente verschiedener Begriffe geschehen (Spaltung und Zusammenfassung) z. B. der „Erklärungsinhalt,“ die „Beihilfe bei Rechtsgeschäften,“ die „Willensmängel“ und dergl. mehr.

Auch hier muß der Inhalt der Quellen diese Operation rechtfertigen.

Das Verhältniß der juristischen Begriffsbildung zur allgemeinen Sprache ist theils eine einfache Anlehnung, theils aber eine Neuschöpfung. Dies wiederum in zwei Arten. Entweder es wird ein neues Wort gebildet, z. B. das Erbbaurecht, die culpa in contrahendo, das negative Geschäftsinteresse oder es wird ein in der gewöhnlichen Sprache in einem weiteren Sinne gebrauchtes Wort in der Rechtssprache in einem engeren Sinne genommen. So das Wort Anspruch (unten § 55) auf Anregung Windscheids.

Insoweit der Gesetzgeber selbst solche Begriffsbildung vornimmt (z. B. „Unwirksamkeit“ s. unten § 96) gehört die Aufklärung seiner Arbeit zur Auslegung des Textes. Die ältere Wissenschaft ist hierbei Hilfsquelle, insoweit sie dem Gesetzgeber vorgearbeitet hat.

Diese Begriffsbildung nennt man zuweilen „Konstruktion,“ zuweilen aber bezeichnet man mit diesem Worte die bloße Subsumption, z. B. die Zurechnung der Auslobung zu den Pollicitationen oder Autonomie zur stellvertretenden Gesetzgebung (s. oben S. 46) und dergl. mehr. Auch logische Zergliederungen eines Begriffes (z. B. des Bedingungsbegriffes pflegt man Konstruktionen zu nennen.[1])

III. Die Rechtsregeln. Alle leges generales sind regulae juris. Im technischen Sinne versteht man aber unter regulae juris solche Rechtssätze, die nicht unmittelbar in den Rechtsquellen überliefert sind, sondern aus ihnen gefolgert werden. (Auch hier geschieht dies durch Zerspaltung oder Zusammenfassung der in den Quellen überlieferten Sätze und Verbindung bloßer Elemente dieser Sätze.) Vgl. z. B. die allgemeinen Grundzüge der Uebergangsbestimmungen oben § 14.

IV. Die Systematik. Die Aufgabe der Systematik ist die

---

[1]) Mit dem schwer verständlichen Fremdworte Konstruktion wird viel Mißbrauch getrieben, um werthlose Allgemeinbetrachtungen in der Wissenschaft einzuschmuggeln. Auch für das B.G.B. ist dies zu befürchten.

für die Bedürfnisse des Juristenstandes denkbar beste Anordnungsform anzustreben. Ihre Lösung hängt daher einerseits von dem Inhalte des Stoffes ab und andererseits vom Zwecke seiner Zusammenstellung. Dieser Zweck ist zunächst die Säuberung des Stoffes von Wiederholungen und Widersprüchen,[1]) die der Beherrschung des Ganzen zum Zwecke der Rechtsanwendung dient. Nach Schollmeyer, das Recht der einzelnen Schuldverhältnisse. Berlin. Guttentag, 1897. 1. ist „jedes System mehr oder weniger Geschmacksache." Bis zu einem gewissen Grade ist dies allerdings richtig.

Die Verschiedenheit der Rechtszwecke und die Verschiedenheit der Berechtigungen sind daher die leitenden Gedanken des Privatrechtssystems, weil der Rechtszweck der Auslegung und die Begriffsbestimmung der Rechte der Subsumption der juristischen Thatsachen dient.

Beide Gesichtspunkte sind im Bürgerlichen Gesetzbuche verbunden. Die Aussonderung des allgemeinen Theils, d. h. der für verschiedene Arten von Rechten bestimmten Sätze (Buch I) und die Gruppierung der andern Rechtssätze nach der Eintheilung der Rechte in Vermögensrechte (Forderungen und Sachenrechte, Buch II und III) und Familienrechte (Buch IV) ist ein System der Berechtigungen (Rechte).

Die Sonderung des Erbrechts (als des Rechts für die Todesfälle) von dem Rechte der Beziehungen unter Lebenden beruht auf einem System der Rechtszwecke (Buch V).[2])

2. Die besonderen Aufgaben der neuen Wissenschaft des bürgerlichen Rechtes.

a) Die Entwicklung der Wissenschaft des bürgerlichen Rechtes.

α) Die romanistische Wissenschaft.[3])

§ 22.

I. Die Methode der Verfasser des Bürgerlichen Gesetzbuches ist das Ergebniß einer vielhundertjährigen Entwicklung der Wissenschaft des bürgerlichen Rechtes. Rechtswissenschaft und Recht sind auch hier zu unterscheiden. Während das neuere Recht selbst und namentlich der Inhalt des Gesetzbuches vielfach in der deutschen

[1]) Nach Mot. III 25 ist namentlich der Zweck des allgemeinen Theiles, Wiederholungen in dem besondern zu vermeiden. Seine Bildung ist somit eine Frucht der Systematik.

[2]) Vgl. Denkschrift 6.

[3]) Dernburg 29 ff.

Vergangenheit wurzeln, ist der Ausgangspunkt der Rechtswissenschaft ein romanistischer. Ihre Methode ist an den römischen Quellen entwickelt und von dort auf die andern Zweige der Rechtslehre übertragen worden. Diese Quellen würden also ihren methodologischen Werth behalten, auch wenn ihr praktischer Werth bereits gänzlich verschwunden wäre, was, wie wir sahen, nicht der Fall ist (siehe oben § 6).

II. Die Entwicklungsstufen der Rechtswissenschaft des bürgerlichen Rechtes, wie sie sich am **corpus juris civilis** gestaltet haben, sind dieselben, die sich bei jedem neuen größeren Gesetzgebungswerke wiederholen.

a) Die Behandlung des Rohstoffes durch Einzelexegese und Sammlung von Parallelstellen (Glossatorenthätigkeit).

b) Die Anpassung des Quelleninhalts an die Praxis durch Einzelkommentare und Bildung von neuen Rechtsbegriffen und Rechtsregeln (Postglossatorenthätigkeit, beeinflußt durch die scholastische Arbeitsweise).

c) Der Aufschwung zu einem Ueberblicke über den gesammten Stoff.

α) Die Gesammtexegese auf dem Boden der Philologie (antiquarische Richtung, vornehmlich Cujacius).

β) Die Systematik des Ganzen auf dem Boden der Logik und der Erkenntnißlehre (systematische Richtung, Donellus).

d) Die Anpassung der neuen Anschauungen an das Einzelne.

α) In exegetischer Hinsicht (vornehmlich durch die Holländer).

β) In praktischer Hinsicht (vornehmlich durch die älteren deutschen Juristen).

γ) In systematischer Hinsicht (vornehmlich durch neuere deutsche Juristen).

e) Die Kritik des Werthes durch die Naturrechtsschule (auf ungeschichtlichem Boden) theils instinktiv (ohne Angabe von Gründen), theils politisch (aus Erwägungen des Gemeinwohles).

Die Verdeutschung der Rechtssprache und Popularisirung des Inhalts, sowie des Systems sind dauernde Errungenschaften dieser Periode, der namentlich das preußische Landrecht entstammt.

f) Die historische Schule faßte das Recht wieder als Ergebniß der Vorgeschichte auf.

Sie lehnt sich an die Geschichtswissenschaft an, die im Gegensatz zur rein antiquarischen Wissenschaft erst auf dem Boden philosophischer Anschauungen erwachsen konnte.

α) Die ältere unkritische Zeit entwickelt lediglich das Ueberlieferte.

β) Die (vorwiegend von der Volkswirthschaftslehre angeregte) neuere kritische Periode beurtheilt das überlieferte Recht nach den gleichfalls auf historischem Wege erklärten Bedürfnissen der Gegenwart. (Diese geschichtliche Begründung unterscheidet sie von der Naturrechtsschule.)

β) Die Absplitterungen der Pandektenlehre.[1])

§ 23.

I. Die Pandektenlehre ist aus einer allgemeinen Darstellung des Rechtes zu einer bloßen Darstellung des bürgerlichen Rechtes und zwar des auf römische Texte gestützten deutschen bürgerlichen Rechtes geworden. Es schieden namentlich aus a) alles was nicht bürgerlichen Rechtens war (Civilprozeß und öffentliches Recht in allen seinen Zweigen), b) das auf nichtrömische Quellen gestützte deutsche bürgerliche Recht (gewöhnlich deutsches Privatrecht *κατ' ἐξοχήν* genannt).

II. Ueberreste des älteren Umfanges der Pandektenlehre. Von der ursprünglichen Allgemeinheit ihres Stoffes verblieb der Pandektenlehre eine Reihe von Sätzen, die auch außerhalb des bürgerlichen Rechtes gelten, namentlich im allgemeinen Theil (Personen, Sachen, Ansprüche, Rechtsgeschäfte).

In dieser Hinsicht enthält das Bürgerliche Gesetzbuch mehr, als sein Name besagt. Allerdings dürfen wir eben dieses Namens wegen alle seine Vorschriften des allgemeinen Theils nur auf das bürgerliche Recht beschränken. Doch wird im Wege der Analogie der Gedankeninhalt des neuen Gesetzbuches auch für das öffentliche Recht, bis in den entlegenen Zweig des Völkerrechtes hinein nicht ohne Einfluß bleiben.

III. Die Absplitterung der nichtrömischen Quellen von der Pandektenlehre zerstörte das Gesammtbild des in Deutschland geltenden bürgerlichen Rechtes, war aber unbedingt nöthig, um das in Deutschland entstandene Recht in seiner Eigenart zu erfassen und auf den Boden der germanistischen Philologie und der germanistischen Geschichtswissenschaft zu stellen.

---

[1]) Vgl. Gierke, Deutsches Privatrecht. I. 1895. 5, 17 ff.

Anfangs behandelte man dieses Recht einheimischen Ursprungs nur als usus modernus pandectarum oder juris Romani im Lichte einer Gedankenwelt, aus der es nicht erwachsen war. Bahnbrechend für die Einsicht in die Besonderheit seines Inhaltes war die Schrift von Hermann Conring (Professor in Helmstädt) De orgine juris germanici Helmst. 1634. Besondere Vorlesungen über diesen Rechtszweig eröffnete Beyer in Halle († 1714). Der Aufschwung der germanistischen Sprachkunde im neunzehnten Jahrhunderte erhöhte die Bedeutung dieses „Deutschen Privatrechts" im engeren Sinne. Den neuesten Standpunkt vertritt Heusler, Institutionen II. 656: „In der Zukunft wird sich sonnenklar die Thatsache enthüllen, daß das nationale Recht dem deutschen Volke nicht verloren gegangen ist, sondern in dem heutigen Privatrechte fortlebt, ausgebaut und systematisch vollendet mit der Technik des römischen Rechtes."

IV. Die Loslösung des Handelsrechtes aus dem übrigen bürgerlichen Rechte erklärt sich zum Theile aus einem Vorsprunge in dem Bestreben nach Rechtsreformen, den der durch Vermögen und Geisteskraft hervorragende Handelsstand vor den übrigen Volkskreisen erlangt hatte. Den Ausschlag gab aber der Wunsch, den volkswirthschaftlichen Sonderbedürfnissen der verschiedenen Arbeitskreise ein Sonderrecht zu gewähren (ein Vorzug der deutschen Rechtsentwicklung gegenüber der römischen).

Darum ist das Handelsgesetzbuch vom bürgerlichen Gesetzbuche nicht beseitigt, sondern nur zu einer Neugestaltung gebracht worden.

γ) Die wissenschaftliche Behandlung des Rechtes der Einzelstaaten.

§ 24.

I. Der Ausgangspunkt der großen Gesetzgebungen an der Wende dieses Jahrhunderts war eine Loslösung vom römischen Rechte und eine Anpassung an das Naturrecht.[1]) Daraus erklärt sich ihre grundsätzliche Abwendung von der Rechtswissenschaft ihrer Zeit.[2])

Hierdurch waren die Grundlagen zur Entwicklung einer Partikularrechtswissenschaft preisgegeben.[3])

---

[1]) Vgl. Dernburg 84 ff.

[2]) Charakteristisch ist § 6 Einleitung des pr. L.-R.

[3]) Die von Stölzel, Fünfzehn Vorträge aus der Brandenburgisch-Preußischen Rechts- und Staatsgeschichte Berlin 1889 S. 1 angeführte Bemerkung eines preußischen Staatsministers, daß das preußische Recht einer schönen Blume gleiche, die vom Stock abgeschnitten und in ein Glas Wasser gestellt sei, paßt auf die

II. Die weitere Entwicklung. Der Aufschwung der geschichtlichen Schule kam zunächst dem gemeinen Rechte zu Gute, das dadurch ein unnatürliches Uebergewicht über die Sonderrechte erlangte, wozu nicht in erster Linie sein Inhalt beitrug, sondern die gemeinsame Bedeutung dieses Inhaltes für alle Reichsgebiete Deutschlands und für alle Gesetzbücher, die aus ihm geschöpft hatten, und das bessere System, das aus den Quellen und mittelbar aus der altrömischen Praxis entstanden war, während die landrechtlichen Systeme meist in der Studierstube wurzelten. Auch die Freizügigkeit des Rechtsstudiums innerhalb Deutschlands spielte dabei eine Rolle.

Darum lehnen sich gerade die am meisten hervorragenden Darstellungen der Landesrechte mehr an das gemeine Recht unserer Tage an, als an die Quellen, aus denen die Gesetzbücher der Einzelstaaten einstmals entstanden sind. Immerhin bahnte die Partikularrechtswissenschaft eine Wiederverschmelzung der romanistischen Doktrin mit dem nachrömischen Privatrechte an, wie sie für das Bürgerliche Gesetzbuch unerläßlich sein wird.

δ) Die Stellung des Bürgerlichen Gesetzbuches zu der Wissenschaft seiner Entstehungszeit.

§ 25.

I. Der Standpunkt der geschichtlichen Schule war für die Grundauffassung der Aufgaben des Rechtes bei der Abfassung des Bürgerlichen Gesetzbuches maßgebend.

Die Annahme eines überstaatlichen Naturrechts ist durchweg absichtlich vermieden worden. Ebensowenig zeigen die Vorarbeiten des Gesetzbuches den Glauben an die Möglichkeit eines gemeingültigen wissenschaftlichen Regulativs für den Inhalt der Rechtssätze, sondern stützen sich auf die augenblicklichen politischen und sittlichen Anschauungen, wie sie in den einzelnen Mitarbeitern lebendig waren. Der Einfluß der Vorgeschichte auf den Inhalt dieser Anschauungen tritt in der Regel nicht besonders äußerlich hervor, ohne deshalb zu fehlen. Sehr einflußreich war namentlich für den allgemeinen Theil die Dogmengeschichte der neueren gemeinrechtlichen Wissenschaft. Andererseits ist auch das, insbesondere von der neueren Wissenschaft[1]) scharf

---

übliche wissenschaftliche Behandlung dieses Rechtes, aber nur auf sie. Ein Gesetzbuch selbst läßt sich nicht von der Vergangenheit loslösen, die es erzeugt, weil es nicht aus dem geschichtlichen Kausalnexus herausspringen kann.

[1]) Vgl. Stammler, Wirthschaft und Recht. Leipzig 1896.

betonte Verhältniß zwischen Privatrecht und Volkswirthschaft insofern richtig erkannt worden, als das Bürgerliche Gesetzbuch lediglich eine lebendige Form der gegenwärtigen Volkswirthschaftspolitik des Deutschen Reiches darstellt.[1]) Irreführende grundsätzliche Gegensätze juristischer und volkswirthschaftlicher Begriffe sind im Uebrigen durchweg vermieden. Wohl aber sind privatwirthschaftliche Erscheinungen, wie sie sich unter dem Einflusse des Rechtes entwickelt haben und weiterhin entwickeln werden, mehrfach als juristisch wichtige Thatbestände anerkannt (vgl. z. B. §§ 99, 1, 102, 1036) und dadurch zu juristisch-volkswirthschaftlichen erhoben worden.

Wenn hiernach der Standpunkt des Bürgerlichen Gesetzbuches vorwiegend der romanistischen Wissenschaft entstammt, so ist dies jedoch hinsichtlich des Inhalts nicht durchweg der Fall und zwar vorwiegend innerhalb des allgemeinen Theiles und des Rechtes der Schuldverhältnisse. In den andern Theilen ist der Hauptinhalt den nichtromanistischen Zweigen der Privatrechtswissenschaft entnommen, deren Entwicklung daher ebenfalls ins Auge zu fassen ist.

II. Die Stellung des Bürgerlichen Gesetzbuches zum Deutschen Privatrechte war namentlich in der zweiten Lesung eine durchaus entgegenkommende. Insbesondere enthält es viele dem römischen Rechte fremde Rechtsinstitute. Weite Zweige des „Deutschen Privatrechtes" im engeren Sinne sind jedoch dem Bürgerlichen Gesetzbuche deshalb fern geblieben, weil sein System sie von vornherein ausgeschlossen hatte (vgl. oben § 12).

Dieser Uebelstand ist darauf zurückzuführen, daß es leider der gemeinrechtlichen Wissenschaft bisher nicht gelungen ist, die Pandektenlehre mit dem deutschen Privatrechte zu einer einheitlichen Lehre zu verschmelzen. Darum vermeidet das Bürgerliche Gesetzbuch alle solche Rechtszweige, die für gewisse Bestrebungen des wirthschaftlichen Lebens besondere Vorschriften geben (Jagdrecht, Fischereirecht, Bergrecht), welche dem Deutschen Privatrechte angehören und überläßt sie theils dem Landesrechte (s. oben § 12), theils dem Reichsrechte, das neben ihm gelten soll.

Die Neugestaltung des bürgerlichen Rechtes hat eine Umarbeitung des Handelsgesetzbuches nach sich gezogen, die ihrerseits wiederum auf das bürgerliche Recht eine starke Rückwirkung ausgeübt hat.

III. Gegenüber den Partikularrechtsgesetzbüchern be-

---

[1]) Vgl. Weyl 53 ff.

zeichnet das Bürgerliche Gesetzbuch in der Reichhaltigkeit des Inhalts somit einen Rückschritt. Es ist dies theils eine Folge der geringeren gesetzgeberischen Centralisationskraft des Reiches im Vergleiche mit den Einzelstaaten, theils eine Folge des unnatürlichen Uebergewichtes, das in den Einzelstaaten die Lehre des gemeinen Rechtes über die geltenden einheimischen Gesetzbücher erlangt hat.[1]) In der zweiten Lesung ist jedoch namentlich das preußische Recht, das auch schon in der ersten eine nicht unbeträchtliche Beachtung gefunden hatte, in sehr ausgiebiger Weise berücksichtigt worden, so daß auch in Zukunft die beginnende rechtsgeschichtliche Erforschung dieses Gebietes für das Verständniß des Bürgerlichen Gesetzbuches mittelbar von Werth sein wird.

Gegenüber den Systemen der Lehrbücher des Partikularrechts, die die Pandektenlehre mit dem deutschen Privatrechte vereinigten, bezeichnet freilich die im Wesentlichen romanistische Anordnung des Bürgerlichen Gesetzbuches einen Rückschritt.

b) Folgerungen aus der Eigenart des neuen Gesetzbuches.

α) Der Stoff der neuen Wissenschaft des bürgerlichen Rechtes.

§ 26.

I. Die unmittelbaren Rechtserkenntnißquellen. Zweifelhaft ist die Stellung der Wissenschaft des einheitlichen bürgerlichen Reichsrechts zu den ergänzenden Landesgesetzen und Landesgewohnheiten.

In dem neuerdings zur Geltung gelangten Unterrichtsplane sind auch diese in die Lehre des bürgerlichen Rechtes aufgenommen worden. Dadurch wird der Inhalt dieser Lehre durch den partikulären Theil nach der Lage der Hochschulen und der Staatsangehörigkeit der Schriftsteller, die sich dem Unterrichtswesen anschließen oder für ein besonderes Gebiet arbeiten, zersplittert.

Eine eingehende Darstellung sämmtlicher noch geltender Landesrechte neben einander und neben dem Reichsrechte ist unmöglich. Eine Willkür in ihrer Auswahl ist auch nicht zu rechtfertigen.

Das Ergebniß hiervon ist, daß zunächst eine Verkümmerung der Lehre von den fortdauernden Landesrechten zu befürchten ist.[2])

---

[1]) Aus gleichem Grunde haben auch viele brauchbare Gedanken des preußischen Prozeß-Rechtes gegenüber den hannöverisch-französischen Sätzen bei der Herstellung der Reichscivilprozeßordnung einen Schiffbruch erlitten.

[2]) Nur durch die Wiederaufnahme dieses Lehrzweiges in besondere Vorlesungen wird geholfen werden können.

II. Die mittelbaren Quellen des deutschen bürgerlichen Rechtes sind

a) die sog. Materialien (s. oben S. 18).

b) alles, was die Gedanken der Verfasser des Gesetzbuches beeinflußt hat.

Dahin gehören namentlich auch Sätze des bisher geltenden Landesrechtes und ältere Lehrmeinungen.

Die neue Wissenschaft muß sich daher an die Wissenschaft der Rechte der deutschen Theilgebiete (einschließlich des gemeinen Rechts) in derselben Weise anlehnen, wie sich das neue Gesetzbuch an diese Quellen und Ansichten angeschlossen hat.

Die geschichtlichen Hilfswissenschaften des Rechtes der Theilgebiete Deutschlands sind somit mittelbare Hilfswissenschaften der Auslegung des Bürgerlichen Gesetzbuches.

Die Geschichte des römischen, kanonischen und deutschen Reichs gehören dahin, insbesondere auch die Partikularrechtsgeschichte, so wie die noch unentwickelte vergleichende Rechtsgeschichte, die den Gedankenaustausch unter den verschiedenen Staaten auf dem Rechtsgebiete darstellt.

Unter den übrigen Hülfswissenschaften ragt die Nationalökonomie hervor, die freilich zum Theile Verwaltungslehre, vornehmlich aber Gesetzgebungslehre ist. Die Rechtsauslegung schließt sich an ihren Inhalt an, behandelt aber die Wirthschaftsfrage als einen bloßen Zweig der inneren Politik, der nur neben den Erwägungen der äußeren Politik und den sittlichen Anschauungen in Betracht kommt und keineswegs allein einen Ausschlag zu geben vermag.

Das neue Gesetzbuch aus allen diesen politischen Erwägungen auf Grund ihrer Vorgeschichte zu erläutern, muß das eigentliche Endziel der neuen Wissenschaft sein (vergl. oben S. 41 ff.).

Aus dem geschichtlichen Stoffe sind namentlich die Zweckgedanken zu entnehmen, aus denen die Gesetzestexte entstanden sind, und die Lücken auszufüllen, die nach dem Willen der Gesetzgebung der Wissenschaft zur Ergänzung überwiesen worden sind, sowie diejenigen, deren Vorhandensein sich bei der Handhabung des neuen Gesetzbuches zeigen wird.

Gerade auf dem Gebiete des allgemeinen Theiles ist dies deshalb vornehmlich nöthig, weil in ihm der Einfluß der Schule überwiegt. Seine Sätze sind überwiegend eine Verallgemeinerung einzelner Prozeßentscheidungen des römischen Alterthums, die zum Theile in der Studierstube ohne praktisch-politischen Sinn geschehen ist. Gerade hier ist der Verallgemeinerungstrieb oft über das Ziel hinausgeschossen. Im Allgemeinen gebührt den Verfassern des Gesetzbuches die Anerkennung, diese Schöpfung mit Zweckgedanken durchleuchtet zu haben. Es gilt dies insbesondere von dem vortrefflich geschriebenen ersten Band der Motive. Wo man es jedoch für nöthig hielt, das Recht nicht blos zu finden, sondern auch neu zu schaffen, da konnten begreiflicher Weise die allgemeinen Sätze, die man an die Stelle anderer setzte, weder nach ihrer praktischen Tragweite, noch nach ihren Zwecktendenzen völlig im Voraus durchdacht werden weil eine solche Arbeit über die Kraft menschlichen Geistes hinausgeht. Daher denn auch solche Neuschöpfungen vielfach grundsätzlich nach dem Satze: quieta non movere mißbilligt werden.

Als Beispiele seien genannt: die Sonderung der Geisteskrankheit von der Geistesschwäche, die Annahme des Vertragsanerbietens ohne Mittheilung an den Anerbietenden, die Verjährung nicht klagbarer Ansprüche, die Sonderung der Unwirksamkeit von der Nichtigkeit und namentlich die Folgen der Anfechtung.

In allen diesen Zweigen müssen die zum Theile nur in der Form instinktiver Intuition gefaßten neuen Rechtsgedanken zunächst mit voller logischer Schärfe zergliedert und in eine gemeinverst ändliche Sprache übersetzt werden, damit der Richter genau wisse, wie er sich gegenüber solchen Rechtsänderungen zu verhalten hat.

III. Die Verkürzung des geschichtlichen Stoffes innerhalb der dogmatischen Behandlung des Gesetzbuches ist unerläßlich, wenn nicht die Schilderung des geltenden Rechtes von einem Ballast veralteter Grundsätze erdrückt werden soll.[1])

Dies erklärt, warum noch jetzt, namentlich in der Behandlung des Partikularrechtes unter der Herrschaft der historischen Schule die „Blume der Gesetzestexte" vielfach „vom Stocke der Vergangenheit"[2]) losgeschnitten wird.

Ein Ueberhandnehmen dieser unwissenschaftlichen Arbeitsweise würde zu einem Verfall der Rechtslehre hinführen.

Eine Abhülfe ist dadurch zu schaffen, daß wir in den Thatsachen der Rechts- und der Dogmengeschichte zwei Gruppen sondern: Entwicklungsreihen, die sich erfolglos im Sande verlaufen haben (z. B. die

---

[1]) Vergl. Cosack 41 und dazu oben S. 43 Anm. 1 und S. 50 Z. 13.

[2]) Vergl. oben S. 61 Anm. 3.

falcidische Quart, das formelle Notherbrecht, der Zunftzwang, die Erbunterthänigkeit und dergl.) und solche, die in die geltenden Gesetzestexte einmünden, also in ihnen fortleben und fortwirken. Die abgestorbenen Entwicklungsreihen gehören nur der Rechts- und der Dogmengeschichte an, die lebendigen auch der Dogmatik.

Nach diesem Gesichtspunkte ist im Folgenden verfahren worden.

β) Die Darstellungsformen der neuen Wissenschaft des bürgerlichen Rechtes.

§ 27.

I. Die möglichen Standpunkte der neuen Wissenschaft des bürgerlichen Rechtes gegenüber den Darstellungsformen der bisherigen Wissenschaftszweige sind: Nichtbeachtung, Anlehnung an eine dieser Wissenschaften und Verschmelzung der verschiedenen.

Eine völlige Nichtbeachtung verbietet sich schon deshalb, weil die ältere Wissenschaft ein Auslegungsmittel ist (s. oben 65).

Die Anlehnung an eine besondere Wissenschaft des bisherigen bürgerlichen Rechts, z. B. die Pandektenlehre, die Lehre des deutschen Privatrechts oder eine Partikularrechtslehre verbietet sich aber durch die Unparteilichkeit, mit der die Verfasser des Werkes den einzelnen Rechtsgebieten und Wissenschaftszweigen gegenüberstanden.

Namentlich darf nicht das neue Recht als eine bloße Umgestaltung der Pandektenlehre aufgefaßt werden.

Der richtige Standpunkt des Vertreters der neuen Wissenschaft ist daher über ihren Vorläuferinnen. Durch einen Ueberblick über den Inhalt der verschiedenen Lehren des bürgerlichen Rechtes muß er die Möglichkeit suchen, ein Ganzes darzustellen, zu dem die bisherige Wissenschaft nur Bausteine und Anregungen, nicht aber den Gesammtplan geben darf.

II. Die Begriffsnamen des Bürgerl. Gesetzbuchs müssen so viel wie möglich verbreitet und überall streng festgehalten werden. Eine Abweichung von der Redeweise des Textes ist möglichst zu vermeiden. Es folgt dies daraus, weil es uns, namentlich in der allgemeinen Rechtslehre, bisher an einer festen gemeingültigen Sprache fehlt und gegenseitige Mißverständnisse den Fortschritt lähmen.

Allerdings weicht das Gesetzbuch, ebenso wie die Juristensprache, vielfach von der Volksrede ab. Es kommt dies daher, weil schwierige Unterscheidungen dem gemeinen Manne zu anstrengend sind, um ihrer bewußt zu werden. Daher die allgemeine Verwechslung von Recht und Sitte, Besitz und Eigenthum, Kauf und Uebergabe.

Es wird deshalb nöthig sein, alle Abweichungen der Gesetzessprache von der Volksrede genau festzustellen, um Mißgriffe in der Handhabung des Textes zunächst in der Juristenwelt zu verhüten und einer Uebertragung des Gesetzbuchsinhaltes in die Redeweise des Volkes vorzuarbeiten.

III. Die überlieferten Rechtsregeln dürfen nur übernommen werden, insoweit sie sich aus den neuen Texten ableiten lassen; nach dem Grundsatz „Non jus ex regula, sed regula ex jure". Wo dagegen die älteren Rechtsregeln darüber hinaus nachweislich einen Rechtssatz erzeugt haben, da sind sie Quellen des neuen Rechtes geworden und als solche jenem Grundsatze nicht unterworfen. Dahin gehört z. B. die Vorschrift, daß die Ansprüche verjähren (vgl. unten § 63), die nur aus der bisherigen Doktrin erklärt werden kann.

IV. Das System des Bürgerlichen Gesetzbuchs muß schon deshalb geändert werden, weil das Bürgerliche Gesetzbuch nicht das gesammte bürgerliche Recht umfaßt. Aber auch aus anderen Gründen darf die Wissenschaft darüber hinausgehen.

Bindend ist das System des Gesetzbuches nur insofern, als aus ihm praktische Folgerungen zu ziehen sind, z. B. aus der Einstellung der Miethe in das zweite Buch ihre persönliche (nicht dingliche) Natur gefolgert werden muß, was streitig ist (sog. sedes materiae).

Sonst hat die Wissenschaft die Pflicht, zum Besten der Beherrschung des Stoffes die Legalordnung zu verbessern.

Auch in der vorliegenden Schrift ist dies versucht worden.

Es war dies um so nöthiger, als das System des Gesetzbuches im Allgemeinen Theile in seiner Eigenart nicht der Ausfluß eines zielbewußten Gedankens ist,[1]) sondern nur der Ueberrest des in Trümmer zerschlagenen üblichen Pandektensystems. Die ersten beiden Abschnitte: Personen und Sachen gehören zum eisernen Inventare einer uralten Eintheilungsweise. Dagegen sind die üblichen Kapitel: „Entstehung und Endigung der Rechte" und „Schutz der Rechte" zerschlagen worden, wohl nicht mit Unrecht; denn die Entstehung und Endigung der Rechte bildet den Hauptinhalt des besonderen Theiles und vom Schutze der Rechte hat man soviel wie möglich in die Civilprozeßordnung hinübergeschoben.[2])

---

[1]) Vergl. Denkschrift 7, 8. Achilles 15.

[2]) Von Einfluß war in dieser Hinsicht insbesondere: Fischer, Recht und Rechtsschutz, Heft 6 von Bekkers und Fischers Beiträgen. Berlin 1889.

So blieben von der Entstehung und Endigung der Rechte Abschnitt 3 (Rechtsgeschäfte) und Abschnitt 4 (Fristen, Termine) übrig, wobei die Sonderstellung der wichtigen Rechtsgeschäftslehre als Fortschritt zu begrüßen ist. Von dem Aktionenrechte, das den „Schutz der Rechte" betraf, sind Abschnitt 5—7 als unzusammenhängende Trümmer übrig geblieben.

Diese Bruchstücke sucht die nachfolgende Darstellung nebst Abschnitt 2 und 4 zu einem Aufbau einer Lehre von den Rechten zu verwerthen.

Dadurch soll eine einfache und übersichtliche Dreitheilung gewonnen werden: Rechtsgenossen, Rechte und Rechtsgeschäfte.

Dieser Dreitheilung entsprechen die folgenden drei Kapitel.[1])

Zweites Kapitel.

Die Rechtsgenossen.

I. Die Menschen als Rechtsinhaber.

1. Der Begriff der Rechtsfähigkeit.[2])

§ 28.

I. Der Begriff der Rechtsfähigkeit wird im Bürgerlichen Gesetzbuch als bekannt vorausgesetzt. Man versteht darunter die Fähigkeit, Rechtsbefugnisse (Berechtigungen, Rechte im subjektiven Sinne) zu haben. Ueber den Begriff der Berechtigung, der zunächst als bekannt gelten kann, s. unten § 45.

Unter Person versteht das Bürgerliche Gesetzbuch das von der Rechtsordnung als Rechtsinhaber zugelassene Wesen, das entweder ein Mensch oder eine künstliche Veranstaltung (juristische Person) ist.

In einem andern Sinne versteht man unter Person das Wesen, das dazu geeignet ist, mit Rechtsfähigkeit bekleidet zu werden, auch wenn ihm diese Fähigkeit nicht verliehen ist, z. B. ein noch nicht rechtsfähiger

---

[1]) Ueber die Litteratur des B.G.B. siehe die Uebersicht bei Cosack S. 1 ff. und die fortlaufenden Angaben in den in der Uebersicht über die Abkürzungen genannten Schriften von Kuhlenbeck und Matthiaß. S. auch die oben abgedruckten Abkürzungen.

[2]) Dernburg 107 ff., Regelsberger 284 ff.

Verein (oder nach römischem Rechte ein Sklave). In diesem Sinne ist das Wort dem Bürgerlichen Gesetzbuch fremd.[1])

II. Die Handlungsfähigkeit ist dem Bürgerlichen Gesetzbuch als allgemeiner Ausdruck fremd (s. unten § 70). Auch der Unterschied der Rechtsfähigkeit und der Rechtsausübungsfähigkeit (d. i. der Fähigkeit im eigenen Herrschaftskreise nach Belieben zu schalten und zu walten), die z. B. den Kindern und den Wahnsinnigen fehlt, ist nur stillschweigend anerkannt.[2])

III. Das Kennzeichen des Rechtsinhabers in zweifelhaften Fällen. In verwickelten Rechtsverhältnissen ist es oft ungewiß, wer der Berechtigte ist. So streitet man z. B., ob bei der ehelichen Gütergemeinschaft beide Gatten Mitberechtigte seien oder nur der Mann, ob das Vermögen der Aktiengesellschaft den Aktionären gehört oder der Gesammtheit und dergl.

Hier giebt das Erkennungsmerkmal der Rechtsinhaberschaft den Ausschlag. Man hat sich darüber gestritten, ob der Verfügungs- oder der Genußberechtigte im Zweifel der eigentliche Berechtigte ist. Beides ist nicht unbedingt der Fall.[3]) Bei dem Mündelgute ist der Vormund Verfügungs- (oder Ausübungs-)Berechtigter, aber nicht Eigenthümer, bei dem Vermögen der juristischen Person sind vielfach die Mitglieder Genußberechtigte und doch nicht Miteigenthümer. Der Genuß der Güter liegt überhaupt jenseits der Rechtsordnung. Ihn verleiht die Natur. Das Recht giebt nur die Herrschaft über die Genußmittel, nicht über ihre Verwendung.

Auch den Ausdruck „Namengeber", d. h. den Rechtsgenossen, in dessen Namen ein Recht auszuüben ist, kann man nicht zum Zwecke einer Begriffsbestimmung verwenden.[4]) Die Person des Berechtigten bestimmt sich nicht danach, in wessen Namen im einzelnen Falle gehandelt (z. B. kontrahirt oder prozessirt) werden soll. Vielmehr ist umgekehrt in der Regel im Namen dessen zu handeln, der der Berechtigte ist. Die Berechtigungsfrage präjudizirt also in der Regel der Benennungsfrage, nicht umgekehrt. Es giebt sogar Fälle, in

[1]) Vgl. über diesen Unterschied der rechtsphilosophischen und der dem positiven Rechte zugewandten Redeweise Kuhlenbeck 74 Anm. 1, auch Eck, Vorträge 29 ff., v. Buchka 8, Dernburg 107, Endemann 85, Löwenfeld 10.

[2]) Endemann spricht von einer „Verkehrsfähigkeit" der Menschen §§ 24, 32, S. 100, 151.

[3]) So richtig Cosack § 16, S. 55.

[4]) A.M. Cosack 56.

denen im Namen einer Mehrheit (z. B. einer Gesellschaft) gehandelt werden darf, ohne daß diese eine besondere rechtsfähige Person ist (vgl. Mot. 79 Anm.). Der Name ist auch hier nur ein Mantel, der dem Benannten umgehangen wird.

Berechtigter ist hiernach der, dem die Rechtsnorm den Einfluß auf die Außenwelt, der im Inhalte einer Befugniß liegt, zusichern will, gleichviel ob hinterher dieser Einfluß im eigenen Namen oder im Namen einer Gesellschaft geltend gemacht werden kann. Der Inhalt und der diesen Inhalt beeinflussende Zweck des Rechtssatzes bestimmt daher im Zweifel, wer als Berechtigter anzusehen ist, z. B. bei der Frage, wer den Fiskus nach 46 nöthigen kann, ein ihm zufallendes Vereinsvermögen thunlichst zu den Zwecken des Vereins zu verwenden (s. unten § 43).[1]

2. Grenzen der Rechtsfähigkeit.

a) Die Dauer der Rechtsfähigkeit.[2]

§ 29.

I. Der Beginn der Rechtsfähigkeit.

a) Die Vorstufe der Rechtsfähigkeit ist der Zustand des Menschen im Mutterleibe.

Falsch ist nach B.G.B. der Satz: Nasciturus pro jam nato habetur (Dig. 1, 5 de statu hom. fr. 7), selbst mit dem Zusatze: quoties de commodo ipsius partus quaeritur.[3]) (Zutreffend Mot. 29.) Vielmehr giebt das Recht dem Embryo weder die Rechte eines Lebendigen (er kann z. B. nicht beschenkt noch in das Grundbuch eingetragen werden und dergl.), noch auch in der Regel rechtliche Vortheile. Eine Fürsorge für den Embryo ist nur in der Form einer Fürsorge für die Mutter möglich; er eignet sich also nicht dazu, Herr eines für ihn verwalteten Vermögens zu sein.

Nur ausnahmsweise nimmt das Recht auf ihn Rücksicht, nament-

---

1) Die Ableitung gewisser Rechte aus der Persönlichkeit (vgl. Planck, Anm. 4 zu Titel I Abschnitt 1) beruht auf der Anschauung, daß die Rechte nicht aus den Volksbedürfnissen abzuleiten sind, sondern aus Eigenschaften der Menschen und Dinge unmittelbar herausgeboren werden können. Die Fassung des B.G.B. nöthigt uns jedoch nirgends zur Verwendung dieser im Veralten begriffenen Methode.

2) Mot. 28 ff. K.Prot. I. 4.

3) A. M. Hellmann 8, Weyl 101, Kuhlenbeck 78, der eine „bedingte Rechtsfähigkeit" des nasciturus annimmt (das nur gesetzlich Bedingte ist m. E. noch nicht vorhanden). Richtig Leske 28 Anm. 7.

lich bei Erbfällen. Der Umstand, daß ein Mensch noch im Mutterleibe ist, soll ihm nicht (wenigstens nicht nach spätrömischem und heutigem Rechte) die Einsetzungsfähigkeit rauben, auch nicht die gesetzlichen Erbrechte schädigen, die er bei früherer Geburt gehabt haben würde.[1]) Auch das bürgerliche Recht läßt für den Fall einer späteren Geburt einer mit Erben schwangeren Mutter einen Erbtheil vorbehalten, aus dem das Kind im Mutterleibe durch Ernährung der Mutter schon vorher mittelbar unterhalten wird (1963, während das römische Recht für den gleichen Fall drei Erbtheile sicherte, weil möglicher Weise Drillinge geboren werden könnten vgl. auch noch 1912. 1923). Ferner kann der Unterhalt ungeborener unehelicher Kinder für drei Monate im Voraus verlangt werden (1716). Außerdem haftet, wer einen Menschen getötet hat und deshalb die Unterhaltsberechtigten für den Wegfall des Ernährers entschädigen muß, auch Kindern im Mutterleibe (839 a. E.). Neben diesem Rechtsschutze für werdende Menschen giebt es auch Zuwendungen an zukünftige, noch nicht einmal empfangene (331,1. 2101. 2162).[2])

b) Die Vollendung der Geburt im juristischen Sinne ist eine andere als im medizinischen. Für die Rechtsordnung entscheidet nicht der Augenblick, in dem die geburtsärztliche Thätigkeit erledigt ist, sondern der Augenblick, in dem die Bedenken gegen die Gewährung von Rechten an Kinder im Mutterleibe beseitigt sind, m. a. W. in dem das Kind fähig wird, der Gegenstand eines der Mutter gegenüber selbständigen Rechtsschutzes zu sein.[3]) Darum wird der Austritt aus dem Mutterleibe verlangt, wenn auch nicht gerade die Loslösung von der Nabelschnur.[4])

---

[1]) Vielleicht mag die Scheu vor einer Erzeugung künstlicher Frühgeburten zu Erbrechtszwecken bei der Entstehung dieses Grundsatzes eine Rolle gespielt haben. Das B.G.B. kleidet diesen Gedanken in die Form einer Fiktion, die man nicht streng wörtlich nehmen darf 1923; vgl. Endemann § 23 Anm. 11, S. 96 und in genauer Ausführung Hachenburg 68. Fiktionen sind eben bloße Darstellungsmittel eines Gedankens und gelten deshalb auch nur soweit, als sie es sein wollen.

[2]) Vgl. Löwenfeld 12, Neumann 2. Ob wir in allen Fällen des Rechtsschutzes ungeborener Menschen von subjektlosen Rechten zu reden haben (Hachenburg 68, 70, Eck, Vorträge 38, Endemann S. 97 § 23, V 2), darüber vgl. unten § 45. Eine entsprechende Anwendung des Sonderrechts der menschlichen Embryonen auf werdende Aktiengesellschaften (Hachenburg 69) verbietet sich durch die Ungleichheit des Rechtszweckes.

[3]) Die Mot. 28 theilen auffallender Weise diese Frage der medizinischen Wissenschaft zu. Vgl. hierzu Dig. XXVIII, 2, fr. 12 pr. L, 16. fr. 132 § 1.

[4]) Die Mot. 28 nennen den Austritt ohne Loslösung der Nabelschnur

Das Bürgerliche Gesetzbuch schweigt über diesen Punkt und genehmigt dadurch seine bisher übliche Behandlung.

c) Unzulängliche Geburten sind die Fehlgeburt (verfrühte Geburt) und die Mißgeburt.

α) Die Fehlgeburt ist völlig gleichgültig, wenn das Kind nicht lebt, ebenso wie die Geburt eines völlig ausgetragenen todten Kindes. Dagegen ist ihre Bedeutung zweifelhaft, wenn es noch unentwickelt und deshalb lebensunfähig ist.

Nach Pauli Sent. IV, 9, 1. Dig. I, 5. fr. 12 hat man vielfach angenommen, daß das geborene Kind sich bereits im siebenten Monate seit der Empfängniß befinden müsse, um rechtsfähig zu sein. Ein Grundsatz, der praktisch undurchführbar ist, weil die Dauer der Schwangerschaft nicht genau festgestellt werden kann. Wohl aber wäre es möglich, einen solchen Entwicklungsgrad zu verlangen, wie er sich in der Regel bei Kindern erst im siebenten Monate zeigt.[1])

Daß die strafrechtliche Feststellung des Zeitpunktes der vollendeten Geburten sich mit der civilrechtlichen decken müsse, ist bei der Verschiedenheit der civilen und der kriminalen Rechtszwecke von vornherein zu bezweifeln (§ 217 R.Str.G.B.).

Das Bürgerliche Gesetzbuch kennt eine Vorschrift über eine erforderliche Dauer der Schwangerschaft nicht, und verlangt nur Leben des geborenen Kindes, nicht aber einen Entwicklungsgrad, also keine Lebensfähigkeit.[2]) Trotzdem wird man die Bewegungen einer aus dem Mutterleibe herausgetretenen Lebensfrucht erst nach einer gewissen Zeit der Schwangerschaft als wirkliches Leben bezeichnen können. Die Dauer dieser Zeit untersteht dem (von Sachverständigen zu unterstützenden) Ermessen des Richters. Im Zweifel wird jede physiologische Bewegung im und am Körper des Kindes als Leben anzusehen sein.

β) Als Mißgeburten (monstra, prodigia) betrachtete man unförmliche Kinder ohne Menscheneigenschaft (A.L.R. I, 1 § 17, 18).

„Trennung vom Mutterleibe", was der allgemeinen Redeweise nicht entspricht. Cosack 61 hält ein „nur durch die Nabelschnur vermitteltes Leben" für ungenügend.

[1]) Vgl. Bekker Pand. I S. 158. Gareis 7 weist auf die Berechnung der Empfängniszeit in ihrem Zusammenhange mit dem soeben Besprochenen hin (1591,1. 1717,1. 1720,1. 1600).

[2]) Anders code civil 725; vgl. Achilles zu 1, Bendix 36, Cosack 61, Endemann S. 93. § 23 Anm. 4, Cohn 1: „Der Neugeborene braucht kein Zeugniß der Reife".

Die neuere Wissenschaft bezweifelt, daß von einem menschlichen Wesen ein solches Geschöpf geboren werden könne.[1]) Das Bürgerliche Gesetzbuch schweigt daher über diesen Begriff, während man früher die Mißgeburten für rechtlos hielt (Mot. 29).

d) Der Beweis der Geburt ist auf jede Art möglich, nicht blos durch das Schreien des Kindes (vgl. § 13 A.L.R. I, 1 Mot. 28).[2])

In eigenthümlicher Weise unterstützt das Reichsgesetz vom 6. Februar 1875 § 15[3]) diesen Beweis dadurch, daß es den Eintragungen in die standesamtlichen Register Beweiskraft verleiht.

Eine Sondervorschrift für den seltenen Fall, daß die rechtlich wichtige Reihenfolge der Geburt nicht nachweisbar ist (Pr.L.R. I., 1, §§ 14—16), hat das Bürgerliche Gesetzbuch als überflüssig vermieden (Mot. 30).

II. Das Ende der Rechtsfähigkeit ist der Tod[4]) oder ein dem Tode rechtlich gleichgestelltes Ereigniß (ein juristischer Tod), m. a. W. die Entziehung der Rechtsfähigkeit eines vielleicht noch Lebenden nach Rechtssatz. Dahin gehören die Todeserklärungen und die gesetzlichen Todesvermuthungen.

III. Die Todeserklärungen (Mot. 33 ff.) sind richterliche Verfügungen, die den Zweck haben, den Nachtheilen der Ungewißheit eines Todesfalles zu steuern.[5])

In Rom half in zweifelhaften Fällen das freie Ermessen des Richters bei der Beurtheilung ungewisser Thatsachen. Dem kanonischen und gemeinen Prozeßrechte widersprach eine derartige willkürliche Behandlung von Beweisfragen.[6])

So entwickelte sich in Deutschland eine vorläufige Einweisung der Erben in das Vermögen Verschollener[7]) und gemäß Psalm 90 eine endgültige Todeserklärung nach dem 70sten Geburtstage des Verschollenen, der zunächst aufgeboten werden mußte und der herrschenden Meinung nach am 70sten Geburtstage als verstorben galt, falls er

---

[1]) Vgl. aber auch Kuhlenbeck 80.

[2]) Vgl. Kuhlenbeck 76 über die „Lungenprobe".

[3]) Cosack 62.

[4]) Dies besonders hervorzuheben, erschien überflüssig und „scholastisch" K.Prot. VI, 106.

[5]) Vgl. hierzu Strohal in Jherings Jahrb. f. Dogm. XXXIV 327 ff.

[6]) Ueber älteres deutsches Prozeßrecht. Cosack 66.

[7]) Mot. 34 „Ausantwortung des Vermögens" vgl. code civil. Art. 112 ff. Gegen diese Maßregel Mot. 35; vgl. über diese cura anomala v. Buchka 7.

für todt erklärt war. Bei noch älteren Verschollenen wartete man noch fünf Jahre, bis man die Todeserklärung zuließ nach Dig. XXXV, 2 ad. l. Falc. fr. 68 (ähnlich 14, 2 K.Prot. VI, 107 ff.). Das preußische Landrecht und einige andere Landesrechte machten in Anlehnung an schlesisches Recht[1]) dies Verfahren in erster Linie von der Dauer der Verschollenheit abhängig (A.L.R. II, 18 §§ 821 ff.), d. h. von einem „Zeitraume nachrichtsloser Abwesenheit" (K.Prot. VI, 110) und zwar in der Regel von zehn Jahren.[2]) Für besondere Verhältnisse, in denen Todesvermuthungen nahe liegen, bestimmten preußische Gesetze kürzere Fristen (sog. Kriegs- und Seeverschollenheit).

In dieser Neugestaltung des Rechtes ist die Rücksicht auf die vermuthliche Lebensdauer als leitender Gesichtspunkt aufgegeben und statt dessen der Gedanke betont, daß jeder in der Regel aus der Ferne in seine Heimath von Zeit zu Zeit Nachricht zu senden pflegt, ein Gedanke, der auf dem Aufschwunge der Verkehrsmittel in der neueren Zeit beruht.[3])

Das Bürgerliche Gesetzbuch (14 ff.) hat dies im Wesentlichen angenommen, namentlich auch die zehnjährige Frist. Neben der Kriegs- und Seeverschollenheit (15 u. 16) kennt es auch noch eine „Verschollenheit nach einer Lebensgefahr," in der es den Grundgedanken dieser Ausnahmeerscheinungen verallgemeinert (17). Nach K.Prot. I, 9 (ebenso Denkschrift S. 12) wurde hier auf Unfälle bei Bergwerken, bei Bränden, Ueberschwemmungen, bei Bergbesteigungen u. s. w. hingewiesen. Dahin wird man jetzt auch wohl den Fall rechnen müssen, daß Jemand wahrscheinlich über Bord gefallen ist. (Anders die erste Lesung, Mot. 41.) Jedenfalls soll der Nachweis eines Unfalles zur Annahme dieser Verschollenheit nicht erforderlich sein, daher man sie auch nicht mit Hölder (114) Unfallverschollenheit, sondern mit Eck (Vortr. 45) „Gefahrverschollenheit" nennen muß. K.Prot. VI, 111, verlangen nur „eine Lage, die möglicher

---

[1]) Dernburg, Pr. Privatr. I. § 43. Im Auslande waren ähnliche Sätze schon früher bekannt. Matthiaß 66 Anm. 1.

[2]) Früher von 30 Jahren. Kuhlenbeck 85.

[3]) Mot. 35 heben namentlich hervor, daß die Leichtigkeit, mit der heutzutage Nachrichten in die Ferne gesandt werden können, eine Todeserklärung schon nach kürzerer Verschollenheit rechtfertigt. Vgl. Cohn 7: „In zehn Jahren soll man einmal nach Hause schreiben." Besonders gilt über den Beginn der Fristberechnung 14,3. (Vgl. Eck Vort. 44: „Der Sicherheit und Gleichmäßigkeit wegen.") Cohn 7: „Keine Verschollenheit vor der Sylvesternacht." Vgl. namentlich auch (nach preußischem Vorbilde) für Minderjährige eine verlängerte Frist. 14,1.

Weise mit einer Lebensgefahr verbunden war." Doch müssen sicherlich ungewöhnliche gefahrdrohende Umstände hinzukommen. Die Möglichkeit, z. B., auf der Straße von einem herabfallenden Dachziegel getödtet zu werden, genügt nicht. Es ergiebt sich das aus dem Worte: „Ereignisse" in 17.[1])

Die Stelle, an der während der gesetzlichen Frist Nachrichten ansgeblieben sein müssen, damit eine Todeserklärung möglich werde, ist nicht angegeben (14). Nicht jeder frühere Wohnort kann gemeint sein, sondern wohl nur der dauernde Aufenthalt solcher Menschen, denen man, wenn man sich von ihnen getrennt hat, Nachrichten zukommen zu lassen pflegt.[2])

Das Bürgerliche Gesetzbuch hebt nicht die Folgen der Todeserklärung bei einer späteren Rückkehr des Verschollenen wieder auf, sondern läßt von vornherein diese Folgen über eine bloße Vermuthung des Todes nicht hinausgehen. Hierdurch werden zwecklose Wirkungen dieses Aktes ausgeschlossen.[3]) Die familienrechtlichen Verhältnisse der für todt Erklärten sind in eigenartiger Weise geregelt, 1348 ff. 1420. 1494, 2. 1544. 1547. 1679. 1684, 2. 1885.

Als Todesaugenblick wird, wie im gemeinen Rechte, ein früherer Zeitpunkt angenommen als derjenige des Todeserklärungsurtheils, (18, 2).[4]) In der Regel ist es der Augenblick, in dem zuerst das

---

[1]) Auch eine Reihe gefährlicher Ereignisse, z. B. eine Nordpolexpedition, rechnet man hierher und streitet über den Beginn der Verschollenheitsfrist (vgl. Hellmann 8. Eck, Vorträge 45. Planck, Anm. 1 zu 17, 2 zu 20). M. E. entscheidet der Augenblick, in dem die Gefährlichkeit eines solchen Unternehmens über diejenige einer gewöhnlichen Seefahrt hinauszugehen beginnt, z. B. bei der Annäherung an die schwimmenden Eisberge, oder wenn man diesen Augenblick nicht kennt, der Zeitpunkt, in dem er spätestens zu erwarten war. Ein Aufstieg im Luftballon bringt von Anfang an eine ungewöhnliche Gefahr mit sich.

[2]) Planck, Anm. 2 zu 13 spricht von Nachrichten an den verlassenen Wohnsitz. Dies paßt m. E. dann nicht, wenn der Verreiste dort keinen Menschen zurückließ, der ihm nahe stand, auch dann nicht, wenn er wußte, daß die Seinigen bald nachher nach einem anderen Orte ziehen wollten.

[3]) Ist freilich inzwischen auf die Todesvermuthung ein rechtskräftiges Urtheil gegründet worden, so ist mit dem bloßen Wegfalle der Vermuthung keine genügende Hülfe gewährt. Näheres über die Rechte des für tot erklärten Lebendigen s. 1425, 2031, 2370, 2, Hachenburg 81.

[4]) Anders die erste Lesung § 21 Mot. 47 ff. Die konstitutive Wirkung wurde aber zu Gunsten der deklaratorischen beseitigt. K.Prot. I, 20 ff. „Bei der Regelung sei vor Allem zu erstreben, daß der festgestellte Todestag thunlichst mit dem wirklichen Todestag übereinstimme." Auch soll die Feststellung der Todeszeit nicht „vom Zufalle, von der Willkür der Betheiligten und von der mehr

Todeserklärungsverfahren möglich war (18, 2). Eine Ausnahme für die Kriegs- und Seeverschollenheit und die Verschollenheit der in eine Lebensgefahr Gerathenen erklärt sich daraus, daß bei Leuten, die aus besonderen Gefahren nicht heimgekehrt sind, der Tod schon in einem früheren Augenblicke wahrscheinlich ist, als die Todeserklärung aus Rücksicht auf den Abwesenden zugelassen werden kann.[1])

Abwesende bedürfen aber einer Rücksicht auch dann, falls Jemand ohne Grund ihr Leben bestreitet.[2]) Es liegt nahe, daß das Recht auch in dieser Hinsicht schützend eingreift und eine Lebensvermuthung für die Zeit aufstellt, in der eine Todeserklärung zunächst unzulässig erscheint und die im Falle einer solchen noch als Lebenszeit behandelt werden soll (K.Prot. 22, anders Mot. 30 ff.)[3])

Eine Sterblichkeitstabelle (vgl. Dig. XXXV, 2 fr. 68 pr. hat dagegen das Gesetzbuch mit Rücksicht auf den gegenwärtigen Stand der Statistik nicht aufgenommen (K.Prot. I, 28, Mot. 32).[4])

Das Todeserklärungsverfahren ist in der neuen C.P.O. §§ 960 ff. geordnet worden. (Mot. 41 ff. K.Prot. I, 14 ff.).[5])

IV. Die gesetzliche Reihenfolge zweifelhafter Todesfälle (sog. Commorienten-Präsumption) ist namentlich bei gegenseitigen Erben wichtig. Sonst weiß man nicht, wer von beiden den anderen beerbt hat und ob der Nachlaß des einen an den andern und folge-

---

oder minder raschen Entscheidung des Gerichtes abhängen" (K.Prot. I, 21). Hierin weicht das Bürgerliche Gesetzbuch namentlich vom preuß. Rechte ab, das eine konstitutive Wirkung annahm, vgl. über diese auch Philler 17.

[1]) Je größer die Rücksicht auf den Verschollenen, desto größer ist die Frist. Je größer die Rücksicht auf die allgemeine Verkehrssicherheit, desto kleiner. Mit dem Erstarken der Staatsgewalt ist die Verkleinerungstendenz Hand in Hand gegangen.

[2]) Vgl. glossa liquerit zu fr. 2, § 4 Dig. quemadm. aperiantur test. XXIX, 3.

[3]) Das Gesetz spricht zwar diese Lebensvermuthung nur für Verschollene aus (anders A.L.R. I, 1 § 38). Hier gilt aber der Satz: majori inest minus. Wo ein Gesetz sogar einen Verschollenen für lebend hält, den man nicht sieht, da muß es das Gleiche auch bei dem Nichtverschollenen annehmen, den man in jedem Augenblick sehen kann. A.M. die Meisten (z. B. Hölder 118, Müller und Meikel 13). Hierdurch erledigt sich auch der Streit über die Beweislast zwischen Planck 19 Nr. 2 u. Enneccerus S. 1, vgl. Matthiaß 71, Eck, Vortr. 46.

[4]) Vgl. über die Verwendung solcher Tabellen in der Praxis Endemann § 23 Anm. 17 S. 99.

[5]) Besondere Schwierigkeiten macht das Geltungsgebiet des neuen Todeserklärungsrechtes. Art. 9 158 ff., Mot. 36 ff. K.Prot. I, 10 ff., Enneccerus 52 ff., Cosack 97.

weise an die Erben dieses andern gefallen ist.[1]) In Folge dessen kann dann weder die eine noch die andere Gruppe von Erben etwas verlangen und die beiden Nachlaßmassen bleiben in der Hand des zufälligen Besitzers. Das römische Recht kennt eine Commorienten-Präsumption für Personen, die in einer gemeinsamen (oder doch in einer ähnlichen) Gefahr umgekommen sind,[2]) falls sie in gerader Linie mit einander verwandt sind. Unmündige Descendenten gelten dann gegenüber ihren Ascendenten als vorverstorben, mündige als nachverstorben.[3])

Will man dies nicht auf die vermuthliche Widerstandskraft des mittleren Lebensalters zurückführen,[4]) so ist es kaum zu erklären. Das Bürgerliche Gesetzbuch hat es nicht aufgenommen (Mot. 32). Das preußische Landrecht vermuthet (ohne ausdrückliche Beschränkung auf die gemeinsame Todesgefahr), daß bei zweifelhafter Reihenfolge des Todes mehrerer Personen alle als gleichzeitig verstorben gelten (I, 1 § 39). Dadurch wird der Vortheil erzielt, daß man bei Ungewißheit der Todeszeit mehrerer gegenseitiger Erben von dem Nachlasse eines jeden weiß, an wen er kommen soll.

Das Bürgerliche Gesetzbuch hat dies auf mehrere in gemeinsamer Gefahr Gestorbene beschränkt.[5]) So ist die römische Rücksicht auf die menschliche Widerstandskraft gegen Lebensgefahren mit dem Bedürfnisse nach einer Beweiserleichterung bei einer zweifelhaften Reihenfolge des Todes in eigenartiger Weise verbunden worden.

„Die kurze Spanne Zeit, welche bei gemeinsamen Unfällen zwischen dem Tode der mehreren umgekommenen Personen liege, könne in Uebereinstimmung mit der Volksauffassung vom Rechte unbeachtet gelassen werden" (K.Prot. 31).[6])

---

[1]) Ein Beispiel: K.Prot. I, 30. Sohn und Vater sterben zusammen. Es leben ein Vetter des Vaters und ein Bruder der Mutter. Kommt das Vatergut an diesen oder das ererbte Muttergut des Sohnes an jenen?

[2]) Vgl. simul bello perire Dig. XXXVII, 11, fr. 11 pr. XXXIV, 5 fr. 9 (10) § 1.

[3]) Dig. XXXIV, 5, de reb. dub. fr. 9 § 4.

[4]) Hölder, Pandekten 1, S. 103.

[5]) Ein weitergehender Antrag wurde abgelehnt K.Prot. I, 30. Die erste Lesung hatte diese Vermuthung völlig verworfen (Mot. 32).

[6]) Bei einem völlig unbekannten Zeitraume hätte man wohl die Dauer nicht so scharf betonen sollen. Allerdings deutet auch das preußische Landrecht auf eine gemeinsame Gefahr hin (vgl. Bendix 40), weil es davon redet, daß die Verstorbenen, deren Reihenfolge des Todes ungewiß ist, zu gleicher Zeit gestorben seien (I, 1, 39), worin strenge genommen ein Widerspruch liegt.

Für andere Fälle, in denen die Reihenfolge des Todes mehrerer Personen dunkel ist, wird durch Analogie nicht geholfen werden können, weil die Vorschrift als Ausnahmeregel gedacht und ihre Ausdehnung deshalb abgelehnt ist.[1])

V. Ueber den bürgerlichen Tod s. unten § 33.

b) Zusammenfassung der Rechtsgenossen in Gruppen.

α) Gruppen Gleichberechtigter.

§ 30.

I. Rechtliche Gruppenbildungen. Die Rechtsordnung gliedert die Masse der Berechtigten in Gruppen, denen sie eine verschiedene Behandlung angedeihen läßt. Im heutigen Rechte kommen insbesondere drei Eintheilungsgründe dabei in Betracht, von denen der eine auf natürlichen Eigenschaften beruht (Familienangehörigkeit), der andere auf der gesellschaftlichen Stellung (Standeszugehörigkeit), und der dritte auf Beziehungen örtlicher Natur (der Wohnsitz).

II. Die Familienangehörigkeit oder Verwandtschaft gehört nach ihren Voraussetzungen und ihren Rechtsfolgen dem Familienrechte an.[2]) Nur eine dieser Folgen, das Namensrecht,[3]) das nicht blos auf Verwandtschaft, sondern auch auf der rechtsgültigen Annahme eines Namens beruhen kann, ist zwar in seinen Voraussetzungen mehrfach vom Familienrechte geregelt (1355, 1577, 1616, 1706, 1758),[4]) nach seinem Inhalte aber im allgemeinen Theile.[5]) Es gehört zu den allseitig geschützten Rechten auf einen Zustand, der nicht im Einflusse auf eine körperliche Sache besteht, den sog.

---

[1]) Richtig Matthiaß 72. Ueber die Kollision der Vermuthung das 20 mit den Inhalte von Todeserklärungsurtheilen vgl. Hölder 120 zu 3, gegen Planck zu 20. M.E. gehen die Todeserklärungen vor.

[2]) Anders die erste Lesung § 30. Mot. 65 ff.

[3]) Diese Bezeichnung hat sich ebenso sehr verbreitet wie der Ausdruck „Namenrecht".

[4]) Vgl. hierzu das preußische Ausführungsgesetz Art. 68, 70, 71 und über Findelkinder 127.

[5]) Vgl. hierzu namentlich Gierke, Deutsches Privatrecht I. S. 83, Opet, Archiv. f. civ. Praxis LXXXVII, 313 ff., Kohler, Archiv f. bürg. R. V, 77 ff., Fischer ebenda VI, 306 ff., Götte ebenda XV, 320 ff., Ramdohr in den Beiträgen z. Erl. d. deutschen R. v. Rassow, Küntzel und Eccius XLIII, 1 ff., Hölder 102 ff., Kuhlenbeck 147 Anm. 1, Löwenfeld 50 ff., Süpfle, das Namenrecht nach dem Bürgerlichen Gesetzbuche, Karlsruhe 1899; auch über die Entstehung dieses Rechtsschutzes in der deutschen Praxis v. Buchka 6 Anm. 1, Löwenfeld 52.

immateriellen Gütern, einem Rechtszweige, dem das Gesetzbuch ein besonderes Buch würde haben widmen müssen, wenn es sie nicht fast gänzlich andern Rechtsquellen zur Regelung überlassen hätte.[1]) Eine Ausnahme macht das Namensrecht in § 12[2]) ergänzt durch das Markenschutzgesetz vom 30. November 1874 das Gesetz zum Schutze der Waarenzeichen vom 12. Mai 1894 § 14 und das Gesetz zur Bekämpfung des unlautern Wettbewerbes vom 27. Mai 1896 § 8, vgl. auch über den Schutz der Firmen[3]) das Handelsgesetzbuch § 37.

Das Namensrecht richtet sich auf eine ungestörte Namensführung[4]) und bezeichnet als unzulässige Störung den unbefugten Gebrauch eines fremden Namens und das Bestreiten des Rechtes auf einen Namen, der einem andern zukommt.[5]) Unter dem „Gebrauche" soll nicht blos das Führen eines Namens verstanden werden, wie sie vorkommt, wenn Jemand sich mit fremden Federn schmücken will, sondern auch die Verwendung eines fremden Namens zu Reklamezwecken und dergl. (K.Prot. VI, 113).

Auch Pseudonyme sind geschützt;[6]) denn sie sind genau genommen keine falschen Namen, sondern gelegentlich geführte zweite Namen, die ebenso schutzbedürftig sind, wie die gewöhnlich geführten.

---

1) Vgl. hierüber oben S. 63 Anm. und unten § 54. Cosack 88 spricht von einem „Monopol", vgl. Gareis, Anm. 1 zu 12 und Kuhlenbeck 148 Anm. 1 gegen den Ausdruck „Individualrecht".

2) K.Prot. I, 44 ff.

3) Ueber diese eingehend Bendix 50.

4) Auch gegen Behörden als solche? Dagegen Fischer, Anm. 3 zu 12, was in dieser Allgemeinheit nicht unbedenklich ist.

5) Ueber die zulässigen Klagen s. Denkschrift S. 11. Ob sie konfessorisch oder negatorisch (quasinegatorisch) zu hennen seien, darüber finden sich Widersprüche vor (K. Prot. 45, Bunsen 40, Kuhlenbeck 155, Weyl 124). Man sollte diese Zweifelfrage einer altrömischen Terminologie zu den abgestorbenen Entwicklungsreichen der Rechtsgeschichte werfen; vgl. auch Cosack 88. Die Analogie der actio injuriarum, die Kuhlenbeck befürwortet (156), würde eine emporkeimende Rechtsschöpfung nach dem Bilde einer absterbenden gestalten.

6) Natürlich nicht gegen den, der denselben Namen trägt, den ein anderer als Schriftstellernamen angenommen hat. Der Zweck der Vorschrift nöthigt zur Analogie. Gegen den Schutz der Pseudonyme Rehbein 27, Planck A. 2 zu 13 und Müller und Meikel 13. (Für Hausnamen, die Jemand neben dem Familiennamen führt, z. B. Einödbauer oder Weißenlehenhaber, bedarf es allerdings keines besonderen Schutzes.) Für den Schutz der Pseudonyme Cosack 89, Enneccerus 67. Auch ein Vorname kann schutzbedürftig sein (Leske 38).

Das Bürgerliche Gesetzbuch erwähnt dies Recht unter der Ueberschrift: natürliche Personen. Dadurch ist die entsprechende Ausdehnung auf juristische Personen, die ihrer bedürfen, namentlich auf Vereine nicht ausgeschlossen, weil aus den Vorberathungen hervorgeht, daß die Vorschrift nicht als Ausnahmeregel gedacht werde. (K.Prot. VII, 115), s. oben S. 53.)[1])

III. Der Wohnsitz (Domizilium) ist in mehrfacher Hinsicht von Bedeutung, namentlich für die Grenze zwischen den Anwendungsgebieten neben einander stehender einheimischer und auswärtiger Rechtssätze, s. oben § 10 und Einführungsgesetz 8, 9, 14, 15, 16, 24, 25, 29, B.G.B. 1433, ferner für die Bestimmung des Erfüllungsortes bei Schulden (269, 270) und der Zuständigkeit des Standesbeamten 1320, für die Feststellung des Gerichtsstandes im Civilprozeßrechte (C.P.O. 13 ff., 606, 648[2]) bei der Besteuerungspflicht (Reichsgericht vom 13. Mai 1870) und sonst.[3])

Der Grund seiner Berücksichtigung ist in den verschiedenen Fällen seiner Beachtung ein verschiedener, immer aber handelt es sich darum, Zustände und Ereignisse, die nicht überall in Erscheinung treten sollen oder können, an eine bestimmte Stelle des Raumes zu binden. Wichtig erscheint hierbei eine solche Beziehung zu einem Gebiete der Erdoberfläche, wie sie bei fast allen Menschen vorkommt und mit Sicherheit aufgefunden werden kann.

Das Gesetzbuch bezeichnet den Wohnsitz als ständige[4]) Niederlassung (7), worin keine Aenderung des bisherigen Rechtes zu sehen ist.[5]) Es ist dies der Ort (Cod. X, 40 c. 7 § 1), quo si rediit peregrinari jam destitit (D. L., 16 f. 203), ubi quisque sedes et tabulas haberet, also der Ort der Wohnung, nicht der Arbeit, also auch nicht, wie man zuweilen (z. B. K.Prot. I 38) sagt, der Mittelpunkt der Arbeit. (Richtiger wäre: der Ruhepunkt inmitten des Lebens).[6]) Nur bei juristischen Personen, die das mensch-

[1]) Vgl. Fischer, Handausgaben 2 zu § 12.

[2]) Vgl. Mot. 68: „Der Begriff des Wohnsitzes ist für das bürgerliche Recht der gleiche wie für das Prozeßrecht." Ueber Exterritoriale vgl. Löwenfeld 43.

[3]) Auf § 11, 1 der Reichs-Straf-Prozeßordnung bezieht sich Art. 35 E.G.

[4]) Vgl. Löwenfeld 38.

[5]) Vgl. Mot. 69.

[6]) Es rechtfertigt sich dies schon daraus, daß es viel mehr arbeitslose Menschen giebt als obdachlose. Vielfach spricht man von einem Mittelpunkt des Lebens und der Rechts- oder Berufsverhältnisse, als ob diese beiden Kreise sich

liche Bedürfniß nach einer Wohnung nicht kennen, tritt der Sitz der Verwaltung als Nothbehelf an deren Stelle (24. Mot. 77). Eine doppelte Wohnung kann einen doppelten Wohnsitz begründen,[1]) jedoch nur dann, wenn nicht die zweite Wohnung in der Absicht aufgesucht ist, nach einer in ihrer Dauer mehr oder weniger bestimmten Zeit sie wieder aufzugeben (z. B. in einem Badeorte).[2]) Der Wohnplatz, der nicht im rechtlichen Sinne als Wohnsitz gelten solle, ist nach Mot. 68 „Wohnort" genannt.[3])

Falls Jemand eine Wohnung bezieht, so kann er dadurch nur dann einen rechtsgültigen Wohnsitz begründen, wenn er geschäftsfähig ist,[4]) (8) also z. B. nicht, wenn ein dem Vater entlaufenes Kind sich eine Wohnung miethet. Die Annahme des Wohnsitzes ist zwar kein Rechtsgeschäft (Mot. 72), wohl aber eine den Rechtsgeschäften ähnliche „Rechtshandlung" im Sinne der Motive (vgl. unten § 68) eine Bethätigung des „Domizilwillens" (Mot. 68). Dem entspricht die Aufhebung des Wohnsitzes § 7, 3, bei dem (nach Mot. 70) ein animo solo retinere nicht möglich ist (K.Prot. I, 38).[5])

Von einem anderen kann in rechtsgültiger Weise ein Wohnsitz

---

decken; vgl. Bendix 52, v. Buchka 5, Endemann 181, Leske 36, Matthiaß 88, v. d. Pfordten 39. Gegen den Ausdruck „Mittelpunkt", der m. E. durch seine Bildlichkeit mit dem Ausdrucke „Schwerpunkt" (Cosack 90, v. d. Pfordten 48) oder „Hauptstützpunkt" (Löwenfeld 89) etwa gleichwerthig ist: Kuhlenbeck 148, 1 und Hellmann 15; vgl. auch Planck Anm. 2 zu 7 und Anm. 5 über die Unmöglichkeit eines doppelten Mittelpunktes desselben Gebietes.

[1]) Ueber die praktische Bedeutung dieser Vorschrift s. Enneccerus 66. Anders das französische Recht, vgl. Mot. 70.

[2]) Vgl. Gesetz wegen Beseitigung der Doppelbesteuerung vom 13. Mai 70 (B.G.Bl. 119) § 1, 1, „an welchem er eine Wohnung unter Umständen inne hat, welche auf die Absicht einer dauernden Beibehaltung schließen lassen". Cohn 5: „Man kann gleichzeitig mehrfach sitzen." Bei der Wahl des zweiten Wohnsitzes werden also an die Ständigkeit strengere Anforderungen gestellt als bei der Wahl des ersten.

[3]) Die antike Gleichstellung des origo (des Herkunftsortes, in dessen Bürgergemeinde man hineingeboren ist) mit dem Wohnsitze ist dem heutigen Rechte und auch dem B.G.B. fremd.

[4]) Im gemeinen Rechte streitig. Enneccerus 65, Matthiaß 89 hält die Wahl des Domizils für einen Willensakt, der mit den thatsächlichen Verhältnissen nicht in Widerspruch stehen dürfe; vgl. auch Planck zu 8. Weyl 118 spricht vom Erwerb und Verlust des Wohnsitzes animo et corpore; vgl. auch über 7, 3 Hölder 94.

[5]) Ueber die dem B.G.B. fremde Fiktion des Wohnsitzes im französischen Rechte vergl. Mot. 70.

bestimmt werden für Soldaten, Frauen und Kinder (9, 10, 11).[1]) Es ist dies ein nach Rechtsvorschrift auferlegter Wohnsitz im Gegensatze zu dem thatsächlich erwählten. Ein Wohnsitz kann übrigens nicht blos durch Rechtssatz, sondern auch thatsächlich aufgezwungen sein.[2]) So bei Gefangenen oder an eine bestimmte Stelle Verbannten nach D. L. 1 ad munic. fr. 22 § 3. Es ist eine Härte, dies unbedingt zu bestreiten und z. B. dem Gefangenen das Recht, Vorladungen im Gefängnisse zu erhalten, zu versagen.[3]) Als einen bloßen Wohnort neben dem Wohnsitz wird man das Gefängniß deshalb in der Regel nicht ansehen können, weil die Gefangenschaft den Eingesperrten von seinem bisherigen Haushalte völlig abschneidet. Bei lebenslänglicher Gefängnißstrafe kann man von einem Behalten der bisherigen Wohnung überhaupt verständiger Weise nicht reden. Die alte Wohnung ist dann vielleicht noch für die Möbel des Gefangenen gemiethet, nicht aber für ihren Herrn.[4])

β) Die Abstufungen der Rechtsfähigkeit.

αα) Bevorzugte Rechtsgenossen.[5])

ααα) Standesvorzüge.

§ 31.

I. Stände nennen wir Gruppen von Rechtsgenossen, die durch besondere Vorschriften ausgezeichnet sind. (Der Römer versteht unter

---

1) Mot. 72 ff. Der gesetzliche Wohnsitz der Dienstboten am Wohnsitze des Dienstherrn (A.L.R. I, 1 § 4. A.G.O. I, 2 § 18) ist dem B.G.B. fremd (Mot. 76 K.Prot. I, 89), doch kann in dem Antritte eines Dienstes die gültige Wahl eines Wohnsitzes liegen, insbesondere dann, wenn der Dienstbote keine anderweitige Wohnstätte hat. Der dienstliche Wohnsitz der Beamten gehört dem öffentlichen Rechte an, Eck, Vorträge 42.

2) Auch für die Aeußerung des Domizilswillens gilt: Coactus voluit, tamen voluit. Zum gesetzlichen Wohnsitz wird der thatsächlich aufgezwungene Wohnort allerdings nicht ohne Weiteres, wohl aber dann, wenn dies dem Willen des Wohnenden entspricht. Man kann sehr wohl einen Ort nur ungern zur Wohnung wählen, ihn sich aber dennoch, weil man ihn nun einmal wählen muß, zum rechtlichen Wohnsitz auserlesen.

3) Die Mot. 71 sind unbestimmt. Eine andere Frage ist es, ob es hier, wie in andern Fällen nöthig ist, einen und denselben Ort in jeder Hinsicht (z. B. für das Besteuerungsrecht ebenso wie für das bürgerliche Recht) als Wohnsitz anzusehen. Diese Frage mag offen bleiben.

4) Vgl. Mot. 72 über den Wohnsitz in Heil- und Pflegeanstalten, für den ähnliches gilt. Bendix 52, vgl. auch Cohn 4: „Im Zuchthaus sitzt man, aber wohnsitzt nicht". Gegen eine unbedingte Geltung dieser Regel Planck, Anm. 6 zu 7.

5) Der Vorzug, den die Exterritorialität gewährt, gehört nicht dem Privatrechte an.

status die Stellung auf der Stufenleiter der Rechtsgenossen, der Deutsche unter Stand eine Stufe dieser Leiter.) Die ältere Rechtswissenschaft bezeichnet als **status** eine rechtlich wichtige Eigenschaft z. B. den Ehestand, den **status sexus, aetalis** u. dergl.[1]) Dieser Sprachgebrauch darf für die Redeweise der Juristen als aufgegeben betrachtet werden.

II. Standes-Vorrechte finden nach der preußischen Verfassung (Art. 1) nicht mehr statt. Dies bezieht sich nur auf Geburtsstände, nicht auf Berufsstände,[2]) z. B. nicht auf den Kaufmannsstand, dem das neue Handelsgesetzbuch angepaßt ist,[3]) vgl. auch z. B. B.G.B. § 196, 14 über den Stand der Aerzte und ähnliche Berufsstände und über die Rücksichten, die das Bürgerliche Gesetzbuch dem Militärstande und dem Beamtenstande schenkt, Mot. 27. Sondervorschriften über den Gewerbestand hat es grundsätzlich vermieden, Mot. 27.

Die neuere Privatrechtsordnung ist nicht auf Standesunterschieden (Kasten) aufgebaut. Nur ausnahmsweise ist ein Stand noch von Interesse.[4])

III. Die Sonderrechte des hohen Adels unterliegen der Vorschrift der Preußischen Verfassung nicht.[5]) Es ist dies der Adel, der im alten Deutschen Reiche eine bevorzugte Stellung besaß und sich seit dem vierzehnten Jahrhundert ein eigenes Privatfürstenrecht geschaffen hat, das in Art. 14 der Bundesakte anerkannt wurde. Nach dem Zerfalle des Deutschen Bundes wurde dies Privatfürstenrecht im Norddeutschen Bunde und im Deutschen Reiche als selbstverständlich fortdauernd behandelt und zwar als Landesrecht. Es handelt sich hier aber um ein solches Landesrecht, dessen Anerkennung ebenso wie ein Theil des internationalen Privatrechts, Völkerrechtspflichten erfüllt, zumal die dem alten Deutschen Reiche angehörigen Staaten that-

---

[1]) Vgl. Gierke, Deutsches Privatrecht I. S. 395. „Auch Besitzstände, Bildungsstände u. dergl. kann es geben." Vgl. daselbst 395 ff. eine Darstellung der früheren rechtlichen Bedeutung der Stände. Vgl. auch über den standesmäßigen Unterhalt des B.G.B. Endemann 91.

[2]) Cosack 74, Endemann § 22 Anm. 6 S. 90.

[3]) Vgl. Engelmann 55.

[4]) Mot. 25. „Der Entwurf beruht auf den Grundsätzen der Rechtsgleichheit und der Gemeinsamkeit des Rechts." Der Wegfall des Schmerzensgeldes der Angehörigen des Bauern- und des gemeinen Bürgerstandes ist nach B.G.B. außer Zweifel (Pr.A.L.R. I, 6 §§ 112 ff.). Eck, Vorträge 38.

[5]) Näheres bei Gierke, a. a. O. (Anm. 1) 397 ff.

sächlich eine engere Völkerrechtsgemeinde bilden und das Recht des hohen Adels auch im Einflusse auswärtiger Herrscherhäuser eine Stütze findet.

Die Erfüllung dieser Völkerrechtspflicht hat nunmehr das Deutsche Reich den Einzelstaaten abgenommen.

Das Einführungsgesetz unterscheidet in Anlehnung an neueres Reichsrecht die landesherrlichen Häuser sowie die ihnen gleichgestellte fürstliche Familie Hohenzollern von dem übrigen hohen Adel, so daß man von einem höchsten Adel reden kann.[1]) So schon hinsichtlich des Rechtes auf besondere Standesämter (R.G. v. 6./2. 1875 § 72), auf einen besonderen Mündigkeitstermin (B.G. v. 17./2. 1875 § 2), ebenso war in den neueren Reichs-Prozeßgesetzen diesem höchsten Adel die Fortdauer seines Sonderrechtes vorbehalten.[2]) Für ihn soll auch im bürgerlichen Rechte in erster Linie das Hausgesetz und die Hausobservanz und in zweiter das gemeine Privatfürstenrecht gelten.

Dem entspricht Art. 57, der im Uebrigen den Landesherrn nicht blos die fürstliche Familie Hohenzollern, sondern auch die drei im Jahre 1866 entthronten Häuser Hannover, Kurhessen und Nassau gleichstellt,[3]) neben den Hausgesetzen aber nicht ein gemeines Privatfürstenrecht, sondern die Landesgesetze erwähnt, in der Voraussetzung, daß das Privatfürstenrecht Landesrecht geworden ist. Außerdem bevorzugt Art. 58 den sonstigen Reichsadel (d. h. diejenigen Häuser, welche vormals reichsständig gewesen und seit 1806 mittelbar geworden sind) und die ihm durch besondere Gesetze gleichgestellten Familien, indem es für Familienverhältnisse und Güter dieser Häuser das besondere Landesrecht aufrecht erhält und daneben auch ihre Hausgesetze, diese letzteren aber nicht unbedingt, sondern nur „nach Maßgabe der Landesgesetze".

Der so ausgezeichnete (höchste und) hohe Adel kann durch Adoption und Legitimation nicht erlangt werden.[4]) Neue Familien können in seinen Kreis nur eintreten, indem sie Souveränitätsrechte erlangen.[5])

---

[1]) Die Mot. des Einführungs-Ges. 154 trennen die souveränen Häuser vom „mittelbaren hohen Adel".

[2]) E.Ges. z. Ger.Verf.G. § 5, zur C.P.O. § 5, zur Konk.Ord. § 7, zur Str.P.O. § 4. Vgl. Entsch. d. Reichsg. II. Nr. 89 S. 149, XXVI. Nr. 26, S. 149 ff.

[3]) Ebenso die neuere Fassung der Reichsprozeßgesetze.

[4]) Auch dies hängt mit der völkerrechtlichen Quelle dieses Rechtszweiges zusammen.

[5]) Vgl. Gierke, a. a. O. I. S. 399.

IV. Der niedere Adel, der aus der landsässigen Ritterschaft mit territorialer Landstandschaft und grundherrlichen Rechten hervorgegangen ist und im Preußischen Landrechte (II, 9) noch im hohen Maße grundsätzlich bevorzugt war, hat seine Standesvorrechte durch Art. 4 der Preußischen Verfassung verloren (vgl. auch das besondere Gesetz vom 22. Februar 1869 über die Eheschließungen des Adels).

Auch das bürgerliche Gesetzbuch erwähnt ihn nicht besonders.

Doch schützt das von ihm gewährte Namensrecht auch die gesellschaftlichen Vortheile, die dieser Stand gewährt.[1])

Fraglich ist, ob durch das Bürgerliche Gesetzbuch alle Sonderrechtsvorschriften über Erwerb des adeligen Namens durch Familienrechtsereignisse aufgehoben werden, insoweit es sie nicht wiederholt (z. B. 1355, Ritters Weib hat Ritters Recht). Streitig ist insbesondere die Fortdauer des Grundsatzes, daß bei der Annahme eines bürgerlichen Kindes von Seiten eines Adeligen der Landesherr den Adel besonders verleihen muß (Preuß A.L.R. II, 2 § 684).[2])

Ebenso kommt in Frage, ob der ruhige Genuß des Adelsprädikats durch 44 Jahre auch noch in Zukunft die Vermuthung des adeligen Standes erwecken könne (II, 9, § 19).

Es kommt darauf an, ob man diese Sätze, deren Werth heutzutage fast nur noch auf der gesellschaftlichen Geltung des niederen Adels beruht, dem öffentlichen Rechte zuzählen will. Von privatrechtlicher Bedeutung ist der niedere Adel allerdings auch noch insofern, als Hausgesetze des hohen Adels ihn bei Eingehung ebenbürtiger Ehen vor den übrigen Rechtsgenossen mehrfach bevorzugen. Auf staatsrechtlichem Gebiete kommt der niedere Adel vornehmlich bei der Zusammensetzung des Herrenhauses in Betracht, jedoch nicht der gesammte niedere Adel als solcher. Da nun die Sondervorschriften über den niederen Adel aus einer Zeit stammen, in der auch diesem Adel eine besondere öffentlichrechtliche Stellung zustand und daher seine privatrechtliche Auszeichnung mit der Auflage öffentlichrechtlicher Pflichten verbunden war, so gehören auch die Sondervorschriften, die

---

[1]) Vgl. v. Staudinger, Namensrecht und Adelsrecht, Deutsche Juristen-Zeitung III. 362 ff. Rehbein 26 will den persönlichen Adel vom anderen hierbei unterscheiden, m. E. ohne zureichenden Grund.

[2]) Die Fortdauer des Satzes, daß die Verleihung sich im Zweifel auf alle Abkömmlinge erstreckt (A.L.R. II, 9, § 11) wird wohl Niemand bezweifeln. Vgl. v. Staudinger a. a. O. und gegen v. Bülow, Deutsche Juristenzeitung 1896 Nr. 22: Planck Anm. 3 zu 12.

sich auf ihn beziehen, nicht zum reinen bürgerlichen Rechte (s. oben S. 11) und sind somit nicht als beseitigt anzusehen.[1])

βββ) Bevormundete Rechtsgenossen.

§ 32.

I. Die Ausnahmeregeln für Schutzbedürftige (Kinder, Frauen, Kranke) sind heutzutage nicht als Zurücksetzungen gedacht, sondern als Ausflüsse einer besonderen Fürsorge der Gesetzgebung und in diesem Sinne zu behandeln.

II. Die Unerwachsenen sind den Erwachsenen gegenüber zurückgesetzt, namentlich in der Geschäftsfähigkeit (s. unten § 70), in der civilrechtlichen Haftbarkeit für unerlaubte Handlungen (828), und in der Ausübung ihrer Rechte (siehe Familienrecht).

Zur Durchführung dieser Grundsätze dienen die Altersstufen des Gesetzbuches (Mot. 52 ff.).

Man unterscheidet Altersstufen von durchgreifender Bedeutung für die gesammte Lebensstellung und solche von blos gelegentlicher Bedeutung für einzelne Geschäfte.

a) Die allgemeinen Stufen der rechtlichen Vollreife.

Die römische Dreitheilung: infantes, impuberes und minores ist Preis gegeben; eine Zweitheilung tritt an die Stelle: Kinder[2]) und Minderjährige.

Die Geschlechtsreife vollendet sich auf höherer Kulturstufe schneller als die wirthschaftliche Selbstständigkeit. Das römische Recht trug dem Rechnung, indem es erst späterhin die puberes minores (viginti quinque annis) neben den impuberes, wenn auch in viel geringerem Maße, in ihrer Rechtsstellung beschränkte.

Das Deutsche Recht[3]) hat diesen Gedanken dahin gesteigert, daß es die Folgen der Geschlechtsreife bis zur Volljährigkeit hinausschob. Dem entspricht das Bürgerliche Gesetzbuch, das nur noch Minder-

---

[1]) Dies ist im Wesentlichen der von Planck Anm. 3 zu 12 eingenommene Standpunkt, der mit Entschiedenheit von Rehbein 26 angegriffen wird, aber m. E. der rechtsgeschichtlichen Sachlage durchaus entspricht.

[2]) Vgl. hierzu Fischer, Handausgabe, Anm. 2 zu 104: „Den Ausdruck Kind verwendet das Bürgerliche Gesetzbuch ausschließlich für die Bezeichnung der Verwandtschaft mit den Eltern.“ Die hergebrachte Verwendung des Wortes zur Verdeutschung des infans scheint mir dadurch nicht geradezu verboten zu sein; vgl. auch Cohn 2: „Sieben Jahr ein Kind“.

[3]) Ebenso das Pr.A.Landr. I, 1, § 25.

jährige unter sieben Jahren und solche, die das siebente Lebensjahr vollendet haben, unterscheidet, also dem vierzehnten Lebensjahre nur noch eine gelegentliche Bedeutung zuschreibt[1]) und den Rechtsbegriff der Geschlechtsreife beseitigt. Insbesondere ist die Testirfähigkeit auf das 16. Lebensjahr hinaufgerückt. Es wurde daher der Antrag gestellt, die Volljährigen fortan Mündige und die Minderjährigen Unmündige zu nennen (K.Prot. I, 46), jedoch ohne Erfolg. In der Volkssprache werden freilich nach wie vor Volljährigkeit und Mündigkeit verwechselt werden.

Das Bürgerliche Gesetzbuch hält die durch Reichsgesetz vom 17. Februar 1875 gezogene Volljährigkeitsgrenze fest (Mot. 52), ebenso die schon dem römischen Rechte als venia aetatis bekannte Volljährigkeitserklärung (§§ 3—5, Mot. 53 ff.) bei mindestens achtzehnjährigen Kindern, indem es (nach dem Vorbilde der preußischen Vormundschaftsordnung) die Folgen dieses künstlichen Erwerbes der Volljährigkeit dem natürlichen Eintritte in diese Altersstufe durchaus gleichstellt (§ 3, 2) Mot. 53 ff. (anders Cod. II, 45 de his qui veniam c. 3). Daß die Volljährigkeitserklärung nur zum Besten des Kindes erfolgen darf (5) ist eine „scheinbar selbstverständliche" Vorschrift,[2]) die man aber wohl für nöthig hielt, damit nicht der Gewalthaber ein unbeschränktes Ausstoßungsrecht gegenüber seinen achtzehnjährigen Kindern erlange.

Bei Kindern unter elterlicher Gewalt wird sie (ebenfalls in Anlehnung an die preußische Vormundschaftsordnung) von einer „Gewaltsentlassung" nicht unterschieden und ist ein Ersatz für die dem Bürgerlichen Gesetzbuche fremde Emancipation. Die Verheirathung soll ihr nicht gleichstehen („Heirath macht nicht mündig."[3]) Mot. 57 ff.)[4])

b) Die Altersstufen von blos gelegentlicher Bedeutung gehören dem besondern Theil an.[5])

---

[1]) Vgl. §§ 1728, 1750, 1827, vgl. auch das Gesetz betr. die freiwillige Gerichtsbarkeit vom 17. Mai 1898 § 59, 2 (eine Beschwerde-Mündigkeit) und über die kirchenrechtliche Bedeutung (Konfessionsbestimmung) Cosack 70.

[2]) Planck, zu 5.

[3]) Nach K.Prot. I, 52 könnte dieser Grundsatz nur in verschwindenden Ausnahmefällen von Bedeutung sein. Ueber minderjährige Wittwen vergl. K.Prot. 52, Nr. IV.

[4]) Immerhin vermag die Heirath einer Minderjährigen ihre spätere Volljährigkeitserklärung zu erleichtern. 4. Löwenfeld 20, Planck Anm. 4 zu § 4.

[5]) Vgl. §§ 1635 (6 Jahre), 1303, 2229, 1708 (16 Jahre), 828, 1827 (18 Jahre, sog. plena pubertas), 1805, 1747 (21 Jahre), 1744, 1745 (50 Jahre),

Die Sonderstellung, die den Hauskindern wegen ihrer Abhängigkeit von der elterlichen Gewalt, nicht wegen ihrer Jugend zukommt, gehört in das Familienrecht.

III. Die Beschränkungen der Frauen (auch der im Familienrecht zu erwähnenden Ehefrauen) sind überall eine Folge einer niedrigen Entwicklungsstufe, deren Rohheit die Frau gefährdet. Die Steigerung der durchschnittlichen Bildung läßt diesen Schutz mehr und mehr als überflüssig erscheinen. Das Bürgerliche Gesetzbuch enthält in dieser Hinsicht gewisser Maßen einen Abschluß der Entwicklung, da es die Sonderstellung der Frauen fast durchweg beseitigt und namentlich die sog. weiblichen Rechtswohlthaten streicht, die schon das neuere preußische Recht beseitigt hatte.[1])

Die Mot. 26 erwähnen in dieser Richtung auch noch die dem Bürgerlichen Gesetzbuche eigenthümliche unbeschränkte Geschäfts- und Erwerbsfähigkeit der Ehefrau, die elterliche Gewalt der Mutter und die Zulassung der Frauen zum Testamentszeugnisse. Auch die Fähigkeit zur Vormundschaft ist ihnen verliehen (eine Beschränkung enthält 1783) neben dem Vorrechte, dieses Amt ablehnen zu dürfen (1786, 1).

Bestimmungen über Zwitter sind grundsätzlich vermieden (Mot. 26), in der Annahme, daß es selbstverständlich und in allen Fällen durchführbar sei, sie dem Geschlechte zuzuzählen, das in ihnen überwiegt.

Unberührt blieb die deutschrechtliche Zurücksetzung der Frauen in dem Sondererbrechte der Adels- und der Bauerngüter.[2])

Insoweit noch nach bisherigem Rechte die großjährigen Ehefrauen in ihrer Geschäftsfähigkeit beschränkt sind, bleiben sie es nach Art. 200, so lange noch der bisherige Güterstand besteht. Das Bürgerliche Gesetzbuch kennt eine solche Beschränkung nicht.

IV. Die Kranken sind Menschen in einem außergewöhnlichen Körperzustande, der gefährlich oder unbehaglich ist. Sie sind als Kranke insofern vor den Gesunden ausgezeichnet, als sie sich einen Pfleger erbitten können, der sie jedoch in ihrer Geschäftsfähigkeit nicht beschränkt (1910, sog. cura debilium personarum).[3])

1786 (60 Jahre). Art. 54 der preußischen Verfassung (Volljährigkeit des Königs mit 18 Jahren) bleibt nach Art. 57 E.G. unberührt; vgl. auch Endemann 119 ff. und über sonstiges Reichsrecht Heilfron § 13 Anm. 5, auch Dickel 6 ff.

[1]) Vgl. das alte H.G.B. Art. 6—9. Reichsgewerbeordnung § 11. Vorschriften, die durch das B.G.B. überflüssig geworden sind.

[2]) Cosack 68, vgl. auch Endemann § 22 Anm. 1 S. 88, Matthiaß 73.

[3]) Ueber den Einfluß der körperlichen Krankheit auf Schuldverhältnisse vgl. Bendix 44.

Weniger eine Bevormundung als eine Zurücksetzung war die besondere rechtliche Lage der Verschnittenen (castrati), deren Zustand übrigens nicht immer als Krankheit gelten kann. Ihre rechtliche und gesellschaftliche Sonderstellung ist seit dem Verbote der Castration bedeutungslos geworden. (Leges generaliter constituuntur.)

In einer rechtlichen Sonderstellung befinden sich nach dem Bürgerlichen Gesetzbuche nur noch solche Kranke, deren Leiden krankhafte Störungen der Geistesthätigkeit nach sich zieht.[1])

Das Bürgerliche Gesetzbuch hat diesen Rechtszweig in einer Weise gestaltet, die nur aus dem Gange der Vorverhandlungen verständlich ist und die ärztlichen Sachverständigen in eine schwierige Lage bringt.[2])

Die erste Lesung (1727) kannte eine Bevormundung der gebrechlichen Personen (sog. „Preßhaften", K.Prot. VI, 845, 846), mit der auch eine Beschränkung der Geschäftsfähigkeit verbunden sein sollte. Es wurde die Ausdehnung dieser Bestimmung auf Geistesschwäche beschlossen, die nach dem ersten Entwurfe (1739) nur in besonderen Fällen eine Pflegschaft begründen sollte (vgl. K.Prot. IV, 841), dann aber die Beschränkung der Geschäftsfähigkeit wegen körper-

---

[1]) Vgl. Endemann S. 164 § 35 Anm. 5. Unter den Ausführungen über die Geisteskrankheiten und die verwandten Erscheinungen rühren die bei weitem gründlichsten von Endemann her (§§ 28 ff.). Da die Verfasser des Gesetzbuches allem Anscheine nach keine Fühlung mit der Psychiatrie hatten, was im Grunde genommen auch nicht zu verlangen war, so gebührt Endemann das Verdienst durch eine solche Fühlung, bei der er namentlich Hitzig, Ueber den Querulantenwahnsinn, Leipzig 1895, berücksichtigt hat, diesem Rechtszweige eine im Wesentlichen zutreffende Grundrichtung gegeben zu haben. Der Verfasser hält sich zu diesem Urtheile für berechtigt, weil er seinen früheren Marburger Kollegen Cramer und Tuczek eine Einführung in die Grundlagen dieser Wissenschaft verdankt. Allein eben deshalb ist er der Meinung, daß Endemann in der Verwerthung seiner psychiatrischen Kenntnisse über die Grenze hinausgeht, die Jedem gezogen ist, der nicht im Bereiche der Medizin ein volles Bürgerrecht nachweisen kann. Dies gilt namentlich von der juristischen Bewerthung der Krankheitsformen, die auch unter den Psychiatern in ihren Begriffsgrenzen streitig sind § 33 Nr. 8 S. 157 und in seinem Urtheile über lichte Zwischenräume § 32, III, 2, S. 153. Deshalb sei der Praxis der Rath ertheilt, bei Benutzung der in ihren Grundgedanken durchaus beachtenswerthen Ausführungen Endemanns im einzelnen sich eines medizinischen Beirathes zu bedienen. Medizinische Literatur vgl. bei Kuhlenbeck 116, der ebenfalls die ärztliche Wissenschaft zu Rathe zieht.

[2]) Vgl. auch noch Brasch, Die Geisteskranken im Bürgerlichen Gesetzbuch für das Deutsche Reich, Berlin 1899; auch Hardeland in Iherings dogm. Jahrb. XXXIV, 327 ff. und über die Vorgeschichte des Gesetzestextes Planck zu 6.

licher Gebrechen fallen gelassen, und nur bei der Geistesschwäche beibehalten (K.Prot. IV, 841 ff.). Dafür wurde aber auch für diese Geisteskranken zweiten Grades eine besondere Entmündigung eingeführt, weil ohne sie eine Beschränkung der Geschäftsfähigkeit das Verkehrsleben in hohem Maße gefährden würde (K.Prot. IV, 846).[1])

Beklagenswerth ist hierbei, daß der vom Gesetzgeber bezeichnete Unterschied weder in der psychiatrischen Wissenschaft noch in der Redeweise des Volkes eine für die Praxis ausreichende Stütze findet.

Im wissenschaftlichen Sinne gehört zur Geisteskrankheit jeder Zustand eines Geistes, der bei seiner Thätigkeit von einem kranken Körper in fehlerhafter oder unzulänglicher Weise unterstützt wird. Die Geisteskrankheit ist die für den Geist verhängnißvolle körperliche Erkrankung. Im wissenschaftlichen Sinne liegt also in jeder Geisteskrankheit eine Schwäche des Geistes (wenn auch vielleicht nur eine Schwäche der Hemmungen, die bei geistig gesunden Menschen unvernünftige Willensakte zu unterdrücken pflegen).

Die äußere Bethätigung der Geisteskrankheit zeigt sich zwar zuweilen in auffälliger Unthätigkeit, zuweilen in auffälliger unvernünftiger Thätigkeit (dementia und furor, stille und lärmende Geisteskrankheit). Dies kann aber für das Recht um so weniger einen Unterscheidungsgrund abgeben, als beide Erscheinungsformen erfahrungsmäßig oftmals bei demselben Kranken abzuwechseln pflegen (sog. cirkuläre Zustände).

Umgekehrt beeinträchtigt jede krankhafte Schwäche nicht blos die Zahl, sondern auch den Inhalt der Willensäußerungen des Erkrankten. Allein auch von der Redeweise des gemeinen Volkes weicht die Sprache des Gesetzbuches ab. (Die K.Prot. VI, 121 befinden sich in diesem Punkte in einer Selbsttäuschung.) Schwach nennt man allgemein auch einen solchen Geist, der bei völliger Körpergesundheit die Spuren einer schlechten Beanlagung oder ungenügenden Pflege zeigt. Solche Geistesschwäche ist aber offenbar vom Gesetzbuche nicht

[1]) Wenn das Gesetzbuch bei den Voraussetzungen der Entmündigung der geistig Mangelhaften die Gemeingefährlichkeit nicht beachtet (Planck Anm. 4 zu 6, Eck, Vorträge 41), so rechtfertigt sich dies daraus, daß die Entmündigung hier nicht das passende Abwehrmittel ist. Es ist eine Aufgabe des öffentlichen Rechtes, durch angemessene Vorschriften über Einsperrung Geisteskranker zu helfen. — Wenn das B.G.B. bei den Trunksüchtigen 6, 3 einen anderen Standpunkt einnimmt, so mag dies daraus erklärlich sein, daß diese gerade durch ihre Geschäftsabschlüsse im Wirthshause, die durch die Entmündigung vereitelt werden sollen, den Mitmenschen gefährlich werden.

gemeint, wie aus den Vorberathungen hervorgeht (K.Prot. VI, 121). Die Mot. 62 definiren die Geistesschwäche als eine „ungenügende Entwicklung der geistigen Kräfte," 60: die Geisteskrankheit als einen „Verlust der bereits besessenen Fähigkeit regelrechter Willensbestimmung." Da aber die erste Lesung grundsätzlich geändert ist, so ist dies ohne Belang, K.Prot. IV, 844 betonen ausdrücklich, daß nicht nur die Geistesschwäche angeboren sein könne, sondern auch die Geisteskrankheit. Es paßt dies freilich nicht recht zu K.Prot. VI, 121.[1]) Auf den Unterschied der ererbten Mängel von den erworbenen ist daher die Sonderung der Geistesschwäche von der Krankheit weder nach der Redeweise des Volkes noch nach der Absicht der Verfasser des Gesetzbuches zurückzuführen.[2])

Da nun weder die medizinische Wissenschaft noch die Sprache des Lebens ein Verständniß der Unterscheidung des Gesetzbuches ermöglicht, so kann der Sinn dieser Redeweise nur aus dem Zwecke dieser Unterscheidung hergeleitet werden.[3]) Dieser ergiebt sich aus den Vorschriften, die von Geisteskrankheit reden.

Es entscheidet hier der stärkere Einfluß, den die Geisteskrankheit auf die Geschäftsfähigkeit ausübt. Diese soll dem Geisteskranken gänzlich entzogen sein, dagegen dem Geistesschwachen ebensoweit, wie einem mehr als sieben Jahre alten Minderjährigen verbleiben (vgl. 105 und 114, auch 1325).[4]) Es ist also unter Geistesschwäche ein solcher geringerer Grad krankhafter Störung oder unzulänglicher

---

[1]) Richtig Fischer, Handausgabe zu § 6.

[2]) Allerdings macht hierin wieder die Denkschrift irre, die S. 9 den Geistesschwachen als denjenigen kennzeichnet, dessen „geistige Kräfte unvollständig entwickelt sind." Die Materialien sind also in sich widerspruchsvoll. In der Literatur zeigen sich vornehmlich drei Strömungen. Die eine beschränkt die Geistesschwäche auf die unvollständige Entwicklung (Achilles 3, Bendix 45, Kuhlenbeck 122); eine andere sucht ihre Merkmale nach eigenem freien Ermessen zu bestimmen, ohne dabei einen Anhalt in den Quellen zu haben (v. d. Pfordten 35, Rehbein 18), die dritte verficht den im Texte vertretenen Standpunkt. So vornehmlich Endemann 158, Planck Anm. 3 zu 6, Hölder 83, Leske 35, Neumann 6, ebenso Cosack 72, der in dem Geistesschwachen den landrechtlichen Begriff des Blödsinnigen wiederzufinden glaubt, während Kuhlenbeck 122 hier mit dem Begriffe der dementia argumentiert. Diesen älteren Begriffen gegenüber ist jedoch das B.G.B. nach seiner Entstehungsgeschichte selbständig gedacht.

[3]) Die K.Prot. 32 sehen im Hinweise auf den Entmündigungszweck einen Ersatz für die in der zweiten Lesung aus Rücksicht auf ärztliche Wünsche weggestrichene (Denkschr. S. 9) Definition der Geisteskrankheit.

[4]) Vgl. auch C.P.O. 473.

Entwicklung der Geisteskräfte zu verstehen, welcher dem Erkrankten die durchschnittlichen Geistesfähigkeiten eines Minderjährigen von mehr als sieben Jahren übrig läßt. Das siebenjährige Normalkind soll hiernach den Maßstab für die Abgrenzung der Geistesschwäche und der Geisteskrankheit geben.[1])

Geistesstörungen, die nicht dauernd sind (§ 105, 1325), nennt man nicht Geisteskrankheiten; auch das Gesetzbuch thut das nicht. Gleichgültig ist, ob die physiologische Ursache der vorübergehenden Geistesstörung durchaus dieselbe ist, wie bei Geisteskrankheiten oder nicht.

Von Bedeutung auf die Lage der Geisteskranken und der Geistesschwachen ist die Entmündigung. Sie tritt ein, wenn ein Geisteskranker oder Geistesschwacher (6) seine Angelegenheiten nicht zu besorgen vermag.[2])

Sie entzieht (105) oder mindert (114) die Geschäftsfähigkeit des Kranken so lange, bis sie aufgehoben ist. Sog. lichte Zwischenräume (dilucida oder lucida intervalla) kommen für Entmündigte nach dem Bürgerlichen Gesetzbuch nicht in Betracht.

Fraglich aber bleibt, ob diese lichten Zwischenräume bei dem noch nicht entmündigten geistig Kranken oder Schwachen zu beachten sind. In 104, 2 ist jede dauernde krankhafte Störung als Ursache der Geschäftsunfähigkeit anerkannt im Gegensatze zu der vorübergehenden Untauglichkeit zu einem Geschäftsabschlusse (105). Da nun vor dem Ausbruche einer Geisteskrankheit einzelne Störungsaugenblicke vorkommen können, von denen es nicht sicher ist, ob sie wiederkehren werden, so wird man in der Zwischenzeit

---

[1]) Nicht ganz klar sind K.Prot. IV, 844: Maßgebend für die Unterscheidung sei vielmehr die verschiedene Art, in Folge deren der Geistesschwache wie der Geisteskranke seine Geschäfte nicht zu besorgen vermöge." Unter der Unfähigkeitsart ist wohl der Unfähigkeitsgrad verstanden. Bezeichnend ist die Besorgniß (K.Prot. IV, 844), die Aerzte könnten den geistig Erkrankten geringeren Grades den Schutz des Rechts gänzlich entziehen, um sie nicht zu den völlig Geschäftsunfähigen hinabzustoßen, wenn das Gesetz ihnen nicht die Möglichkeit gäbe, durch bloße Beschränkung der Geschäftsfähigkeit zu helfen.

[2]) Vermag auch ein solcher seine Angelegenheiten zu besorgen, der in allen Dingen zwar seinen Vortheil wahrt, aber andere durch unredliches Gebahren in Folge seiner Krankheit gefährdet? Dagegen der Wortlaut des § 6, 8, und die Erwägung, daß die Entmündigung den Kranken „gegen sich selbst", K.Prot. IV, 845 schützen soll. Vgl. oben S. 91 Anm. 1. Das Wort „kann" besagt in 6 soviel wie „soll", Planck 8 zu 6.

zwischen diesen Vorläufern der Geisteskrankheit dem später Erkrankten die Handlungsfähigkeit nicht absprechen dürfen.[1])

Sind solche auffällige Störungen freilich nur Symptome einer bereits vorhandenen inneren dauernden Erkrankung, so wird nach 104, 2, den scheinbaren lichten Zwischenräumen keine Beachtung zu schenken sein. Welcher der beiden Fälle vorliegt, wird freilich oft selbst dem medizinischen Sachverständigen verborgen bleiben. Den Schaden aus der Ungewißheit der Sachlage wird dann derjenige zu tragen haben, den die Beweislast trifft, d. h. der den Mangel der Handlungsfähigkeit eines noch nicht Entmündigten zu beweisen hat.[2])

Jedenfalls soll (nach Mot. 61) das Vorhandensein lichter Zwischenräume die Entmündigung nicht hindern.

Auch bei Minderjährigen ist diese Entmündigung (im Gegensatze zum code civil, Art. 489) nicht ausgeschlossen, damit nicht ein Zustand der Schutzlosigkeit eintrete, sobald die Großjährigkeit sie ihres Vormundes beraubt (Mot. 61).[3])

V. Rechtlich wichtige Fälle der sittlichen Verderbniß.

Wie das Recht die körperliche Erkrankung nur soweit beachtet, als sie den Inhalt der Rechtsausübung verschlechtert, so befaßt es sich auch nur mit solchen sittlichen Mängeln, die auf den Vermögensstand des Geschädigten von dauernd nachtheiligen Einflusse sind, also z. B. nicht mit Geiz und Habsucht, wohl aber mit der Verschwendung und der Trunksucht.

a) Die Verschwendung kommt von Alters her nur dann in Betracht, wenn sie durch Entmündigung festgestellt ist.[4])

Im moralischen Sinne (vgl. Mot. 63) fällt jede unvernünftige Vergeudung des Vermögens unter den Verschwendungsbegriff.[5])

---

[1]) Die Mot. 131 lehnen die Vermuthung: Semel demens semper talis praesumitur ausdrücklich ab. A.M. Endemann s. dagegen oben S. 90 Anm. 1.

[2]) Bekanntlich zeigt sich der ausbrechende Wahnsinn nicht selten in unvernünftigen Einkäufen. Will der Vormund des hinterher entmündigten Käufers solche Geschäfte als nichtig behandeln, so muß er darthun, daß sein Schützling im Augenblicke des Kaufes geistig gestört oder von einer bereits dauernden geistigen Erkrankung befallen war.

[3]) Die Uebertragung der Entmündigungen von den Verschwendern auf die Geisteskranken entstammt dem preußischen Rechte, Cosack 75.

[4]) Diese ist auch bei Minderjährigen möglich, Mot. 64.

[5]) So auch wohl das spätere römische Recht zur Zeit des Sittenverfalles. Das ältere schützte die Familie wahrscheinlich nur gegen Veräußerung der durch mindestens drei Geschlechter vererbten Güter. Vgl. Paul, sent. III, 4, 7 mit Dig. XXVII, 10 fr. 1 pr.

Das Bürgerliche Gesetzbuch beschränkt das Recht, Verschwender zu entmündigen, auf eine solche Mißwirthschaft, die dem Verschwender oder seiner Familie die Gefahr des Nothstandes heraufbeschwört (6).[1])

Das Bürgerliche Gesetzbuch stellt den Verschwender nicht den Wahnsinnigen und den Kindern, sondern den mindestens siebenjährigen Minderjährigen gleich (114), hat es aber abgelehnt, ihn nach dem Vorbilde des französischen Rechtes (code civil, Art. 513, 514) mit einer bloßen Beschränkung der Fähigkeit zu einzelnen Geschäften davonkommen zu lassen (vgl. 2229, 2275).

b) Der Trunksüchtige wird meistens entweder geistesschwach oder verschwenderisch sein. Wenn nunmehr das Bürgerliche Gesetzbuch in 6, 3 jeden entmündigen läßt, der „in Folge von Trunksucht seine Angelegenheiten nicht zu besorgen vermag oder sich oder seine Familie der Gefahr des Nothstandes aussetzt oder die Sicherheit Anderer gefährdet", so umfaßt diese Vorschrift, die aus sozialpolitischen Gesichtspunkten (Denkschrift 10) herrührt, auch Geistesschwache und Verschwender und zwar namentlich dann, wenn sie die Sicherheit der Mitmenschen, insbesondere der ihnen anvertrauten Kinder und Mündel, in Gefahr bringen, ohne daß anderweitige Entmündigungsbedingungen vorliegen, ferner auch dann, wenn der Antragsteller es vorzieht, die Trunksucht nachzuweisen, statt die Geistesschwäche oder die Verschwendung darzuthun.[2])

Auch aus Rücksicht auf die Wiederaufhebung der Entmündigung (§ 6 a. E.) ist es von Bedeutung, aus welchem Grunde sie erfolgt ist und daher vielleicht unter Umständen die Entmündigung wegen Trunksucht andern Entmündigungsarten vorzuziehen.

Unter „Sucht" ist ein krankhafter Trieb zu verstehen.[3]) Die Art der berauschenden Getränke, auf die er sich richtet ist gleichgültig.[4])

---

[1]) Man scheute „einen zu weit gehenden Eingriff in die persönliche Freiheit." K.Prot. 33. Der Gesichtspunkt, daß das schlechte Beispiel zu unterdrücken sei, ist also dem B.G.B. fremd. Auf höherer Sittlichkeitsstufe bedarf es dessen wohl nur in geringem Maße. — Nach der Druckschrift S. 10 war auch die Rücksicht auf das öffentliche Wohl bestimmend, aber nur „mittelbar."

[2]) Die K.Prot. 34 heben auch noch hervor, daß der drohende Nothstand der Familie „bei völliger Passivität des Trinkers" dessen Entmündigung als Verschwender nicht rechtfertigen würde.

[3]) Planck, Anm. 6 zu 6.

[4]) Fischer, Handausgabe 6 zu 6. Die entsprechende Anwendung der Vorschrift auf Morphiumsüchtige lehnt Fischer ab, was m. E. nicht unbedenklich ist.

ββ) Zurückgesetzte Rechtsgenossen.

§ 33.

I. Die völlige Schutzlosigkeit von Menschen in jeder (auch in strafrechtlicher) Hinsicht ist den civilisierten Staaten gänzlich fremd geworden (Mot. 25). Wohl aber finden noch immer Minderungen der Rechtsfähigkeit überall da statt, wo ein Staatswesen von der Ansicht ausgeht, daß gewisse Befugnisse von bestimmten Menschenklassen in einem ihm unerwünschten Sinne ausgeübt werden. Es kann dies aus politischen Rücksichten geschehen, als Vertheidigungsmaßregel gegen Ausländer und Religionsfremde, oder auch zur Erhaltung einer ständischen Gliederung des Volkes. In letzterer Richtung ist jede Bevorzugung eines Standes zugleich eine Zurücksetzung aller anderen (s. oben § 31).

Eine Zurücksetzung gewisser Rechtsgenossen kann aber auch Bestrafungszwecken dienen. In diesem Sinne ist die Zurücksetzung der bürgerlich Todten und der Ehrlosen zu deuten.

II. Die Lage der Ausländer[1]) hängt auf das Engste mit der Anwendung ausländischen Rechtes im Inlande zusammen (s. oben § 10). Die privatrechtliche Gleichstellung der Ausländer mit den Inländern, eine Folge des Strebens nach einem gegenseitigen Verkehre der Völker erleidet eine (für Preußen nicht bedeutsame) Ausnahme in Art. 88: „Unberührt bleiben die landesgesetzlichen Vorschriften, welche den Erwerb von Grundstücken durch Ausländer von staatlicher Genehmigung abhängig machen.“ Der bloße Ausschluß der Ausländer vom inländischen Rechte ist nicht zu verwechseln mit der Aufstellung besonderer Rechtssätze, die nur die Ausländer betreffen. Es handelt sich bei ihnen um privilegia odiosa, wahre Zurücksetzungen, nur ausnahmsweise kommen im Laufe der Rechtsgeschichte auch gastfreundliche Bevorzugungen in Betracht.[2]) Auf dem Gebiete des internationalen Privatrechts finden sich einige derartige Zurücksetzungen. Es muß sich namentlich der Ausländer mehrfach dem inländischen Rechte unterwerfen, obwohl es ihm als Personalstatut grundsätzlich verweigert ist. So wird im Interesse des inländischen Verkehrslebens seine Handlungsfähigkeit nach dem Deutschen Rechte bestimmt (A. 7, 3) auf ähnlichen Rücksichten beruhen die Art. 8. 9, 2 und 10 (vgl. hierzu

---

[1]) Hachenburg 90 ff.

[2]) So in den zwölf Tafeln nach Cicero de officiis I, 12, 37, Festus reus.

K.Prot. VI, 60.[1]) Die Rechtsfähigkeit ausländischer Vereine einer gewissen Art[2]) soll nach K.Prot. VI, 25 vornehmlich deshalb der Bestätigung in Deutschland unterliegen, weil sonst ein im Inlande verbotener Verein seinen Sitz in das Ausland verlegen und dadurch rechtsfähig werden könnte. Auch zum Schutze deutscher Frauen gegenüber ausländischen Ehemännern finden sich einige Sondervorschriften (Art. 9, 3. 13, 2. 14. 17, 3), desgleichen eine Vorschrift zum Schutze deutscher Kinder bei der Legitimation durch einen Ausländer (Art. 22, 2). Auch einige freundnachbarliche Bevorzugungen der Fremden finden sich. So brauchen sich Ausländer nur unter Umständen eine Todeserklärung im Inlande gefallen zu lassen (Art. 9). Ausländer, die zu Deutschen werden, können hierbei ihr eheliches Güterrecht durch Vertrag umgestalten (Art. 15, 2). Im Nothfalle kann auch der Fremde einen vormundschaftlichen Schutz finden (Art. 23). Ein Sonderrecht über Auslieferung ausländischer Erbschaften enthält 26. Endlich gewährt Art. 27 (freilich nur in Ausnahmefällen) auswärtigen Staaten das sonst grundsätzlich verneinte „Rückverweisungsrecht" (K.Prot. VI, 17 ff. 59), d. h. die Befugnisse, Rechtszweige, die das deutsche Recht ihrer Rechtsordnung zugewiesen hat, unter das deutsche Recht zurückzuschieben.

III. Die Religion als Zurücksetzungsgrund.[3]) Der Staat hat Angehörige gewisser Religionsgesellschaften vielfach dadurch zurückgesetzt, daß er ihre Rechtsfähigkeit beschränkte und dadurch die Macht ihrer Religionsgenossenschaft minderte. Das deutsche Reich hat dieses Bestreben durch das Gesetz vom 3. Juli 1869 grundsätzlich Preis gegeben.[4]) Es entspricht dies dem in harten Kämpfen durchgedrungenen Grundsatze der religiösen Gewissensfreiheit.[5]) Wo das bürgerliche Gesetzbuch die Religion berührt, geschieht dies nirgends zu dem Zwecke der

---

1) Vgl. auch C.P.O. 110—113, 114, 2.

2) Aktiengesellschaften und dergl. sind nicht hiervon betroffen.

3) Hachenburg 102 ff.

4) Cosack 81 weist darauf hin, daß die Fortdauer eines besondern jüdischen Privatrechts in einzelnen Staaten durch das B.G.B. beseitigt wird.

5) Bei der Frage nach dem Zusammenhange zwischen Staat und Religion verwechselt man häufig die Religionsgenossenschaft und die Religionslehre. Ein Zusammenhang des Staates mit religiösen Genossenschaften ist nicht überall nöthig, wenn auch vielfach vorhanden. Daß aber die Gesetzgebung und Verwaltung eines Staates von den zur Zeit in ihm vorwiegenden sittlichen Anschauungen unabhängig sind, ist ebenso sicher, wie die Thatsache, daß die zur Zeit herrschenden religiösen Anschauungen die sittlichen beeinflussen. Eine völlige Unabhängigkeit des Rechtsinhaltes von der Religionslehre kann daher nicht zugegeben werden (vgl. Mot. 26, 27).

Zurücksetzung einer Religionsgenossenschaft (Art. 134. 1779 a. E. 1801).[1]) Es behandelt vielmehr hierbei alle Religionsgenossenschaften als gleichberechtigt.[2])

IV. Ein bürgerlicher Tod ist der preußischen Verfassung zuwider (Art. 10). Man bezog diese Vorschrift übrigens nicht auf den bürgerlichen Tod der Klosterleute (A.L.R. II, 11, §§ 1199 ff.), weil sie nur eine Strafvorschrift ausschließen soll.[3])

Das Bürgerliche Gesetzbuch kennt keinen bürgerlichen Tod irgend einer Art (Mot. 25, Motive zum Einführungsgesetze 168). Als einen Ueberrest der Vermögensunfähigkeit der Klosterleute, die sie auch insbesondere unfähig machte, etwas zu erwerben, um es nachher dem Kloster weiter zu übertragen, sind die in Art. 87 aufrecht erhaltenen Gesetze (landesgesetzliche Beschränkungen der Schenkungen und des Erwerbes von Todeswegen für Mitglieder religiöser Orden oder ordensähnlicher Kongregationen).

V. Die Ehrlosigkeit ist die Lage der Menschen, die sich nicht des Genusses der bürgerlichen Ehre erfreuen.[4]) Die bürgerliche Ehre ist das Mindestmaß von äußerer Achtung, das durch Rechtssätze oder Gewohnheiten (nicht nothwendiger Weise Gewohnheitsrechtssätze) jedem zugebilligt wird, der es nicht aus besonderen Gründen verloren hat (Dig. L, 13, fr. 5, § 1). Ehrlos sind also diejenigen, die die bürgerliche Ehre verloren haben. Es kann dies nach Rechtssatz geschehen sein (sog. infamia juris) oder nach der öffentlichen Meinung (sog. infamia facti oder turpitudo). Die infamia juris kann auf Vorschriften des bürgerlichen Rechtes oder des Strafrechtes beruhen. Die letzteren bleiben vom Bürgerlichen Gesetzbuch unberührt, weitere besondere Anordnungen eines Ehrverlustes sind dem Bürgerlichen Gesetzbuch fremd; Vorschriften über die Folgen der Ehrenstrafen sind im Bürgerlichen Gesetzbuch allerdings enthalten, aber in Anlehnung an das Reichsstrafgesetzbuch (178, 4. 2237, 2).[5])

Damit hat die infamia juris aufgehört, ein Begriff des bürgerlichen Rechtes zu sein.

---

1) Kuhlenbeck 136.

2) Die Verträge über einen Religionswechsel gegen Entgelt werden nach wie vor den guten Sitten widersprechen (138), Bendix 47, Cosack 79.

3) Sie lautet: „Der bürgerliche Tod und die Strafe der Vermögenseinziehung finden nicht statt."

4) Cosack 75 ff., Enneccerus 65.

5) Mot. 27: „Das bürgerliche Recht ist bezüglich der Folgen der Ehrlosigkeit nirgends über das Strafgesetzbuch hinausgegangen."

Die infamia facti (Bescholtenheit) kann freilich von keinem Gesetzgeber berührt werden, da sie auf rein thatsächlichen Ereignissen beruht, die von Rechtsvorschriften unabhängig sind. Trotzdem hat auch sie aufgehört, einen Begriff des bürgerlichen Rechtes zu bilden, weil an sie als solche nirgends Rechtsfolgen angeknüpft worden sind. Allerdings wird sie überall da die Denkweise des Richters beeinflussen, wo er ein „ehrloses Verhalten" (1568. 1666. 2333, 5) oder die Vertrauenswürdigkeit eines Menschen (1779. 1886) feststellen soll (Mot. 27).[1]) Er hat aber auch in diesen Fällen nach seinem eigenen Gewissen zu entscheiden, nicht nach der öffentlichen Meinung, sofern er sie für irregeleitet hält. Auf alle Fälle wird er freilich von ihr Kenntniß nehmen müssen.

Die Ehrlosigkeit ist daher außerhalb der im Strafrechte geregelten Fälle als rechtlicher Zurücksetzungsgrund völlig in Wegfall gekommen, womit der Rechtssicherheit ohne Zweifel gedient ist.

In einem gewissen Zusammenhange mit diesem Rechtszweige stehen die familienrechtlichen Nachtheile der Konkurseröffnung, welche dem Kridar die Fähigkeit zu vormundschaftlichen Stellungen entzieht.[2])

II. Die künstlich geschaffenen Rechtsgenossen (juristischen Personen).[3])

1. Der Begriff der juristischen Personen.[4])

a) Die Begriffsmerkmale.

§ 34.

I. Die Ursachen der Zulassung juristischer Personen. Die rechtliche Beziehung der Güterwelt zu den einzelnen Menschen[5]) kann eine dreifache sein:

a) Unterwerfung gewisser Güter unter den Willen einzelner Menschen oder ihrer Vertreter,

---

[1]) Cosack 77 erwähnt auch noch 728 und die Betonung der Ehrlosigkeit in Privatgeschäften.

[2]) Mot. 27. 1781, 3. 1792, 4. 1694. 1866, 2. 1897. 1915; vgl. Matthias 87, V, Weyl 152.

[3]) Fuld, Archiv für civ. Praxis, LXXXV, 184 ff., Strohal, Iherings Jahrb. f. Dogm. XXXIV, 333.

[4]) Dernburg 134 ff., Regelsberger 289 ff., Hölder 120 ff., Kuhlenbeck 168 ff., Gierke, Deutsches Privatrecht I, 456 ff., Riedel 59 ff.

[5]) Endemann 191.

b) Herrenlosigkeit der Güter mit Gemeingebrauchsrechten einer größeren Menge (res usui publicae destinatae),

c) Beherrschung der Güter durch Menschen, die nicht nach ihrem freien Ermessen, sondern nach einer (geschriebenen oder ungeschriebenen) Norm handeln müssen. Bei diesen Zweckverwaltungen erscheint die Verwaltung selbst als Herr. So z. B. bei den Gemeinden, rechtsfähigen Vereinen und Stiftungen.

Das Wort persona bezeichnete ursprünglich nur den Träger einer Rolle. In diesem Sinne hätte man die Zweckverwaltungen ebenfalls ohne Weiteres personae nennen können, da sie selbständige Kraftentfaltungen zeigen und insofern im Rechtsleben neben den Menschen eine Rolle spielen, wie etwa auf der Bühne auch eine stumme Rolle durch einen Automaten neben Menschen ausgefüllt werden kann. So umfaßt in den Wendungen actio in personam, ex persona alicujus agere und dergl. das Wort persona auch die Zweckverwaltung.

In der späteren Redeweise wurde jedoch namentlich unter dem Einflusse religiöser Anschauungen das Wort Person auf Urheber selbstbewußter Entschließungen beschränkt und (wenigstens von der herrschenden Meinung) den Zweckverwaltungen die Persönlichkeit in diesem eigentlichen Sinne abgesprochen.

Freilich spricht man oft den juristischen Personen freie Willensbethätigung zu,[1] indem man den Mehrheitsbeschluß oder den Stiftungsinhalt dem Willensakte eines einzelnen Menschen gleichstellt.[2] Hier wird ein bildlicher Vergleich als philosophische Wahrheit alles Ernstes aufrecht erhalten und der Entschluß mit der bloßen Kraftentfaltung verwechselt. Eine eigenthümliche Wendung nimmt diese Verwechselung in der neueren Wissenschaft dadurch an, daß man sie als Ergebniß einer geschichtlichen Entwicklung betrachtet. Die Römer sollen es nicht begriffen haben, daß die Kraftentfaltung der Zweckverwaltungen einen Willensakt in sich schließe,[3] erst den Deutschen sei

---

[1]) Vgl. hierzu Eck, Vorträge 86 und die dort Genannten, ferner Enneccerus 71, Matthiaß § 27, D. 93, v. d. Pfordten 42.

[2]) Wenn man die Beschlüsse als Mehrheits-Willen und daher die Beschlußfähigkeit als Willensfähigkeit bezeichnet, so läßt sich dagegen vielleicht nichts einwenden. Bezeichnet man aber, wie zuweilen geschieht, auch den Willen des Stifters als Willen der Stiftung, so verwendet man dasselbe Wort Wille in verschiedenen Bedeutungen, einmal als lebendige Kraft und zweitens als feststehende Norm. Indem man sodann diese Doppeldeutigkeit vertuscht, erzielt man einen Trugschluß.

[3]) Vgl. z. B. Enneccerus 72, Riedel 73.

diese Offenbarung aufgegangen. Nun handelt es sich aber bei der Unterstellung der Beschlüsse unter den Begriff der Willensakte um eine reine Frage der Psychologie, die international und übergeschichtlich ist, wie es etwa die Lehren der Mathematik sind. Die Frage ist noch dazu so einfach, daß selbst die niedrigste Kulturstufe zu ihrer Lösung ausreicht. Ueber sie kann eben so wenig zwischen Römern und Germanen eine Meinungsverschiedenheit obgewaltet haben, wie darüber, ob zwei mal zwei gleich vier sei.[1]) Ein methodologischer Fehler ist es aber, aus der Beantwortung einer solchen Frage praktische Konsequenzen herzuleiten, z. B. die Haftung der Vereinskasse für Delikte der Vereinsorgane von ihrer Beantwortung abhängig zu machen. Die Entscheidung solcher praktischen Fragen ergiebt sich immer unmittelbar aus den Rechtsquellen und mittelbar aus dem Zweck des Rechts, niemals aus einer rein philosophischen Betrachtung über seinen Inhalt. (Non jus ex regula.)

Auch die Frage, ob und wie weit der Staat Anlaß hat, die Verwaltung juristischer Personen zu bevormunden hängt nicht davon ab, ob man geneigt ist, die Funktionen ihrer Organe als Handlungen der juristischen Person zu bezeichnen oder nicht (vergl. hierzu K.Prot. I, 497.[2])

Da die Rechtssprache nicht davon ablieẞ, die Zweckverwaltungen als Personen zu bezeichnen, so nannte man sie „juristische" Personen, d. h. Personen in der Sprache des Rechts, nicht in der allgemeinen (von religiösen Anschauungen beeinflußten) Redeweise des Volkes.[3])

In diesem Sinne haben wir auch die „juristischen Personen" des Bürgerlichen Gesetzbuches zu deuten als Thatbestände,[4]) die in

---

[1]) Vgl. hierzu jetzt auch Mommsen, römisches Strafrecht 1899. S. 74.

[2]) Die Kommission der zweiten Lesung that daher wohl daran, die Frage nach der Handlungsfähigkeit der juristischen Personen durchaus der Wissenschaft zu überlassen (K.Prot. I, 509). Vgl. hierzu auch Cosack 108.

[3]) Wenn man sie früher „moralische" Personen oder auch „mystische" nannte, so wollte man sie damit als „unkörperliche" bezeichnen, eine Bezeichnung, die auch wirklich vorgeschlagen worden ist. Sie sind aber unkörperlich nur im Sinne der Stereometrie, nicht in der Redeweise der Juristen, die sie als corpora bezeichnet, d. h. als Realitäten oder „natürliche Produkte" K.Prot. VI, 26).

[4]) Je nachdem man nur drei dimensionale Dinge als wirklich ansieht oder auch andere Thatsachen und Thatsachen-Gruppen, wird man den juristischen Personen die Wirklichkeit abstreiten oder zusprechen müssen. Diese Frage ist rein erkenntnißtheoretisch ohne juristische Bedeutung. Sie deckt sich nicht völlig mit der andern Frage, ob die juristische Person Wahrnehmungsgegenstand oder Fiktion ist. Gegenstand einer rein sinnlichen Wahrnehmung ist sie jedenfalls nicht. Will man also alles, was nur mit menschlicher Vernunft begriffen werden kann, nicht aber mit

juristischer Hinsicht (nicht aber in anderen Beziehungen) den einzelnen Menschen gleichartig sind.[1])

Diese Thatbestände setzen immer ein doppeltes voraus: die zur Verwaltung berufenen Vertreter und eine Verwaltungsnorm. Der Staat verleiht den Akten dieser Vertreter Gültigkeit und macht dadurch die Verwaltung zu einer neben den Menschen stehenden Gewalt.

Diese Erscheinung verträgt sich sehr wohl mit dem Satze: Omne jus hominum causa constitutum est Dig. V, 1. de statu hom. fr. 2. Der Zielpunkt des Rechtes ist auch hier das Wohl mehrerer einzelner Menschen; nur ist ihr Kreis hier zunächst nicht abgrenzbar. Zu ihm gehören alle, die in Zukunft aus dem Gedeihen der Zweckverwaltung Vortheil ziehen sollen, entweder Menschen, die erst später in den Mitgliederkreis eintreten oder solche, die eine Anstalt später etwa benützen werden. Weil man sie zunächst nicht alle kennt, sie sogar vielleicht noch nicht geboren sind, so können sie selbst das Vermögen, das ihnen dienen soll, nicht als Mitberechtigte erhalten. Es wird vielmehr eine künstliche Verwaltung geschaffen, die, wie ein Treuhänder für sie berechtigt ist, so daß hier die Befugnisse und der Vortheil aus ihrem Dasein in verschiedenen Händen liegen.

Neben diesen juristischen Personen mit einem unbeschränkten Kreise der Begünstigten giebt es auch Vereine, die wie die Aktiengesellschaften, zunächst einem beschränkten Kreise dienen, aber sich von Miteigenthumsverhältnissen dadurch unterscheiden, daß sie eine den Mitgliedern in höherem Maße angenehme oder vortheilhafte Bewirthschaftungsform darstellen.

Die Vermögensmasse, die einer gemeinsamen Nutzung dienen soll, wird hier aus dem Vermögen der Einzelnen in dasjenige einer Zweckverwaltung hinübergeschoben. Dadurch wird sie von der Haftung für die Schulden der Einzelnen frei und trägt die Zweckverwaltungsschulden allein, ohne daß die Vermögen der Einzelnen haften.[2])

den thierischen Sinnen, den Fiktionen zuzählen, so mag man die juristischen Personen Fiktionen nennen. Aber auch dann darf man nicht übersehen, daß das Wort Fiktionen im weiteren Sinne zwei recht verschiedene Dinge umfaßt: einmal die mittelst der Vernunft wahrnehmbaren, aber in der Außenwelt vorhandenen Gegenstände und zweitens freie Schöpfungen der Phantasie ohne äußerlich vorhandenes Vorbild. Eine solche freie Phantasieschöpfung ist die juristische Person nicht. Ein unumschränkter Herrscher kann Aktiengesellschaften oder Stiftungen ebensowenig aus der Erde stampfen wie Armeen und Viehheerden.

[1]) Vor einer Uebertreibung dieser Aehnlichkeit warnt mit Recht Cosack 92, neigt aber zu dem entgegengesetzten Standpunkte m. E. zu stark hin.

[2]) Eine Nebenhaftung der Einzelnen für diese Schulden ist natürlich möglich. Cosack 113.

Es werden hier also Miteigenthumszwecke ohne Miteigenthumsform verfolgt. Die Rechtsform, die ursprünglich für unbestimmte Kreise geschaffen war, wird hier auch für einen geschlossenen Kreis benützt, um den Konsequenzen des Miteigenthumsrechts und des Gesammtversprechens auszuweichen.

Aus diesen Zwecken ist das Verständniß des Rechtes der juristischen Person abzuleiten.[1])

II. **Die Begriffsbestimmung der juristischen Person.** Eine juristische Person ist nach dem oben Ausgeführten eine durch Rechtssatz anerkannte Verwaltung eines fremden Vermögens, das nicht der Willkür eines einzelnen Menschen oder seines Vertreters, sondern einem bestimmten Zwecke, dienstbar sein soll.[2])

Man spricht deshalb auch von einer todten Hand, weil die Verwaltung eine gebundene ist, nicht eine willkürliche, daher man das Menschenvermögen auch Willkürvermögen nennen kann. Uebrigens **ist** die juristische Person hiernach kein „Zweckvermögen", wie hervorragende Juristen sie bekanntlich zu nennen pflegen, sondern **hat** ein Zweckvermögen. Sie ist eine Zweckverwaltung.[3])

Nach dieser Begriffsbestimmung sind alle die Streitfragen zu entscheiden, die den Begriffsumfang der juristischen Person betreffen. Das Grundstück kann hiernach trotz der subjektiv dinglichen Rechte keine juristische Persönlichkeit haben, weil es einer besonderen Vermögensverwaltung nicht untersteht. Wohl aber ist der Konkursverwaltung eine solche zuzusprechen, seitdem der Kridar nicht mehr wirthschaftlich todt, also nicht mehr ein bloßer Bevormundungsgegenstand ist.

---

1) Das B.G.B. läßt nirgends durchblicken, auf welchem von Streitigkeiten durchfurchten Boden seine Vorschriften über juristische Personen erwachsen sind. **Planck** (77) meint sogar, daß ein Eingehen auf das Wesen und den Begriff der juristischen Personen zum Verständnisse des B.G.B. nicht nöthig sei (vgl. auch **Hellmann** 16: „Die bez. Kontroversen sind ohne praktischen Belang"). Immerhin wird sich gegenüber den Lücken und den zweifelhaften Ausdrücken der Texte niemand zurecht finden, der nicht von einer bestimmten Ansicht über die Begriffsmerkmale der juristischen Personen ausgeht.

2) Darum will **Cosack** 92 alle juristischen Personen „Anstalten" nennen, nicht in der Redeweise des B.G.B., aber in einem wohlverständlichen Sinne; vgl. auch **Cosack** 59 und überhaupt hierzu **Riedel** 65 ff.

3) Dies übersehen die Mot. 78, 79. Unpassend ist deshalb auch der Gedanke einer Personifizirung der Vermögensbereiche (Mot. 77); vgl. **Fischer**, Handausgabe, 3. Aufl. S. 11, **Kuhlenbeck** 179, **Matthiaß** 93.

Die Familie wird durch bloße Beschlußfähigkeit nicht zur juristischen Person. Die Nachlaßverwaltung für den nasciturus muß aber als solche gelten, da dieser noch kein Mensch ist.[1])

Ist der Pflege eines Thieres eine Stiftung gewidmet, so ist diese eine juristische Person, nicht das Thier u. s. w.

III. Die Anwendbarkeit des Fiktionsbegriffes auf die juristische Person ist bestritten. Man muß hier den philosophischen (erkenntnißtheoretischen) Fiktionsbegriff (s. oben S. 101 Anm. 3) von dem juristischen Fiktionsbegriffe sondern. Im juristischen Sinne ist eine Fiktion die Gleichstellung eines nicht wirklichen Sachverhalts mit einem wirklichen. In diesem Sinne sind allerdings die juristischen Personen fingirte Menschen, weil ihr Zweckvermögen im Zweifel ebenso behandelt werden soll, wie ein Menschenvermögen.[2])

Dies ist der richtige Kern der Fiktionstheorie, die daher weniger falsch, als unklar ist. Der in ihr liegende richtige Gedanke kann auch ohne Fiktionsform dargestellt werden. Darum thut man gut, diese Form im Interesse der Verständlichkeit zu vermeiden.[3])

Allerdings spricht das Bürgerliche Gesetzbuch in Abänderung des ersten Entwurfes (41) von Rechtsfähigkeit, statt von bloßer Vermögensfähigkeit. Man verweist hierzu auf das Namensrecht,[4]) das übrigens bei juristischen Personen bestritten ist[5]) und der richtigen Meinung nach nicht außerhalb der Vermögensrechte liegt, wenn es auch ohne Geldwerth ist (vgl. unten § 54). Auf die Familienrechte erstreckt sich diese Rechtsfähigkeit jedenfalls nicht, wenn auch die Bevormundung eines Menschen durch die Verwalter einer juristischen Person nicht geradezu unmöglich sein würde. Sie entspricht aber weder dem bisherigen Rechte noch einem Volksbedürfnisse und deshalb auch nicht dem Sinne des neuen Gesetzbuches.

---

[1]) Vgl. § 36.

[2]) Nach den Motiven (78) soll die Vermögensfähigkeit den natürlichen Personen „an sich" zustehen, den juristischen nur nach positiver Satzung. Allein die letztere ist auch für die Rechtsfähigkeit des Menschen ebenso unentbehrlich wie für diejenige der juristischen Person. Vgl. oben S. 70 Anm. 1.

[3]) Vgl. hierzu Eck, Vorträge 86, Krückmann 45, Kuhlenbeck 179, Matthiaß 92, aber auch von der Pfordten 42.

[4]) Planck S. 77, Endemann 192.

[5]) Vgl. oben S. 81.

b) Die Unterscheidung der juristischen Personen von ähnlichen Rechtsgebilden.

§ 35.

I. Der Begriff des Verbandes (collegium).[1]) Ein Verband ist eine dauernd zusammenhängende Mehrheit von Menschen. Da jede solche Mehrheit einem einzelnen Menschen durch ihre Kraftentfaltung ähnlich ist und zwar ebenfalls im juristischen Sinne, so kann man auch sie „juristische Person" nennen.[2]) Darum werden auch die Begriffe des Kollegiums und der Zweckverwaltung häufig verwechselt.

Beide Begriffe sind aber nicht identisch, wie schon die Definitionen ergeben, daher die Bezeichnung der collegia (Verbände) als juristische Personen besser zu vermeiden ist.

Dies ergiebt sich am besten aus einer Feststellung der Beziehungen dieser Verbände zu den Zweckverwaltungen.

Ein Verband kann:

a) ein Organ einer juristischen Person sein, die für die jedesmaligen Mitglieder des Verbandes besteht. Ein solcher Verband heißt universitas, im Bürgerlichen Gesetzbuch heißt er Verein, ebenso wie die Zweckverwaltung, die er führt. Sein Kennzeichen ist die Selbstverwaltung durch die jedesmaligen Interessenten des Zweckvermögens. Sinkt seine Mitgliederzahl unter drei herab, so bleibt das nomen universitatis (nicht etwa die universitatis selber) bestehen, Dig. II, 4, quod. cuj un. c. fr. 7 § 2. Eingetragene Vereine sollen in diesem Falle durch Beschluß des Amtsgerichtes ihrer Rechtsfähigkeit beraubt werden (73), ein Seitenstück der auf niedriger Kulturstufe vorkommenden Aussetzung schwächlicher Kinder.

b) Auch Stiftungen oder Anstalten können von einem Verbande (Verwaltungskollegium) geleitet werden. Eine solche Mehrheit heißt dann aber weder Korporation noch Verein.

Das Unterscheidungsmerkmal dieser Verwaltungsverbände von den Vereinen liegt darin, daß die jedesmaligen Verbandsmitglieder nicht am Gedeihen des verwalteten Vermögens betheiligt sind. Sie stehen außerhalb des Personenkreises, denen die Zweckverwaltung dient, während die Vereinsmitglieder diesen Kreis bilden.

---

[1]) Der Satz tres faciunt collegium Dig. L, 16 fr.. 85 ist unbedingt richtig. Er bezieht sich nicht auf die juristische Persönlichkeit eines Verein (Dig. III, 4 fr. 7 § 2), sondern auf die Möglichkeit seinen Verwaltungskörper als collegium zu bezeichnen.

[2]) Die Wendung corpus habere (ein rechtlich anerkanntes Ganzes bilden) bezieht sich im römischen Rechte auch auf sie. Dig. III, 4, 1 pr.

c) Verbände können Organe der Vertretung einer physischen Person sein. So z. B. der vormundschaftliche Familienrath. Auch der Privateigenthümer selbst kann einer Mehrheit als solcher (einem Komitee oder einem Konsortium) eine Vollmacht ertheilen. Das verwaltete Vermögen ist hier ein Menschenvermögen, nicht das Vermögen einer juristischen Person.

d) Verbände können Organe des öffentlichen Rechtes sein (z. B. Richterkollegien), ohne das Recht zur Verwaltung eines ihnen überwiesenen besonderen Vermögens zu besitzen.

Sie sind für das Privatrecht keine juristischen Personen, sondern blos im öffentlichen Rechte rechtsfähig.[1])

Zu beachten ist, daß die Volkssprache die verschiedenen Arten juristisch bedeutsamer Mehrheiten nicht sondert und auch in Zukunft schwerlich sondern wird. Ihr sind: Verband, Verein, Kollegium, Körperschaft einerlei. Um so mehr muß der Jurist sich daher hüten, die rechtsfähigen Mehrheiten (Vereine) mit den blos beschlußfähigen (collegia) zu verwechseln.

Den Ausdruck Körperschaft verwendet das B.G.B. (im Gegensatze zu dem ersten Entwurfe) lediglich dazu, die rechtsfähigen Mehrheiten des öffentlichen Rechtes zu bezeichnen (89), zum Unterschiede von den privatrechtlichen Vereinen (s. den nächsten §).

II. Miteigenthum und Vereinseigenthum sind unvereinbare Gegensätze. Dieselbe Sache kann nicht zugleich ganz einem Vereine und nach ideellen Antheilen den Mitgliedern als Eigenthum gehören. Auch das „Gesellschaftsvermögen" des Bürgerlichen Gesetzbuchs (716. 718. 719. 720. 725. 730. 733. 738. 739) ist kein Vereinsgut, sondern ein eigenartiges Miteigenthum der Gesellschafter, das in einzelnen Punkten dem Vereinsvermögen ähnlich ist (siehe Forderungsrecht). In wie weit dieses den Namen eines Gesammteigenthumes verdient, ist eine Frage des Sachenrechts.[2])

III. Gesellschaft (sociatas) ist ein Begriff, der in der Redeweise der Römer (Dig. III, 4, fr. 1 pr.) und des deutschen Volkes vom Vereine nicht scharf unterschieden wird. Die Wissenschaft und das Bürgerliche Gesetzbuch sondern aber den Gesellschaftsvertrag von

---

[1]) Richtig Motive 78, vgl. auch Mot. 79. „Die Bezeichnung Körperschaft findet sich zwar auf dem Gebiete des öffentlichen Rechtes auch für Personenvereine, denen Vermögensfähigkeit fehlt; Mißverständnisse sind indessen nicht zu besorgen"(?).

[2]) Vgl. hierzu Cosack 118 und über gesammte Hand Dickel 80 ff., sowie über das Gesellschaftsvermögen Eck, Vorträge 49.

der Vereinsgründung auf das Schärfste. Das Unterscheidungsmerkmal ist die Herstellung der von der Vermögensherrschaft der Einzelnen losgetrennten Zweckverwaltung, die den Verein kennzeichnet.

Allerdings können Korporationsmitglieder noch hinterher einen Gesellschaftsvertrag über gemeinsame Ausübung ihrer Rechte am Vereinsvermögen abschließen.[1])

Dieses Vertragsverhältniß ist dann aber ein zweites Rechtsverhältniß neben der Korporation, die dadurch begrifflich mit dem Gesellschaftsvertrage nicht verschmolzen wird. Das Gleiche gilt auch dann, wenn einer Gesellschaft juristische Persönlichkeit verliehen wird, ohne daß dadurch der Gesellschaftsvertrag wegfällt.

Zu beachten ist hierbei, daß societas bei den Römern eben sowohl die Gesellschaft wie das Miteigenthum bezeichnet, zwei Verhältnisse, die häufig, aber nicht immer zusammentreffen und insbesondere auch im Bürgerlichen Gesetzbuche wohl zu unterscheiden sind.

Beides, Gesellschaft und Miteigenthum, sind also vom Verein und vom Vereinsgute verschieden; während aber unter denselben Mitgliedern zugleich eine Gesellschaft und eine Vereinsgemeinschaft bestehen können, ist ein Zusammentreffen von Miteigenthum und Vereinseigenthum unter denselben Personen und an derselben Sache schlechterdings unmöglich (s. oben II). Es folgt dies aus den Rechten des Eigenthümers, die Nichteigenthümer auszuschließen (903), sofern sie nicht besondere Rechte an der Sache haben.

Unter einer Genossenschaft versteht man einen solchen Verein, der nach dem Vorbilde des Gesellschaftsrechtes zu Gunsten der einzelnen Mitglieder in besonderer Weise ausgestattet ist. Der Ausdruck ist „wegen seiner Unbestimmtheit" (K.Prot. I, 616) im Bürgerlichen Gesetzbuch vermieden worden, gehört jedoch dem daneben bestehenden Reichs- und Landesrechte an.

Allgemeine Regeln, die für alle Genossenschaften gemeinsam gelten, giebt es nicht, wohl aber gemeinsame rechtsgeschichtliche und politische Gesichtspunkte für das gesammte Genossenschaftswesen.[2])

c) Die Hauptarten der juristischen Personen.

§ 36.

I. Die gemeinrechtliche Lehre unterscheidet die universitas

---

[1]) So z. B. wenn zwei Gesellschafter die Befugniß haben, als Gemeindemitglieder Holz aus dem Gemeindewalde für ihren Bedarf holen zu lassen und verabreden, dies auf gemeinsame Rechnung und Gefahr zu thuen.

[2]) Gierke, das Deutsche Genossenschaftsrecht. Berlin. 3 Bände. 1868. 1873. 1881.

(Körperschaft), d. h. die durch Betheiligte verwaltete juristische Person, von allen übrigen juristischen Personen. Sie nennt die Körperschaften grundsätzlich universitates personarum, alle anderen Zweckverwaltungen universitates bonorum. Bei jenen soll eine Personenmehrheit das Substrat sein, hier das Vermögen.

Diese Unterscheidung ist streng genommen verfehlt.

Auch das Vermögen der universitas personarum ist eine universitas juris, also eine universitas bonorum sive rerum und die sog. universitas bonorum bedarf ebenfalls bestimmter Personen als Substrat, d. h. als Verwalter, die sogar eine Mehrheit bilden können. Auch bei ihr ist die Zweckverwaltung von dem Zweckvermögen zu sondern.

Trotzdem bedarf es eines besonderen Rechtes der Körperschaften und darum ihrer Unterscheidung von den übrigen juristischen Personen.

II. Das Bürgerliche Gesetzbuch nennt die universitates personarum Vereine.[1])

Dieser Ausdruck soll für das Privatrecht dasselbe bedeuten, was bei den juristischen Personen des öffentlichen Rechtes in 89: „Körperschaften" heißt (K.Prot. I, 505).

Das Unterscheidungsmerkmal des Vereins von den andern juristischen Personen ist die Selbstverwaltung der am Zwecke der Gesammtheit (in idealer oder vermögensrechtlicher Hinsicht) Betheiligten (Interessenten).[2]) Der Verein ist also die juristische Person mit Selbstverwaltung. Bei ihm haben die am Dasein des Vereins Interessirten als solche die Vermögensverwaltung, bei den andern haben sie sie nicht.[3])

Aus dem Kreise der universitates bonorum erwähnt das Bürgerliche Gesetzbuch nur die Stiftungen (§ 80) das sind in der gewöhnlichen Redeweise: Zweckverwaltungen, die auf einem Stiftungsgeschäfte (Mot. 79) beruhen und keine Vereine sind. In einem weiteren Sinne nennt man bekanntlich auch die Vereinsgründung „Stiftung". Anders das Bürgerliche Gesetzbuch.[4])

---

[1]) Dies ist eine Abkürzung des Ausdrucks „Personenverein" im § 41 der ersten Lesung. K.Prot. I, 505.

[2]) Eck (Vorträge 79) rechnet dahin auch mit Recht Vereine, die sich zu einem sog. Centralverbande zusammenschließen.

[3]) Das bloße Recht an der grundsätzlich von Unbetheiligten geführten Verwaltung als Betheiligte mitzuwirken, giebt dem Ganzen m. E. noch keinen Vereinscharakter. Von Selbstverwaltung wird man in solchen Fällen nicht reden können.

[4]) Als Zwitterbildung erwähnt Weyl 158, Anm. 3, die Palästra Albertina, eine Musterstätte für körperliche Uebungen. Nach dem im Texte angegebenen Gesichts-

Zweifelhaft ist das Verhältniß der Stiftungen zu den Anstalten. Die erste Lesung wollte (Mot. 80) den Unterschied zwischen Anstalten und Stiftungen absichtlich fallen lassen und überhaupt alle juristischen Personen nur in Personenvereine und Stiftungen eintheilen, darum vermied sie den Ausdruck „Anstalt". Die zweite Lesung erweckte zunächst dadurch Zweifel, daß sie ihn gelegentlich neben den Stiftungen erwähnte (B.G.B. §§ 45 und 89).

Ein Rückgriff auf die Volkssprache vermochte hier nicht zu helfen; denn das Volk nennt sowohl gewisse Vereine Anstalten (z. B. einen Gesangverein eine Musikanstalt) als auch überhaupt jedes Menschenwerk, das einem größeren Kreise dient, mag es einem Menschen gehören, oder einer juristischen Person, eine Anstalt (Badeanstalt, Reinigungsanstalt und dergl.).[1])

Erst nachträglich stellte sich heraus, daß die Mühe um die Deutung der Texte überflüssig war, weil dessen Verfasser (wenigstens im Privatrechtsgebiete) die Anstalten zwar neben den Stiftungen nennen, aber nicht von ihnen unterscheiden wollten.[2])

Der Stiftungsbegriff des Bürgerlichen Gesetzbuches setzt hiernach eine „Verfügung des Stifters" scheinbar nicht voraus, da er alle Anstalten umfassen will, also auch solche, die seit unvordenklicher Zeit bestehen, ohne daß ein Stiftungsgeschäft nachweisbar wäre (z. B. Krankenpflegeanstalten dieser Art). Da diese jedoch dem öffentlichen Rechte angehören, in dessen Gebiete allerdings Anstalten und Stiftungen gesondert werden sollen (s. unten § 41), so bleiben für die privatrechtlichen Stiftungen nur solche Veranstaltungen übrig, die aus einem Vermögensopfer entstanden sind.

Stiftungen sind hiernach im Sinne des Bürgerlichen Gesetzbuches alle juristischen Personen, die neben den Vereinen als solche anerkannt sind. Da nun das Kennzeichen des Vereins die Selbstverwaltung ist, so sind Stiftungen im Sinne des Bürgerlichen Gesetzbuchs alle Zweckverwaltungen, an denen die Genußberechtigten

punkt wird aber wohl auch sie sich dem Vereins- oder dem Stiftungsbegriffe unterordnen können.

1) Cosack 92 nennt nicht mit Unrecht alle juristischen Personen „Anstalten". Der Redeweise des Gesetzbuches entspricht dies freilich nicht.

2) K.Prot. I, 611; vgl. ebenda 497, 498. Fischer, Handausgabe. 3. Aufl. S. 11. Enneccerus 98. Rehbein 65. Planck zu 80, Anm. 1. Denkschrift 29, Eck, V, 48, v. Buchka, 9, Anm. 3.

als solche keinen Antheil haben und die es dennoch den juristischen Personen zuzählt.[1])

Das Unterscheidungsmerkmal liegt also in dem wohlverständlichen Streben des Gesetzgebers, die Selbstverwaltung anders zu behandeln als die bevormundende Geschäftsführung.

Hiermit ist ein neuer, fester Sprachgebrauch geschaffen in einem Gebiete, dem er bisher fehlte.

III. Verkannte juristische Personen.

Einige vom Bürgerlichen Gesetzbuche geordnete Rechtsverhältnisse werden den juristischen Personen nicht beigezählt, obwohl sie die Begriffsmerkmale dieser Gebilde an sich tragen. Dahin gehört die Erbschaftsverwaltung für einen nasciturus (1912, 1913, 1963). Die Mot. 80 irren daher, wenn sie meinen, daß die „ruhende Erbschaft nach der ihr zu Theil gewordenen Behandlung" aus dem Kreise der juristischen Personen ausscheide.[2]) Nur in der Regel ist dies richtig, weil der Todte den Lebendigen erbt, nicht aber bei dem Erben im Mutterleibe. Desgleichen nicht bei einer Nachlaßmasse, die zu einer Stiftung bestimmt ist, für die Zeit zwischen Erbfall und Genehmigung (84). Auch das mit einer Zweckverwaltung ausgestattete sog. Sammelvermögen (1914) trägt die Merkmale der juristischen Person an sich.[3]) Das Gleiche läßt sich auch von der Verwaltung der Konkursmasse behaupten, was hier nicht näher ausgeführt werden kann.[4])

Die logische Beziehung dieser Erscheinungen zu dem Begriffe der juristischen Person vermag kein Gesetzgeber abzuändern.

Allein obwohl ihre Ausschließung von den juristischen Personen auf einer Ansicht beruhte, nicht auf einer Absicht, so steht doch fest, daß die Verfasser des Textes eine Zurechnung der genannten Verhältnisse zu den Stiftungen, die übrigens auch höchst zweckwidrig sein würde, nicht billigten.

---

[1]) Ueber Stiftungen, die keine juristische Personen sind, sondern bloße Auflagen auf das Vermögen des Empfängers einer Gabe siehe Matthiaß 121.

[2]) Den Motiven stimmen zu: Enneccerus 73, Rehbein 89, Matthiaß 95; 1 und andere.

[3]) Isay, Iherings dogmat. Jahrb. XXXVI 409 ff. Auch Eck, Samml. 22, Vortr. 93, vgl hierzu auch Regelsberger 843 und die dort Genannten.

[4]) Während also die Vereine dem Zusammenwirken Einzelner dienen, die Stiftungen dem Wohlthätigkeitstriebe, dienen diese unregelmäßigen juristischen Personen der Fürsorge für verwaiste Vermögensstücke und der Schlichtung von Interessekollisionen. Ob auch die Nachlaßpflegschaften des Bürgerlichen Gesetzbuchs dahin gehören, muß dem Erbrechte zur Untersuchung vorbehalten bleiben.

Da nun allgemeine Vorschriften für alle Arten juristischer Personen nicht bestehen, so ist die Frage, ob man jene Erscheinungen den juristischen Personen zuzählen soll, ohne praktische Bedeutung.

Auf alle Fälle ist jede von ihnen nach ihrem besonderen Rechte zu behandeln, daher sie denn in den folgenden Paragraphen nicht weiter in Betracht gezogen werden sollen.

2. Die Entstehung juristischer Personen.

a) Die Entstehung der Vereine.

§ 37.

I. Die Entstehung der Körperschaften, die nicht privatrechtliche Vereine sind, gehört dem öffentlichen Rechte an.

Aber auch das öffentliche Recht der privatrechtlichen Vereine, namentlich die Vorschriften über ihre Duldung und Auflösung im öffentlichen Interesse, liegt außerhalb des Bürgerlichen Gesetzbuchs (Mot. 82 ff.).

II. Die Entstehung eines Vereines im weitesten Sinne des Wortes, d. i. einer zusammenhaltenden Mehrheit, ist von der Rechtsordnung unabhängig, ein „Naturprodukt". Andere Einflüsse als diejenigen des Rechts können z. B. eine Verschwörerbande aufrecht erhalten, ja sogar ihr eine gewisse wirthschaftliche Macht verleihen.

Derartige Mehrheiten sind jedoch nicht Vereine im Sinne des Gesetzbuches. Dieses versteht darunter nur die von der Rechtsordnung anerkannten Vereine, m. a. W. nur solche, die nach dem Gebote des Rechtes geschützt werden sollen, also die „rechtmäßig bestehenden" Vereine (K.Prot. I, 478).

Zur Entstehung dieser Vereine ist überall ein doppeltes nöthig:

a) Die beiden natürlichen Substrate (Daseinsbedingungen): Verwalter und eine Verwaltungsnorm.

b) Ein Rechtssatz, der die Verwaltung nach dieser Norm als rechtsgültig anerkennt[1]) und zwar entweder unbedingt oder bedingungsweise.

Wenn das Erforderniß zu b zuweilen bestritten wurde, so beruhte dies auf einer Verwechslung der Vereine im weiteren, natürlichen Sinne (vgl. unten § 44) mit den Vereinen im juristischen Sinne, d. i. den rechtsfähigen Vereinen.

---

[1]) Die ältere Wissenschaft verwechselte vielfach „Schaffen" und „Anerkennen" vgl. Mot. 82.

III. Die Formen der Anerkennung eines Vereins durch Rechtssatz:

a) Die Anerkennung durch eine allgemeine Rechtsvorschrift ist denkbar

α) als unbedingte Anerkennung aller durch Betheiligte geführten Zweckverwaltungen (sog. Vereinsfreiheit). Diese soll angeblich in Dig. XLVII, 22 de coll. fr. 4 enthalten gewesen sein. Vgl. dag. Dig. III, 4, 1 pr.

Dieser Grundsatz ist deshalb, weil die Vermögensfähigkeit mit der „Machtstellung im öffentlichen Leben" (K.Prot. 495) zusammenhängt, erfahrungsmäßig dem Staate, der ihn aufstellt, so gefährlich, daß seine Anerkennung beinahe einer selbstmörderischen Maßregel gleichkommen würde.

Daß dieser unvorsichtige Grundsatz dem Deutschen Rechte entspreche, ist nicht erwiesen worden. Das Bürgerliche Gesetzbuch verwirft ihn.[1])

β) Die Anerkennung der Vereine unter gewissen Bedingungen der Entstehung und der Fortdauer, zu denen namentlich die Eintragung in ein öffentliches Register gehören kann (sog. System der Normativbestimmungen oder Normativbedingungen). Dies in Sachsen und Bayern angenommene System der „Normativbedingungen mit Registerzwang" (Eck, Sammlung 9) wurde in der ersten Lesung verworfen, in der zweiten aber angenommen,[2]) freilich unter Erschwerung der den Vereinen von Rechtswegen gestellten Bedingungen und nicht für alle Vereine.[3])

Ueberdies bestand dies System bereits nach Deutschem Reichsrechte für gewisse Verbände des Handelsrechtes und verwandte[4]) Er-

---

[1]) Entsprechend der gemeinrechtlichen Praxis Mot. 88. Dazu kommt auch noch, daß es oft zweifelhaft sein würde, ob eine bloße Gesellschaft beabsichtigt wäre oder ein ernstlicher Vereins-Gründungswille vorläge, sobald dessen Herstellung durch einfache Abrede möglich sein würde. Mot. 88 K.Prot. I, 495.

[2]) K.Prot. I, 495 ff. Mot. 89 ff. Die erste Lesung überwies diesen Rechtszweig dem Landesrechte Mot. 91. Anders K.Prot. I, 495 ff. Man hob hierbei hervor, daß der Uebergang von dem in einzelnen Staaten eingeführten System der Normativbestimmungen zum Konzessionssystem als „Rückschritt empfunden" werden würde. K.Prot. I, 491.

[3]) Vgl. Art. 165, 166 des Einführungsgesetzes, Mot. 91. Ein in der preuß. Verfassung, Art. 81, angekündigtes Gesetz über die Bedingungen des Erwerbs von Korporationsrechten ist nicht erlassen worden.

[4]) Mot. 84. Vgl. Fischer-Henle, 2 zu 22.

scheinungen. Die bisher reichsgesetzlich anerkannten Vereine haben vornehmlich ein wirthschaftliches Ziel, d. h. ihr Hauptzweck ist eine Verbesserung des Vermögensstandes ihrer Mitglieder. Bei manchen, z. B. den Krankenkassen, kommen daneben auch noch andere Gesichtspunkte in Betracht. Solche wirthschaftlichen Vereine konnte das Bürgerliche Gesetzbuch nicht durch bloße Eintragung entstehen lassen, weil sonst ihre Gründer die Schranken würden umgehen können, die der Entstehung dieser Vereine nach bisherigem Reichsrechte gesetzt sind.

Aber auch den andern Vereinen mit Wirthschaftszwecken sollte das Recht der eingetragenen Vereine vorenthalten werden.

Darum sondert das Bürgerliche Gesetzbuch die Vereine in zwei Hauptgruppen: die Vereine, deren Zweck auf einen wirthschaftlichen Geschäftsbetrieb gerichtet ist und alle andern. Jene sollen nur durch die vergangene oder zukünftige Reichsgesetzgebung und in zweiter Linie durch staatliche Verleihung nach Maßgabe des Landesrechtes Rechtsfähigkeit erlangen können. Für Vereine, deren Sitz außerhalb der Bundesstaaten liegt, soll der Beschluß des Bundesraths an die Stelle des Einzelstaates zur Verleihung berechtigt sein (22, 23).

Dies subsidiäre Konzessionssystem wurde damit gerechtfertigt (K.Prot. I, 497), daß das bisherige Reichsrecht das volle Gebiet der wirthschaftlichen Vereine nicht erschöpft und es unthunlich schien, für die noch nicht geregelten Formen einheitliche Normativbestimmungen aufzustellen. Auch strebte man in diesem Punkte nach einer deutschen Rechtseinheit (K.Prot. I, 500).

Alle Vereine ohne wirthschaftlichen Hauptzweck dagegen sollen durch Eintragung in das vom Bürgerlichen Gesetzbuch geschaffene Vereinsregister des zuständigen Amtsgerichts rechtsfähig werden.

Nach der Entstehungsgeschichte des Gesetzbuches müssen wir unter dem „wirthschaftlichen" Geschäftsbetriebe einen solchen verstehen, der Erwerb oder Ersparnisse der Mitglieder bezweckt.[1])

---

[1]) Vgl. hiergegen freilich Eck, Vorträge 58, und die bei Hölder 184 Angeführten, andererseits aber Enneccerus 81 und Hölder 182ff. Mit dem Wortlaut des Gesetzbuches ist in dieser Streitfrage nichts anzufangen. Wirthschaft ist Vermögensverwaltung und diese ist der Hauptzweck jeder Vereinsgründung. Hier hilft nur die rechtsgeschichtliche Methode (s. oben S. 42). Die sog. Gründerzeit hatte ein erhöhtes Bedürfniß nach Schutz gegen habgierige Verbände erzeugt. Dies rief den Zweck hervor, die Herstellung solcher Vereine zu erschweren. Als Mittel wählte man den Grundsatz, sie von dem Rechte der eingetragenen Vereine auszuschließen. Man kennzeichnete sie sodann mit einem zu weiten Ausdrucke nach dem auf „einen wirthschaftlichen Geschäftsbetrieb gerichteten Zwecke", weil man einen

Nicht blos durch allgemeinen Rechtssatz, sondern auch

b) durch besondere Vorschrift (lex specialis) kann die Rechtsfähigkeit verliehen werden. Unbedingt durch Reichsgesetz, durch ein Landesgesetz aber nur, insoweit diese Verleihung nicht Reichssache ist, also weder für die Vereine ohne wirthschaftlichen Hauptzweck (21)[1]) noch für Vereine mit einem solchen, deren Entstehung bereits durch Reichsgesetz geregelt ist (22).

Ausnahmsweise sind jedoch dem Landesrechte die Rechtssätze über Waldgenossenschaften überlassen worden (Art. 83, Mot. 85), ferner bleiben landesgesetzliche Vorschriften bestehen, nach welchen eine Religionsgesellschaft oder eine geistliche Gesellschaft Rechtsfähigkeit nur im Wege der Gesetzgebung erlangen kann (Art. 84). Eine solche Vorschrift ist Art. 13 der preußischen Verfassung (K.Prot. I, 564).

IV. **Durch eine anderweitige Verfügung als ein Gesetz** kann die juristische Persönlichkeit nach Maßgabe des Reichsrechtes verliehen werden (vgl. die Reichsgewerbe-Ordnung §§ 94, 5 u. 6, 104h, 140), auch nach Maßgabe des Landesrechtes, insoweit das Reichsrecht dies zuläßt oder nicht hindert. Nach preußischem Rechte schreibt man der Verfügung der Staatsverwaltung die Kraft zu, Rechtsfähigkeit an Vereine zu verleihen.[2]) Dieser Grundsatz bleibt in den oben erwähnten Schranken der §§ 21 und 22 bestehen.

V. **Die Entstehung der eingetragenen Vereine** des Bürgerlichen Gesetzbuchs[3]) setzt voraus:

a) einen Vereinszweck, der sich nicht (hauptsächlich) auf einen Wirthschaftsbetrieb richtet.

Dahin gehören z. B. alle geselligen, wissenschaftlichen, künstlerischen, wohlthätigen Vereine. Die K.Prot. I, 496 bezeichnen sie

---

bessern Namen für sie nicht fand. Der Zweck des Gesetzes muß den unklaren Namen deuten. Einer Gesellschaft zur Bibelverbreitung z. B. legt niemand habgierige Absichten unter, mag sie die Bibeln kaufen oder drucken. So richtig **Hölder** 134.

[1]) Für diese ließen § 28 der zweiten Lesung und § 21 der Reichstagsvorlage neben der reichsrechtlichen Eintragung auch die landesrechtliche Konzession als Erwerbsform der Rechtsfähigkeit zu. Nach einem Beschluß der Reichstags-Kommission wurde dies gestrichen. Jetzt kann in Folge dessen ein Verein sich „zwischen zwei Stühle“ setzen (Eck, Vorträge 55), wenn seine Eintragung abgelehnt wird, weil sein Hauptzweck ein wirthschaftlicher sei, und seine Konzessionirung ebenfalls nicht gelingt, weil die wirthschaftliche Natur dieses Zweckes behauptet wird.

[2]) **Dernburg**, Pr. Privatr. I, § 50 Anm. 7, 5. A. 5, S. 100, Mot. 68.

[3]) Vgl. **Riedel** 172 ff.

zum Unterschiede von den wirthschaftlichen Vereinen als „Vereine mit idealen Tendenzen" (ähnlich Mot. 88).

Für einen Kegelklub oder eine Ballspielgesellschaft klingt dies etwas hochtrabend.[1]) Die Protokolle rechnen dahin (I, 497 und 499) auch die Berufs- und Fachvereine, sofern sie nicht Produktivgenossenschaften oder Versicherungsgesellschaften sind. Nur der wirthschaftliche „Hauptzweck" (K.Prot. I, 499) soll entscheiden.

Bei den Vereinen „mit gemischten Tendenzen" (K.Prot. I, 502) wird der Hauptzweck zuweilen zweifelhaft bleiben und folgeweise dem Erwerbe der Rechtsfähigkeit Schwierigkeiten bereiten.

Ein bloßer wirthschaftlicher Nebenzweck, z. B. der Erwerb billiger Konzertbillets für die Glieder eines musikalischen Vereins, soll den Vereinsbetrieb noch nicht zum wirthschaftlichen machen.

b) Der einzutragende Verein muß mindestens sieben Mitglieder haben (56, 59).[2])

c) Seine Satzung (d. h. der Gründungsvertrag, K.Prot. I, 805) muß in geschriebener Form eingereicht werden. Der Hinweis auf eine Observanz genügt also nicht.

Im Uebrigen braucht diese Satzung nicht schriftlich vereinbart zu sein (K.Prot. I, 506), so daß die fehlende Unterschrift eines Mitbegründers diesen Akt nicht entkräftet (K.Prot. I, 556).

Der Inhalt der niedergeschriebenen Satzung zerfällt in wesentliche oder unerläßliche Bestandtheile, die vorhanden sein *müssen*, und anbefohlene aber nicht unbedingt nothwendige Bestandtheile, die vorhanden sein sollen. Zu den letzteren gehören diejenigen, deren Vorhandensein der Richter vor der Eintragung zu verlangen verpflichtet ist. Wird dies verabsäumt, so ist die Eintragung dennoch vollgültig.

Unerläßlich sind für die Satzung des einzutragenden Vereins der Name, der Sitz und der Zweck (57). Der Name wahrt die Identität des einzutragenden mit dem eingetragenen Verein, der Sitz bestimmt die Zuständigkeit des Gerichtes. Die Pflicht der Angabe des Zweckes giebt eine Gewähr dafür, daß sich nicht ein Verein, der auf einen wirthschaftlichen Geschäftsbetrieb gerichtet ist, unter die eingetragenen Vereine einschleiche.

---

[1]) Bezeichnend ist, daß man heutzutage alles „ideal" nennt, was nicht lediglich der auri sacra fames dient.

[2]) Im Anschluß an das deutsche (Denkschrift 24), englische und belgische Genossenschaftsrecht K.Prot. I, 554, vgl. *Cohn* 22: Sechse äffen, sieben treffen.

Die Herstellung dieser Satzung, der sog. Gründungsvertrag, gilt mit Recht insoweit, als er ein neues Rechtsgebilde erzeugt, für eine einseitige Willenserklärung.[1])

d) Der Verein muß bei dem Amtsgerichte durch den Vorstand angemeldet werden (55, 59, 60).

e) Die Anmeldung muß der Verwaltungsbehörde mitgetheilt werden (61).

f) Es müssen seit der Mittheilung sechs Wochen abgelaufen sein, ohne daß die Verwaltungsbehörde Einspruch gegen die bevorstehende Eintragung erhoben hat (s. Nr. VI) 61—63.

g) Die Eintragung muß erfolgt sein.

Die Eintragung soll veröffentlicht werden.

Der Antrag wird nach der Eintragung zurückgegeben, die Abschrift verbleibt dem Gerichte.

Das Vereinsregister, in das nicht blos der Verein, sondern auch seine wichtigsten rechtlichen Schicksale einzutragen sind, ist ein Seitenstück des Handelsregisters und hat einen gewissen öffentlichen Glauben (68). Vgl. Ges., betr. d. freiw. Gerichtsbarkeit v. 17. 5. 98, § 159.

VI. Das Einspruchsrecht der Verwaltungsbehörde gegen eine Eintragung ist ein abgeschwächtes Surrogat für den verworfenen Grundsatz, daß die Staatsbehörde die Rechtsfähigkeit zu verleihen habe, aufgestellt zur „Beseitigung politischer Bedenken" (K.Prot. I, 561) gegen die gesetzliche Zulassung der eingetragenen Vereine.

Dieses Einspruchsrecht unterscheidet sich dadurch von einer vorhergehenden Genehmigung, daß der Amtsrichter den Verein eintragen darf, wenn der Einspruch binnen sechs Wochen unterbleibt und nicht noch bis zur Eintragung nachgeholt wird (K.Prot. I, 565). Dadurch ist der befürchteten Verschleppung derartiger Angelegenheiten vorgebeugt (K.Prot. I, 496).

Die Voraussetzung eines zulässigen Einspruches ist, daß der Verein entweder nach dem öffentlichen Vereinsrechte unerlaubt ist oder verboten werden kann[2]) oder daß er einen politischen, sozialpolitischen oder religiösen Zweck verfolgt (61).

---

[1]) Engelmann, 62. Auch bei Vereinen, nicht nur bei Stiftungen kommt somit ein Stiftungsgeschäft in Frage.

[2]) Es soll hier der Behörde möglich gemacht werden, statt ihn zu verbieten, sich damit zu begnügen, daß sie ihm den Erwerb der Rechtsfähigkeit abschneidet (K.Prot. I, 562). Eine scharfe Kritik des Werthes dieser Vorsichtsmaßregeln siehe bei Eck, Vorträge 86 ff.

Dies letztere Wort („verfolgt“) ist besonders zu betonen, da es wohl keinen Verein giebt, der nicht in irgend einer Weise religiösen oder politischen Zwecken dient (K.Prot. I, 563). Gemeint sind also nur die bewußt religiösen oder politischen Vereine.

Die besondere Hervorhebung der sozialpolitischen Verbände soll eine „vielleicht nicht nothwendige aber zweckmäßige Erläuterung“ sein (K.Prot. I, 564), also nur eine wichtige Art der politischen Vereine nennen. Es wird sich auch wohl kaum eine Begriffsbestimmung des sozialpolitischen Zweckes aufstellen lassen, die nicht in den Kreis der politischen Ziele hineinfiele.[1])

Die Entscheidung darüber, ob ein Verein einen religiösen oder politischen Zweck anstrebe, ist durchaus dem Ermessen der Verwaltungsbehörde unterstellt. Die Prüfung ihres Einspruches nach seiner Gesetzmäßigkeit ist also dem Richter versagt.[2]) Dagegen kann der Einspruch im Verwaltungsstreitverfahren angefochten werden. Wo ein solches nicht besteht, kann die Anfechtung durch Rekurs nach Maßgabe der §§ 20, 21 der Gewerbeordnung geschehen.[3])

In diesem Verfahren soll eine Bürgschaft gegen den ungerechtfertigten Gebrauch des Einspruches liegen (K.Prot. I, 562).

---

[1]) Vgl. z. B. Fischer-Henle 4 zu 48. „Einwirkungen auf Gesellschaft oder Wirthschaft, welche die Staats- und Rechtsordnung beeinflussen wollen, nicht sonstige auf das Wohl der arbeitenden oder anderer Klassen gerichteter Bestrebungen.“ Vgl. Eck, Sammlung 17, Vorträge 78, woselbst darüber geklagt wird, daß manche Ausleger schließlich fast nur Sing- und Turnvereine als nicht sozialpolitische übrig lassen, vgl. auch Planck zu 61, Anm. 2, Endemann 211. Hölder 177 versteht unter den sozialpolitischen Vereinen solche, die „dem sozialen Frieden gefährlich sein können“ und trifft damit den Zweck der Bestimmung, deren Inhalt wir wohl dahin zu deuten haben, daß unter „Sozialpolitik“ die den Grundlagen der Privatrechtsordnung zugewandte Politik, die ein engerer Sprachgebrauch der eigentlichen Politik nicht zuzählt, verstanden werden soll.

[2]) In welcher Weise eine solche Anfechtung begründet werden könne, ist streitig, vgl. Matthiaß, 98, 1, welcher meint, daß der Einspruch der Verwaltung auch gegen Vereine mit politischen, sozialpolitischen oder religiösen Zwecken einer besondern thatsächlichen Begründung bedürfe. Dagegen spricht m. E. nicht blos der Wortlaut, sondern auch die allbekannte Vorgeschichte des Gesetzes (61).

[3]) Ueber die Bedenken des Bundesrathes gegen die Verleihung der Korporationsrechte an religiöse, politische und Gewerkvereine vgl. Mot. 87, 90, und die mancherlei Kämpfe um die endgültige Gestaltung des Rechtes der eingetragenen Vereine. Mugdan, Die gesammten Materialien des Bürgerlichen Gesetzbuchs I, 826 ff., 950 ff., 982 ff., vgl. auch Eck, Sammlung 14.

b) Die Entstehung der übrigen juristischen Personen.

§ 38.

I. Die Entstehung der Stiftungen ist nach den bisherigen sehr dürftigen Rechtsquellen (Mot. 119) zweifelhaft.[1])

Das gemeine Recht enthebt die piae causae (milde Stiftungen für Zwecke, welche man „bis zum 16. Jahrhunderte als kirchliche Zwecke betrachtete“ K.Prot. I, 585) der erforderlichen Staatsgenehmigung.

Das preußische Recht verlangt für Armen- und andere Versorgungsanstalten ausdrückliche oder stillschweigende Genehmigung II, 19 § 42, 43 (vgl. auch noch II, 6, §§ 73—80, 193—195). Doch gilt die letztere neuerdings nicht mehr als genügend.[2])

Die „Genehmigung“ oder „Verleihung“ (K.Prot. I, 588) ist ein Verwaltungsakt, nicht eine Ausübung der Gesetzgebungsgewalt.[3])

Nach dem Ges. v. 23. Febr. 1870 § 1, ist sie für Schenkungen und letztwillige Verfügungen, die eine juristische Person ins Leben rufen soll, dem Könige vorbehalten.[4])

II. Das Stiftungsgeschäft, das für die Entstehung einer neuen Stiftung begriffsmäßig erforderlich ist, bedarf nach bisherigem gemeinem und preußischem Rechte keiner besonderen Form.

Das Bürgerliche Gesetzbuch verlangt ein schriftliches Stiftungsgeschäft (81), das für die Lebenszeit und für den Todesfall errichtet werden kann.[5])

Die Motive (119) lassen die Frage offen, ob dies Geschäft auch dann eine einseitige Erklärung sei, wenn die Parteien es in eine Vertragsform

---

[1]) Rechtsgeschichtliches siehe bei Pernice, Labes III, 150 ff. Ueber Stiftungen ohne juristische Persönlichkeit durch Vertrag oder letztwillige Auflage s. Cosack 119, auch Kohler, Archiv f. bürg. R. III, 268, und über die Gefahr, daß die gesetzlichen Stiftungsschranken durch Anordnung von Auflagen umgangen werden: Kipp, Der Parteiwille unter der Herrschaft des Deutschen Bürgerlichen Gesetzbuches. Prorectoratsrede, Erlangen. 1899. S. 25.

[2]) Nach dem Ges. v. 13. Mai 33, § 5, Mot. 122.

[3]) Auch nach Bürgerlichem Gesetzbuch ist sie von der Genehmigung des 184 zu unterscheiden (Zitelmann 71) und andererseits, da sie Rechtsfähigkeit verleiht, mehr als eine polizeiliche Erlaubniß (Matthiaß 118).

[4]) Die andern Landesrechte siehe Mot. 122. Die Genehmigung der Familienstiftungen regelt nunmehr das preußische Ausführungsgesetz zum Bürgerlichen Gesetzbuch, Art. 1.

[5]) Auch durch Erbvertrag. Fischer-Henle, A. 2 zu 82. Enneccerus, 100, Hölder zu 83, 1.

kleiden. Die Frage ist zu bejahen, nach den Sätzen: In majori inest minus und Superflua non nocent.[1])

Bei dem Stiftungsgeschäfte von Todeswegen hat man einen Hinweis auf die Analogie der letztwilligen Verfügungen unterlassen, um der Wissenschaft nicht in der Frage vorzugreifen, ob die Stiftung ein Doppelgeschäft sei, bei dem man zuerst eine neue Person schaffe und sodann sie mit Vermögen ausstatte. (K.Prot. I, 595.)

Da auch die Annahme eines einfachen Geschäftes, bei dem sich beide Folgen mit einem Schlage vollziehen, zu demselben Ziele führt und im Zweifel immer der gerade Weg der bessere ist, so wird man im Stiftungsakte ein einfaches Geschäft mit doppelter Rechtswirkung zu sehen haben.[2]) (Siehe unten VI.)

Dadurch wird aber die Analogie der letztwilligen Verfügungen, insoweit sie trotzdem passend erscheint (z. B. hinsichtlich der Anfechtung wegen Irrthums und Zwanges) von der letztwilligen Stiftung nicht auszuschließen sein und ebensowenig von andern Stiftungen die Analogie der Schenkung, die aber dann nicht zutrifft, wenn mit der Stiftung eine Auflage oder eine Bedingung erfüllt wird.[3])

III. Die Staatsgenehmigung wird neben dem Stiftungsgeschäfte verlangt (80). Eine Stiftungsfreiheit, die sich auch in zwecklosen Stiftungen würde bethätigen können, ist vom Gesetzbuche verworfen (K.Prot. I, 588).[4])

Zuständig ist der Staat, in dem die Verwaltung geführt wird, und, falls dies in keinem Bundesstaate geschieht, der Bundesrath.

Man muß eine ausdrückliche Genehmigung als nöthig ansehen. Eine lex generalis, welche die in ihr erwähnten Stiftungen bedingungsweise genehmigt, würde nicht genügen, da das Reichsrecht nicht den Sinn hat, daß der Einzelstaat sich die Prüfung der ein-

---

1) Planck bezeichnet einen solchen Vertrag (81, 5) als ein dem Stiftungsgeschäfte beigefügtes pactum de non revocando.

2) Sog. Creationstheorie vgl. Schloßmann, Jahrb. f. Dogm., XXVII, 1 ff., Hölder, 189, A. M. Eck, Samml. 21, Vorträge 90, vgl. hierzu auch Stintzing, Archiv f. civ. Pr., LXXXVIII, 392 ff. Für die im Texte vertretene Ansicht spricht auch der Wortlaut des 82 (vgl. Planck zu 81, 1), nach dem das Geschäft entweder einen Anspruch oder einen Rechtsübergang erzeugt.

3) Matthiaß 117.

4) Die Stiftungsschranken beruhen auf anderen Gesichtspunkten als die Vereinsschranken. Die Furcht vor den Gefahren der Selbstverwaltung für den Staat und für die Minderheiten kommt hier nicht in Betracht, wohl aber die Scheu vor einer lahmen, zweckwidrigen Vermögensausbeutung.

zelnen Stiftungen in solcher Art erleichtern kann; doch ist dies nicht zweifellos.

Zur Beschleunigung des Genehmigungsverfahrens wird ein Widerrufsrecht (jus poenitendi) beitragen, das der Stifter bis zur Genehmigung hat (81).[1]) Aus der wohlthätigen Absicht des Geschäftes läßt sich dies sehr wohl rechtfertigen.

Den Erben wird jedoch dies Widerrufsrecht als „pietätlos" (K.Prot. I, 593) entzogen, wenn der Erblasser sein Genehmigungsgesuch einer Behörde eingereicht hat (K.Prot. VI, 119).[2])

IV. Die Zuwendung eines Stiftungsvermögens wird vielfach als unerläßliche Daseinsbedingung ihrer Rechtsfähigkeit hingestellt. Auch die K.Prot. I, 589 erachten dies als selbstverständlich. Es ist aber sehr wohl möglich, daß eine milde Stiftung, deren Verwalter zur Stelle sind, zunächst mit Rechtsfähigkeit bekleidet wird, um sodann sich ihr Vermögen durch Einforderung milder Gaben zu erwerben. Der Gesetzestext verbietet dies nicht und die Protokolle können dem nicht entgegenstehen, weil sie hier keine Absicht erklären, sondern nur eine Ansicht, die vielleicht von ihren Vertretern aufgegeben worden wäre, wenn man ihr einen begründeten Widerspruch entgegengesetzt hätte.[3])

V. Die Herstellung eines Verwaltungs-Organismus ist für die Stiftungen, wie für alle juristische Personen eine Lebensbedingung. Mindestens muß ein Organ vorhanden sein, das die Verwalter bestellen darf. Es wird behauptet, daß die Staatsverwaltung Lücken des Stiftungsgeschäftes in dieser Richtung ausfüllen dürfe. Doch fehlt eine Gesetzesbestimmung die dies beweist.[4])

VI. Die Kraft des genehmigten Stiftungsgeschäftes ist eine dreifache: Es gewährt der Stiftung die Rechtsfähigkeit, bewirkt den sofortigen Erwerb der der Stiftung zugedachten Vermögensstücke des Stifters, sofern diese, wie z. B. Forderungen, durch bloßen Vertrag übertragbar sind, und verpflichtet den Stifter zur

---

[1]) Die Bemerkung der K.Prot. I, 592, daß aus dem Wesen des einseitigen Rechtsgeschäftes die freie Widerruflichkeit folge, kann vor dem Richterstuhle der Logik nicht bestehen.

[2]) Daß ein noch nicht genehmigtes Stiftungsgeschäft ein bedingtes sei, bestreitet Planck 82, 2 mit Recht, A. M. Hölder, 195. Bedingungen, die nicht die Partei, sondern das Gesetz stellt, sind aber bekanntlich keine eigentlichen.

[3]) A. M. sind: Planck 81, 2, Rehbein 65 u. A. Auch Zitelmann 70 bezeichnet das Vermögen als Substrat der Stiftung.

[4]) Vgl. Planck 81, 2 und andererseits Cosack 117, Rehbein 67, Enneccerus 99, Hölder 199, 2.

Gewährung der übrigen Gegenstände des Stiftungsvermögens. Der Grundgedanke dieser Unterscheidung liegt wohl darin, daß das Gesetz da, wo es der Vertragslust keine Schranken setzt, auch keine Gründe hat, dem Stiftungstriebe solche in den Weg zu stellen, daß es aber da, wo bei Veräußerungsgeschäften besondere Rücksichten nöthig sind (z. B. die Uebergabe veräußerter beweglicher Sachen 929), der Zweck des Rechtes auch vom Stifter dieselben Rücksichten verlangt.

Die Genehmigung einer Stiftung von Todeswegen wird, falls sie nach dem Tode erfolgt, auf den Augenblick vor diesem Ereignisse zurückgezogen (84).[1])

Der Zweck der Rückziehung ist (Mot. 123) zu vermeiden, daß das Stiftungsgut nicht erst auf dem Wege durch das Vermögen des Erben an die Stiftung gelangt.[2]) Diese der Stiftung gewährte Gunst ist um so höher zu veranschlagen, als sie vom neuen Gesetzbuche dem Vermächtnißnehmer unbedingt versagt wird (Abschaffung des sog. Vindikationslegates).

Die Gewährleistungspflicht des Stifters ist der Wissenschaft zur Feststellung überlassen worden (K.Pr. I, 593). Die Analogie der Schenkung sollte dabei nicht ausgeschlossen sein. Man wird diese Analogie jedenfalls nur bei Stiftungen, die nicht von Todeswegen geschehen, anzunehmen haben.

3. Die Vermögensverwaltung der juristischen Personen.

a) Die Vermögensverwaltung der Vereine.

§ 39.

I. Die maßgebenden Rechtsquellen.

Dem Landesrechte unterliegen die durch Verleihung des Staates mit Rechtsfähigkeit versehenen Vereine, ferner alle juristischen Personen

---

[1]) Warum nicht auf den Augenblick des Todes selbst? Ein Seitenstück enthält Just, II, 20, § 35. Diese Fiktion ist, ebenso wie 1923 — vgl. oben S. 72, Anm. 1 —, wohl nicht ganz wörtlich zu nehmen (Hölder 196, Zitelmann 78). Sie wehrt jedenfalls den Gedanken ab, daß die Stiftung eine Nacherbin der gesetzlichen Erben sein solle. Eck, Vorträge 91. Immerhin wird man sich in Zukunft nicht mehr, wie bisher, über den „circulus vitiosus" den Kopf zu zerbrechen haben, den man darin sah, daß eine Person zwar noch nicht vorhanden sein und dennoch zum Erben ernannt werden konnte. Vgl. Endemann 211 Anm. 7. Auch eine Stiftung kann die Rolle des erbfähigen nasciturus spielen.

[2]) Bei Stiftungen, die nicht von Todeswegen geschehen, soll der Wille des Stifters darüber entscheiden, ob die Genehmigung zurückwirke (Mot. 23). Im Zweifel wird das Gegentheil zu vermuthen sein.

der dem Rechte der einzelnen Staaten verbliebenen Zweige (z. B. Wassergenossenschaften), außerdem die Waldgenossenschaften (Art. 82, 83) und zwar auch dann, wenn sie erst nach dem 1. Januar 1900 entstehen.[1]) Ueberdies bleiben nach Art. 164—167 gewisse Vereine, falls sie älteren Ursprungs sind, auch in Zukunft von dem sonst aufgehobenen Landesrechte abhängig (K.Prot. I, 617).

Für Vereine, die neben dem Bürgerlichen Gesetzbuche reichsrechtlich geregelt sind, gelten die ihnen bestimmten Sondervorschriften.

Alle andern Vereine unterliegen dem Bürgerlichen Gesetzbuche und zwar nach 25, soweit nicht besondere Vorschriften des Gesetzbuches gelten, der Vereinssatzung, worunter der Gründungsvertrag verstanden werden soll. Fehlt eine Vereinssatzung, so muß durch Analogie die Observanz herangezogen werden, auf die sich das Dasein des Vereins stützt. Für die bestehenden Vereine wurde die Weitergeltung der Observanzen vorausgesetzt.[2])

Als eine ergänzende und abändernde Rechtsquelle für das Verfassungsrecht der Vereine ist das Herkommen nicht anerkannt worden (K.Prot. I, 531).

Wo dagegen ein Verein erst einmal auf Grund ungeschriebener Normen zugelassen ist, da wird es späterhin kaum festzustellen sein, ob der Inhalt dieser Regeln schon vor dem Geltungsbeginne des Bürgerlichen Gesetzbuchs entstanden ist oder erst später. Im Zweifel wird daher ihre Verbindlichkeit nicht zu beanstanden sein.

II. Die Vereinsorgane (K.Prot. VI, 114) sind Einzelne oder Mehrheiten, die für den Verein kraft eines der Satzung oder Observanz entsprechenden Mitgliederbeschlusses zu handeln befugt sind.

Es gehören dazu also nicht solche Vereinsvertreter, die vom Vorstande bevollmächtigt sind, wie z. B. ein mit der Führung eines Vereinsprozesses betrauter Anwalt oder ein vom Vorstande angestellter Geschäftsführer. Hiernach sind also nur die Spitzen der Vereins-

[1]) K.Prot. I, 614 ff. Ursprünglich sollte das ganze Forstrecht vom B.G.B. unberührt bleiben.

[2]) K.Prot. I, 582, vgl. Fischer-Henle zu 24. Ob freilich die Observanz die Begriffsmerkmale einer „stillschweigenden Satzung" (so Mot. 94) enthält, kann erst unten im § 71 untersucht werden. Jedenfalls versteht man unter Observanz nicht blos eine „schlüssige Handlung der Vereinsgründer" (Mot. 94), sondern auch eine solche althergebrachte Gewohnheit der Vereinsgenossen, deren Ursprung man nicht kennt.

verwaltung Organe,[1]) ein Grundsatz, der namentlich bei der Haftung für Schadensersatz bedeutsam ist (s. unten).

Nur diese obersten Verwalter bilden ein Surrogat für den fehlenden natürlichen Herrn des Vereinsguts und eine Erscheinung, die lediglich bei Vereinsvermögen vorkommt, nicht aber beim Vermögen einzelner Menschen. Die untergeordneten Verwalter, die im Volksmunde, aber nicht in der Juristensprache, ebenfalls Organe heißen, haben dagegen nach oben und nach außen hin bei Vereinen keine andere Stellung, als sie auch in der Vermögensverwaltung der physischen Personen ihnen zukommt. Daher sind nur die obersten Organe „gesetzliche" Vertreter (s. unten § 77).

Die Organisation der Vereine ist im Bürgerlichen Gesetzbuche geregelt[2]) und somit dem Privatrechtsschutze unterstellt. Es handelt sich bei ihr um Vertretungsrechte und Mitgliedschaftsrechte.

Die Mitglieder sind nicht selbst Vertreter, wohl aber zur Herstellung der Vertretung mitberechtigt. Wer blos am Genusse des Vereinsgutes betheiligt ist, nicht aber an der Bildung der vertretenden Organe, ist nicht Vereinsmitglied, sondern nur Vereinsinteressent oder am Vereine Betheiligter.

a) Die Vereinsorgane sind die Mitgliederversammlung und die von ihr ernannten Vertreter.

Gewöhnlich denkt man bei dem Ausdrucke Organ nur an die Letzteren, obwohl er auch der erstgenannten Vereinigung zukommt[3]) (Mot. 106 sind nicht recht klar).

Eine Thätigkeit nach außen soll freilich diesem Organe versagt sein (Mot. 106). Ist z. B. eine rechtsgeschäftliche Erklärung abzugeben oder den Vereinsdienern ein Befehl zu ertheilen, so darf die Mitgliederversammlung nicht die erforderliche Anordnung aussprechen, sondern muß den Vorstand anweisen, dies zu thun.[4]) Sie ist daher ein inneres Organ, der Vorstand ein äußeres, wie man etwa bei dem Menschen das Herz als inneres Organ der Hand gegenüberstellt.

---

[1]) Richtig: Planck 2 zu 31, Enneccerus 89, Fischer-Henle Anm. 3 zu 31, Zitelmann 62.

[2]) Die erste Lesung hatte auch hier dem Landesrechte freie Bahn gelassen. Mot. 98. Einen besonderen Schutz gewähren dem Publikum das Erforderniß der Eintragungen in die Vereinsregister und der diesen gewährte öffentliche Glaube, der freilich dem Glauben des Grundbuches nicht völlig gleichsteht, vgl. Cosack 104, Eck, Vorträge 70, 76, Zitelmann 60.

[3]) Planck, 1 zu 82.

[4]) Richtig Hölder 139.

Universitates inordinatae, d. h. Vereine, deren einziges Organ in dem Mehrheitsbeschlusse der Mitglieder liegt, stellen eine rohe Rechtsbildung dar und können in Zukunft nicht gegründet werden. Das Bürgerliche Gesetzbuch verlangt vielmehr innerhalb der Zweckverwaltung ein Ausführungsorgan, den Vorstand (26) und dahinter als treibende und ergänzende (32) Kraft die Mitgliederversammlung, die den Vorstand wählt (27)[1]) und alle Angelegenheiten regelt, die dem Vorstande entzogen sind (32). Hierzu gehören immer Aenderungen der Satzung, ferner Aenderungen des Vereinszweckes, bei denen immer der alte Verein aufgelöst und ein neuer an die Stelle gesetzt wird, weil sich die Vereine nach ihren Zwecken unterscheiden (vgl. K.Prot. I, 529).[2]) Endlich die Vereinsauflösung (41), da der Vorstand den Verein nur lenken, nicht zerstören darf.

Ueber die Berufung und Abstimmungsweise der Mitgliederversammlungen ist Näheres bestimmt (32), wobei die schriftliche Zustimmung aller Mitglieder dem Mehrheitsbeschlusse der Versammlung gleichgestellt ist (32). Die Dreiviertelmehrheit wird bei der Aenderung der Satzung (33) und bei der Auflösung (41) verlangt (nach dem Vorbilde des Handelsrechts und des Genossenschaftsrechts).

Der Vorstand und die Mitgliederversammlung können zusammenfallen.[3]) Dann spielt dieselbe Mehrheit zwei Rollen, eine leitende und eine ausführende.[4])

Der Vorstand soll seine Geschäfte wie ein Beauftragter führen (27, 3. Mot. 95) und ebenso haften (nicht also wie ein Vormund).[5]) Im Uebrigen wird er als gesetzlicher Vertreter behandelt (26) und ist einem Vormunde ähnlich. Der gesetzliche Vertreter des Mündels steht freilich neben diesem, er ist nicht ein unentbehrliches Stück des Ver-

---

[1]) Vgl. hierzu Mot. 94 ff. Vorbilder dieses Erfordernisses des Vorstandes im früheren Rechte, s. Mot. 95.

[2]) Die Zweckänderung unterliegt sogar noch strengeren Vorbedingungen als die einfache Auflösung. Dort ist Einstimmigkeit nöthig, hier nur Dreiviertelmehrheit. 33. 41. Vgl. Cohn 17: „Drei Viertel können im Zweifel ein Ganzes auflösen.“ 31: „Willst du nur den alten Zweck, bleib still von der Sitzung weg.“ Vgl. hierzu Kuhlenbeck 218 und dagegen Hölder 151.

[3]) Planck, Anm. 1 zu 26, Hölder 140.

[4]) Jeder einzelne Beschluß wird hiernach besonders beurtheilt werden müssen, ob er ein Mitgliederversammlungs- oder ein Vorstandsakt ist.

[5]) Der Grund soll darin liegen, daß den juristischen Personen die jura minorum verweigert werden. Mot. 96. Ob diese Verweigerung gerade dem Vertreter gegenüber passend war, bleibe dahingestellt.

mögensherrn, wie es der Vorstand der Zweckverwaltung ist. Dieser Unterschied hat jedoch für das Recht keine praktische Bedeutung und wird daher von der Redeweise des Bürgerlichen Gesetzbuchs mit Recht verwischt. Beide, die Vormünder und die Vorstände, verfügen über fremde Herrschaftskreise.[1])

Allerdings muthet sich der Staat gegenüber den künstlichen Gebilden nicht die Mühe der Obervormundschaft zu, die er gegenüber lebendig fühlenden Wesen für geboten ansieht (Mot. 81).[2]) Die Aufmerksamkeit der Mitglieder ersetzt bei jenen überdies bis zu einem gewissen Grade das fehlende wachsame Auge der Obrigkeit.

Einen eigenthümlichen, vom Hauptvorstande unabhängigen Nebenvorstand für bestimmte Angelegenheiten läßt § 30 zu. Dies ist namentlich wichtig, wenn für den Verein gegen den Vorstand geklagt werden soll.[3])

Eine völlig unwiderrufliche Bestellung des Vorstandes ist unzulässig (27, 2); sie könnte auf eine Ermächtigung zum Mißbrauche fremden Gutes hinauslaufen.[4])

Dritten gegenüber kann die Vertretungsmacht des Vorstandes blos durch die Satzung beschränkt werden (26 a. E., Mot. 97).[5])

Die Vorstandsbeschlüsse unterliegen den Regeln der Beschlüsse der Mitgliederversammlung (28, 32, 34).[6]) Zur Entgegennahme von Erklärungen ist jedoch jedes einzelne Mitglied für den Gesammtvorstand befugt (28, Mot. 99).

Eine Ergänzung des fehlenden Vorstandes durch den Amtsrichter (29, Mot. 100) ist eine der Ausnahmevorschriften, in denen schließlich doch eine Obervormundschaft über Vereine zur Geltung kommt (s. unten Anm. 2), um der Chikane der Mitglieder entgegenzutreten (K.Prot. I, 517, 533).

---

[1]) Vgl. hierzu Eck, Vorträge 87, Enneccerus 86, Anm. 1, Hölder 139, Endemann 203, Anm. 6.

[2]) Ausnahmen §§ 29, 37, 78. Ob man die Vereine für handlungsfähig hält, ist für ihre Bevormundung gleichgültig. Auch handlungsfähige Wesen vertragen eine Oberaufsicht, wenn die Verwendung oder Nichtverwendung ihrer Fähigkeit gefährlich wird.

[3]) Vgl. Mot 102. K.Prot. I, 521.

[4]) Mot. 96. Vgl. K.Prot. I, 558.

[5]) Vgl. auch C.P.O. 171 über Zustellungen.

[6]) Die erste Lesung verlangte Einstimmigkeit. Mot. 99. Anders die zweite. K.Prot. I, 513, 603, VI, 115 „im Interesse einer schnellen Verwaltung."

b) Die Mitgliedschaftsrechte sind vornehmlich Rechte auf Antheil an der Mitgliederversammlung (s. oben S. 123).[1])

Die Mitgliedschaft giebt ein Recht auf Ungültigkeitserklärung eines unzulässigen Beschlusses zu klagen (K.Prot. I, 570, Mot. 109).

Die Anerkennung der Mitgliedschaftsrechte ist mit einer Feststellungsklage nach § 256 der Civilprozeßordnung verfolgbar, da sie Seitenstücke der Statusrechte sind („Rechtspositionen") K.Prot. I, 534.

Die Ausübung der Mitgliedschaft ist ein höchstpersönliches Recht (vgl. 38, 39).[2])

Auf die gesetzliche, namentlich vormundschaftliche Vertretung der Mitglieder durch Andere ist dies nicht zu beziehen.[3])

Das Recht des Austritts aus einem Vereine wird den Einzelnen vom Bürgerlichen Gesetzbuche ausdrücklich gewahrt (39). Eine Verweigerung des Austrittes von Seiten des Vorstandes oder der Mitgliederversammlung ist hiernach ohne jede rechtliche Bedeutung.[4])

Wegen eines Widerstreits des Vereinsinteresses und des Einzelinteresses ist dem Mitglied sein Stimmrecht versagt, wenn mit ihm ein Rechtsgeschäft geschlossen oder ein Rechtsstreit geführt werden soll (34).[5]) Dafür sind aber auch alle Vereinsbeschlüsse über seine Sonderrechte unmöglich.

Bei diesen Sonderrechten (jura singulorum)[6]) ist nicht an die Privatrechte der Einzelnen zu denken, die dem Vereine nicht gehören und deshalb seiner Verfügung ebenso wenig unterliegen, wie die Sachen der Vereinsfremden, sondern vielmehr an eine dem Mitgliede in rechtsgültiger Weise, z. B. durch die Satzung, eingeräumte „Sonderstellung"

---

[1]) Zitelmann 64 nimmt hier ein gegenseitiges Rechtsverhältniß sui generis an.

[2]) Cohn 81: „Mitgliedschaft ist keine Handelswaare. Strohmänner sind ausgeschlossen." Zur Rechtfertigung dieser Vorschrift wird auf die mißbräuchliche Sammlung mehrerer Vollmachten in einer Hand hingewiesen.

[3]) Fischer-Henle zu 38.

[4]) Fischer (zu 39) hält es für zulässig, diesen Grundsatz (der in 40 nicht genannt ist) durch die Satzung abzuändern arg. 58, 1, nach dem die Satzung Vorschriften über Eintritt und Austritt der Mitglieder enthalten soll. Welchen Inhalt diese Vorschriften haben dürfen, sagt jedoch m. E. 58, 1 nicht.

[5]) Cohn 31: „Pro domo spricht man, aber stimmt man nicht."

[6]) Vgl. Mot. 109, A.L.R. II. 6, §§ 68, 69, 89, 90. Vgl. Enneccerus 88, Cosack 110, Hölder 152, Engelmann 67, Eck, Vorträge 62 und daselbst weitere Litteratur.

(praerogativa), z. B. das Recht der Repräsentation auf Lebenszeit.[1]) Wo ein Verein jedoch einem Mitgliede ein Vermögensrecht als Sondergut gewährt, da schafft er immer ein Recht am Vereinsgute oder gegenüber dem Vereine, das neben dem eigentlichen Vereinsvermögen steht und daher seiner Verfügung nicht unterliegen kann, weil es dem Mitgliede gehört.

Die Mitgliedschaft ist kein Sonderrecht,[2]) sondern umfaßt sowohl die Sonderrechte wie die andern Mitgliedschaftsrechte. Daraus folgt jedoch nicht, daß die Mitgliederversammlung sich durch einen Beschluß das Recht willkürlicher Ausstoßung der Vereinsgenossen beilegen dürfe.[3]) Ein solcher Beschluß würde vielmehr über die Herrschaftssphäre hinausgreifen, die dem Vereine mit der Rechtsfähigkeit zugewiesen ist.

III. Das besondere Vermögensrecht der Vereine.

Der Standpunkt des Bürgerlichen Gesetzbuchs ist derjenige des entwickelten römischen Rechtes unter Beseitigung aller Spuren der älteren Anschauung, nach der die Gemeindeverwaltung eine publizistische Administration war, die sich der privatrichterlichen Beurtheilung entzog.

Ein solches Uebergewicht der Verwaltung öffentlicher Vermögensmassen lähmte die Lust der Privatleute, mit einem so mächtigen Vertragsgenossen in Geschäftsbedingungen zu treten. Darum sind die öffentlichen Verbände im eigenen Interesse allmählich zu einfachen Rechtsgenossen hinabgestiegen, die dem Privatrechte unterstehen. Bei den privaten Vereinen ist dies selbstverständlich.

Nach außen hin haben auch im Bürgerlichen Gesetzbuch die juristischen Personen grundsätzlich keine vermögensrechtlichen Vorzüge vor den Menschen. Wohl aber unterliegen sie mannigfachen Zurücksetzungen.

Zunächst ist das Belieben der Verwalter in die festen Grenzen des Statuts eingeschlossen. Ferner sind „unanwendbar oder doch nur unter besonders bestimmten Beschränkungen anwendbar" (man denke an den Wohnsitz, oben S. 81) diejenigen Vorschriften, welche einen natürlichen Träger von Rechten voraussetzen" (Mot. 80).

---

[1]) Koch, Kommentar zu A.L.R. I, 6, § 68. K.Prot. I, 530. Planck zu 35, Eck, Vorträge 62, erwähnt auch noch erhöhte Stimmrechte, Veto gegen Beschlüsse, Beitragsfreiheit u. dergl.

[2]) A. M. Planck zu 35. Dagegen Eck 64, Fischer=Henle, Anm. 1 zu 35, Zitelmann 65.

[3]) So Eck, Vorträge 64 und Cosack 111, der dies beklagt.

Daneben giebt es aber noch auf den verschiedenen Gebieten des bürgerlichen Rechtes Sondervorschriften für juristische Personen.

a) Auf dem Gebiete des allgemeinen Theils sind öffentlich-rechtliche Beschränkungen der Privatautonomie zu erwähnen. Sowohl die Veräußerungsfähigkeit als auch die Erwerbsfähigkeit gewisser juristischer Personen ist beschränkt. Das Nähere gehört in das öffentliche Recht, das auch die staatlichen Oberaufsichtsrechte über juristische Personen feststellt (Mot. 81).[1])

Die juristische Person gilt in der Redeweise des Bürgerlichen Gesetzbuchs nicht als geschäftsunfähig (unanwendbar sind z. B. 206, 939) s. unten § 70.

Es hängt dies davon ab, daß der Staat ihre Bevormundung ablehnt. Vgl. oben S. 125.

b) Im Rechte der Schuldverhältnisse ist eine Sondervorschrift über Darlehen der Körperschaften (wie sie die meisten in Dig. XII, 1, de reb. cred. fr. 27 erblicken)[2]) dem Bürgerlichen Gesetzbuch fremd. Wohl aber ist für unerlaubte Handlungen bestimmt (31), daß das Vermögen der juristischen Personen für den Schaden haftet, den ihre Organe (mit Ausnahme der in § 31 nicht genannten Mitgliederversammlung) mittelst einer zum Schadensersatz verpflichtenden Handlung einem Dritten zufügen. Hierbei ist nicht blos an Delikte gedacht (K.Prot. I, 522), sondern an alle Verpflichtungen zum Schadensersatz, z. B. die Kostenzahlungspflicht nach einem verlorenen Prozesse oder ohne Grund beantragten Arreste.[3])

Dies soll jedoch nur dann gelten, wenn die verpflichtende Handlung in Ausführung einer dem Handelnden „zustehenden Verrichtung" begangen ist. Gemeint sind offenbar die ihm „vermeintlich"

---

[1]) Vgl. Art. 86, 87. Pr. Allg. L.R. II, 6, § 83. II, 11, § 197. II, 12, § 58. II, 19, § 44. Preuß. Verf. Art. 42, Ges. v. 4. Mai 1846, v. 8. Mai 1833. Ges. v. 23. Februar 1870, betreffend die Genehmigung zu Schenkungen und letztwilligen Zuwendungen u. s. w. an Körperschaften und andere juristische Personen. Ges. v. 31. Mai 1875, betr. die geistlichen Orden u. a. Jetzt entscheidet Artikel 6 des preußischen Ausführungsgesetzes zum B.G.B.

[2]) Eine Stadtgemeinde haftet nicht eher, als bis die Gelder eine Darlehnssumme ad utilitatem ejus versae sunt, d. h. also nicht erst, wenn sie ausgegeben ist, sondern erst, wenn sie von einem Empfangsberechtigten angenommen ist und nicht von einem unbefugten Gemeindemitgliede. So aufgefaßt gilt der Sinn der Stelle auch nach B.G.B. Dagegen, daß diese Auffassung die römische war, spricht freilich Dig. XV, 3 de in rem verso fr. 13, § 4.

[3]) Andere Beispiele siehe bei Eck, Vorträge 60 und bei Planck zu 31, 32.

oder angeblich zustehenden Verrichtungen; denn die Vornahme eines Delikts, welche sicherlich durch § 31 mitgetroffen werden soll, kann dem Vertreter der juristischen Person niemals zustehen.[1]) Eine dahingehende Vollmacht in der Vereinssatzung würde nichtig sein (§ 138).[2])

Die Haftung des Vereins wird also davon abhängen, ob sein Organ als solches handeln wollte oder in eigenen Angelegenheiten, die den Verein nichts angehen.[3])

Auf die von den Vereinsorganen ernannten Vertreter bezieht sich die Vorschrift nicht (K.Prot. I, 523).[4])

Auch die Vormünder machen das Vermögen ihres Schützlings, dessen oberste Verwaltungsorgane sie sind, nicht in gleicher Weise haftbar. Die Haftung des § 31 ist vielmehr ein auf „Zweckmäßigkeitsrücksichten" (Mot. 103) gegründetes Sonderrecht für Vereine, das in § 86 und § 89 auf gewisse andere juristische Personen analog ausgedehnt ist, jedoch nicht auf alle, namentlich nicht auf die Rechtsgebilde, die oben als „verkannte" juristische Personen erwähnt wurden (vgl. oben S. 110).

---

[1]) Dies ist mehrfach mit Entschiedenheit bestritten, aber nicht widerlegt worden (vgl. Hölder 148). Nach Cosack 108 ist der Beamte zuständig, seine Verrichtungen schlecht auszuführen.

[2]) Ueber das bisherige Recht vgl. Mot. 103. Nach röm. R. haftete in solchen Fällen die juristische Person nur auf die Bereicherung Dig. IV, 3 de dolo malo fr. 15 § 1. Die Römer scheuten sich, durch die Unkosten der Haftung die unschuldigen Vereinsgenossen mittelbar zu belasten. Das heutige Vereinswesen kann eine derartige Belastung eher tragen. Ob man übrigens die Handlung des Vorstandes im bildlichen Sinne als Vereinshandlung bezeichnet oder nicht, ist für die Haftung de lege lata ebenso gleichgültig wie de lege ferenda. S. oben S. 101 und ebenso Cosack 109.

[3]) Zitelmann 62.

[4]) Vgl. oben S. 123, A. M. Eck, Vorträge 60, Endemann 203, 7. Mit dem Ausdrucke „Willensorgan" (Eck, Vorträge 60, in Anlehnung an das Reichsgericht) greift man zu weit. Auch Beauftragte und untergebene Angestellte nehmen Willensakte für den Verein vor; ihre Wirksamkeit für Vereine ist aber keine andere, wie die gleiche Thätigkeit für Menschen, denen sie dienstlich sind. Es ist nicht einzusehen, warum ein Kaufmann für seinen Kassierer oder ein Fabrikherr für seinen Arzt nicht haften soll, während Vereine für ihre Kassierer und Aerzte verpflichtet sein sollen (vgl. Rehbein 46). Nur für solche Menschen gebührt dem Vereine eine besondere Haftung, die den fehlenden lebendigen Geschäftsherrn selbst ergänzen (vgl. Rehbein 45). Sonst würde 31 die juristischen Personen nicht, wie er soll (Plancko zu 31), den natürlichen gleichstellen, sondern sie strenger behandeln, als diese; denn untergeordnete Organe der Vermögensverwaltung haben beide. Hölder 147 macht die Haftung davon abhängig, ob die Verfassung das Organ bestimmt, was m. E. nur in der Regel zutrifft.

Daß für die Vereinsschulden das Vermögen der Einzelnen nicht haftet, ergiebt sich aus dem Zwecke der Vereinsbildung. Machen die Vereinsglieder das Gegentheil unter sich oder mit dem Vereine aus, so geht dies die Gläubiger nichts an,[1]) sofern nicht ein „Versprechen der Leistung an einen Dritten zu ihren Gunsten darin gegesehen werden muß.

e) Im Sachenrechte ist die Beschränkung des Nießbrauchs der juristischen Personen auf eine bestimmte Zahl von Jahren im Bürgerlichen Gesetzbuche fallen gelassen (1061), obwohl statt eines ewigen Nießbrauches durchweg ein volles Eigenthum für solche Fälle die angemessene Benutzungsform ist. Wohl aber bleibt hier eine Absonderlichkeit des Besitzrechtes bestehen, die von Paulus betont, mit Unrecht als positive Rechtsvorschrift aufgefaßt wird (Dig. XLI, 2, fr. 1, § 22):

Die Vortheile des Besitzes können nur von einzelnen lebenden Menschen ergriffen und genossen werden. Darum ist der Besitzerwerb einer Gemeinde nicht Sache der Gemeindeversammlung, sondern der Obrigkeit, die ihre Zustimmung zu geben hat (municipes consentire non possunt).

Auch die Benutzung des Besitzes kann nur vertretungsweise geschehen, z. B. an einer Gemeingebrauchssache nur durch einzelne Mitglieder des Publikums, also immer nur durch einen Theil der Berechtigten, nicht durch das Ganze, und zwar hier auch nicht durch die Zweckverwaltung als solche.

Aber auch die nicht zum Gemeingebrauche bestimmten Sachen der juristischen Personen werden immer nur stellvertretungsweise in Besitz gebracht und benutzt, niemals, wie die Sachen eines Menschen, durch den Herrn selber.

Erwerb und Ausübung des Besitzes beruhen also bei juristischen Personen nur auf Stellvertretung, ohne die beide unmöglich sein würden, während der Mensch als Besitzherr den Besitz selbst erwerben und benutzen kann. (Singuli homines aut per se aut per alium posidere possunt, municipes per se possidere non possunt.)

Diese Erscheinung wie sie sich überall und immer wiederholt, liegt in der thatsächlichen Beschaffenheit der juristischen Personen (possessio res facti est). Darum wird sie auch unter der Herrschaft des Deutschen Bürgerlichen Gesetzbuches fortdauern.

---

[1]) Zitelmann 65.

d) Dem Familienrechte ist (wenigstens nach dem Bürgerlichen Gesetzbuch) das Vereinswesen gänzlich fremd. Vgl. aber über Obervormundschaft oben S. 125.

e) Die Zurücksetzung der Vereine in der Fähigkeit als Erben eingesetzt zu werden, ist nicht in das Gesetzbuch aufgenommen. Natürlich treffen alle Erwerbsschranken, die Vereinen gesetzt sind, auch den Erwerb von Todeswegen (vgl. oben S. 128).

Einige erbrechtliche Sondervorschriften von minderer Bedeutung, die sich auf alle juristische Personen (nicht blos auf Vereine) beziehen, betreffen vornehmlich den Zeitraum nach dem Tode, auf den letztwillige Verfügungen beschränkt sein sollen.[1])

b) Die Vermögensverwaltung der Stiftungen.

§ 40.[2])

I. Das maßgebende Recht. Das Landesrecht ist hinsichtlich der Stiftungsverwaltungen nicht wie bei den Vereinen, aufgehoben, sondern durch 85 in zweiter Linie aufrecht erhalten worden.[3])

II. Die Stiftungen unterliegen entweder der Verwaltung einzelner oder solcher Mehrheiten, deren einzelne Glieder eine Mitgliedschaft im Sinne des Vereinsrechtes, d. h. einen Antheil an dem Zwecke der juristischen Person, grundsätzlich nicht besitzen.

Die Gesammtheit der am Stiftungszweck Betheiligten, z. B. der in einem gestifteten Krankenhause Verpflegungsberechtigten, bildet eine unorganisirte Masse, ohne als solche einen Antheil an der Verwaltung zu haben,[4]) ohne jedoch von dieser Verwaltung ausgeschlossen zu sein, falls sie einzelnen von ihnen aus besonderen Gründen zufällt.[5])

Es fehlt das lebendige innere Organ der Mitgliederversammlung

---

[1]) 2044, 2101, 2105, 2109, 2163.

[2]) Literatur s. bei Cosack 117.

[3]) Fischer-Henle, Anm. 2 zu 85. Ueber Familienstiftungen siehe Art. 2 des preußischen Ausführungsgesetzes zum B.G.B. Ueber die spärlichen älteren Landesrechte vgl. Mot. 118

[4]) Wo sie ihn als solche haben, da liegt ein Verein unter dem Namen der Stiftung vor. Es darf also z. B. Art. 18 der pr. Verfassung, der für die Rechtsfähigkeit der Religions-Gesellschaften ein besonderes Gesetz verlangt, nicht dadurch umgangen werden, daß eine solche Gesellschaft ihr Gut zu einem von ihren Gliedern zu verwaltenden „Stiftungsgute“, das ihr religiöses Zusammenleben befördern soll, umwandelt.

[5]) Vgl. oben S. 108, Anm. 3.

und die todte Vorschrift der Zwecksatzung engt die Verwalter deshalb noch mehr ein. Sie ist in noch höherem Grade eine manus mortua, als die Vereinsverwaltung. Andererseits ist sie freilich auch von der Oberaufsicht frei, die bei dem Vereine von der Versammlung der Mitglieder über den Vorstand ausgeübt wird.

Darum geht auch das Bürgerliche Gesetzbuch von einer grundsätzlichen Verschiedenheit des Vermögensverwaltungsrechtes bei Stiftungen und bei Vereinen aus.

Eine Analogie gilt nur, insoweit sie vorgeschrieben ist (86), insbesondere hinsichtlich der Nothwendigkeit einen Vermögensvorstand zu bestellen, der Rechtsstellung dieses Vorstandes und der Haftung für seine Handlungen.

Für Stiftungen, deren Verwaltung von einer Behörde geführt wird, gelten jedoch die damit unvereinbaren Grundsätze des Bürgerlichen Gesetzbuchs über den Vorstand nicht, insoweit sie die Haftung des Vorstandes gegenüber der Stiftungsmasse und die Art der Beschlußfassung betreffen (86). Das Bürgerliche Gesetzbuch vermeidet es hier, in die Grundsätze des öffentlichen Rechtes hinüberzugreifen (vgl. K.Prot. I, 600 ff.)

Die Vorrechte der frommen Stiftungen sind dem Gesetzbuche fremd.[1]) Dies hängt damit zusammen, daß heutzutage die Wohlthätigkeitspflege nicht mehr in demselben Umfange wie früher ein Vorrecht der Kirche ist.

III. Die Umwandlung der Stiftungen.

Eine Besonderheit der Stiftungen ist ihre Umwandlung durch die Obrigkeit, ein Surrogat der Selbstumwandlung und der Selbstauflösung der Vereine, die bei Stiftungen im Bürgerlichen Gesetzbuch nicht erwähnt ist.[2]) Sie geschieht dadurch, daß der Stiftung ein anderer Zweck gegeben wird (z. B. die Unterstützung erkrankter Führer einer elektrischen Bahn statt der Unterstützung der gleichen Angestellten einer Pferdebahn, wenn diese beseitigt ist).

Mit dem Zwecke kann, soweit es nöthig ist, die Verfassung geändert werden (z. B. Mitwirkung der Verwaltung der neuen elektrischen Bahn statt der Verwaltung der Pferdebahn).

Solche Umwandlung ist jedoch nur dann zulässig, wenn die Erfüllung des Stiftungszweckes unmöglich geworden ist (also im vor-

[1]) Cosack 117.

[2]) Art. 4 des preußischen Ausführungsgesetzes erlaubt eine Umwandlung durch den Vorstand mit staatlicher Genehmigung.

liegenden Beispiele, wenn die Pferdebahn völlig beseitigt ist) oder wenn die Stiftung das Gemeinwohl gefährdet (z. B. eine Stiftung zur Herstellung von Heilmitteln, die sich nachher als schädlich erweisen). Die Umwandlung ist möglichst den Gedanken des Stifters anzupassen (87).[1]

c) Die juristischen Personen des öffentlichen Rechts.[2]

§ 41.

I. Das Recht der öffentlichen Körperschaften.

Die erste Lesung stellte grundsätzlich private und öffentlich-rechtliche Körperschaften einander gleich, sogar hinsichtlich der Liquidationsvorschriften (Mot. 82). Darum machte die Frage Schwierigkeit, ob der Fiskus Korporation oder Stiftung sei (Mot. 124).

Die zweite Lesung vermied grundsätzlich das Recht der öffentlichen Korporationen (K.Prot. I, 497, 505).[3] Im Bürgerlichen Gesetzbuch ist es daher nur gelegentlich gestreift (vgl. 395, 976, 981),[4] sonst aber grundsätzlich vermieden (K.Prot. I, 608).

Nur wegen der Schadensersatzhaftung für den Vorstand und der Pflicht, einen Konkurs zu beantragen, soll das Vereinsrecht des Bürgerlichen Gesetzbuchs entsprechend angewendet werden (89).

Die erwähnte Haftung betrifft nur die Vermögensverwaltung.[5]

Im Uebrigen gilt für die privatrechtsfähigen Körperschaften des öffentlichen Rechts zwar das Vermögensrecht des Gesetzbuches,[6] nicht aber sein Sonderrecht der Vereine.

---

[1]) Cosack will sogar (118) übermäßige Studienstipendien als gemeinschädlich dem Aufhebungsrechte des Staates unterwerfen. Allerdings schädigt jede unzweckmäßige Stiftung das Gemeinwohl, aber nicht durch ihre Verwaltung, sondern lediglich dadurch, daß die Gabe besseren Zwecken entzogen worden ist. Davon spricht aber 87 nicht und seine analoge Ausdehnung verbietet sich dadurch, daß er eine Ausnahme der verfassungsmäßigen Unverletzlichkeit des Eigenthums ist. In Preußen hilft in solchen Fällen Art. 4 des Ausführungsgesetzes.

[2]) Vgl. Weyl 156 ff.

[3]) Hölder 201 hebt hervor, daß diese Personen nach der Reichsverfassung der Gesetzgebung des Reiches nicht unterliegen.

[4]) Die K.Prot. VI, 144 theilen einige Auffassungen der Kommission über mehrere im Texte nicht erwähnte wichtige Punkte des Rechtes des Fiskus und anderer öffentlichrechtlicher Personen mit. Die Bedeutung von Rechtssätzen kann diesen Ansichten nicht beigemessen werden.

[5]) Eine Vorschrift über die Haftung des Staates für die Ausübung einer öffentlichen Gewalt wurde in der zweiten Kommission mit 8 gegen 8 Stimmen abgelehnt K.Prot. I, 611, vgl. Art. 77 E.G. u. § 12 der Reichsgrundbuchordnung.

[6]) Cosack 120.

II. Der Fiskus (Staatskasse) ist ein Theil der Staatsverwaltung, die ein besonderes Vermögen für den Staat verwaltet.[1]) Hinsichtlich seiner Organe ist er kein selbständiges Gebilde, hinsichtlich des Vermögens steht er aber der Staatsgewalt ebenso gegenüber wie ein Privatmann. Er kann vom Staat bestraft, ausgepfändet, mit Bergwerksrechten beliehen werden.[2])

In 89 ist er neben die Körperschaften des öffentlichen Rechtes gestellt, aber auch neben die Stiftungen und die Anstalten. Eine Körperschaft ist er nicht, weil seine Verwaltung auch durch Staatsfremde möglich wäre. Eine Anstalt ist er nicht, weil ihm, dem Staate gegenüber ein besonderer Daseinszweck fehlt.

Wir unterscheiden Staats- und Reichsfiskus. § 89 ist auf beide zu beziehen, ebenso wie § 395, das Aufrechnungsverbot gegenüber verschiedenen Kassen (stationes) derselben Behörde auf beide Bezug nimmt. Die Privilegien des Fiskus, die im besonderen Theile zu erwähnen sind und im Bürgerlichen Gesetzbuch keine große Rolle mehr spielen, stehen daher beiden Arten des Fiskus zu, soweit dies möglich ist.[3]) Der (irrige) Satz: In dubio contra fiscum (das Ergebniß einer Mißdeutung von Dig. XLIX, 14 fr. 18) ist dem Bürgerlichen Gesetzbuche und der Reichscivilprozeßordnung fremd.

III. Auch bei den Stiftungen beschränkte die zweite Kommission ihren Entwurf auf die privatrechtlichen. Zu diesen rechnete sie alle, „die auf einem Privatrechtsgeschäfte beruhen, es müßte denn sein, daß sie nach ihrer besondern Beschaffenheit dem Organismus des Staates oder der Kirche dergestalt eingefügt seien, daß sie aus diesem Grunde unter die Kategorie der öffentlichrechtlichen Stiftungen fallen" (K.Prot. I, 586). Eine entsprechende Anwendung des gesammten Stiftungsrechtes des Gesetzbuches auf diese Gebilde des öffentlichen Rechtes, ist hierdurch ausgeschlossen.

IV. Die Anstalten des öffentlichen Rechtes, z. B. Lehranstalten, sind neben den Körperschaften und den Stiftungen des öffentlichen Rechtes erwähnt, um dieselben Normen des Bürgerlichen Gesetzbuchs, die bei diesen beiden Gruppen in entsprechender Weise angewandt werden sollen (Haftung für den Vorstand und Konkursanmeldungspflicht), auch auf sie auszudehnen (89).

---

[1]) Vgl. Weyl 173 ff.

[2]) Arndt, Das allgemeine Berggesetz für die preußischen Staaten, Halle a. S. 1885. S. 53.

[3]) Vgl. 45, 46, 88, 233, 411, 928, 981, 1936, 1942, 1964, 1965, 2011, 2104, 2149, Art. 91, 129, 130.

Daß das Verhältniß zwischen Körperschaft oder Stiftung und Anstalt im Gebiete des öffentlichen Rechtes zweifelhaft ist (man denke nur an die Universitäten), wurde anerkannt, ohne daß jedoch eine Handhabe zur Lösung dieses Zweifels gegeben wurde (vgl. K.Prot. I, 611). Entscheidend wird auch hier das Merkmal der Selbstverwaltung sein, das die Körperschaft auszeichnet (s. oben S. 108). Da jedoch allgemeine Vorschriften über Körperschaften, Stiftungen oder Anstalten nur selten bestehen, so wird sich die Bezugnahme auf diese Begriffe meist durch ein Sonderrecht der fraglichen Rechtsbildung erledigen. Immerhin scheint das Sprachgefühl die Verfasser davor zurückgeschreckt zu haben, die der Volksrede widerstreitende Unterordnung aller rechtsfähigen Anstalten unter den Stiftungsbegriff für das öffentliche Recht vorzunehmen.[1]) So erklärt es sich wohl, warum die Anstalten besonders genannt worden sind, ohne für sich ein eigenes Privatrecht zu erhalten (vgl. oben S. 109).

4. Das Ende der Rechtsfähigkeit juristischer Personen.

a) Die Ursachen.[2])

§ 42.

I. Der Untergang einer juristischen Person kann sein

a) eine vollständige Auflösung, bei der nichts von ihr übrig bleibt;

b) ein bloßer Verlust der Rechtsfähigkeit, wobei die Verwaltung des Zweckvermögens in rechtsunfähigem Zustande fortdauert. So namentlich wenn einem Vereine die Rechtsfähigkeit entzogen wird, ohne daß der Zusammentritt seiner Mitglieder verboten ist (z. B. nach § 73).

II. Die Ursachen des Untergangs eines Vereins

a) Natürliche Ursachen liegen vor,

α) sobald der Zweck, dem die Verwaltung dient, völlig erlischt (z. B. eine Stiftung für eine Familie bei deren Aussterben oder ein Verein zur Erledigung einer Aufgabe bei deren Lösung). Das Bürgerliche Gesetzbuch erkennt jedoch diesen Aufhebungsgrund nicht an. Vereine müssen in solchem Falle besonders durch Beschluß

---

1) Engelmann 74. Wenn der Staat Anstalten schafft, so handelt er nicht als Stifter oder Wohlthäter, weil er die Unkosten durch Steuern deckt.

2) Die erste Lesung hatte auch diesen Rechtszweig dem Landesrechte überwiesen. Mot. 91 ff. Anders K. 575.

aufgelöst werden (41), ebenso Stiftungen nach 87 durch obrigkeitlichen Beschluß.

In der Zwischenzeit dauert die frühere Zweckverwaltung als zwecklose Vermögensverwaltung fort oder richtiger: die Vermögensverwaltung wird Selbstzweck. Bei Vereinen, denen Rechtsfähigkeit verliehen ist, kann die Obrigkeit diesem Zustande nach 43, 4 ein Ende machen.

Ein natürlicher Untergang einer jeden juristischen Person liegt aber ferner überall nothwendig vor,

β) sobald die Organe thatsächlich dauernd wegfallen. So wenn eine Stiftung nur durch den Vertreter eines Amts verwaltet werden soll, und dieses aufgehoben wird. Ein vorübergehender Mangel der Organe vernichtet die juristische Person nicht. Hier kann sogar bei Vereinen und Stiftungen der Amtsrichter helfen (29, 86).

So lange noch bei einem Vereine ein Mitglied vorhanden ist, stat nomen universitatis (Dig. III, 4 fr. 7 § 2), der Verein besteht fort, obwohl er kein beschlußfähiges Kollegium mehr bildet (Dig. L, 16 d. v. s., fr. 85).

Nur dann muß ein Verein unbedingt erlöschen, wenn nicht mehr genug Mitglieder vorhanden sind, um die erforderlichen Organe herzustellen. Mot. 92.[1])

Willkürlich und im Bürgerlichen Gesetzbuch nicht anerkannt ist die unhaltbare Behauptung, daß der Vermögensverlust alle sogen. universitates rerum (s. oben S. 108) ohne Weiteres vertilge. Eine weitverbreitete Meinung lehrt, daß die Stiftungen durch den Verlust ihres Vermögens untergehen. „Mit der bloßen Möglichkeit, daß ihr immerhin noch Zuwendungen gemacht werden können, sei nicht zu rechnen" (K.Prot. I, 604, vgl. auch S. 605). Es sind aber auch noch andere Fälle denkbar, in denen ein überschuldetes Vermögen wieder zu einem Inhalte kommen kann, z. B. Werthsteigerung der Aktiva, Gewinn eines Lotterielooses, Alluvion und dergl. Da das Bürgerliche Gesetzbuch den Untergang der Stiftungen durch Vermögensverlust nicht festgesetzt hat, so liegt kein Anlaß vor, ihn anzunehmen.

---

[1]) Cosack 114 will sogar die Vereine auch dann fortleben lassen, wenn sie nur vorübergehend ohne Mitglieder sind. Nach der Volksanschauung ist allerdings bei Wiedererrichtung eines ausgestorbenen Vereines die Continuität des Vereines gewahrt. Für das Vermögensrecht würde man jedoch einen solchen Scheintodt mit Wiederbelebung nur dann annehmen können, wenn Rechtsquellen dafür sprächen.

b) Künstliche Aufhebungen können sowohl durch die Betheiligten als durch die Obrigkeit geschehen (s. III u. IV).

III. Die Selbstvernichtung der Vereine erfolgt durch Beschluß der Mitgliederversammlung (41), Auflösungsbeschluß genannt. Sofern nicht die Satzung anderes bestimmt, müssen drei Viertheile der Erschienenen zustimmen.

Will der Verein ohne Selbstauflösung blos die Rechtsfähigkeit von sich abstreifen, so daß er, falls er eingetragen ist, im Register gelöscht wird, jedoch ohne sich aufzulösen, vielmehr in der Absicht, als rechtsunfähiger Verein (sog. „Vereinigung", K.Prot. I, 576) fortdauern, so muß ihm nach dem Satze: In majori inest minus auch ein Recht zu einem solchen unvollkommenen Auflösungsbeschlusse zugesprochen werden.[1])

IV. Vernichtung der Vereine durch die Obrigkeit.

a) Die vollkommene Zerstörung juristischer Personen kommt vor

α) als Vereinsauflösung nach Maßgabe des öffentlichen Rechts,[2])

β) als Aufhebung der gemeingefährlich oder zwecklos gewordenen Stiftungen nach 87.

γ) Die Konkurseröffnung raubt dem Vereine und der Stiftung die Rechtsfähigkeit (§§ 42, 86). Die Vorstandsmitglieder können durch Verzögerung der Konkursanmeldung haftbar werden (42, Mot. 104 ff.). Die wirthschaftliche Lebensfähigkeit des Vereins oder der Stiftung wird durch einen derartigen Zusammenbruch der Verwaltung widerlegt.[3]) Anders die erste Lesung. Mot. 92, doch ebenso die 93 Anm. angeführten Spezialgesetze, vgl. hierzu K.Prot. I, 604 ff.

Es wurde hervorgehoben, daß man einen ehrlichen Verein nicht hindern sollte, nach dem Konkurse seine Schulden zu bezahlen, indem man ihn auflöse (K.Prot. I, 539). Finden sich jedoch Leute, die aus Ehrlichkeit solche Schulden bezahlen wollen, so wird ihnen die Vereinsauflösung nicht im Wege stehen.

b) Eine unvollkommene Zerstörung liegt darin, daß dem Vereine nur die Rechtsfähigkeit entzogen wird, so daß die Vermögensverwaltung als rechtsunfähige fortdauern kann.

---

[1]) Ebenso Zitelmann 66 (erst nach dem Drucke des Textes erschienen).

[2]) Vgl. Denkschrift 22, Eck, Vortr. 66.

[3]) Dies gilt selbst für den Fall, daß der Konkurs wieder aufgehoben wird. Zitelmann 66 will dann den Verein wieder aufleben lassen.

Bei dieser unvollkommenen Vereinsauflösung kann also der Verein als rechtsunfähiger (als „Vereinigung“) fortdauern, wenn er es nicht vorzieht, sich nunmehr selbständig aufzulösen.[1]) Als Ursachen sind gesetzwidrige und zweckwidrige Handlungen der Organe anerkannt; die letzteren Handlungen jedoch nicht unbedingt. Eine Abweichung vom Zwecke der Verwaltung ist vielmehr nur bei den durch Verleihung rechtsfähig gewordenen Vereinen ohne Weiteres ein Auflösungsgrund, weil eine solche Verleihung in der Regel vom Zwecke der Verwaltung abhängt und mit ihm steht und fällt.

Die durch besondere Reichsgesetze geregelten Vereine haben auch in diesem Punkte ihre eigenen Auflösungsgründe.

Bei den eingetragenen Vereinen des Bürgerlichen Gesetzbuchs ist dagegen, weil sie keinen wirthschaftlichen Hauptzweck haben, eine Zweckänderung grundsätzlich gleichgültig. Ob sich ein Sängerbund in einen Turnverein verwandelt, ist ohne Belang. Wohl aber verbietet das Bürgerliche Gesetzbuch solche Akte der Vermögensverwaltung eingetragener Vereine, welche die Schranken umgehen, die diesen Vereinen gesetzt sind, z. B. den Grundsatz, daß derartige Verbände wirthschaftlichen Hauptzwecken nicht dienen dürfen (42, 2) oder daß sie bei ihrer Entstehung wegen ihrer politischen, religiösen und sozialpolitischen Zwecke durch die Verwaltungsbehörde ohne Weiteres von der Rechtsfähigkeit ausgeschlossen werden können (43). Die nachträgliche Umgehung dieser Grundsätze giebt der Behörde das Recht, dem Vereine auch noch hinterher die Rechtsfähigkeit zu entziehen. Ein politischer Verein, der sich unter der Maske eines unpolitischen Zweckes die Rechtsfähigkeit erschlichen hat, soll daher diese Fähigkeit verlieren können, sobald er die Maske abnimmt, und sein wahres Gesicht zeigt, § 42, 3. Vgl. Mot. 90: „Die gefährlichsten Vereine erscheinen oft in dem unschuldigsten Gewande.“[2])

---

[1]) A. M. Eck, Vorträge 68, der die erst vom Reichstage eingefügte Unterscheidung der Vereinsauflösung von der Entziehung der Rechtsfähigkeit für völlig gegenstandslos hält. Auch Riedel 131 sieht in ihr nur eine redaktionelle Aenderung. Das Gesetzeswort nöthigt nicht dazu, vgl. Planck zu 41.

[2]) Noch weiter geht Hölder 161, welcher gegenüber eingetragenen politischen Vereinen auch dann Auflösungsrechte annimmt, wenn sie ihre Richtung ändern. Diese analoge Erweiterung der obrigkeitlichen Machtbefugnisse entspricht nicht der Vorgeschichte des Gesetzbuches, bei dem der Umfang der Staatskontrole den Gegnern Schritt für Schritt abgerungen worden ist.

Der Rechtsschutz gegen den Mißbrauch der obrigkeitlichen Befugniß, den Vereinen die Rechtsfähigkeit zu entziehen, ist hier der gleiche, wie bei dem Einspruchsrechte der Behörde gegen die Eintragung eines Vereines (s. oben S. 116).

b) Die Folgen eines Unterganges der juristischen Personen.

§ 43.

I. Hauptgrundsätze.

a) Bei Vereinen (45) und Stiftungen (88) sollen die Vermögensfolgen der Entziehung der Rechtsfähigkeit denen der völligen Auflösung gleichstehen. Wird also der rechtsunfähige Verein rechtsfähig und später der Rechtsfähigkeit durch die Obrigkeit wieder beraubt, so fällt das Vereinsvermögen nicht ohne Weiteres wieder in seine frühere Lage zurück.[1]) Vielmehr sind hier nach dem Bürgerlichen Gesetzbuch ebenso,[2]) wie bei der Vereinsauflösung, die Rechtsnachfolger des Vereins näher bestimmt:

a) In erster Linie entscheidet die Satzung.[3])

Diese kann einem Vereinsorgane das Recht geben, den Vermögens-Nachfolger des Vereins zu bestimmen. Da dies in § 45 besonders hervorgehoben wird, so folgt daraus, daß es als Ausnahmeregel gelten soll. Hieraus ergiebt sich per argumentum e contrario, daß die Satzung andern Personen, als den Vereinsorganen, die Ernennung des Nachfolgers nicht übertragen darf (vgl. oben S. 53).

b) Fehlt eine satzungsgemäße Bestimmung, so kann bei den nicht auf einen wirthschaftlichen Betrieb gerichteten Vereinen die Mitgliederversammlung das Vermögen dem Fiskus dadurch vorenthalten, daß sie es einer öffentlichen Stiftung oder Anstalt zuweist[4]) (nicht einem andern Vereine!). Es ist dies ein singuläres Vereinstestament.[5])

---

[1]) Gegen eine abweichende Ansicht Hachenburgs vgl. Eck 68, der jedoch Vermögensverlust und Untergang des Vereins nicht scheiden will, m. E. mit Unrecht vgl. oben S. 138 Anm. 1.

[2]) Ueber Sondervorschriften, die neben dem B.G.B. stehen, vgl. Mot. I, 112.

[3]) Vgl. über die Vorgeschichte dieser Grundsätze, durch die der Anfall des Vermögens aufgelöster juristischer Personen an den Fiskus allmählich beschränkt worden ist. Mot. 110 ff. und überhaupt hierzu Riedel 143 ff.

[4]) Mot. 111 zu § 49, I. Entw. sehen darin eine Verfassungsänderung, was aber für das Gesetzbuch nicht gelten kann, das von der ersten Lesung hier im Wesentlichen abweicht.

[5]) So zieht hier das Recht zum Selbstmord ein Recht zur Erbeinsetzung nach sich. K.Prot. I, 543. Auch Cosack 115 spricht vom „Testieren", natürlich nur

Da die Anstalt neben den Körperschaften genannt wird (89), so können also diese auch nicht als „Anstalten“ im Sinne des § 45, 2 Bürgerlichen Gesetzbuchs gelten, selbst wenn der Volksmund sie als solche bezeichnet (z. B. die Kirche als Heilanstalt, einen Gesangverein als Anstalt für Musikpflege und dergl.). Darum wird z. B. nach § 45, 2 ein Verein, dessen Zweck nicht auf einen wirthschaftlichen Geschäftsbetrieb gerichtet ist, bei einer Auflösung sein Vermögen einer Gemeinde oder Kirche nicht zuweisen dürfen, da nicht anzunehmen ist, daß die Erwähnung der Vereine in 45 ohne die Absicht, sie auszuschließen, unterblieben ist.[1])

c) In dritter Linie werden die aufgelösten Vereine in zwei Gruppen geschieden.

Wenn sie ausschließlich den Interessen ihrer (jeweiligen)[2]) Mitglieder dienten, fällt das Vermögen an diese Mitglieder zu gleichen Theilen.

Bei allen anderen Vereinen erwirbt der Fiskus des Bundesstaates, in dem der Verein seinen Sitz hatte, dieses Vermögen, sofern nicht das Landesrecht der Staatskasse eine Körperschaft, Stiftung oder Anstalt des öffentlichen Rechtes vorzieht (Art. 85 E.G.).

Das Bürgerliche Gesetzbuch legt dem Fiskus die Mühen der Vermögensauflösung auch dann auf, wenn die Masse überschuldet ist (anders Dig. XLIX, 14, de jur. fisci fr. 1, § 1), so daß dadurch für die Gläubiger in ausgiebiger Weise gesorgt wird.

b) Bei Stiftungen sind die gleichen Vorschriften unanwendbar,

---

im bildlichen Sinne. Von einer entsprechenden Anwendung des Testamentsrechts kann nicht die Rede sein.

[1]) De lege ferenda bleibt der Sinn dieser Ausschließung zweifelhaft; aber: cum in verbis nulla ambiguitas est, non debet admitti voluntatis quaestio, s. oben S. 53 (K.Prot. I, 546 ergeben hierzu nichts Näheres). Man beachte, daß eine Zuwendung an den Fiskus hier keinen Sinn hat, weil diesem das Gut doch auf alle Fälle zufällt, wenn die Vereinsmitglieder es verschmähen und daß es einen guten Sinn hat, wenn das Gesetz Zuwendungen an Körperschaften des öffentlichen Rechtes auch hier beschränkt, um sie nicht zu mächtig werden zu lassen. A. M. Hölder 164, der alle öffentlichrechtlichen Körperschaften einfach als Anstalten aufgefaßt haben will, was aber der Redeweise des Gesetzbuches nicht entspricht (vgl. oben S. 109 Anm. 1).

[2]) Das Wort „jeweilig“ steht nicht im Texte, ist aber nöthig, weil alle Vereine den Interessen ihrer gegenwärtigen (oder auch zukünftigen) Mitglieder dienen. Dadurch unterscheiden sie sich ja gerade von den korporativen Stiftungsverwaltungen (s. oben § 86).

da es bei ihnen an einer Mitgliederversammlung fehlt.[1]) Hier soll das Vermögen an die in der Verfassung bestimmten Personen fallen (88). In zweiter Linie tritt der Fiskus ein, der durch Bezugnahme des 88 auf 46 mittelbar als Nachfolger genannt ist. Für Preußen ist dieser Punkt durch das Ausführungsgesetz geregelt (Art. 5) und zwar in erster Linie zu Gunsten der die Stiftung verwaltenden Körperschaft des öffentlichen Rechts, in zweiter zu Gunsten des Fiskus.

II. Die Formen der Nachfolge in das Vermögen einer aufgelösten juristischen Person. Es liegt eine Gesammtnachfolge vor, wie bei einem Erbfalle. Trotzdem gelten die Erbrechtsvorschriften nur für den Fiskus (Mot. 112), weil nur bei ihm der Fall einer derartigen Nachfolge gegenüber dem Vermögen der juristischen Person ebenso liegt, wie gegenüber einem ihm zufallenden Nachlasse. Doch ist dem Erwerbe des Fiskus hier eine gesetzliche Auflage gemacht. Er muß das Vermögen „thunlichst in einer den Zwecken des Vereins entsprechenden Weise verwenden", was auch bei Stiftungen gelten soll (89).

Die K.Prot. VI, 116 behaupten, diese Pflicht des Fiskus zur zweckentsprechenden Verwendung des Vermögens eines aufgelösten Vereins sei eine rein öffentlichrechtliche. Die Richtigkeit dieser Behauptung ist nicht einzusehen, da heutzutage im Zweifel jede durch Privatrechtssatz gewährte Pflicht eine klagbare ist, folglich jeder Interessent gegen den Fiskus klageweise vorgehen kann, z. B. bei dem Vermögen einer fortgefallenen Stiftung zur Versorgung von Wittwen einer gewissen Art jede nach dem Statut versorgungsberechtigte Wittwe. Dies wird trotz der K.Prot.[2]) anzunehmen sein, weil diese hier keinen Wunsch aussprechen, sondern nur eine Ansicht, mit der der Gesetzestext nicht übereinstimmt.[3])

Alle andern Rechtsnachfolger in das Vermögen einer juristischen Person treten nicht ohne Weiteres in die Stellung von Erben ein, wodurch zuweilen eine den Gläubigern lästige Zersplitterung der Schulden entstehen würde (Mot. 113), auch eine Gefahr der Aufzehrung der Masse zum Schaden der Gläubiger (K.Prot. I, 547).

Vielmehr wünscht das Bürgerliche Gesetzbuch hier aus Rücksicht

[1]) Auf 45 ist nicht zurückverwiesen. Zitelmann 75.

[2]) Die K.Prot. I, 546 ergeben hierzu nichts.

[3]) A. M. Hölder, Archiv f. civ. Praxis, Matthiaß 110, Anm. 1, Zitelmann 68. Dagegen stimmt der im Texte enthaltenen schon früher ausgesprochenen Ansicht des Verfassers (Verhandl. des 23. Juristentages, 276), Cosack zu.

auf die Gläubiger und die Erwerbsberechtigten (Mot. 113) durchweg eine der Nachlaßpflegschaft ähnliche Abwickelung der Vereinsangelegenheiten. Sie heißt Liquidation (47 ff., 76, 88) und ist der gleichnamigen Einrichtung des Handelsgesetzbuches und entsprechender Gesetze (Mot. 113) nachgebildet.

Die Liquidatoren sind die Vorsteher der absterbenden und noch nicht völlig[1]) erstorbenen Verwaltung (Mot. 113).

Sie vertreten sie zum Zwecke der Vermögensauflösung (nicht der Vermögenserhaltung).

Um dieses Zweckes willen werden sie von dem Vorstande, dessen Befugnisse sie im Uebrigen haben, dennoch in mehrfacher Hinsicht unterschieden, obwohl die Liquidation zunächst durch den Vorstand erfolgt, falls nicht andere Liquidatoren nach 48 ernannt werden.

Namentlich besteht im Zweifel sonst bei einer Mehrheit der Vorstandsmitglieder nach 28 und 32 die Gültigkeit der Mehrheitsbeschlüsse, für Liquidatoren aber der Einstimmigkeitsgrundsatz (48, 3), weil die juristische Person auf dem Wege zur Vernichtung ganz besonders sicher gehen soll.

Neue Geschäfte dürfen die Liquidatoren nur eingehen, soweit dies nöthig ist, um alte zu erledigen (49). Eine Versilberung der Masse ist ihnen nur soweit zur Pflicht gemacht, als Schuldtilgung und Massentheilung dies verlangen (49), damit die Vermögensstücke möglichst in der bisherigen Verfassung an die Nachfolger der juristischen Personen kommen. Dies wurde namentlich bei Stiftungen und Anstalten als erwünscht hingestellt (K.Prot. I, 549).

Die Auslieferung der Vermögensmasse muß durch öffentliche Bekanntmachung vorbereitet und ein Jahr („Wartejahr", K.Prot. I, 550) hinausgeschoben werden (50, 51).[2]) Für unbekannte Gläubiger erfolgen Hinterlegungen in ähnlicher Weise wie bei dem Konkurse (52).

Die Liquidatoren haften für eine ordnungsmäßige Geschäftsführung (53) der juristischen Person und in einigen besonders genannten Punkten auch den Gläubigern (Mot. 117), nicht aber den einzelnen Mitgliedern (Mot. 115), sofern nicht diesen aus den Vorschriften über unerlaubte Handlungen Ansprüche erwachsen.

Erst die Beendigung der Liquidation bläst dem Vereine sein Lebenslicht völlig aus (49 a. E., Mot. 113, 115).

---

[1]) Auch nicht hinsichtlich des Gerichtsstandes der juristischen Person (Mot. 116).

[2]) Nach Mot. 116 ist die Frist keine Ausschlußfrist. Vgl. Cohn 21: „Vereinserben trauern ein Sperrjahr lang."

Aus dieser Gestaltung der Dinge hat man hergeleitet, daß die Vermögensnachfolger des Vereins dessen Masse nicht durch Anfall erwerben, sondern nur einen Anspruch auf ihre Herausgabe haben.[1])

Der Wortlaut des Gesetzes (45) spricht jedoch für einen unmittelbaren Anfall. Die Liquidation verwaltet nur das Vermögen der Nachfolger für diese so, als ob der Verein noch fortbestände.[2])

III. Die Haftung der Nachfolger einer juristischen Person nach beendeter Liquidation gegenüber den Gläubigern der früheren juristischen Person stand schon im bisherigen Rechte der Erbenhaftung nicht gleich. Vielmehr nahm man auch ohne Rücksicht auf ein besonderes Inventarrecht an, daß nur in Höhe der empfangenen Masse gehaftet werden sollte.

Das Bürgerliche Gesetzbuch schweigt, deshalb haften diese Nachfolger (abgesehen vom Fiskus) überhaupt nicht.[3]) Den Gläubigern giebt die Liquidation und deren öffentliche Bekanntmachung eine ausreichende Sicherheit. Haben sie diese nicht benutzt, so sind sie ihrer Rechte verlustig gegangen.

5. Rechtsunfähige Vermögensverwaltungen zu einem bestimmten Zwecke.

§ 44.

I. Vorgeschichte.

Das römische Recht unterschied grundsätzlich nicht zwischen der Duldung einer juristischen Person und der Anerkennung ihrer Rechtsfähigkeit. Die erlaubten juristischen Personen waren rechtsfähig. In Deutschland nahm aber das Vereinsleben einen solchen Aufschwung, daß der Staat sich genöthigt sah, Vereine und Stiftungen zu dulden, ohne ihnen Rechtsfähigkeit zu gewähren (vgl. Mot. 88). Das preußische Landrecht II, 6 § 13 kennt sog. erlaubte Gesellschaften, die nach außen hin bloße Gesellschaften, aber nach innen juristische Personen sein wollen, was das Bürgerliche Gesetzbuch nicht aufgenommen hat (Mot. 83).

---

[1]) Eck, Vorträge 67, Cosack 115, Zitelmann 68, anders Gierke, Deutsches Privatrecht, I, 70, Anm. 78, Hölder 163 u. A.

[2]) Der Sachverhalt erinnert an die Nachlaßpflegschaft, die für die Erben thätig ist.

[3]) Nach der eigenthümlichen Gestaltung der Erbenhaftung im Bürgerlichen Gesetzbuche kann man auch nicht daraus, daß sie Gesammtnachfolger sind, das Gegentheil folgern. Eine Analogie des Erbrechts würde sich hier schwerlich durchführen lassen.

Nach gemeinem Recht ist die Lage solcher blos wirthschaftlichen Personen zweifelhaft. Die Protokolle nennen sie im Gegensatz zu den rechtsfähigen Vereinen: „Vereinigungen" (K.Prot. I, 576). Da die Verabredung ihrer Rechtsfähigkeit nichtig ist, so ist auch jeder Erwerb, jede Veräußerung und jede Schuldübernahme, die sie vornehmen, nichtig. Die Stücke des angeblichen Vermögens eines solchen Gebildes gehören somit streng genommen dem Eigenthümer, den sie hatten, ehe sie dem rechtsunfähigen Vereine zugewandt wurden.

Für rechtsungültige Stiftungen müssen diese Folgerungen in der That unbedingt gezogen werden, soweit nicht der Fall des Sammelvermögens vorliegt (1914).[1])

Da jedoch das Verkehrsleben sich um diese Rechtslage der Vereinigungen vielfach nicht kümmert, vielmehr die Vermögensrechte, auch die Forderungen und die Schulden rechtsunfähiger Verbände so behandelte, als ob diese Verbände rechtsfähige Vereine wären, so haben sich auch die Wissenschaft und Praxis bemüht, durch Konversion (Umdeutung) derartige ungültige Vereinsgründungen und die Geschäfte solcher rechtsunfähigen erlaubten Vereinigungen möglichst aufrecht zu erhalten.

Gewöhnlich deutet man den Erwerb des Vereinseigenthums als Erwerb eines Miteigenthums der Glieder, die Vereinsforderungen als unter diese getheilte Ansprüche, die Vereinsschulden als theilweise bindende Belastung der Einzelnen u. s. w. Auch die Parteifähigkeit wurde solchen Vereinen zugesprochen.[2])

II. Das Bürgerliche Gesetzbuch giebt den rechtsunfähigen Vereinen grundsätzlich in diesem Sinne die Stellung der Gesellschaften (54), um nicht den verworfenen Grundsatz der freien Vereinsbildung durch eine Hinterthür zuzulassen (K.Prot. II, 457, VI, 207). Der Mitgliederwechsel lasse sich auch aus diesem Gesichtspunkte ermöglichen, weil man einen stillschweigenden, im Voraus geschlossenen Gesellschaftsvertrag mit den später eintretenden Mitgliedern bei diesen Vereinigungen annehmen könne (so K.Prot. II, 460).[3]) Zugleich sichert das Gesetzbuch (54) diejenigen, welche mit den Vertretern eines solchen Verbandes Rechtsgeschäfte abschließen, durch die Sondervorschrift, daß die für den Verein Handelnden persönlich haften, und zwar als Gesammtschuldner, wenn mehrere handeln.

---

1) Vgl. Matthiaß 122. 2) Vgl. Denkschrift 15, 26.

3) Ueber die Art, in der sich solche Vereine dem für sie nicht berechneten Gesellschaftsrechte anzupassen haben, vgl. Planck zu 54, Eck, Vortr. 79 ff., Enneccerus 97.

Diese Sondervorschrift beruht auf dem Streben nach dem Schutze der sog. redlichen Dritten, den die neuere Gesetzgebung in besonders hohem Maße anstrebt (vgl. K.Prot. VI, 208) und geben den Vereinsvorständen und andern Vertretern des Vereins (K.Prot. II, 459) Anlaß, ohne genügende Deckung keine Schulden für den Verein zu übernehmen;[1]) denn als redlicher Dritter gilt hier auch der, welcher wußte oder wissen mußte, daß er es mit dem Vertreter eines rechtsunfähigen Vereines zu thun hat (K.Prot. II, 459).

Die nicht handelnden Mitglieder haften nach den Vorschriften des Gesellschaftsrechtes (K.Prot. II, 459). Unbedingt giebt die neue Civilprozeßordnung den rechtsunfähigen Vereinen eine allerdings blos passive Parteifähigkeit (C.P.O. § 50, 735, Konk.-Ordn. § 213).[2])

Ist der Verein verurtheilt und soll ausgepfändet werden, so will man das „Vereinsvermögen" haften lassen.[3]) Wollte man dies nicht, so würde die Zulassung der passiven Parteifähigkeit ein Schlag ins Wasser sein. Daraus folgt, daß bei den im Uebrigen rechtsunfähigen Vereinen doch wenigstens für diesen Fall eine Vermögensfähigkeit mittelbar anerkannt worden ist.

---

[1]) Ueber die Bemerkung, daß hiernach der Vertragsgenosse der rechtsunfähigen Vereinigung besser stehen werde als derjenige des rechtsfähigen Vereins vgl. K.Prot. VI, 209. Die Statuten können an dem im Texte genannten Grundsatze, der dem Gemeinwohle dient, nichts ändern (Rehbein 43). Wohl aber kann sich das einzelne Vorstandsmitglied, das den Verein vertritt, durch besondere Abrede gegen die strenge gesetzliche Haftung sichern (Dernburg, Das bürgerliche Recht, II, § 3, S. 15.

[2]) Die aktive wurde den Vereinigungen ohne Rechtsfähigkeit abgesprochen, weil sie nutzlos sei. Wenn z. B. ein solcher Verein ein Anerkenntniß seines Anspruches auf Auflassung eines Grundstücks erlangt hätte, so würde dies nicht vollstreckbar sein, weil er nicht in das Grundbuch eingetragen werden könne (so K.Prot. II, 458).

[3]) Eck, Vorträge 86, Zitelmann 69.

Drittes Kapitel.

Die Rechte.

I. Der Begriff der Rechte.[1])

1. Begriffsbestimmung.[2])

§ 45.

I. Die Stellung des Gesetzbuches zum Begriffe des Rechtes ist nicht hervorgehoben, sondern als bekannt vorausgesetzt. Sie muß daher dem Stande der Rechtslehre entnommen werden, unter dessen Einflusse es geschrieben ist. Der Wissenschaft sind insbesondere die Begriffe „Rechtsgut" und Rechte an eigener Person überlassen (Mot. 271). Deshalb enthält auch das Bürgerliche Gesetzbuch sehr wenig allgemeine Sätze über alle Rechte.

II. Die Begriffsmerkmale der Berechtigung.

Das Volk nennt alles Recht, was Jemand thun oder erwarten darf, ohne zwischen den durch Recht, Religion, Sitte und Gewissen gewährten Befugnissen zu unterscheiden.

Die Rechtslehre aber versteht in der Regel unter Rechten nur solche Befugnisse, die das Gericht zu schützen berufen ist, mit anderen Worten die durch Rechtssatz gegebenen Befugnisse oder Vortheile.

Da die Macht des Rechtes lediglich in einem Einflusse auf das menschliche Verhalten besteht (s. oben § 2), so kann auch der durch Rechtssatz geschützte oder gewährte Vortheil nur ein Einfluß auf das Verhalten eines oder mehrerer Mitmenschen sein. Die Berechtigung im weiteren Sinne des Wortes ist daher ein durch Rechtssatz gewährter, nach Zeit, Raum und Inhalt bestimmbarer Einfluß auf das Verhalten eines oder mehrerer Mitmenschen.[3])

Zu jeder solchen Berechtigung im weiteren Sinne gehört 1. ein Rechtsgenosse (Berechtigter), 2. ein Rechtssatz, der bedingungsweise Vortheile in Aussicht stellt (einen Rechtsinhalt gewährt), 3. ein Thatbestand, der zu Gunsten des Berechtigten jene Bedingungen erfüllt, und 4. ein Gegenstand der Außenwelt (ein Mensch oder eine Sache

---

[1]) Dernburg 84 ff., Regelsberger 74 ff., 212 ff.

[2]) Ueber die Bedeutung dieses Begriffes für die Systematik s. oben S. 58, s. auch oben § 28, S. 69.

[3]) Vgl. Cosack 51, 124.

oder eine Mehrheit von Menschen oder Sachen), an dem sich die Ausübung des Rechtes thatsächlich innerhalb der Außenwelt vollziehen kann.

Diese vier Elemente gehören der Außenwelt an, in ihrer Zusammenfassung besteht die Vorstellung vom Dasein eines Rechtes. Das Recht ist daher weder ein bloßer Gedanke, „nur in der Vorstellung bestehend", Mot. III, 32, noch auch, wie behauptet worden ist, ein „Wille", sondern ein der Außenwelt angehöriger Thatbestand, der aus den genannten vier Elementen zusammengesetzt ist.[1])

Im Uebrigen unterscheidet man neuerdings die Aussicht auf Schutz der bloßen „Rechtsgüter",[2]) z. B. des Lebens, der Freiheit, der Ehre von den eigentlichen Rechten dadurch, daß die bloßen Rechtsgüter von der Natur verliehen und vom Rechte nur geschützt sind, während die wahren Rechte von der Rechtsordnung verliehen werden.

Berechtigung im gewöhnlichen Sinne ist daher ein von einem Rechtssatz verliehener Vortheil, gesichert durch einen Einfluß auf fremdes Verhalten.

Die üblichen Definitionen sind zu weit, weil sie das Erkennungsmerkmal des Rechtes, den gewährten Einfluß, verschweigen. Der nach seiner Beschaffenheit bestimmte Einfluß auf ein fremdes Verhalten ist das Mittel, durch welches die Rechtsordnung das Recht als Gegenstand der „Willensmacht" oder des „Wollendürfens" (Windscheid, Pandekten I, § 37), gewährt, das Interesse des Berechtigten schützt (Ihering, Geist des röm. Rechtes III, §§ 60, 61), und ihm einen „Antheil an den Lebensgütern" giebt (Dernburg, Pandekten I, § 39). Ohne ihn ist weder die „Willensmacht" noch „das geschützte Interesse" noch ein „Antheil an den Lebensgütern" ein Recht.

Unhaltbar ist Mot. 273: „Das Privatrecht ist das Gebiet der subjektiven Rechte, des individuellen Interesses", da es auch im öffentlichen Rechte subjektive Rechte giebt, vgl. Jellinek, System der subjektiven öffentlichen Rechte, Freiburg, 1892.

III. Inhalt und Gegenstand der Rechte.

Der Inhalt eines Rechtes ist der Vortheil, den es giebt, der Gegenstand ist ein Stück der Außenwelt, an dem der im Rechte

---

1) Auch das Volk erachtet z. B. eine Hypothek, von deren Zinsen eine Familie lebt, für einen nicht blos gedachten oder blos psychologischen Thatbestand.

2) Jedes Recht ist auch ein Rechtsgut, nicht aber umgekehrt.

enthaltene Vortheil gewährt werden soll, d. h. also etwas, was dem Rechte vortheilbringend gegenübersteht, somit in seinem Schicksale dauernd von diesem Rechte beeinflußt wird.[1]) In einem andern Sinne bezeichnet man auch in Juristenkreisen (nicht in der Volkssprache) den vom Rechte gebundenen Willen der Mitmenschen als Gegenstand.

Die Juristen pflegen auch vorübergehende Handlungen, z. B. eine Schuldbezahlung als Gegenstand eines Rechtes zu bezeichnen, während die Redeweise des Volkes unter Gegenständen eines Rechtes nur dauernde (Stand haltende) Dinge versteht, nicht aber vorüberfliegende Ereignisse, und also bei Forderungen auf eine einmalige Leistung wohl von einem Inhalte, nicht aber gern von einem Gegenstande des Rechtes spricht.

Das Bürgerliche Gesetzbuch zwingt nicht dazu, in diesem Punkte von der Ausdrucksweise des Volkes abzuweichen.

Vortheilbringende Gegenstände sind vornehmlich die körperlichen Sachen. Da jedoch auch ein Recht einem andern als dem Berechtigten dauernde Vortheile gewähren kann, z. B. dem Pfandgläubiger, dem es verpfändet wird, so ist es durchaus folgerichtig, von einem Rechte an einem Rechte zu reden. So auch das Bürgerliche Gesetzbuch (1068 ff., 1273 ff.). Es ist dies ohne Grund oft bestritten worden, weil man die Bedeutung des Wörtchens „an" in dieser Wendung mißverstand und im Rechtsgegenstande einen Berührungsgegenstand sah,[2]) nicht einen in seinen Schicksalen betroffenen Gegenstand.

IV. Rechtsnachfolge ist in der Redeweise des Volkes jeder Eintritt in die Lage eines Berechtigten, z. B. auch der Eintritt des Nacherben in die Lage des Vorerben. In dem Bürgerlichen Gesetzbuch (Mot. 271) soll jedoch dieses Wort nur eine solche Nachfolge dieser Art bezeichnen, bei der der später Berechtigte sein Recht von dem Vorgänger ableitet, also z. B. nicht die Nacherbfolge.

Dieser engere Sprachgebrauch ist namentlich bei der Neugestaltung der Civilprozeßordnung berücksichtigt worden (C.P.O. §§ 325 ff.).

V. Das Recht an der eigenen Person muß von der Wissen-

---

[1]) Die gemeine Redeweise pflegt beides (Inhalt und Gegenstand) kaum zu unterscheiden.

[2]) Die servitutes prohibendi erweisen die Unrichtigkeit dieses Mißverständnisses. Der Rechtsgegenstand wird hier von dem Berechtigten nicht berührt, wohl aber in seinem Schicksale beeinflußt.

schaft für den engeren Begriff des Rechtes, der die bloßen Rechtsgüter ausschließt, abgelehnt werden, da die Herrschaft des Menschen über sich selbst ein Geschenk der Natur ist, das die Rechtsordnung nur schützt, aber nicht gewährt.

Fraglich ist die Rechtslage abgetrennter Körpertheile, abgeschnittener Haare, ausgezogener Zähne und dergl. Nach dem Wortlaute des § 58 fallen sie als herrenlose Sache dem Erbeutenden zu. Da es jedoch undenkbar ist, daß ein wohlmeinender Gesetzgeber solche Sachen als freie Beute erklären wolle, so ist die Vorschrift einschränkend auszulegen und eine solche Aneignung als unzulässig anzusehen.

Diese Einschränkung würde aber ein Schlag in's Wasser sein, wenn das Recht nicht das Eigenthum an solchen Sachen dem zuspräche, dessen Körpertheil sie früher waren; darum muß auch diese Folgerung gezogen werden.[1])

Die für die Anatomieen wichtigen Verfügungen über Leichen müssen aus dem Gesichtspunkte des öffentlichen Rechtes beurtheilt werden. Das bürgerliche Recht giebt dazu keinen Anhaltspunkt.

VI. Subjektlose Rechte sind auch für das neue Gesetzbuch behauptet worden.[2]) Da aber jedes Recht den Vortheil eines Berechtigten darstellt, so ist das subjektlose Recht ebenso unmöglich, wie eine Verlobung ohne Braut und ein Mord ohne Todesfall.

Dabei soll nicht verkannt werden, daß dieser in sich widerspruchsvolle Begriff gerade auf hervorragende Juristen eine besonders starke, geheimnißvolle Anziehungskraft ausübt.

2. Die Ausübung der Rechte.[3])

§ 46.

I. Unter Ausübung eines Rechtes (Mot. 273 ff.) versteht man die Aneignung des Vortheils, der in der Form der Berechtigung gewährt ist. Sie besteht einerseits in der Geltendmachung des Einflusses auf die Mitmenschen, den die Berechtigung giebt, z. B. die gerichtliche Beitreibung oder die Entgegennahme der Dienste eines Arbeiters, und andererseits in einem Verhalten gegenüber einer Sache, das ohne jenes Recht nicht erlaubt sein würde, z. B. im Besitze einer Sache seitens des Eigenthümers oder Nießbrauchers, in der Fruchtziehung von Seiten des Pächters u. s. w.

---

1) Vgl. Hölder 206.

2) Hachenburg 68, 70, Eck, Vortr. 88. Dagegen Kuhlenbeck 179.

3) Dernburg 88 ff., Regelsberger 228 ff.

Auch im Unterlassen von Seiten dessen, der durch ein besonderes Recht von einer Pflichterfüllung entbunden ist, kann eine Rechtsausübung liegen, endlich in der Vornahme eines Rechtsgeschäftes über ein Recht.

II. Die Schranken der Ausübung.

Die Ausübungsmöglichkeit unterliegt nur insofern Schranken, als solche besonders aufgestellt sind. Dies ist theils für einzelne Rechte, z. B. das Eigenthum geschehen, theils allgemein durch das Chikaneverbot des § 226: „Die Ausübung eines Rechtes ist unzulässig, wenn sie nur den Zweck haben kann, einem Andern Schaden zuzufügen."

Anders um „mißliche Prozesse" zu vermeiden, die erste Lesung (vgl. Mot. 274), die der richtigen Meinung nach nicht dem römischen Rechte und jedenfalls nicht dem preußischen Rechte entsprach.

Die exceptio doli generalis wurde zunächst auch von der zweiten Kommission (K.Prot. I, 248) zugleich mit dem Chikaneverbote verworfen, um die Grenze zwischen Recht und Moral zu wahren.

Schließlich drang das Verbot doch in der Reichstags-Kommission mit geringer Mehrheit durch, s. Mugdan, Materialien 973.[1])

Zur Kennzeichnung dieses Verbotes reden die K.Prot. I, 239 von der Rechtsausübung, die „ohne eigenes Interesse des Berechtigten lediglich zur Kränkung eines Dritten erfolgt." Richtiger wäre „aus keinem anderen Interesse". Denn auch die Befriedigung der Schadenfreude ist in gewissem Sinne ein Interesse, da dieses Wort in einer weiteren Bedeutung nicht blos den berechtigten Wunsch, sondern jeden Wunsch bezeichnet.

Das Chikaneverbot betrifft jedenfalls nicht das volle Gebiet der unsittlichen und der den guten Sitten widerstreitenden Rechtsausübungen (K.Prot. I, 242) namentlich also z. B. nicht hartherzige Schuldbeitreibungen und dergl.[2])

III. Kollision der Rechte nennt man das Zusammentreffen solcher Berechtigungen verschiedener Personen, die nicht zugleich ausgeübt werden können (Mot. 275 ff.). So z. B., wenn zwei Käufer sich von zwei verschiedenen Bevollmächtigten des Verkäufers dieselbe Sache nach §§ 930, 931 haben übereignen lassen, ohne daß feststeht, wer zuerst einen Vertrag abgeschlossen hat. Sie kann auch darauf beruhen, daß zwei Rechtssätze sich widersprechen (z. B. aus Versehen

[1]) Vgl. hierzu von Jacubezky, in den Beiträgen zur Erläut. des Deutsch. Rechts, Bd. 40, S. 591.

[2]) Sehr gering veranschlagt seine Bedeutung für Schuldverhältnisse Enneccerus 320.

zwei Personen widerstreitende Privilegien erhalten haben) oder aus einer unklaren Sachlage hervorgehen (wie in dem angegebenen Beispiele). Hier ist zu unterscheiden.

a) Es können kollisionslösende Rechtssätze vorliegen. Wo dies der Fall ist, liegt überhaupt keine Kollision der Rechte, sondern nur der Parteiwünsche vor. Berechtigt ist hier nur, wen das Recht vorzieht. So z. B. hinsichtlich der sog. Kollision eines dinglichen Rechtes und einer Forderung (Vermiethung einer mit einem Nießbrauche belasteten Sache). Hier ist die Forderung unerfüllbar, wenn auch keineswegs ungültig. Mot. 275 sprechen dabei von einem Gebote der „Rechtslogik.“ Man sollte aber den Gedanken einer von der allgemeinen Logik verschiedenen Rechtslogik auch hier fallen lassen. Nicht die Logik entscheidet solche Fragen, sondern die Rechtsvorschrift.

Die Kollisionslösung kann aber auch nicht blos in der Bevorzugung des einen Rechtes vor dem andern liegen, sondern auch in einer gegenseitigen Beschränkung der Rechte (z. B. bei Konkursforderungen durch Theilung der Masse). Die Bevorzugung kann ferner von der Entstehungszeit der Rechte abhängen, wobei sie, wie die Pfandrechte, hinter einander stehen sollen, oder, wie bei mehreren Cessionen desselben Anspruches, nur das frühere Geschäft gilt. Sie kann auch von einem privilegirten Inhalte des einen der Rechte abhängig sein, oder endlich von einer Entscheidung durch das Loos, die das Bürgerliche Gesetzbuch nicht erwähnt.[1]) Es kann auch einem von mehreren Prätendenten das Recht gegeben sein, dem andern zuvorzukommen (sog. Prävention). So z. B. bei Gesammtgläubigerschaften (428).

b) Wo kollisionslösende Rechtssätze fehlen, da heben die widersprechenden Befugnisse sich gegenseitig auf, da jedes das Dasein des andern hindert. Der thatsächliche Besitzstand wird dann den Ausschlag geben, so daß hier die Prävention den Ausschlag giebt. So, wenn jemand eine Nachlaßmasse an sich nimmt, von der es zweifelhaft ist und nicht aufgeklärt werden kann, wem sie eigentlich gehört.

Das Bürgerliche Gesetzbuch kennt keine allgemeinen Vorschriften über Kollisionen, wohl aber Bestimmungen über einzelne Fälle, z. B. 876, 1024, 1060, vgl. auch oben über die Kollisionen bei Kommorienten S. 77 ff. Wo diese nicht ausreichen, da müssen auch für sein Gebiet die widersprechenden Befugnisse sich gegenseitig aufheben.

---

[1]) Inst. II, 20 § 23, Dig. V, 1, 14, X, 2, 5, XL, 5, 24, 17.

II. Die Beziehungen der Rechte zum Raume und zur Zeit.

1. Die rechtliche Zergliederung der Außenwelt.

a) Körperliche und unkörperliche Vermögensstücke.

§ 47.

I. Der Begriff des Vermögens dient im Bürgerlichen Gesetzbuch zwar nicht als Gesammtname des Forderungs-, Sachen- und Erbrechts im Gegensatze zum Familienrechte. Wohl aber setzt es „Vermögen" mehrfach als bekannten Begriff voraus und zwar als Inbegriff einer Mehrheit von Privatrechten, die nicht Familienrechte sind.[1])

Rein etymologisch betrachtet, bezeichnet Vermögen so viel wie Macht und könnte auch die Familienrechte umfassen, wenn nicht ein fester Sprachgebrauch es auf Nichtfamilienrechte beschränkte. Dieser hat sich offenbar an den römischen Ausdruck bona angelehnt[1]) welcher gleichfalls auf alle Glücksgüter hindeutet (beant, i. e. beatos faciunt), zu denen auch Familienrechte gehören, jedoch in den Rechtsquellen grundsätzlich auf Privatrechte, die nicht Familienrechte sind, beschränkt ist (z. B. bonorum possessio, venditio sectio und dergl.).[3])

Die Bedeutung des Wortes Vermögen tritt aber als eine dreifache im Gebiete des Bürgerlichen Gesetzbuches ebenso hervor, wie im bisherigen Rechte.

1. In der Regel bezeichnet es einen Inbegriff von Privatrechten, die außerhalb der Familienbeziehungen stehen, nebst den Schulden, für die er haftet. So heißt das Vermögen des Verstorbenen Erbschaft (1922). Ebenso das Vereinsvermögen (45 ff.) und das Gesellschaftsvermögen (719 ff.).

2. Vermögen bedeutet zuweilen den Geldwerth eines bestimmten Vermögens (bona deducto aere alieno). In diesem Sinne meint man auch bei uns im Verkehrsleben, wenn man jemanden z. B. ein Vermögen von einer bestimmten Geldsumme zuspricht, die bona de-

---

[1]) 311, 330, 419, 1693, 1638 ff., 1670, 1802.

[2]) Vgl. des Verfassers Artikel bona in Pauly-Wissowa, Real-Encyklopädie der klassischen Alterthumswissenschaft.

[3]) In den 12 Tafeln: proximus agnatus familiam habeto bedeutet familia noch die Nichtfamilie. So wandeln sich im Laufe der Zeiten die Bedeutungen der Wörter!

ducto aere alieno (wobei die nicht in Geld abschätzbaren Vermögensstücke natürlich außer Ansatz bleiben).

Der Gesammtwerth eines Vermögens wird daher aus den einzelnen Vermögensstücken von Geldwerth berechnet.

Das Vermögensstück von Geldwerth ist aber ein engerer Begriff als das Privatrecht. Es ist ein Recht, das unter alle solche Vorschriften fällt, die über ganze Vermögensmassen erlassen sind, insoweit dabei, wie z. B. bei der Berechnung der Erbschaftssteuer, der Geldwerth der betroffenen Rechte von Bedeutung ist. Nur diese Werthstücke kommen aber bei allen solchen Rechtssätzen in Betracht, die auf den Werth der einzelnen Rechte abzielen, namentlich den Vorschriften über Verpfändung und Auspfändung.

Es giebt also Privatrechte, die keinen besonderen Geldwerth haben, und zwar nicht nur die Familienrechte, die Statusrechte und die bloßen Verfügungsrechte (z. B. Anfechtungsrechte), bei denen sich dies von selber versteht, sondern auch gewisse Immaterialgüterrechte (z. B. das Namensrecht), aber auch Forderungen auf Leistungen ohne Geldwerth, also Vermögensstücke, die nicht in Geld veranschlagt werden können (daher auch nicht zum Nationalvermögen gerechnet werden).

Werth ist die Fähigkeit, einen Wunsch zu erwecken, Geld das rechtlich anerkannte allgemeine Tauschmittel,[1]) Geldwerth also ein Geldbetrag, der denselben Wunsch erregt wie der abgeschätzte Gegenstand. Nicht alle Wünsche sind jedoch mit der baaren Münze commensurabel.

Namentlich kennt das Bürgerliche Gesetzbuch Forderungen, deren Inhalt keinen Geldwerth hat (241), die sich also nicht in Geld abschätzen lassen (z. B. der Anspruch darauf, daß ärztlich verordneter Nachmittagsschlaf nicht durch Klavierspiel gestört werde u. dergl.). Auch solche Rechte sind schließlich Vermögensrechte (wenn auch keine Vermögensstücke mit Geldwerth), da man sie nicht zu einer andern Klasse des Privatrechts zählen kann.

Die Identifizirung von Vermögenswerth (d. h. Werth eines Vermögensrechtes) und Geldwerth ist also im Bürgerlichen Gesetzbuch vermieden, während sie bekanntlich das Recht der römischen Pandektenjuristen mit seiner pecuniaria condemnatio beherrschte.

Wir müssen also die Vermögensrechte mit und ohne Geldwerth unterscheiden. Nur so ist der Widerspruch zu lösen, der da-

[1]) Die nähere Ausführung der Lehre mag dem Rechte der Schuldverhältnisse überlassen bleiben, vgl. Dernburg, Das bürgerliche Recht, II, 81 ff., Cosack 185 ff.

durch entsteht, daß man vielfach einerseits den Geldwerth als das Kennzeichen des Vermögensstückes hinstellt und andererseits Forderungen (also Vermögensstücke) ohne Geldwerth anerkennt. Es kann hier nur durch die Ausscheidung des engeren Begriffes „Vermögensstück mit Geldwerth" aus dem weiteren Begriffe des Vermögensrechts oder Vermögensstückes geholfen werden.

3. Zuweilen bezeichnet Vermögen neben den bereits erwähnten beiden Bedeutungen soviel wie einen Inbegriff von Vermögensstücken (ohne Abrechnung der darauf lastenden Schulden), so bei dem elterlichen Nießbrauch am Kindervermögen, der zwar durch die Schulden beeinträchtigt wird, aber diese Schulden selbst nicht zum Gegenstande hat, die Aktiva dieses Vermögens.

Daher ist auch bei dem sonstigen Nießbrauche an einem Vermögen (1085 ff.) unter Vermögen der Inbegriff der Aktiva (Werthstücke) des Vermögens zu sehen.

Das Bürgerliche Gesetzbuch redet hier mit Vorliebe von einem „Gute". Das Wort Gut bezeichnet zunächst alles, was einen vernünftigen Wunsch zu befriedigen vermag, daher der Ausdruck vielfach (z. B. in dem Ausdrucke „Landgut") einzelne Stücke betrifft. Daneben bedeutet im Bürgerlichen Gesetzbuch „Gut" mehrfach soviel wie ein Inbegriff von Vermögensstücken, namentlich als „eingebrachtes Gut" und als „Gesammtgut".

In diesem Sinne sind also Vermögen und Gut identisch, zumal die Rechtssprache die Verwendung des Wortes „Gut" als Name für die Beziehungen zu Familienangehörigen vermeidet und höchstens eine dichterische Redeweise des Volkes auch die Familienangehörigen zu den Gütern zählt.

II. Die rechtliche Zergliederung der Herrschaftskreise.[1]) Im naturwissenschaftlichen Sinne ist das Weltall eine einzige Sache. Die Rechtsordnung zerlegt diese Sache, so weit sie sie beherrscht, durch Grenzflächen, die blos gedacht sind, wie sich dies namentlich bei Grundstücken zeigt.[2]) Diese gedachten Grenzflächen sind Vermögensgrenzen und was von ihnen umschlossen wird, bildet eine einheitliche Sache, das sichtbare Vermögensgebiet.

In diesem Vermögensgebiete unterscheiden wir wiederum einzelne

---

[1]) Vgl. Kuhlenbeck 263 ff., v. d. Pfordten 81 ff.

[2]) Schon der Name „Grundstück" deutet nach Hölder 205 darauf hin, daß sie nur Stücke eines größeren Ganzen sind.

Stücke. Ein physikalischer Zusammenhang der Theile ist bei Grundstücken hierbei zunächst nicht nöthig, da auch der frei liegende Stein und das Sandkorn so lange Theile des Grundstücks bleiben, bis sie davon getrennt sind.

Bei den Grundstücken gestattet das Recht eine Veräußerung von Theilen durch eine rein mathematische Zerlegung.[1]) Bei dem beweglichen Vermögen erlaubt es dagegen die Veräußerung einzelner Stücke nicht nach mathematischen, sondern nach physikalischen Abgrenzungen, indem sie das Bewegliche dann für eine besondere Sache erklärt, wenn es nicht blos (wie ein Steinhaufen) durch die Schwerkraft, sondern durch eine andere Naturkraft zusammengehalten wird.

Darum heißt in der Welt der beweglichen Dinge alles „Sache", was in seinen Theilen durch andere Naturkräfte, als die bloße Schwere, in sich zusammengehalten wird.[2])

Eine blos wirthschaftliche Zusammengehörigkeit (z. B. bei dem Viergespanne) erzeugt nicht eine einheitliche Sache, sondern nur eine sog. universitas rerum distantium (s. unten).

III. Körperliche und unkörperliche Gegenstände des Vermögens.

Res bezeichnet im römischen Recht zuweilen soviel wie Vermögen (so z. B. in den Wendungen versio in rem, ex re patris und dergl.). Die deutsche Sprache gebraucht zwar, wie wir sahen, das Wort „Gut" in diesem Sinne, niemals aber das Wort Sache (90).

Aber auch die Beziehung des Wortes Sache auf bloße Thatsachen, also Ereignisse,[3]) hat sich nur in einzelnen Wendungen erhalten (z. B. Prozeßsache, Sache A. contra B., Sachwalter, Sachverständiger und dergl.), die meistens dem Prozeßrechte angehören.[4])

Eine engere Bedeutung beschränkte res auf Vermögensstücke. Man theilte hiernach die res in corporales und incorporales ein.

Res corporales sind die res quae tangi possunt, das sind die berührbaren Sachen.[5])

---

1) Das Bürgerliche Gesetzbuch und das gemeine Recht läßt jedoch nur eine vertikale, keine horizontale Theilung zu. Engelmann 82.

2) Vgl. Zitelmann 77.

3) Dig. L, 16, de verb. sign. fr. 23. Rei appellatione et causae . . . continentur. Vgl. auch das rebus et factis in Dig. I, 3, fr. 32 § 1.

4) Quanti ea res est heißt daher zuweilen der Werth einer Sachlage, nicht einer einzelnen Sache.

5) Schief ist der Ausdruck greifbar. Den Wein in einem Glase kann

Diese Betonung des Tastsinns beruht nicht blos auf der noch heute verbreiteten Ansicht, daß der Tastsinn sich minder leicht täuschen lasse, als das Gesicht und das Gehör, sondern vornehmlich auf der Erwägung, daß nur solche Dinge Herrschaftsgegenstände sein können, die nicht so, wie Wind und Welle dem, der sie festhalten will, unter den Händen zerrinnen. Wir werden daher als körperliche Sachen die sinnlich wahrnehmbaren Dinge ansehen dürfen, die kraft Rechtssatzes als besondere Herrschaftsgegenstände in Betracht kommen. Man bezeichnet sie oft als räumlich umschlossene Theile der Natur, obwohl doch auch die bloßen unabgetrennten Sachtheile räumlich (d. h. durch mathematische Flächen) umschlossen sind.

Vielmehr sind körperliche Sachen solche Stücke der Natur, die nach Rechtssatz der ausschließlichen Herrschaft Einzelner unterworfen werden können. Dahin gehören alle durch Grenzlinien abgetheilten Stücke des Erdbodens[1]) (III, 54), ferner die mit ihm fest verbundenen Stücke (superficies), außerdem alle beweglichen Sachen, auch die „losgerissenen Erdkörper" (Mot. III, 94). An blos mathematisch abgegrenzten Abtheilen einer in sich zusammenhängenden beweglichen Sache, z. B. eines Eisenbahnwaggons, ist ein Sondereigenthum ohne Abtrennungsrecht deshalb unmöglich, weil eine Fortbewegung dieser Theile durch verschiedene Herren nach verschiedenen Richtungen sie in Stücke reißen würde.[2]) Nur in Verbindung mit einem Abreißungsrechte (actio ad exhibendum) ist ein dingliches Recht an einem solchen Sachtheile möglich.

---

man nicht greifen, wohl aber in einem Gefäße festhalten. Die Verwechslung zwischen Festhalten und Greifen hat die neuere Jurisprudenz dazu bestimmt, der Elektrizität die Eigenschaft der Sache abzusprechen. Fischer-Henle zu 90, A. 2, stellt der Elektrizität die Dampf- und die Wasserkraft gleich. Auf räumlich umschlossene Flüssigkeiten oder Dämpfe bezieht sich dies jedenfalls nicht. Vgl. auch Endemann 226, Anm. 7 und Rehbein 77.

[1]) Mit Recht begründen die Mot. III, 45, die Verwerfung des Stockwerkseigenthums für das Reichsrecht aus der Unzuträglichkeit einer lange andauernden Vereinigung mehreren Haushaltungen unter einem Dache. Aus dem Sachbegriff allein ist sie nicht herzuleiten. Man kann sich sehr wohl Grenzflächen denken, die über dem Erdboden schweben. Nicht, weil die Stockwerke von Natur wesentliche Bestandtheile des Hauses sind, sind sie vom Sondereigenthume ausgeschlossen. Vielmehr macht das Recht sie zu solchen Bestandtheilen, weil es dies zweckmäßig findet. A.M. anscheinend Cosack 127.

[2]) Deshalb verwirft auch das B.G.B. das undurchführbare Sondereigenthum an der Frucht (A.L.R. I, 9, § 221) Mot. III, 47, das bei Thieren im Mutterleibe keinen Inhalt hat.

Genau so, wie Person im weiteren Sinne den zur Rechtsfähigkeit Geeigneten bezeichnet, im engeren aber nur den wirklich Rechtsfähigen, so bezeichnet res im weiteren Sinne Alles, was Rechtsgegenstand sein kann (also auch z. B. die Wasserwelle, die man in ein Gefäß zu bringen und dadurch zum Eigenthumsgegenstande zu machen im Stande ist), und daneben im engern Sinne diejenige res, die bereits zum Eigenthumsgegenstande gemacht worden ist.[1])

Neben diesen res corporales stehen die res incorporales, das sind die nicht durch eine thierische, körperliche Empfindung, sondern nur durch eine Denkthätigkeit erkennbaren und in Geld abschätzbaren Vermögensstücke, m. a. W. die als Ganzes nicht wahrnehmbaren Vermögensgegenstände, also die Rechte mit Ausnahme des Eigenthums, das, wenn es unbelastet ist, als Werthstück mit der Sache identisch ist (Sachwerth = Eigenthumswerth). Man könnte sie daher auch übersinnliche Vermögensstücke nennen.[2])

Im Uebrigen ist der Werth der Sache mit dem Werthe des belasteten Eigenthums keineswegs identisch.

Die Werthsgleichheit der unbelasteten Sache und des Eigenthums verleitet vielfach die Juristen zu einer Verwechselung des Eigenthums der Sache, die der Denkweise des Volkes fremdartig ist.[3]) So z. B. bezeichnet das Bürgerliche Gesetzbuch Miteigenthumsantheile als Bruchtheile der Sache (statt als Bruchtheile des Eigenthumes an ihr), was der Redeweise des Volkes in hohem Maße widerstreitet (1095, 1106, 1114).

Ebenso sollen nach 96 Rechte, die mit dem Eigenthume an einem Grundstücke verbunden sind, als Bestandtheile des Grundstückes gelten, statt als Bestandtheile eines gesteigerten Grundstückseigenthums. Außenwelt und Innenwelt werden hier in phantastischer Weise durcheinandergemischt.

Es ist dies um so auffallender, als das Bürgerliche Gesetzbuch grundsätzlich das Wort Sache nicht mehr auf Rechte verwenden will,

---

[1]) Vgl. hierzu Matthiaß 127. Die sog. res extra commercium sind nur gelegentlich erwähnt, vgl. Weyl 209, Rehbein 74 ff.

[2]) Vgl. hierzu Hölder 205.

[3]) Fischer, Handausgabe zu § 90 Anm. 2 tadelt überhaupt den Gegensatz von Sachen und Rechten (99, 433, 1068, 1273) als „irreführend und der Logik nicht entsprechend". In der That hat er nur einen Sinn (wenigstens in der römischen Bedeutung), wenn man dabei die Rechte ohne Geldwerth außer Spiel läßt; denn der Geldwerth ist das tertium corporationis der Eintheilung in res corporales und incorporales.

sondern nur noch auf körperliche Gegenstände (90, Mot. III, 33). Der weitere Begriff der res, der die res incorporales mitumfaßt, ist hiernach in Zukunft mit (Vermögens-) Gegenstand zu verdeutschen. Der „Gegenstand" des Bürgerlichen Gesetzbuchs zerfällt wie die römische res in res corporales (= Sachen) und res incorporales (= unkörperliche Gegenstände).

Der letztere Begriff, der alle Vermögensstücke mit Ausnahme der Sachen (und des Eigenthums an ihnen) umfaßt, ist namentlich im Vermächtnißrechte verwerthet, vgl. §§ 2165, 2170, 2173.

Unrömisch ist die Windscheid'sche Definition der unkörperlichen Sachen,[1]) die zu ihnen Gesammtsachen und Erfindungen und dergl. zählt.[2]) Diese Dinge sind keine Vermögensstücke und daher auch keine „Gegenstände" des Vermächtnißrechtes in der Redeweise des Bürgerlichen Gesetzbuchs. Die letztere ist eine technische und weicht von der Sprache des Volkes ab, das unter „Gegenstand" jedes beliebige wirkliche oder gedachte Ding versteht, nicht blos ein solches, das einer letztwilligen Verfügung oder einer andern rechtlichen Gleichstellung mit körperlichen Sachen zu unterliegen vermag.

Daß der „Gegenstand" einen Geldwerth haben müsse, ist nirgends gesagt, insofern reicht dieser Begriff noch weiter als die römische Zusammenfassung der res corporales und incorporales zu einem gemeinsamen Begriffe.

Obwohl daher bei uns die römische Eintheilung der res in corporales und incorporales insofern unpassend geworden ist, als wir auch Vermögensrechte ohne Geldwerth haben, so ist sie schließlich doch beibehalten, da auch das Bürgerliche Gesetzbuch neben dem Begriff „Sache" (= res corporalis) den weiteren Begriff (Vermögens-) Gegenstand kennt, der auch Rechte umfaßt, und den Parallelismus, der zwischen den Beziehungen zu Sachen und zu Rechten besteht, in seiner Redeweise mehrfach anerkennt.[3])

---

[1]) Pand. I, § 187.

[2]) Nicht zu verwechseln mit dem Autorrecht, das allerdings ein Vermögensstück, also ein unkörperlicher „Gegenstand" in der Redeweise des B.G.B. ist.

[3]) Für das Landesrecht, das neben dem Bürgerlichen Gesetzbuch gilt z. B. das Bergwerksrecht, das die Kure den Sachen zuzählt, bleibt der frühere weitere Sachbegriff auch in Zukunft maßgebend; Rehbein 76. Dies gilt namentlich auch von den sog. unbeweglichen Rechten, die das Bürgerliche Gesetzbuch nicht kennt.

b) Rechtlich wichtige Beziehungen unter körperlichen Sachen.

α) Beziehungen, die den Sachen und Rechten gemeinsam sind.

αα) Zusammenhänge unter den Vermögensstücken.

§ 48.

I. Uebersicht. Wie die juristischen Personen den Menschen ähnlich sind und in ähnlicher Weise behandelt werden, so sind auch die Rechte in einen gewissen Parallelismus zu den tastbaren Sachen gestellt (99, 433, 1068, 1273).[1]) Infolgedessen werden natürliche Eigenschaften oder Beziehungen, die an diesen letzteren haften, begrifflich so verallgemeinert, daß man sie auch auf Rechte anwenden kann. Es wird dadurch die Möglichkeit gewonnen, Rechtssätze, die für sinnlich wahrnehmbare Sachen bestimmt sind, mit den entsprechenden Sätzen für unkörperliche Vermögensstücke zusammenzufassen. Hierher gehören die Begriffe der Zerlegbarkeit in Bestandtheile, der Theilbarkeit, und der Zusammenfassung zu einem Inbegriffe, aber auch die Begriffe der Frucht und der Belastung (§ 49).[2])

II. Bestandtheil einer Sache ist ein unabgetrenntes Stück von ihr, das nicht, wie die völlig abgetheilte Grundstücksfläche, als besondere Sache gilt.

Nach der Vorschrift des Rechtes können also Bestandtheile einer von Natur noch unzerlegten Sache nur durch ihre Zerspaltung in mehrere Sachen zum Gegenstande besonderer Rechte werden. Die juristische Zerlegung der Grundstücke geschieht dabei durch bloße Abtheilung mit Grenzlinien an der Oberfläche. Die Ueberschreibung einer Fläche auf ein bestimmtes Blatt steht im Grundbuchrechte der Abgrenzung gleich.[3]) Vgl. hierzu § 5 Reichs-Grundbuchordnung: „Ein Grundstück soll nur dann einem andern Grundstücke als Bestandtheil zugeschrieben oder mit ihm vereinigt werden, wenn hiervon Verwirrung nicht zu besorgen ist."

Bei beweglichen Sachen wird nur eine körperliche Loslösung als juristische Zerlegung anerkannt (s. oben S. 155).

Die völlige Unterwerfung des Bestandtheils unter das Recht der ganzen Sache gilt jedoch nur für natürliche noch unabgetrennte

---

[1]) Dagegen Fischer, Handausgabe, Anm. 2 zu § 90.

[2]) Der Substanzbegriff des preußischen Rechtes A.L.R. I, 2 § 4. I, 20, vgl. auch Dig. VII, 1 fr. 1 ist dem B.G.B. fremd.

[3]) Matthiaß 129.

Bestandtheile, d. h. solche, die noch niemals von der Hauptsache losgelöst waren.[1]) So können z. B. Zweige eines Baumes oder Steine eines Steinbruches vom Herren des Ganzen nicht in das Eigenthum eines andern übertragen werden, ehe sie losgelöst sind. So wenigstens das bisherige Recht.[2])

Es folgt dies schon daraus, daß es keine Geschäftsform giebt, in der ein von Natur unabgetrenntes Stück einer Sache einem andern Rechte unterworfen werden könnte, als dem Ueberreste.[3])

Anders bei den zusammengesetzten Sachen (sog. universitates rerum cohaerentium).[4]) Bei ihnen können die Stücke vor der Verbindung verschiedenen Berechtigten gehört haben und unter Umständen auch gehörig bleiben.

Das Gesetzbuch unterscheidet dabei bei den künstlichen, d. h. später mit dem übrigen Körper der Sache verbundenen Bestandtheilen zwei Arten: wesentliche und unwesentliche in Anlehnung an die bisher übliche Sonderung der (juristisch) untrennbaren Verbindung von der trennbaren.

Ein wesentlicher Bestandtheil ist ein solcher, für den es wesentlich ist, daß er Bestandtheil bleibt, weil seine Abtrennung das Wesen oder den Werth der Trennstücke verändern würde (93). Unter dem Wesen ist hier das nach der allgemeinen Verkehrsanschauung Wesentliche zu verstehen, also diejenigen Eigenschaften, durch welche die Sache nützlich ist. (Mot. III, 41.) Der wesentliche Bestandtheil ist hiernach der, dessen Ablösung eine wesentliche Veränderung mit sich bringt, die „den volkswirthschaftlichen Interessen zuwiderläuft."[5]) Der

---

1) So richtig Fischer-Henle Anm. 1 zu 93.

2) 93 erweckt freilich Zweifel, da er natürliche und zusammengesetzte Ganze nicht ausdrücklich unterscheidet.

3) Vgl. aber auch Cosack 129. Ein constitutum possessorium (930) an einem körperlich unabgetrennten Stücke eines Naturganzen, z. B. der Wolle, die an dem Schafe hängt, wäre ja nicht von vornherein undenkbar. Da man aber ein solches Stück bisher niemals „Sache" genannt hat, so darf man nicht annehmen, daß das Bürgerliche Gesetzbuch anders redet. Weil jedoch ein constitutum possessorium nur bei „Sachen" zugelassen ist, so ist es bei bloßen Sachtheilen eben nicht zugelassen. Dazu kommt der Zweck des Traditionsgebotes, das einer Verwirrung der Eigenthumsverhältnisse steuert. Eine solche wäre aber bei den erwähnten Theilveräußerungen zu befürchten.

4) Man spricht hier von Gesammtsachen im Gegensatze zu den Sachgesammtheiten (universitates rerum distantium), vgl. z. B. Hölder 212.

5) Dies gilt nicht von der Pfändung der Früchte auf dem Halme (§ 810 C.P.O.,

Ausdruck „wesentlich“ soll der Kürze und Einfachheit (!) wegen gewählt sein.

Das Gesetzbuch weicht hier von der Redeweise des Volkes ab, das unter wesentlichen Bestandtheilen einer Sache und eines Geschäfts solche versteht, auf deren Dasein besonderes Gewicht gelegt wird.[1]) Es erklärt sich dies daraus, daß eigentlich nicht die wesentlichen Bestandtheile selbst wesentlich sind, sondern ihr Zusammenhang mit dem Ganzen, oder m. a. W. ihre Bestandtheilseigenschaft es ist.[2]) Durch einen Gedankensprung hat man also die Wesentlichkeit von dem Zusammenhange auf das Zusammenhängende übertragen.[3])

An diesen wesentlichen Bestandtheilen darf kein besonderes (dingliches) Recht bestehen,[4]) d. h. also weder bestellt werden, noch fortdauern, wenn sie aus selbständigen Sachen zu wesentlichen Bestandtheilen werden.[5]) Eine Forderung auf ihre Ablösung ist dagegen möglich (z. B. Kauf eines Hauses auf Abbruch, oder Verkauf der Früchte auf dem Halme).[6]) Hieraus geht hervor, daß die Rechts-

---

Cosack 126); daher diese gestattet ist. Anders die vertragsmäßige Verpfändung, vgl. Cohn 50: „Stehende Frucht verpfändet kein Vertrag.

[1]) Daß dies hinsichtlich der Brennesseln eines Rittergutes nicht der Fall ist, hat Eck hervorgehoben (Sammlung von Vorträgen über das Bürgerliche Gesetzbuch. Berlin 1896. §§ 4, 26). Fischer-Henle, Anm. 1 zu 93, bezeichnet den unwesentlichen Theil im Sinne dieser Vorschrift als „unselbständigen“.

[2]) Richtig bemerkt Enneccerus 110: „Sie sind ihrem Wesen nach nur Theil.“ Aehnlich Hölder 210. Vgl. hierzu auch Neumann 38 zu 93: „Entscheidend ist die Integrität der Bestandtheile, nicht des Ganzen.“ Darin liegt insbesondere eine Abweichung vom preuß. L.R. Riedel 273.

[3]) Derartige ungenaue Verschiebungen von Beiwörtern kommen auch sonst vor. Man denke an die weiblichen Rechtswohlthaten, vgl. hierzu auch Planck zu 93 Anm. 1. Eck, Vorträge 105 und Beispiele daselbst 100.

[4]) Ein Wiederaufleben des von der Verbindung vorhanden gewesenen Eigenthums bei späterer Trennung (so nach röm. Recht) ist dem Bürgerlichen Gesetzbuch fremd. Mot. 44.

[5]) Beruht hiernach der Eigenthumserwerb durch Verbindung auf der Scheu vor einem Werthverluste, den das Abreißen mit sich bringen würde, so wird man im Zweifel wohl auch diejenige von zwei untrennbar verbundenen beweglichen Sachen als die Hauptsache ansehen können (947), bei der die Trennung den größeren Werthverlust in Aussicht stellt. Es kann dies hier nicht näher ausgeführt werden. Der Gesetzestext bestimmt in dieser Hinsicht nichts (Weyl 211).

[6]) Natürlich mit Ausnahme der beiden Fälle, daß die Abtrennung völlig unmöglich ist oder der Abtrennungswunsch eine chikanöse Rechtsausübung in sich enthalten würde, weil das Abgetrennte doch nur in zerstörtem Zustande abgelöst werden kann (z. B. Abreißung eines festklebenden Anschlages). Die vom Rechte verbotene Zerreißung geht daher über die von der Natur versagte weit hinaus.

ordnung die schädliche Trennung nicht verbietet, sondern nur erschwert. Das Abtrennungsrecht soll vielmehr nur solchen Berechtigten gewährt werden können, die es aus einem Schuldverhältnisse herleiten, das sie für eine rücksichtslose Ausübung haftbar macht. Es darf aber nicht gleich einem dinglichen Rechte weiterübertragen und auch nicht gegen den Rechtsnachfolger des Besitzers der Hauptsache geltend gemacht werden.' Als besondern Zweck dieser Erschwerung des Abtrennungsrechtes heben die Mot. 43 auch noch hervor, daß, wer ein Recht an einem bebauten Grundstücke erwirbt, sich auf den Erwerb der wesentlichen Bestandtheile ganz sicher soll verlassen können.

Nicht blos um Zweifel abzuschneiden, sind gewisse Bestandtheile ausdrücklich als wesentlich gekennzeichnet: die Ergebnisse der sog. **inaedificatio implantatio** und **satio**. (Mot. III, 42). Bei ihnen wird das Wesen der Trennstücke durch die Loslösung nicht verändert, sondern nur gefährdet. Daher in diesen drei Fällen der Begriff des wesentlichen Bestandtheils erweitert ist und jeden in seinen Rechtsschicksalen an das Ganze gebundenen Theil bezeichnet. Das Aussäen genügt beim Samen, das Einpflanzen bei Pflanzen; organische Veränderungen des Eingesäeten und Eingepflanzten werden nicht dabei vorausgesetzt, namentlich nicht, daß sie Wurzeln geschlagen haben. Die Mot. III, 47 weisen hierzu auch auf die unverhältnißmäßigen Kosten der Aussonderung der Saat vom Boden hin. Nach bisherigem Rechte war dieser Punkt streitig. Auch der römische Satz, daß das **tignum aëdibus vineaeve junctum** eine untrennbare Verbindung herstelle, ist für Gebäude angenommen (94, 2) für Weinberge stillschweigend verworfen.[1])

Für die „zur Herstellung eines Gebäudes eingefügten Sachen" wird nämlich Festigkeit der Verbindung nicht vorausgesetzt. Sonst muß bei dem Eingebauten eine „feste Verbindung" vorliegen (94). Den Grad der verlangten Festigkeit bestimmt die Gefahr, den die Trennung der unveränderten Beschaffenheit des „Wesens" mit sich bringt und zwar wird man wohl eine bloße Beschädigungsgefahr für genügend ansehen, nicht aber verlangen, daß bei der Trennung ein

---

[1]) Ohne besondere Bestimmung kann man vom Weinpfahl nicht sagen, daß er nur mit Veränderung des Wesens und Werthes der Trennstücke vom Boden losgelöst werden könne. Der römische Unterschied zwischen den von den zwölf Tafeln bevorzugten Weinpfählen und den Bohnenstangen ist hiernach im Bürgerlichen Gesetzbuch beseitigt. A.M. Fischer-Henle, Anm. 2 zu 94.

Schaden sicher eintreten würde, weil auch die anderen Beispiele des 94 sich mit der bloßen Gefahr begnügen.

Die in 94 erwähnten Fälle enthalten aber nicht nur insofern eine Erweiterung des Begriffs der wesentlichen Bestandtheile, weil sie in gewissen Ausnahmefällen die bloße Gefährdung der Aenderung des Bestandtheils gleichstellen. Sie gewähren daneben auch gewissen bevorzugten Verbindungsformen (inaedificatio, satio, implantatio) einen Schutz gegen die Vernichtung ihrer Ergebnisse.[1]) Darum ist 94 in doppelter Hinsicht eine Ausnahmevorschrift, die eine erweiternde Auslegung nicht verträgt.

Dieser Ausdehnung des Begriffs des wesentlichen Bestandtheils stehen wichtige Einschränkungen gegenüber.

Sehr wichtige Ausnahmen von dem Umfange dieses Begriffes macht 95. Nach ihm sollen ein für alle Mal gewisse Bestandtheile, selbst wenn sie wesentliche sind, überhaupt nicht als Bestandtheile gelten. Es sind dies die zu vorübergehendem Zwecke mit einem Grundstücke,[2]) (wenn auch noch so fest) verbundenen oder in ein Gebäude eingefügten Sachen. K.Prot. VI, 119: „Wenn der Eigenthümer eines Gartens bei einer öffentlichen Festlichkeit ein Schaugerüst errichtet, so wird dieses nicht Bestandtheil des Grundstücks." Es ist dies für Einfügungen, die ein Miether im Garten und Hause für die Miethszeit vornimmt, sehr wichtig.[3]) An ihnen kann er sein Eigenthum auch nach der Verbindung behalten.

Daß das zu vorübergehendem Zwecke Eingefügte kein wesentlicher Bestandtheil sei, soll nach Mot. III, 44 aus „der Natur des Bestandtheilbegriffes" folgen.[4]) Richtig ist dies insofern, als das Recht keine Veranlassung hat, eine Trennung zu erschweren, die ja doch wahrscheinlich nach Lage der Sache über lang oder kurz erfolgen wird. Dahin gehört, was der Miether in den Garten einpflanzt

---

[1]) Variationen des Satzes Superficies solo cedit, vgl. Biermann, Jahrb. f. Dogm. XXXIV, 169 ff.

[2]) Nicht mit einer beweglichen Sache. Hier würde ein Sondereigenthum am Bestandtheile aus dem oben S. 156 angegebenen Grunde undenkbar sein.

[3]) Diese Neuerung paßt vortrefflich zu unserm Zeitalter der Miethskasernen. Nach bisherigem Rechte konnte der Miether höchstens einen persönlichen Abtrennungsanspruch wegen derartiger fester Verbindungen geltend machen, also namentlich nicht gegen den Rechtsnachfolger des Vermiethers klagen.

[4]) Auch die K.Prot. III, 11 behaupten, daß eine vorübergehende Verbindung ihrem Wesen nach nicht geeignet sei, die Bestandtheilseigenschaft zu begründen.

u. dergl.[1]) In Wahrheit iegt aber hier wohl eine gesetzliche Abweichung von der Regel vor, die dazu bestimmt ist, zu vorübergehenden festen Verbindungen zu ermuthigen.[2]) (Zum Vorbilde diente § 284 des sächsischen Gesetzbuches.)

Neben dem zum vorübergehenden Zwecke Eingefügten sollen auch noch andere Sachen gegenüber dem Eigenthume an der Hauptsache selbständig bleiben, nämlich die in Ausübung eines Rechtes[3]) an einem fremden Grundstücke (z. B. eines Wasserleitungsrechtes) mit dem Grundstücke verbundenen Werke,[4]) z. B. Wasserröhren u. dergl.

Daß der Schaden, den die Abtrennung solcher selbständiger Sachen, z. B. das Herausbrechen eines Kamins anrichtet, den Grundeigenthümer zu ersetzen ist, wird man in allen diesen Fällen anzunehmen haben.

Nach den Mot. III, 48 ist hier nicht blos die Wesentlichkeit des Bestandtheils verneint, sondern überhaupt die Bestandtheilseigenschaft, weil solche Zufügungen in keinerlei rechtliche Beziehung zu dem Grundstücke treten sollen.[5]) Bei einer Beschlagnahme des Grundstücks zu Gunsten einer Hypothek werden daher die vom Miether für seine Miethzeit noch so fest eingefügten Sachen trotz 1120 nicht berührt, was dem Zwecke der Sonderbestimmung durchaus entspricht.[6])

---

[1]) Vgl. K.Prot. III, 11: „Eine Pflanzung zu vorübergehendem Zwecke liege nicht vor bei der Feldbestellung des Pächters, da dieser die Aussaat für die ganze Dauer ihrer Existenz mit dem Grundstücke verbinde" (?). Jedenfalls sollte dieser Fall nicht dadurch betroffen werden. Wohl aber kann der vom Pächter gebaute Schafstall (Cosack 127) hierher gehören.

[2]) Vgl. K.Prot. III, 12. Wenig befriedigend ist die Begründung dieser zweckmäßigen Bestimmung aus der „Absicht" des Verbindenden (III, 48).

[3]) Sehr streitig ist, ob nur dingliche Rechte hierbei in Frage kommen sollen, oder auch persönliche. Dagegen Protokolle I, 4338, 11924, Motive III, 48, Achilles 3 zu 95. Die Frage ist nicht so wichtig, wie es scheint, weil die Verbindungen, die aus einem Forderungsrechte herstammen, in der Regel einen für die Dauer dieses Rechtes berechneten, also vorübergehenden Zweck haben werden.

[4]) Durch die Verbindung wird die Sache zum „Werke". Vgl. Fischer-Henle 5 zu 95. Aehnliches bestimmte schon das röm. Recht. Motive III, S. 48. Man nimmt an, daß das Wort „Werk" die Pflanzungen ausschließt. So Bendix 83, Enneccerus 111, Endemann 235 u. A. M.E. ist dies nicht nöthig, vgl. auch Rehbein 84.

[5]) M.E. sind daher Gebäude, die unter 95 fallen, bewegliche Sachen. So Cosack 133. A.M. Eck 106. Der Redeweise des Volks entspricht dies freilich nicht, ihr ist aber die Fassung des Gesetzbuches gerade hier in keiner Weise angepaßt worden.

[6]) Zitelmann 79, nennt diese in 95 von der Bestandtheilseigenschaft ausgeschlossenen Gegenstände treffend „nur scheinbare Bestandtheile."

Wenn die Rechte, die mit dem Eigenthume an einem Grundstücke verbunden sind, als Bestandtheile eines Grundstückes bezeichnet werden (96, 1103, 1105, 2, 1110), so soll dies nach den Mot. III, 61 nur den selbstverständlichen Gedanken ausdrücken, daß sie ebenso wie die Sachbestandtheile von allen Rechten, die am Grundstücke bestehen, miterfaßt werden. Vielleicht kam auch in Betracht, daß sie ebenso wie die unabgetrennten Bestandtheile nicht zum Gegenstande besonderer Rechte gemacht werden können.[1]) Sie dürfen auch nicht vom Grundstückseigenthümer einem andern abgetreten werden, ohne daß ihm das Grundstück zugewandt wird. So z. B. darf ein subjektiv-dingliches Vorkaufsrecht nicht einem andern Berechtigten als subjektiv-persönliches übertragen werden.[2])

Diese Gedanken lassen sich auch ohne diese sehr gezwungene Verwendung des Bestandtheilsbegriffes, die der Volkssprache völlig fremd ist, ausdrücken.

III. Theilbarkeit einer Sache im juristischen Sinne ist die Möglichkeit einer Zerlegung in gleiche Stücke, welche deren Gesammtwerth gegenüber dem Werthe des Ganzen nicht mindert.[3]) Theilbare Sachen sind daher solche, deren natürliche Zerlegung in gleichartige Stücke ein Miteigenthümer von den andern verlangen kann (§ 752). Die theilbare Sache ist also die nach Bruchtheilen zerlegbare Sache. Dieser Begriff ist auch auf Rechte übertragen, spielt aber im Bürgerlichen Gesetzbuch keine so bedeutende Rolle, wie im römischen Erbrechte, nach welchem der Grundsatz galt: nomina (sc. dividua) ipso jure divisa sunt. Die Bedeutung des theilbaren Rechtes zeigt sich aber auch nach Bürgerlichem Gesetzbuch vornehmlich bei der Nachlaßvertheilung.

Die Theilung von Rechten vollzieht sich in zwei Formen:

a) Zerlegung eines Rechtes in mehrere von einander völlig ge-

---

[1]) Es ist übrigens streitig, ob sie als wesentliche Bestandtheile zu gelten haben, vgl. darüber Eck, Vorträge S. 105. Dagegen namentlich Planck zu 96, welcher meint, daß die Vorschrift dieses Paragraphen „der Auffassung des Lebens“ entspreche. Insoweit dies der Fall ist, war die Bestimmung wohl überhaupt nicht nöthig. Der ganze Streit hat schwerlich eine praktische Bedeutung.

[2]) Ob dies ausnahmslos gelte, ist nicht unstreitig, vgl. Eck, Vortr., S. 105, Planck zu 96.

[3]) In der nichtjuristischen Rede besteht kein Unterschied zwischen Theilung und Zerlegung. Namentlich sind in der philosophischen Redeweise nur die Moleküle und das Individuum untheilbar.

trennte Rechte. So die Theilung einer Forderung auf 100 in zwei Forderungen auf 50,

b) Zerlegung eines Rechtes in mehrere Antheile (sog. partes pro indiviso). Hier bleibt auch nach der Theilung ein Zusammenhang der Theile bestehen, eine communio pro indiviso, Gemeinschaft genannt (741 ff.).[1])

IV. Die Sache als Bestandtheil eines Inbegriffes. Der Inbegriff (universitas rerum distantium)[2]) ist eine Mehrheit einzelner Sachen, verbunden durch eine thatsächliche gemeinsame Benennung oder Bewirthschaftung (sog. universitas facti)[3]) oder durch Rechtsvorschrift, z. B. der Nachlaß oder das Gesammtgut (universitas juris).

Eine universitas facti, d. h. eine Sachmehrheit, liegt im juristischen Sinne auch überall da vor, wo mehrere bewegliche Sachen unter einander nicht zusammenhängen, also ohne Losreißung von einander getrennt werden können. Im Verkehrsleben sieht man sie wie eine einzige Sache an, z. B. eine gefüllte Streichholzschachtel oder ein Waschtisch mit darauf gelegter Marmorplatte,[4]) ferner das Gewehr mit Ladestock, die Theile eines Butterfasses, ein Spiel Karten u. s. w. Die Mot. III, 57 reden von einer „wirthschaftlichen Einheit bei rechtlicher Trennung."[5]) Daß hier die einzelnen Stücke rechtlich selbständig bleiben, zeigt sich z. B., wenn bei einem verkauften und übergebenen Kartenspiele einige Karten unter den Ladentisch gefallen und unbemerkt geblieben sind. An ihnen geht dann kein Eigenthum über. Der Zweck des Erfordernisses der Uebergabe, Besitz und Eigenthum möglichst zusammen zu halten, verlangt dies.

Von einem juristischen Inbegriffe (universitas juris) im Gegensatze zu einem thatsächlichen kann man in doppelter Hinsicht reden sowohl überall da, wo nicht blos Sachen, sondern auch Rechte zum

[1]) Streitig ist, ob blos der Werth getheilt sei, oder auch das Recht. In Wahrheit ist wohl beides getheilt, das letztere aber nicht in jeder Hinsicht. (Das Nähere gehört in das Sachenrecht, das Forderungsrecht und das Erbrecht.)

[2]) Die universitas rerum cohaerentium pflegt man nicht Inbegriff, sondern zusammengesetzte Sache oder Gesammtsache zu nennen.

[3]) Vgl. z. B. 92.

[4]) Fischer-Henle zu 90.

[5]) Es mag vielleicht manchen engherzig scheinen, daß die wirthschaftliche Zusammengehörigkeit nicht ebensoviel gelten soll, wie der körperliche Zusammenhang. Man bedenke aber, daß dieser eine feste, sichere Größe ist, jener aber ein unbestimmter Begriff, den die Willkür der Eigenthümer noch dazu in jedem Augenblicke durchkreuzen kann, indem er z. B. ein Viergespann niemals als solches benutzt u. dgl.

Inbegriffe gehören, als auch da, wo die Vereinigung der einzelnen Stücke des Inbegriffes auf Rechtssatz beruht, nicht auf der Bestimmung einer Privatperson, wie z. B. der Inbegriff des von der Beschlagnahme des Hypothekengläubigers umfaßten Immobiliarvermögens.

Dem Bürgerlichen Gesetzbuch ist der Grundsatz fremd, daß man an einer Gesammtheit getrennter Sachen ein anderes Recht haben könne, als an den einzelnen Stücken, da es nur Rechte an einzelnen Sachen anerkennt, nicht an Gesammtheiten (K.Prot. III, 1). Wörtlich genommen enthält dieser Grundsatz überhaupt etwas Undenkbares, da die Berührung einer Gesammtheit niemals die einzelnen Stücke unberührt lassen kann.

Wohl aber kann ein Rechtssatz verordnen, daß die Erwerbsbedingungen und Erwerbsfolgen an den Stücken einer Gesammtheit durch die Thatsache eines Gesammterwerbes eine innere Aenderung erleiden, d. h. anders behandelt werden soll, als wenn die Rechte einzeln erworben worden wären. Dahin gehören die dem Bürgerlichen Gesetzbuch fremden römischen Vorschriften über vindicatio gregis und dergl.

Das Bürgerliche Gesetzbuch kennt derartige Sondervorschriften über Inbegriffe von Vermögensstücken namentlich im Familienrechte und im Erbrechte, wonach der sog. Erbschaftsbesitz anders behandelt werden soll, als der aus verschiedenen Erwerbstiteln unter Lebenden erworbene Besitz mehrerer Erbschaftssachen.

Eine prozessuale Sondervorschrift über universitas facti oder juris enthält auch § 254 der neuen Civilprozeßordnung.

Auf diesem Gebiete ließen sich vielleicht noch allgemeinere Vorschriften treffen.[1])

Abgesehen von derartigen Sondervorschriften, verwerfen die Mot. III, 26 den Gedanken, daß eine Sachgesammtheit Gegenstand von Rechten sein könne, weil er auf einem Mißverständnisse des römischen Rechtes beruhe und einem praktischen Bedürfnisse nicht entspreche.[2]) Dazu kommt, daß die Sachenrechtsregeln auf einzelne Stücke zugeschnitten sind. Könnte man die Vorschriften, die über Einzelsachen bestehen (z. B. das Erforderniß der Uebergabe bei der Veräußerung) dadurch umgehen, daß man über die Sache als Theil eines Inbegriffes

---

1) R. Leonhard, Der Erbschaftsbesitz 1899. S. 78.

2) Dem gegenüber nimmt einen sehr freien Standpunkt Endemann 223 ein.

durch bloßen Vertrag verfügte, so würden die Ziele des Rechtes in der That durchkreuzt werden.[1])

ββ) Abstammungsverhältnisse bei Sachen und Rechten.

§ 49.

I. Die Ausbildung des Fruchtbegriffes beruht auf dem Bedürfnisse, die Vermögensstücke nach der Art ihrer Benutzung zu sondern und den Rechtsschutz dieser Verschiedenartigkeit anzupassen. Insoweit sie sich nicht zur Aufzehrung eignen, werden sie eine längere Zeit hindurch, zum Theil sogar, wie die Fruchtäcker, von Geschlecht zu Geschlecht erhalten oder vermehrt, während nur die Vortheile, die sie, ohne als Ganzes aufgezehrt zu werden, abwerfen, dem menschlichen Verbrauche unterliegen sollen.[2])

Hiermit werden diejenigen Sachen gekennzeichnet, die eine längere Zeit hindurch Erträge abwerfen, ohne selbst dabei ihrem Herren verloren zu gehen. Deshalb wird es möglich, sie vorübergehend dem Eigenthümer zu Gunsten eines anderen Fruchtberechtigten zu entziehen. Der Fruchtbegriff umgrenzt somit die Fälle, in denen dies möglich ist, und bestimmt zugleich, welche Sachen dabei dem vorübergehend Berechtigten zukommen. Frucht ist hiernach, was neben einer Sache (Muttersache) und aus ihr gewonnen wird, ohne, falls es abgetrennt wird, rechtlich als ihr losgelöster Bestandtheil angesehen zu werden und ohne ein Entgelt für ihre Preisgabe zu sein. Dieser Begriff ist von allgemeiner Bedeutung, da der besondere Theil des Privatrechts an verschiedenen Stellen Fruchtziehungsrechte gewährt (redlichen Besitzern, Nießbrauchern, gewissen Pfandgläubigern, Ehegatten, Eltern, Vorerben u. a. m.).

Der Fruchtbegriff des Gesetzbuches ist jedoch noch weiter. Es nennt alle in greifbarer Form gewonnenen Nutzungen „Früchte“ (arg. 100). Darum muß es den genannten Begriff den Fällen anpassen, in welchen es unter dem Namen einer Erstattung von Nutzungen Fruchterstattungs-

[1]) Diese praktische Erwägung, nicht etwa logische Bedenken, entscheidet gegen die Zulassung der Rechte an „Sachgesammtheiten“. Darum steht der Zerstörung eines Viergespanns oder des Inhalts einer Streichholzschachtel durch Veräußerung oder Vindikation einzelner Stücke m. E. nichts im Wege. Wo das Gegentheil gilt (vgl. Cosack 129), da liegen Ausnahmebestimmungen vor. Ueber den Ausdruck „Nießbrauch an dem Sachinbegriff“ in 1035 klagt nicht ohne Grund Enneccerus 105, vgl. übrigens auch Hölder 206.

[2]) Vgl. hierzu v. Petrazycki, Die Fruchtvertheilung beim Wechsel von Nutzungsberechtigten. Berlin 1892, und die Lehre vom Einkommen, I. Berlin 1893. Endemann 210.

pflichten auflegt (vgl. namentlich 987). Für beides, die Fruchtbeziehung und die Fruchterstattung, stellt also das Bürgerliche Gesetzbuch einen einheitlichen Fruchtbegriff fest (Mot. III, 68), der daher sehr weit gefaßt ist.

Eine Begriffsbestimmung der Frucht, die ihr genaues Erkennungsmerkmal enthält, war aber schon darum nicht möglich, weil es sog. **fructus naturales** und **civiles** giebt, Früchte, die von Natur und solche, die nur durch die Rechtsordnung mit der Muttersache zusammenhängen. Beide haben nur das gemeinsam, daß sie entweder nach ihrer Bestimmung zu den in der Regel verbrauchbaren Gegenständen gehören, nicht zu den aufzubewahrenden, auch eine Zeitlang neben der Hauptsache und durch sie gewonnen werden, ohne daß diese dabei ihrem Herren verloren geht[1]) oder daß sie unter Umständen neben der Hauptsache bei Fruchterstattungspflichten gewährt werden müssen.

Der einheitliche Fruchtbegriff ergiebt sich also aus Umständen, die außerhalb der natürlichen Beschaffenheit der Früchte liegen. Auch kann derselbe Gegenstand, z. B. ein Thier, je nach seiner wirthschaftlichen Verwendung als Frucht zur Aufzehrung bestimmt oder als Muttersache (zur Viehzucht) verwerthet werden, also zugleich im Verhältnisse zur einen Sache Frucht und im Verhältnisse zu einer andern Muttersache sein.[2]) Die Fruchteigenschaft haftet somit niemals an den Sachen, sofern man sie für sich allein betrachtet, sondern nur an ihren Beziehungen zu andern Sachen (Muttersachen).[3])

Das Bürgerliche Gesetzbuch wird diesen Schwierigkeiten dadurch gerecht, daß es den Fruchtbegriff in drei verschiedenen Gruppen neben einander schildert.

a) Natürliche Früchte einer Sache sind im Bürgerlichen Gesetzbuch zunächst ihre „Erzeugnisse“, das sind Sachen, die durch einen physiologischen Vorgang aus dem Stoffe der Muttersache entwickelt sind. Erzeugnisse einer Sache, die nur durch ihre Zerstörung gewonnen werden (also z. B. der Speck eines lebendigen Thieres, anders als Milch, Wolle, Mist, Thierjunge)[4]), kommen

---

1) Nur eine Zeitlang muß die Muttersache dem Herren erhalten bleiben, nicht in alle Ewigkeit. Fruchtbäume und Mutterthiere gehen schließlich zu Grunde, selbst der Boden muß durch Düngung ergänzt werden. Solche Substanzverluste schließen den Fruchtbegriff deshalb nicht aus, weil sie wegen ihres langsamen Vorschreitens und unbedeutenden Umfanges im Verkehrsleben nicht beachtet werden.

2) Dig. XXII, 1. fr. 8.

3) Die Römer wandten daher bereits das Wort fructus in einem sehr weiten Sinne an. Dig. XXII, 1. fr. 19. § 1. Vgl. auch fr. 49 eodem. Auch unser Volk vermischt Früchte und Surrogate, wenn es von den Früchten einer Arbeit oder eines Lebens u. dergl. redet.

4) Vor der Trennung sind sie Bestandtheile, vgl. **Engelmann** 84.

hiernach ebenfalls bei Fruchterstattungspflichten als Nutzungen in greifbarer Form (= Früchte im Sinne des Gesetzbuches) in Betracht. Die Fruchtbeziehungsrechte müssen wir jedoch auf solche Erzeugnisse beschränken, die neben der Muttersache in einer besonderen, zur Loslösung geeigneten Form entstehen. Dagegen sind die organisch erzeugten Surrogate einer umgestalteten Sache vom Inhalte der Fruchtziehungsrechte auszuschließen (also namentlich die Frucht im Verhältnisse zur Blüthe, der Schmetterling im Verhältnisse zur Larve, die Pflanze im Verhältnisse zum Samenkorne).[1])

Die Naturkraft ist hier das Erzeugende, nicht, wie das Gesetzbuch mit dem Volksmunde redet, die Sache. Die Muttersache ist das Erzeugungsgebiet, nicht die Erzeugungsursache.[2]) Alle solche Erzeugnisse sind aber auch dann Früchte, wenn sie, wie die Windbrüche, nicht nach einem ordentlichen Wirthschaftsplane, sondern durch Zufall erworben werden (1039). Die Grenze zwischen den in gehöriger Weise gezogenen Früchten und den andern ist nämlich eine fließende, so daß es eine große Rechtsunsicherheit mit sich bringen würde, wenn z. B. in der Frage, wem das Eigenthum an gezogenen Früchten zukomme, ein Unterschied zwischen den in richtiger und den in unrichtiger Weise gewonnenen Früchten gemacht werden sollte.[3]) Dagegen giebt es eine Reihe von andern Rechtssätzen, die sich nicht auf alle Früchte, sondern nur auf die ordnungsmäßig gezogenen beziehen. Dadurch wird jedoch der Umfang des Fruchtbegriffes nicht berührt.[4]) Auch die periodische Wiederkehr, die in gleichen und in ungleichen Zeiträumen geschehen kann, liegt nicht in dem Begriffe der Frucht (101, 2).[5]) Die

---

[1]) Vgl. Enneccerus 117. Für die Fruchterstattungspflicht gilt dies nicht.

[2]) Ihre „Triebkraft" (so von der Pfordten 90) würde nicht ausreichen, wenn nicht Luft, Licht, Wärme und Ernährung der Muttersache (bei Thieren auch noch die Befruchtung) dazu kämen, um die neue Schöpfung zu ermöglichen.

[3]) Vgl. Enneccerus 118.

[4]) Cosack 120 nimmt wegen 1036, 2, 1038, 581, 1383 und andern Paragraphen einen doppelten Fruchtbegriff des Gesetzbuches an. Eck, Vorträge, S. 112, widerspricht dagegen in Anlehnung an Göppert der „Hineinziehung der Diligenzschranken" in den Fruchtbegriff. In der That liegen hier zwei Begriffe vor, doch ist die engere (ordnungsmäßig gezogene Frucht) nichts anderes als eine Unterart des weiteren (= Frucht). Vgl. auch Planck, Anm. 1 zu 99. Wollte man z. B. Fruchterstattungspflichten auf die ordnungsmäßig gewonnenen Erträge beschränken, so würde man geradezu unzulässige Ausbeutungen belohnen. — Der angegebene Dualismus ist nicht zu verwechseln mit dem oben angegebenen Unterschiede zwischen den Gegenständen des Fruchtziehungsrechtes und der Fruchterstattungspflicht (S. 168).

[5]) Ebensowenig die salva substantia, Mot. III, 69. Neumann 24, Riedel 303.

Wiederkehr der Fruchterzeugung braucht überhaupt nicht in Aussicht zu stehen.[1]) Sogar solche organische Erzeugnisse, die der Zufall hervorruft, z. B. die Mißgeburt eines Thieres, die als naturgeschichtliche Merkwürdigkeit hoch bezahlt wird, gehören zu den Früchten. Der Grund hiervon liegt wohl darin, daß die Grenze zwischen normalen und abnormen Erzeugnissen ebenfalls eine fließende, also schwer zu handhabende ist und deshalb von Alters her nicht beachtet wird.

Hiernach haben die Verkehrssitte und die Gesetzgebung bei den organischen Erzeugnissen wenigstens für die Fruchtziehungsrechte den naturwissenschaftlichen Begriff der Frucht festgehalten.[2])

b) Neben den Erzeugnissen steht als zweite Form der natürlichen Frucht die Ausbeute, welche aus der Sache ihrer Bestimmung gemäß gewonnen wird.[3]) Hierher gehören solche Theile des Sachstoffes, welche nach den üblichen Wirthschaftsregeln als natürliche Früchte gelten, nicht die übrigen Theile der Sache, also namentlich nicht die sonstige Ausbeute. Hierher gehören ferner auch die Steine des Steinbruches, der Lehm der Lehmgrube u. dergl. Im naturwissenschaftlichen Sinne sind diese Früchte Bestandtheile.[4]) Dagegen gehört zu dieser Fruchtgattung nicht eine solche Ausbeute, die man aus einem zum Schlachten bestimmten Thiere durch diese Verwendung gewinnt, ein Ergebniß, das man nur durch einschränkende Auslegung des Textes erlangen kann.

[1]) Man denke an das Füllen einer Stute, die ihr Herr in Zukunft nicht mehr von einem Hengste bespringen lassen will. Cosack 180 scheint die Möglichkeit einer nur einmal ziehbaren Frucht abzulehnen.

[2]) A.M. Hölder 224. Er hebt hervor, daß die Topfpflanzen nicht Früchte der Erde seien, in der sie wurzeln. Nur von Garten- und Feldpflanzen gelte dies. M.E. hat aber der Nießbraucher an einer Cigarrenkiste, in der Schnittlauch gezogen wird, an diesem dieselben Fruchtbeziehungsrechte, als ob der Schnittlauch in einem Garten gewachsen wäre, der seinem Nießbrauche unterliegt. Auch Planck, Anm. 2 zu 99, meint, daß hier die Naturgesetze nur nach Maßgabe der Anschauungen des Lebens gelten. Die Zurechnung der organisch erzeugten Surrogate (S. 170) zu den Früchten bei der Erstattung von Nutzungen widerspricht allerdings der Naturwissenschaft.

[3]) D. h. nicht etwa nur durch wirthschaftliche Benutzung. Vielmehr giebt es auch eine zwar bestimmungsmäßige, aber doch unwirthschaftliche Fruchtgewinnung. Mot. III, 69. Was in bestimmungswidriger Weise aus einer Sache herausgenommen ist (z. B. Säulen, die aus einem Hause herausgebrochen sind), ist losgelöster Sachbestandtheil. Für einen solchen bedarf es einer besondern Fruchterstattungspflicht nicht.

[4]) Vgl. Fischer-Henle. Anmerkung 2 zu 99. Matthiaß 186 will solche Substanztheile nicht hierher rechnen, deren Entnahme eine „restlose Vernichtung der Substanz" herbeiführt. Insoweit aber die Substanz Fruchtquelle ist, führt der Gewinn der Ausbeute schließlich überall zu einem solchen Ergebnisse.

Wenn man diese stoffverbrauchende Benutzung bei Bergwerken zur Fruchtziehung zählt, bei Thieren aber nicht, so erklärt sich dies daraus, daß dort die Verbrauchszeit erheblich länger ist als hier, so daß die Verkehrsanschauung dort den Verbrauch nicht weiter beachtet und deshalb die Ausbeute der Frucht zuzählt, was sie bei Thieren vermeidet.

Die Verkehrsanschauung ist es also, die die Bestimmung trifft, nach der eine gewisse Ausbeutungsart als Frucht gewonnen werden darf,[1]) nicht aber der Eigenthümer oder der redliche Besitzer.[2]) Daß sie der Nutzungsberechtigte nicht eigenmächtig treffen kann, ist außer Zweifel.[3])

Soweit die Verkehrsanschauung freilich nicht nur die Art, sondern auch das Maß der Ausbeute regelt, ist sie auch hier, wie bei den organischen Erzeugnissen, für den Umfang des Fruchtbegriffes gleichgültig. Auch der Raubbau kann eine fruchtartige Ausbeute nach sich ziehen,[4]) sofern er nur Sachen trifft, die ihrer Art nach zur fruchtmäßigen Ausbeute geeignet sind.

c) Neben diesen beiden Arten der in sichtbarer Weise aus der Hauptsache gewonnenen Früchte stehen endlich die **fructus civiles**, die nicht aus dem Stoffe der Muttersache gebildet sind, sondern von außen her zu ihr hinzu kommen: „die Erträge, welche eine Sache vermöge eines Rechtsverhältnisses gewährt" (99). Diese Begriffsbestimmung bedarf, insoweit sie Fruchtziehungsrechte betrifft, eines Zusatzes etwa folgenden Inhaltes: „und in einem Entgelt für die Benutzung der Sache oder für natürliche Früchte bestehen," d. h. nicht in einem Entgelte für die Sache selbst, durch deren Preisgabe sie erworben werden. Sonst müßte auch der Kaufpreis des Theiles einer Sache als Gegenstand eines Fruchtziehungsrechtes gelten, was sicher nicht beabsichtigt ist.[5])

Zu den in greifbarer Gestalt gewonnenen Nutzungen (100) müssen wir aber bei Fruchterstattungspflichten auch solche Einnahmen rechnen.[6])

---

[1]) Die Bestimmung, daß gewisse Ausbeutungen, z. B. einer Heerde als Schlachtvieh verkehrsüblich sind, genügt nicht, die Bestimmung muß auch dahin gehen, daß der Gewinn als Frucht und nicht als losgelöster Bestandtheil zu gelten hat.

[2]) Vgl. hierzu **Zitelmann** 82, der die Frage nach dem zur Bestimmung Berechtigten stellt, aber nicht beantwortet. Vgl. auch hierzu **Rehbein** 92, **Hölder** 225 und **Riedel** 305, die abweichender Ansicht sind.

[3]) **Hölder** 225, **Rehbein** 92.

[4]) **Enneccerus** 117, **Hölder** 225, vgl. oben S. 170 Anm. 4.

[5]) Die allmälige Parzellirung eines Gutes zum Verkaufe gewährt keine Fruchterträge der zerstückelten Sache.

[6]) Der Gegensatz der Nutzung ist der Verbrauch, **Fischer-Henle**, Anm. 2 zu 100, aber m. E. nicht der Gewinn aus einem Verbrauche, vgl. auch 92 und zu 100, Mot. III, 70.

II. Die Früchte eines Rechtes.

Da auch aus einem Rechte Erträge gewonnen werden können, so bezeichnet das Gesetz diese als Früchte eines Rechtes. So z. B. bei der Verpachtung eines Erbbaurechtes. Diese Redeweise ist folgerichtig und schwer zu entbehren.[1])

Der Gesetzestext nennt hier die Bodenbestandtheile (99), also Dinge, die auch als Frucht einer Sache vorkommen. So kann denn eine und dieselbe Sache zu gleicher Zeit sowohl zu einer andern Sache, als auch zu einem Rechte im Verhältnisse der Frucht zur Muttersache stehen.[2]) Da die Beziehungen einer Sache zu einer andern, die sie zu deren Frucht stempelt, nicht derselben Art sind, wie diejenigen, die ein Recht als Muttersache eines Gegenstandes erscheinen lassen, so ist das Dasein einer solchen Doppelfrucht sehr wohl möglich. Darum sind die Nießbrauchsfrüchte sowohl Sach- als auch Rechtsfrüchte.[3]) Besondere Eigenthumsfrüchte neben den Sachfrüchten giebt es natürlich nicht.

Wo ein Recht keinen andern Inhalt hat als die Gewährung gewisser Erträge (Leibrenten u. dergl.), da wird man diese doch seine Früchte nennen können, falls dies Recht in der Verkehrsanschauung wegen seiner langen Dauer wie ein von seinen einzelnen Bestandtheilen verschiedenes Werthstück betrachtet zu werden pflegt.[4])

Auch die mechanischen Erzeugnisse einer Sache, z. B. einer Fabrik können (als Früchte eines Nutzungsrechtes an ihr) Erwerbsgegenstände sein, obwohl sie unter den natürlichen Sachfrüchten nicht erwähnt sind.[5])

Auch den Jagdgewinn wird man im deutschen Rechte den Früchten aus einem Rechte beizuzählen haben.[6])

Jedenfalls ist nur ein solcher Ertrag die Frucht eines Rechtes,

---

1) A.M. anscheinend Endemann 240.

2) Vgl. hierzu Zitelmann 83, der in solchen Fällen immer nur das eine oder das andere annehmen zu wollen scheint. Auch Mot. III, 70, Hellmann 46, Weyl 199.

3) Nach Mot. III, 70 gleicht daher der Nießbrauch des Bergwerks dem Nießbrauche des Bergwerkseigenthums. Vgl. hierzu Dig. XXII, 1. de usur. fr. 19 pr.

4) Die hierzu erforderliche Rentendauer ist nach den Verkehrsanschauungen fließend. Kurzlebige Renten gehören sicher nicht zu den selbständigen Werthstücken, vgl. hierzu auch Weyl 200, Hölder 227.

5) Hier macht der Erwerbsgrund der Verarbeitung (Spezifikation) den Fruchterwerb in der Regel überflüssig. Doch bedarf z. B. das Recht auf Spezifikation aus einem Nießbrauchsrechte an einer Fabrik einer besonderen Begründung. Dazu dient der Begriff der juristischen Frucht eines Rechtes.

6) So Hölder S. 229.

der sich als dessen Ausübung darstellt. Es ist also z. B. eine Nießbrauchsfrucht der Pachtzins, den der Pächter dem verpachtenden Nießbraucher zahlt, nicht der Erwerb, den dieser Pächter macht.[1])

III. Die rechtliche Behandlung der Früchte. Wenn sich diese vier Arten von Früchten (Erzeugnisse, bestimmungsmäßige Ausbeute, Erträge einer Sache aus einem Rechtsverhältnisse, Erträge eines Rechtes) auch nicht in eine einheitliche Begriffsbestimmung zusammenfassen lassen, so unterliegen sie doch alle zugleich (neben den besondern Regeln der verschiedenen Fruchtbezugsrechte und Fruchterstattungspflichten) nach Bürgerlichem Gesetzbuche zwei allgemeinen Vorschriften.

a) Für den Fall eines Ueberganges des Fruchtziehungsrechtes auf einen neuen Berechtigten hatte das bisherige Recht je nach der Art des Fruchtziehungsrechtes besondere Bestimmungen. Dagegen strebt das Bürgerliche Gesetzbuch eine Vereinfachung an, indem sie alle diese Arten über einen Leisten schlägt.

Ueberall soll die vor dem Uebergange des Fruchtziehungsrechtes getrennte körperliche Frucht dem früher Berechtigten verbleiben, ebenso die vorher fällig gewordene juristische Frucht. Nur periodische juristische Früchte sollen gleichmäßig auf den Zeitraum vertheilt werden, für dessen natürliche Nutzungen sie gewährt werden (101), also für die Zeit vor dem Uebergange des Fruchtziehungsrechtes dem Vorgänger, für die spätere Zeit dem Nachfolger zukommen.[2])

b) Eine zweite gemeinsame Regel für alle Arten von Früchten ist, daß eine Herausgabe von solchen immer nur nach Abzug der Gewinnungskosten nöthig ist. (Vgl. Mot. III, 31. K.Prot, VI, 119.)[3])

---

[1]) Man hat hierbei mittelbare und unmittelbare Erträge unterschieden und zwar in mehrfachem Sinne, vgl. Rehbein 93 und Zitelmann 82.

[2]) Es ist dies, wie Cosack 132, eine Kombination gemeinrechtlicher und preußischer Grundsätze. Wo auf dem Fruchtbezuge eine Last liegt, wie bei dem ehemännlichen Nießbrauche, ist diese Vertheilung der natürlichen Früchte nach dem zufälligen Augenblicke der Trennung (z. B. der Einheimsung einer Ernte), namentlich bei einer kurzen Ehe sehr unbillig. Hier müssen vorsichtige Eheverträge den Parteien das ersetzen, was der Gesetzgeber zu bestimmen unterlassen hat. — Der Satz des deutschen Rechtes: „Wer säet, der mähet" vermochte nicht durchzudringen. Mot. III, 71. Gegen ihn spricht, daß er die Auseinandersetzung zwischen dem Vorgänger und dem Nachfolger im Fruchtbezuge verzögert, auch nicht auf alle Muttersachen anwendbar ist, somit eine sehr schwierige Abgrenzung seines Gebietes verlangt.

[3]) Nur der Reinertrag, nicht der Rohertrag wird geleistet, Cosack 132. Kuhlenbeck 282 sieht hierin die Anerkennung eines weiteren Fruchtbegriffes, einer universitas juris, die sich aus den Erträgen und den Fruchtbezugskosten bildet. So

IV. Die Belastungen sind das Gegenstück der Früchte. Die Belastung einer Sache liegt vor, wenn ihre Schicksale dem dauernden Rechte eines Berechtigten, dem die Sache nicht gehört, unterworfen werden, z. B. einem Pfandrecht. Auch Reallasten, Grundsteuern, Einquartirungslasten und dergleichen gehören dahin. In derselben Weise kann auch ein Recht belastet werden, z. B. ein Erbbaurecht, das hypothekarisch verpfändet wird. Darum verfügt 103 über die Vertheilung derartiger Belastungen unter mehrere Nachfolger in der Belastungspflicht, in ähnlicher Weise wie dies bei der Fruchtvertheilung unter mehrere einander nachfolgende Bezugsberechtigte geschehen ist (s. § 49).

b) Sonstige rechtlich wichtige Beziehungen körperlicher Sachen.[1])

§ 50.

I. Uebersicht. Die körperlichen Sachen, nicht die Rechte, kommen noch in den folgenden Beziehungen für das Recht in Betracht:

a) in ihren Beziehungen zu ihrer üblichen Verwerthungsform (als verbrauchbare und unverbrauchbare),

b) in ihrer Beziehung zu andern Sachen derselben Art (als vertretbare und unvertretbare),

c) in ihrer Beziehung zur Benutzung einer andern Sache (Zubehöreigenschaft),

d) in ihrer Beziehung zum Erdboden (bewegliche und unbewegliche Sachen).

II. Verbrauchbarkeit ist die Beschaffenheit einer Sache, die bei ihrem bestimmungsmäßigen Gebrauche aus dem Herrschaftskreise ihres Eigenthümers verschwindet. Das Verschwinden kann in einem Naturvorgange bestehen (z. B. Verbrennen oder Aufzehren) oder in einer Veräußerung, d. h. nicht nur in einer Aenderung der natürlichen Beschaffenheit, sondern ebenfalls in einer bloßen Entfernung aus dem Vermögen des Herrn.

Auch bei jener verschwindet der verzehrte Stoff nicht, sondern verändert nur Form und Lage, das verkochte Wasser verwandelt sich in Dampf u. s. w. Auf die Veränderung der Lage kommt es aber

---

lange hieraus keine andern praktischen Folgerungen, als die im Texte erwähnten, gezogen werden, kann diese Begriffsbildung unangefochten bleiben. Einem Bedürfnisse entspricht sie wohl kaum.

1) Vgl. Riedel 254 ff.

im Rechte allein an, daher es die Veräußerung der Vernichtung gleichstellt. So auch 91, 1. Die Verbrauchbarkeit des Geldes (vgl. Mot. III, 70) ist noch besonders anerkannt (1376, 1). Sie entspricht durchaus der Redeweise des Volkes.[1])

Bei dem „bestimmungsmäßigen Gebrauche" trifft die Verkehrsansicht die erforderliche Bestimmung, nicht der einzelne Besitzer.[2]) Doch kann nach 92, 2 ein Einzelner eine Sache dadurch zu einer unbrauchbaren machen, daß er sie in ein Ganzes (Waarenlager und dergl.) steckt, dessen Stücke zur Veräußerung bestimmt sind.

Die praktische Bedeutung der Verbrauchbarkeit zeigt sich namentlich darin, daß der Nießbrauch an verbrauchbaren Sachen ein uneigentlicher ist (1067) und der Gatte an verbrauchbaren Sachen der Frau grundsätzlich weitergehende Verfügungsrechte hat als an unverbrauchbaren (1376). Vgl. auch 2325, 2.

Abnutzbarkeit ist im Gesetzbuche der Verbrauchbarkeit nicht gleichgestellt (Mot. III, 34).[3]) Wo jedoch im Verkehrsleben die Benutzung der Vernichtung gleichsteht (z. B. bei Papierkragen) oder der Anstand die Benutzung derselben Sache durch mehrere Herren verbietet (z. B. bei Leibwäsche oder Zahnbürsten u. dergl.), da wird man nach der ratio legis die abnutzbaren Sachen den verbrauchbaren gleichstellen dürfen. (Der Nießbraucher der bisher unbenutzten Leibwäsche muß deshalb später ihren Werth erstatten, nicht die abgenutzten Stücke.)

III. Vertretbare Sachen (ein schon früher reichsgesetzlich verwertheter Ausdruck (Mot. 33) der Gelehrtensprache)[4]) sind solche, die den ihnen gleichartigen Sachen gleichwerthig sind und deshalb im Verkehre nach Zahl, Maß oder Gewicht bestimmt zu werden, so daß bei Lieferungen solcher Sachen die eine die andere vertreten kann. Die verbrauchbaren Sachen sind fast alle vertretbar, außerdem giebt es aber auch unverbrauchbare vertretbare Sachen, z. B. Pflastersteine oder Bücher (Mot. III, 34).

---

[1]) Dagegen hat man sich in Deutschland daran gewöhnt, unter „konsumiren" nur die Aufzehrung, nicht die Veräußerung zu verstehen. Anders die römische Bedeutung des Wortes consumere (vgl. des Verfassers Artikel consumere in Pauly-Wissowa's Real-Encyklopädie des klassischen Alterthums, gedruckt, aber noch nicht veröffentlicht). Schon das „sumere" deutet auf ein bloßes Wegschaffen hin.

[2]) Möbel, die aus Noth zur Heizung verbrannt werden sollen, bleiben, bis dies geschieht, rechtlich unverbrauchbare Sachen.

[3]) Die Motive III, 35 behaupten, daß nur die Abnutzung eine unerwünschte Nebenfolge des Gebrauches sei, der Verbrauch aber nicht (?).

[4]) Nach K.Prot. III, 2: ein „dem Leben nicht geläufiger Kunstausdruck".

Der Begriff der Vertretbarkeit ist namentlich wichtig bei dem Darlehn (607), dem Werkvertrage (651) und bei der Anweisung (783). Das Nähere gehört zum besondern Theile.[1])

IV. Unbeweglich sind von Natur (wenigstens in ihrer vollen Tiefe) die Grundstücke (Mot. III, 36), ferner nach dem Rechte, das sich an die Verkehrssitte anlehnt, die wesentlichen Grundstücksbestandtheile, weil auch diese im täglichen Leben in der Regel unbeweglich sind.[2])

Unbewegliche Rechte kennt das Bürgerliche Gesetzbuch nicht. Man nannte so die dem Grundstücksrechte unterworfenen Befugnisse. Obwohl auch das Bürgerliche Gesetzbuch solche kennt (1017, Mot. III, 37. Art. 196), und sie namentlich im Zwangsvollstreckungsrechte von Bedeutung sind (Mot. III, 31), so vermeidet der Text doch, sie unbewegliche zu nennen.[3])

V. Die Zubehöreigenschaft. Im Volksmunde heißt Zubehör alles, was zu einer Sache gehört, auch ihre Theile oder sogar die Möbel im Verhältnisse zur Wohnung. Auf diesen weiten Begriff beziehen sich keine Rechtssätze. Die Rechtswissenschaft und das Bürgerliche Gesetzbuch nehmen den Ausdruck daher in einem engeren Sinne. Nach ihnen ist das Zubehör einer Sache eine quasi pars, d. h. eine bewegliche[4]) Sache, die zwar kein Theil einer anderen ist, aber in gewissen Beziehungen einem Theile gleichgestellt wird.[5])

Die Zubehöreigenschaft ist eine Unterart der wirthschaftlichen Zusammengehörigkeit getrennter Sachen. Diese letztere erscheint in doppelter Form. Einmal als coordinirte oder unabhängige Zusammengehörigkeit. So bei den Stücken einer Sachgesammtheit.[6])

---

[1]) Vgl. Eck, Vorträge 97, auch über den fortdauernden Unterschied zwischen der Vertretbarkeit nach der allgemeinen Verkehrsansicht und der gattungsmäßigen Parteibestimmung im einzelnen Falle.

[2]) Darüber, ob Theile, die nach 95, 2 keine Grundstücksbestandtheile werden sollen, zu den beweglichen Sachen gehören, vgl. oben S. 164 Anm. 5 und die bei Eck, Vorträge 106 Anm. Angeführten.

[3]) Näheres vgl. bei Weyl 207 ff. und Heilfron 298 ff.

[4]) Für den Fall, daß eine Zufügung eines Nebengrundstückes zum Hauptgrundstücke erwünscht ist, soll die Bestandtheilseigenschaft genügen (Mot. III, 64) vgl. 1131. Vgl. v. d. Pfordten 88: „Liegenschaften können Zubehörstücke haben, aber nicht selbst solche sein."

[5]) Ueber das römische Recht vgl. Kohler, Iherings Jahrb. f. Dogm., XXVI, 28 ff.

[6]) In Dig. VI, 1, fr. 23, § 5 partes genannt.

Diese Zusammengehörigkeit ist zuweilen, namentlich bei Schadensersatzberechnungen (z. B. bei dem getödteten Stücke eines Viergespannes) rechtlich bedeutsam.[1]) Sehr viel wichtiger als sie ist jedoch die andere Zusammengehörigkeit, die man eine subordinirte oder abhängige nennen kann. Diese letztere ist die Zubehöreigenschaft.

Bei der Feststellung ihres Sonderrechts müssen wir unterscheiden:

a) Punkte, in denen die Zubehöre den Theilen gleichgestellt werden (natürlich nur den unwesentlichen Bestandtheilen).

α) Rechtsgeschäfte über die Hauptsache sind dahin auszulegen, daß sie auch die Pertinenz betreffen (314, 1062, 1096. Mot. III, 65).

β) nach deutschem, nicht nach römischem Rechte[2]) ergreifen unter besondern Umständen die dinglichen Rechte an der Hauptsache ohne Weiteres auch die Pertinenz. So nach 926, 1031, 1120, 1121, 1264, 1265, 1551, 1932.[3])

γ) Der Wiederverkäufer muß nicht nur die Sache mit allen Bestandtheilen, sondern auch das Zubehör zurückgeben (498).

δ) Im Interesse der Pfandgläubiger macht den Grundstücksherren die Verschlechterung des Zubehörs ebenso haftbar wie die Verschlechterung des Grundstückes (1135).

b) Punkte, in denen die Zubehör dem Theile nicht gleichgestellt ist, sind alle andern rechtlichen Beziehungen der Hauptsache.[4]) Während z. B. der Theil eines Grundstückes bei der Auflassung ohne weiteres mitübertragen wird, gilt dies von der Pertinenz nur, wenn die Parteien darüber einig sind (926).

Dingliche Rechte an der Hauptsache umfassen die Bestandtheile ohne Weiteres, die Zubehörstücke dagegen nur insoweit dies besonders vorgeschrieben ist (s. oben).[5]) Darum bezieht sich z. B. die Vindikation einer Hauptsache wohl auf ihren Theil, nicht aber auf die Pertinenz.[6])

---

[1]) Cosack 129 glaubt sogar an besondere Rechte an Sachinbegriffen, vgl. dagegen oben S. 166, vgl. auch Endemann 288: „den Begriff eines wechselseitigen Zubehörs" (z. B. Messer und Gabel) kennt das Gesetz nicht." Ebenso Weyl 197.

[2]) Eck, Vorträge 107. Cosack 128. Die nachrömische erhöhte Bedeutung des Realkredits ist hierauf von Einfluß gewesen.

[3]) Vgl. auch das Zwangsversteigerungsgesetz §§ 55, 90 und überhaupt Planck 1 zu 97, Rehbein 86.

[4]) Vgl. über diese auch Weyl 198.

[5]) Neumann 42, II, 2.

[6]) Rehbein 86 leitet allerdings aus dem Nachweise des Eigenthums an der Hauptsache das Eigenthum an der Pertinenz her, weil auch Sachen, die dem Herrn

Auch unwesentliche, noch nicht abgetrennte Bestandtheile eines Grundstückes werden nach § 1120 von der Hypothek erfaßt, selbst wenn sie dem Grundeigenthümer nicht gehören.[1]) Das Gegentheil gilt vom Zubehör.

Vor allem aber können diejenigen Rechtsgeschäfte, die dingliche Rechte gewähren und übertragen, über das Zubehör abgeschlossen werden, ohne daß dadurch die Hauptsache in Mitleidenschaft gezogen wird. Ueber einen wesentlichen Bestandtheil, der noch nicht losgelöst ist, sind dagegen solche besonderen Rechtsgeschäfte nirgends zugelassen, da sich derartige Akte nur auf ganze Sachen beziehen dürfen, nicht auf unabgetrennte Theile.[2])

Wenn wir hiernach Zubehörstücke von Theilen sondern, so müssen wir uns von der üblichen gemeinrechtlichen Anschauung, die beide Begriffe verwirrt, frei machen. Nach ihr ist die mechanische Verbindung nicht das Kennzeichen des Theiles; auch bloße Pertinenzen können erd-, wand-, band-, niet- und nagelfest sein. Hiernach wird der wohldurchdachte Plan der Rechtsordnung, welcher die beweglichen Sachen nach ihrem körperlichen Zusammenhange zu gesonderten Herrschaftsgegenständen bestimmt, durchkreuzt. (Vgl. oben S. 156.) Was fest (d. h. nicht blos durch das Gesetz der Schwere) an einander gebunden ist, bildet im Bürgerlichen Gesetzbuch eine besondere Sache, deren Stücke Theile, nicht Zubehörstücke sind.[3])

Richtig ist die gemeinrechtliche Ansicht nur insofern, als Sachen, die nur räumlich durch das Gesetz der Schwere verbunden sind, wie die eingehängten Thüren und Fenster oder die Maschinentheile, als Theile und nicht als Zubehörstücke anzusehen sind.

Ein Unterscheidungsmerkmal zwischen Bestandtheil und Zubehör giebt das Gesetz nicht an. Daher ist es z. B. zweifelhaft, ob Fenster und Thüren Theile oder Zubehörstücke sind.[4])

---

der Hauptsache nicht gehören, Zubehörstücke sein können. M. E. folgt daraus jedoch das Gegentheil.

[1]) Natürlich vorbehaltlich der Rechte Dritter an den unwesentlichen Bestandtheilen, soweit diese Rechte nicht nach den Regeln des gutgläubigen Erwerbes zu Grunde gehen.

[2]) A.M. Cosack 129, vgl. dagegen oben S. 160 Anm. 3.

[3]) Vgl. Cohn 30: Das, was man nicht bewegen kann, sieht man als Zubehör nicht an.

[4]) Die K.Prot. III, 18 schließen insbesondere die geborgten oder zur Probe übernommenen Maschinen vom Pertinenzbegriffe aus, dagegen nicht das zum Verkaufe bestimmte Jungvieh, wenn ein regelmäßiger Ersatz des Abganges stattfinde. — Das

Das Erkennungsmerkmal des Zubehörs ist nach § 97, daß „eine Sache, ohne Bestandtheil der Hauptsache zu sein, dem wirthschaftlichen Zwecke der Hauptsache zu dienen bestimmt" ist „und zu ihr in einem dieser Bestimmung entsprechenden räumlichen Verhältnisse" steht, sofern auch die Verkehrssitte sie als Zubehör anerkennt. Wir werden z. B. in den meisten Theilen Deutschlands Fenster und Thüren für Bestandtheile, Treppenläufer und Holzjalousien für Zubehörstücke, Tische und Oefen, die nicht mit dem Fußboden fest verbunden sind, für selbstständige Sachen ansehen müssen.[1]) Mit dem üblichen Ausdrucke des 97 „Bestimmung des Zubehörs zur Dienstbarkeit gegenüber dem wirthschaftlichen Zwecke der Hauptsache" ist nichts anzufangen,[2]) weil er auch auf die gewöhnlichen Möbel paßt, die nach der Verkehrssitte keine Zubehörstücke der Wohnung sind.[3])

Im römischen Recht gab Dig. L, 16, fr. 245, dem die Motive III, 62 entsprechen, einen festen Anhalt.[4]) Hiernach ist alles, was bei der Herstellung einer Sache dieser eingefügt zu werden pflegt, ihr Theil. Das später Hinzugefügte, sofern man es gewöhnlich bei Veräußerungen mitüberläßt, ist Pertinenz. Was dagegen Verkäufer oder Vermiether bei ihrem Auszuge aus der Hauptsache mitzunehmen gewöhnt sind (z. B. Tische, Stühle, Schränke u. dergl.) ist weder Pertinenz noch Theil (eine bloße Ausstattung).[5]) Anders kann auch das Bürgerliche Gesetzbuch nicht gedeutet werden.[6]) Vorübergehende

---

Preußische Landrecht (II, 2, § 45) weicht in diesem Punkte ab. Ueber die Gründe s. Mot. III, 62.

1) Vgl. Cohn 30: „Ofen und Weib bleibt nicht immer daheim."

2) A.M. Enneccerus 115.

3) Mot. III, 62 meinen, daß diese nur zum persönlichen Gebrauche des Eigenthümers dienen. Das thuen aber die Pertinenzen auch. Die Art der Verwendung giebt keinen Anhalt, nur der Verkehrsgebrauch vermag zu entscheiden, was Zubehör ist, vgl. auch K.Prot. III, 21. Cosack 128 unterscheidet den Zweck des Benutzers von dem Zwecke der Sache. Aehnlich Endemann 238, Zitelmann 81. Genau betrachtet, ist aber auch dieser Zweck der Sache immer nur ein Zweck des jedesmaligen Benutzers. Vgl. Hölder 221. Das Wort Zweck bedeutet eben etwas anderes, wenn man es an eine Sache knüpft, als wenn man es einem Menschen zuschreibt. Dort handelt es sich um ein Gewähren, hier um ein Begehren von Vortheilen.

4) Mit Unrecht nimmt man daher an, daß dieses Unterscheidungsmerkmal den Römern gefehlt habe. So z. B. Riedel 289.

5) Nach Mot. III, 62 dienen die Bestandtheile einer Sache zu ihrer Vollendung; die Pertinenzen sollen dagegen nur zu ihrer wirthschaftlichen Bestimmung vollkommen tauglich machen. Vgl. Riedel 290.

6) Die Sache muß sich also in einer solchen räumlichen Verbindung mit der

Trennungen oder Verbindungen sollen dabei außer Betracht bleiben.[1]) In der Frage, was bei Herstellung einer Sache beigefügt wird, und was bei Veräußerung einer Sache bei ihr belassen zu werden pflegt, schwankt die Verkehrssitte.[2]) In dem römischen Latifundienwesen, in dem die Pächter ihre beweglichen Wirthschaftsstücke mitbrachten, war z. B. das Gutsinventar keine Pertinenz.[3]) Der Pächter nahm es mit sich. In dem deutschen Rechte, das sich für Gutseigenthümer, nicht für Pächter entwickelt hat, ist es Zubehör (so richtig 98, 2).[4])

Dieser den Ausschlag gebende Gesichtspunkt ist auch schließlich im Texte anerkannt,[5]) wenn auch nur in verneinender Form: „Eine Sache ist nicht Zubehör, wenn sie im Verkehre nicht als Zubehör angesehen wird" (97, Satz 2).[6])

Im Uebrigen giebt das Bürgerliche Gesetzbuch im Gegensatze zu dem Preußischen Landrechte, das sich auch hier durch viele Einzelbestimmungen auszeichnet, nur für die zum gewerblichen Be-

---

Hauptsache befinden, daß man bei deren Verkaufe im Zweifel nach der Verkehrssitte annehmen muß, das Geschäft sei auch auf sie bezüglich. Anders Planck 185 ff. zu 97.

1) Dies stimmt nicht zu dem römischen Rechte der ruta caesa siehe Dig. XIX, 1 fr. 17, § 6, L, 16, 241. Die Römer gingen von der Anschauung aus, daß sich der Verkäufer alles das stillschweigend vorbehält, was von der verkauften Sache losgelöst ist. Engelmann 83 verlangt zur Aufhebung der Zubehöreigenschaft Trennungswillen und thatsächliche Trennung.

2) Oefen werden in manchen Gegenden als wesentliche Bestandtheile eingefügt, in andern als unwesentliche (namentlich eiserne Oefen). In gewissen Gegenden fügen die Hausherren sie als Pertinenzen hinzu und wiederum in andern die Miether als Theil der Möbel, die nicht zu den Pertinenzen gehören. Vgl. K.Prot. III, 21. Wie steht es mit einem festgeschraubten Kronleuchter? Auch dies ist nur nach der Verkehrssitte zu beantworten, vgl. Cohn 30. Vgl. S. 180 Anm. 1.

3) Dies wird im gemeinen Recht vielfach noch angewandt. Mot. III, 66. Enneccerus 114.

4) Der künstliche Dünger ist dabei durch argumentum e contrario als ausgeschlossen anzusehen. Fischer-Henle, Anm. 3 zu 98. Anders C.P.O. 811, 4. Vgl. Cohn 31: „Des Gutes Mist des Gutes ist, wenn er darauf gewonnen ist."

5) Durch den hier vertretenen Standpunkt, nach dem die Bestimmung der Zubehörsache sie als solche nicht kennzeichnen kann, erledigt sich auch die von Hellmann 44, Hölder 220, Matthiaß 184, auch Zitelmann 81 erörterte Frage, wer diese Bestimmung treffen dürfe. M. E. entscheidet nur die Sachlage, gleichviel, von wem sie herrührt.

6) Man hätte die beiden „nicht" in diesem Satze und den vorhergehenden Satz sehr gut streichen können. Vgl. auch Hölder 221, Engelmann 83.

triebe eingerichteten Grundstücke eine Regel, nach der die Betriebsgeräthe Zubehörstücke sind.[1])

Zweifelhaft bleibt, ob die Verkehrssitte diesen Grundsatz ändern kann oder nicht. Es ist jedoch kein öffentliches Interesse ersichtlich, das für das Letztere spräche.[2])

2. Die Beziehungen der Rechte zur Zeit.

a) Die Befristung der Rechte.[3])

§ 51.

I. Arten. Ein Recht ist befristet, wenn die Willenserklärung eines Privatmannes, ein Rechtsgeschäft (s. § 91), eine obrigkeitliche Verfügung oder endlich ein Rechtssatz ihm einen Anfangs- oder End-Termin setzt. Das letztere liegt z. B. vor bei dem Rechte, die Todeserklärung eines Verschollenen zu beantragen (Anfangstermin), ebenso nach gemeinem Rechte bei dem Nießbrauche juristischer Personen (Endfrist). Dieser erlischt nach hundert Jahren, was vom Bürgerlichen Gesetzbuch nicht aufgenommen worden ist (1061). Häufig erscheint im Bürgerlichen Gesetzbuch (z. B. in 910) die sog. „angemessene Frist", die nach freiem Ermessen zu bestimmen ist.

II. Fristberechnungen erfolgen nach dem Kalender. Einige hierbei bestehende Zweifelsfragen entscheidet das Bürgerliche Gesetzbuch durch besondere „Auslegungsregeln". (Mot. 282), die aus der Beobachtung des Lebens geschöpft sind.

a) Der Ausgangspunkt einer Fristberechnung ist entweder ein Tag oder ein Ereigniß. Auch im letzteren Falle soll die Frist in der Regel mit einem Kalendertage beginnen (civilis computatio oder numeratio ad dies, Dig. L, 16 de verb. sign. fr. 134). Dabei soll (mit Ausnahme der Berechnung des Lebensalters[4]) der nächste Tag

---

[1]) Näheres hierüber siehe Rehbein 88 ff.

[2]) Eine „rechtliche Pertinenzqualität" neben der natürlichen, wie sie Kuhlenbeck 278 namentlich bei Prädialservituten annimmt, kennt das B.G.B. nicht, auch liegt m. E. kein Bedürfniß zu dieser Begriffsbildung vor. Das preußische Recht (A.L.R. I, 2 §§ 67, 68, 70) kannte allerdings auch Rechte als Pertinenzen und Pertinenzen von Rechten. Vgl. Weyl 197.

[3]) Hölder 389 ff. Ueber das Geltungsgebiet der §§ 186 ff. vgl. Fischer-Henle zu 186 Anm. 1. Eine Uebersicht über die gesetzlichen Fristen des B.G.B. giebt Dickel 68 ff.

[4]) Vgl. Dig. 28,1 qui test. fac. fr. 5. Anders die erste Lesung. Mot. 284. K.Prot. II, 189. Es entspricht der Volkssitte, jeden Geburtstag als Jahresbeginn, nicht als Jahresschluß zu feiern, dem hat sich das Gesetzbuch angepaßt, vgl. Hölder 392, der diese Bestimmung angeregt hat.

nach dem Ereignisse als der erste gelten (187). Dies entspricht der Verkehrssitte der neueren Zeit (Mot. 283), nicht derjenigen des römischen Alterthums, das den Tag, in den das Ereigniß fiel, als ersten behandelte.[1]) Es rechnete daher mehr im Geiste thatkräftiger Ungeduld, als im Geiste milder Nachsicht.

b) Fristen müssen voll ablaufen (188). Der Satz dies coeptus pro completo habetur (für Erwerbsfristen) ist in das Bürgerliche Gesetzbuch nicht aufgenommen.

Bei Berechnungen einer Frist von Stunden oder noch kleineren Zeiträumen ist die sog. Berechnung a momento ad momentum selbstverständlich (Mot. 282). Sonst kommt sie im Zweifel nicht in Betracht.

c) Zusammenhängende Zeitabschnitte (Jahre, Monate u. dergl.) werden nach dem Kalender berechnet (188, Mot. 284, sog. Rechnung vom Datum zum Datum). Zusammenhangslose Zeiträume zählt man nach Tagen und zwar die Monate zu dreißig, das Jahr zu dreihundertfünfundsechzig Tagen.[2])

d) Ein halber Monat bedeutet immer 15 Tage (189). Die Mitte des Monats ist immer der 15. (Was „acht Tage" bedeutet, ist nur handelsrechtlich geregelt, neues Handelsgesetzbuch § 359, 2.) Vgl. Mot. 285.[3])

Die altdeutsche Frist von Jahr und Tag ist dem Bürgerlichen Gesetzbuche fremd (Mot. 285).

e) Eine Fristverlängerung aus religiösen Gründen enthält 193. Sonn- und Feiertage sollen hiernach als Termine oder letzte Tage einer Frist außer Betracht bleiben, jedoch nur für Willenserklärungen oder Leistungen.[4])

---

[1]) Ausnahmen nach der Verkehrssitte sind nicht ausgeschlossen. Hölder 892: „Die Geltung einer Eisenbahnfahrkarte, deren Geltung erlischt mit dem Ablaufe des Tages, an dem sie gelöst wurde, läßt sich nur als eine eintägige bezeichnen."

[2]) Die Beispiele der Motive 286 sind: Ein Schauspieler soll drei Monate Urlaub haben, die nicht auf einmal zu nehmen sind, ein Grundstück muß einige Monate lang bewohnt werden, ein Reisender einige Monate unterwegs sein.

[3]) Nach Rehbein 292 entspricht es der Verkehrssitte, bei der Frist von acht Tagen den Anfangstag als achten anzusehen. Es scheint beinahe, als habe eine Nachwirkung des altrömischen Fristbeginns die volksthümliche Redeweise, die eine Wochenfrist als achttägige bezeichnet, nach sich gezogen.

[4]) Die Vorschrift wurde vom Reichstage eingeschoben, vgl. jedoch hierzu schon Mot. 287. K.Prot. I, 19, 1. Sie beruht auf dem Streben nach einer größern Sonntagsruhe der arbeitenden Klassen. Ueber ältere Vorschriften ähnlichen Inhalts siehe K.Prot. I, 191. Vgl. Rehbein 191, der hervorhebt, daß es sich um eine bloße Auslegungsregel handelt.

Ueber die gesetzliche Befristung von Rechten siehe den folgenden Paragraphen.

b) Die Verjährung der Rechte.[1])

§ 52.

I. Der Zweck der Verjährung ist eine Beweiserleichterung. Das lange scheinbare Bestehen eines Rechtes kann durch Verjährung unanfechtbar werden und der lange Nichtgebrauch eines Rechtes ihm seine Klagbarkeit rauben.[2])

Das Verbot der Verwerthung älterer Thatsachen bei dem Gegenbeweise wider ein lange ausgeübtes Recht oder bei dem Beweise eines lange nicht ausgeübten Rechtes ist der Grundgedanke der Verjährung.

Diese Nichtbeachtung veralteter Beweisstücke kann der Gesetzgeber entweder dem freien richterlichen Ermessen überlassen oder in feste gesetzliche Fristen einschließen. Die Verjährung ist die in solche Fristen eingeschlossene Nichtbeachtung älterer beweisender Thatsachen. Die Willkür des Gesetzgebers erscheint bei ihr gegenüber der Willkür des Richters als das geringere Uebel.[3]) Man nennt die Verjährung erwerbende, wenn sie eine lange dauernde Rechtsausübung auch in Zukunft sichert, erlöschende oder zerstörende, wenn sie eine lange unterbliebene Rechtsausübung in Zukunft abschneidet. Dort begünstigt sie einen Beharrungszustand, hier benachtheiligt sie einen Unterlassungszustand. Dort ist sie für Berechtigungen beweiserleichternd, hier beweisabschneidend, dort schaffend, hier vernichtend. Dort wird eine Beweissicherheit erworben, hier zerstört.

Das Bürgerliche Gesetzbuch sieht den Verjährungsbegriff als gegeben an, kennt aber (abweichend vom kanonischen und vom preußischen Rechte) eine allgemeine Verjährung nicht.[4])

II. Die einzelnen Verjährungsformen sind

---

[1]) Vgl. hierzu Hölder, Archiv f. bürgerl. Recht, XI, 217 ff.

[2]) Vgl. Mot. 291: „Grund und Zweck der Anspruchsverjährung ist, der Behelligung mit veralteten Ansprüchen ein Ziel zu setzen.“ Ebenso K.Prot. I, 198.

[3]) An der Zweckmäßigkeit dieses Grundsatzes kann man freilich irre werden wenn man den ungeheuren Apparat an Ausnahmebestimmungen betrachtet, die die feste Verjährungszahl nach sich zieht, vgl. unten §§ 64—67. Hieraus erklärt sich wohl, warum die Verjährung trotz ihres einleuchtenden Zweckes, in der Regel als ein Institut des „rein positiven Rechts“ (Rehbein 300) bezeichnet wird.

[4]) Mot. 289, daselbst 288 auch eine Uebersicht über die wichtigsten deutschen Verjährungsgesetze.

a) Fälle der erwerbenden Verjährung:

α) die Ersitzung beweglicher Sachen,

β) die Tabularersitzung der Grundstücke (900), nach K.Prot. I, 196 ein Surrogat für die fehlende Verjährung eines Berichtigungsanspruches, der sich gegen den Grundbuchinhalt kehrt,

b) Fälle der zerstörenden Verjährung:

α) die Anspruchsverjährung s. unten §§ 63 ff.,

β) die zerstörende Tabularverjährung bei Rechten an fremder Sache (901),

γ) die Zerstörung einer Dienstbarkeit durch Nichtgebrauch in einem besonderen Falle (1028).[1])

III. Verjährung und gesetzliche Befristung sind keine unbedingten Gegensätze.[2]) Die Verjährung ist eine Unterart der Befristung. Bei ihr ist die Sicherheit gegen ältere Beweisstücke eines Gegners befristet, nicht aber das Recht selbst. So ist z. B. eine usucapio auch da, wo sie dem Eigenthümer selbst zu Gute kommt, also keine adjectio dominii ist, zur Sicherung des Beweises vortheilhaft.[3]) Ueberdies ist es gar nicht der Zweck des Gesetzes, durch Verjährung Rechte zu schaffen oder zu zerstören. Sie befestigt nur das Wahrscheinliche, strebt aber nicht nach Rechtsänderung (Mot. 291).[4]) Dieser Zweck ist daher das Kennzeichen der Verjährung.[5]) Mit Recht hat somit das Bürgerliche Gesetzbuch auch die kurzen Verjährungen der Ansprüche aus „Geschäften des täglichen Lebens"[6]) (§§ 196 ff.) den wahren Verjährungen zugerechnet, weil bei den Rechtsverhältnissen, die sie betreffen, eine baldige Abwickelung regelmäßig und deshalb wahrscheinlich ist.

Allerdings steht hier neben dem Zwecke, dem Wahrscheinlichen Gewißheit zu verleihen, auch noch ein anderer: Der Antrieb dazu, die laufenden kleinen Ausgaben aus den laufenden Einnahmen zu

---

[1]) Der ersten Lesung war die Verjährung durch Nichtgebrauch völlig fremd. Mot. 289.

[2]) Vgl. Grawein, Verjährung und gesetzliche Befristung. 1880. S. 22 ff. Bekker, Pandekten I, § 38. Rehbein 300, Zitelmann 180.

[3]) Auch von der berühmten lex 3, Dig. XLI, 3 gilt daher: omnis definitio periculosa. Nicht das Recht wird erworben, sondern nur die Sicherheit seines Beweises.

[4]) Nach K.Prot. I, 198 verjähren die „vermuthlich aufgehobenen" Ansprüche.

[5]) Hiernach sind die Streitfragen darüber zu entscheiden, ob in einem einzelnen Falle eine Frist eine Verjährung enthalte oder nicht. So auch Zitelmann 180.

[6]) Mot. 297, 298. Der Code civil 2271—2277 hatte für solche Fälle nur Zahlungsvermuthungen aufgestellt, gegen die eine Eideszuschiebung zulässig blieb.

decken. K.Prot. I, 205. Der eine Zweck wird aber durch den andern nicht ausgeschlossen. Eine bloße Präklusivfrist wollte man jedenfalls nicht setzen (Mot. 298, 299).

Gewöhnlich sieht man zwischen den Begriffen einer unwiderleglichen Vermuthung für das Bestehen eines Rechtes und einer Verjährung einen Gegensatz.[1]) Dies kann aber nicht als richtig anerkannt werden. Jede vom Gesetz anbefohlene Vermuthung eines Erwerbs wird zu einem vollwirksamen Erwerbsakt, sobald die Vermuthung nicht widerlegt werden kann,[2]) namentlich wenn das, was erworben oder zerstört werden soll, nur eine Beweissicherheit ist, wie dies ja bei der Verjährung gilt.

Trotz alledem ist die gesetzliche Befristung, welche nicht Verjährung ist, von dieser streng zu unterscheiden. Die Motive nennen sie „Präklusivfrist" (292) und heben hervor, daß das Gesetzbuch überall, wo es von Verjährung redet, die Präklusivfrist ausschließen will; ja es kann sogar nach der Ausdrucksweise dieser Stelle (Mot. 292) die Nichterwähnung des Wortes „Verjährung" bei einer Frist als ein vollgültiges argumentum e contrario für das Dasein einer Präklusivfrist gelten.

Eine allgemeine Regelung des Rechtes der Präklusivfristen ist nicht für nöthig befunden worden.[3]) Zuweilen sind einzelne Verjährungsgrundsätze auf sie übertragen (z. B. 124, 2).[4])

Auch eine Präklusivfrist kann den Zweck haben, eine Beweiserhebung über vergangene Dinge als unzuverlässig abzuschneiden. Dabei liegt aber niemals blos der Gedanke zu Grunde, daß der wahrscheinliche Rechtszustand bekräftigt werden solle, sondern das Gesetz schneidet hier in die Lage der Parteien auch ohne dies ein, um Rechtssicherheit zu schaffen. So z. B. bei kurzen Anfechtungsfristen in den Fällen der arglistigen Täuschung und der widerrechtlichen Drohung (124).

IV. Die unvordenkliche Verjährung ist vom Bürgerlichen Gesetzbuch nicht aufgenommen worden (Mot. 346). Eine Rücksicht auf das Herkommen wird aber auch in Zukunft als Folge der freien

---

[1]) Vgl. z. B. Enneccerus 297.

[2]) Daß die Verjährung ebenso wie die praesumptio juris nur eine Rechtsunsicherheit beseitigen, nicht eine Rechtsänderung bewirken will, ist in Dig. XLI, 3 fr., 1 für die usucapio anerkannt.

[3]) Einzelne Sonderbestimmungen siehe 124, 1, 212, 1339, 1571, 1594, 2082 u. a. Mot. 347. Vgl. nähere Unterscheidungen bei Zitelmann 180.

[4]) Matthiaß 263 unterscheidet reine und gemischte (d. h. mit Verjährungsgrundsätzen gemischte) Ausschlußfristen.

Beweistheorie unumgänglich sein.[1]) Nur wird der Richter in dieser Rücksicht an die früheren Beweisregeln über immemorialis praescriptio nicht mehr gebunden sein.[2])

V. Verträge über Verjährung, die ihre Frist verlängern, richten sich gegen ein unabänderliches jus publicum, da sie dem Zwecke der Verjährung widerstreiten. Sind nämlich solche Verträge ebenso alt, wie die wegen ihres Alters verdächtigen Beweistitel, die von der Verjährung betroffen werden, so können sie ebensowenig, wie diese, glaubhaft erscheinen. Verkürzung einer Frist durch Vertrag ist aber in der Regel für gesetzliche Fristen ebenfalls unmöglich. Dies gilt namentlich für die erwerbende Verjährung. Das Gegentheil wäre bei solchen Rechtsverhältnissen undenkbar, die neben den Vertragsgenossen auch noch andere betreffen.

Für Anspruchsverjährungen ist aber ein Abkürzungsvertrag zugelassen (225, Ausnahmen 477, 638), da hier ja nur die Parteien selbst berührt werden. Im Uebrigen muß man aber einen Vertrag, der die Wirksamkeit eines Anspruchs durch einen Zeitpunkt begrenzt, im Zweifel blos als Setzung einer Endfrist, oder bei schon bestehenden Schuldverhältnissen als einen mit einer Anfangsfrist versehenen Verzicht auf die gerichtliche Verfolgung eines Anspruches auffassen.[3]) Nur wo die Parteien wollen, daß der dem Anspruch gesetzte engere Zeitraum gleich einer Verjährungsfrist zu behandeln sei, liegt eine wahre vertragsmäßige Abkürzung der Verjährung (Mot. 346) vor. Dies ergiebt sich daraus, daß jeder unter zwei gleich möglichen Wegen zu demselben Ziele im Zweifel immer den näheren und einfacheren wählt.

III. Eintheilung der Rechte.

1. Eintheilung der Rechte nach den Rechtssätzen, auf denen sie beruhen.

§ 53.

I. Der Eintheilung der Rechtssätze in Befehle, Verbote, Ermächtigungen und Ungehorsamsstrafen entsprechen Rechte auf

---

1) So Drechsler in den Verhandlungen des 16. Deutschen Juristentages. 1882. Bd. II, § 68 ff.; vgl. auch Hartmann, Archiv für civ. Praxis, Bd. 73, S. 828. Eck, Vorträge 80, Enneccerus 297, Cosack 265.

2) Abgesehen von dem Geltungsgebiete des Landesrechtes. Matthiaß 254.

3) Der bloße Verzicht des Gläubigers auf gerichtliche Verfolgung ist auch heutzutage noch vom Erlaßvertrage zu unterscheiden; das Nähere gehört zum Rechte der Schuldverhältnisse, vgl. hierzu auch noch K.Prot. I, 238.

fremde Handlungen, auf fremde Unterlassungen (insbesondere Duldungen), ferner Verfügungsbefugnisse und die Rechte auf eine erfolgreiche Klage (materielle Klagerechte).

Die Verfügungsbefugnisse sind zum Theil in den Rechten, über die verfügt werden soll, enthalten (z. B. das Eigenthumsübertragungsrecht im Eigenthume), zum Theile stehen sie aber neben ihnen, wie z. B. das Anfechtungs- oder das Rücktrittsrecht gegenüber einer Vertragspflicht.

Die Verfügungsbefugnisse sind zwar Rechte, aber keine Vermögensstücke von selbständigem Geldwerthe, daher sie von den Vorschriften über ganze Vermögensmassen (s. oben S. 153) in der Regel nicht mit betroffen werden.

II. Der Begriff des Privilegs verhält sich zu dem Begriff der Berechtigung so, wie die rechtliche Ausnahmevorschrift zum Rechtssatze. Ein Privileg ist daher eine ungewöhnliche Bevorzugung durch Rechtssatz (nicht eine Bevorzugung schlechthin, denn diese liegt in jedem Privatrechte).

Streitig ist es, ob man auch die als Ausnahme gewährte Befreiung von Lasten, z. B. von Zehnten, Privilegien nennen soll (sog. negative Privilegien).[1]) Etwaige Vorschriften über Privilegien werden im Zweifel auch auf sie zu beziehen sein.

Nicht alle Bevorzugungen tragen den Charakter der Ausnahme eines allgemeinen Rechtssatzes, z. B. nicht Dotationen, die verdienten Persönlichkeiten als Lohn gegeben werden. Auf solche beneficia ist vornehmlich der Satz des gemeinen Rechtes zu beziehen, daß sie plenissime zu deuten seien (Dig. I, 4 fr. 3), während Ausnahmevorschriften strenge gedeutet werden (s. oben S. 53).[2])

Bevorzugungen, die durch einen Träger der Staatsgewalt verliehen werden,[3]) z. B. die durch den König gewährte Rechtsfähigkeit eines Vereins oder eine durch die Verwaltungsbehörde gegebene Konzession sind keine Privilegien, weil ihre Gewährung sich auf eine

---

[1]) Vgl. Dernburg, Pandekten I. 197. § 85. Anm. 2. Negative Privilegien praeter legem sind undenkbar, weil ihr Inhalt selbstverständlich ist (z. B. Nichtbezahlung einer nicht bestehenden Steuer). Nur contra legem sind sie denkbar. Positive Privilegien aber können sowohl praeter legem als contra legem verliehen sein.

[2]) Anders das preußische Recht (Einl. §§ 54—56), das durchweg zwischen privilegia onerosa und gratuita unterscheidet.

[3]) Vgl. Pr. Verf., Art. 45 ff.

lex generalis stützt. Auch die Begnadigung des Bestraften durch den Landesherrn gehört hierher. Alle solche Akte sind nicht Vorschriften, die neben den Gesetzen stehen, sondern Verfügungen, in denen ein Gesetz Anwendung findet. Wahre Privilegien kann nur die gesetzgebende Gewalt (oder das ihr gleichstehende Gewohnheitsrecht) ertheilen.[1])

Ein romanistischer Mißgriff war es, deutschrechtliche Bildungen, wie die Zwangs- und Bannrechte, deshalb als Privilegien zu bezeichnen, weil sie der römischen Rechtsordnung fremd waren. Das bürgerliche Gesetzbuch weicht diesem Rechtszweige, der über das bürgerliche Recht hinaus greift, grundsätzlich aus. Nach Mot. 19 bedeutet das Schweigen über Privilegien, daß das Bürgerliche Gesetzbuch die reichsrechtlichen Privilegien ebenso behandelt wissen will, wie andere Rechte. Das Landesrecht kann aber nicht als aufgehoben gelten, weil es sich hier nicht um bloße Sätze des bürgerlichen Rechtes handelt. Wo das Landesrecht nicht ausreicht, da unterliegt die Behandlung der Privilegien dem freien richterlichen Ermessen, soweit nicht die allgemeinen Regeln über die Auslegung von Ausnahmevorschriften Platz greifen (vgl. oben § 20 S. 53).

Gleich jeder Sondervorschrift über Privilegien ist auch der (unrichtige) Satz aeque privilegiatus contra aeque privilegiatum jure non utitur dem Bürgerlichen Gesetzbuch fremd. Daher z. B. der Reichsfiskus gegen den Landesfiskus sich auf 395 berufen kann.

III. Der Eintheilung der Rechtssätze in materielles und prozessuales Recht entspricht eine Sonderung der Rechte in civilrechtliche und prozessuale. Zu letzteren gehört z. B. das Recht auf prozessuales Gehör (formelles Klagerecht), auf Erhebung einer prozeßhindernden Einrede u. dergl.

2. Die Eintheilung der Privatrechte nach ihrem Inhalte.

a) Die Beziehungen des Berechtigten zur Außenwelt.

§ 54.

I. Der Eintheilungsgrund der Privatrechte beruht auf dem Ziele der Berufsthätigkeit der Privatrechtsjuristen. Dies ist, einzelnen Rechtsgenossen einen bestimmten Einfluß auf das Verhalten der anderen zu verschaffen oder vermittelst gerichtlichen Schutzes zu erhalten. Deshalb unterscheidet man seit alter Zeit die Privatrechte

---

[1]) Näheres s. Bekker, Pandekten § 27.

nach dem Umfange des Einflusses, den sie gegenüber den Mitmenschen geben.

Bloße Verfügungsbefugnisse, die weder als solche einklagbar, noch besondere Vermögensstücke sind wie das Anfechtungsrecht, Mahnungsrecht, Kündigungsrecht u. dergl. eignen sich daher nicht als Grundlage des Systems und bleiben in diesem außer Betracht.[1])

II. Der Hauptunterschied der Rechte nach ihrem Einflusse auf Unberechtigte liegt in der Vielseitigkeit des Schutzes, die einigen Gruppen dieser Rechte fehlte, andern zu eigen ist.

Es erklärt sich dies daraus, daß manche Schutzbedürfnisse dauernd an die Außenwelt heraustreten und deshalb von einem größeren Kreise von Menschen verletzt werden können. So die bleibenden Familienbeziehungen zu Menschen oder Sachen (jura in persona und in re). Diese können durch jeden verletzt werden, der in der Lage ist, diese Familienglieder oder Sachen anzutasten. Die Rechtsordnung giebt bei diesen „absoluten Rechten" (Mot. III, 2) dem Berechtigten einen vielseitigen Schutz durch ein Berührungsverbot an jeden, der dem Rechtsgegenstande nahe kommt. Uebertrieben ist die Vorstellung, daß das Gesetz allen Menschen, also auch solchen, die dem Rechtsgegenstande fern bleiben, ein solches Verbot ertheile, und daß daher diese sogen. absoluten Rechte nicht blos vielseitige, sondern allseitige seien, daher denn auch der Name „absolute Rechte" zu weit greift. Besser ist: Rechte gegenüber einem unbestimmten Kreise.[2])

III. Im Gegensatze hierzu stehen die durch einseitige Rechtsbefehle an bestimmte Personen gesicherten Rechte (sogen. relative oder persönliche Rechte).

Es sind dies die Forderungen (Schuldverhältnisse). Aber auch der dingliche Anspruch, der dadurch auf einen bestimmten Menschen konzentrirt ist, daß dieser ein dingliches Recht verletzt hat, stellt ein Recht gegenüber einer bestimmten Person dar (s. § 55).

---

[1]) Auch die Statutsrechte sind Privatrechte, aber keine Vermögensstücke. Ebenso die „Einrederechte", siehe § 62. Sie haben für sich keinen selbständigen Werth, sondern vermitteln nur den Erwerb oder das Behalten anderer Werthstücke. (Vgl. hierzu oben S. 153.) Dies gilt auch von den Mitgliedschaftsrechten, vgl. oben S. 126 Anm. 1 und Engelmann 168.

[2]) Stammler, Recht der Schuldverhältnisse, § 9, theilt die Rechte in Anlehnung an Windscheid, Pand. § 38, Nr. 3, in Ausschließungs- und Verbindungsrechte ein. Jedenfalls können auch Forderungen ein Recht auf Ausschließung des Verpflichteten von einer Sache geben, so z. B. wenn die Nichtausübung eines Wegerechtes gegen Entgelt versprochen ist.

IV. Die Familienrechte gehören beiden Gruppen von Rechten an. Zwischen den Betheiligten (Mann und Frau, Eltern und Kind, Vormund und Mündel) bestehen persönliche Rechte, dritten gegenüber aber liegt ein Schutz vor, der sich gegen einen unbestimmten Personenkreis richtet, d. h. gegen jeden, der das Recht antastet, z. B. das Kind dem Vater vorenthält.

V. Das Wort „dinglich" hat eine weitere und eine engere Bedeutung (vgl. Mot. III, 2). Im weiteren Sinne nennt man alle gegen einen unbestimmten Kreis geschützten Rechte dingliche, also auch die Statusrechte, Familienrechte, Immaterialgüterrechte.

Dieser unbestimmte Kreis setzt sich aus allen denen zusammen, die im Stande sind, die im Rechte enthaltenen Vortheile durch ihr Verhalten zu beeinträchtigen.

Im engern Sinne versteht man unter dinglichen Rechten nur die gegen einen unbestimmten Kreis geschützten Rechte an einer Sache (d. h. die mit dauerndem Einflusse auf deren Schicksale ausgestatteten), m. a. W. die Sachenrechte (Buch III).[1]) Dieser Einfluß wird dadurch von der Rechtsordnung gewährt, daß sie allen, die der Sache nahe kommen, eigenmächtige Berührungen untersagt, insoweit diese dem Rechte widersprechen.

Unnatürlich ist auch hier die Anschauung, daß sich die dinglichen Rechte gegen alle Menschen überhaupt richten. Wer nicht thatsächlich ein fremdes Recht verletzen kann, dem braucht dies vom Gesetze nicht verboten zu werden. Ein solches Verbot würde sogar sinnlos sein.

VI. Die sog. Immaterialgüterrechte sind Rechte gegenüber einem unbestimmten Kreis, d. h. gegenüber den zur Verletzung des Rechtes Fähigen, ohne ein körperliches Herrschaftsgebiet des Berechtigten, z. B. Urheberrechte und Erfinderrechte. Auch sie sind nur insoweit Vermögensstücke, als sie mit unter die Vorschriften über Vermögen, namentlich über Vererbung und Beschlagnahme im Konkurse u. dergl. fallen.

Rein ideale (vermögensfremde) Immaterialrechte (nicht Immaterialgüterrechte) sind z. B. das Namensrecht, und das verwandte Firmenrecht. (Hierher gehören auch das Wappen- und Siegelrecht.)

---

[1]) Vgl. Mot. III, 2. „Das Wesen der Dinglichkeit liegt in der unmittelbaren Macht der Person über die Sache." Die Zwischenbildung des jus ad rem ist dem Bürgerlichen Gesetzbuch fremd (Mot. I, 271, III, 3). Die Absicht, die Rechte an fremder Sache als „begrenzte Rechte" zu bezeichnen (Mot. III, 2), hat im Texte des Bürgerlichen Gesetzbuches keinen Ausdruck gefunden.

Die systematische Stellung dieser Rechte ist bestritten. Die wichtigsten Ansichten sind:

a) Sie seien Ausflüsse der Persönlichkeit, die das Recht mit Rücksicht auf den Werth des einzelnen Menschen gewähre. Das kann man aber ebensogut von allen andern Privatrechten sagen.[1])

b) Es handle sich bei ihnen um Deliktsklagen gegen die Rechtsverletzer.[2]) Damit wird ihre Bedeutung nicht erschöpft, da sie auch wenigstens soweit sie Vermögensstücke sind, veräußert, verpfändet und abgepfändet werden können. Nur für die vermögensfremden Rechte, z. B. das Namensrecht, ist dieser Standpunkt vielleicht der richtige.

Die Immaterialgüterrechte dagegen sind in das Bürgerliche Gesetzbuch als besondere Gruppe nicht aufgenommen worden, weil sie im Wesentlichen theils durch die Landesgesetze, theils durch besondere Reichsgesetze geregelt werden sollen. Sonst würde man ihnen als Rechten auf ausschließliche Vornahme gewisser Erwerbshandlungen (Erwerbsrechten) ein besonderes Buch neben den Schuldverhältnissen und den Sachenrechten haben widmen müssen. Auch diese Rechte sind, ebenso wie die Sachenrechte, absolute, d. h. gegen einen unbestimmten Kreis geschützt. Nur richten sie sich nicht gegen jeden, der einer Sache nahekommt, sondern gegen diejenigen, die in der Lage sind, durch ihr Verhalten einen Vortheil zu beeinträchtigen, den diese Rechte gewähren sollen, z. B. eine ausschließliche Erwerbsbefugniß aus dem sog. geistigen Eigenthume.

VII. Das Erbrecht im subjektiven Sinne (d. h. Erbberechtigung) bezeichnet zwei Dinge. Zunächst die Befugniß eines zur Erbschaft Berufenen durch Antritt zum Erben zu werden. Dies ist dem Bürgerlichen Gesetzbuch fremd, da der Erbe immer ohne Antritt nachfolgt (1922). Sodann versteht man unter Erbrecht das Recht aus der Erbfolge. Dies ist aber nur ein Gesammtname für alle einzelnen als Nachlaßstücke erworbenen Rechte.

Das Bürgerliche Gesetzbuch vermeidet den hiernach entbehrlichen

---

[1]) Vgl. die bei Gierke, Deutsches Privatrecht, Angeführten. 1895. § 81. S. 702. Engelmann 151, der unter den Persönlichkeitsrechten als eine besondere Kategorie die Rechte auf Bethätigung (d. i. Willensbethätigung) aufführt 157 ff. Der Begriff der Persönlichkeitsrechte umfaßt nothwendiger Weise ebensowohl solche Rechte, die jedermann hat, als auch solche, die Einzelnen gewährt und Andern versagt sind. Nur die letzteren kommen aber in Betracht, wo man die verschiedenen Arten von Befugnissen als Bestandtheile der menschlichen Herrschaftskreise aufzählt.

[2]) So namentlich hinsichtlich des Nachdruckes, Gerber, Deutsches Privatrecht, 17. Aufl., herausg. v. Cosack, § 259. S. 438 ff.

Ausdruck „Erbrecht" im subjektiven Sinne. Auch die Praxis kann ihm sehr wohl ausweichen.

b) Die Ansprüche insbesondere.

α) Der Begriff des Anspruches.

§ 55.

I. Die Vorgeschichte der Redeweise des bürgerlichen Gesetzbuches. Das Bürgerliche Gesetzbuch bestimmt den Begriff des Anspruches bei der Verjährungslehre, indem es nicht Klagen oder Klagerechte, sondern Ansprüche verjähren läßt. Es erwähnt den Ausdruck „Anspruch" aber auch sonst, namentlich bei der Unübertragbarkeit der Ansprüche (vgl. Bernhardi, Handwörterbuch zum B.G.B. 2. A. S. 313), als Bezeichnung eines Begriffes, der über die eigentlichen Schuldverhältnisse hinausreicht (vgl. namentlich 931). Es ist dies die Annahme einer Anregung Windscheid's, nach der fortan überall da, wo die Römer von actio als jus sprachen, bei uns von „Anspruch" geredet werden sollte. Dem hat sich das Gesetzbuch angeschlossen.[1])

Eine begriffliche Identität des „Anspruches" mit der römischen actio als jus persequendi judicio quod sibi debetur (klagbarer Anspruch, nicht Klagehandlung) ist dabei nicht vorausgesetzt. Actio ist vielmehr nur das klagbare Recht; der Anspruch (194) dagegen umfaßt jedes Recht gegenüber einem bestimmten Verpflichteten (jedes relative Recht) ohne Rücksicht auf Klagbarkeit.[2]) Da nur relative Rechte klagbar sind, so liegt der Unterschied zwischen actio und Anspruch lediglich in der

---

[1]) K.Prot. I, 201 erkennen an, daß das Wort „Anspruch" bisher vieldeutig war und nunmehr durch eine Legatdefinition festgelegt werden sollte. Daß schon Wächter (württemberg. Privatr. 118 ff.) als Vorgänger Windscheid's zu nennen ist, hebt Hölder hervor (411). Während Planck 47 behauptet, daß die Verwendung des Wortes Anspruch in dem Sinne des B.G.B. sich schon „im Leben" vorfindet, behauptet Hölder 411, indem er Rankes Weltgeschichte anführt, mit Recht das Gegentheil. Es kann ihm nicht abgestritten werden, daß der „Anspruch auf den Besitz einer Sache" und namentlich der „Anspruch auf Erbfolge" gute deutsche Redewendungen sind, obwohl das Gesetzbuch grundsätzlich das Wort in so weitem Sinne nicht nimmt. Es hat also nicht einen vorhandenen Sprachgebrauch anerkannt, sondern einem neuen, im Werden begriffenen zur Vollendung verholfen.

[2]) 194: „Das Recht von einem Anderen ein Thun oder ein Unterlassen zu verlangen (Anspruch) unterliegt der Verjährung." Unter dem Unterlassen ist auch das Dulden zu verstehen, daher m. E. auch die von Fischer-Henle, 8. A., S. 87 angeführten Beispiele unter den Anspruchsbegriff des Bürgerlichen Gesetzbuches fallen s. unten S. 197 Anm. 8.

Klagbarkeit der ersteren. Es giebt also auch klaglose Ansprüche, nicht blos die sog. naturalen, deren Vorhandensein nach Bürgerlichem Gesetzbuch im Rechte der Schuldverhältnisse zu untersuchen ist,[1]) sondern auch alle Forderungen auf ein dauerndes Verhalten eines andern, bei denen der Verpflichtete unausgesetzt seiner Verbindlichkeit genügt und folgeweise zu einer Klage keine Möglichkeit darbietet, z. B. die Forderung gegen eine bisher durchaus pflichttreue Dienerschaft auf fernere Vertragserfüllung, (wobei natürlich vorausgesetzt ist, daß die Dienerschaft nicht etwa die Gültigkeit des Schuldverhältnisses für die Zukunft bestreitet), ebenso sind alle Forderungen auf Unterlassungen, denen der Verpflichtete nicht zuwiderhandelt, nicht klagbar. Hier liegen zwar Ansprüche vor, aber nicht klagbare Ansprüche.[2])

Diese Begriffserweiterung war durch die Verjährungslehre nicht in erster Linie geboten, weil diese sich, wie wir sehen werden, schließlich doch im Wesentlichen nur auf klagbare Ansprüche beziehen kann. Wenn man trotzdem gerade bei den Verjährungen zu dem Ausdrucke „Anspruch" gegriffen hat, so erklärt sich dies daraus, daß die deutsche Sprache ein einfaches Wort für „actio" nicht besitzt. Das deutsche „Klagerecht", ein Ausdruck, dem die Motive 357 ausweichen, ist zweideutig. Es giebt ein sog. materielles Klagerecht, das der richtigen Meinung nach mit dem klagbaren Anspruche identisch ist und daneben ein formelles Klagerecht, d. h. die Befugniß, entweder eine Klage (begründeten oder unbegründeten Inhalts) zu erheben oder eine Klage, hinter der ein zur Zeit begründeter Anspruch nicht steht,[3]) mit Erfolg zu erheben. So giebt z. B. § 259 der neuen

[1]) Enneccerus 284 meint, daß der Begriffsumfang der „Ansprüche" und der „Klagerechte" sich blos durch die klaglosen Naturalansprüche unterscheide. Aehnlich Kuhlenbeck 568.

[2]) Allgemein verworfen ist die sog. Verletzungstheorie (v. Savigny, System V, S. 1 ff., § 204), nach der ein Gläubiger nicht eher klagen kann, als er verletzt ist. (Dagegen auch K.Prot. I, 210.) Dies ist falsch bei kündbaren Darlehn, Depositen und Kommodaten. Ohne vorherige Kündigung ist hier die Klage möglich, obwohl keine Verletzung vorliegt. Dennoch enthielt diese Theorie einen wahren Kern. Man muß nur statt der Verletzung die „Nichtbefriedigung" setzen. Ein aus einem dauernden Schuldverhältnisse fortgesetzt unbedingt befriedigter Gläubiger darf nicht klagen. Eine solche Klage wäre sinn- und zwecklos. Richtig K.Prot. I, 211. Durch diese Ausführungen des Textes sagt der Verfasser sich von der herrschenden, auch von ihm früher mehrfach verfochtenen Ansicht los, daß die actiones in personam sich mit den Forderungen oder persönlichen Ansprüchen, soweit diese nicht obligationes naturales betreffen, vollkommen decken.

[3]) Nach Hölder 409 ist das Klagerecht ein öffentliches Recht, d. h. doch nur

Civilprozeßordnung für einen erst später entstehenden (künftigen) Anspruch ein verfrühtes Klagerecht.

Derartige rein formelle Klagerechte verjähren natürlich nicht und unterliegen überhaupt nicht dem Anspruchsrechte, namentlich nicht der Möglichkeit einer besonderen Cession.[1])

Hierbei bleibt noch zu erklären, warum man nicht an die Stelle der actio ihrer Definition entsprechend (jus persequendi judicio quod sibi debetur Inst. III, 6 pr.) den klagbaren Anspruch (Klaganspruch) gesetzt hat, sondern den (entweder klagbaren oder klaglosen) Anspruch. Diese Sprachveränderung ist von Windscheid in seiner grundlegenden Schrift [2]) aus rechtsgeschichtlichen Gründen erläutert worden. Klagbarkeit der Ansprüche war in Rom nicht so selbstverständlich, wie heutzutage.[3]) Darum benannte der praktische Römer den Anspruch nach einer Eigenschaft, ohne die er ihm nichts werth war, der Klagbarkeit. Dem deutschen Sprachgefühle ist dies fremdartig, weil der Grund, auf dem es beruhte, unsern Zuständen nicht entspricht.

Damit hängt die veränderte Auffassung der Anspruchsabtretung zusammen. Es ist zu beachten, daß Windscheid[4]) nicht blos der Verjährungslehre eine neue Terminologie zubereiten wollte, sondern in der römischen actio auch den Gegenstand der Cession sah und die richtige Ansicht vertrat, daß nach deutschem Rechte auch die nicht zur Klagbarkeit geeigneten Ansprüche (namentlich die bisher dauernd befriedigten) abgetreten werden können. So kann jemand seine Ansprüche aus einem noch nicht ausgeführten Gütertransportvertrage abtreten, obwohl sie durchaus nicht klagbar sind. Bedingte und betagte Ansprüche sind ohne Zweifel abtretbar, obwohl sie noch nicht klagbar sind und daher noch nicht verjähren.[5]) In römischer Redeweise hätte man

---

in der einen Bedeutung dieses Wortes, die andere (klagbarer Anspruch) ist jedenfalls auch in der bisherigen Rechtssprache verwendet worden. (Vgl. z. B. Enneccerus 284, Kuhlenbeck 563.)

1) Näheres unten im § 63. Natürlich kann die Cession eines zukünftigen Anspruches ein anticipirtes Klagerecht nach sich ziehen; dies letztere ist aber nicht mit übertragen, sondern aus der Person des neuen Gläubigers zu begründen.

2) Die Aktio des röm. Civilrechts 1856.

3) Vgl. Bekker, Pandekten I, 46, 95; Fischer in Bekkers und Fischer's Beiträgen VI, 7 ff.

4) Die Aktio des röm. Civilrechts 1856 § 14, S. 119 ff.

5) Es wird alles Ernstes mehrfach behauptet, daß es bedingte und betagte Ansprüche nach B.G.B. überhaupt nicht gebe (Matthiaß 58, Enneccerus 280, Zitelmann 176), während man doch nicht die Möglichkeit bedingter Forderungen

wohl in derartigen Fällen von der Abtretung bloßer actiones nondum natae reden können, die im Voraus cedirt werden. Nach deutscher Auffassung ist aber die Forderung oder der Anspruch cedirt. Um nun nicht bei der Cession anders zu reden als bei der Verjährung, verdeutschte man das römische materielle Klagerecht ein für alle Mal mit „Anspruch". So das Bürgerliche Gesetzbuch, das der richtigen Meinung nach die Abtretung von Ansprüchen nicht blos bei klagbaren Ansprüchen zuläßt.

II. Die Redeweise der Civilprozeßordnung weicht vom Bürgerlichen Gesetzbuche ab:

a) Anspruch bedeutet im Prozeßrechte sehr häufig so viel wie der „angebliche Anspruch", d. h. der vom Kläger behauptete Anspruch,[1]) mag er nun wirklich bestehen oder nicht.

Dieser Sprachgebrauch, der unter Ansprüchen bald die wirklich begründeten, bald die blos angeblichen (unbegründeten) Ansprüche bezeichnet, findet sich aber auch im täglichen Leben. Es war wohl schwerlich die Absicht des Verfassers unserer Gesetzestexte, die eine dieser Bedeutungen lediglich der Auslegung des Bürgerlichen Gesetzbuches, die andere der Auslegung der Civilprozeßordnung vorzubehalten, vgl. aber auch Fischer-Henle 96. Jede einzelne Stelle eines jeden Gesetzbuches ist mit Rücksicht auf die geschilderte Doppeldeutigkeit des Wortes „Anspruch" für sich zu deuten, wobei natürlich der Unterschied zwischen bürgerlichen und Prozeßgesetzen bedeutsam sein wird. Die Aufgabe der ersteren ist, materielle, wirkliche Ansprüche zu verleihen. Die Aufgabe der Civilprozeßordnung ist, angebliche Ansprüche beurtheilen zu lassen.

b) Die Civilprozeßordnung kennt auch sog. Feststellungsansprüche, actiones praejudiciales (§ 256). Diese gelten nicht als Ansprüche im Sinne des Bürgerlichen Gesetzbuches.[2]) In Wahrheit gehen sie

---

bestreitet und es herrschende Meinung ist, daß persönliche Ansprüche und Forderungen sich decken sollen (Kuhlenbeck 562, Endemann 387). Hier sind offenbar der weitere Begriff „Anspruch" und der engere „verjährbarer Anspruch" mit Unrecht identifizirt worden. Ueber die Abtretbarkeit bedingter Forderungen siehe Enneccerus 233 Anm. 1.

[1]) Auch die Klagehandlung (actio im besonderen Sinne) kann allenfalls als „Anspruch" bezeichnet werden (Matthiaß 279). Dies ist aber nicht üblich. Man redet dann von „Klage" oder „Anspruchserhebung".

[2]) So ausdrücklich die Motive 295. Fischer-Henle 96. Auch der Verfasser hat die Ansicht, daß diese Ansprüche keine wahren actiones seien, früher vertreten (diss. inaug. de natura actionis quae praejudicialis vocatur 1874).

aber darauf, dem Verklagten ein Unterlassen aufzunöthigen,[1]) nämlich ein Unterlassen jedes ferneren Widerspruches gegen den Inhalt der Feststellungsklage. Durch die Erkenntniß dieses Sachverhaltes mindert sich der Widerspruch der beiden Gesetzbücher hinsichtlich des Anspruchsbegriffes.

III. Anspruchsrecht und Rechtsverfolgung gehören bei den römischen actiones zusammen, nicht bei den Ansprüchen des Bürgerlichen Gesetzbuches.

Neben den rechtsverfolgenden Ansprüchen giebt es vielmehr auch rechtsabändernde z. B. Ansprüche auf Anfechtung einer Ehe oder eines Kindesverhältnisses und dergl., insbesondere Ansprüche auf Beseitigung eines Rechtes, namentlich die Scheidungsansprüche. Actiones im römischen Sinne sind sie nicht, da bei ihnen nicht vor Gericht eine bereits bestehende Schuld (quod debetur) eingetrieben wird. Dies giebt uns aber nicht das Recht, sie von den Ansprüchen des Bürgerlichen Gesetzbuches und namentlich von den Rechtssätzen über Ansprüche auszuschließen, wie das vielfach geschieht.[2]) Diese Ansprüche verlangen, daß der Gegner die begehrte Rechtsänderung, z. B. die Aufhebung einer Ehe erdulde. Dulden ist aber eine Art des Unterlassens, ein Aufgeben jedes Widerstandes gegen unerwünschte Aenderungen der Sachlage. Folglich fallen auch diese Erscheinungen unter die gesetzliche Anspruchsdefinition (194).[3])

Anders später in der Zeitschr. f. Civilpr. XV, 327 ff. Die herrschende Meinung ist gegen die Anspruchsnatur der Feststellungsklagen vgl. Neumann 106, Hölder 418. Auch hier werden die Begriffe „Anspruch" und „verjährbarer Anspruch" mit Unrecht verwechselt. Die Feststellungsklagen gelten als unverjährbar, ob mit Recht, darüber siehe unten § 63. Daraus folgern manche, daß sie überhaupt keine Ansprüche sind und also auch nicht abgetreten werden können (vgl. Dernburg, bürg. R. II, R. der Schuldverh. S. 312, der allerdings nur die selbständige Abtretbarkeit bestreitet, worin ihm zuzustimmen ist). Wenn ein solches Klagerecht aber zugleich mit der festzustellenden Forderung abgetreten wird, so unterliegt es m. E. den Regeln der Anspruchscession.

1) Vgl. Zeitschrift f. Civilprozeß. XV, 327 ff.

2) Am Klarsten von Enneccerus 288 ff., der hier Klagen annimmt, die nicht auf Ansprüchen beruhen. M. E. liegt darin eine Verkümmerung des Rechtsschutzes, dessen wir bedürftig sind. Siehe unten § 63. Zuzugeben ist allerdings, daß das Gesetzbuch hierzu Anlaß giebt, indem es bei wichtigen Klagen dieser Art Ausschlußfristen statt der Verjährungen anordnet, z. B. bei der Scheidungsklage (1571). Dadurch wird aber der Anspruchsbegriff nicht berührt. Hölder 413 weist mit Recht darauf hin, daß es nicht folgerichtig war, von einer Klage auf Scheidung und einem Anspruche auf Aufhebung einer Gemeinschaft (758) zu reden.

3) Stilistische Bedenken gegen diese siehe bei Endemann 389 Anm. 2.

IV. Eine **Konkurrenz** von Ansprüchen oder Klagen ist absichtlich (Mot. 278) im Bürgerlichen Gesetzbuche unerwähnt geblieben. Und zwar mit vollem Rechte. Weder Wissenschaft noch Praxis haben ein Interesse daran, die verschiedenen Formen aufzuzählen, in denen mehrere Ansprüche in einer Verbindung stehen können, da es gemeinsame Regeln für diese Formen nicht giebt.

Der Hauptfall, die sog. elektive Konkurrenz der Aktionen, hat sich aber mit dem Wegfalle des Formularprozesses völlig geändert.[1]) Wenn z. B. der Miether die gemiethete Sache beschädigt, so braucht der Vermiether nicht mehr zwischen der Vertragsklage und der Sachbeschädigungs-Klage zu wählen. Er kann vielmehr seinen Ersatzanspruch doppelt begründen. Es liegt also ein Anspruch mit doppelter Begründungsmöglichkeit vor, die sogar zugleich in das Feld geführt werden kann.[2]) Jedenfalls gehört dieser Zweig heutzutage völlig dem Prozeßrechte an (der Lehre von der Klagebegründung) und kann in der Lehre des Bürgerlichen Rechtes völlig weggelassen werden.[3])

V. **Sind die Ansprüche Vermögensstücke von Geldwerth?** Nach S. 557 nur, insoweit ihr Inhalt in Geld abgeschätzt werden kann. Dingliche Ansprüche insbesondere sind neben den dinglichen Rechten, die ihre Quelle sind, keine besondern Vermögenswerthstücke, da ihr Werth nicht neben dem Werthe des dinglichen Rechtes steht. Der Werth des Anspruches auf Rückgabe einer gestohlenen Sache ist identisch mit dem Werthe des Eigenthums, kein selbständiges Aktivum neben ihm. Ist z. B. eine Sache für einen Gläubiger gepfändet und gestohlen, so kann nicht etwa ein anderer Gläubiger des Eigenthümers sich den Rückgabeanspruch, den der Eigenthümer aus der unbefugten Besitzergreifung eines Dritten erlangt, überweisen lassen.

Ein besonderer Vermögenswerth fehlt auch noch einigen An-

---

[1]) A. M. anscheinend **Enneccerus** 285, vgl. auch **Matthiaß** 265 und **Kuhlenbeck** 556.

[2]) Zuweilen giebt die eine der beiden möglichen Begründungen eines und desselben Anspruches diesem einen besseren Inhalt als die andere. So wenn ein Mündel auf dieselbe Leistung zugleich aus einem Vertrage klagen und daneben aus der Bevormundung ein Konkursprivileg geltend machen kann (vgl. Dig. XXVI de adm. et peric. fr. 9 § 1). Der besondere Nutzen, den diese vortheilhaftere Begründung gewährt, übersteigt dann den Inhalt des auf doppelter Grundlage stehenden Anspruches und ist Inhalt eines einfach begründeten Forderungsrechts.

[3]) Vgl. Zeitschrift f. Civilprozeß. XV, 827 ff. Ueber den sog. concursus duarum causarum lucrativarum siehe **Kuhlenbeck** 557.

sprüchen, die man uneigennützige nennen könnte, weil der Berechtigte mit ihnen nicht für sich selber begehrt. Dahin gehören der Anspruch des Staatsanwalts auf Erduldung der Nichtigkeitserklärung einer Ehe (§ 32 C.P.O.), der eben schon deshalb des Vermögenswerthes entbehrt, weil er dem Familienrechte zuzutheilen ist. Dahin gehört aber auch ein Anspruch mit vermögensrechtlichem Inhalt, nämlich der Anspruch der Obrigkeit auf Erfüllung einer Auflage (525, 2, 2194). Auch er ist kein Geldwerthstück des Berechtigten, daher auch der Pfändung durch dessen Gläubiger entzogen; aber ein Anspruch im Sinne des 194, 1 ist er trotzdem. Es zeigt sich auch bei ihm, daß das Gebiet der Vermögensrechte weiter greift als der Kreis der Vermögensstücke mit Geldwerth (s. oben S. 153).[1])

β) Die Hauptarten der Ansprüche.

αα) Dingliche und persönliche Ansprüche.

ααα) Das Unterscheidungsmerkmal.

§ 56.

I. Eintheilung der Ansprüche nach der Art des zu beanspruchenden Verhaltens. Es giebt Ansprüche auf ein Thun und auf ein Unterlassen. Die Ansprüche auf ein Unterlassen haben freilich nur insoweit einen Sinn, als Handlungen unterlassen werden sollen, die ohne diesen Anspruch möglicher Weise zu erwarten sind, z. B. ein Anspruch gegen einen Grundstücksherren, das Wegerecht des Berechtigten nicht zu stören. Der Schuldner ist hier nicht zu einer Körperbewegung, sondern zu einer inneren That verpflichtet, nämlich zur Unterdrückung des Triebes der sich auf die Vornahme der verbotenen Handlung richtet (s. oben S. 4). Ueber das Dulden als Unterart des Unterlassens siehe oben S. 197.

II. Die Eintheilung der Ansprüche in dingliche und persönliche beruht auf der Verschiedenheit der Rechte, die durch sie geschützt werden. Die persönlichen Ansprüche sind der Ausdruck persönlicher Rechte, ja sogar mit ihnen identisch.[2]) Die dinglichen Ansprüche sind die nach außen gerichteten dinglichen Rechte. Vor ihrer Klagbarkeit gehen sie gegen die Menschen, die das dingliche Recht verletzen können.[3])

[1]) Besondere Schwierigkeiten macht die Anwendung des Anspruchsrechtes auf die Verhältnisse der Wandlung und Minderung aus Kaufverträgen, vgl. hierzu Hölder 411. Das Nähere gehört in das Recht der Schuldverhältnisse.

[2]) Anders die actiones in personam s. oben S. 194 Anm 2.

[3]) Vgl. hierzu namentlich Hölder 445. Das Verhältniß, daß zwischen dem

Als klagbare Ansprüche aber richten sie sich gegen solche, die es schon verletzt haben. Sie decken sich nicht völlig mit dem dinglichen Rechte, da dieses sämmtliche Ansprüche gegen die Verletzer seines Inhalts in sich schließt und außer den Beziehungen zu Mitmenschen auch noch Beziehungen zu dem Herrschaftsgegenstande selbst umfaßt.

Die Feststellungsansprüche sind insofern dingliche oder doch den dinglichen verwandte Ansprüche, als die Rechte, die sie feststellen lassen, dingliche sind, insofern aber persönliche, als sie Rechtsverhältnisse persönlicher Art zum Ziele haben.

Die Ansprüche, die nicht vorhandene Rechte schützen, sondern sie aufheben oder neue begründen wollen, haben einen persönlichen Charakter (z. B. die Ehescheidungsklage). S. oben S. 197.

Den Immaterialgüterrechten als vielseitig geschützten Rechten dienen Schutzansprüche, die den dinglichen Ansprüchen analog sind.

III. Die Eintheilung der Ansprüche in Ersatz- und Straf- (oder Buß-)Ansprüche bezieht sich nur auf die Haftung aus unerlaubten Handlungen (siehe das Recht der Schuldverhältnisse).[1])

---

dinglich Berechtigten und dem, der zur Verletzung des Rechtes im Stande ist, vor der Verletzung besteht, hat namentlich Windscheid einen Anspruch genannt. Dagegen unter andern auch der Verfasser dieses Buches in seiner angeführten Doktorschrift und in Iherings dogm. Jahrb., Bd. 17, S. 459 Anm. 1. Der Wortlaut des Gesetzbuches (194) spricht für Windscheid. Ebenso Cosack 252. Dennoch steht die Mehrheit der Schriftsteller auf dem entgegengesetzten Standpunkte. Planck 48 und 249 bezeugt es ausdrücklich als Ansicht der Commission, daß das absolute Recht erst bei der Verletzung einen Anspruch erzeuge. Ebenso Kuhlenbeck 553, 554. Trotzdem ist jetzt der Verfasser der Meinung, daß der ganze, früher auch von ihm mit Eifer geführte Streit nicht werth ist, darauf auch nur ein Wort zu verschwenden. Ob man die Bezeichnung aus dem noch unverletzten dinglichen Rechte zwischen dem Berechtigten und den Nichtberechtigten „Ansprüche" nennen will oder nicht, ist deshalb völlig gleichgiltig, weil sie eine praktische Bedeutung schlechterdings nicht haben. Wenn z. B. der Eigenthümer dem Pächter den Anspruch gegen den etwa das Eigenthum verletzenden Nachbarn abtreten will, so überträgt er einfach im Voraus den etwa später entstehenden klagbaren Anspruch. (Auch Dernburg, bürg. R. II, Recht der Schuldverhältnisse, S. 307, erwähnt als Abtretungsgegenstand nur dingliche Klaganspruche.) Ist aber die Beziehung des dinglich Berechtigten zu andern vor der Verletzung ohne rechtliche Bedeutung, so kann man es jedem überlassen, wie er sie nennen will. Dem Anspruchsrechte unterliegt sie jedenfalls nicht, namentlich nicht der Verjährung, aber auch sonst nicht. Darum hielt der Verfasser es für unbedenklich, im Texte Windscheid's Redeweise festzuhalten.

[1]) Die actiones vindictam spirantes sind dem B.G.B. fremd, Enneccerus 295.

ββ) Die Beziehungen der dinglichen Ansprüche zu den persönlichen.

§ 57.

I. Das römische Recht kannte ein jus quod actiones pertinet. Dies war theils formelles Aktionenrecht, theils materielles,[1]) d. h. eine Behandlung der den persönlichen und dinglichen Ansprüchen gemeinsamen Rechtsregeln. Es galt jeder Anspruch nur dann für klagbar, wenn er in das hergebrachte Aktionensystem paßte. In Deutschland galt von Alters her jeder rechtlich anerkannte Anspruch als klagbar und das Aktionensystem gerieth in Vergessenheit.

Damit verlor sich auch das materielle Aktionenrecht als geschlossenes Ganzes. Nur Trümmer verblieben dem allgemeinen Theile (Verjährung, Vererblichkeit der actiones, Umwandlung im Prozesse). Die wichtigsten übrigen Bestandtheile, namentlich die Lehre von den klaglosen Ansprüchen (Naturalansprüchen), der Aenderung der Ansprüche durch Vertrag, Schuld oder Verzug, der Anspruchsübertragung und der Aufhebung der Ansprüche (Pflichterfüllung, Hinterlegung, Aufrechnung u. a. M.) kamen als Lehren des Aktionenrechts in Fortfall. Sie wurden als Zweige des Forderungsrechtes, also in Beschränkung auf actiones in personam dargestellt. Von ihrer Anwendung auf dingliche Ansprüche ist nur gelegentlich die Rede.[2])

Die Anregung Windscheids,[3]) das materielle Aktionenrecht als eine Lehre von den Ansprüchen wiederherzustellen, ist zu einem brauchbaren Ergebnisse nicht gelangt. Ihre Durchführung würde den allgemeinen Theil des Forderungsrechtes im Wesentlichen überflüssig machen und mit den Trümmern des alten Aktionenrechtes, die sich im allgemeinen Theile befinden, zu einer Gruppe verbinden.

Die Wissenschaft hatte den Verfassern des Bürgerlichen Gesetzbuches in dieser Hinsicht zu wenig vorgearbeitet, als daß diese Aufgabe in ihm gelöst werden konnte.[4])

II. Der Inhalt des Bürgerlichen Gesetzbuches enthält im

---

[1]) Vgl. des Verfassers Institutionen des röm. Rechts 1894. §§ 456 ff.

[2]) Hölder 414 führt als Punkte, in denen der Anspruchsbegriff noch außer der Verjährung wichtig sei, nur die Abtretung, die Anfechtung und die Concurrenz auf. Diese Aufzählung ist jedoch bei Weitem nicht erschöpfend.

[3]) Die Aktio des röm. Civilrechts. 1856. S. 5.

[4]) Vgl. R. Leonhard, Der Entwurf eines B.G.B. Marburg 1891, S. 44. Dernburg, Das bürg. Recht des Deutschen Reichs und Preußens, 1899, II, S. 3. Planck S. 4.

allgemeinen Theile von einer Anspruchslehre nur zersprengte Trümmer (vgl. die folgenden Paragraphen). In der Lehre von den Schuldverhältnissen hat er herkömmlicher Weise alle die Rechtszweige aufgenommen, die sich nicht blos auf Forderungen, sondern auch auf dingliche Ansprüche beziehen. (Abschn. 1, 3—6), dagegen gehört Abschnitt 2 zu den allgemeinen Lehren über Rechtsgeschäfte oder in einen allgemeinen Theil der Vertragsschulden.

Ob und wie weit die Vorschriften des zweiten Buches von den Forderungen, auf die sie sich beziehen, in entsprechender Weise auch auf dingliche Ansprüche zu übertragen sind, ist nirgends ausgesprochen. Diese Frage zu erörtern, gehört aber nunmehr in die allgemeinen Lehren des Forderungsrechtes, nicht in eine Besprechung des ersten Buches.[1])

Wird die ausdehnende Auslegung im Forderungsrechte richtig gehandhabt, so kann daraus, daß die auf alle Ansprüche bezüglichen Sätze im Gesetzbuche blos bei den Forderungen aufgeführt sind, ein Schaden nicht entstehen.

Indem aber das Bürgerliche Gesetzbuch den Anspruchsbegriff aufnahm, gab es der entsprechenden Ausdehnung der Hauptsätze des allgemeinen Forderungsrechtes auf die dinglichen Ansprüche eine werthvolle und feste Grundlage.

ββ) Der Anspruch auf eine Ausnahmeverfügung.

§ 58.

I. **Begriff.** Die Wiedereinsetzung in den vorigen Stand (restitutio in integrum war ursprünglich eine außerordentliche Hülfe, die die Obrigkeit im Widerspruche gegen die Härten des Rechtes aus besondern Gründen gewährte. Allmälig wurde diese Gewährung durch Rechtssätze fixirt; damit streifte die Wiedereinsetzung in den vorigen Stand ihren außerrechtlichen Charakter ab, nicht aber ihren außerordentlichen. Seitdem war der Anspruch auf eine solche Wiedereinsetzung in einem allgemeinen Rechtssatze gegründet,

[1]) Eine vollständige Anspruchslehre, wie sie früher der Verfasser im allgemeinen Theile der Pandekten darzustellen gewohnt war, verbietet sich daraus, daß der neue Lehrplan das bürgerliche Recht nach den Büchern des Gesetzbuches in fünf Stücke zerreißt und systematische Verbesserungen nur noch innerhalb dieser Stücke möglich sind. Die Verschmelzung des allgemeinen Rechts der Schuldverhältnisse mit der Anspruchslehre des allgemeinen Theiles ist dadurch unmöglich geworden. Nur in monographischer Form ist eine erschöpfende Darstellung des gemeinsamen Rechtes der dinglichen und der persönlichen Ansprüche nach dem B.G.B. in Zukunft möglich.

der ihn gegen alle nur irgend möglichen Rechtsfolgen als Entkräftungsmittel gewährte.

II. Die weitere Entwicklung. Je mehr die einzelnen Rechtsinstitute von starren zu elastischen Regeln vorgeschritten sind und ihre besondern Ausnahmevorschriften (z. B. Anfechtung von Rechtsgeschäften, Unterbrechung von Verjährungen und dergl.) entwickelt haben, desto entbehrlicher wurde der allgemeine Satz, auf dem die in integrum restitutio beruhte. Schon im preußischen Privatrechte ist sie nahezu verkümmert, im französischen in die action en nullité oder en rescission aufgegangen, in das Bürgerliche Gesetzbuch nicht aufgenommen.[1]) Wohl aber besteht sie noch auf dem Gebiete des Prozeßrechtes und der freiwilligen Gerichtsbarkeit,[2]) ist aber auf diesen Gebieten durch Festlegung ihres Umfanges und ihrer Voraussetzungen der allgemeinen und damit der außerordentlichen Natur entkleidet worden. Sie gewährt nicht mehr den Anspruch auf eine Ausnahmeverfügung in einem nicht näher umgrenzten Kreise von Fällen nach völlig freiem Ermessen, sondern einfach einen solchen auf eine rechtmäßige Aufhebung der Folgen der im Gesetze genannten früheren Ereignisse, nämlich gewisser Fristversäumnisse unter bestimmten Voraussetzungen.

Den gleichen Charakter behält das Institut auch da, wo es auf dem Gebiete des ausnahmsweise fortdauernden Landrechtes noch weiterhin gelten soll.

Darum muß es aus dem allgemeinen Theile ausscheiden.

Für das bürgerliche Reichsrecht hat es in seiner bisherigen gemeinrechtlichen Bedeutung nur noch ein rechtsgeschichtliches Interesse.[3])

γ) Die rechtliche Gewährleistung der Ansprüche.

αα) Der vorbeugende Schutz zukünftiger Ansprüche.

§ 59.

I. Uebersicht. Da eine Vorausberechnung zukünftiger Ereignisse zwar nicht sichere, aber doch wahrscheinliche Ergebnisse liefert, die im Verkehrsleben beachtet zu werden pflegen, so bedarf es auch

---

[1]) Art. 1304. Mot. 393. Nach Mot. 392 sind in der modernen Rechtsentwicklung mit der Wiedereinsetzung in den vorigen Stand ungünstige Erfahrungen gemacht worden. § 9 des preußischen Gesetzes vom 12. Juli 75 hat sie für Minderjährige' gänzlich beseitigt.

[2]) Reichsgesetz über die Angelegenheiten der freiw. Gerichtsb., §§ 22, 137, 96.

[3]) In 1896 (Verlängerung der Inventarfrist aus besondern Gründen) erblicken die Mot. 395 ein Seitenstück der Wiedereinsetzung in den vorigen Stand. Solche Seitenstücke lassen sich auch noch sonst auffinden.

eines Schutzes gegen die Gefahr einer möglichen Entwerthung künftiger Ansprüche. Ihn gewährt

a) das Prozeßrecht durch anticipirte Klagen (neue C.P.O. §§ 257 ff. Mot. 364 ff.) Arrestschläge (C.P.O. §§ 916 ff.) und einstweilige Verfügungen (C.P.O. §§ 935 ff.),

b) das bürgerliche Recht giebt ihn durch Auflegung von Sicherheitsleistungspflichten.

II. **Der Umfang der rechtlichen Sicherheitsleistungspflichten.** Das deutsche Recht kennt im Gegensatze zum römischen keine allgemeine Befugniß des Richters, geeigneten Falles Sicherheitsleistungen zum Schutze der Ansprüche zu gewähren. Es kennt auch nicht die darüber hinausgehende römische Berechtigung, neue Ansprüche zwangsweise zu schaffen, d. h. einer Partei zur Sicherung einer andern ein Versprechen aufzunöthigen.[1]) Eine solche schulderzeugende Kraft der Verfügungen der Magistrate neben den freien Versprechen und den gesetzlichen Verpflichtungsgründen ist auch im Bürgerlichen Gesetzbuch nicht enthalten.[2]) Die Scheu vor obrigkeitlicher Willkür überwog das Bedürfniß, solche außerordentliche Rechtshilfe zu gewähren.

Im Bürgerlichen Gesetzbuche sind daher die Sicherheitsleistungspflichten nach ihren Voraussetzungen und nach den Sicherungsmitteln geregelt. Die Voraussetzungen finden sich im besondern Theil,[3]) die Formen der Sicherstellung in den §§ 232 ff., Seitenstücken der §§ 108 ff. der Civilprozeßordnung.

Die Sicherungsmittel des Bürgerlichen Gesetzbuches sind etwas reichlicher bemessen als diejenigen des Prozeßrechts, dessen Sicherungen über die Dauer eines Rechtsstreites in der Regel nicht hinausreichen sollen und darum strengeren Anforderungen[4]) unterliegen. Das heutige Recht kennt bloße Verbalkautionen nicht (weil das wörtliche Versprechen bei uns die gewöhnliche Verpflichtung an Kraft kaum übertrifft),[5]) verwirft auch

---

[1]) Das römische Alterthum legte die Durchführung der gewährten Sicherheit vorwiegend in die Hand der dadurch geschützten Partei, indem es ihr klagbare Ansprüche aus der Sicherstellung gab, das Mittelalter und die Neuzeit thut dies in weit geringerem Maße.

[2]) Die rechtsbegründenden Kautionen, quae actionis instar habent, sind also weggefallen. Engelmann 137, Kuhlenbeck 582, der daselbst ein prozessuales Seitenstück dieser Erscheinung erwähnt.

[3]) Vgl. z. B. 1050 (Nießbrauch), 1391 (Ehemännliche Nutzung), 1844 (Vormund).

[4]) Die Mot. 388 sprechen von „prozeßpolitischen Erwägungen".

[5]) „Sicherheitsleistung im Sinne des heutigen Rechts ist Realkaution" (Mot.

die juratorische, theils aus Rücksicht auf die Heiligkeit des Eides, theils wegen unzulänglicher Sicherungskraft. Auch die Kaution durch Bürgen (satisdatio) hat zwar eine bedeutende psychologische Kraft, weil sie in der Regel den Hauptschuldner durch den Einfluß des Bürgen zur Erfüllung drängt, hat aber seit der Zeit des schleppenden mittelalterlichen Prozesses an Werth verloren (vgl. Mot. 389).[1]) Das Bürgerliche Gesetzbuch (232) läßt sie nur subsidiär hinter den zulässigen Pfandkautionen als „minderwerthiges Sicherungsmittel“ zu (K.Prot. I, 270) und nur bei Tauglichkeit des Bürgen (239).

Dagegen sind die Werthpapiere an erste Stelle getreten und die Tauglichkeit der Pfänder zu Sicherheitsleistungen soll von dem Verhältnisse des Pfandwerthes zu der Summe, die zu sichern ist, abhängig sein (234 a. E., 236, 237, 238), die Kautionstauglichkeit der Werthpapiere und Pfandrechte an Grundstücken aber von der pupillarischen Sicherheit abhängen (238), ein Grundsatz, dessen Angemessenheit nach Mot. 390 augenfällig ist.

Sicherungshypotheken sind wegen der bei ihnen zu befürchtenden Einreden als Kautionsmittel nicht geeignet (238). Das Gleiche gilt im Allgemeinen von Forderungspfändern,[2]) sofern sie nicht entweder in das Reichsschuldbuch oder das Schuldbuch eines Bundesstaates eingetragen sind (K.Prot. I, 265) oder durch Grundstückspfänder gesichert werden (232) oder endlich in Ansprüchen an eine öffentliche Hinterlegungsanstalt auf Herausgabe verwahrter Gelder oder Werthpapiere bestehen (233).

Das Bürgerliche Gesetzbuch legt also nicht blos auf die Sicherheit, sondern auch auf die schnelle Beitreibung der Kautionsmittel Gewicht; darum muß auch der Bürge, um der Kautionsbestellung zu genügen (239),[3]) im Inlande seinen Gerichtsstand haben[4]) und auf die Einrede der Vorausklage verzichten.

387, 892). Vgl. das von Cohn 84 angeführte alte Sprichwort: „Pfand ist sicherer als Hand“. Vgl. jedoch auch Matthiaß 268, der die Kraft der bloßen Anerkenntnisse, Verjährungen zu unterbrechen, besonders betont.

[1]) Trotzdem zählt man sie neben den Pfändern und den fiduziarischen Rechtsübertragungen zu den Realkautionen, Matthiaß 268, vgl. hierzu auch Endemann 400.

[2]) Mot. 888: „Nicht zugelassen ist die Verpfändung einfacher Forderungen.“

[3]) Die Tauglichkeit sollte nicht dem freien richterlichen Ermessen überlassen bleiben, damit nicht die Rechtseinheit gefährdet werde (K.Prot. 270). Ueber den Maßstab für die Tauglichkeit der zu festen Einnahmen berechtigten Bürgen, insbesondere der Beamten s. Hölder 472.

[4]) Aelteres ähnliches Recht s. Mot. 388. Auch die in § 232 genannten Grundstückspfänder müssen einen inländischen Gegenstand haben.

Werthpapiere müssen aus dem gleichen Grunde auf den Inhaber lauten oder mit Blankoindossament versehen sein (234) und mit ihnen müssen auch die „Zins-, Renten-, Gewinnantheil- und Erneuerungsscheine" hinterlegt werden, weil sie ohne diese „Nebenpapiere" nicht verkäuflich sein würden (K.Prot. I, 267).[1])

Die Hinterlegung geschieht zum Schutze des Kautionsstellers gegen Verlust (Mot. 389), ist aber auf andere bewegliche Sachen als Geld und Werthpapiere nicht ausgedehnt worden. Auch ein Umtauschungsrecht ist dem Hinterlegenden nur an Geld und Werthpapieren gewährt (235)[2]).

In der Sicherheitsleistungspflicht liegt auch die Obliegenheit, eine neue Leistung zu gewähren, wenn die alte ohne Schuld des Empfängers unzulänglich wird (240, Mot. 205), sofern nicht eine Parteiabrede den Pflichtigen hiervon entbindet.

ββ) Die Verfolgung fälliger Ansprüche.

ααα) Die Selbstvertheidigung und der Selbstzugriff.[3])

§ 60.

I. Begriff. Selbsthülfe ist ein Begriff, der über das Privatrecht hinausgreift und namentlich von der Moral anerkannt ist. (Hilf Dir selbst, so hilft Dir Gott.) Auch für das Recht ist die Selbsthülfe mit erlaubten Mitteln (z. B. Ueberredung, Aufkündigung geschäftlicher Beziehungen, Geltendmachung von Gegenansprüchen u. dgl.) nicht verboten. Derartige Handlungen können schwerlich jemals verboten und strafbar gewesen sein. Ebenso werden unerlaubte Mittel durch den erlaubten Zweck der Selbsthülfe nicht geheiligt. Auch dies ist selbstverständlich.

Man darf hierbei zunächst nicht verbotene und strafbare Handlungen

---

[1]) Daß diese Hinterlegung zum Pfande nicht der Hinterlegung zum Zwecke der Schuldtilgung (372 ff.) gleich zu behandeln ist, hebt Endemann 399 mit Recht hervor.

[2]) Sonst sei die Wahl des Sicherungsmittels nach Analogie der Entscheidung bei einer alternativen Schuld bindend (K.Prot. I, 268). Daß hier nur eine Analogie der Alternativobligationen vorliegt, nicht eine wahre Alternativobligation, wird mehrfach hervorgehoben. Planck Anm. 1 zu 232. ;Anm. 2 zu 240. Enneccerus 332. Damit hängt wohl zusammen, daß der Schuldner dte Sicherungspflicht mit verschiedenen Sicherungsmitteln theilweise so erfüllen kann, daß das eine das andere ergänzt, vgl. Hölder 469.

[3]) Vgl. v. Liszt in Bekker und Fischer, Beiträge, Heft 5, 58 ff., Strafrecht, 9. Aufl., §§ 33 ff., Schollmeyer, Das Recht der Nothwehr nach dem B.G.B. f. d. D.R. Würzburg 1899. Hachenburg 19 ff.

verwechseln. Besitzergreifung und Besitzstörung sind z. B. verboten, aber — wenigstens nach heutigem Strafrechte — nicht unbedingt strafbar.

Die rechtlich wichtige Selbsthülfe ist jede Hülfe durch eine verbotene (wenn auch vielleicht straflose) Handlung,[1]) welche der Obrigkeit zu dem gleichen Zwecke erlaubt sein würde, also einen Eingriff in das Vorrecht des Staates auf die ihm vorbehaltenen Vollstreckungsmaßregeln enthält.[2])

Besondere Vorschriften über Selbsthülfe sind trotzdem nach zwei Richtungen hin möglich: als Gegenstand entweder einer besonderen Bestrafung oder einer ausnahmsweise gegebenen Erlaubniß.

a) Eine unerlaubte Handlung kann, falls sie eine Selbsthülfe bezweckt, mit besondern Strafen belegt sein. So im römischen Rechte (Dig. XLVIII, 7, ad legem Juliam fr. 7, decretum divi Marci[3]) Cod. VIII, 4, unde vi c. 7), dessen Sätze man für das gemeine Recht ohne Grund als fortgefallen bezeichnet, weil das Reichsstrafgesetzbuch die meisten Selbsthülfefälle ahndet (vgl. Mot. 353). Das ist unrichtig, weil dieses Gesetzbuch die Selbsthülfe nicht als solche neben der Strafbarkeit ihrer Mittel besonders verfolgt und es daher Fälle einer

---

[1]) Gewöhnlich bezeichnet man als „Selbsthülfe" die „an sich" verbotene Handlung, z. B. Enneccerus 327. Die Wörter „an sich" (= abgesehen von) lassen auch hier, wie sonst in der Regel, die Frage offen, wovon abgesehen werden solle. Die an sich verbotene Handlung kann eine solche bedeuten, die, abgesehen von ihrem Zwecke, verboten ist, oder auch eine solche, die, abgesehen davon, daß sie der Obrigkeit erlaubt ist, den Privatleuten untersagt ist. Beides giebt einen Sinn.

[2]) Cosack 271 beschränkt die unerlaubte Rechtsausübung auf Gewalt gegen die Person und die Besitzstörung. Es sind dies in der That diejenigen Zwangsvollstreckungsformen des Staates, deren Mißbrauch durch Private allein zu befürchten ist. In Ueberweisungsbeschlüsse u. dergl. vermag ein Privatmann nicht einzugreifen. — Zitelmann 39 unterscheidet ganz allgemein den Selbstschutz durch neutrale Handlungen von dem Selbstschutze durch Rechtsverletzung, Hölder 454 spricht allgemein von Eigenmacht, während Endeman 383 Anm. 8 mit Recht darauf hinweist, daß es gerade das Staatsmonopol auf Zwangsvollstreckung ist, das bei der Selbsthülfe verletzt wird.

[3]) Der philosophische Kaiser definirt zu weit, wenn er die verbotene Selbsthülfe als ein sine ullo judice reposcere bezeichnet. Es fehlt das Merkmal des reposcere auf unerlaubte Art, sonst müßte auch die bloße Mahnung strafbar sein. — Desgleichen ist hier an ein Unterlassungsdelikt nicht gedacht, z. B. nicht an das Verbleiben in einer Wohnung über die Miethszeit hinaus, Cosack 271. Ueberhaupt kommt keine Handlung in Betracht, die nicht ihrer Art nach eine obrigkeitliche Maßregel sein könnte, z. B. nicht Verläumdungen, die den Schuldner schrecken und zur Zahlung drängen sollen und dergl.

verbotenen Selbsthülfe giebt, die außerhalb des Strafgesetzbuches liegen.

Insoweit das Strafgesetzbuch eine Handlung ahndet, wäre freilich schon bisher eine private rechtliche Nebenstrafe wegen des Selbsthülfezweckes dieser Handlung allerdings nach gemeinem Rechte unzulässig gewesen.

Dem preußischen Privatrechte und dem Bürgerlichen Gesetzbuche ist eine besondere Strafe für Selbsthülfe fremd, da die allgemeinen Vorschriften des Strafrechts als genügend galten.[1])

b) Die ausnahmsweise erlaubte Selbsthülfe erscheint in zwei Formen:

α) Die Rechtsordnung kann Ansprüchen, denen sie einen gerichtlichen Schutz überhaupt nicht giebt, weil ein solcher zu spät kommen würde, wenigstens den Schutz der Selbsthülfe zubilligen, indem sie zur Sicherung solcher Ansprüche ausnahmsweise Handlungen erlaubt, die ohne diesen Zweck unerlaubt sein würden. Es sind dies Vertheidigungsansprüche.

Hierher gehören einerseits die Nothwehr (neben der als besonderer Fall die Besitzvertheidigung steht) und andererseits die Fälle des Nothstandes gegenüber gefahrdrohenden Sachen, beide im Bürgerlichen Gesetzbuche als Selbstvertheidigung zusammengefaßt. Hier werden Ansprüche auf Erduldung einer Abwehr rechtswidriger Angriffe auch über die sonstigen Vorschriften des Bürgerlichen Gesetzbuches hinaus gewährt. Diese Ansprüche zeichnen sich durch die besondere Erlaubniß, sie auf außergerichtlichem Wege zu verfolgen, vor allen andern aus.[2]) Eine Ergänzung dieser Vertheidigungsrechte enthält 904 (s. unten).

Ein Recht auf die Nothstandshandlung sollte freilich nach der Meinung der Kommission nicht gegeben, nur ihr Verbot ausgeschlossen werden. K.Prot. I, 250. Es ist aber logisch schlechterdings unmöglich, das Verbot einer Handlung aufzuheben, ohne zugleich ein Recht auf sie zu gewähren. Natürlich braucht der Berechtigte, wenn er nicht will, dies Recht nicht auszuüben, was aber auch für jedes andere verzichtbare Recht gilt.

Neben diesen Vertheidigungsansprüchen, die in der gewöhnlichen

---

[1]) Die Motive 848 heben auch noch hervor, daß ein Schuldner, der in berechtigter Abwehr eines Selbsthülfe übenden Gläubigers den Forderungsgegenstand zerstört (indem er ihn z. B. dem Gläubiger entwindet) durch Unmöglichkeit der Erfüllung frei wird.

[2]) „Noth kennt kein Gebot." Endemann 870. Man spricht hier von „subjektiven Schutzrechten". Titze, Die Nothstandsrechte 1897. Zitelmann 89.

Weise überhaupt nicht geltend gemacht werden können, giebt es auch aus besondern Gründen:

β) eine Selbsthülfe als außergewöhnliche Verfolgung eines im Uebrigen klagbaren Anspruches (Selbsteintreibung), also eine Selbsthülfe durch einen rechtsverfolgenden Angriff (Mot. 354, Selbstzugriff genannt).

Die Verfasser des Bürgerlichen Gesetzbuches beabsichtigten in der Anerkennung dieses Vorgehens eine Erweiterung des Rechts der Selbsthülfe (K.Prot. I, 242).

II. **Die Vertheidigung gegen rechtswidrige Angriffe** ohne obrigkeitliche Hülfe wird Selbstvertheidigung genannt, obwohl sie auch Fälle betrifft, in denen Jemand nicht sich selbst, sondern einen andern schützt. Es ist also nicht daran gedacht, daß Jemand **für** sich selbst als Vertheidiger auftritt, sondern daß er es **durch** sich selbst thut in einer Weise, in der es nur durch die Staatsgewalt erlaubt ist. Das Gesetz giebt hier einen Anspruch auf Erduldung der Nothwehr.

Dieser Anspruch auf Vertheidigung wider einen gegenwärtigen rechtswidrigen Angriff mit Mitteln, die sonst nur der Staatsgewalt zustehen, ist im Reichsstrafgesetzbuche (§ 53) als allgemeine Ausnahme der Widerrechtlichkeit von Handlungen anerkannt. Dadurch wird den Handlungen, die der Nothwehr dienen, Straffreiheit zugesichert. Indem nunmehr dieser Anspruch auch in das Bürgerliche Gesetzbuch aufgenommen ist, ist der Nothwehrberechtigte auch für das Gebiet des bürgerlichen Rechtes geradezu zu seiner Ausübung ermächtigt. Ueberdies ist diese Ausübung von dem Kreise der „unerlaubten Handlungen" ausgeschlossen und kann daher weder Schadensersatzpflichten noch Zahlung einer Buße nach sich ziehen.[1])

Von den **Deliktsansprüchen** unterscheidet sich dieser Anspruch dadurch, daß er keine That, sondern einen bloßen Angriff voraussetzt. Der Angriff muß auf einen Menschen gerichtet sein, der Angriffspunkt ist nicht näher angegeben. Angriffe auf Leib, Leben, Gesund-

[1]) Die Mot. 849 lassen die Frage offen, ob die Nothwehr auch dann privatrechtlich erlaubt sei, wenn sie nicht den Angreifer, sondern einen Dritten schädige. Vgl. **Planck** 2 zu 227. Es wird wohl darauf ankommen, ob der Dritte ein Mitschuldiger des Angreifers ist. Sonst kann der ihm zugefügte Schaden nur aus dem Gesichtspunkte des Nothstandes (228, 904) gerechtfertigt werden. Wenn ich z. B. die Axt des A. zertrümmere, mit der B. nach mir schlägt, so ist dies ein Nothstandsfall.

heit, aber auch Ehre oder sogar auf die Nachtruhe gehören hierher.[1]) Angriff ist jede Antastung eines fremden Körpers oder einer Sache, die der Gegenstand eines fremden Besitzes oder Rechtes ist, aber auch schon jede Handlung, von der zu erwarten ist, daß ihr eine solche Antastung unmittelbar nachfolgen werde, z. B. auch die Ankündigung, einen bösen Hund loslassen zu wollen, den der Drohende bei sich hat.[2])

Rechtswidrig ist nicht die berechtigte Nothstandshandlung (K.Prot. I, 249). Wohl aber ist es ein Angriff des Wahnsinnigen, da das Recht zu ihm nicht ermächtigt. Auf Angriffe der Thiere beziehen sich aber weder die Ermächtigungen noch die Verbote der Rechtsordnung. Ein Thier kann daher ebensowenig eine rechtswidrige Handlung vornehmen, wie eine Maschine.[3])

Die Abwehrmittel sind dadurch bestimmt, daß sie erforderlich sein müssen, um den Angriff abzuwehren. Es dürfen also nicht bloße Racheakte sein. Ausschreitungen der Nothwehr werden im Strafgesetzbuche unter Umständen entschuldigt, im Bürgerlichen Gesetzbuche nicht.[4])

Es müssen daher Kurkosten bezahlt werden, wenn Jemand in Nothwehr den zurückgeschlagenen Thäter in Bestürzung, Furcht oder Schrecken schwerer verwundet hat, als nöthig war, aber dem Strafrichter ist der Thäter nicht verfallen (§ 53 R.Str.G.B.).

Wo die Nothwehr zum Besten eines andern geschieht, da heißt sie Nothhülfe.[5])

III. Die Besitzvertheidigung (§ 859) würde unter den Begriff der Nothwehr fallen, wenn sie nicht besonders geregelt wäre.[6]) Sie greift weiter als die gewöhnliche Nothwehr, denn sie umfaßt

---

[1]) Ein Angriff auf „anerkannte oder befriedete Rechtsgüter“ kommt jedenfalls in allen möglichen Formen hier in Frage. Endemann 368.

[2]) Enneccerus 322, Cosack 272.

[3]) Enneccerus 322. Dieser Punkt ist überaus bestritten. Vgl. hierzu Planck 1 c zu 227, von Liszt, Strafrecht, 9. Aufl., § 33. Cosack 271, Kuhlenbeck 536, Endemann 367, 368, Fischer-Henle 5 zu 227, von der Pfordten 184, welcher meint, die Handlung sei rechtswidrig, wenn sie es „für den Betroffenen sei“. Allein auch dieser muß sich sagen, daß ein Thier keine Rechtswidrigkeit begehen kann. Hetzt freilich Jemand ein Thier in der Nothwehr auf einen Mörder, so liegt für diesen kein Nothstandsfall vor, aber auch kein Fall der erlaubten Nothwehr. Cosack 273, Fischer-Henle 4 zu 228.

[4]) Fischer-Henle 1 zu § 227.

[5]) Endemann 383, Anm. 3, Kuhlenbeck 335, Matthiaß 272.

[6]) Ein Seitenstück siehe in 561.

jede verbotene Eigenmacht, worunter nicht blos absichtliche Angriffe fallen sollen (vgl. Denkschrift 162). Das Gesetz gestattet „Abwehr durch Gewalt" (859, 1), nicht blos durch die zur Abwehr erforderliche Gewalt, doch werden wir wohl das Wort Gewalt einschränkend auslegen dürfen, so daß kein Unterschied hinsichtlich der erlaubten Nothwehr und der erlaubten Besitzvertheidigungsmittel anzunehmen ist. Wohl aber liegt ein Unterschied zwischen Nothwehr und Besitzvertheidigung darin, daß nur für die Nothwehr ein Gesetz allgemeiner gegenseitiger Hülfe gilt. Jeder darf jeden andern zum Zwecke der Nothwehr vertheidigen. Besitzvertheidigungen sind dagegen nur den Besitzern und den sog. Besitzdienern erlaubt (855, 860), somit per argumentum e contrario andern verboten. Ein Freund eines Hausbesitzers darf also diesen gegen eine Besitzstörung, die er zufällig beobachtet, nicht mit Gewalt vertheidigen; der Hausknecht des Besitzers aber darf es.[1])

Liegen freilich die Voraussetzungen der Nothwehr vor, so muß auch bei Besitzstörungen die Nothhülfe nach 227 zugelassen werden.

IV. Die Fälle des Nothstandes im Bürgerlichen Gesetzbuch. Nothstand ist Verletzung eines fremden Rechtes, die ausnahmsweise durch eine Nothlage entschuldigt wird.

Das bisherige Recht,[2]) dem feste, allgemeine Regeln über den Nothstand fehlen, kennt ihn überhaupt nicht als Grundlage eines besonderen Anspruches, vielmehr nur als einen Inbegriff von Fällen, in denen eine Sachbeschädigung durch die Noth entschuldigt wird.

Der Begriffsumfang des Nothstandes bleibt schon im Strafrechte hinter demjenigen der Nothwehr zurück, weil bei Ausübung des Nothstandsrechtes ein Unbetheiligter geschädigt wird, bei der Vertheidigung wider Nothwehr dagegen immer nur der Urheber eines rechtswidrigen Angriffes.

Das Nothstandsrecht bedarf daher stärkerer Rechtfertigungsgründe.

Aus einem ähnlichen Gesichtspunkte bleibt auch der Anspruch des Bürgerlichen Gesetzbuches darauf, daß die Verletzung eines fremden Rechtes wegen eines Nothstandes zu erdulden ist, hinter dem Strafgesetzbuche zurück; denn es giebt Fälle, in denen der Gesetzgeber einen

[1]) Eine Begründung dieses Unterschiedes muß der Behandlung des Sachenrechtes überlassen bleiben. Vgl. hierzu Enneccerus 322.

[2]) Dig. IX, 5 de praescr. verbis fr. 14. Dig. XLIII, 21 de rivis fr. 4. Bekker, Pandekten I, S. 69. Entsch. d. Reichsg. V, 41. Beispiele siehe bei v. Tuhr, der Nothstand, S. 118 ff. und bei Cosack 272, 273. Hachenburg 19.

Menschen in strafrechtlicher Hinsicht entschuldigen mag, wenn er sich zur Verletzung eines andern hinreißen läßt, ohne ihn jedoch zu dieser That zu ermächtigen.

Wer z. B. eine fremde Dogge reizt, sie aber nachher tödtet, um nicht von ihr zerrissen zu werden, darf nicht bestraft werden, muß aber zahlen (228).[1])

Vor Allem beschränken sich die Nothstandsfälle des Bürgerlichen Gesetzbuches auf die Antastung fremder Sachen.[2])

In einem wichtigen Punkte geht das Bürgerliche Gesetzbuch in der Nachsicht gegen den Nothstand weiter als das Strafgesetzbuch. Es stellt die Noth des Mitmenschen der eigenen Noth nicht blos bei der Nothwehr, sondern auch bei dem Nothstande gleich, während das Strafgesetzbuch (§§ 52, 54) die Menschen in zwei Klassen theilt: die Angehörigen, denen man in der Noth ebenso helfen darf, wie sich selbst, und die Nichtangehörigen, bei denen dies nicht gilt, wobei die Grenze zwischen beiden Klassen in ziemlich willkürlicher Weise gezogen ist.[3])

Indem nun das Bürgerliche Gesetzbuch die Nothstandsrechte erweitert, beseitigt es auch die Widerrechtlichkeit in den Fällen, in denen sie bisher bestand und begründet insoweit auch Freiheit von Strafe (K.Prot. I, 245)[4]). Dagegen versagt es grundsätzlich alle Rechte aus dem Nothstande, sobald der abgewehrte Schaden hinter dem zugefügten zurückbleibt (228, 904) in Anlehnung an die Motive des § 54 des Reichsstrafgesetzbuches (K.Prot. I, 250).[5])

---

[1]) Auch die Beerdigungskosten eines Wahnsinnigen, den Jemand gereizt und dann in der Nothwehr getödtet hat, werden ihm wegen schuldhafter Verursachung des Todes zur Last fallen müssen, auch wenn ihm der eigentliche Tödtungsakt ebenso wenig zuzurechnen ist, wie ein Naturereigniß. Er hat ihn immerhin schuldhafter Weise vorher verursacht. A. M. anscheinend Endemann 369, der die Schadensersatzpflicht bei Nothwehr wegen culpa concurrens ablehnt. Vgl. zu diesem Punkte auch Planck, Anm. 4 zu 228.

[2]) Fischer-Henle 1 zu 228.

[3]) So gehört z. B. der Schwager zu der bevorzugten Klasse, der Neffe aber nicht. Diesen Zwiespalt von Strafrecht und bürgerlichem Rechte veranschaulicht Cohn 81, 82 in den Sprüchen: „Nothwehr ist die gleiche That vor Civil- und Straffenat", „Nothstandsthat ist andere That vor Civil- und Straffenat". Enneccerus 325 schlägt vor, den civilrechtlichen Nothstand durch die Bezeichnung als „Nothrecht" von dem strafrechtlichen zu unterscheiden.

[4]) Vgl. Kuhlenbeck 545.

[5]) Endemann 372 bezeichnet dies als Umwandlung eines absoluten Rechtsschutzes in einen relativen.

Außerdem ist eine Verletzung anderer Rechtsgüter als körperlicher Sachen aus Gründen eines Nothstandes nicht gestattet, also namentlich nicht ein Recht auf körperliche Mißhandlung oder betrügliche Schädigung eines Menschen (anders das Reichsstrafgesetzbuch §§ 52, 54). Umgekehrt ist dagegen die Art des Schadens, der abgewehrt werden soll, rechtlich gleichgültig (anders §§ 52, 54 R.Str.G.B.). Auch ein drohender Vermögensschaden giebt ein Nothstandsrecht (K.Prot. I, 251).

Dieser neue Nothstandsbegriff lehnt sich an Anschauungen des gemeinen Rechts und Entscheidungen des Reichsgerichts an (K.Prot. I, 249).

Das Bürgerliche Gesetzbuch unterscheidet im Uebrigen zwei Arten des Nothstandes:

a) die Privatvertheidigung gegen Sachen (228),

b) den Eingriff in ein fremdes Eigenthum (904).[1]

In der erstgenannten Bestimmung ist der Anspruch auf Vertheidigung ausdrücklich anerkannt, in der zweiten ist nur das Verbietungsrecht des Eigenthümers gegen einen Eingriff verneint, doch liegt auch in dieser Verneinung die Gewährung eines Rechtes zum Eingriffe.

Die Privatvertheidigung (Selbstschutz) gegen fremde gefahrdrohende[2]) Sachen, z. B. gegen führerlose in Bewegung befindliche Automobile ist zur Abwendung einer Gefahr gestattet, insofern sie in einer erforderlichen Beschädigung der gefahrdrohenden fremden Sache besteht. Es soll dies namentlich ein Ersatz für die unzulässige Nothwehr gegen Thiere sein (Mot. 349)[3]). Da die Beschädigung der fremden Sache hier erlaubt ist, so muß ihre (sonst verbotene) Berührung um so mehr gestattet sein (z. B. Prügeln des fremden angreifenden Hundes), nach dem Satze: In majori inest minus.[4])

Die Analogie dieser „Nothwehrlage" (K.Prot. I, 152) gegenüber der wahren Nothwehr (Mot. 350) paßt übrigens nur auf die

---

[1]) Vor einer zu weit gehenden Auslegung dieser Vorschrift warnt Zitelmann 41. Vgl. andererseits Kuhlenbeck 544, der die Analogie vom Eigenthum auf andere Sachenrechte mit gutem Grunde befürwortet. Dafür auch K.Prot. VI, 216.

[2]) Eine bloße Behinderung im Gebrauche einer Sache (z. B. Versperrung eines Weges) soll nach den Mot. 851 nicht als Gefährdung gelten. Anders Dig. XVIII, 6, de peric. et comm. fr 2 pr.

[3]) Näheres über die Vorgeschichte des 228 Endemann 870.

[4]) Einen besondern Fall enthält 910.

Lage des Gefährdeten, nicht auf die Lage des vielleicht unschuldigen, durch die Vertheidigung Verletzten. (Dieser haftet hier gewisser Maßen quasi ex delicto.)[1])

Dagegen genügt diese Analogie um die in 228 erwähnten Gefahren nach 227 auf „gegenwärtige" Gefährdungen einzuschränken, zumal auch 904 von einer „gegenwärtigen" Gefahr spricht.[2])

Der Notheingriff in das fremde Eigenthum nach 904 redet im Gegensatze zu 228 nur von der Abwendung „einer Gefahr", während bei der Selbstvertheidigung gegen Sachen die Abwehr einer Gefahr „von sich oder einem Anderen" die Rede ist. Dieser Unterschied kann aber wohl kaum als beabsichtigt gelten,[3]) wenigstens würde sich hierfür ein Grund kaum anführen lassen.

Der Hauptunterschied zwischen der Vertheidigung gegen eine Sache und sonstige Notheingriffe in fremdes Eigenthum (904) besteht darin, daß diese letzteren den Eingreifenden unter allen Umständen mit einer Schadensersatzpflicht belasten, die erstere nur, wenn er die Nothlage verschuldet hat, z. B. selbst unbefugter Weise die Sache in Bewegung gebracht hat, die bei der Vertheidigung beschädigt werden mußte.[4]) So z. B. wenn er eine Maschine, ohne dazu befugt zu sein, in Gang gebracht hat und sie nunmehr zertrümmern muß, um nicht von ihr zermalmt zu werden.

Hat aber z. B. Jemand einen Hund gereizt, so haftet sein Freund nicht, wenn er ihn durch Tödtung des Hundes vor schweren Verletzungen sichert (K.Prot. I, 253).[5])

Die Ersatzansprüche des aus einem Nothstande Verletzten sind

---

[1]) Der Wunsch, die Bienen gegenüber der Selbstvertheidigung ausnahmsweise zu schützen, ist nicht durchgedrungen, Mot. 851. Vgl. Cohn 81: „Auch Bienen und Tauben dürfen keinen berauben." Die Mot. 852 überlassen der Wissenschaft und Praxis die Frage, ob das Vertheidigungsrecht wegen Nothstandes auch gegen willenlose Bewegungen von Menschen zulässig ist, z. B. ob wir einen Menschen zurückstoßen dürfen, der auf uns zu fallen droht, während er aus einem Wirthshause hinausgeworfen wird. Eine Analogie ist hier durchaus angemessen.

[2]) Einem Seitenstücke des praesens metus Dig. IV, 2, 9 pr. Enneccerus 825, Endemann 375, Weyl 383, Hölder 468.

[3]) Kuhlenbeck 543, Endemann 374. Die Kommissionsberathungen (K.Prot. VI, 216) kommen, dem klaren Texte gegenüber, m. E. nicht in Frage.

[4]) Hat ein Dritter dies gethan, so muß er für den Schaden einstehen, wenn die Sache durch den Gefährdeten verletzt wird. Endemann 378.

[5]) Haftet dann nicht wenigstens der Schuldige? Dafür Fischer-Henle 11 zu 228. Diese Frage muß dem Forderungsrechte überlassen bleiben. (Die Kausalität ist hier zweifelhaft.)

keine Ansprüche aus unerlaubten Handlungen und darum den Sondervorschriften, die für diese Ansprüche bestehen, insbesondere ihrer kurzen Verjährung, § 852,[1]) nicht unterworfen.[2])

V. Selbsthülfe im Sinne des Bürgerlichen Gesetzbuchs umfaßt nur den „Selbstzugriff“ (Mot. 354),[3]) die Ausübung eines klagbaren Anspruches ohne richterliche Hülfe durch eine nur ausnahmsweise erlaubte Handlung. Sonst pflegte man nicht blos diese Selbstbeitreibung des Anspruches, sondern auch die Rechte aus der Nothwehr und dem Nothstande mit unter den Begriff der Selbsthülfe im weiteren Sinne zu fassen. Wir müssen hier unterscheiden:

a) Die Vorbedingungen des Selbstzugriffes sind,

α) ein Anspruch, d. h. aber nur ein klagbarer und möglicher Weise vollstreckbarer.

Bei andern Forderungen verbietet sich diese Hülfe von selbst.

Darum ist es auch nach § 888, 2 der Civilprozeßordnung unzulässig, daß Jemand seine Frau oder auch nur seinen Dienstboten, wenn sie ihn böslich verlassen wollen, einsperrt.

β) Die Gefahr, daß bei weiterem Zögern die Verwirklichung des Anspruches vereitelt oder wesentlich erschwert werde (Mot. 355), muß vorliegen, ebenso

γ) die Unmöglichkeit, obrigkeitliche Hülfe rechtzeitig zu erlangen.[4])

b) Die vom Gesetzbuche gestatteten Mittel der Selbsthülfe[5]) sind

α) Antastung und Wegnahme einer fremden Sache,[6])

---

1) Das preuß. Landrecht griff mit der entsprechenden kurzen Verjährung über die unerlaubten Handlungen hinaus. I, 6, § 54. Deklaration v. 31. März 38 (G.S. S. 252).

2) Endemann 377. Anders das röm. Recht. Kuhlenbeck 538. Vgl. hierzu K.Prot. VI, 214.

3) Cosack 274 spricht von Nothangriff, Zitelmann 41, von Selbstbefriedigung. Ebenso Dernburg 289. Ein „Angriff“ kann übrigens auch im Falle 904 vorliegen, der oben erwähnt ist.

4) Es kommt weniger darauf an, ob eine obrigkeitliche Hülfe wirklich in der Nähe ist, als darauf, ob die eigenmächtig vorgehende Partei dies wissen mußte (vgl. dazu Hölder 468) natürlich unter Vorbehalt des § 281. — Bei dem Züchtigungsrechte des Vaters oder Vormundes (1681, 1800) kommt es auf diesen Umstand überhaupt nicht an, weil die Ausübung eines solchen Rechtes, die kraft gesetzlicher Ermächtigung geschieht, überhaupt nicht unter den Begriff der Selbsthülfe fällt (siehe oben S. 207).

5) Die K.Prot. I, 242 bemerken, daß grundsätzlich bei der Selbsthülfe dieselben Handlungen zulässig seien, die der Obrigkeit bei der Staatshülfe zustehen, im Interesse der Deutlichkeit seien aber die wichtigsten gestatteten Vollstreckungshandlungen im Einzelnen hervorzuheben.

6) Ein Pfandrecht entsteht daraus nicht. Fischer-Henle 9 zu 229.

β) Verhaftung des fluchtverdächtigen Verpflichteten durch den Berechtigten,[1])

γ) jede Zwangsmaßregel zur Beseitigung eines unbegründeten Widerstandes des Verpflichteten wider eine Handlung, die er erdulden muß. Doch dürfen nur solche Zwangsmittel verwandt werden, die auch der Obrigkeit gegeben sind, da die Selbsthülfe eine bloße Ausnahme von der Pflicht, die Obrigkeit herbeizurufen, bildet, nicht ein Vorzug der den Vollstreckungsmaßregeln der Privatpersonen vor denen der Behörde[2]) gewährt werden soll.

c) Der Zweck der Selbsthülfe kann in einer sofortigen Befriedigung des Gläubigers bestehen, z. B. Wegreißen des Schuldgegenstandes oder Hinwegstoßen eines Menschen, um einen Nothweg zu erzwingen,[3]) (K.Prot. I, 243), oder im Erwerbe eines Sicherungsmittels für eine spätere Befriedigung.

d) Gegengewichte wider einen Mißbrauch der Selbsthülfe sind:

α) Alle Mittel der Selbsthülfe sind nur dann erlaubt, wenn sie in der erforderlichen Stärke angewandt werden (230).

β) Das Verfahren muß, sofern dabei Sachen oder Menschen weg- oder festgenommen worden sind, sofort der richterlichen Entscheidung unterbreitet werden (230).[4])

γ) Eine ungerechtfertigte Selbsthülfe macht sogar dann ersatzpflichtig, wenn sie ohne Schuld geschehen ist, also keine unerlaubte

---

[1]) Abweichend vom preuß. Rechte. Mot. 355. Die K.Prot. I, 243 erwähnen neben der Gefahr der Flucht vor der Erfüllung der Schuld auch die Möglichkeit, daß der Entflohene seine Freiheit mißbrauchen werde, um Exekutionsobjekte zu beseitigen.

[2]) Planck, 8c zu 229. K.Prot. I, 248. Danach ist namentlich die Anwendung von Torturen verboten. Der abweichende Standpunkt der Mot. 354 ist hier preisgegeben. Einen besondern Fall enthält 962. Daß auch bei der Brechung eines Widerstandes die Stärke des angewandten Mittels mit dem Werthe des angestrebten Zweckes im Verhältnisse stehen muß (Rehbein 343, Hölder 466), ist mit dem im Texte Gesagten im Einklange; denn dieser Grundsatz gilt nicht blos für Privatleute, sondern auch für Gerichtsvollzieher, die kraft ihres Amtes einen Widerstand brechen. Daß man auf Spatzen nicht mit Kanonen schießen soll, ist überhaupt keine besondere Gesetzesvorschrift, sondern ein ganz selbstverständlicher Gedanke.

[3]) Vgl. Cosack 274.

[4]) Vgl. Mot. 356: „Durch den eigenmächtigen Zugriff wird der Berechtigte nicht Richter und Vollstrecker in eigener Sache." Sog. Legalisirung der Selbsthülfe Enneccerus 328.

Handlung in sich schließt.[1]) So z. B. wenn der Handelnde aus entschuldbarem Irrthume nicht wußte, daß ihm eine obrigkeitliche Hülfe zugänglich war.

Es liegt hier eine Haftung ohne Schuld vor, die der Haftung aus einer unerlaubten Handlung ähnlich ist (sog. actio quasi ex delicto). Sie soll vor ungerechtfertigten Maßregeln der Selbsthülfe schützen. Die kurze Verjährung des 852 ist auch bei ihr unanwendbar, da das Bürgerliche Gesetzbuch eine Analogie zwischen den actiones ex delicto und den actiones quasi ex delicto nicht kennt.

VI. Die deutschrechtliche Pfändung zum Schutze der Feldflur („der Grundstücke und der Erzeugnisse") bleibt dem Landesrechte überlassen (Art. 89).[2]) Nach der Redeweise des Bürgerlichen Gesetzbuches fällt sie sowohl unter den Begriff der Selbstvertheidigung als auch unter denjenigen der Selbsthülfe, weil bei ihr ebensowohl drohende fernere Rechtsverletzungen abgewehrt als auch der Schadensersatzanspruch wegen des zugefügten Schadens gesichert wird.[3])

VII. Die deutschrechtliche Pfandklausel, welche durch außergerichtlichen Vertrag Pfändungsrechte gewährte, muß heutzutage als ein ungültiger Vertrag gegen ein unabänderliches Verbot (die Untersagung des Faustrechtes) gelten. Die Erstarkung der Staatsgewalt machte diese für den öffentlichen Frieden gefährliche Abrede entbehrlich.

ββ) Die Beziehungen des Rechtsstreites zum bürgerlichen Rechte.

§ 61.

I. Die Rechtssätze zerfallen nach ihren Beziehungen zum bürgerlichen und zum Prozeßrechte in: rein bürgerliche, z. B. die Sätze über Selbsthülfe, rein prozessuale, z. B. die Vorschriften über die Formen des Rechtsstreites, und die zugleich bürgerlichen und prozessualen Rechtes sind.

Die letzteren sind entweder Regeln, die zunächst als Sätze des bürgerlichen Rechtes gedacht und im Prozeßverfahren von Be-

[1]) K.Prot. I, 244, 261: Jeder Gebrauch der Selbsthülfe geschieht auf eigene Gefahr (vgl. Unger, Jahrb. f. Dogm. XXX, 381 ff.)

[2]) Einen verwandten Fall siehe Art. 130. Vgl. hierzu Cosack 275.

[3]) Ueber die entsprechende Anwendung des 231 (Schadensersatzpflicht bei sog. putativer Selbsthülfe) auf diesen ähnlichen Fall siehe Kuhlenbeck 549. Rehbein 844 will diese Vorschrift auf alle Fälle der Selbsthülfe ausgedehnt sehen, wobei wohl ihr Ausnahmecharakter nicht genügend betont wird.

deutung sind, oder Regeln, die für das Streitverfahren bestimmt sind, in ihren Folgen aber auf das außerprozessuale Rechtsleben hinübergreifen.[1])

II. Sätze des bürgerlichen Rechtes von prozessualer Bedeutung sind alle Sätze, die Vorbedingungen von Rechten, also von klagbaren Ansprüchen oder von Einrederechten enthalten. Ihr Inhalt regelt die Beweislast. Obwohl nämlich der Satz, daß jeder in der Regel die Vorbedingungen seiner Ansprüche oder Einrederechte beweisen muß, ebenso wie die Ausnahmen dieser Regel, dem Prozeßrechte angehört, so hängt doch seine Anwendung von dem Inhalte des materiellen Rechtes ab. Die Beweislastfragen sind daher meist Auslegungsfragen des materiellen Rechtes und da das Bürgerliche Gesetzbuch vornehmlich von praktischen Juristen ausgearbeitet ist, so haben sie derartige Streitfragen vorausgesehen und die Texte von vornherein so abgefaßt, daß aus ihrer Satzbildung bei den späteren Beweislastfragen Ergebnisse entnommen werden können.[2])

III. Prozeßrechtssätze, die auch für das außerprozessuale Verhalten der Parteien Normen geben, sind die Bestimmungen über die beiden Hauptakte des Verfahrens in ihrem Einflusse auf das Recht der Parteien, den Prozeßbeginn und das Urtheil. Obwohl diese Vorschriften ebenso gut im Bürgerlichen Gesetzbuch wie in der Civilprozeßordnung untergebracht werden konnten, hat man im Widerspruche mit der ersten Lesung sie der letzteren überwiesen, zumal ihr nächster Zweck ein prozessualer ist.[3])

Die Wissenschaft und Rechtslehre wird sich dem anzuschließen haben, daher denn auch die vorliegende Darstellung von dem gemeinsamen Gebiete des bürgerlichen und des prozessualen Rechtes absieht.

---

[1]) Vergl. Mot. 357. „Man hat nicht ein Recht, weil man eine Klage hat, sondern eine Klage, weil man ein Recht hat." „Die Klagbarkeit der Rechte ist die selbstverständliche Regel." In Verfolgung dieses Gedankens sind die Ausdrücke Klage statt Anspruch und Einrede statt Leistungsweigerungsrecht im B.G.B. grundsätzlich vermieden. Dernburg, Recht der Schuldverh. S. 9.

[2]) Planck, S. 45 ff., Küntzel, in den Beiträgen zur Erläuterung des Deutschen Rechts, Bd. XL S. 358, und Eck, Vorträge 33 ff., insbesondere über den Einfluß den die Stellung des Wörtchens „nicht" auf die Beweislast haben soll. Wenn dieses Wort unmittelbar hinter „wenn" oder „insofern" folgt oder nur durch ein Fürwort getrennt wird (z. B. „wenn es nicht" oder dergl.), so soll der Inhalt des Bedingungssatzes von der Gegenpartei dessen zu beweisen sein, der den Hauptsatz darthun muß. (Ebenso bei der Wendung: „es sei denn, daß".) Gegen eine allzu strenge Beachtung dieser Regel s. Eck, 35.

[3]) Vgl. hierzu namentlich Fischer, Recht und Rechtsschutz, § 3 S. 32 in Bekkers und Fischers Beiträgen, Heft VI.

δ) Die Entkräftung der Ansprüche durch Einrederechte.

αα) Das Einrederecht.

§ 62.[1])

I. Einrederechte sind die Rechte eines Verpflichteten, der etwaigen Klage eines Berechtigten eine erfolgreiche Behauptung entgegenzustellen, d. h. eine Einredebehauptung (Gegenbehauptung). Beides, die sog. Einrederechte und die Einredebehauptungen werden Einrede genannt. Dieser Sprachgebrauch ist ein althergebrachter. Im Bürgerlichen Rechte bedeutet Einrede das Einrederecht, in der Civilprozeßordnung dagegen in der Regel die Einredebehauptung, da das materielle Recht naturgemäß Rechte verleiht, das Prozeßrecht aber die Behandlung der Behauptungen im Rechtsstreite regelt.

Es steht aber nichts im Wege, auch die rein prozeßrechtlichen Einrederechte Einreden zu nennen. Zweckmäßig wird es aber sein, das Wort Einrede möglichst zu vermeiden und entweder von (bürgerlichen oder prozessualen) Einrederechten und daneben von Einredebehauptungen zu reden.

II. Das Wort Einrede (sowohl als Einrederecht, wie als Einredebehauptung), wird vielfach auch noch im weiteren Sinne verwandt, als Bezeichnung aller begründeten Behauptungen, die ein Verklagter den Klagebehauptungen, ohne sie zu verneinen, entgegenstellt. Es ist aber die Absicht der Motive (359) und der Kommissions-Protokolle I, 217, in Anlehnung an die bisherige Unterscheidung der formellen und der materiellen Einrederechte, diese Redeweise zu bekämpfen. Man wollte den Namen Einrede auf die wirklichen oder angeblichen Einrederechte beschränken, bei denen der klägerische Anspruch nicht bestritten wird, der Anspruch also „an sich" besteht[2]), d. i., abgesehen von der Geltendmachung des Einrederechts, das, wie jedes wahre Recht, nach freiem Ermessen ausübbar ist. 202 spricht in einem ähnlichen Sinne von einem Rechte, die „Leistung zu verweigern".[3])

---

[1]) Vergl. Friedenthal, Einwendung und Einrede, Jena 1898.

[2]) So Enneccerus 291.

[3]) Dem liegt der Gedanke zu Grunde, daß der Gesetzgeber ebenso, wie er die Klagen giebt, damit der Berechtigte die Leistung erhalte, ebenso auch die Einreden gewährt, damit sie ihm verweigert werden könne. Einrede- und Leistungsweigerungsrecht werden daher in 202 als gleichartig behandelt (vgl. Planck zu 222, Enneccerus 291), und mit einer größeren Zahl von Belegstellen Hellmann 199. Zitelmann 29 deutet diese Gleichstellung der Einrede mit der Leistungsweigerung dahin, daß die Ausübung des Weigerungsrechtes erst vor Gericht geschehe, d. h. als Einrede. Ich möchte sie daraus herleiten, daß bei der außergerichtlichen

Der Nichtjurist wird freilich immer auch bei einem willkürlich behaupteten Anspruche, den der Gegner gänzlich verneint, von Leistungsweigerungsrechten[1]) reden.[2])

Einwendungen nennen die Motive (360) solche Behauptungen, aus denen die völlige, vom Willen des Beklagten unabhängige Nichtexistenz eines angeblichen Anspruches folgt, z. B. die Einwendung der Geschäftsunfähigkeit einer Partei, aus deren Rechtsgeschäft der Klageanspruch hergeleitet wird. Dem steht der Einwand einer völligen Anspruchstilgung (z. B. durch Zahlung) gleich.

Der durch Einwendung entkräftete Anspruch besteht nicht. Ein Verzicht auf die Einwendung macht ihn nicht zum wirklichen oder klagbaren. Der durch Einrederecht entkräftete Anspruch wird dagegen vollkräftig, falls ein Verzicht auf das Einrederecht vorliegt.[3])

Die Gesetzgebungsmaschine besitzt erfahrungsmäßig nicht die Kraft, einen festen Sprachgebrauch ohne Weiteres über den Haufen zu rennen. So wird die neue Gesetzgebung es wohl kaum verhindern, daß die hergebrachte Gleichstellung der Ausdrücke Einrede und Einwendung sich im Volksmunde noch lange erhalten wird, um so mehr als sie auch die Civilprozeßordnung beherrscht.[4])

Weigerung vom Schuldner mit der Einrede für den Prozeßfall stillschweigend gedroht und so diese Weigerung durch den metus exceptionis wirksam gestattet wird. Das ausgeübte Weigerungsrecht ist also die außergerichtliche Verwerthung der Einredemöglichkeit.

[1]) Dieser Ausdruck umfaßt scheinbar in 202 auch die Einwendungen, die die Verjährung hemmen, z. B., daß der Anfangstermin des Anspruches noch nicht eingetreten sei. Vgl. K.Prot. I, 216, 217. Man nimmt aber an, daß sich 202 auf diesen letzteren Fall nicht bezieht (s. unten S. 285).

[2]) Vgl. K.Prot. I, 283, „Der Entwurf brauche den Ausdruck Einrede nur da, wo er allgemeine Bestimmungen über die Einreden gebe, nicht aber da, wo er einzelne Einreden gewähre. Hier rede er vom Rechte, die Leistung zu verweigern." Die K.Prot. VI, 142 bemerken, Einrede bezeichne immer nur die Kategorie der „peremptorischen" Einreden, nicht die einzelnen Einreden. Diesen Ausgeburten einer terminologischen Unsicherheit wird sich die Redeweise der Praxis kaum anpassen, zumal der Gesetzestext ihr thatsächlich widerspricht, vgl. 202.

[3]) Im Prozeßrechte darf die unverzichtbare Einwendung vom Richter berücksichtigt werden, wenn ihr Inhalt feststeht, die verzichtbare Einrede nur, wenn der Beklagte darum bittet. Auch dieser Unterschied ist von sehr geringer praktischer Bedeutung, weil die Partei sich in der Regel auf Einwendungen und Einreden beruft, wenn sie feststehen. Wichtig ist er namentlich, wenn eine verjährte Forderung im Versäumnißverfahren geltend gemacht wird. Hier würde der Richter sie abweisen müssen, wenn die Gegenbehauptung, daß der Anspruch verjährt sei, eine unverzichtbare Einwendung wäre und nicht viel mehr ein verzichtbarer Einwand (s. unten § 67; vgl. hierzu auch Kuhlenbeck 560).

[4]) Fischer=Henle § 202 Anm. 6.

Man wird daher den vorliegenden Zwiespalt zwischen der Volksrede und der Sprache des Bürgerlichen Gesetzbuches dahin feststellen müssen, daß in der letzteren das Einrederecht ein verzichtbares Recht auf eine Gegenbehauptung und das Einwendungsrecht ein unverzichtbares Recht auf eine solche ist und die Entgegnungsrechte einfach in verzichtbare und unverzichtbare eintheilen.[1])

III. Der Ursprung der Unterscheidung von Einwendung und Einrede (formeller und materieller Einrede) rührt aus der irrigen Annahme, daß sie sich mit der römischen Unterscheidung der actio ipso jure non data und der actio exceptione elisa decke. Neuere Forschungen haben dargethan, daß dieser Unterschied auf dem Gegensatze der vom Civilrecht ohne prätorische Beihülfe dem Verklagten gegebenen Rechtshülfe und dem auxilium praetoris beruhte, nicht auf dem Gegensatz zwischen jus civile und jus praetorium, weil auch das jus civile blos mittelbar auxilio praetoris Einreden geben konnte, die exceptiones waren.[2]) — Der rechtspolitische Grund dieser Erscheinung konnte erst nach der Auffindung des Gajus Buch IV verständlich werden. Die exceptio galt nur, falls das Ermessen des Prätors sie im einzelnen Falle für angebracht hielt. Bei zweifelhaften Rechtsbegriffen, wie sie z. B. im S. C. Vellejanum enthalten waren, mußte es viel für sich haben, daß der Prätor in jedem Falle die Zulassung der Einrede prüfte. Es waren daher auch die unverzichtbaren Einwände, die auxilio praetoris gegeben wurden, bloße exceptiones und verzichtbare Einwendungen des jus civile waren nicht grundsätzlich ausgeschlossen, z. B. bei der Ratihabition des ipso jure ungültigen Geschäftes nicht. Im späteren Rechte hielt der Sprachgebrauch die Unterscheidung zwischen exceptio und Bestreiten des Klagegrundes überhaupt nicht fest (z. B. nicht bei der exceptio non numeratae pecuniae und auch sonst).[3])

Ehe dieser Sachverhalt aufgedeckt wurde, hatte sich inzwischen in Deutschland die Unterscheidung der unverzichtbaren und der

---

[1]) Eine sehr anschauliche Uebersicht über die Hauptformen der Einwendungen und der Einreden giebt Zitelmann 24 ff. Ueber das Verhältniß der Begriffe Einwendung und Einrede bei Naturalobligationen s. Dernburg, bürg. R. II, 10, 11.

[2]) Vgl. die von Regelsberger 681 angeführte Literatur und auch v. Koschembahr-Lyskowski, die Theorie der Exceptionen nach klassischem, römischen Recht Berlin 1893.

[3]) Vgl. Bekker, die Aktionen des römischen Privatrechts, I, S. 283, Bülow, Archiv f. civ. Praxis, Bd. LXXXIII, S. 41 ff.

verzichtbaren Entgegnungsrechte entwickelt und insbesondere der Name exceptio als technischer Ausdruck für das Recht auf eine frei verzichtbare Entgegnung in der Redeweise der deutschen Juristen befestigt. Als das Mißverständniß aufgeklärt wurde, hielt sich der daraus entstandene Sprachgebrauch, weil ein praktisches Bedürfniß dahin trieb, die verzichtbaren Entgegnungsrechte von den unverzichtbaren zu unterscheiden.[1]) Die „Einrede" des Bürgerlichen Gesetzbuches ist daher nur die Verdeutschung des in der neueren Rechtssprache üblichen (materiellen) Sinnes des Wortes exceptio = das verzichtbare Recht auf eine im Nothfalle mögliche prozessuale Entgegnung.[2])

Bekker nennt die Einrederechte „negative Rechte",[3]) weil sie einem Anspruche entgegenstehen, also entkräftende Gegenrechte sind. Vermögensstücke von besonderem Geldwerthe sind diese Rechte freilich nicht,[4]) doch stehen sie in diesem Punkte innerhalb der Vermögensrechte nicht allein (s. oben S. 153).

IV. Arten der Einrederechte. Die Motive unterscheiden mit der herrschenden Lehre (313, 360) die Einrederechte in dilatorische, verzögerliche (mit zeitlich beschränkter Kraft) und peremptorische, zerstörliche oder perpetuae (Dig. IV, 2, fr. 14 pr.) mit zeitlich unbeschränkter Kraft. Den verzögerlichen kann der Kläger durch Aufschub der Klage ausweichen, den zerstörlichen nicht.[5]) Der Ausdruck „zerstörlich" enthält übrigens eine unpassende Uebersetzung des Wortes peremptoria (= streitabschneidend,)[6]) da ja in theoretischer Hinsicht auch bei der peremptorischen Einrede der Anspruch nicht zerstört ist, sondern nur durch ein Gegenrecht gehemmt wird.[7])

---

[1]) Das begriffsbildende Unterscheidungsbedürfniß hat sich geändert. Einst lag es in der Form der Geltendmachung, jetzt liegt es in der Verzichtbarkeit des Gegenrechtes.

[2]) Zitelmann 37 bemerkt, daß die exceptio in ihrem „unvergänglichen Kern" als Einrede erhalten ist.

[3]) Pandekten I, § 28. Zustimmend Dernburg 315. Fischer, Recht und Rechtsschutz 100 ff., Planck 48. Enneccerus 291. Zitelmann 37.

[4]) Vgl. Dernburg, Bürg. Recht II R. der Schuldverh.; 249: „Sie (die Einrede) bildet weder im Vermögen des Gläubigers ein Aktivum, noch in dem des Schuldners ein Passivum."

[5]) Der Begriffsumfang der dilatorischen Einreden ist streitig; vgl. Friedenthal a. a. O. 42 ff. und Matthiaß 281.

[6]) Vgl. Dig. V, 1, 70 quod peremeret disceptationem.

[7]) Vgl. Fischer-Henle, 3 A., S. 103, woselbst Beispiele angeführt sind. „Der mit peremptorischer Einrede behaftete Anspruch besteht dagegen schemenhaft in alle Ewigkeit fort." Glücklicher Weise kann er in diesem Zustande keinen Schaden

Besser spricht man daher von andauernden oder zeitlich unbeschränkten Einrederechten, zumal die dilatorischen Einrederechte in 202 ausdrücklich als „vorübergehende Leistungsverweigerungsrechte“ gekennzeichnet sind, im Gegensatz zu den peremptorischen Einreden, bei denen dauernde Leistungsweigerungsrechte vorliegen (vgl. K.Prot. I, 216, 217), und den berechtigten Anspruchsverneinungen.

Uebrigens giebt es auch unter den Einwendungen neben den dauernd wirksamen solche, die eine blos vorübergehende Kraft haben. So namentlich bei einer Vereinigung von Schuld und Forderung, die später wieder auseinander fällt.[1])

V. Die Verschiedenheit der Kraft zerstörlicher Einreden. Entkräftungen eines Anspruches können vollkommene und unvollkommene sein. Bei der vollkommenen erlischt der Anspruch in jeder Hinsicht, ohne eine Verbindlichkeit zu hinterlassen. Die Gründe des vollkommenen Erlöschens der Ansprüche pflegen im Forderungsrechte erörtert zu werden (s. oben § 57, S. 201). Die unvollkommene Tilgung eines Anspruches kann wiederum minder oder mehr zerstörende Kraft haben. Sie kann den Anspruch in solcher Weise aufheben, daß eine Schuld übrig bleibt, deren irrthümliche Berichtigung keinen Anspruch wegen ungerechtfertigter Bereicherung nach sich zieht. (So nach Bürgerlichem Gesetzbuch bei der Anspruchsverjährung § 222, 2). Sie kann aber eine Schuld übrig lassen, die so schwach ist, daß selbst ihre irrthümliche Tilgung einen Anspruch wegen ungerechtfertigter Bereicherung erzeugt, die aber immerhin doch noch insoweit besteht, daß ihre freiwillige Tilgung und Anerkennung nicht als Schenkung, sondern als Pflichterfüllung gilt. So nach römischem Recht z. B. bei der obligatio pupilli sine auctoritate tutoris.

Ob und inwieweit das Bürgerliche Gesetzbuch solche unvollkommene Tilgungen kennt, muß in der Lehre von den Schuldverhältnissen bei

---

anrichten. Der Verzicht auf peremtorische Einreden gleicht freilich an Seltenheit den weißen Raben. Daher ist die dilatorische Einrede in praktischer Hinsicht, das vornehmlich wichtige Gegenstück der bleibenden rechtsverneinenden Einwendung. — Undenkbar wäre auch im neueren Rechte übrigens nicht die Zulassung unverzichtbarer Gegenrechte von vorübergehender Kraft z. B. durch ein Gesetz, das in einer Zeit allgemeiner Noth unverzichtbare Stundungsrechte gäbe. Darin würden wir aber heutzutage eine Abart der Einwendungen sehen müssen nicht der Einrede.

[1]) 2148, 2175, 2377. Man könnte bei diesen Rückschlägen wider eine Konfussion von einer „Diffusion“ reden.

den Naturalobligationen erörtert werden,[1]) da das erste Buch des Bürgerlichen Gesetzbuches von den Tilgungsgründen der allgemeinen Anspruchslehre nur die Verjährung erwähnt.

VI. Die Anfechtungsrechte sind „Anspruchsvernichtungsrechte",[2]) daher mehr als bloße Einrederechte. Sie gehen zunächst nicht auf eine Prozeßbehauptung, sondern auf einen gerichtlichen oder außergerichtlichen Willensakt, der den Anspruch aufhebt (s. unten § 97). Wird der Anspruch in Form einer prozessualen Entgegnung durch Anfechtung des der Klage zu Grunde liegenden Geschäftes vernichtet, so enthält diese Entgegnung zugleich eine Willenserklärung und eine Einwendung.[3])

Statt von Anfechtungseinreden und von Aufrechnungseinreden wird man daher von Anfechtungs- oder Aufrechnungseinwänden reden müssen, die sich entweder auf eine frühere Erklärung gründen oder den Anfechtungs- oder Aufrechnungsakt in sich schließen,[4]) sofern man Gewicht darauf legt, mit der Redeweise des Gesetzbuches in enger Fühlung zu bleiben. Das Gleiche gilt überhaupt von den Rücktrittsrechten, die im Prozesse im Wege der Entgegnung geltend gemacht werden (vgl. jedoch auch Mot. II, 211, 281).[5])

VII. Das Verhältniß der Einrederechte zu den Anfechtungsrechten. Es ist die Ansicht aufgestellt worden, daß die Einrederechte eine Art der Anfechtungsrechte seien.[6]) Allerdings soll bei ihnen nicht, wie bei der Anfechtung der Rechtsgeschäfte, eine Anfechtung der Entstehungsthatsachen von Ansprüchen, sondern die Anfechtung der Ansprüche selbst vorliegen.

Handelte es sich bei dieser Rechtsanfechtungsart nur um eine Terminologie, so würde sich nichts dagegen sagen lassen, da die An-

[1]) Vgl. z. B. Dernburg, R. der Schuldverhältnisse 248 ff.

[2]) Vgl. Friedenthal, a. a. O. § 19, S. 62.

[3]) Vgl. hierzu Hellwig, Die Verträge auf Leistung an Dritte. 1899. S. 272 ff., 292 ff. Auch Zitelmann 34 stellt die Anfechtung zu den rechtsaufhebenden Einwendungen.

[4]) Dies jedenfalls dann, wenn die Aufrechnungseinrede ein schuldtilgendes Rechtsgeschäft in sich schließe. Ob sie dies immer thue, ist streitig. Vgl. Dernburg, Recht der Schuldverhältnisse, II, 284, gegen Kohler, Zeitschrift für Civilprozeß. XXIV, S. 17. M. E. darf man in eine Parteierklärung ohne ausdrücklichen Gesetzesbefehl einen Rechtsgeschäftswillen nicht hineinlegen, wenn sie offenbar nur als Behauptung gemeint ist. Das Nähere gehört in das Recht der Schuldverhältnisse.

[5]) Ueber den Fall der Wandlung siehe namentlich Hölder 411 und K.Prot. 238. Er steht im Gesetzbuche nach 465 mit einem einfachen Rücktritte nicht mehr auf einer Linie.

[6]) Hölder 406 ff.

fechtung der Geschäfte ebenso, wie diejenige der Ansprüche eine Entkräftung des Angefochtenen in sich schließt.

In Wahrheit soll aber nicht blos der Name Anfechtung den Einreden zugesprochen, sondern auch das Recht der Geschäftsanfechtungen in entsprechender Weise angewandt werden. Namentlich soll ebenso, wie die Anfechtungserklärung, das angegriffene Geschäft mit rückwirkender Kraft aufhebt, auch die Einrede den Anspruch, dem sie gegenübertritt, in solcher Weise tilgen.[1]) Daher würde ein auf Grund einer Einrede abgewiesener Anspruch endgültig getilgt sein und folgeweise das Einrederecht seine Verzichtbarkeit in Zukunft verlieren.

Bei der großen Verschiedenheit der Gesetzgebungszwecke, auf denen einerseits die Entkräftung der Rechtsgeschäfte durch Anfechtung und andererseits die Entkräftung der Ansprüche durch Einreden beruht, muß man Bedenken tragen, sich dieser Ansicht anzuschließen, falls nicht etwa für sie noch neue zwingendere Gründe aus dem Zwecke der gleichgestellten beiden juristischen Erscheinungen beigebracht werden sollten.[2])

ββ) Die Einrede der Anspruchsverjährung insbesondere.

ααα) Der Gegenstand der Anspruchsverjährung.

§ 63.

I. Der Name der Anspruchsverjährung (Mot. 289) ist nicht der „gemeinübliche", er tritt an die Stelle der Klagverjährung.[3])

In Wahrheit waren aber schon bisher die Ausdrücke Klagverjährung und Anspruchsverjährung in der Juristensprache wie in der Redeweise des Volkes längst gleichwerthig. Die Klage verjährt, d. h. sie wird unmöglich; der Anspruch verjährt, d. h. er wird entkräftet, er geht einem Verluste seiner Durchführbarkeit entgegen.[4])

Durch diese Zweideutigkeit des Wortes „Verjähren" wird es sehr wohl möglich, beides als gleichbedeutend zu bezeichnen. Daher wird es sich auch in Zukunft das Volk nicht nehmen lassen, unter den Ausdrücken Klagverjährung und Anspruchsverjährung nach wie vor abzuwechseln.

---

[1]) Hölder 407, 408, 853. Anders Matthiaß 282.

[2]) Die Möglichkeit eines solchen Nachweises möchte der Verfasser nicht von vorn herein bestreiten. Dagegen spricht, daß das Gesetzbuch die Anfechtungen von Rechten, die es kennt, auch als solche ausdrücklich benennt (vgl. 1598, 2340).

[3]) Auch von Rechtsverjährung und Schuldverjährung hat man gesprochen. Mot. 289, womit der Eigenart der dinglichen Ansprüche nicht Genüge geschah.

[4]) Vgl. Enneccerus 299. Hölder 409.

Eine Hauptabweichung des Bürgerlichen Gesetzbuchs vom bisherigen Rechte scheint freilich darin zu liegen, daß dieses die klagbaren Ansprüche verjähren ließ, das Bürgerliche Gesetzbuch aber alle Ansprüche grundsätzlich der Verjährung unterwirft.

Wenn die Motive 290 bemerken, „die Verjährung richtet sich nicht gegen die prozessuale Zuständigkeit der gerichtlichen Verfolgung, sondern gegen die Berechtigung selbst“, so stimmt dies weder zu dem Beginne, noch zu den Folgen der Anspruchsverjährung nach Bürgerlichem Gesetzbuch (s. unten §§ 65 und 67).[1]) Allerdings bemühen sich die Motive, die rein terminologische Aenderung oder richtiger Auswahl zwischen zwei möglichen Ausdrucksformen zu einer sachlichen Aenderung des Rechtes aufzubauschen (307), doch werden wir sehen, daß nach einer unbefangenen Deutung der klaren Texte es in den Grundlagen der Aktionenverjährung durchaus beim Alten bleibt.[2])

Ueber den Zweck der Verjährung siehe oben § 56, S. 184.

II. Eine scheinbare Nichtverjährung fälliger Ansprüche liegt bei Forderungen auf ein dauerndes Verhalten vor, so lange sie befriedigt werden.[3]) Ein befriedigter Anspruch kann ebensowenig verjähren, wie ein Todter sterben kann. Der Begriff „verjährbarer Anspruch“ ist daher von vorn herein enger als der Anspruchsbegriff und es ist verfehlt, beide, wie es leider vielfach geschieht, als identisch anzusehen.[4])

Der Satz ist namentlich für den Beginn der Verjährung dinglicher Ansprüche wichtig; denn diese gehen zunächst gegen jedes Mitglied eines unbestimmten Kreises auf Unterlassung aller Eingriffe in das dingliche Recht. Erst wenn ein Eingriff erfolgt ist, z. B. ein Eigenthum gestört wird, kann die Verjährung gegen den Anspruchsgegner beginnen.[5])

---

[1]) Richtig ist immerhin, daß die Verjährung nicht blos die Klage, sondern auch die außergerichtliche Mahnung des Klägers entkräftet. Dies war aber auch bisher nicht streitig. Vgl. hierzu auch Eck, Sammlung 78 und Hellmann 207. Cosack 252 weist darauf hin, daß schon das preußische Recht nicht den klagbaren Anspruch als solchen zum Verjährungsgegenstande machte.

[2]) Vgl. Enneccerus und Kuhlenbeck 563.

[3]) Die Verjährung beginnt erst nach Mot. 308, wenn „rechtlich Befriedigung“ zugesprochen werden kann.

[4]) Auch Zitelmanns Behauptung 176, daß bedingte und betagte Ansprüche keine Ansprüche im Sinne des B.G.B. seien, ist m. E. dahin einzuschränken, daß sie keine verjährbaren Ansprüche sind. Cedierbare Ansprüche sind auch sie.

[5]) Nach römischem Rechte war vorher eine actio nata überhaupt nicht da, höchstens eine actio nascitura. S. hierüber oben S. 199 Anm. 3, auch Rehbein 305.

Aber auch bei Forderungen auf ein dauerndes Unterlassen gilt das Gleiche.

So wenn der Miether versprochen hat, ein gemiethetes Zugthier nicht zu schlagen, mit einiger Zeit aber das Gegentheil zu thun pflegt. Bei der ersten Pflichtverletzung beginnt hier die Verjährung[1]) des Anspruches aus der Vertragswidrigkeit.

Die Verjährung der Ansprüche wegen späterer Zuwiderhandlungen gegen eine Unterlassungspflicht beginnt daher nach § 198 nicht vor der ersten Zuwiderhandlung.[2])

Das Gleiche muß aber auch bei dauernden Forderungen auf ein Thun des Verpflichteten gelten, z. B. gegen einen Wirthschaftsbeamten auf Bekleidung seines Postens. So lange dieser seine Pflicht erfüllt, ist es unmöglich, den gegen ihn geltenden Anspruch auf Vertragserfüllung durch Mahnung oder durch Klage auszuüben. Erst von seiner Pflichtwidrigkeit ab ist der Anspruch auf Erfüllung des Vertrages verjährbar geworden.[3])

III. Wahre Ausnahmen der Anspruchsverjährung.

a) Der Anspruch aus einem familienrechtlichen Verhältnisse unterliegt der Verjährung nicht,[4]) soweit er auf die Herstellung

---

[1]) Vgl. die K.Prot. I, 211 (nach Mot. 307): die Verjährung beginne erst „mit der den Zustand des Befriedigtseins aufhebenden Zuwiderhandlung."

[2]) Die Aufnahme dieser Vorschrift ist namentlich mit Rücksicht auf Fischer (Bekker und Fischer, Beiträge VI, § 8, S. 82, Zusammenst. I, 215) geschehen K.Prot. I, 200. Römische actiones auf ein Unterlassen gab es überhaupt nicht. Vgl. hierzu auch Hölder 424. Daß die Verjährung hier nicht früher beginnt, würde m. E. auch ohne 198 selbstverständlich sein, vgl. Rehbein 304. Daß sie jedoch auch wegen der späteren Zuwiderhandlungen gegen die Vertragspflicht von der ersten Pflichtverletzung ab laufen soll, ist durchaus nicht selbstverständlich, aber aus dem Zwecke der Verjährung (s. oben S. 184) zu rechtfertigen. Es ist übrigens nicht unbestritten. Auf dingliche Ansprüche bezieht sich 198, 2 nicht. Planck 249.

[3]) Daß der verjährbare dingliche Anspruch erst mit der Verletzung entsteht, darüber herrscht volle Einigkeit, vgl. z. B. Planck 48, 249, Hölder 445, Matthiaß 259. Zitelmann 177, der von einer „den Fristbeginn auslösenden Thatsache" redet. Nur darüber, ob der Anspruch überhaupt vorher bestehe, liegt ein unfruchtbarer Streit vor (s. oben S. 199 Anm. 3). Von dem Verjährungsbeginn der Forderungen auf dauernde Leistungen (s. den Text) ist dabei leider fast nie die Frage, vgl. aber auch Zitelmann 177, der allgemein die Ansprüche auf ein Thun sofort mit der Entstehung als „unerfüllte" ansieht. — Daß bei der ersten Vertragswidrigkeit auch die Forderungen auf alle späteren zu verjähren beginnen (s. die vorige Anm.), gilt freilich bei den Ansprüchen auf ein dauerndes Thun nicht.

[4]) Dies entspricht den Ausführungen des Verfassers in seiner Berliner Doktor-

des dem Verhältniß entsprechenden Zustandes für die Zukunft gerichtet ist.[1])

Es bezieht sich dies nach Bürgerlichem Gesetzbuch auch auf vermögensrechtliche Verhältnisse, namentlich Alimentationsansprüche.[2])

Der Nachtheil der Schutzlosigkeit eines Familienrechtes erscheint dem Gesetzgeber größer, als der Vortheil, den die Verjährung mit ihrer Beschränkung des freien richterlichen Ermessens gewährt (s. oben S. 184).

b) Der § 36 des Reichsgesetzes, betreffend das Urheberrecht an Schriftwerken u. s. w. vom 11. Juni 1870 macht den Anspruch auf Einziehung und Vernichtung der Nachdrucksexemplare sowie der zur widerrechtlichen Vervielfältigung bestimmten Vorrichtungen unverjährbar, so lange der Gegenstand der Vernichtung besteht. Da der Anspruch hier auf ein Dulden, also Unterlassen eines Widerstandes geht, so folgt dies zum Theile auch aus 198, 2 (s. S. 227 Anm. 2).

c) Verjährungen gegen das Grundbuch sind wegen der angestrebten Zuverlässigkeit des Buches ebenso unzulässig wie gegen Ansprüche auf Berichtigung des Grundbuches (898, 902, 1138).[3])

d) Gewisse Ansprüche des Nachbarrechtes sind nach § 924 der Verjährung entzogen. Es handelt sich dabei um solche dauernde Eigenthumsverletzungen, z. B. gefährliche Anlagen an der Grenze, deren thatsächlicher Bestand nach der Meinung der Verfasser des Gesetzbuches nicht durch Zeitablauf zum Rechte erstarren soll.

e) Nach 758 unterliegt „der Anspruch auf Aufhebung der Gemeinschaft" nicht der Verjährung. Hierbei ist übersehen, daß dieser Anspruch ebensowenig wie das Anfechtungsrecht (s. oben) ein Anspruch im Sinne des § 194 ist, weil er sich nicht auf ein Thun oder ein

---

dissertation: De natura actionis quae praejudicialis vocatur 1874, ebenso wie der Randvermerk der Motive Bd. I, S. 295. „Die Feststellungsklage verjährt nicht." Vgl. hierüber Näheres unten. Im neueren deutschen Rechte sind die Familienrechtsklagen Leistungsklagen und nicht actiones praejudiciales. Ihre Unverjährbarkeit hat daher mit derjenigen der Feststellungsklagen nichts mehr zu thun.

[1]) Vgl. auch noch 200 Satz 2 und Beispiele familienrechtlicher Ansprüche der erwähnten Art bei Matthiaß 256.

[2]) In dieser Richtung ist die Vorschrift völlig neu. Ueber ihren (nicht sehr erheblichen) praktischen Werth vgl. Mot. 294, 295.

[3]) Vgl. K.Prot. I, 198 über die Beziehungen dieses Grundsatzes zur Tabularersitzung. Daß das Grundbuch selbst den Bestand der Rechte sichert, so bedarf es eines Eingreifens der Verjährung zu dem gleichen Zwecke (ne rerum dominia in incerto essent) in der Regel nicht. Eine Ausnahme enthält 1028.

Unterlassen des Gegners richtet, sondern durch einen einseitigen Willensakt dessen, der die Gemeinschaft aufhebt, verwirklicht wird.

Nach bisherigem Rechte würde man freilich haben unterscheiden müssen, ob eine Gemeinschaft unangefochten thatsächlich besteht, d. h. ob die Mitberechtigten zusammen wirthschaften, oder nicht. Im letzteren Falle, namentlich dann, wenn einer der gemeinschaftlich Berechtigten den Gegenstand für sich allein beherrscht, liegt für die andern ein verjährbarer dinglicher Anspruch wie auf Mitbesitz so auf Theilung vor, weil der Zweck der Verjährung, die wirkliche Sachlage der Anfechtung zu entziehen, dies verlangte. Anders, wenn die Gemeinschaft durch das Verhalten der Parteien dauernd sichtbarlich hervortritt.

Da dieser Unterschied nur wenig beachtet wurde, so hat auch das Gesetzbuch ihn nicht weiter betont (758).[1])

Die Aufnahme dieser Vorschrift erklärt sich dadurch, daß sie vornehmlich eine Ausnahme von der Ausnahmebestimmung des 199 macht (s. § 65).

f) Die Unverjährbarkeit der Feststellungsklagen[2]) wurde wenig beachtet, als man von Klagenverjährung statt von Verjährung des Aktionsrechtes sprach.[3]) Ein jus persequendi judicio quod sibi debetur liegt der Feststellungsklage nicht zu Grunde. Diese Erwägung greift aber insofern nicht mehr Platz, als die römische actio und der Anspruch des 194 sich nicht völlig decken (s. oben S. 194).

Ein praktisches Bedürfniß zu der Verjährung der Feststellungsklagen liegt jedoch nach C.P.O. 256 nicht vor. Eine solche Klage setzt ein Interesse daran, ihren Inhalt „alsbald" festgestellt zu sehen, voraus. Dies wird wohl nur höchst selten vorliegen, wenn die Verjährungszeit abgelaufen ist, seitdem sie möglich war.[4])

Die Motive stellen daher ihre Unverjährbarkeit als zweifellos hin[5]) und die herrschende Ansicht tritt ihnen bei, zumeist mit der Begründung, daß bei der Feststellungsklage ein Anspruch (im Sinne des 1a, 4) nicht vorliege.[6])

---

1) Vgl. auch über die Erbtheilung 2042 und zu 758 auch Hölder 418.

2) Vgl. zu dem Folgenden vornehmlich Hellmann, „Können Feststellungsklagen verjähren?" Archiv f. civ. Praxis, Bd. 84, 5, 180 ff.

3) Dag. des Verfassers Doktorschrift. S. oben S. 227 Anm. 4.

4) Vgl. Rehbein 802, auch Motive 295.

5) Randvermerk zu I, 295.

6) Vgl. z. B. Enneccerus 801, Rehbein 302, von der Pfordten 197,

Dies Letztere ist jedoch nichts weniger als zweifellos, weil der Anspruchsbegriff des Gesetzbuches weiter reicht, als der Begriff der römischen actio (s. oben S. 193).

Immerhin genügt der allgemein bekannte Standpunkt der Motive zu einer einschränkenden Auslegung des ohnehin nicht zweifellosen Wortlautes des 194, so daß die Feststellungsklagen der Verjährung entzogen werden.[1])

g) Weitere Einschränkungen des Verjährungsgebietes aus dem Anspruchsbegriffe[2]) beruhen auf einer unzulässigen Einengung des Anspruchsbegriffes. So namentlich die Lehre, daß alle Aufhebungsklagen, die Rechte beseitigen, wie die Ehescheidungsklage[3]) und alle Constituirungs- oder Rechtsbegründungsklagen, die Rechte neu begründen,[4]) der Verjährung entzogen sein sollen.

Richtig ist dies, insoweit diese Klagen an Ausschlußfristen gebunden sind, die für die Verjährung keinen Raum lassen (1339, 1571). Im Uebrigen ist hier aber übersehen, daß es unter den Ansprüchen auf ein Unterlassen auch solche auf ein Erdulden giebt (vgl. oben S. 197). Allein, selbst wenn man bei der unsicheren Bedeutung derartiger allgemeiner Ausdrücke hieran zweifeln sollte, so würde man doch die zu eng gerathene Begriffsbestimmung in angemessener Weise erweitern müssen, um nicht den Werth der Verjährung zu verkümmern.

Die in der ersten Lesung zugelassene Verjährung der sog. „Gesammtansprüche", d. h. der Summe der einzelnen Ansprüche neben diesen selber (Mot. 310), wurde als überflüssig gestrichen (K.Prot. I, 212).[5])

Das Landesrecht kann natürlich auf dem ihm überlassenen Gebiete auch Ausnahmen von der Verjährung zulassen.[6])

IV. Der Untergang bloßer Verfügungsbefugnisse durch

Endemann 388, Weyl 294 Anm. 3, Fischer-Henle 1 zu 194, Naumann 106, Hölder 413, Hellmann 207, Matthiaß 256. Es ist mehrfach dazu bemerkt worden, daß ein verjährter Anspruch natürlich nur als solcher festgestellt werden kann.

[1]) A. M. Eck, Sammlung 78, mit Bezugnahme auf Hellmann Archiv f. civ. Pr. 84, S. 145, 148.

[2]) Vgl. Enneccerus 301, Fischer-Henle Anm. 1 zu 194, Matthiaß 256.

[3]) Enneccerus und Matthiaß a. a. O.

[4]) Fischer-Henle 2 zu 194 z. B. aus 1418, 1468 u. a.

[5]) Vgl. Planck zu 224.

[6]) Cosack 252.

Zeitablauf, zu denen die Anfechtungsrechte gehören, ist keine Verjährung, sondern eine gesetzliche Befristung, woraus sich ergiebt, daß die Vorschriften über Verjährung auf ihn nur insoweit angewendet werden dürfen, als dies besonders bestimmt ist. (Vgl. oben S. 186.) Hierauf beruhen die sorgfältigen Umänderungen der Vorschriften der Reichskonkursordnung und des Anfechtungsgesetzes, betreffend die Behandlung der anfechtbaren Veräußerungen, die zum Nachtheile der Gläubiger geschehen (vgl. R.Konk.O. § 41, Reichs-Anfechtungsgesetz vom 21./7. 1879, §§ 3, Nr. 3 und 4, 11 am Ende, 13, 2.)

V. Eine Verjährung der Einrederechte ist unmöglich, weil der Beklagte es nicht in der Hand hat, sein Einrederecht zu gebrauchen, aus diesem Nichtgebrauche also ein ihm nachtheiliger äußerer Anschein nicht entspringt. Die Ausnahmen dieses Satzes sind auch nur scheinbare. Es kann nämlich der Gesetzgeber da, wo der Einredeberechtigte den Einredezweck auch durch einen klagbaren Anspruch erreichen kann (z. B. bei dem Wandlungsrechte des Käufers), diesen Anspruch verjährbar machen und dabei bestimmen, daß nach dessen Verjährung auch das Einrederecht erloschen sein solle. In Wahrheit liegt aber auch hier nur eine Befristung der Einrede durch den Termin des Ablaufes der Anspruchsverjährung vor.[1]) Dies zeigt sich praktisch darin, daß die gewöhnliche Verjährungsunterbrechung für das Einrederecht (etwa durch eine Feststellungsklage, die nur auf dieses Recht abzielt) nicht möglich ist. Besondere Unterbrechungsgründe gegenüber der Ausschlußfrist sind aber sehr wohl möglich (vgl. 478).

Ein solcher Zusammenhang der Befristung eines Einrederechtes mit der Verjährung eines Klagerechtes ist jedoch nur eine Ausnahme.

Als Regel gilt: Quae ad agendum sunt temporalia ad excipiendum sunt perpetua. Sie ist auch zwischen den Zeilen des Bürgerlichen Gesetzbuches aus diesem herauszulesen, weil sie sich aus dem offensichtlichen Zwecke der Verjährung ergiebt.[2])

Diesem Grundsatze entspricht insbesondere 853 (K.Prot. I, 237), nach dem der Aufhebungsanspruch gegenüber einer Forderung, die sich der Gläubiger durch eine unerlaubte Handlung verschafft hat, auch noch nach Ablauf der Verjährungszeit eine Einrede übrig läßt. So z. B. wenn Jemand durch Bestechung eines Bevollmächtigten eine Forderung

---

[1]) Vgl. Cosack 253.

[2]) Vgl. Cohn 67: „Anspruch vergeht, Einrede besteht." Mot. 292: „Eine besondere Einredeverjährung ist dem Entwurfe fremd."

gegen den Vollmachtgeber erlangt hat. Hier kann dieser wegen Aufhebung der Schuld klagen und wenn dieser Anspruch verjährt ist, noch immer ein Einrederecht ausüben.

VI. Die Tilgung der Ansprüche durch den Tod eines der Betheiligten wird von der hergebrachten Lehre als Seitenstück der Verjährung behandelt. Darin liegt eine Anerkennung der Unvollkommenheit dieses Aufhebungsgrundes, d. h. des Satzes, daß er nur die Klagbarkeit der von ihm betroffenen Ansprüche zerstört, nicht diese Ansprüche völlig vernichtet, so daß ihre spätere Tilgung Schenkung wäre. (Andere Tilgungsgründe gleicher Art pflegt man der Lehre von den Naturalschulden zu überlassen.) Auch das Bürgerliche Gesetzbuch kennt unvererbliche Ansprüche, vgl. 38, 530, 1, 847, 1502, 1713 (nicht aber 2108, 2317).[1])

Indem es aber diese Ansprüche in keiner Weise zusammenfaßt, macht es unmöglich, für sie eine allgemeine Theorie zu entwickeln. Insbesondere muß die Frage, ob bei ihnen eine vollkommene oder unvollkommene Anspruchstilgung vorliege, der Erörterung eines jeden einzelnen Falles vorbehalten bleiben.

βββ) Die Dauer der Anspruchsverjährung.

§ 64.

I. Die regelmäßige Verjährungszeit beträgt 30 Jahre (die Theodosische Zeit). § 195.[2]) Eine längere Zeit für Ausnahmefälle ist wohl dem gemeinen und dem preußischen, nicht aber dem Bürgerlichen Gesetzbuche bekannt (Mot. 296).

Das Bürgerliche Gesetzbuch hat im Uebrigen die lange Frist auch noch „in unserm rasch lebenden Jahrhundert" deshalb beibehalten, weil es in anderer Weise (durch Wegfall der Wiedereinsetzung gegen Verjährung, Minderung der Hemmungsgründe, sowie neue kurze Verjährungen) das Recht der Verjährungen verschärft hat (Mot. 296).

Bei der Berechnung der Zeit findet in ähnlicher Weise wie bei der Ersitzung eine accessio temporis statt (Mot. 340, 341). Bei dinglichen Ansprüchen wird die Besitzeszeit mehrerer Rechtsnachfolger zusammengerechnet, so daß die Ansprüche, die gegen jeden von ihnen hinter einander möglich waren, bezüglich der Verjährung wie ein einziger angesehen werden (221). Der Nachfolger tritt hier gewisser-

[1]) Vgl. hierzu Dernburg, R. der Schuldverhältnisse 297.

[2]) Ebenso die meisten Gesetzgebungen Mot. 295.

maßen in die Hoffnung des Vorgängers ein, späterhin durch Zeitablauf gegen dingliche Ansprüche gesichert zu werden.[1])

II. Ungewöhnlich kurze Fristen.

a) Verkürzung der Verjährungsfrist durch Vertrag siehe oben S. 187.

b) Kurze Verjährungen.

α) Im besondern Theile des Bürgerlichen Gesetzbuches (Buch 2—5) ist eine größere Anzahl kurzer Verjährungen gelegentlich erwähnt.[2]) Die Neuzeit schätzt den Vortheil der Rechtsgewißheit so hoch, daß sie ihm in sehr vielen besondern Fällen bestehende Rechte noch schneller zum Opfer bringt, als dies ohnehin in der Regel geschieht.

β) Von allgemeinerer Bedeutung sind die kurzen Verjährungen von Geschäften des täglichen Lebens nach den §§ 196, 197, in Anlehnung an das preußische Recht (Gesetz vom 31. März 1838).[3])

Ueber ihren Doppelzweck s. oben S. 185.

Sie zerfallen in zwei Klassen.

a) Gewisse Forderungen, die nach ihrem Ursprunge besonders rasch abgewickelt zu werden pflegen, verjähren in zwei Jahren. Da man ihre nähere Feststellung nicht dem richterlichen Ermessen anvertrauen wollte, so ist sie in Anlehnung an das bestehende Recht nicht ohne eine gewisse Willkür geschehen (vgl. 196, Nr. 1—17), obwohl „die einschlagenden Vorschriften vor Allem dazu bestimmt sind, in das Volksbewußtsein überzugehen" (Mot. 300). Es wird dies doch insoweit möglich sein, als jeder Volkskreis sich die Verjährungszahlen einprägt, die ihn betreffen. Eine (etwas kurz gehaltene) Rechtfertigung der einzelnen Bestimmungen enthalten die Mot. 300 ff.

Beachtenswerth ist, daß man bei der zweiten Lesung den Kredit den die Kaufleute ihren Kunden gewähren, von dem, den sie selber bei ihrer Bezugsquelle finden, geschieden hat. (Anders die erste Lesung § 156, Mot. 301). Nur jener Veräußerungskredit, nicht dieser Anschaffungskredit galt als Gebiet einer regelmäßigen raschen Erledigung und wurde darum der kurzen Verjährung unterworfen (196, 1). (K.Prot. I, 204.)

---

[1]) Die Vorschrift setzt keine bloße Nachfolge in das Recht, sondern auch eine Nachfolge in den Besitz voraus. Planck, Anm. 2 zu 221. Rehbein 314.

[2]) Eine Zusammenstellung findet sich bei Endemann I, § 92 Anm. 8.

[3]) Vgl. Josef, zur Auslegung der §§ 196, 197, Beiträge zur Erl. des D. R., Bd. 42 S. 1 ff.

Neu ist insbesondere, daß diejenigen, welche ärztliche oder Hebeammendienste leisten, ohne approbirt zu sein, den Aerzten auf Wunsch des deutschen Aerztetages gleichgestellt worden sind (K.Prot. I, 207).

b) Gewisse Ansprüche, die nach ihrem Inhalte bald eingetrieben zu werden pflegen, verjähren in vier Jahren. Dies sind die Ansprüche auf regelmäßig wiederkehrende Leistungen, weil im Verkehrsleben den regelmäßigen Einkünften die regelmäßigen Ausgaben entsprechen, also auch regelmäßige Eintreibungen (197). Mot. 305 ff.[1]) K.Prot. 208. Die gesetzlichen Zinsansprüche wurden in der zweiten Lesung den rechtsgeschäftlichen gleichgestellt, um der Ansammlung von Zinsmassen entgegenzuwirken.

III. Ein sog. tempus utile ist dem Bürgerlichen Gesetzbuch unbekannt. Die sehr weit greifenden allgemeinen Hindernisse der Verjährung machen diese Ausnahmeerscheinung überflüssig (Mot. 315).

IV. Die Verlängerung der Verjährungszeit durch rechtskräftige Feststellung des Anspruches zeigt sich im Gebiete der kurzen Verjährung (218): „Ein rechtskräftig festgestellter“ (oder auf ähnliche Weise zweifellos gewordener) „Anspruch verjährt in dreißig Jahren, auch wenn er an sich“ (d. h. ohne diese Feststellung) „einer kürzeren Verjährung unterliegt“.

Es erklärt sich dies daraus, daß gegenüber solchen Ansprüchen die Vermuthung einer baldigen Abwicklung nicht gelten kann, auch der Gläubiger schon zur Erledigung der Sache einen sehr bedeutsamen Schritt gethan hat. Hiervon sind jedoch regelmäßig wiederkehrende zukünftige Leistungen ausgenommen, da auch hier das Gesetzbuch der „Ansammlung von Zinsmassen“ und ähnlichen Geldern entgegenwirken will. (Mot. 305. K.Prot. I, 208.)

V. Eine eigenthümliche Verkürzung der Verjährungszeit (§ 224) entspricht ebenfalls dem bisherigen Rechte. (Cod. IV, 32 de usuris c. 26 pr. Mot. 345.) Mit der Verjährungeiner Forderung auf ein Kapital verjähren alle Ansprüche auf rückständige Zinsen und geschuldete Früchte, ohne daß der Ablauf der besondern Verjährungszeit dieser

---

[1]) Vgl. insbesondere über die Auszügler-Verhältnisse. Mot. 306: „Die Chikane spielt bei Auszugsstreitigkeiten eine nicht geringe Rolle.“ Die Gleichstellung der sog. Amortisationsrente mit den Zinsen wurde als selbstverständlich angesehen. K.Prot. I, 214. Eine Ergänzung des § 197 enthält das preußische Ausführungsgesetz zum B.G.B. Art. 8 u. 9.

Nebenleistungen abgewartet wird. Auch gegen solche Nebenforderungen spricht, wenn die Hauptschuld verjährt ist, der äußere Schein, den zu befestigen Verjährungszweck ist.

γγγ) Der Beginn und die Hindernisse des Verjährungslaufes.

§ 65.

I. Der Mangel des Ausübungsrechtes als Verjährungshemmniß. Der Ausgangspunkt auch dieser Lehre ist der Verjährungszweck. Da dieser dahin geht, veraltete Anspruchstitel von der Gerichtsstätte auszuschließen, so verlangt er grundsätzlich eine Verjährung von dem Augenblicke ab, in dem die Thatsachen, auf die sich eine spätere Klage gründet, abgeschlossen vorliegen.

Dieser Grundsatz verlangt aber unter allen Umständen eine Beschränkung durch die dem Berechtigten nöthige Rechtsausübungsfrist (sufficientia tempora inst. II, 6 pr.), d. h. eine Frist für eine thätige Abwehr der drohenden Verjährungsfolgen. Wollte man die Verjährung ohne Rücksicht auf sie beginnen lassen, so würden z. B. bei kurzen Verjährungen befristete Schulden unter Umständen eher verjähren, als der Gläubiger sie eintreiben konnte, was widersinnig wäre. Aus diesem Grunde kann der noch nicht entstandene Anspruch nicht verjähren, d. h. nicht seiner Entkräftung entgegengehen.

Deshalb verjähren dingliche Ansprüche nicht vor der Verletzung des Rechtes, auf die sie sich gründen.[1])

So verjähren namentlich befristete und bedingte Rechte erst nach dem Eintritte des dies und der conditio.[2])

Im römischen Rechte wurde dasselbe Ergebniß noch einfacher dadurch erreicht, daß man nicht den Anspruch verjähren ließ, sondern nur den klagbaren Anspruch (actio). Der Verjährungsanfang war somit nicht auf den Anspruchsbeginn, sondern auf den Klagbarkeits-

---

[1]) s. oben S. 227 Anm. 3 auch hinsichtlich der Ansprüche auf ein dauerndes Verhalten und S. 199, 200 Anm. 3 über die Unfruchtbarkeit des Streites darüber, ob es schon vor der Verjährbarkeit dingliche Ansprüche gebe.

[2]) Die Macht der Gewöhnung an die Pandektenlehre ist so stark, daß die Meisten hier nicht den Verjährungsbeginn leugnen, sondern die Entstehung des Anspruches, obwohl dieser schon vor dem Verjährungsbeginne abtretbar ist (s. oben S. 195). Der Polemik Hölders 428 gegen Planck 48 vermag der Verfasser hiernach nicht beizustimmen. Man muß eben unbedingt den verjährbaren Anspruch von dem weiteren Begriffe des Anspruches überhaupt unterscheiden.

beginn (actio nata) festgesetzt, so daß es einer besonderen Folgerung aus dem Gesetzeszwecke für Anfangs gehemmte Ansprüche nicht bedurfte.

Trotzdem rechtfertigt sich die Ausdrucksweise des Bürgerlichen Gesetzbuches durch das neuere Recht. Wir kennen Klagen auf zukünftige Leistungen, die den Römern nicht bekannt und jedenfalls zur Zeit des Formularprozesses mit pecuniaria condemnatio undenkbar waren (vgl. C.P.O. §§ 258, 259). Im Deutschen Rechte ist also actio nata unter Umständen vor dem Beginne des Anspruches vorhanden. Da nun eine Verjährung des künftigen Anspruches undenkbar ist, so konnte man im Bürgerlichen Gesetzbuch die actio nata nicht mehr als Verjährungsbeginn festhalten und mußte den Anspruchsbeginn an deren Stelle setzen. Vgl. Mot. 307 ff., 351.

Bedenken könnten freilich entstehen, wenn einmal nur die Klagbarkeit, nicht die sonstige Ausübung eines Anspruches gehemmt wird. So z. B. wenn verabredet ist, daß der Gläubiger sofort mahnen und dadurch auch Verzugszinsen erwerben darf, daß er aber während einer längeren Zeit sich verpflichtet, keine Klage anzustellen, ein Versprechen, dessen Gültigkeit nicht außer Zweifel ist. Eine Buchstabenauslegung würde hier zwar nach römischem Rechte keine actio nata annehmen, aber trotzdem nach Bürgerlichem Gesetzbuch die Verjährung beginnen lassen. Eine solche Unbilligkeit kann aber unmöglich als Sinn des Gesetzes angesehen werden.[1])

Das Endergebniß ist hiernach, daß es hinsichtlich des Beginnes der Verjährung grundsätzlich beim Alten bleibt und der Unterschied zwischen actio nata und Anspruchsentstehung durch eine richtige Auslegung des Gesetzbuches vollkommen ausgeglichen wird.

II. Verspäteter Verjährungsbeginn. Eine eigenartige vorübergehende Nichtverjährung entstandener, ja sogar bereits klagbarer Ansprüche gilt bei den Forderungen des täglichen Lebens, die nach den §§ 196, 197 durch kurze Verjährungsfristen privilegirt sind. Hier läuft die Verjährung (nach dem Vorbilde des preußischen Rechtes) erst vom Schlusse des Jahres ab, in dem der Anspruch entstanden ist oder wie entstanden behandelt werden soll.[2]) Bei einem Anspruche, dessen Fälligkeitsfrist die Verjährungszeit überragt, soll der ihrem Ablaufe folgende Jahresschluß als maßgebend gelten.

---

[1]) Will man hier den Verjährungsbeginn nicht hinausschieben, so muß man doch mindestens eine Hemmung des Laufes nach 202 annehmen.

[2]) Ein Seitenstück enthält § 14, 2 B.G.B.

Diese gemeinsame Verjährung derartiger Ansprüche nach Jahrgängen dient der Rechtssicherheit insofern, als man bei ihnen nahezu immer das Entstehungsjahr kennt, aber keineswegs immer den Entstehungstag. Ohne sie wäre für Kaufleute „ein tägliches Studium der Geschäftsbücher unumgänglich", Mot. 310.[1])

Dieser Gesichtspunkt paßt zwar bei der vierjährigen Verjährung der wiederkehrenden Leistungen nicht. Es ist aber auch bei ihnen aus Rücksicht auf „die Einfachheit und Praktikabilität des Rechtes" derselbe Grundsatz beliebt worden (Mot. 310).[2])

Variationen des Gedankens agere non valenti non currit praescriptio (s. S. 238) sind die besonderen Vorschriften über Verjährungsbeginn, wie sie z. B. für den Wandlungs-, den Minderungs- und den auf Ersatz wegen mangelnder zugesicherter Eigenschaften gerichteten Anspruch bestehen (477, 492). Hier läuft die Verjährung sobald die Waare abgeliefert ist. Ebenso ist für gewisse Forderungen aus dem Werkvertrage die Abnahme des Werkes zum Anfangstermine der Verjährung festgesetzt (638). Die dreijährige Verjährung der Ersatzansprüche aus unerlaubten Handlungen beginnt von der Kenntniß der verpflichteten Person und des eingetretenen Schadens (852).[3]) Mit der Auflösung des Verlöbnisses beginnen die durch sie begründeten Ansprüche zu verjähren (1302).[4]) Die Ansprüche der Mutter des unehelichen Kindes verjähren erst nach Ablauf von sechs Wochen nach der Geburt (1715), wobei der Zustand der Wöchnerin anscheinend als Rechtsausübungshinderniß angesehen wird. Der Anspruch des Vertragserben auf eine Bereicherung, die durch Schenkungen zu seinem Nachtheile eingetreten ist, beginnt mit dem Erbschaftsanfalle zu verjähren (2287). Auch bei dem Pflichttheilsanspruche kommt es für den Verjährungsbeginn auf die Kenntniß gewisser Umstände an, die für die Ausübung des Rechtes von Bedeutung sind (2332).[5])

III. Der Zweck der Hindernisse des begonnenen Verjährungslaufes. Nachdem das Gesetz den allgemeinen Verjährungs-

---

1) Vgl. Cohn 72: „Kurze Verjährung läuft mit dem Silvester ab."

2) Er gilt auch für den Widerbeginn der unterbrochenen Verjährung. Cosack 261.

3) Deshalb kann nicht mit Cosack 258 angenommen werden, daß hier eine actio nondum nata verjähre.

4) Auch wenn der zu ersetzende Schaden erst später entsteht.

5) Diese Vorschriften sind zum Theile keine Ausnahmeregeln, sondern nur Hülfsmittel zur richtigen Gesetzesauslegung.

gedanken zur Vermeidung richterlicher Willkür an eine bestimmte Frist geknüpft hat, war es unerläßlich, die unvermeidlichen Härten dieses Verhaltens abzuschwächen. Da die Verjährung den Verdacht, daß ein Anspruch getilgt sei, zur vollen Vermuthung erstarken läßt, so müssen Ausnahmebestimmungen Platz greifen, wo dieser Verdacht eine Zeitlang unpassend erscheint oder völlig zerstört wird. Im ersteren Falle ruht die Verjährung (praescriptio dormiens), d. h. sie schläft, um später wieder zu erwachen, im zweiten wird sie unterbrochen (217). Das Ruhen heißt im Bürgerlichen Gesetzbuch „Hemmung". Die unterbrochene Verjährung beginnt sofort auf's Neue (207), nicht erst, wie die gehemmte, nach einiger Zeit (Mot. 312). Die Hemmung ist daher eine dauernde Unterbrechung; die Unterbrechung eine sofort vorübergehende Hemmung, der sich aber eine völlig neue Verjährung anschließt.[1])

Hemmnisse einer Verjährung können im Anfange (Mot. 202) und späterhin eintreten und zwar werden beide Fälle grundsätzlich gleich behandelt.

Das anfängliche Hemmniß schiebt den Beginn der Verjährung hinaus, das spätere verlängert den Verjährungslauf um die Hemmungszeit, bei deren Beginn dieser Lauf aufhört und an deren Ende er sich fortsetzt.

IV. Rechtliche Ausübungshindernisse als Hemmungen des Verjährungsbeginnes. Der Gedanke, daß dem Berechtigten eine Ausübungsfrist für seinen Anspruch verbleiben müsse, drängt zu dem Satz Agere non valenti non currit praescriptio. Doch auch dieser Satz ist nicht im vollen Umfange durchführbar, sonst könnte ein Anspruchsberechtigter die bereits abgelaufene Verjährung dadurch wieder unbrauchbar machen, daß er allerhand Hindernisse aus alter Zeit, wie Krankheiten, nöthige Reisen u. s. w. hervorkehrt, um daraus einen späteren Beginn der Verjährung und ihren Nichtablauf zu erweisen. Das Herumwühlen in Verhältnissen, die durch den Strom der Zeit verdunkelt sind, würde dann gestattet sein. Aber gerade dieses zu verhindern ist der Verjährungszweck.[2])

Darum kann nur ein solches Ausübungshemmniß den Beginn der Verjährung hinausschieben, das durch Rechtssatz be-

---

[1]) Vgl. Cohn 77 (in Anlehnung an Fischer-Henle 2 zu 217): „Verjährungsunterbrechung ist Beendigung und nicht Unterbrechung."

[2]) Vgl. hierzu Cosack 256 und oben S. 164.

gründet wird, andere thatsächliche Hemmnisse können es aber nur ausnahmsweise (s. unten Nr. V).[1])

Der Befristung gleichwerthig ist hierbei die Hemmung durch ein dilatorisches Einrederecht,[2]) (z. B. aus einem Stundungsvertrage).[3])

In allen diesen Fällen ist der Verpflichtete „zur Weigerung der Leistung berechtigt“ und daher nach 202 kein Verjährungslauf vorhanden.

Die Ausnahmen dieser Regel siehe § 66 unter IV.

V. Thatsächliche Hemmnisse des Verjährungslaufes von rechtlicher Bedeutung.

Neu ist der allgemeine Satz, daß „höhere Gewalt“ die Verjährung hemmt, 203, 2 (K.Prot. I, 219), insofern sie die Geltendmachung des Anspruches hindert.[4]) Man wird darunter einen Unfall zu verstehen haben, der durch seine Schwere keinen Zweifel daran übrig läßt, daß der Berechtigte ohne seine Schuld die Einforderung des Anspruches unterlassen hat.[5]) Hier liegt nicht die Gefahr vor, daß der Kläger durch ergänzende Entschuldigungsbeweise über alte Vorfälle im Trüben fische. Wer sich z. B. darauf wird berufen können, daß ein Unfall ihm eine längere Zeit hindurch das Bewußtsein geraubt hat, der wird diese Krankheitszeit der Verjährungszeit hinzurechnen dürfen. Nicht aber wird ein Aehnliches bei dem gelten, der einer gewöhnlichen Krankheit verfallen war und nunmehr nachweisen will, daß besondere Umstände ihn daran verhindert haben, sich während ihrer Dauer in der Rechtsausübung vertreten zu lassen. Gerade derartige Beweise sollten der Rechtssicherheit wegen dadurch abgeschnitten werden, daß man die höhere Gewalt hier von der niedrigeren unterschied.

[1]) Unkenntniß des eigenen Anspruches ist z. B. als Hemmniß der Verjährung absichtlich nicht aufgenommen (Cod. VII, 33, de praescr. fr. 12, § 3, Mot. 316), weil sie sehr häufig den Verjährungszweck für den Verpflichteten vereiteln würde.

[2]) Der durch eine peremptorische Einrede ausgeschlossene Gläubiger bedarf einer Hemmung der Verjährung deshalb nicht, weil sein Gegner keine Verjährung braucht und ihn auch ohne eine solche zurückschlagen kann. K.Prot. VI, 141.

[3]) Andere Beispiele siehe K.Prot. I, 217, § 11 K.O.

[4]) Cohn 78: „Gottes Allmacht ist allzeit ausgenommen.“

[5]) Nähere Ausführungen über den Begriff der höheren Gewalt müssen dem Rechte der Schuldverhältnisse vorbehalten sein. Das im Texte Gesagte gründet sich auf des Verfassers Ausführungen in den Verhandlungen des 17. Deutschen Juristentages I, S. 367 ff. Die Behauptung, daß Wissenschaft und Praxis mit der „höheren Gewalt“ einen bestimmten Sinn verbinden (Mot. 317), ist leider nicht ganz richtig. Vgl. Hölder 430 und 431 gegen Planck 254. Daß die Unwiderstehlichkeit kein Kennzeichen der vis major sein kann, ist Hölder zuzugeben.

Zur höheren Gewalt gehört auch der Gerichtsstillstand.[1]) Dieses Hemmniß unterliegt aber einer besonderen Beschränkung. Es soll die Verjährungsdauer nicht über sechs Monate verlängern. Ein gleiches soll bei der Verzögerung gelten, die dadurch entsteht, daß einem der beiden Anspruchsparteien während eines Mangels der vollen Geschäftsfähigkeit der Vertreter fehlt (206, Mot. 319),[2]) sowie bei derjenigen, die durch einen Erbfall auf Seite des Anspruchsberechtigten oder des Verpflichteten eintritt. (207, vgl. Mot. 322 ff.)[2a])

Diesen äußeren Hindernissen stellt sich eine innere Zurückhaltung an die Seite. Gewisse Pietätsverhältnisse rechtfertigen den Aufschub der Klage und verlängern dadurch um ihre Dauer die Verjährungszeit (204).[3])

VI. Als Unterbrechung[4]) betrachtet das Bürgerliche Gesetzbuch im Einklange mit dem geltenden Rechte nicht eine bloße Mahnung,[5]) die möglicher Weise der frivole Akt eines Nichtberechtigten sein kann. Unterbrechungsgründe sind vielmehr folgende:

a) die Anerkennung des Anspruches durch den Schuldner, z. B. durch Abschlagszahlung, Zinszahlung oder Bestellung einer Sicherheit, gilt ebenso nach Bürgerlichem Gesetzbuch wie nach dem bisherigen, in seinem näheren Inhalt bestrittenen Rechte (Mot. 326), als Unterbrechungsgrund. Im Augenblicke eines solchen Anerkenntnisses hat der Schuldner jedenfalls noch nicht das Bedürfniß, durch Zeitablauf gegen eine unsichere Schuld geschützt zu werden.[6])

---

[1]) Der kanonische Hinderungsgrund des Schisma der Kirche ist dem B.G.B. fremd (Mot. 315). Er stand und fiel mit der kirchlichen Gerichtsbarkeit.

[2]) K.Prot. I, 220. Auf juristische Personen unanwendbar, s. oben S. 124 Anm. 5.

[2a]) Matthiaß 206, 207 spricht wegen der sechs Monate hier von „qualificirten Hemmungen".

[3]) Mot. 324 ff. Aehnlich preuß. A.L.R. I, 9, §§ 524 ff. und die Mot. 324 Anm. erwähnten Gesetze. Vgl. Planck 255 und Cohn 73: „Pietät hemmt Verjährung." Es erinnert dies an den dem Bürgerlichen Gesetzbuche fremden Gedanken des römischen Rechts, daß zwischen Hausvater und Hauskindern nur klaglose Verpflichtungen bestehen sollen.

[4]) K.Prot. I, 222 ff.

[5]) Eine Ausnahme sieht Cosack 250 mit Recht in 478.

[6]) Daraus rechtfertigt sich, daß das Anerkenntniß nicht angenommen zu werden braucht (Cosack 260), aber auch, was Cosack 261 mißbilligt, daß es sogar dann die Verjährung unterbricht, wenn der Gläubiger selbst die Forderung als zweifelhaft abgelehnt hat, später aber anderer Meinung geworden ist.

b) Nur die ernstliche Rechtsverfolgung durch Klage[1]) oder einen ihr gleichgestellten Prozeßakt (§§ 209—220) setzt den Berechtigten einer gewissen Gefahr aus und beweist dadurch einigermaßen seinen Glauben an sein Recht. Derartige prozessuale Unterbrechungen, zu denen die Erhebung einer Einrede nicht gehört (Mot. 327), sind aber unter Umständen gar nicht zu beachten, wenn sie sich hinterher als erfolglos erweisen oder aus besonderen Gründen als erfolglos behandelt werden sollen (212, 213, 214, 2, 215, 2, 216). Das Gesetzbuch verliert sich hier in eine eingehende Casuistik.[2])

Der kanonische Unterbrechungsgrund der sog. mala fides superveniens ist im Bürgerlichen Gesetzbuch nur bei der Ersitzung anerkannt, nicht bei der Anspruchsverjährung.[3])

VII. Auf die Haftung des Bürgen wirken die Hemmnisse der Verjährung des Anspruches wider den Hauptschuldner nur insoweit, als ihm die Einrede der Verjährung der Hauptschuld zu Gute kommt.[4])

VIII. Obwohl nach Mot. 395 der „rechtspolitische Grund" der Präklusivfristen „jede Berücksichtigung von Hindernissen ausschließt" (eine Bemerkung, die zu weit geht), ist doch mehrfach das Verjährungsrecht in diesem Punkte auf sie ausgedehnt worden (vgl. z. B. 124, 2, 1944, 2 Reichs-Konkurs-Ordnung § 41, Reichs-Anfechtungsgesetz § 12.)[5])

ddd) Ausnahmen der Verjährungshindernisse.

§ 66.

I. Uebersicht. Da die Ausnahmen des Verjährungslaufes auf Rücksicht gegen den Anspruchsberechtigten beruhen, so erklärt es sich, daß ihnen wiederum andere Ausnahmen als Schranken gesetzt werden. Es handelt sich dabei um solche Hindernisse der Anspruchsausübung,

---

1) Auch durch bloße Feststellungsklage, Mot. 327. Eine der Klage gleichstehende besondere Verwahrung ist dagegen nicht aufgenommen, Mot. 328, 330.

2) Näheres vgl. Mot. 330—340 und hierzu Cosack 261.

3) Für die Ablehnung der Nichtverjährung zu Gunsten Bösgläubiger war das ungünstige Urtheil maßgebend, das in der Regel über einige Vorschriften des preuß. Landrechts gefällt wird, die besser sind als ihr Ruf, §§ 568, 569, I, 9 (vgl. K.Prot. I, 234), und die Erwägung, daß der Beweis des bösen Glaubens in der Regel nur durch Eideszuschiebung geführt werden könne, welche gewissenhafte Schuldner bedrücken würde. Vgl. hierzu auch die K.Prot. I, 198. Der Zweck der Verjährung werde vereitelt, wenn der Besitzer sich auf einen Prozeß über bona oder mala fides mit dem Gegner einzulassen habe.

4) Vgl. Mot. 312 über Cod. VIII, 40, de duobus reis c. 5.

5) Vgl. hierzu Cosack 264 und oben S. 186 Anm. 3.

deren Berücksichtigung er nicht verlangen kann, weil es seine Sache ist, sie wegzuräumen. So wenn ihm binnen der Verjährungszeit entweder die Erzeugung eines Anspruches zugemuthet wird (II) oder doch dessen Beitreibung oder endlich die Wegräumung eines vorübergehenden Leistungsweigerungsrechtes des Gegners (IV).

II. **Die Verjährung eines noch nicht entstandenen Anspruches** ist strenge genommen undenkbar. Was nicht besteht, kann auch nicht absterben. Wohl aber ist es möglich, daß schon von der Anspruchsentstehung eine Frist läuft, deren Vollendung von vorn herein mit der Kraft eines Verjährungs-Einrederechtes verhindert, daß er entstehe, oder, wenn er inzwischen entstanden sein sollte, bei ihrem Ablaufe ein Einrederecht wegen Verjährung giebt.

Ein Beispiel giebt das Anfechtungsrecht.[1]) Dieses ist im Bürgerlichen Gesetzbuche eine bloße Erklärungsbefugniß, kein Anspruch. Nach bisherigem Rechte hatte der zur Anfechtung Befugte auch ohne besondere Willenserklärung einen Anfechtungsanspruch, der natürlich auch sogleich zu verjähren begann.

Dieser natürliche Rechtszustand war für das Bürgerliche Gesetzbuch nur durch eine Ausnahmevorschrift erreichbar (200), die sein künstliches Anfechtungsrecht durchbricht.

Die Erzeugungsgewalt, die den Anspruch hervorrufen kann, wird hier (ausnahmsweise) der Entstehung des Anspruches gleichgestellt.[2])

Dies entsprach einer alten Regel der Glossatoren: Toties praescribitur actioni nondum natae quoties nativitas est in potestate creditoris, die in den Mot. 308 anerkannt, zu der Vorschrift der ersten Lesung (158) führte, daß jeder durch das bloße Wollen (d. h. eine einfache Willenserklärung)[3]) bedingte Anspruch im Voraus verjähre.

Dieser Satz war sicherlich nach bisherigem Rechte falsch, wie sich aus dem Anspruche der Wiederkäufer erweist, der durch eine bloße Erklärung entsteht, vorher aber nicht verjährt (K.Prot. I, 211). Die zweite Lesung hat daher die Vorschrift gestrichen (K.Prot. I, 200 ff.).[4]) Vgl. statt dessen 503 und in einem ähnlichen Falle 510.

---

[1]) Ein zweites ist die accessio possessionis bei dinglichen Ansprüchen (221). Gegen jeden neuen Besitzer läuft ein neuer Anspruch, aber der Bestand der vorher gegen die Vorbesitzer gegebenen Ansprüche beeinflußt diese zukünftigen Rechte im Voraus durch den Ablauf der Verjährungsfrist (s. oben S. 233 Anm. 1).

[2]) Man kann hier wirklich sagen daß „die Entstehungsmöglichkeit verjährt" (Zitelmann 177), d. h. der Entkräftung entgegengeht.

[3]) Matthiaß 258.

[4]) Planck 249.

Somit ist das über die Anfechtung Bestimmte als Ausnahmevorschrift anzusehen, die nicht durch Analogie erweitert werden kann (K.Prot. VI, 140, auch 150 zu III).[1]) Die Nothwendigkeit, einer Verjährung durch Erzeugung eines Anspruches auszuweichen, reicht nur so weit, als sie anerkannt ist.[2])

Auf familienrechtliche Verhältnisse bezieht sie sich nicht (200), was der Bestimmung in 194, 2 entspricht.

III. Eine scheinbare Verjährung zukünftiger Ansprüche finden wir bei den Forderungen, die gekündigt werden müssen, um fällig zu werden, z. B. aus einem unverzinslichen Darlehn, einem Verwahrungsvertrage u. dergl. Hier sprach die ältere Wissenschaft von einer Verjährung des noch nicht entstandenen Anspruches (so auch Mot. 308),[3]) während in Wahrheit hier nur die Eintreibung hinausgeschoben ist, nicht die Anspruchserzeugung. Ein auf Kündigung stehender Anspruch auf Rückgabe einer hinterlegten Geldsumme kann z. B. schon vor der Kündigung von einem Gläubiger des Gläubigers gepfändet werden.[4]) Es ist daher anzunehmen, daß hier der An-

[1]) Ist die Verjährung des durch die Anfechtung bedingten Anspruches gehemmt, so erlischt er im Falle des § 124, 3 (arglistige Täuschung oder Drohung) dennoch nach dreißig Jahren. K.Prot. I, 122.

[2]) Die Regel der Glossatoren hat nur da einen Sinn, wo das Gesetz dem Berechtigten es billiger Weise zumuthen kann, einen Anspruch aus Rücksicht auf den Verjährungszweck zu erzeugen. Sinnlos wäre es z. B. wenn der Gesetzgeber einer Frau das Ansinnen stellen wollte, von einem ihr zustehenden Scheidungsrechte Gebrauch zu machen, blos damit ihr Anspruch gegen den Mann auf Rückgabe des Eingebrachten der Verjährung entzogen werde. Daß sie ihn in's Leben rufen kann, indem sie die Scheidung bewirkt, ist zweifellos. Vgl. des Verfassers Ausführung in Ihering's dogm. Jahrb. Bd. 17. S. 476 ff. Cosack 257 warnt insbesondere davor, das Verjährungsrecht der durch Anfechtung bedingten Ansprüche auf die Rücktrittsrechte in entsprechender Weise anzuwenden. Bei diesen giebt wohl 355 einen Ersatz für den fehlenden Schutz durch die Verjährung, aber keinen völlig genügenden. (Man denke an den Fall, daß der andere Theil das Rücktrittsrecht nicht kennt!) Es ist daher fraglich, ob es weise war, daß die Gesetzgebungskommission hier jede Analogie ausgeschlossen sehen wollte und ob sich die Praxis nicht vielleicht doch über diesen im Gesetzestexte nicht ausgesprochenen Wunsch hinwegsetzen wird, was abzuwarten bleibt.

[3]) Vgl. auch Cosack 257. Rehbein bemerkt dagegen zu 199, daß diese Vorschrift nur scheinbar eine Ausnahme enthalte. Vgl. hierzu auch Thiele, die Kündigung insbesondere bei dem Darlehen nach B.G.B. Archiv f. civ. Pr. Bd. 89, S. 85 ff.

[4]) M. E. entspricht auch § 199 nicht der Volksrede: „Kann der Berechtigte die Leistung erst verlangen, wenn er dem Verpflichteten gekündigt hat u. s. w.“ Wer kündigt, der verlangt, wer kündigen kann, kann also schon jetzt verlangen

spruch bereits vor der Kündigung besteht und blos seine Ausübung in der Schwebe ist. Das Bürgerliche Gesetzbuch vermeidet in 199 zu dieser Frage eine Stellung zu nehmen, weil sie für einen vernünftigen Gesetzgeber ohne praktischen Belang ist. Entscheidend ist vielmehr, ob der Verjährungszweck hier den Beginn der Verjährung verlangt, auch schon ehe gekündigt ist, und diese Frage ist bejaht worden.

Wo die Kündigung in einem bloßen Eintreibungsakte besteht, der dem Kündigenden kein freiwilliges Opfer zumuthet, da kann er sich sogleich ohne Weiteres gegen die Verjährung schützen, darf sich also über einen sofortigen Ablauf der Verjährung nicht beschweren. So z. B. bei dem jederzeit kündbaren unverzinslichen Darlehen. Wo dagegen die Kündigung ein freiwilliges Opfer verlangt,[1]) also die in ihr liegende Aeußerung nur nach der Form ein „bloßes Wollen“ der Rechtsausübung ist, nach seinem Inhalte aber zugleich einen Vermögensnachtheil für den Kündigenden in sich schließt, wie die Kündigung eines verzinslichen Darlehens oder einer Miethe, da ist es nach römischem Recht mindestens zweifelhaft, ob der Anspruch auf Rückgabe des Hingegebenen nach dreißig Jahren ohne Weiteres erlöschen kann. Hier sind es aber die Zinszahlungen, die die Verjährung unterbrechen, und wo sie ausbleiben, da ist allerdings auch der Hauptanspruch durch die lange Nichtzahlung zweifelhaft geworden. Daher ist auch wohl anzunehmen, daß die Gläubiger des Gläubigers sich heutzutage in solche dauernde Schuldverhältnisse einweisen lassen und sodann kündigen können.

Darum stellt das Bürgerliche Gesetzbuch alle kündbaren Forderungen einander gleich und läßt sie von der Kündigungsmöglichkeit ab verjähren.[2]) Das Bürgerliche Gesetzbuch macht also keinen Unterschied zwischen der eintreibenden und der rechtsauflösenden Kündigung (interpellatio und renuntatio),[3]) obwohl bei dieser letzteren der Anspruch vor der Kündigung noch bedingt ist.

(d. h. kündigen), nicht erst nach der Kündigung. Statt „Verlangen“ sollte es heißen „Erlangen“. Vgl. Hölder 428.

[1]) Dahin würde nach dem Anfechtungsrechte des B.G.B. auch die Anfechtung gehören. Wir haben aber gesehen, daß das B.G.B. für die Verjährung die Folgen ihrer Auffassung des Anfechtungsrechtes Preis gegeben hat. S. oben S. 242.

[2]) Zitelmann 177 weist auf ein Seitenstück in 2332, 3 hin.

[3]) So Mot. 309, weil man auch bei der rechtsauflösenden Kündigung zu einem festen Anfangspunkte der Verjährung kommen müsse. Eine andere Ansicht vertrat der Verfasser in Iherings dogm. Jahrb. Bd. 17 S. 476 ff. — Man wird in der That hier von einer Verjährung des Kündigungsrechtes reden dürfen, da es der Entkräftung entgegengeht, obwohl die Kündigungsrechte als solche ebenso wenig

Es kann also ein Vermiether um seine Sache kommen, wenn er keine Zinsen zieht und dreißig Jahre lang nicht kündigt. Auch ein Gesellschafter würde sein Leben lang in einer kündbaren Gemeinschaft hängen bleiben, wenn er sich dreißig Jahre nicht um sie gekümmert hätte. Ihm löst aber eine Sondervorschrift diese Fesseln (758).[1])

Wird die Leistung erst durch Ablauf einer Frist nach erfolgter Kündigung fällig, so ist auch hier ein pfändbarer und übertragbarer Anspruch sogleich entstanden und somit erscheint es nicht unbillig, dem Berechtigten aus Rücksicht auf den Verjährungszweck eine Rechtsausübung binnen der Verjährungsfrist zuzumuthen. Doch muß man es dem Kläger zu seinen Gunsten anrechnen, daß er selbst bei sofortiger Eintreibung noch eine Zeit lang auf deren Erfolg warten muß. In dieser Zeit darf die Verjährung insoweit nicht laufen, als er sich während ihrer Dauer nicht gegen die Verjährung schützen darf. Jedenfalls muß die Kündigung binnen der Verjährungszeit erfolgen, wenn die Verjährung vermieden werden soll. Ist noch im letzten Augenblicke rechtzeitig gekündigt, so verbleibt dem Berechtigten die volle Frist zur Klage.

Die Verjährungsfrist verlängert sich also um die Eintreibungsfrist (199). Zweifelhaft war, ob man diese vorn oder hinten[2]) an die Verjährungszeit anhängen sollte. Die praktische Bedeutung zeigt sich bei den Hemmnissen, die in diese Frist hineinfallen, z. B. einem Gerichtsstillstande (203). Fallen sie in die Zusatzfrist, so sind sie gleichgültig, fallen sie in die Verjährungszeit, so werden sie beachtet. Nach Bürgerlichem Gesetzbuch liegt die Zusatzfrist am Anfange, nicht am Ende der Verjährungsfrist. Ist z. B. ein Darlehn mit einmonatiger Kündigungsfrist dreißig Jahr und einen Monat alt, so ist es verjährt, und zwar verlängert sich die Zeit, wenn innerhalb der dreißig Jahre gekündigt worden ist und ein Gerichtsstillstand in den letzten überschüssigen Monat fällt. Eine andere Entscheidung würde gegenüber dem Gläubiger, der noch rechtzeitig im letzten Augenblicke gekündigt hat, hart sein. Dagegen ist ein Gerichtsstillstand, der in den ersten Monat nach der Hingabe des Darlehns fällt, für die Verjährungszeit bedeutungslos.

---

wie Vorkaufsrechte (510) verjähren würden (Neumann 106, Rehbein 803), wenn nicht der Anspruch selbst das Kündigungsrecht mit in die Verjährung hineinrisse.

[1]) Hieraus erklärt sich wohl, weshalb 758 von einem „Anspruche“ redet, der noch nicht entstanden ist, was Hölder 413 rügt. Es würde sonst ohne 758 auch der noch nicht entstandene, zukünftige Anspruch nach 166 verjähren müssen. Er wird erwähnt, um dem entzogen zu werden. Vgl. hierzu oben S. 197 Anm. 2.

[2]) So § 63, 2 a. E. des Reichsgesetzes, betreffend die privatrechtliche Stellung der Erwerbs- und Wirthschaftsgenossenschaften. Anders das B.G.B.

IV. Die Verjährung der durch Einrederecht gehemmten Ansprüche. Ist die Leistungspflicht durch ein Einrederecht gehemmt, der Berechtigte aber auch nur nach der Auffassung des Verkehrslebens oder nach den Regeln einer ordentlichen Vermögensverwaltung gebunden, dies Einrederecht hinwegzuräumen, so kann er sich nicht darüber beschweren, wenn die Verjährung seines Anspruches inzwischen fortläuft (vgl. Mot. 314).[1]) So namentlich, wenn er mit der Erfüllung eines zweiseitigen Vertrages seinerseits im Rückstande ist, wenn er eine Gegenforderung der Verpflichteten, die diesem ein Zurückbehaltungsrecht giebt, nicht erfüllt, wenn er diesem eine Sicherheit nicht leistet, von der dessen Leistungspflicht abhängt, wenn er gegenüber dem Hauptschuldner die Vorausklage verabsäumt und den Bürgen noch nach Ablauf der Verjährungszeit belangen will.

In allen diesen Fällen gehört es mit zur Beitreibung der Schuld, das hemmende Einrederecht wegzuräumen. Jedenfalls kann hier die Wegräumung aus Rücksicht auf den Verjährungszweck dem Berechtigten ohne Unbilligkeit zugemuthet werden. Das Bürgerliche Gesetzbuch erwähnt mit Absicht nur diese Fälle (202), nicht aber den in ihnen liegenden Grundgedanken (Mot. 314). Abzuwarten ist, ob die Praxis sich dazu entschließen wird, ihn daraus zu entwickeln.[2]) (Die Motive lassen ihr dabei freie Hand. 314.)

Außerdem läßt aber 202 (770) eine Verjährung für gewisse Ansprüche laufen, die gar nicht eingetrieben werden können. So, wenn ein Gläubiger ungeachtet einer Anfechtungs- oder Aufrechnungsbefugniß, die der Hauptschuldner ihm gegenüber hat, sich an den Bürgen halten will.[3]) Der Bürge darf nach Bürgerlichem Gesetzbuch in solchem Falle zwar nicht anfechten oder aufrechnen, wohl aber bleibt er von der Mithaftung für die vom Hauptschuldner durch Anfechtung oder Aufrechnung zerstörbaren Schuld frei (770) und dennoch läuft die Verjährung gegen ihn weiter (202).

---

[1]) Zu weit faßt diesen Gedanken Cosack 258.

[2]) Eine vortreffliche Kritik des 202 s. b. Rehbein 307. Vgl. K.Prot. I, 217: „es werde nicht gelingen, das leitende Prinzip in einem Rechtssatze zum Ausdruck zu bringen, welcher nicht die Gefahr in sich schließe, daß im einzelnen Falle Zweifel entstehen und Konsequenzen gezogen werden, die vom Gesetze nicht gewollt seien." Solche Gefahr steckt aber beinahe in jeder allgemeinen Regel.

[3]) Gegen den Hauptschuldner läuft die Verjährung weiter, obwohl der Verklagte aufrechnen oder anfechten darf, weil der Berechtigte hier die Leistung doch nicht erzwingen kann, also kein Anrecht auf eine Verlängerung der Ausübungszeit hat. (Mot. 315.) Vgl. hierzu jedoch auch 390 Satz 2.

Die Verjährung dieses blos theoretisch bestehenden Anspruches ohne praktischen Werth gegen den Bürgen scheint auf dem Wunsche zu beruhen, ein doktrinäres Gebilde wenigstens bei dem Ablaufe der Verjährungszeit los zu werden (770, 202).

Zu den Fällen der Verjährung ohne Fälligkeit der Schuld des Verpflichteten rechnet das Bürgerliche Gesetzbuch auch noch den Aufschub, den es in §§ 2014, 2015 dem Erben bis zum Ablaufe von drei Monaten nach der Erbschaftsannahme und bis zur Beendigung des Gläubigeraufgebots gewährt, obwohl hier der Berechtigte gegen die Lähmung seiner Klage sich nicht schützen kann.[1]) Der Verjährungslauf der in dieser Frist den Hülflosen trotzdem trifft, ist als Privileg der Erben anzusehen, da bei ihm der Gläubiger mit gebundenen Händen zusehen muß, wie das Recht seinen Anspruch auszuüben allmälig zerrinnt. Es erklärt sich dies wohl aus der Gunst, mit der das Gesetzbuch den Erben hinsichtlich der Nachlaßschulden grundsätzlich behandelt.[2])

εεε) Die Folgen der Anspruchsverjährung.

§ 67.

I. Der Ausgangspunkt. Bedeutungslos für den Umfang der Verjährungsfolgen ist die Frage, ob der Anspruch oder die Klage verjährt. Nur vom Verjährungszwecke hängt es ab, was das Verjähren (sei es nun einer Klage oder eines klagbaren Anspruches oder eines Anspruches) bedeute, ob nur den Verlust der Klagbarkeit oder einen völligen Untergang des Anspruches oder eine andere Wirkung von minderer Stärke.

Das Bürgerliche Gesetzbuch schlägt einen Mittelweg ein, indem es dem Verpflichteten nach dem Ablaufe der Verjährung ein Recht, die Leistung zu verweigern, giebt. Vgl. Mot. 341: „Die Verjährung erzeugt eine zerstörende Einrede.“[3]) Sie ist daher weder von Amtswegen zu beachten,[4]) noch ist das Recht, sie geltend zu machen, verzichtbar. Dies entspricht durchaus dem Verjährungszwecke.

---

[1]) Vgl. über die erste Lesung Mot. 814.

[2]) Das Sprichwort bei Cohn 78: „Nachlaßschuld wartet, aber rostet nicht“, klingt so, als ob hier die Verjährung gehemmt wäre.

[3]) Die aber auch als Replik oder als Inhalt einer Feststellungsklage geltend gemacht werden kann. Cosack 262.

[4]) Vgl. Endemann 895, auch Cohn 78: „Ohne Einrede keine Verjährung“; aber auch andererseits Hölder 447.

Es soll mit der Ausdrucksweise des Gesetzes angedeutet werden, daß auch außerhalb eines Prozesses dieses Recht die Leistung zu verweigern, von Werth sei, wie jedes andere Einrederecht. Die Leistungsweigerung enthält die Drohung mit der zerstörlichen Einrede.[1])

Die Verjährung soll aber nicht auf eine bloße Vertilgung der Klagbarkeit des Anspruches hinauslaufen, sondern auch auf seine außergerichtliche Verfolgung[2]) (sogn. stärkere Wirkung der Verjährung, Mot. 342). Allein auch im bisherigen Rechte war die Möglichkeit, mit einer Verjährungseinrede zu drohen, von außergerichtlichem Werthe.

Andererseits zerstört die Verjährung aber auch nicht mehr als nöthig den Verjährungszweck, sondern läßt Spuren des durch das Leistungsweigerungsrecht des Verpflichteten gelähmten Anspruches unversehrt bestehen.[3])

II. Folgen des (unvollkommenen) Fortbestehens des verjährten Anspruches sind:

a) 222: „Das zur Befriedigung eines verjährten Anspruches Geleistete kann nicht zurückgefordert werden, auch wenn die Leistung in Unkenntniß der Verjährung bewirkt worden ist.

Das Gleiche gilt von einem vertragsmäßigen[4]) Anerkenntnisse, sowie der Sicherheitsleistung des Verpflichteten.“[5])

---

[1]) s. oben S. 219 Anm. 3.

[2]) Mot. 290. „Die Verjährung richtet sich nicht gegen die prozessuale Zuständigkeit der gerichtlichen Verfolgung, sondern gegen die Berechtigung selbst.“ Sie richtet sich jedenfalls unter allen Umständen auch gegen die erstere. Darüber, ob das Hervorheben der Verjährung gleich einer Anfechtung auch die Hauptschuld tilge (vgl. Hölder 449) s. oben S. 225 Anm. 1.

[3]) Mot. 291. „Der Schwerpunkt der Verjährung liegt nicht darin, daß dem Berechtigten sein gutes Recht entzogen, sondern darin, daß dem Verpflichteten ein Schutzmittel gegeben wird, gegen voraussichtlich unberechtigte Ansprüche ohne ein Eingehen auf die Sache sich zu vertheidigen. Die Verjährung ist nur Mittel zum Zwecke, nicht Selbstzweck.“ Hieraus ist zu folgern, daß ein Schuldner, der sich gegenüber einer Mahnung auf den Verjährungsablauf berufen hat, wenn er trotzdem später Verzugszinsen zahlt, keine Schenkung vornimmt.

[4]) Dies spricht meines Erachtens gegen die Gleichstellung des Einrederechtes mit dem Anfechtungsrechte (s. oben S. 225). Hölder erläutert seinen Standpunkt bezüglich der Verjährungseinrede 428ff.

[5]) Diese Zurückforderung eines Anerkenntnisses enthält eine stilistische Härte, auf die mich ein Praktiker gelegentlich hinwies. Es liegt offenbar eine wörtliche Uebersetzung des cautionem oder stipulationem condicere vor. Ueber die erste Lesung s. Mot. 343. Die K.Prot. I, 235 bemerken hierzu, daß nicht jedes form-

b) Pfandschuldner dürfen sich auf die Verjährung der Hauptschuld nicht berufen.[1])

Anders ist die Lage des Bürgen (768).[2])

c) Eine **actio pigneraticia in personam** oder ein verwandter Anspruch kann daher durch die Verjährung der gesicherten Schuld nicht begründet werden.

Die Vortheile, die hiernach (b und c) den Pfandgläubigern nach verjährter Schuld verbleiben, sollen jedoch von ihnen nicht wegen bloßer Zinsrückstände oder anderer wiederkehrender Leistungen ausgeübt werden, 233, 3.[3])

d) Die Aufrechnung mit verjährten Ansprüchen war nach der ersten Lesung ausgeschlossen (Mot. 343). Sie ist aber in der zweiten zugelassen, sofern die verjährte Forderung früher unverjährt neben der Gegenforderung stand (390). Dadurch wird es dem Gläubiger, dessen Anspruch durch einen Gegenanspruch aufgewogen wird, möglich, sich völlig unthätig zu verhalten. Er braucht nicht den Gegner durch eine zwecklose Aufrechnungserklärung zu verstimmen, um sich gegen die Gefahren der drohenden Verjährung zu sichern.[4])

Ob man nach alledem die durch Verjährungseinrede geschützte Lage des Schuldners als unvollkommene Rechtspflicht bezeichnen solle, lassen die Mot. 343 dahingestellt. Es steht dem wohl nichts im Wege.[5])

III. Die Verjährung der dinglichen Ansprüche bedeutet nicht ein Erlöschen des ihnen zu Grunde liegenden dinglichen Rechtes, das dadurch freilich in der Regel „zum Scheinrechte hinabsinkt". (Mot. 292), K.Prot. I, 196, 199.

---

lose Anerkenntniß einen Verzicht auf die Verjährungseinrede enthalte. Vgl. Cohn 78: „Vollendete Verjährung ist verzichtbar."

[1]) Mot. 312, 344, § 223, 1. Auch die sog. fiduziarische Verpfändung steht hierbei der wirklichen gleich, 223, 2 Mot. 345. K.Prot. I, 286. Eine Ausnahme siehe in 223, 3.

[2]) Vgl. hierzu auch Dig. XIII, 5 fr. 18, § 1.

[3]) Nach § 248, A.L.R. I, 9 (Mot. 345). Die Nothwendigkeit und der Zweck dieser Sondervorschrift sind zweifelhaft. Mot. 345 geben keine genügende Auskunft.

[4]) Auf einem ähnlichen Gedanken beruht wohl 357.

[5]) Dafür auch Endemann 397 mit Bezugnahme auf Pernice, Labeo III, 258 ff. Zitelmann bemerkt dazu 179, daß der Anspruch keineswegs blos als Naturalobligation bestehen bleibe, sondern „kraftvoller" sei, „als sonstige einredebehaftete Ansprüche".

Das kanonische Recht ließ daher eine solche Verjährung ohne gleichzeitige Ersitzung auf der anderen Seite nicht zu.[1])

Das Bürgerliche Gesetzbuch verwirft dies, um „die Institute der Verjährung und der Ersitzung nicht zu vermischen" (Mot. 293)[2]) auch weil die kanonischen Grundsätze dem Verjährungszweck widerstreiten und darum von der gemeinrechtlichen Jurisprudenz mißbilligt werden (s. oben S. 241 Anm. 3).[3])

Die hiernach bejahte Frage, ob es einen Schutz durch Verjährungseinrede ohne gleichzeitigen Eigenthumserwerb gebe, ist von der allergeringsten praktischen Bedeutung. Der Sachbesitzer kann unter dem fehlenden Eigenthume nicht leiden, ebenso wenig sein Rechtsnachfolger. Sollte aber die Sache wirklich in die Hand eines Dritten kommen, so wird das der Eigenthümer fast niemals erfahren. Daß sie nun gar durch Zufall in dessen Hände zurückgeräth, wird noch seltener vorkommen.

IV. Eine Nebenfolge der Verjährung eines Hauptanspruches ist, wie im bisherigen Rechte, die Verjährung des Anspruches auf die von ihm abhängigen Nebenleistungen (224).[4])

Viertes Kapitel.

Die Rechtsgeschäfte.

I. Der Begriff des Rechtsgeschäfts.

1. Die Begriffsmerkmale.[5])

§ 68.

I. Der Einfluß des Bürgerlichen Gesetzbuches auf die wissenschaftliche Behandlung der Rechtsgeschäfte. Noch

---

[1]) Andere Auswege erwähnen die Mot. 293.

[2]) Worin eine solche schädlich sein würde, ist nicht ersichtlich. Uebrigens ist eine Verbindung nicht immer eine Vermischung.

[3]) Das Richtige wäre wohl gewesen, hier mit dem verworfenen code civil Art. 2262, 2180 die Ersitzungsfolgen ohne Weiteres an die Verjährung der dinglichen Ansprüche anzuheften. Anders K.Prot. I, 197.

[4]) Vgl. Cohn 79: „Mit der Mutter stirbt die Tochter."

[5]) Dernburg 209 ff., Regelsberger 487 ff., Gierke, Deutsches Privatrecht I, 282 ff., Zitelmann 87 ff., Bekkers u. Fischers Beiträge, Heft 7 und 8, Die Rechtsgeschäfte.

größer als die Zerklüftung der Meinungen ist die Vielgestaltigkeit der wissenschaftlichen Redeweise auf dem Gebiete der Lehre von den Rechtsgeschäften.

Indem das Bürgerliche Gesetzbuch diesen Rechtszweig aufgenommen hat, ist zugleich der Juristenwelt in der Gesetzessprache ein fester Anhalt zu gegenseitiger Verständigung gegeben worden, der nicht hoch genug veranschlagt werden kann.

Die Gesetzbücher des Landesrechtes vermochten eine solche Stütze nicht zu gewähren, da sie nicht das ganze räumliche Gebiet der deutschen Wissenschaft beherrschten.[1])

Die Aufgabe der Wissenschaft hat sich aber auch insoweit geändert, als bisher der Begriff des Rechtsgeschäftes eine Zusammenfassung rechtlich bedeutsamer Erscheinungen war, die zwar dem Inhalte der Quellen und dem Bedürfnisse der Rechtspflege entsprechen sollte, aber schließlich eine sehr verschiedene Absteckung erfuhr und erfahren konnte, da es sich bisher um eine Aufgabe handelte, die auf verschiedene Weise lösbar war.[2])

In Zukunft handelt es sich um ein bestimmtes Wort, dem kein anderer Sinn beigelegt werden darf als ein solcher, der zu den Texten stimmt, die es verwenden.

II. Der Begriff des Rechtsgeschäfts beruht auf einer Zusammenfassung des gemeinsamen Gegenstandes gewisser Rechtsvorschriften. Die bisher gültigen Quellen enthalten für ihn keine bestimmte Formel, wohl aber eine Reihe von Sätzen, aus deren Inhalt sie zu bilden ist. Auch das Bürgerliche Gesetzbuch stellt uns diese Aufgabe.

Der gemeine Sprachgebrauch trägt zu ihrer Lösung wenig bei. Geschäfte im weitesten Sinne sind Handlungen. Geschäfte jemandes sind Handlungen, die seinen Vortheil bezwecken. (So bei der Geschäftsführung ohne Auftrag.)

In diesem weiten Sinne ist der Begriff für den allgemeinen Theil unbrauchbar, weil das Recht gemeinsame Vorschriften über diese ganze Gruppe von Handlungen nicht kennt. Aber auch die Gesammtgruppe der Geschäfte mit rechtlicher Wirkung unterliegt solchen Vorschriften nicht. Die Mot. 127 nennen sie „Rechtshandlungen".

Unter diesen Geschäften hängt ein engerer Kreis von der Rechts-

---

[1]) Eine besonders anschauliche Vergleichung des Inhaltes des dritten Abschnitts mit den entsprechenden Sätzen des preußischen Rechtes giebt Riedel 317ff.

[2]) Die Einführung dieses Begriffes in die Rechtswissenschaft wird auf Hugo (1805) zurückgeführt; vgl. Endemann 258.

ordnung in der Weise ab, daß seine Folgen nur eintreten, wenn ein Rechtssatz es befiehlt (z. B. Kaufverträge, Kündigungen, Aneignungen, Verarbeitungen und dergl.; aber auch Delikte). Man spricht auch hier von Rechtshandlungen (in Inst., III, 28 pr. actiones genannt) im Gegensatze zu den vom Rechte unabhängigen Handlungen (Säen, Pflügen, Reiten und dergl.).[1]

Unter den Rechtshandlungen denkt man wieder vornehmlich an solche, zu denen die Rechtsordnung ermächtigt (mit Ausschluß der Delikte und anderer Handlungen, die zwar rechtlich wirksam sind, aber nicht kraft einer Ermächtigung).[2]

Der Begriff ist schon den Römern bekannt, wenn auch ein technischer Name fehlt. Inst. III, 19 de inutil. stipul. § 8 und 9 schließt nämlich gewisse Personen (namentlich infantes und furiosi) von der Führung der negotia aus. Damit können nur die sogen. negotia juris gemeint sein, das sind eben die Rechtshandlungen, die eines Rechtsschutzes bedürfen,[3] um vollwirksam zu sein,[4] nicht aber negotia facti, die keines Rechtsschutzes bedürfen, wie Füttern eines Hundes, Fegen eines Zimmers, Kochen einer Suppe und dergl. Solche den Kindern oder Wahnsinnigen zu verbieten, wäre sinnlos.

Man kann hierbei wiederum unter diesen Akten der sog. Privatautonomie die Anordnungen innerhalb des eigenen Herrschaftskreises (z. B. die Befehle an Kinder und Mündel) von den Bestimmungen sondern, die nach außen hin die Herrschaftsgrenzen ändern wollen, also Abänderungen der vorhandenen Machtverhältnisse sind.

---

[1]) Die Verbindung und die Vermischung sind ebenfalls Rechtshandlungen, jedoch nur in diesem weitesten Sinne (= jede Handlung mit Rechtsfolge) vgl. dazu Fischer-Henle, 3. A., Seite 46. Solche Verbindungen und Vermischungen sind im Uebrigen gleich wirksam, ob sie von einem Menschen, einem Thiere oder einer bewußtlosen Naturkraft, z. B. einem Windstoße erzeugt werden. Nicht eine Handlung ist bei ihnen als solche mit Rechtsfolgen ausgestattet, sondern ein bloßes Ereigniß. Wo dies aber in einer Handlung besteht, da wird man diese schließlich auch „Rechtshandlung" nennen müssen. Ihre rechtliche Beurtheilung ist aber nicht derjenigen der Rechtsgeschäfte analog.

[2]) In diesem Sinne fallen die Verbindungen und die Vermischungen aus dem Begriffe Rechtshandlung heraus.

[3]) Daß die im Rechtsgeschäfte erklärte Absicht nicht blos thatsächliche Erfolge bezweckte, sondern auch einen Rechtsschutz, ist mit Unrecht mehrfach bestritten worden vgl. z. B. Hölder 235. Richtig Kuhlenbeck 307, Zitelmann 88, v. d. Pfordten 96.

[4]) Vgl. auch den Ausdruck Rechtshandlung in diesem Sinne in der Konkurs-Ordnung 7 und K. Prot. I, 55.

In der Gewährung des Schutzes für derartige Grenzerweiterungen oder Grenzbeschränkungen liegt eine Hauptaufgabe der Rechtsordnung neben dem Schutze der vorhandenen Grenzen.

Für sie haben sich allgemeine Sätze entwickelt, die in den Quellen nur zum Theile in feste Formeln gefaßt sind.

Dieser Begriff der Rechtsgeschäfte als Grenzbestimmungen für die eigenen Herrschaftskreise ist zwar nach den Materialien des Bürgerlichen Gesetzbuches nicht derjenige des Textes, aber dem täglichen Leben geläufig und, wie wir sehen werden (unter Nr. III), auch für die Rechtsanwendung verwerthbar. Man kann hier von dem „Rechtsgeschäfte im weiteren Sinne“ reden.[1])

Das Gesetzbuch faßt das Rechtsgeschäft in einem noch engeren Sinne aus Rücksicht auf eine ganz besondere Regelung der leges privatae (wohl = actus legitimi Dig. L, 17 fr. 77), unter Ausschließung solcher Rechtshandlungen, die, wie die Occupation oder die Spezifikation nicht unter den Begriff einer lex privata fallen, weil sie nur eine Willensäußerung aber nicht eine Willensmittheilung in sich schließen.

Dieser engeren Bedeutung entsprechen die anordnenden Rechtshandlungen oder rechtsgeschäftlichen Willenserklärungen, d. h. die Willenserklärungen über das Herrschaftsgebiet eines Geschäftsherrn.

Dazu gehören solche Handlungen einer Partei, die von einem andern wahrgenommen werden sollen, damit dieser entweder einem Antriebe gehorche (z. B. bei der Mahnung und Kündigung), oder, was die Regel ist, zu einem Verhalten berechtigt werde, das ihm durch die Erklärung besonders gestattet werden muß. So ermächtigt die Veräußerung der Sache den Erwerber zu ihrer Beherrschung, das Schuldversprechen den Gläubiger zur Schuldeintreibung, die Erbeseinsetzung den Erben zur Nachfolge u. s. w.

Bei diesen der Wahrnehmung bedürftigen[2]) Grenzbestimmungen

---

[1]) In diesem Sinne verwenden das Wort, unbekümmert um abweichende Ausführungen der Motive, die Occupationen und dergl. nicht zu den Rechtsgeschäften gezählt wissen wollen, Kuhlenbeck 308, 482 und Enneccerus 124, 185 (Willenserklärung sei Willens-Bethätigung und daher auch bei der Occupation möglich). Daß hierdurch die Einheit der juristischen Redeweise beeinträchtigt wird, liegt auf der Hand. Der Verfasser hält sich im Nachfolgenden an die Redeweise des Gesetzbuches und versteht unter „Rechtsgeschäften“ im Zweifel nicht diese „Rechtsgeschäfte im weiteren Sinne“.

[2]) Nicht zu verwechseln mit den empfangsbedürftigen Erklärungen, s. unten § 69.

über den eigenen Herrschaftskreis entstehen besondere Schwierigkeiten eben daraus, daß sie durch Kenntnißnahme wirken sollen, Schwierigkeiten, die den nicht wahrnehmungsbedürftigen Willensäußerungen fern liegen. Deshalb verlangen die Willenserklärungen eine Reihe besonderer Rechtssätze, z. B. über die Vollendung der erforderlichen Kenntnißnahme, über die Mittheilungsform, über deren Auslegung, über die Vollmachten als ergänzende Mittheilungen, über Mittheilungszusätze, namentlich Bedingungen und Auflagen, über Anfechtungserklärungen und dergl.

Für die Rechtsakte, die einer Wahrnehmung nicht bedürfen, z. B. die Annahme eines Wohnsitzes oder die Aneignung einer Jagdbeute sind die genannten Vorschriften nicht durchweg zu gebrauchen. Wenn man durchaus nicht davon ablassen will, auch solche Akte (Rechtsgeschäfte im weiteren Sinne) Erklärungen zu nennen, so sollte man doch darauf verzichten, für sie und für die rechtsgeschäftlichen Mittheilungen eine einheitliche Theorie aufstellen zu wollen. Beide Arten von Handlungen sind zu verschieden, um dies zu ermöglichen.

Rechtsgeschäfte in dem engeren Sinne des Gesetzbuches sind daher die einer Wahrnehmung bedürftigen privatrechtlichen[1]) Willensäußerungen (Bestimmungen) über die Grenzen eines Herrschaftskreises.[2])

Die Motive (126) geben eine noch engere Definition, die nicht die volle Bedeutung des Wortes Rechtsgeschäft im Bürgerlichen Gesetzbuch umspannt.[3]) Sie fassen nur das normale Rechtsgeschäft in's Auge mit Ausschluß aller „pathologischen Fälle",[4]) indem sie 126 sagen: „Rechtsgeschäft im Sinne des Entwurfes ist eine Privatwillenserklärung gerichtet auf die Hervorbringung eines rechtlichen Erfolges, welcher nach der Rechtsordnung deswegen eintritt, weil er gewollt

---

[1]) Die analoge Anwendung der Vorschriften über Rechtsgeschäfte auf das öffentliche Recht gehört nicht hierher.

[2]) Zu Verfügung vgl. Fischer-Henle, S. 46. Auch das bloße Versprechen einer Verfügung ist im weitern Sinne eine Verfügung über das Vermögen des Versprechenden, wenn auch das Gesetz das Wort in der Regel im engeren Sinne verwendet, und man daher die weitere besser vermeidet und statt dessen von „Bestimmung" redet (s. oben). Cosack 150 hält die Erwerbsakte nicht für Verfügungen. M. E. verfügen sie eine Erweiterung des eigenen Herrschaftskreises.

[3]) So Planck 142, nach dem nur das wirksame Geschäft definirt ist, doch auch für dieses ist die Definition zu eng, weil auch bei ihm nicht immer der Geschäftsinhalt wirklich gewollt ist s. unter §§ 84 und 97.

[4]) Zitelmann 87, Bekker u. Fischer, Beiträge, Heft 7, Die Rechtsgeschäfte I, 21.

ist". Diese Begriffsbestimmung ist in der Litteratur die vorherrschende.[1]) Sie genügt aber dem praktischen Bedürfnisse nicht, welches zum Zwecke der Unterordnung zweifelhafter Thatsachen unter das Gesetzeswort einer vollständigen Definition dieses Wortes bedarf, die keine Lücken läßt und den gesammten Begriffsumfang deckt.[2]) Dies ist aber hinsichtlich der gegebenen Definition aus zwei Gründen nicht der Fall.

Zunächst hat auch das wirksame Rechtsgeschäft zuweilen ungewollte Folgen (s. unten § 84), z. B. hinsichtlich der Zusätze, wie sie die Verkehrssitte und die lex dispositiva dem Erklärten beifügen.[3])

Zweitens giebt es Fälle, in denen, obwohl der erklärte Geschäftsinhalt (in der gewöhnlichen Redeweise) ungewollt ist, er dennoch gelten soll und zwar ist ihre Zahl in der zweiten Lesung sehr vermehrt worden (vgl. unten die Irrthumslehre §§ 98 ff.).

Wir werden daher neben die engere unvollständige Begriffsbestimmung der Motive die oben gegebene vollständige setzen müssen, sofern wir nicht darauf verzichten wollen, das Gesammtgebiet abzustecken, auf das sich der dritte Abschnitt des ersten Buches bezieht.[4])

Daß die Wahrnehmungsbedürftigkeit das Kennzeichen der Rechtsgeschäfte des Bürgerlichen Gesetzbuches ist, ergiebt sich daraus, daß seine Vorschriften über Rechtsgeschäfte in ihrer Gesammtheit nur auf solche Akte passen, denen diese Wahrnehmungsbedürftigkeit eigen ist, auf andere dagegen nur ausnahmsweise angewandt werden kann.

---

[1]) Vgl. Enneccerus 124, Cosack 146, Matthiaß 151, Rehbein 101 (der freilich nicht vom Willen der Partei, sondern von einem Willen der Handlung redet), Engelmann 92. Einen vermittelnden Standpunkt vertritt in Anlehnung an Regelsberger 489 und Enneccerus 125 (Rechtsgeschäft 76), Endemann 260. Hölder 285 redet von einer Bezeichnung des Inhalts durch die Partei als eines nach ihrem Willen maßgebenden.

[2]) Dem Gesetzgeber schwebt als Ideal die normale Gestalt der Dinge vor. Die Rechtsanwendung muß sich an die rauhe Wirklichkeit halten.

[3]) Kuhlenbeck 306 nimmt in solchen Fällen ein Willens-Blankett an, das vom Civilrecht ausgeführt werde, worin ein richtiger Kern liegt (s. unten § 84). Vgl. aber auch Endemann 260.

[4]) Wenn Jemand es vorzieht, statt des gesammten Gebietes des Rechtsgeschäftes blos das engere Gebiet des „normalen" Rechtsgeschäftes zu definiren (so Zitelmann 87), so darf ihm dies Niemand verwehren. Wenn er aber zunächst dieses engere Gebiet definirt (mit Ausschluß der pathologischen Fälle) und sodann aus dieser Definition gerade für das ausgeschlossene Gebiet, z. B. die Irrthumsfälle Schlüsse herleitet, wie das Windscheid'sche Erforderniß des Einklangs von Wille und Erklärung, das dem Gesetzestexte nicht entspricht (vgl. z. B. Riedel 316), so ist dem nicht beizustimmen.

Die Wahrnehmungsbedürftigkeit kennzeichnet das Gesetzbuch durch das Wort Erklärung.[1]) Unter Erklärungen kann man nämlich, wie es auch das Gesetzbuch thut, nach guter Deutscher Redeweise nur solche Aeußerungen verstehen, die zur Wahrnehmung durch andere Menschen bestimmt sind (Erklären = jemandem etwas klar machen). Eine verbreitete Verwilderung des Sprachgebrauches bezieht aber dies Wort auch auf einsame Akte, wie Occupationen oder Spezifikationen, die ohne alle Zeugen geschehen und der Wahrnehmung nicht bedürfen, indem sie Erklärung und Aeußerung identifizirt.[2])

Im Interesse der Sprachreinigung ist es mit Dank anzuerkennen, daß das Gesetzbuch dieser Redeweise in Zukunft vorbeugt.

Erklärungen sind theils Meinungserklärungen, theils Willenserklärungen. Zu den ersteren gehören Zeugenaussagen, Parteibehauptungen im Rechtsstreite, Verbalinjurien und dergl., vor allem aber auch die im Bürgerlichen Gesetzbuche so überaus wichtigen Anzeigen.[3])

Unter den Willenserklärungen scheiden wiederum die bloßen „Willensmittheilungen" (K.Prot. I, 130) aus, z. B. die Mittheilung an das Grundbuch, daß man am nächsten Tage nach Wiesbaden zu reisen beabsichtige, und um Zusendung der vorgeschriebenen Nachrichten an diesen Ort wünsche.[4])

---

[1]) Vgl. hierzu Zitelmann 88 ff., Gierke, Deutsches Privatrecht I, 283.

[2]) Vgl. z. B. Rehbein 101, der Willensbethätigung und Willenserklärung identifizirt u. A. Der Verfasser hat selbst dem hier verworfenen Sprachgebrauche früher öfter Folge geleistet, sagt sich aber durchaus von ihm los. Enneccerus 158 hält an ihm fest (s. oben S. 253 Anm. 1).

[3]) Sie sind zunächst keine Rechtsgeschäfte (vgl. z. B. 299, 374, 382, 409), können aber mit rechtsgeschäftlichen Erklärungen zusammenfallen. Vgl. Fischer-Henle, 3. Aufl., S. 45, siehe 111, 170, 171, 174, 415, 545, 576. Mit diesem Unterschiede hängt insbesondere auch die Streitfrage zusammen, ob die Kompensationseinrede immer eine Willenserklärung (also ein Aufrechnungsgeschäft) in sich schließe, oder nicht zuweilen als eine blos thatsächliche Behauptung aufgefaßt werden könne (vgl. hierüber Kohler, Zeitschrift für Civilpr. Bd. 24, S. 17 und andererseits Dernburg, Recht der Schuldverhältnisse 284). Der Verfasser ist geneigt, sich Kohler anzuschließen. Auch meint er, daß eine bloße Drohung mit dem Rechtsgeschäfte der Aufrechnung möglich ist, ohne daß dieses selbst den Drohenden um eine Forderung bringt. Näheres gehört nicht hierher.

[4]) Auch die Aushändigung einer Vollmacht (172) kann dahin gehören, vgl. Fischer-Henle, S. 45. Doch kann sie auch eine Vollmachtsertheilung, die konkludenten Handlungen geschieht, in sich schließen.

Diese werden im Volksmunde ebenfalls Willenserklärungen genannt. Der Jurist verwendet aber den Ausdruck Willenserklärungen nur auf Verfügungen oder Anordnungen, d. h. Willensbindungen. Es sind dies Aussprüche, die sich immer auf mindestens zwei Willen beziehen, auf den Willen des Erklärenden und den Willen mindestens eines Andern, der dadurch beeinflußt werden soll. Die Anordnung macht den eigenen Willensakt zur Ursache eines fremden.

Willenserklärungen können ganz außerhalb des Rechtes liegen, wie die Aufforderung zum Tanze u. dergl. Aber auch im Rechtsgebiete ist die rechtsgeschäftliche Willenserklärung von der rechtsausübenden zu sondern. Zu der letzteren gehört z. B. der Befehl an ein Hauskind oder Mündel, oder den Dienstboten.[1])

Das Kennzeichen der rechtsgeschäftlichen Willenserklärung ist die Bestimmung über einen Herrschaftskreis nach außen hin.

Bei allen Willenserklärungen sind der Erklärungsakt und der dadurch klargelegte Erklärungsinhalt zu unterscheiden, beide heißen Erklärungen, während das Wort Rechtsgeschäft ebenfalls zweideutig ist und sowohl auf den mit vollständigem Geschäftsinhalt versehenen Akt (Abschluß) hindeutet, als auch auf seine Folgen.[2]) Bei Verträgen sind die einzelnen Willenserklärungen von dem Geschäftsabschlusse, der sich aus ihnen zusammensetzt, zu unterscheiden (Mot. 126). So sind z. B. Vertragsantrag und Vertragsannahme zwei Willenserklärungen, aber nur ein Rechtsgeschäft.[3])

Bei einseitigen Geschäften fällt das Geschäft mit der Erklärung zusammen.

III. Die entsprechende Erweiterung der Vorschriften über Rechtsgeschäfte. Es sollen die Regeln des Bürgerlichen

---

[1]) Die übliche Ausscheidung dieser vom Recht verliehenen Befehle aus dem Rechtsgeschäftsbegriffe beruht darauf, daß für die innere Beherrschung des Vermögens oder Hauses ganz andere Vorschriften gelten, als für den Verkehr nach außen, die Grenzverschiebungen.

[2]) Auch der Ausdruck „Existenz" des Rechtsgeschäftes weist dieselbe Zweideutigkeit auf. Hölder 289. Deshalb soll er im Folgenden möglichst vermieden werden.

[3]) Die bloße Gebundenheit des Offerenten gilt in der Redeweise des Gesetzbuches noch nicht als Geschäftswirkung. Ueber den Begriff des Gesammtaktes (Kuntze, Der Gesammtakt, Leipzig 1892) vgl. Hölder 286, III, 2. Siehe auch Cosack 150. Auch die Ergänzung eines Geschäftsinhaltes nach 315 ff. ist zwar eine Willenserklärung, aber kein besonderes Rechtsgeschäft, vielmehr nur ein Stück eines Geschäftsabschlusses.

Gesetzbuchs über Rechtsgeschäfte auch auf andere Rechtshandlungen in entsprechender Weise angewendet werden (Mot. 127).[1])

Der Wissenschaft ist dabei die Antwort auf zwei Fragen überlassen (Mot. 127. K.Prot. I, 55, 130).

a) Auf welche Rechtshandlungen lassen sich die Vorschriften der Rechtsgeschäfte analog anwenden?

b) In welchen Punkten soll dies geschehen?

Die zweite Frage kann nur bei den Einzelvorschriften über die Rechtsgeschäfte unten beantwortet werden.

Die erstgenannte Feststellung der rechtsgeschäftsähnlichen Handlungen ist sofort zu erledigen.

Jede Analogie hat ihre Grenze im Zwecke des auszudehnenden Gesetzes (s. oben S. 52). Die Vorschriften über Rechtsgeschäfte können daher nur auf solche Rechtshandlungen ausgedehnt werden, denen gegenüber der Gesetzgeber denselben Zweck verfolgt, wie gegenüber den eigentlichen Rechtsgeschäften. Der Zweck der Vorschriften über Rechtsgeschäfte ist aber der Schutz der Privatautonomie nach außen.

Jeder der Kenntnißnahme nicht bedürftige Akt der Privatautonomie nach außen ist eine dem Rechtsgeschäfte ähnliche Rechtshandlung, also jede der Kenntnißnahme nicht bedürftige Willensäußerung über die Grenzen des eigenen Herrschaftskreises oder desjenigen eines fremden, dabei vertretenen Geschäftsherrn.[2])

Nicht aber sind den Rechtsgeschäften ähnlich: Die Rechtsausübungen innerhalb des eigenen Herrschaftskreises (z. B. das Verheizen von Kohlen oder die Züchtigung eines Hauskindes) und noch weniger die unerlaubten Handlungen.

Wir sehen also, daß die Rechtsgeschäfte des Bürgerlichen Gesetzbuchs, zusammen mit den ihnen ähnlichen Willensäußerungen, den oben erwähnten Begriff des Rechtsgeschäfts im weiteren Sinne umfassen, d. h. jeden Akt der nach außen hin gerichteten Privatautonomie, also der Selbstregelung der eigenen Herrschaftsgrenzen oder derjenigen eines fremden, dabei vertretenen Geschäftsherrn.

[1]) Die Gesetzgebung hat sich mit dieser allgemeinen Wendung der Motive die Absonderung derjenigen Vorschriften, die sich blos auf die wahrnehmungsbedürftige Willenserklärungen beziehen, von den andern, die weiter reichen sollen, erspart.

[2]) Eck (Vorträge 116) sieht das Unterscheidungsmerkmal dieser den Rechtsgeschäften ähnlichen Handlungen in dem fehlenden Rechtszweck, und nennt die Wohnsitzbegründung als Beispiel. M. E. hat aber diese nicht mehr und nicht minder einen Rechtszweck wie Kauf und Miethe.

Abzuwarten bleibt, ob der Einfluß des Gesetzbuches stark genug sein wird, um den weiteren Sprachgebrauch zu vertilgen, der alle diese Handlungen Rechtsgeschäfte nennt.[1]) Jedenfalls sollen sie auch im Bürgerlichen Gesetzbuche mit den Rechtsgeschäften im engern Sinne gewissen gemeinsamen Vorschriften, z. B. über Geschäftsfähigkeit und Vertretungsmöglichkeit, unterliegen.

IV. Beispiele von Rechtshandlungen, die den eigentlichen Rechtsgeschäften ähnlich sind:

a) Nach römischem Rechte gehört hierher die Besitzergreifung.[2]) Nach der Denkschrift (161) kann sie sich auch ohne Erwerbswillen vollziehen, ist somit nicht immer eine Handlung, also auch nicht immer eine Rechtshandlung. Sie setzt aber immer das Entstehen einer thatsächlichen Gewalt voraus, d. h. eines Zustandes, in dem der Erwerber darauf hoffen kann, daß ihm die Sache nicht ohne Weiteres von redlichen Mitmenschen entrissen werde.[3]) Dies wird nur dann der Fall sein, wenn wenigstens der Schein eines Besitzwillens nach außen hin vorliegt. So, wenn Jemandem eine Sache in die Tasche gesteckt oder in sein Zimmer gelegt ist, ohne daß er es weiß.

Eine Rechtshandlung ist eine solche passive Erwerbsart nicht.

Trotzdem wird aber der bewußte Besitzerwerb und deshalb auch der Fund,[4]) nach wie vor als Rechtshandlung anzusehen sein. Ob bei ihm die Fähigkeit des Erwerbers nach der Analogie der Rechtsgeschäfte zu beurtheilen ist, oder nach dem Wesen der thatsächlichen Gewalt, mag hier dahingestellt bleiben.[5]) Wohl aber giebt es bei dieser Rechtshandlung Vertretungen, wenn auch keine Formvorschriften, Vollmachten, Auslegungsregeln, Bedingungen, Anfechtungserklärungen u. dergl.

b) Die Verarbeitung (Spezifikation) befindet sich im Bürgerlichen Gesetzbuch ohne jeden Zusammenhang mit der Occupation. Sie

---

[1]) Bis jetzt war dies nicht der Fall (s. oben S. 253 Anm. 1).

[2]) Wo sie zugleich den Abschluß eines Rechtserwerbes, z. B. einer Eigenthumsüberlassung bildet, da ist sie natürlich ein Rechtsgeschäft. Rehbein 101.

[3]) Dem Unredlichen gegenüber kann auch der Besitzer diese Hoffnung nicht haben, sofern nicht besondere Schutzmittel (Schlösser, Wachen, körperliches Uebergewicht u. dergl.) vorliegen. Vgl. des Verfassers Institutionen S. 251 ff.

[4]) Fischer-Henle, 3. A., S. 46.

[5]) Die Analogie dürfte nicht zutreffen. (Richtig Fischer-Henle, Anm. 2 zu 105.) Warum soll man z. B. den Kindern und Wahnsinnigen verwehren, für sich Schmetterlinge einzufangen, sofern sie wissen, was sie thun? Dagegen erscheint mir ihre Verwendung zur stellvertretenden Ausübung eines Jagdrechtes bedenklich.

wird daher, obwohl, wie wir soeben sahen, der Besitzerwerb zuweilen keine Rechtshandlung mehr ist, doch ihrerseits durchweg als solche anzusehen sein, schon deshalb, weil sie jedenfalls eine bewußte Erwerbsart ist. Auch ihre rechtliche Behandlung ist ähnlich aufzufassen wie die Behandlung des bewußten Besitzerwerbes.[1])

c) Die Dereliktion (Preisgabe) kann einer doppelten Auffassung unterliegen. Man kann in ihr einen Willensakt sehen, der keiner Kenntnißnahme von Seiten eines andern bedarf. Dann ist sie eine bloße, den „Rechtsgeschäften ähnliche Handlung" im Sinne des Bürgerlichen Gesetzbuches, kein eigentliches Rechtsgeschäft, ein nicht wahrnehmungsbedürftiger Willensakt.

Man kann aber in ihr auch die Erklärung an jeden beliebigen Finder oder Ergreifer der Sache sehen, daß der Eigenthümer sein Recht aufgegeben habe. (Nicht etwa eine Traditionserklärung, die erst bei der Annahme der Sache von der andern Seite wirkt!)[2])

Bei dieser Auffassung ist die Preisgabe einer Sache ein wahres Rechtsgeschäft im engern Sinne des Wortes.

Diese Auffassung hält der Verfasser für richtig, weil z. B. bedingte Dereliktionserklärungen (etwa durch Aufschrift auf die derelinquirte Sache: „Wenn dieser Brief nicht bis morgen abgeholt wird, so kann ihn jeder nehmen und vernichten") möglich sind, ebenso Dereliktionsauslegungen, Dereliktionsformen (928), Dereliktionsanfechtungen[3]) und dergl., lauter Dinge, die nur auf Erklärungen zugeschnitten sind, nicht auf erklärungslose Willensakte. An der rechtlichen Bedeutungslosigkeit der Dereliktionen eines Kindes oder eines Wahnsinnigen kann kein Zweifel obwalten.

d) Die Erwählung eines Wohnsitzes (s. oben S. 82 Anm. 4) ebenso, wie die Preisgabe eines solchen sind Willensakte, die eines Erklärungsempfängers nicht bedürfen, also keine eigentlichen Rechtsgeschäfte. Ihre Abhängigkeit von der Geschäftsfähigkeit des Urhebers ist in 8 ausdrücklich bestimmt.[4]) Von Auslegungsregeln, Vollmachten, Bedingungen oder Anfechtungen kann hier nicht die Rede

[1]) Hier ist es insbesondere sehr bedenklich, wahnsinnige Arbeitsgehülfen zu Verarbeitungen von Rechtswegen zuzulassen.

[2]) Vgl. des Verfassers Institutionen, § 79, S. 276, Anm. 2.

[3]) K.Prot. VI, 148 nehmen auch bei der Dereliktion eine Anfechtung an. Anfechtungsgegner sei hier der Fiskus (doch wohl nur bei Grundstücken, sonst nur der, der sich die preisgegebene Sache angeeignet hat).

[4]) Vgl. oben S. 82, Anm. 4.

sein, wohl aber von Stellvertretungen (wie bei dem bewußten Besitzerwerbe).

e) Der sog. Gründungsvertrag und der Aufhebungsvertrag bei Vereinen (vgl. Mot. 93 und oben S. 122 und 137) sind trotz ihres Namens keine rechtsgeschäftlichen Erklärungen, wenn sie auch Willenserklärungen sind. Beide verfügen nicht über den Herrschaftskreis eines Rechtsträgers, sondern die Gründung erzeugt einen neuen Träger und die Auflösung vernichtet ihn. Beides steht aber außerhalb der eigentlichen Verkehrsbewegung, der die Rechtsgeschäfte angehören. Ueber die Vereinsbeschlüsse s. § 70, VII.

f) Die Bestimmung einer Sache zum Zubehörstücke (siehe oben S. 181 Anm. 5) ist nach der im Vorstehenden vertretenen Auffassung keine den Rechtsgeschäften verwandte Handlung sondern, wie die Verbindung und die Vermischung, ein Thatbestand, dessen Wirksamkeit von einer Ermächtigung des Gesetzes nicht abhängt.

Wir sehen aus dem bisher Ausgeführten, daß es sich bei den Rechtshandlungen, die den Rechtsgeschäften in einigen Punkten ähnlich sind und so behandelt werden sollen, im Wesentlichen nur um einige der Wahrnehmung nicht bedürftige Erwerbsakte handelt.

2. Die Eintheilung der Rechtsgeschäfte.

§ 69.

I. Nach dem Thatbestande der Entstehung theilt man die Rechtsgeschäfte ein in einseitige (vereinzelte rechtsgeschäftliche Erklärungen und mehrseitige (das sind solche Erklärungen mehrerer Parteien, die nur als Gesammtheit ein Rechtsgeschäft bilden). Die mehrseitigen Geschäfte, d. h. die als Gesammtheit wirkenden übereinstimmenden Erklärungen, heißen Verträge.

Die einzelnen Bestandtheile eines Vertragsschlusses sind Willenserklärungen, aber nicht Rechtsgeschäfte, daher auch in dieser Hinsicht der Ausdruck Willenserklärung weiter ist als der Ausdruck Rechtsgeschäft (s. oben S. 257).

Der Begriff des einseitigen Rechtsgeschäfts (vgl. Mot. 139) mußte wider seine Gegner vertheidigt werden. K.Prot. I, 129, vgl. daselbst als Beispiele: die Mahnung, das Anbieten der Leistung von Seiten des Schuldners (dessen Rechtsgeschäftsnatur bestritten wurde), die Aufrechnungserklärung, der Rücktritt vom Vertrage[1]) und die Kün-

---

[1]) Nicht die Wandlung siehe 465.

digung. Auch die Ausübung eines Wahlrechts gehört hierher u. a.[1])

Die Auslobung ist ein lediglich verpflichtendes einseitiges Rechtsgeschäft (Mot. 134).

Die begrifflichen Merkmale des Vertrages sind ausdrücklich der Wissenschaft überlassen worden (K.-Prot. I, 75).

Vertragschluß ist die Zustimmung mehrerer zu demselben Geschäftsinhalte. Durch die Beziehung auf eigene Angelegenheiten (oder auf Angelegenheiten Vertretener) unterscheidet sich der Vertragschluß von dem Beschlusse über fremde Angelegenheiten mit Befehlscharakter, bei dem man von einem „Geschäftsinhalte" nicht spricht.

Das Wort Vertrag bedeutet sowohl den Vertragschluß als auch die Gebundenheit aus einem Vertrage ebenso wie das Wort „Rechtsgeschäft" bald den Geschäftsabschluß bezeichnet, bald die Geschäftsfolgen (S. 257).

Es giebt Verträge, die nur unter dem Schutze der Sitte stehen sollen (gesellschaftliche Verabredungen). Der Jurist versteht unter Vertrag im Zweifel nur den mit der Absicht rechtlicher Bindung geschlossenen Vertrag. Diese Absicht (sog. animus obligandi i. e sese obligandi)[2]) wird vermuthet, wo sie der Verkehrssitte entspricht, sonst nicht (also z. B. nicht bei Verabredung gemeinsamer Ausflüge und dergl.).

Das Bürgerliche Gesetzbuch schweigt über diesen Punkt, er ergiebt sich aber aus § 157: „Verträge sind so auszulegen, wie Treu und Glauben mit Rücksicht auf die Verkehrssitte es erfordern."

Die Vermuthung einer fehlenden Verpflichtungsabsicht enthält (nach dem angeblichen Inhalte der c. 17 Cod. de fide instrumentorum IV, 21) 154, 2: „Wenn Vertragsparteien eine Beurkundung der beabsichtigten Abrede vereinbaren, so soll der Vertrag nicht geschlossen sein, bis die Beurkundung erfolgt ist" (vgl. K.-Prot. VI, 133). Dies wird den Wünschen einer Partei oftmals nicht entsprechen. Dann wird sie sich dagegen verwahren müssen.

Die erste Erklärung beim Vertragsschlusse heißt Antrag (so 146) oder „Vertragsanerbieten" gewöhnlich Offerte genannt[3]) die folgenden

---

[1]) Alle diese Akte wird man übrigens dann nicht als Rechtsgeschäfte ansehen können, wenn ihr Urheber dies nicht will, weil es seine Absicht ist, eine bloße Mittheilung zu machen, ohne sich dabei in irgend einer Weise zu binden, vgl. oben S. 224 Anm. 4.

[2]) Der Ausdruck ist zu eng, weil er dingliche Verträge ohne rechtliche Bindungsabsicht nicht berührt.

[3]) Nur unter Nichtjuristen ist es üblich, diese Offerten „Aufträge" zu nennen,

heißen Vertragsannahme (Acceptation). Den Empfänger der ersten Erklärung nennen viele in barbarischer Redeweise einen Oblaten, als den zur Zustimmung Aufgeforderten, und wenn er zustimmt, einen Acceptanten, während der Anbietende Offerent heißt. Da es an kurzen deutschen Ausdrücken für diese häufigen Bezeichnungen fehlt, so werden sie nicht allzu bald vertilgt werden können.[1])

Die Möglichkeit eines Vorvertrages wird von den Motiven 178 bei Real- und Konsensualverträgen anerkannt. Die rechtliche Bedeutung dieser Anerkennung kann nur innerhalb der Darstellung der Schuldverhältnisse gewürdigt werden. Vgl. auch Mot. 184.

Vertrag und Einigung waren in der bisherigen Redeweise so ziemlich gleichbedeutend und werden es auch wohl in der Redeweise des Volkes bleiben. Das Bürgerliche Gesetzbuch bezeichnet aber als Einigung solche Verträge, die neben der Zustimmung der Betheiligten zu dem Geschäftsinhalte (der sog. Willenseinigung) noch ein anderes Ereigniß als Geschäftsbestandtheil verlangen, nämlich die Uebergabe einer Sache oder eine Eintragung (929, 873). Die Parteien stimmen hierbei dem Geschäftsinhalte nur für den Fall zu, daß das für seine Gültigkeit erforderliche Ereigniß geschehen sei oder geschehen werde, z. B. daß der Besitz an der zu übergebenden Sache auf den Empfänger übergehe.[2])

II. Nach dem Einflusse auf das Vermögen des Verfügenden giebt es Erwerbsgeschäfte, Veräußerungen und Verpflichtungen.

Zu den Erwerbsgeschäften gehören auch die in den Mot. 129 erwähnten: Kündigung, Mahnung und Stundung,[3]) Rechtsgeschäfte,

---

was der Jurist sorgfältig vermeidet. Die Volkssprache beschränkt den Ausdruck Antrag in der Regel auf Verlöbnißanträge.

[1]) Giebt es eine Annahme vor dem Anerbieten? So z. B. wenn ein Teller aufgestellt ist, auf den milde Gaben zu legen sind. Hier richtet sich in Wahrheit das Anerbieten auf Entgegennahme einer Schenkung und zugleich einer Uebergabe des zu gewährenden Gegenstandes. Durch das Hinlegen der Gabe erfolgt Zustimmung von der anderen Seite mit gleichzeitigem Hingeben der Sache, ohne welches ein solches Geschäft nicht gelten würde. Diese Zustimmung ist daher Annahme des Geschäftsinhalts, die man mit der Annahme des Geschäftsgegenstandes nicht verwechseln darf. Jene geschieht von Seiten des Gebers, diese von Seiten des Empfängers.

[2]) Nach Mot. 127 Absatz 3 kann es übrigens nicht zweifelhaft sein, daß die Einigungen Unterarten der Vertragsschlüsse sein sollen. Nach Eck, Vorträge, S. 123, Anm. 1 ist der Ausdruck vornehmlich als Ersatz für die sog. dinglichen Verträge (siehe unten unter III) eingeführt worden.

[3]) Hölder 236 will die Mahnung nicht als Rechtsgeschäft gelten lassen,

die „auf ein Recht einwirken, ohne seine Substanz zu berühren.“ Diese kann man übrigens besser als bloße „Rechtsausübungsgeschäfte“ von den wahren Erwerbsgeschäften sondern.

Unter Veräußerungen eines Vermögensstückes versteht man in der Volkssprache nur seine Ausscheidung aus dem Vermögen des bisherigen Herren. In der Juristensprache (vgl. Mot. 213, § 107, 2 erste Lesung) wird dagegen vielfach auch die bloße Belastung eines solchen Stückes zu Gunsten eines anderen unter diesem Namen verstanden, also ein Akt, durch den nicht der belastete Gegenstand, wohl aber ein Theil seines Werthes verloren geht. Dies erklärt sich daraus, daß die Verbote der wahren Veräußerung nach ihrem Zwecke auch die bloße Belastung zu hemmen suchen.[1]) Vgl. unten § 83.

III. Nach der Loslösung der Rechtsgeschäfte von ihrem sog. Rechtsgrunde (causa) unterscheidet man abstrakte und konkrete oder kausale.[2]) Die Eintheilung bezieht sich jedoch nur auf solche Willenserklärungen, die ein Vermögensopfer enthalten, nicht auf reine Rechtsausübungs- oder Erwerbsakte, wie Mahnungen u. dergl.[3])

Abstrakte Geschäfte sind solche Veräußerungen oder Versprechen, die über ihren Entgelt schweigen (z. B. Auflassungen und Wechselaccepte), konkrete solche, die über ihn Auskunft geben. Das, wovon also bei jenen Geschäften abstrahirt wird, ist die Aufklärung darüber, welchen Vortheil die Urheber der Geschäfte von ihrem Abschlusse erwarten. Abstrakt heißt hiernach so viel wie „von der Erwähnung des Entgeltes losgelöst“. Freilich giebt es noch eine andere Bedeutung von causa oder Rechtsgrund und folgeweise auch noch einen andern Sinn des Wortes abstrakt. Bei späteren Geschäften, die durch frühere vorbereitet werden, wie die Tradition aus einem vorher

---

ebensowenig wie die Hülfsgeschäfte der Vollmacht und der Genehmigung. Allerdings haben sie, für sich allein betrachtet, keine Rechtswirkung, sondern üben nur in Verbindung mit andern Thatsachen eine rechtliche Kraft aus.

[1]) Vgl. hierzu von der Pfordten 136, der im Widerspruche gegen die Motive Forderungseintreibungen nicht zu den Veräußerungen zählen will.

[2]) Vgl. Eck, Vorträge, 122 ff. Kindel, Das Rechtsgeschäft und sein Rechtsgrund. Berlin 1892. Kipp, Der Parteiwille, Erlanger Prorektoratsrede 1899. S. 11 und die S. 25 Anm. 40 Aufgeführten.

[3]) Die in K.Prot. I, 145 aufgeworfene und verneinte Frage, ob die Vollmacht ein abstraktes Rechtsgeschäft sei, ist von vorn herein unberechtigt, da es sich bei der Vollmachtserklärung des Geschäftsherrn im Verhältniß zu dem Dritten um ein Entgelt der Vollmacht niemals handelt. Vgl. Näheres über diesen Punkt und die sich daran anlehnende Litteratur unten § 78.

abgeschlossenen Kaufe, kann man das frühere Geschäft die causa praecedens nennen.[1]) Dieses vorbereitende Geschäft ist keine Entgeltbestimmung und auch nicht blos ein Stück in einem andern Geschäftsinhalte, wie es die sog. causa donandi, credendi oder solvendi ist. Wer z. B. am Mittwoch eine Sache übergiebt, die er am Montage verkauft hat, dessen Uebergabe geschieht solvendi causa, nicht vendendi causa, wie sie in der causa praecedens, des Verkaufes am Montag allerdings von ihm versprochen war. Ein abstraktes Geschäft, das die gegenwärtige Entgeltbestimmung verschweigt, abstrahirt natürlich auch immer von der causa praecedens. Ein Versprechen, das die Entgeltbestimmung nennt, braucht deshalb noch nicht von der Gültigkeit oder der rechtlichen Zulässigkeit der causa praecedens abzuhängen. Man darf daher die Frage, ob ein Geschäft völlig abstrakt lauten dürfe, mit der andern Frage, ob es von seiner causa praecedens in seiner Geltung abhänge, nicht verwechseln, wie das häufig geschieht.[2])

Jede Entgeltsbestimmung erwähnt einen Geschäftszweck und zwar als den Hauptzweck des Geschäftes seine Bedeutung für den Vermögensstand seines Urhebers. Außerdem giebt es noch Nebenzwecke, die entweder verschwiegen werden, z. B. der heimliche Wunsch einer Anknüpfung geschäftlicher Beziehungen mit dem andern Theile, oder auch in den Geschäftsinhalt aufgenommen werden können, z. B. die Auflage, eine Schenkung in gewisser Weise zu verwerthen. Die Römer nennen auch solche Nebenzwecke causae, z. B. bei der condictio ad causam datorum. Die neuere Wissenschaft hat sich jedoch daran gewöhnt, unter causa negotii im Zweifel nur den Hauptzweck des Geschäftes, die Entgeltbestimmung, zu verstehen, sofern nicht von der causa praecedens die Rede ist.

Der Unterschied zwischen abstrakten und konkreten Geschäften liegt hiernach nicht im Willen des Erklärenden, da auch bei dem

---

[1]) So ausdrücklich Dig. XLI, 1 fr., 31 pr.

[2]) Die der landrechtlichen Lehre vom titulus und modus verwandte und sehr verbreitete Verwechslung des Traditionszweckes mit dem vorbereitenden Geschäfte, der causa praecedens dessen Erfüllung Traditionszweck ist, ist auch in die Mot. III, 9 eingedrungen: „Das Verhältniß des dinglichen Vertrages zu dem obligatorischen Geschäfte ist das der Leistung zu dem rechtlichen Motive derselben.“ Bei den sog. Baargeschäften, z. B. dem Kaufe gegen sofortige Bezahlung giebt es aber zwar eine causa negotii, nicht aber ein der Tradition vorhergehendes obligatorisches Geschäft. Beides ist daher zu sondern. Man beachte hierzu, daß doch auch das pactum de tradendo oder cedendo ebenfalls seine besondern causa hat und diese doch unmöglich wiederum ein besonderes vorbereitendes Geschäft sein kann.

sog. abstrakten Geschäfte die Entgeltfrage erwogen oder besprochen wird, sondern lediglich im Inhalte der abgegebenen Erklärungen.

Der Entgelt eines Vermögensopfers ist entweder ein idealer oder uneigennütziger, bei Vermögensminderungen ohne Vermögensentgelt, oder ein materieller, nämlich ein Vermögenserfolg, der das Vermögensopfer ausgleichen soll. Gewöhnlich nennt man nur den letzteren Entgelt.

Zu den entgeltlichen (= materiell-entgeltlichen) Geschäften gehören alle Geschäfte, die eine Rückgabe bezwecken (causa credendi),[1]) oder eine Gegenleistung (ebenfalls causa credendi), oder eine Schuldbefreiung (causa solvendi) oder irgend einen andern Erfolg, der dem Urheber des Geschäfts als ein Entgelt erscheint, der seinem Vermögensopfer gleichwerthig ist, z. B. Erfüllung der Bedingung bei dem conditionis implendae causa datum. Zu den unentgeltlichen (= nur ideal-entgeltlichen) gehören die Wohlthätigkeiten (causa donandi) und die Uebernahme von Gefälligkeiten (causa mandatum suscipiendi und dergl.).[2])

Das Streben, fremden Kredit zu unterstützen (causa intercedendi), kann dem Hauptschuldner gegenüber auf Entgelt oder, was die Regel ist, auf Gefälligkeit beruhen. Dem Gläubiger gegenüber liegt hier jedoch ein besonderer Sicherungszweck vor. Ihm erscheint das Geschäft wie ein uneigennütziges.

Von einer durchgreifenden Bedeutung ist die Zweitheilung in uneigennützige und eigennützige Vermögensaufopferungen nicht, wohl aber sind die einzelnen genannten causae, namentlich die causa donandi manchen Sondervorschriften unterworfen (siehe das Recht der Schuldverhältnisse).

Das Bürgerliche Gesetzbuch kennt daher allerdings den Gegensatz der abstrakten und der konkreten Geschäfte. So ist z. B. das Schuldversprechen des 780 abstrakt,[3]) das Schenkungsversprechen konkret = ohne Vermögensentgelt, und das Darlehnsrückgabeversprechen ebenfalls konkret. Das Bürgerliche Gesetzbuch hat aber für die Erklärungen ohne Angabe

[1]) Von Realgeschäften spricht Enneccerus 130 und Rechtsgeschäft 489 ff.

[2]) Zweifelhaft ist die abstrakte Natur des Kontokurrentvertrages. Da er beiden Parteien für den Fall, daß die Abrechnung ihnen zu günstig gestaltet sein sollte, Vortheile geben kann, so liegt m. E. im Austausche dieser Vortheilsmöglichkeiten eine konkrete Entgeltsbestimmung.

[3]) Andere Beispiele 397 (Schulderlaß), 398 (Forderungsübertragung), 414 (Schuldübernahme), 784 (Anweisungsannahme), 793 (Schuldverschreibungen auf den Inhaber.)

des Entgelts weder einen gemeinsamen Namen noch eine gemeinsame Theorie. Wichtig sind diese Geschäfte namentlich für die Ansprüche wegen ungerechtfertigter Bereicherung (812 ff.), bei denen auf die wahre Entgeltsabsicht der Geschäfte zurückgegriffen wird, obwohl sie ohne Angabe des Entgelts abgeschlossen sind, (Rückforderung des habere sine causa), bei denen aber nicht blos dieser Hauptzweck (Entgeltzweck), sondern auch Nebenzwecke bedeutsam sind.

Man wird solche Geschäfte allenfalls „Geschäfte ohne Entgeltsbestimmung" nennen dürfen, wenn man das Fremdwort „abstrakt" wegen seiner Unklarheit oder seiner Zweideutigkeit scheut.

Die Motive 127 sprechen von Geschäften, die „von ihrem Verpflichtungsgrund losgelöst sind." Unter Verpflichtungsgrund ist dabei die Bezugnahme auf die Entgeltfrage zu verstehen. Der Ausdruck ist üblich, aber irreführend, weil in der Redeweise des Volkes Verpflichtungsakt und Verpflichtungsgrund nicht unterschieden werden.[1])

Die Anerkennung der abstrakten Geschäfte enthält eine Ermuthigung des Erwerbstriebes, da diese Geschäfte vor allem denen eine Sicherheit geben, die durch sie etwas erlangen. Die nicht-abstrakten Geschäfte sichern dagegen den Schuldnern und Veräußerern in höherem Maße ihre Rechte und das Rechtsgebot, das die Aufdeckung der Veräußerungs- und Verpflichtungszwecke verlangt, tritt wucherlichen Ausbeutungen entgegen.

Der Kampf, den die neuere Gesetzgebung auf andere Weise gegen den Wucher führt (138, 2), mag sie in diesem Punkte zu größerer Nachsicht veranlaßt haben. Sie läßt nicht nur abstrakte Schuldverträge zu, sondern macht alle andern Verträge sogar grundsätzlich zu abstrakten.

Nach dem Bürgerlichen Gesetzbuch (Mot. 127) sind nämlich alle nicht-obligatorischen, d. h. nicht ein Schuldverhältniß begründenden Verträge abstrakte, d. h. ohne Angabe eines Entgelts gültig.[2])

[1]) Bei einem Wechselaccept zum Bürgschaftszwecke würde z. B. das Accept Verpflichtungsgrund sein, der Bürgschaftszweck aber wiederum der Grund dieses Grundes.

[2]) Vgl. Mot. III, 8: „Der dingliche Vertrag ist seinem Begriffe nach ein abstraktes Geschäft". Der Gesetzgeber scheint also durch diesen Satz nicht sowohl einem Bedürfnisse zu genügen, sondern eine seinen Rechtsanschauungen entnommene (m. E. in ihrer Allgemeinheit dem bisherigen Rechte nicht entsprechende) Ansicht festlegen zu wollen. Was ihn aber in Wahrheit getrieben hat, war sicherlich das Gefühl, in einer Zeit zu leben, die „im Zeichen des Verkehrs" steht, und das Streben, diesen Verkehr so viel wie möglich zu beleben. Vgl. auch Krückmann, Archiv f. B. R. XIII, 1 ff.

Die Motive nennen alle nicht-obligatorischen Verträge „dingliche", auch wenn sie sich nicht auf körperliche Sachen richten und, wie der Schulderlaßvertrag, nur die Betheiligten betreffen (in personam wirken), weil jeder derartige Vertrag ein schon vorhandenes Vermögensstück berührt und nicht so, wie es der obligatorische thut, neben den bisherigen Vermögensstücken der Geschäftsgenossen ein neues (eine Forderung) erzeugt.

Die zweite Lesung hat den Ausdruck „dinglicher Vertrag" im Wesentlichen durch „Einigung" ersetzt, wodurch in der Sache nichts geändert, sondern nur eine Annäherung an die Volksanschauungen gesucht worden ist.[1])

IV. Nach der Bezugnahme auf den Tod des Erklärenden sondern wir die Geschäfte für den Todesfall und für die Lebenszeit (negotia mortis causa und inter vivos, scilicet valitura). Das Bürgerliche Gesetzbuch kennt diesen Unterschied der Sache nach, ohne ihm seine Ausdrucksweise anzupassen. Er beruht auf den besonderen erbrechtlichen Rücksichten, die bei den Geschäften von Todeswegen obwalten.

V. Eintheilung der Rechtsgeschäfte nach der erforderlichen Richtung des Erklärungsaktes. Die Erklärungen (nicht blos die Rechtsgeschäfte s. S. 257) können an bestimmte Personen oder an unbestimmte gerichtet sein. Jene werden einem Anwärter (Adressaten) mitgetheilt, diese entweder veröffentlicht (Zeitungsinserat bei Auslobungen) oder dem zufälligen Finder zugedacht, (so das holographische Testament, das im Schreibtische liegen gelassen oder bei dem Untergange eines Schiffes einer verschlossenen Flasche anvertraut wird.)

Diese Richtung an eine bestimmte Person kann vom Rechte verlangt sein (richtungsbedürftige Erklärungen 117, 130, 131). Man nennt sie in der Regel nach Zitelmann „empfangsbedürftige" (Komm. Prot. I, 62). Der Ausdruck hat sich so schnell verbreitet,[2]) daß er bereits unter den Juristen gemeinverständlich ist und voraussichtlich bleiben wird. Auch der Verfasser wird sich seiner im Folgenden bedienen.[3])

---

[1]) Eck, Vorträge 123, Anm. 1. Siehe oben S. 263.

[2]) s. Bekker und Fischer, Beiträge Heft VII, 523 und jetzt Zitelmann 93ff.

[3]) Ueber andere Begriffsnamen: Adressenrechtsakt (Kohler) und Anerklärung (Bekker) vgl. Eck, Vorträge 123, Anm. 2.

Dabei darf man jedoch nicht übersehen, daß jede Erklärung (also auch z. B. das Testament) durch Kenntnißnahme wirken will, somit in diesem weiteren Sinne empfangsbedürftig (wahrnehmungsbedürftig) ist, da auch die an unbestimmte Personen gerichtete Erklärung schließlich einmal in Empfang genommen und beachtet werden soll.[1])

Die von Zitelmann (97) zusammengestellten „schlechthin nicht-empfangsbedürftigen" Willenserklärungen müssen alle schließlich doch von irgend Jemand beachtet werden, wenn sie ihren Zweck erfüllen sollen. Dagegen sind sie schon vorher vollendet und in diesem Sinne allerdings nicht wahrnehmungsbedürftig, aber auch nur in diesem Sinne. Empfangsbedürftig sind daher die schon bei dem Geschäftsabschlusse (nicht erst später) empfangsbedürftigen, m. a. W. die sogleich empfangsbedürftigen Erklärungen.

Diese richtungs- oder im Sinne der herrschenden Redeweise empfangsbedürftigen Erklärungen sind dadurch ausgezeichnet, daß sie sogleich ein Vertrauen auf ihre Verbindlichkeit gerade im Empfänger erwecken sollen, das in der Regel nicht enttäuscht werden darf, weil er alsbald nach der empfangenen Erklärung handeln soll. Dies galt schon bisher. Neu sind dagegen mehrere aus diesem Gedanken hergeleiteten Vorschriften. Ihnen zu Folge sollen gerade die empfangsbedürftigen Geschäfte nichtig sein, falls sie nur zum Schein geschehen (117) und nicht mehr widerruflich, wo das Vertrauen des andern Theiles bereits erweckt ist (130). Auch müssen sie bei Geschäftsunfähigen dem gesetzlichen Vertreter zugehen (131), weil dieser durch sie in der Geschäftsführung für den Vertretenen beeinflußt werden soll.[2])[3])

Für die empfangsbedürftigen Erklärungen sind zwei neue Mittheilungsformen bestimmt:

a) die Zustellung durch einen Gerichtsvollzieher) (132, 1),

b) die Zustellung durch eine öffentliche Ladung[5]) (132, 2).

---

[1]) Vgl. Hölder 290 gegen Hellmann, Vorträge 62.

[2]) Vgl. auch 111, 116 Abs. 2, 122, 1; 123, 2; 148 Abs. 2 u. 3, 174, 180.

[3]) Zitelmann 197. Ob es gerade nöthig war, alle diese Folgerungen aus der Eigenart der empfangsbedürftigen Geschäfte auszusprechen, kann nur bei Erörterung der einzelnen Bestimmungen geprüft werden. Eine beachtenswerthe weitere Eintheilung der empfangsbedürftigen Erklärungen (Zitelmann 93) sondert sie in „amtsempfangsbedürftige" und „parteiempfangsbedürftige", je nachdem das Amt oder eine Partei der Zielpunkt der Mittheilung sein muß.

[4]) Dem preußischen Ausführungsgesetze zur C.P.O. v. 24. 3. 79, § 1, 3, nachgebildet. Mot. 160.

[5]) Nach dem bayr. Ausführungsgesetz zur C.P.O. vom 23. 2. 79. Mot. 160.

Beide geben dem Erklärenden werthvolle Beweismittel. Die öffentliche Mittheilung vermag überdies den Erklärenden dagegen zu schützen, daß sich ein anderer dem Empfange einer ihm unerwünschten Erklärung entzieht (z. B. ein Vermiether, der der Wohnungskündigung oder ein Schuldner, der der Mahnung ausweicht). Die erstgenannte Form die der Partei ebenfalls eine öffentliche Beurkundung des Zustellungsaktes[1]) sichert, ist auch da zugelassen, wo eine Empfangspflicht auf Seiten des Gegners nicht besteht (K.Prot. I, 73). Die Zulässigkeit der öffentlichen Zustellung hängt vom Ermessen des Richters ab.[2])

II. Der Geschäftsabschluß.

1. Der Geschäftsabschluß in eigener Person.

a) Die Fähigkeit zu Geschäftsabschlüssen.[3])

§ 70.

I. Geschäftsfähigkeit ist in der Redeweise des Bürgerlichen Gesetzbuches, die nach Mot. 129 dem preußischen Gesetze vom 12. Juli 1875 betr. die Geschäftsfähigkeit Minderjähriger nachgebildet ist, so viel wie Rechtsgeschäftsfähigkeit. Es vermeidet den Ausdruck Handlungsfähigkeit, d. i. die Fähigkeit nach Rechtssatz von den Folgen einer Handlung betroffen zu werden.[4]) Diese umfaßt nicht blos die Fähigkeit zu Rechtsgeschäften oder des Rechtsschutzes bedürftigen Rechtshandlungen, also eine von der Rechtsordnung gewährte Gunst, sondern die Fähigkeit zu allen Rechtshandlungen im weitesten Sinne des Wortes (Mot. 127), somit auch die Deliktsfähigkeit, d. h. die Fähigkeit, sich durch unerlaubte Handlungen haftbar zu machen, eine von der Rechtsordnung hervorgerufene Benachtheiligung (827 ff.). Die Gesichtspunkte, aus denen das Recht jene Gunst und diese Ungunst gewährt, sind so verschieden, daß das Bürgerliche Gesetzbuch aus gutem Grunde die Verbindung der Geschäftsfähigkeit und der Delitsfähigkeit zu einem Gesammtbegriffe vermeidet.

II. Der Begriff der Geschäftsunfähigkeit bezieht sich im Bürgerlichen Gesetzbuch nicht auf juristische Personen, sondern nur auf Menschen.[5]) Die Dauer der Fähigkeit zu einem Geschäftsabschlusse

---

[1]) Näheres über das zuständige Gericht s. § 182.

[2]) Eine Uebersicht über die empfangsbedürftigen Erklärungen siehe bei Dickel 53 ff. Vgl. hierzu auch Riedel 820 ff.

[3]) Vgl. Hachenburg 169 ff., Eck, Vorträge 117 ff. Riedel 369 ff.

[4]) Eck, Vorträge 177.

[5]) Vgl. Fischer-Henle, Anm. 1 zu 104.

ist insofern von Bedeutung, als das Gesetzbuch für dauernde Geschäftsunfähigkeiten andere Vorschriften hat, als für vorübergehende Mängel dieser Art. Sogar die Redeweise des Gesetzbuches betont absichtlich diesen Unterschied, indem sie den Ausdruck Geschäftsfähigkeit auf die bleibende Eigenschaft dieser Art bezieht und daher auf den Fall vorübergehender Untauglichkeit zu einem Geschäftsakte grundsätzlich nicht anwendet. (K.Prot. I, 72.)

Es erklärt sich dies daraus, daß nach dem Bürgerlichen Gesetzbuche nur die dauernde Geschäftsunfähigkeit gewisse Rechtsfolgen haben, insbesondere auch die Empfangsunfähigkeit für Erklärungen nach sich ziehen soll.[1]) Die vorübergehende Untauglichkeit zur Abgabe einer bewußten Erklärung soll dies jedoch nicht bewirken.[2]) Darum heißt nur jene dauernde Untauglichkeit „Geschäftsunfähigkeit". (K.Prot. I, 73; VI, 121.) Die Sprache des Volkes macht einen derartigen Unterschied allerdings nicht.

III. Die Geschäftsunfähigen:

a) Die Kinder unter sieben Jahren[3]) sind gänzlich geschäftsunfähig. Die Nichtigkeit ihrer Geschäfte gilt für alle Willenserklärungen. Ob auch für alle erklärungslosen schutzbedürftigen Rechtshandlungen, ist zweifelhaft (s. oben S. 259). Auch das Recht, Schenkungen anzunehmen, wird ihnen vom Bürgerlichen Gesetzbuch nicht gewährt[4]) (104, 1).

b) Die dauernd durch Krankheit in der freien Willensbestimmung Beraubten (Geisteskranken) stehen den Kindern gleich. Ueber **lucida intervalla** s. oben S. 93 (§ 32).

c) Ebenso die wegen Geisteskrankheit Entmündigten.

IV. Die vorübergehend Bewußtlosen oder einer Geistesstörung Verfallenen heißen, wie oben erwähnt, im Bürgerlichen Gesetzbuche nicht geschäftsunfähig, sind aber dennoch zu Geschäftsabschlüssen untauglich, so lange der in 105 erwähnte Zustand der Bewußtlosigkeit oder vorübergehenden Störung der Geistesthätigkeit dauert. Ob der krankhafte Zustand

---

1) Planck, Anm. 3 zu 104; vgl. auch Anm. 5 zu 105 (die Geschäftsunfähigen erhalten einen Vormund).

2) Vgl. Hachenburg 189 ff., 191. Die Uebergabe eines Briefes an einen völlig Betrunkenen ist also nicht unwirksam. Ein redlich denkender Mensch wird es dennoch vermeiden, seine Erklärungen unter solchen Umständen abzugeben.

3) Diese feste „mathematische Grenze" ist gegenüber abweichenden Wünschen absichtlich festgehalten. (K.Prot. II, 48.)

4) Planck, Anm. 1 zu 105 verweist auf die Möglichkeit, als unbeauftragte Geschäftsführer für Kinder Geschenke anzunehmen, die dann der gesetzliche Vertreter genehmigen soll.

die „freie Willensbestimmung“, d. h. eine von den krankhaften Störungen unberührte Fähigkeit des Entschlusses, beseitigt oder nicht, darauf wird hier kein Gewicht gelegt (anders in 104). Wir werden aber trotzdem 105 einschränkend dahin auslegen dürfen, daß unbedeutende krankhafte Störungen der Geisteskräfte (z. B. eine Gedächtnißschwäche wegen heftiger Zahnschmerzen), wenn sie die Geschäftsfähigkeit thatsächlich nicht ausschließen, auch rechtlich bedeutungslos sind.[1])

V. Die in der Geschäftsfähigkeit Beschränkten sollen nur insoweit in das Verkehrsleben eindringen, als ihnen dies nach der Ansicht des Gesetzgebers unschädlich ist (Mot. 13, I). Zu ihnen gehören:

a) Die Minderjährigen über sieben Jahren,

b) die wegen Geistesschwäche[2]) Verschwendung oder Trunksucht Entmündigten oder nach dem Antrage auf ihre Entmündigung zur Abwehr erheblicher Gefahren unter vorläufige Vormundschaft Gestellten (1906).

Solche vorläufige Vormundschaften verhindern namentlich den Verschwender, im Hinblicke auf eine drohende Entmündigung in besonders hohem Maße sein Vermögen zu vergeuden.[3])

Die in der Geschäftsfähigkeit Beschränkten sind vor den Geschäftsunfähigen mehrfach bevorzugt:

a) Sie können ohne ihren gesetzlichen Vertreter solche Erklärungen abgeben, die lediglich einen rechtlichen Vortheil gewähren, d. h. ihrer Art nach (nicht nach besonderer Lage des einzelnen Falles) ihnen

---

[1]) Vgl. K.Prot. I, 56 in Anlehnung an § 51 R.Str.G.B. Den Ausdruck „krankhafte Störung“ (104, 2) hat man in 105, 2 vermieden, um schlimme Trunkenheitsfälle mitzutreffen, die man allerdings auch in der Redeweise des Volkes nicht als krankhaft zu bezeichnen pflegt. Warum man aber nur in 104, 2, nicht jedoch in 105, 2 von der freien Willensbestimmung gesprochen hat, ist fraglich. Hölder 241 erklärt dies in befriedigender Weise daraus, daß 104 von einem Mangel redet, der die freie Willensbestimmung überhaupt, nicht blos im einzelnen Falle ausschließt, was natürlich in 105 nicht vorausgesetzt ist. Er hebt auch hervor, daß der Mangel der freien Willensbestimmung zwar in 104, aber auch nicht in 6 erwähnt ist, ohne daß darauf ein besonderes Gewicht zu legen ist. — Ueber den praktischen Unterschied der Bewußtlosigkeit und des Irrthums vgl. Hölder 3 zu 108.

[2]) Auch das Pr.L.R. stellt die Blödsinnigen nicht den Kindern, sondern den Minderjährigen gleich (§§ 23, 26 A.L.R. I, 4).

[3]) Nicht aufgenommen ist die vom ersten Entwurfe beabsichtigte Beschränkung der sogen. personae debiles (1910) s. Mot. 150. Vgl. dagegen namentlich Zitelmann in Bekker und Fischer's Beiträgen Heft VII, S. 81ff.

vortheilhaft sind.[1]) Dahin gehört also z. B. die Entgegennahme einer Schenkung oder eines Schulderlasses, nicht aber ein Einkauf zu einem besonders billigen Preise.[2])

b) Ihre Verträge, die sie ohne den gesetzlichen Vertreter vornehmen, sind nicht völlig erfolglos.[3]) Dagegen sind derartige einseitige Akte „unwirksam" (vgl. hierüber Mot. 133 und unten § 95), weil man dem Empfänger einer solchen Erklärung, der er nicht ausweichen kann (z. B. einer Kündigung) nicht zumuthen wollte, bis zu einem Entschlusse des Vormundes gebunden zu sein (Mot. 133). Wo es sich aber um reine Verpflichtungsakte handelt, z. B. einen Verzicht auf eine Anfechtung, da hat der, welcher die Erklärung abgiebt, kein Interesse daran, schon vor der Genehmigung des Vormundes gebunden zu sein, falls er in der Geschäftsfähigkeit beschränkt ist. Durch vormundschaftliche Einwilligungen oder Genehmigungen kann diese unvollkommene Kraft des Geschäftes verbessert werden (s. unten § 80).

Auf dem Gebiete des Familien- und Erbrechts sind den in der Geschäftsfähigkeit Beschränkten verschiedene wichtige Rechtsakte gestattet.[4])

Sondervorschriften über die Geschäfte Studirender sind absichtlich vermieden worden (Mot. 145).

VI. Zustände einer in Ungewißheit schwebenden Geschäftsfähigkeit liegen vor:

a) bei der noch anfechtbaren Entmündigung (Mot. 131) 115,

b) bei der vorläufigen Vormundschaft 114.

Hier hängt es von der noch ausstehenden Entscheidung über die Geschäftsfähigkeit ab, ob der einstweilen Entmündigte in der Zwischenzeit gültige Geschäfte vornehmen kann oder nicht. Daneben hat aber auch sein Vormund Verfügungsrechte über sein Vermögen, so daß dieses (möglicher Weise) zwei gleichberechtigten von einander unabhängigen Herren unterliegt. Das Gesetzbuch geht der näheren Regelung dieses Falles aus dem Wege (Mot. 277). Die widersprechenden Verfügungen der beiden Herrschaftsberechtigten müssen so behandelt werden, als ob ein und derselbe Vermögensherr hinter

---

1) Vgl. Planck, Anm. 1 zu 107.

2) Dies entspricht im Wesentlichen dem bisherigen Rechte (Mot. 132).

3) Es wird diesen Verträgen zwar die Wirksamkeit abgesprochen (108), damit ist aber hier nur die vollkommene Wirksamkeit gemeint. S. unten § 95.

4) Mot. 152 vgl. 1307, 1337, 1358 a. E., 1595, 1729, 3, 1731, 1748, 2, 1755 (vgl. auch 2284), 2290, 2, 2296, 1.

einander Verfügungen getroffen hätte, die sich widersprechen. Insoweit die ältere Verfügung die neue unmöglich macht, z. B. bei mehrfachen Eigenthumsübertragungen (nach §§ 930, 931) kann die spätere nicht gelten.[1])

VII. Die Geschäftsfähigkeit der Verbände (siehe oben § 35, I) hängt von der Anordnung ab, durch welche sie in das Leben gerufen sind, vgl. z. B. über die Beschlußbildung der Mitgliederversammlung eines Vereins (31) und über den Familienrath (1858 ff.). Die Beschlüsse (Willenserklärungen) der Vereine sind nicht ohne Weiteres als Rechtsgeschäfte anzusehen (vgl. Mot. S. 93). Es können auch Befehle an die Diener des Vereines sein. Nur wo Mehrheiten unmittelbar über das Vereinsgut nach außen hin verfügen, wird man ihre Anordnungen als Rechtsgeschäfte behandeln müssen. Es gilt dies von den Vorstandsbeschlüssen, da diese den Verein nach außen hin vertreten sollen, dagegen nicht von den Beschlüssen der Mitgliederversammlung (s. oben S. 123).

VIII. Die Empfangsfähigkeit bei mittheilungsbedürftigen Erklärungen soll von der unbeschränkten Geschäftsfähigkeit des Empfangsberechtigten abhängen (131, K.Prot. I, 62). Hat der Unfähige die Erklärung nur im Auftrage eines gesetzlichen Vertreters angenommen, so gilt dieser als Empfänger. Im andern Falle gilt die Empfangnahme, die von Seiten des Unfähigen geschieht, zunächst nicht, kann aber noch nachträglich zu einer gültigen Empfangnahme führen, wenn das Empfangene dem Vertreter zugeht.[2])

---

[1]) Bei gleichzeitiger Vornahme widersprechender Rechtsgeschäfte sind beide unwirksam. Planck, 1 zu 115, der den vorliegenden Fall mit den widerstreitenden Verfügungen vergleicht, die ein Generalbevollmächtigter und ein Vollmachtgeber treffen. Die praktische Folge dieser Doppelherrschaft ist, daß vorsichtige Geschäftsleute in der Zeit, in der sie besteht, es vermeiden werden, sich mit dem Vormunde einzulassen, weil sie nicht wissen können, welche Verfügungen der Bevormundete vorher getroffen hat.

[2]) Von selbst versteht sich dies, wenn der Bevormundete vom Erklärenden beauftragt wird, als dessen Bote das Erklärte dem Vormund zu melden. Der § 131, 1 ist erst bei der Schlußberathung der zweiten Lesung eingefügt worden (Hachenburg 189) und in seinem Umfange streitig; (vgl. Hachenburg 191, der ihn im Widerstreit mit Fischer-Henle zu 131 bei Erklärungen an anwesende Geisteskranke nicht gelten lassen will, weil diese nur den „Bericht einer Erklärung", nicht eine Erklärung dem Vormunde überbringen können. Dann müßte auch die Erklärung durch einen Boten keine Erklärung sein, da ja auch dieser stets den Bericht einer Erklärung überbringt. Dies wird aber doch sicherlich Niemand annehmen wollen.)

Abgesehen von diesen Fällen steht der Geschäftsunfähige für Erklärungen, die ihm gelten, „außerhalb des Verkehrs" (Mot. 139), weil die rechtsgeschäftlichen Mittheilungen demjenigen zugehen sollen, der „für das fernere wirthschaftliche Verhalten", das aus ihnen folgen soll, verantwortlich ist (Mot. 139).

Hiernach beruht auch die Beschränkung der Empfangsfähigkeit auf dem Interesse des Beschränkten (a. M. K.Prot. I, 63), freilich nicht, um ihn von ungeeigneten Handlungen zurückzuhalten, sondern um eine ordentliche Verwaltung seines Vermögens durch seinen Vertreter zu ermöglichen.

Erklärungen, deren Annahme lediglich vortheilhaft ist, (z. B. die Bestätigung eines anfechtbaren Vertrages von Seiten des Anfechtungsberechtigten) sind von der Regel, daß die Erklärungsunfähigen auch empfangsunfähig sein sollen, ausgenommen, falls der Empfänger nur in der Geschäftsfähigkeit beschränkt, nicht ihrer völlig beraubt ist (131, 2).

b) Die Abgabe einer Willenserklärung.

α) Die Erfordernisse der einzelnen Willenserklärungen.[1])

§ 71.

I. Die Ausbildung des Erklärungsbegriffes ist ein Seitenstück der Herstellung des (vornehmlich im Strafrechte üblichen) Begriffes des Thatbestandes. Die „Erklärung" ist der äußere Thatbestand des einseitigen Rechtsgeschäftes, die mehrfache Erklärung der Thatbestand des gegenseitigen.[2])

Das strenge Beweisrecht des deutschen Prozesses drängte dazu, die erforderlichen Beweisthemata scharf abzugrenzen, also die Behauptungen genau abzuzirkeln, die nöthig sind, um daraus vor Gericht das Dasein der Rechte und der sie hervorrufenden Rechtsgeschäfte zu folgern. Darum erscheint uns das Wort „Erklärung" unentbehrlich.[3]) Wir sondern es auf das Schärfste von den psychologischen Ereignissen, die in der Seele des Erklärenden den erkennbaren Ausdruck seines Willens vorbereiten und nach sich ziehen. Die Römer dagegen, die bei ihrer freieren Behandlung des Beweises, einer so scharfen Schei-

---

[1]) Vgl. Hermann Isay, Die Willenserklärung im Thatbestande des Rechtsgeschäfts nach dem B.G.B. f. d. D. R. Jena 1899 (Fischer, Abhandlungen, II, 2) und dazu Ehrlich, Juristisches Litteraturblatt. 1899, 160 ff., Zitelmann 88 ff.).

[2]) Vgl. hierzu Hölder 289.

[3]) Eine andere Begriffsentwicklung scheint Zitelmann 88 anzunehmen.

dung nicht bedurften, bedienten sich einer laxeren Terminologie, die Inneres und Aeußeres vermengte.[1])

Diese Gewohnheit war auch auf die Redeweise der deutschen Juristen von Einfluß. So nennt diese vielfach denselben äußeren Thatbestand „Willen“, den der Psychologe als „Erklärung“ im Gegensatze zum Willen bezeichnet (z. B. wenn vom Schreiber eines letzten Willens die Rede ist und dergl.).

Mit solchen Nachwirkungen der Vieldeutigkeit des römischen Ausdrucks voluntas hängt auch zusammen, daß Erklärungsakt und Erklärungsinhalt (declarare und declaratum) unter dem Gesammtnamen Erklärung zusammengefaßt werden.

Der Erklärungsakt bezweckt, nach seiner thatsächlichen Beschaffenheit, einem Inhalte eine verbindliche Kraft zu verleihen, indem er ihn für maßgebend erklärt.[2]) Er setzt daher jedesmal einen ausführbaren Inhalt, der spätestens zugleich mit ihm entsteht, voraus, und ist immer eine Einverständnißerklärung mit dem Inhalte oder eine Zustimmung zu dem Inhalte. Der Inhalt kann (wie bei dem mündlichen Vertragsanerbieten) zugleich mit dem Erklärungsakte in die Außenwelt treten. Er kann aber auch schon in der Außenwelt vorliegen, ehe der Erklärungsakt erfolgt; so, wenn ein Notar eine Erklärung, d. h. einen Erklärungsinhalt, entwirft und die Partei sie unterschreibt und dem Empfangsberechtigten übersendet (Erklärungsakt). (Vgl. auch K.Prot. I, 76.)

Die Erfordernisse des Erklärungsinhaltes siehe unten § 86. Hier sind zunächst die Elemente des Erklärungsaktes festzustellen.

Bei Erklärungen unter Anwesenden vollziehen sich in dem Erklärungsakte Abgabe und Ankunft so schnell, daß man sie nicht unterscheiden kann. Bei Erklärungen durch Brief und Boten gehören zum Erklärungsakte drei Dinge: Abgabe der Erklärung, Weg zum Empfänger und Ankunft. Diese verlangen eine gesonderte Betrachtung (II und III, IV und V).

---

1) Daß in den römischen Quellen die Worte consensus und voluntas nicht blos Seelenzustände, sondern auch den erkennbaren Ausdruck dieser Zustände bezeichnen, hält der Verfasser ungeachtet vielfachen Widerspruches für eine völlig unbestreitbare geschichtliche Thatsache. Vgl. darüber neuerdings seinen Artikel consensus in Pauly=Wissowa Realencyklopädie (seit einiger Zeit gedruckt, aber noch nicht veröffentlicht) vgl. z. B. Dig. XLV, 1, fr. 35, § 2.

2) Vgl. Kuhlenbeck 341: „Erklärung ist eine Handlung mit der Absicht der Wahrnehmbarmachung eines Gedankens“.

II. Die Formen der Abgaben einer Erklärung können nach zwei Richtungen hin unterschieden werden:

a) nach der Wahl der Erklärungsmittel in wörtliche und wortlose, d. h. Erklärungen durch Worte und ohne Worte. Die wortlose Erklärung deckt sich deshalb nicht mit der sog. stillschweigenden Erklärung, weil es auch verba concludentia giebt, d. h. Worte, die einen andern Gedanken, als den zunächst in sie eingekleideten nebenher tacite ausdrücken;[1])

b) nach der Verständlichkeit des gewählten Ausdruckes unterscheiden wir im Sinne des Bürgerlichen Gesetzbuches ausdrückliche und nicht ausdrückliche Erklärungen. (164, 1, 244, 1, 700, 2. H.G.B. 419, 1.)[2])

Den einzigen sicheren Anhaltspunkt giebt 164, 1, der zu dem ausdrücklich Erklärten dasjenige in Gegensatz stellt, „was die Umstände ergeben."[3])

Hiernach ist also die ausdrückliche Erklärung eines Gedankens jede, die aus dem Erklärungsakte selbst ersichtlich ist, dagegen ist nicht ausdrücklich jede andere.[4])

Die bisherige Redeweise entsprach dem im Großen und Ganzen, obwohl ein fester, unanfechtbarer Sprachgebrauch nicht bestand.

Die Formen einer ausdrücklichen Erklärung im Sinne des Bürgerlichen Gesetzbuches sind hiernach

α) die sog. Erklärung mit ausdrücklichen Worten, d. h. eine ausdrückliche Anordnung des Geschäftsinhalts durch entsprechende Worte (verbis expressis);[5])

β) eine zielbewußte (d. i. ausdrückliche in einem weiteren Sinne)

---

[1]) So ist z. B. nach K.Prot. II, 460 die Gründung eines nicht rechtsfähigen Vereins zugleich der Abschluß eines Gesellschaftsvertrages mit den etwa in Zukunft eintretenden Mitgliedern. Hier heftet sich an den durch Worte erklärten Gedanken ein zweiter wortlos erklärter an.

[2]) Zitelmann 90.

[3]) So Zitelmann a. a. O.

[4]) Die Grenze dieser Begriffe ist übrigens eine durchaus fließende. Eine vernünftige Praxis wird aber die leicht- und die schwerverständlichen Erklärungen zu sondern wissen.

[5]) Die Worte werden in der Regel nach ihrer Bedeutung nicht von der Partei bestimmt, sind also nach Zitelmann 89 „objektive Erklärungsmittel". Bei einer verabredeten Geheimsprache können sie aber auch rein „subjektive" Erklärungsmittel sein. Deshalb darf man nicht mit Zitelmann 91 die ausdrücklichen Erklärungen auf das Gebiet der objektiven Erklärungsmittel beschränken.

Anordnung des Geschäftsinhalts durch andere Ausdrucksmittel als entsprechende Worte (wortlose unzweideutige Erklärung). Sie kann geschehen

αα) durch sog. facta concludentia, i. e. ex quibus voluntas concludi potest, schlüssige Handlungen. So können dies völlig wortlose Erklärungen sein, z. B. ein Kopfnicken als Zustimmung zu einem Geschäfte oder Erklärungen eines Gedankens durch andere Worte, als solche, die ihm unmittelbar entsprechen (verba concludentia) (vgl. oben S. 277).

ββ) Es giebt auch unthätige Geschäftsabschlüsse, bei denen der innere Wille ihres Urhebers keines besondern Ausdruckes bedarf, also gewissermassen konkludente Unterlassungen.

Hiernach kann auch ein bloßes Schweigen als wortloser Geschäftsabschluß gelten. Sicher ist dies da der Fall, wo das Schweigen einen Schluß auf einen bewußten bestimmten Erklärungswillen gestattet (Mot. 154), z. B. ich miethe einen Wagen, falls ich ihn nicht bis neun Uhr abbestelle und schweige bis zu diesem Zeitpunkte. Aber auch das Gesetz kann dem Schweigen die Bedeutung eines Geschäftsabschlusses beilegen.[1]) Dann gehört es aber bereits zu dem Gebiete der nichtausdrücklichen Erklärungen, die sich nur aus den Umständen ergeben.

Das bloße Schweigen ist überhaupt zuweilen ein Geschäftsabschluß auch ohne besondere Parteierklärungen oder Gesetzesvorschrift, nämlich überall da, wo die Verkehrssitte ihn dazu stempelt.[2]) (Gegen diese Sitte schützt im Nothfalle eine Verwahrung Mot. 154.) Der Satz qui tacet consentire videtur geht jedoch zu weit (Mot. 153). Der übliche Zusatz quum loqui debuisset ac potuisset ist geradezu falsch; denn auf die Pflicht zur Erklärung kommt gar nichts an. Wer z. B. als Vater seinen Kindern neue Kleider kaufen muß, hat deshalb das Geschäft noch nicht abgeschlossen. Entscheidend ist allein, ob das unthätige Verhalten eines Menschen den Schein eines Erklärungswillens hervorruft, mag nun dieser Schein durch eine frühere Erklärung, oder durch ein Gesetz oder durch die Verkehrssitte seinem

[1]) Vgl. § 362 des neuen H.G.B., vgl. ferner B.G.B. 410, 516 Abs. 2, Satz 2, 496 Satz 2, 568, 1405, 2 und dazu Endemann 268. Vgl. auch 1943 a. E.

[2]) So werden z. B. die Speisen, die auf dem Verkaufstische einer Bahnhofsrestauration stehen, stillschweigend zum Kaufe angeboten. Wer auf der Pferdebahn bei dem Aufrufe der Station, bis zu der sein Billet reicht, sitzen bleibt, erklärt dadurch, weiterfahren und dafür bezahlen zu wollen, u. dergl. mehr. Vgl. Weyl 244.

Benehmen aufgeprägt sein. Sein Verhalten ist dann nach den vorliegenden Umständen als ein Erklärungsakt anzusehen.

III. Der Begriff der stillschweigenden Erklärungen ist nach zwei Seiten hin durch einen dunkeln Sprachgebrauch in seinem Umfange verwirrt. Einmal gegenüber den nichtstillschweigenden Erklärungen und sodann gegenüber Handlungen, die gar keine Erklärungen sind, aber vielfach so genannt werden.

Was zunächst den Gegensatz zur nichtstillschweigenden Erklärung betrifft, so pflegt man diese bisher als „ausdrückliche Erklärung" zu bezeichnen, wobei man jedoch unter ausdrücklich bei verschiedenen Gelegenheiten Verschiedenes versteht, bald die Erklärung mit ausdrücklichen Worten, bald die Erklärung, die überhaupt mit Worten geschieht, bald (im Sinne des Bürgerlichen Gesetzbuches) die einer Erläuterung aus Nebenumständen nicht bedürftige Erklärung, zuweilen auch eine solche, die die Erklärung ihres Inhalts bezweckt.[1]) Darum versteht man unter der stillschweigenden Erklärung bisher bald die nicht mit ausdrücklichen Worten abgefaßte, bald überhaupt die wortlose, bald „die nur aus den Nebenumständen verständliche Erklärung".[2])

Hoffentlich wird das Gesetzbuch den Sprachgebrauch auf die letztgenannte Bedeutung festlegen, so daß wir alle solche Erklärungen wenigstens im Sinne des Gesetzbuches würden „stillschweigend" und alle andern „ausdrücklich" nennen können.

Sehr viel schwieriger und wichtiger ist dagegen die Abgrenzung der stillschweigenden Geschäftsabschlüsse oder Erklärungen nach der Seite der andern Handlungen hin, die überhaupt keine Erklärungen sind.

Zu den stillschweigenden Erklärungen rechnet ein vielleicht mit Recht getadelter, aber trotzdem vorhandener Sprachgebrauch der

---

[1]) So Enneccerus 152. Eine andere Redeweise siehe daselbst 158 und dazu Planck 163. Gegenüber einer solchen Sprachzersplitterung, bei der, wie bei dem Thurmbau zu Babel, keiner des anderen Redeweise theilt, war die Wissenschaft völlig ohnmächtig. Eine maßgebende Autorität, die eine Einheit hätte schaffen können, gab es nicht. Es handelte sich hier nicht nur um eine ungelöste Aufgabe (so Endemann 268 Anm. 8), sondern um eine überhaupt unlösbare.

[2]) Für die letztgenannte Bedeutung mit Recht Zitelmann 90 im Sinne des Gesetzbuches wegen 612, 632, 1, 658, 689, die von stillschweigenden Vereinbarungen reden. Hiernach würde also z. B. das Kopfnicken in Zukunft nach der Redeweise des Gesetzestextes nicht mehr eine stillschweigende „Erklärung" genannt werden können (Erklärung durch Geberdensprache).

deutschen Juristenwelt nicht blos die bewußte Erklärung durch Schweigen, sowie jede (auch die pantomimische) bewußte wortlose Erzeugung eines Geschäftsinhalts, sondern auch vielfach solche selbstverständliche Geschäftszusätze, die weder bewußt gewollt, noch erklärt sind, aber dennoch auch ohne dies als verbindlich angesehen werden, weil die Verkehrssitte oder ein ergänzendes Gesetz dies will. (Vgl. über diese „selbstverständlichen Geschäftszusätze" § 84.)

Der Ausdruck „stillschweigende Erklärung", den die erste Lesung aufgenommen hatte (§ 72, Mot. 153), wurde als „lehrhaft" gestrichen (K.Prot. I, 68). Nur die „stillschweigende Vereinbarung" ist im Texte genannt.[1])

Daß aber die stillschweigende Erklärung selbstverständlich auch in Zukunft den anderen Erklärungen gleichstehen soll, so, wie im bisherigen Rechte, wurde mehrfach gelegentlich anerkannt (z. B. K.Prot. I, 177). So hat denn der Gesetzgeber die stillschweigende Erklärung stillschweigend aufgenommen.

Damit sind auch alle Zweifel aufgenommen, die sich an diese Erscheinung anknüpfen.[2])

Die Hauptquelle aller Zweifel liegt darin, daß bei der wörtlichen Verdeutschung des tacita voluntas das deutsche Sprachgefühl beleidigt wurde. Zunächst sind Wortlosigkeit und Schweigen zweierlei. Auch der Schreibende schweigt, giebt aber keine schweigende Erklärung ab. Sodann verletzt unser Gefühl überhaupt der Ausdruck einer schweigenden Erklärung. Sie scheint uns rein bildlich zu sein, wie das „beredte Schweigen" oder das Reden der Steine.[3])

Während man also zur Zeit der lateinischen Juristensprache selbstredende und selbstverständliche Geschäftsbestimmungen in sehr weitem Umfange annahm,[4]) zeigt sich in der neueren Wissenschaft die

[1]) Vgl. oben S. 279 Anm. 2.

[2]) Vgl. auch Zitelmann 89. „Die Frage, welche Willenserklärungen ausdrücklich, welche stillschweigend sind, hat nur Werth, wenn das Gesetz diese Ausdrücke gebraucht." Jedenfalls müssen wir aber auch solche Ausdrücke erläutern, von denen die Verfasser des Gesetzbuches wollten, daß sie in Gebrauch bleiben sollten. So steht es mit den stillschweigenden Erklärungen. Dem entsprechen auch durchaus Zitelmanns weitere Ausführungen (90).

[3]) Darüber, ob es eine ausdrückliche Erklärung durch Schweigen gebe, haben in der That Erörterungen stattgefunden. (Vgl. Enneccerus 152 und die dort Anm. 1 Angeführten.) — Man darf überhaupt nicht übersehen, daß die Begriffe „wortlos" und „selbstredend" sich nicht decken. Beides heißt aber tacite.

[4]) Ein Ueberrest hiervon ist z. B. die Gleichstellung der Observanz mit dem stillschweigenden Statute s. oben S. —. Vgl. auch K.Prot. II, 460.

unverkennbare Tendenz, den Begriff der stillschweigenden Erklärungen möglichst einzuengen.[1]) Soweit dabei rechtserhebliche Thatsachen ihrer Wirksamkeit verlustig gehen sollten, wäre dies zu beklagen: denn es werden Ereignisse des Verkehrslebens, hinter denen Volksbedürfnisse stehen, dadurch ihres bisherigen Rechtsschutzes beraubt, blos aus Rücksicht auf eine willkürlich gewählte Ausdrucksweise,[2]) statt der man mit leichter Mühe eine andere finden könnte.

Hiermit hängt der Streit zusammen, ob die Folgen der stillschweigenden Erklärungen, die durch eine bloße Unthätigkeit geschehen, überhaupt rechtsgeschäftliche oder vielmehr blos gesetzliche (von einer Willenserklärung unabhängige) sind, z. B. ob das gesetzliche Pfandrecht des Miethers wortlos von der Partei festgesetzt sei oder nicht. Die Antwort auf diese Frage beruht darauf, ob das Gesetz auch solche Fälle einer bewußten Unthätigkeit unter den Begriff des Geschäftsabschlusses und der Willenserklärung stellen und dadurch den Vorschriften über die Geschäftsabschlüsse (z. B. Geschäftsunfähigkeit, Vertretung, Geschäftsmängel u. s. w.) unterwerfen will.

Die römischen Quellen haben dies mit Bestimmtheit gethan und nach dem Bürgerlichen Gesetzbuche muß man alle wortlosen Geschäftsabschlüsse schon deshalb als Parteiakte und „Willenserklärungen" anerkennen, weil sie sonst einfach nicht gelten würden. Rechtsgeschäftsakte, die nicht Willenserklärungen sind, kennt der Gesetzestext nicht. Man bedenke auch, daß es Erklärungen giebt, die halb wörtlich, halb wortlos sind, z. B. der Kauf einer Sache, die man dadurch bestimmt,

---

[1]) Vgl. Ehrlich, Die stillschweigende Willenserklärung. 1893, Zitelmann 91 und andere. Man unterscheide sehr wohl die stilistische Frage, ob man gewisse Thatsachen stillschweigende Erklärungen nennen dürfe, von der praktischen, ob man sie als rechtswirksam anerkennen müsse. In stilistischer Hinsicht gebührt den Bestrebungen das Gebiet der stillschweigenden Erklärungen einzuschränken, das größte Entgegenkommen. (Zitelmann 89 hält überhaupt die stilistische Frage für juristisch gleichgültig.) Es ist jedoch gegenüber praktischen Verkümmerungen des Rechtsschutzes, die lediglich aus theoretischen Rücksichten auf die Angemessenheit einer Ausdrucksform befürwortet werden, darauf zu achten, ne quid detrimenti capiat respublica.

[2]) Die K.Prot. VI, 126 bemerken: „In den konkludenten Handlungen liege keine Willenserklärung, sondern nur eine Willensbethätigung." Diese Worte enthalten die Verwirrung eines festen deutschen Sprachgebrauches. Sie wären besser ungedruckt geblieben. Ihre Verfasser übersahen, daß auch das gesprochene oder geschriebene Wort nur eine konkludente Handlung ist, aus der man ihren Sinn folgern muß, und daß auch die Sprachregel nur eine Unterart der Verkehrssitte ist. Auch die Bemerkung der Motive 153, daß schriftliche Erklärungen nicht zugleich stillschweigende sein können, denkt nicht an die schriftlichen verba concludentia.

daß man mit dem Finger auf sie zeigt. Derartige Erscheinungen machen die völlige Gleichstellung der wortlosen Erklärung und der Erklärung mit Worten bei allen formlosen Geschäften zur unbedingten Nothwendigkeit. Aber auch die Grenze zwischen dem, was die Worte und dem, was die Nebenumstände ergeben, ist eine fließende, zumal ja strenge genommen auch die Sprachkenntniß, ohne die man sogar die Worte nicht versteht, zu den „Nebenumständen" gehört.[1])

IV. Der Weg der Erklärung vom Absender zum Empfänger.

Unterwegs kann eine Erklärung rechtlich wichtige Schicksale erleiden. Dahin gehört:

a) Der Tod einer Geschäftspartei. Der Tod des Absenders zwischen Absendung und Ankunft einer empfangsbedürftigen Erklärung soll nach § 130, 2 gleichgültig sein.[2]) Wir dürfen hinzufügen, daß dies nicht gilt, wenn es dem erkennbaren Willen des Absenders widerspricht (so Mot. 159).

Das Gesetz erlaubt daher nicht nur eine Erklärung, die auch für den Todesfall gelten soll, sondern vermuthet diesen Geltungswillen, soweit es sich um den Tod des Absenders handelt.

Vom Tode des Empfangsberechtigten ist nicht die Rede. Hier ist es Auslegungsfrage, ob die Mittheilung bei dem Tode des Empfangsanwärters seinem Erben zugedacht ist oder nicht. Im Zweifel wird dies zu verneinen sein, vgl. auch K.Prot. I, 87.

Nach römischem Rechte konnte der richtigen Meinung nach die abgesandte Erklärung den Tod ihres Urhebers nicht überleben,[3]) da nach römischem Rechte Niemand über seinen Tod hinaus anders als durch negotia mortis causa verfügen durfte. Diesen Grundsatz hat das spätrömische Recht nur für stipulationes und promissiones post

---

[1]) Vgl. zu dem Vorstehenden auch Fritze, die stillschweigende Willenserklärung im B.G.B. Archiv f. B.G.B. XIV, 181 ff.

[2]) Die Motive 159 bemerken hierzu, daß der Empfänger, der sich nach der Erklärung richten soll, oft nicht wissen könne, ob der Absender inzwischen gestorben sei. Diese Begründung befriedigt nicht, weil sie nicht erklärt, warum das Interesse des Empfängers hier demjenigen der Erben des Absenders vorgehen soll. Den wahren Grund geben Mot. 176 dahin an, daß das Bedürfniß, aus dem der Antrag hervorgeht, in der Regel den Antragsteller überlebt. — Enneccerus 168 bezeichnet die Unempfindlichkeit der Erklärung gegen Todesfälle als: „Selbständigkeit der Erklärung nach der Abgabe".

[3]) Dig. XXXIX, 5, de donat. fr. 2, § 6.

mortem aufgehoben.[1]) Dadurch ist sein Sinn so sehr in Vergessenheit gerathen, daß er den Anschauungen unserer Zeit fremd geworden ist und das Bürgerliche Gesetzbuch ihn überhaupt nicht kennt.[2])

Dem Tode des Absenders ist der Eintritt der Geschäftsunfähigkeit (130, 2) gleichgestellt, nicht aber die Konkurseröffnung (K.Prot. I, 70).

b) Der Widerruf einer abgesandten Erklärung vor der Ankunft wird vom Gesetze deshalb gestattet, weil es Niemand eher binden will, als dies aus Rücksicht auf die andere Geschäftspartei nöthig ist. Bei oberflächlicher Betrachtung ist dies erst im Augenblicke der Kenntnißnahme des Erklärten der Fall, da ja vor dieser noch keine Hoffnungen vorliegen, die der Widerrufende zu schonen hätte. In einem entwickelten Geschäftsverkehre machte sich aber das Bedürfniß geltend, eingehende Briefe eine Zeitlang ungelesen zu lassen, ohne daß man darunter Schaden leidet. Deshalb muß auf höherer Kulturstufe schon die bloße Ankunft des ungelesenen Briefes gleich der Kenntnißnahme den Widerruf für die Zukunft ausschließen. In 130 wird ausdrücklich auch der gleichzeitige (d. h. gleichzeitig ankommende) Widerruf als rechtzeitig erwähnt (vgl. Mot. 158) K.Prot. I, 70.

Sollte es sich übrigens um eine Erklärung handeln, die an dritter Stelle abzuholen ist, z. B. einen postlagernden Brief, so wird der Widerruf bis zur wirklichen Abholung als zulässig gelten müssen, weil er bis dahin den Empfangsberechtigten nicht zu enttäuschen vermag.

V. Die Ankunft der Erklärungen an ihrem Bestimmungsorte. Unter Vollendung eines Erklärungsaktes versteht man den Augenblick, in dem der volle Thatbestand vorliegt, den das Gesetz für seine (sofortige oder spätere) Wirksamkeit verlangt. Dazu gehört nicht blos das Verhalten des Erklärenden, sondern auch die weitere Beförderung des Erklärten bis zu dem Augenblicke, in dem es den vorgeschriebenen Thatbestand vollkommen

---

[1]) Inst. III, 19 § 15 Eine andere, ältere Ausnahme war das mandatum post mortem.

[2]) Daß die Verfügungen über den Tod hinaus leicht die Grundsätze des Erbrechts durchkreuzen können, hat das neue Handelsgesetzbuch gelegentlich durch eine Sondervorschrift anerkannt; vgl. § 139 Denkschrift zum neuen H.G.B. S. 100. — Der ganze Zweig der Verträge für die Zeit nach dem Tode bedarf noch einer tieferen wissenschaftlichen Durchforschung.

darstellt.[1]) Das Bürgerliche Gesetzbuch macht die Vollendung nicht von der Kenntnißnahme abhängig (sog. Vernehmungstheorie)[2]) auch nicht von der bloßen Aeußerung[3]) (Aeußerungstheorie), auch nicht von der bloßen Absendung (Aeußerung im besondern Sinne oder Uebermittelungsakt), sondern bei empfangsbedürftigen Erklärungen davon, daß die Erklärung dem Empfangsberechtigten (Adressaten) zukommt (sog. Empfangstheorie).[4]) „Zukommen" bedeutet den Eintritt in den Gehör- oder den Gesichtskreis des Empfangsberechtigten.

Bei mündlichen Erklärungen unter Anwesenden, denen in dieser Hinsicht[5]) die telephonischen gleichstehen, vollendet sich das Zukommen (Empfang oder Ankunft) sofort nach der Aeußerung, falls diese verstanden werden mußte.[6])

Bei schriftlichen Erklärungen vollendet es sich aber erst, wenn der aufgezeichnete Erklärungsinhalt dem Empfangsberechtigten entweder vorgezeigt oder in seinen Besitz gebracht (z. B. in seinen Briefkasten gesteckt) worden ist, so daß er ihn jederzeit lesen kann. Der Herrschaftskreis gilt hier als erweiterter Gesichtskreis (Mot. 156).[7])

Der Empfang einer Erklärung ist also (nach K.Prot. VI, 132) gewisser Maßen der Besitzerwerb an ihr. Besitzerwerb im technischen Sinne werde jedoch nicht verlangt.

Ich habe also nach der Redeweise der Juristen einen Brief schon empfangen, wenn er in meiner Abwesenheit bei mir in der Wohnung

---

1) Die Literatur über die verschiedenen Theorien siehe in Windscheids Pandekten § 306 Note 2 ff.; vgl. auch Kuhlenbeck 350 ff.

2) Vgl. oben S. 283. Unerträglich ist diese Theorie überdies für solche Erklärungen, denen, wie z. B. Mahnungen, der Empfänger nur ungern sein Ohr leiht. Mot. 157. Hier bliebe nur der Weg einer mündlichen Erklärung übrig.

3) D. h. wenn, „der Willensentschluß äußere Gestalt gewinnt". Mot. 156, also bei der Abfassung des Erklärungsinhaltes.

4) Der Ausdruck: „Zukommen" entstammt dem Züricher Gesetzbuche. Mot. 157. In der ersten Lesung war er verkehrter Weise auf ausdrückliche Erklärungen beschränkt. Mot. 158. (Dagegen der Verfasser, Entwurf S. 23.) Anders dann die zweite Lesung K.Prot. I, 69.

5) Mot. 160. Nicht ebenso in jeder anderen Hinsicht. Der Eheschluß durch Telephon, der in Amerika vorgekommen sein soll, würde z. B. dem deutschen Rechte nicht genügen.

6) Nach Enneccerus 170 nur, wenn sie wirklich verstanden worden ist. Ein unerwartetes Mißverständniß würde hiernach dem zu Gute kommen, der es vermeiden mußte.

7) Natürlich muß die angekommene Erklärung auch von ihrem Urheber abgesandt sein, wie die Motive bemerken (157) „es genügt nicht, daß ein Unberufener den auf dem Schreibtisch liegen gebliebenen Brief befördert".

abgegeben worden ist. (Gleichviel, ob dies mit meinem Willen geschehen ist, oder nicht.) Ohne das würden die Briefempfänger genöthigt sein, die eintreffenden Briefe sofort zu lesen, wie es die Vernehmungstheorie verlangt. In der Redeweise des Volkes spricht man aber wohl kaum in solchen Fällen „von Empfangen" oder Zukommen, daher Mißverständnisse kaum zu vermeiden sind.

Der Beginn der Unwiderruflichkeit und der Anfang der Vollwirksamkeit der Erklärungen decken sich nicht überall. Bei Briefen, die z. B. einem Dritten zugesandt und von dem Empfangsberechtigten an bestimmter Stelle abgeholt werden sollen (z. B. postlagernden Briefen), wird die rechtzeitige Vollendung (z. B. eine rechtzeitige Kündigung, die der Empfangsberechtigte in dieser Form gestattet), schon eher anzunehmen sein, als sie abgeholt werden, während für die Widerruflichkeit m. E. hier nicht das Gleiche gilt (s. oben S. 283). Das Wort „Zukommen" ist in solchen Fällen dem Sprachgefühle durchaus fremdartig.

Das Erforderniß des Zukommens gilt auch für Erklärungen, die einer Behörde gegenüber abzugeben sind.[1])

VI. Erklärungen, die nicht empfangsbedürftig sind, d. h. nicht bei ihrer Entstehung an bestimmte Parteien gerichtet zu werden brauchen, z. B. holographische Testamente können in ihrer Vollendung nicht von dem Augenblicke abhängen, in dem sie zufälliger Weise zuerst entdeckt werden. Der Zeitpunkt, in dem sie sich als Erklärungsakte vollenden, ist vielmehr auf andere Weise zu bestimmen und zwar für jedes Geschäft dieser Art besonders. Bei dem Testamente entscheidet die völlige Herstellung, bei der Auslobung die Bekanntmachung u. s. w.[2])

β) Die Vertragschlüsse.[3])

§ 72.

I. Die Begriffsbestimmung des Vertrages

[1]) 181, 3. Ein Beispiel: 81, 2; vgl. K.Prot. I, 71. Mot. 158, 159.

[2]) Matthiaß 167 bemerkt, daß bei allen diesen Erklärungen nur das Erforderniß des Empfanges, nicht immer das der Richtung fortfalle, indem er 149 und 485 anführt. 485 enthält aber m. E. überhaupt nur eine Anzeige und 149 redet von einer wirklich empfangsbedürftigen Erklärung.

[3]) Vgl. des Verfassers Vortrag: der Vertragschluß nach dem neuen B.G.B. mit Bezug auf das Recht des Auslandes abgedruckt im Jahrbuche der internationalen Vereinigung für vergl. Rechtswissenschaft und Volkswirthschaftslehre. Bd. III, S. 54 ff. und Rudolf Freund, die stillschweigende Vertragsannahme. Breslau 1899. Ueber hinkende Verträge siehe unten § 80, über unvollständige Vertragschlüsse § 94.

und der zu einem solchen erforderlichen Erklärungen siehe oben S. 262 ff.[1])

II. Die Quellen des Rechtes der Vertragschlüsse im Bürgerlichen Gesetzbuche sind vornehmlich das Preußische Landrecht und das deutsche Handelsgesetzbuch, das diesen Zweig gänzlich an das Bürgerliche Gesetzbuch abgegeben hat.

Diese Quellen fußen wiederum auf dem deutschen Verkehrsgebrauche. Die römischen Quellen sind theils unzulänglich, theils später ihrem Inhalte nach außer Kraft gekommen.[2])

III. Der Verlauf eines Vertragschlusses[3]) zeigt sich am deutlichsten bei brieflichen Verträgen. Bei mündlichen verwischen sich leicht seine verschiedenen Bestandtheile.[4]) Es gehört dahin

a) Die Vollendung des Vertragsanerbietens (s. vorigen Paragraphen). Nach dem Begriffe des Vertrages, als einer Norm, die die Betheiligten binden soll, muß das Vertragsanerbieten auf einen Inhalt Bezug nehmen, der vollständig genug ist, um die Zustimmenden zu binden. (So ist z. B. eine Köchin nicht eher gemiethet, als bis ihr Lohn festgesetzt ist.) Sonst liegen bloße Vorverhandlungen vor, die den Vertragsinhalt zunächst herstellen wollen, ohne ihn schon der Zustimmung des andern Theiles zu unterbreiten,[5]) oder solche Vertragschlüsse, deren Inhalt der einen Partei zur endgültigen Vervollständigung überlassen ist (s. unten §§ 85 und 94).

Die Unbestimmtheit eines Anerbietens ist freilich in doppelter

---

[1]) Ueber den Ausdruck Vereinbarung siehe die von Zitelmann, 115 gesammelten Gesetzestexte.

[2]) Vgl. Cosack 198, Weyl 263. Vielleicht wich das römische Recht doch nicht so sehr vom modernen ab, wie man allgemein annimmt. Es kann dies hier jedoch nicht weiter untersucht werden.

[3]) Ueber diesen Begriff vgl. Zitelmann 116.

[4]) Mot. 194 nehmen an, daß ein gleichzeitiger Vertragschluß sämmtlicher Parteien denkbar sei. So z. B., wenn ein Notar, der einen Vertragsentwurf den Parteien vorgelesen hat, sie fragt, ob sie damit einverstanden seien und sie beide mit „ja" antworten. Hier sind Vertragsantrag und Annahme ununterscheidbar. Jede Parteierklärung ist bei diesem Vertragschluß durch Acclamation sowohl das eine wie das andere. Zweifelhafter ist der Fall der sich kreuzenden Erklärungen. Vgl. Cosack 169, Kuhlenbeck 347 Anm. 2. Auch bei Eheschließungen lassen sich, wie Zitelmann 114 zu 1317 bemerkt, Antrag und Annahme nicht immer unterscheiden.

[5]) „Traktate" (Mot. 163) Cosack 171, Matthiaß 169, der 171 von „fertigen", d. h. annahmefähigen Anträgen redet. Die Lehre von den Vorverträgen (Kuhlenbeck 348 ff.) soll dem Rechte der Schuldverhältnisse überlassen bleiben.

Hinsicht denkbar. Es kann in incertam personam gerichtet sein, d. h. an jedes Mitglied eines bestimmten Personenkreises so, daß die Prävention bei der Annahme den Ausschlag giebt (z. B. bei dem jactus missilium, dem Auswurf von Geschenken unter das Volk). Es kann aber auch in incertam rem gehen, so bei der Geldübergabe am Automaten, indem das zu empfangende Geldstück nicht vom Herrn des Automaten, sondern von der andern Seite her bestimmt wird.

Das Vertragsanerbieten braucht daher nur insoweit vollständig zu sein, als es nicht die Vervollständigung dem Empfänger überläßt.[1] Es übernimmt z. B. Jemand einen Dienst und überläßt die Festsetzung des Lohnes dem andern Theile, wobei dieser jedoch nicht unter das Verkehrsübliche hinabgehen darf (ein häufiges Geschäft).[2]

Wird dann der versprochene Dienst geleistet, ohne daß der Dienstherr den Lohn bestimmt, so ist auf den verkehrsüblichen Entgelt kontrahirt. (612, 632, 653.) Anders liegt es bei der bloßen Aufforderung zu einem Vertragsanerbieten durch Zusendung einer Preisliste u. s. w. Diesem fehlt ein vollständiger Vertragsinhalt, dem der Empfänger zustimmen könnte, ohne daß dieser dabei im Zweifel das Recht erhalten hat, den unvollständigen Inhalt auszufüllen.[3]

Aber auch bei einem vollständigen Vertragsanerbieten kann der Urheber sich durch besondern Zusatz „die Freiheit der Entschließung wahren" (Mot. 166). Dann gilt erst die Antwort als Antrag, der einer Annahme bedarf.

b) Die Zeit zwischen Antrag und Ankunft der Antwort. Als wichtige Ereignisse innerhalb dieser Frist sind hervorzuheben:

α) Der Tod des Anbieters vor der Antwort.

Mit Recht bemerken die Motive (176), daß die meisten Vertragsanerbieten in Vermögensverhältnissen wurzeln, die das Leben des Antragstellers überdauern. Trotzdem machte nach römischem Rechte der Tod der richtigen Meinung nach jedes Vertragsanerbieten hinfällig aus denselben Gründen, die bei dem Tode des Absenders vor der Ankunft der Erklärung galten (s. oben S. 282).[4]

---

[1]) Wo die Person des Gläubigers später bestimmt werden soll, da liegt ein Vertretungsfall vor. Siehe unten § 76 und 79. Dernburg, R. der Schuldverh. 81.

[2]) 315. H.G.B. 375.

[3]) Vgl. Mot. 166 und Matthiaß 171, Cosack 170, der von bloßen „Einladungen" zu Vertragschlüssen redet. Art. 338 des alten Handelsgesetzbuches.

[4]) Mit der römischen Unvererblichkeit der Offerte fällt auch als auf das B.G.B. unanwendbar der Hauptinhalt der bekannten Pandektenstelle. Dig. VIII, 4 fr. 18.

Nach dem Bürgerlichen Gesetzbuch ist das Vertragsanerbieten im Zweifel aktiv vererblich.

Dem Tode steht im Bürgerlichen Gesetzbuch die eintretende Geschäftsunfähigkeit (z. B. Entmündigung) gleich. So schon Dig. XXXIII, 5, de opt. leg. fr. 8 § 2.[1])

β) Ueber den Tod des Empfängers vor der Antwort (Mot. 176, Protokolle I, 87), oder den Eintritt seiner Geschäftsunfähigkeit sind absichtlich im Gesetzbuche Bestimmungen nicht getroffen worden. Es erschien bedenklich, anzuordnen, daß die Offerte passiv vererblich und von dem Eintritte der Geschäftsunfähigkeit des Empfangsberechtigten nicht abhängig sein solle. § 89, E. I wurde deshalb gestrichen (K.Prot. I 87).

Die passive Vererblichkeit des Anerbietens ist folgeweise zur Auslegungsfrage geworden. Betrifft das Anerbieten einen Geschäftsbetrieb, der von den Erben dessen, an den es gerichtet ist, fortgesetzt wird, so wird man eine solche Vererblichkeit annehmen dürfen, sonst wohl im Zweifel nicht (s. oben S. 282).

Was aber den plötzlich ausbrechenden Wahnsinn des Erklärungsempfängers anlangt, so wird er in der Regel ein Anerbieten im Sinne des Absenders entkräften. Betrifft das Angebot jedoch Gegenstände, z. B. Kleider, die der Geisteskranke brauchen kann und der Anbietende auch ihm zu liefern bereit ist, so ist nicht einzusehen, warum nicht sein Vormund das Geschäft sollte abschließen dürfen, falls die Annahmefrist nicht inzwischen abgelaufen ist.

γ) Der Widerruf des Vertragsanerbietens zwischen Ankunft und Antwort war nach der herrschenden Meinung im römischen Rechte unbedingt gestattet. (Anders das Handelsgesetzbuch und das preußische Landrecht.)[2])

---

[1]) Vgl. Mot. 176: „Die Anwendung der Regel kann hier u. A. ausgeschlossen sein, wenn der Antragende Gegenstände bestellt hat, von welchen er ersichtlich nur bei gesunden Sinnen Gebrauch machen kann". Verlangt aber wohl Jemand bei derartigen Bestellungen von dem andern Theile in der Regel wirklich eine Rücksicht darauf, daß er, der Besteller, etwa inzwischen seinen Verstand verlieren könnte? Ueber den Konkurs des Offerenten vgl. Rehbein 216.

[2]) Vgl. Mot. 165. Der Grundsatz der Widerruflichkeit der Offerte lähmt das Vertrauen auf Vertragsanerbieten und schädigt dadurch vornehmlich den Mittelstand und die kleinen Leute, die eine solche Erschütterung des Kredits weniger ertragen können, als die Reichen. Hieraus läßt sich die Abweichung des preußischen Rechtes vom römischen erklären. Verworfen ist namentlich die Ansicht, daß der Widerruf der Offerte zulässig sein, aber zum Ersatz des „negativen Vertragsinteresses" verpflichten solle. Vgl. Endemann 291 Anm. 15.

Das Bürgerliche Gesetzbuch bindet den Antragsteller im Zweifel (145) während einer „Annahmefrist" (Mot. 169), bis der Antragsempfänger ablehnt[1]) (146), oder die Frist ohne dies abläuft.[2])

Die Wartefrist bestimmt in erster Linie der Antragsteller selber. In zweiter Linie gilt bei Anträgen unter Abwesenden die Frist, in der der Absender eine Antwort unter regelmäßigen Umständen erwarten darf, wobei auch eine „etwaige Verkehrssitte" beachtet werden soll.[3])

Anträge unter Anwesenden und mittelst Fernsprechers[4]) müssen sofort angenommen werden.[5])

d) Der Ablauf der Wartefrist vor der Antwort entkräftet das Anerbieten, d. h. eine verspätet abgesendete Annahme ist als solche wirkungslos. Nach dem Bürgerlichen Gesetzbuch 150 soll sie jedoch als ein neuer Antrag gelten, ebenso wie die mit Aenderungen des Vertragsinhalts verbundene Annahme.[6])

Dafür, daß die rechtzeitig abgesandte, aber dennoch zu spät angekommene Antwort gelte, spricht das Bedürfniß des Absenders, dagegen dasjenige des Empfängers. Das Gesetzbuch schlägt einen Mittelweg ein. Es nöthigt den Empfänger zur sofortigen Ablehnung der verspäteten Annahme, sofern er sie als solche erkennen muß (K.Prot. I, 81). Lehnt er sie sofort ab, so gilt sie nicht, andernfalls gilt sie.

---

1) Gegen die Unwiderruflichkeit der dinglichen Offerten spricht nach Zitelmann 115 § 956, 1, der sich als Ausnahme gebe. Auf die „Einigungen" ist allerdings das Recht der einfachen Verträge in diesem Punkte nicht zu beziehen, da sie ihre besonderen Vollendungsbedingungen haben. Anders solche dingliche Verträge, die ohne Uebergabe oder Eintragung zu Stande kommen. Vgl. Cosack 168.

2) Vgl. Mot. 168, namentlich über das preußische Recht.

3) Der Verf. vermag sich freilich eine Feststellung des Zeitpunktes, in dem man eine Antwort erwarten „darf" ohne Rücksicht auf die Verkehrssitte überhaupt nicht zu denken. Dieses „Dürfen" kann doch nur von der Verkehrssitte gewährt werden. Dies ist in K.Prot. I, 80 übersehen.

4) Sofern der Anbietende unmittelbar und nicht durch eine Mittelperson den andern Theil anredet. K.Prot. I, 78.

5) Die Reihenfolge der Gesichtspunkte, welche hinter einander in Betracht kommen, ist in den §§ 147, 148 auf den Kopf gestellt. Zuerst gilt die Parteibestimmung, erst dahinter das Verkehrsübliche. Der Sinn der Vorschriften ist dadurch jedoch nicht entstellt, weil ja 148 nur eine Schlußfolgerung aus 145 (am Ende) ist.

6) Selbstverständlich ist dies keinesfalls. Das Gesetzbuch giebt aber eine Auslegungsregel für den oft dunkeln Willen der Vertragsparteien.

Verspätet abgesandte Annahmeerklärungen brauchen nicht beantwortet zu werden.[1])

b) Die Antwort auf das Vertragsanerbieten.

α) Der Inhalt der Antwort kann eine Ablehnung sein[2]) oder eine einfache Zustimmung, die zugleich den Geschäftsinhalt vervollständigen muß, falls der Anbietende dies dem andern Theile überlassen hat. Enthält die Antwort etwas anderes, so gilt sie jedenfalls nicht als Vertragsannahme, sondern als neuer Antrag (150).

Ob eine Annahme für einen Theil des Angebots zuläßig ist, hängt vom Willen des Anbietenden ab.

β) Die Form der Vertragsannahme. Sie ist in der Regel eine Erklärung, keine bloße Willensäußerung, d. h. sie ist zur Kenntnißnahme bestimmt, sie muß also irgend einmal nach dem Willen des Annehmenden zur Wahrnehmung des Anbietenden kommen, wenn auch nach noch so langer Zeit.[3]) Die Dauer dieser Zeit hängt von seinem Willen und der ihn ergänzenden Verkehrssitte ab.

Bei solchen Vertragsanerbietungen, die lediglich dem Empfangsberechtigten einen Vortheil zuwenden, pflegt die Antwortfrist beliebig lang gesteckt zu werden, so daß daraus die Ansicht entstanden ist, daß derartige Anerbieten überhaupt keine Antwort bedürfen.[4]) In

---

[1]) Vgl. Mot. 170. Das preuß. Recht ist hier geändert worden. Mit Ablauf der Frist entsteht nicht ein Rücktrittsrecht, sondern der Antrag erlischt.

[2]) Die K.Prot. I, 77 regen die Frage an, ob die Ablehnung des Vertragsanerbietens ein empfangsbedürftiges Rechtsgeschäft sei. Da der Vertrag erst dann ein Rechtsgeschäft wird, wenn zwei zustimmende Erklärungen vorliegen, so ist diese Frage zu verneinen; denn wenn die Annahme kein Rechtsgeschäft ist, kann es auch die Ablehnung nicht sein, wohl aber ist sie eine in der Regel empfangsbedürftige Erklärung. Rehbein 216.

[3]) Die Mot. 172 (auch K.Prot. I, 83) übersehen, daß eine sehr späte und gelegentliche Kenntnißnahme doch auch eine Kenntnißnahme ist. Ein Vertrag, der den Antragenden binden soll, ohne daß er jemals erfahren darf, ob der andere Theil ihn abgeschlossen habe, ist ein Unding. Ein ernstlicher Vertragsantrag dieser Art ist völlig unmöglich.

[4]) Vgl. Ehrlich, Die stillschweigende Willenserklärung. Berlin. Heymanns Verlag 1893, S. 288 Nr. 3. Daß das bloße Schweigen — von besonderen Fällen abgesehen — keine Annahme ist und namentlich nicht jeder beliebige Absender eines Anerbietens dem Empfänger eine Frist stellen darf, binnen deren dieser sich bei Vermeidung des Vertragsabschlusses erklären muß, wie dies von zudringlichen Geschäftstreibenden zuweilen geschieht, versteht sich auch nach dem Rechte des B.G.B. von selbst. Vgl. Rehbein 217. Ueber die als Ausnahmen anzusehenden Antwortpflichten der Rechtsanwälte und der Kaufleute gegenüber Vertragsanträgen siehe Engelmann 97; vgl. auch 516, ein singuläres Seitenstück von 1948 und Endemann 289.

Wahrheit kann der Anbietende auch bei solchen der Zeit nach unbeschränkten Antworten durch nachträgliche Fristsetzung den andern Theil zur Erklärung nöthigen.

Anders bei der sogen. pollicitatio (offerentis solius promissum) des römischen Rechtes, z. B. dem Gelübde (votum). Während zum Vertrage begriffsmäßig eine Annahme gehört (so richtig K.Prot. I, 83), verlangt die pollicitatio nur ein offerentis solius promissum. Dieses bindet, ohne Rücksicht darauf, ob der andere Theil es ablehnt oder eine endgültige Erklärung über die Annahme verweigert.[1])

Das Bürgerliche Gesetzbuch hat zwar diese Rechtsform aus gutem Grunde[2]) für überflüssig erachtet, erkennt sie aber ausnahmsweise bei der Auslobung (657 ff.) an.[3])

IV. Unwiderrufliche Vertragsannahme vor der Ankunft der Antwort beim Anbieter.[4]) Wo überhaupt eine Annahme erforderlich ist, da muß sie — mag das Gesetz bestimmen, was es will, — irgend einmal zur Kenntniß des Anbietenden kommen, damit dieser sein Verhalten so gestalte, wie es bei Vollendung des Vertrages beabsichtigt ist. Bis dahin bleibt er im Ungewissen darüber, ob die Vollendung des Geschäftes eingetreten ist.

Nach allgemeinen Grundsätzen müßte die Annahme auch bis dahin widerruflich sein (130). Dies würde jedoch unter Umständen unpassend erscheinen, z. B. wenn ein zur Ansicht zugesandtes Buch aufgeschnitten worden ist.

Das Bürgerliche Gesetzbuch läßt es deshalb zu, die Vertragsvollendung durch einen Annahmeakt vorzunehmen, der nicht gegenüber dem An-

---

1) Der Rechtsschutz geht hier in der Regel über das Bedürfniß der Geschäftspartei hinaus, offenbar im Interesse eines Dritten (bei dem Gelübde im Interesse der Gottheit, bei andern Pollicitationen im Interesse der Stadtgemeinden u. s. w.)

2) Vgl. des Verfassers Vortrag (oben S. 285 Anm. 3) S. 75 ff.

3) Mot. 135. Das Nähere gehört in das Recht der Schuldverhältnisse. Die Pollicitationsnatur der Auslobung (bisher zweifelhaft) führt z. B. zu folgender Entscheidung: Eine Fakultät hat eine Preisaufgabe ausgeschrieben. Ein Student hat der Fakultät erklärt, daß er sie nicht lösen werde. Später löst er sie trotzdem. Seine frühere Ablehnung ist belanglos, weil das Geschäft kein Vertrag ist. Das Interesse der Wissenschaft spielt hier eine ähnliche Rolle wie bei dem römischen Gelübde die Rücksicht auf die Gottheit.

4) Vgl. zu dem Folgenden Ehrlich, die stillschweigende Erklärung. 1893 S. 112 ff. Rudolf Freund, die stillschweigende Vertragsannahme. Breslau 1899. K.Prot. I, 83.

erbietenden zu geschehen braucht. Sie kann also auch durch eine Erklärung an einen Dritten geschehen, z. B. einen Geschäftsfreund des Anerbietenden, der die von diesem zu liefernde Waare kaufen will oder unter Umständen durch bloße Absendung der bestellten Waare oder auch durch einen postlagernden Brief an den Urheber des Antrages, den dieser sich gelegentlich abholen darf, ohne daß er nach besonderer Bestimmung sich einen Widerruf nach der Hinterlegung des Briefes gefallen zu lassen braucht, endlich auch durch ein Verhalten, das zunächst keine Erklärung bezweckt, sondern eine bloße Willensäußerung ist, z. B. Vornahme einer Reparatur.[1]) Hierbei besteht aber immer der Nebengedanke, daß der Urheber des Antrags von diesem Willensakte später irgendwie Kenntniß erlangen, ihn also doch als wahre Willenserklärung empfangen werde.

In erster Linie soll nunmehr der Wille des Anerbietenden auch hier über die Art des Annahmeaktes entscheiden, dem sich der andere Theil fügt, indem er die gewünschte Annahmehandlung vornimmt, z. B. ein Buch aufschneidet. In zweiter Linie die Verkehrssitte (151 stellt freilich dieses natürliche Verhältniß zwischen Parteibestimmung und Verkehrssitte auf den Kopf, will es aber offenbar nicht ändern.)[2])

Diese Vorschrift ist insofern neu, als sie von einer wahren Annahme des Antrags ohne jede Kenntnißnahme des Antragenden spricht.[3])

Im Rechtsleben wird sich übrigens der Antragende immer eine Kenntniß von dem ihm zunächst verborgenen Annahmeakte früher oder später verschaffen,[4]) aber das Gesetzbuch bezeichnet das Verhalten des Annehmenden schon vorher als Annahme „ohne Erklärung gegenüber dem Antragenden" (K.Prot. I, 83).

---

[1]) Auch die Annahme des Creditmandats durch Ausführung (778) gehört hierher.

[2]) Hölder, 330 zu 151: „Die vom Gesetze besonders hervorgehobene Verkehrssitte hat hier keine andere Bedeutung als überhaupt für die Auslegung von Willenserklärungen."

[3]) Indem die Mot. 172 (ebenso Enneccerus 177, Planck 200 zu 151 Anm. 4) diese Annahme eine „stillschweigende" nennen, verwechseln sie die Ausdrucksform der Annahme mit ihrer Erkennbarkeit für den andern Theil. Es giebt auch stillschweigende, sofort erkennbare Annahmen. So, wenn sich Jemand eine ihm im Zigarrenladen angebotene Zigarre schweigend anzündet. Der Fehler der Motive wird vermieden in den K.Prot. I, 83, die diese Annahme eine „stille" Annahme nennen. Ebenso Cosack 179. Was hinter meinem Rücken geschieht, kann aber ebenso gut laut wie still sein. Man denke an eine Erklärung an einen Dritten. Diese ist höchstens „relativ still", d. h. nur mir gegenüber.

[4]) Vgl. namentlich Endemann 288 Anm. 9.

Ein reiner Monolog ist ein solcher Annahmeakt, der nicht an die andere Partei gerichtet, in keinem Falle, sondern immer eine solche Willensbethätigung, die über ihren Sinn keinen Zweifel läßt[1]) und später zur Kenntniß dieser Partei kommen soll.

Nach bisherigem Rechte würde man in diesen Fällen zwar nicht einen Annahmeakt ohne Kenntnißnahme zu sehen haben, wohl aber einen ausnahmsweise vor der Kenntnißnahme, also vor der Vollendung unwiderruflichen Annahmeakt, was nahezu auf dasselbe hinausläuft.[2]) Man beachte, daß die Widerruflichkeit der geäußerten Annahmeerklärungen auch in den römischen Quellen nirgends bestimmt war und nur für die contractus bonae fidei aus allgemeinen Erwägungen folgte, also da nicht galt, wo sie unbillig erschien, wie z. B. in den angegebenen Fällen.

Eine wirkliche Aenderung des bisherigen Rechtes ist also in § 151 nicht zu sehen, nur eine eigenartige Formulirung.[3])

Bittet der Besteller einer Waare, diese ohne Weiteres an ihn abzusenden, so muß er die Ankunft abwarten, d. h. die Zeit, als Annahmefrist gelten lassen, deren der Weg der Waaren zu ihm bedarf.[4]) Nach den Mot. 172 ff. (zu § 86 E. I) soll hier der Absender ohne Weiteres das Recht verlieren, die Waare unterwegs anzuhalten, weil die Absendung schon die unwiderrufliche Annahme vollende. Dies wird dem Parteiwillen und der Verkehrssitte oftmals widersprechen und kann dann auch nicht gelten.

Man übersehe hierbei nicht, daß Erklärungen auch in der Absicht weggesandt oder geäußert sein können, daß der Empfänger sie gelegentlich abhole (z. B. durch Aufschrift auf eine Schiefertafel in der Hausflur). Ja es kann sogar Zeit und Ort der Ankunft dem Zufalle überlassen sein (so bei einem gelegentlich abzugebenden Briefe). Hier liegt nun nicht etwa ein früherer Erklärungsakt mit nachfolgender

---

1) Eine Annahme „durch jede Bethätigung des Annahmewillens", wie sie Matthiaß 174 sogar in allen Fällen des § 151 annehmen will, wird wohl schwerlich weder eine Partei noch eine Verkehrssitte dem Empfänger des Antrages gestatten. Vgl. Näheres über diesen Punkt bei Hölder 330, 2.

2) Vgl. über die ältere Praxis Rehbein 218. A.M. Riedel 349, der in § 151 eine Neuschöpfung sieht.

3) Ueber des Verf. frühere Auffassung des schwierigen § 151 vgl. den oben S. 285 Anm. 3 citirten Vortrag S. 72 ff.

4) Vgl. Neumann zu 151, 1: „Der Hauptfall ist der in die Form einer Bestellung gekleidete Antrag (Senden Sie mir). Vgl. B.G. II, 43."

Kenntnißnahme vor, sondern die Kenntnißnahme vollendet erst den Erklärungsakt.[1])

Das Aufschneiden eines Buches war aber überhaupt nach bisherigem Rechte kein Vertragschluß, sofern das Buch nicht auf Grund vorheriger Abrede zugeschickt, also unter der Bedingung des Aufschneidens gekauft war. Sonst verpflichtete es nur zum Schadensersatze. Da aber die Verkehrssitte verlangt, daß man zugesandte und demnächst aufgeschnittene Bücher behalte, so liegt fortan nach § 151 im Aufschneiden eine unwiderrufliche Annahme. Eine bisherige Anstandspflicht ist nunmehr in eine Rechtspflicht verwandelt worden.[2])

V. Der Vertragsschluß vor der Behörde.

Völlig neu ist die Vorschrift des 152, nach der gerichtliche oder notarielle Vertragserklärungen von jeder Partei allein abgegeben werden und durch die bloße Erklärung an den Richter oder den Notar ebenso bindend werden sollen, als wenn sie an den Vertragsgenossen geschehen wären.[3]) Der anderen Partei wird dadurch der Gang zur Behörde behufs Kenntnißnahme der abgegebenen Erklärung erspart. Natürlich enthalten die Vertragsanerbieten auch in diesem Falle eine Wartefrist (§ 152, am Ende).

VI. Eine Rückziehung des vollendeten Vertragsschlusses auf den Augenblick der Absendung der Annahme findet im Bürgerlichen Gesetzbuche nicht statt (Mot. 174, Denkschrift 41). Die handelsrechtliche Zurückdatirung des vollendeten Vertragsschlusses auf die Absendung der Annahme wurde aus „Rücksichten der Konsequenz" und wegen der dinglichen Verträge abgelehnt (K.Prot. I, 86).

Ein Absender der Annahme wird also darüber, von welchem Augenblicke ab er die Vortheile des Vertrages genießen dürfe und seine Lasten tragen müsse, oftmals im Unklaren bleiben. Zuweilen wird man ihm durch eine Vertragsauslegung im Sinne der verworfenen Vorschrift des Handelsgesetzbuches helfen können.[4])

---

[1]) A.M. in Anlehnung an Zitelmann die K.Prot. I, 83. Da es sich hier nur um eine Ansicht handelt, nicht um eine Vorschrift, so bindet ihr Inhalt nicht.

[2]) Die Ausführungen der K.Prot. I, 83 gegen Zitelmann (Zus. zu den gutachtl. Aeußerungen I, 148 ff.) sind nicht durchweg überzeugend.

[3]) Eine Neuschöpfung, Riedel 349.

[4]) Von Bedeutung war auch (K.Prot. I, 84) das Streben, es dem Acceptanten unmöglich zu machen, auf Kosten des Anbietenden zu spekuliren. Der Werth, den man diesem Gesichtspunkte beimißt, ist auffallend. So lange der Anbietende keine

VII. Besondere Vorschriften über Versteigerungen (156) erklären sich daraus, daß bei diesen Geschäften die Verkehrssitte Zweifel in der Auslegung des Parteiwillens zuließ.[1]) Fraglich war

a) ob das Gebot den Vertrag abschloß, oder das Ausrufen des Gebotes oder der Zuschlag. Wo der Preis vom Verkäufer von oben nach unten ausgerufen wurde, konnte man sehr wohl das Gebot schon als Annahme ansehen. Das Bürgerliche Gesetzbuch erklärt jedoch den Zuschlag unter allen Umständen für maßgebend (156), was namentlich da, wo sich die Preisangebote von unten nach oben steigern,[2]) passend erscheint.[3]) Fraglich war ferner,

b) ob der Bieter frei wird, wenn ein anderer ihn überbietet. § 156 bejaht dies. Anders § 72 des Reichsgesetzes über die Zwangsversteigerung und die Zwangsverwaltung vom 24. März 1897: „Ein Gebot erlischt, wenn ein Uebergebot zugelassen wird und ein Betheiligter der Zulassung nicht sofort widerspricht."

Hiernach wird bei Grundstücksversteigerungen der Bieter erst dann frei, wenn das Uebergebot vom Versteigerer angenommen wird, was wohl noch angemessener sein dürfte als die Vorschrift des Bürgerlichen Gesetzbuches.

Durch den Schluß des Versteigerungstermines ohne Zuschlag werden die bis dahin gebotenen Bieter frei. Dies war wohl auch bisher kaum zweifelhaft.

2. Die Mitwirkung an fremden Geschäften.

a) Die Hauptformen.

§ 73.

I. Die Hülfsthätigkeit bei fremden Geschäften erweitert den Kreis der Geschäftsführung über die Selbstthätigkeit des Geschäftsherrn hinaus. Sie zerfällt in zwei Klassen. Sie bedarf in gewissen Fällen zu ihrer Wirksamkeit des Rechtsschutzes, würde also unmöglich sein, wenn nicht ein Rechtssatz sie zuließe. In andern Fällen ist sie eine solche Unterstützung einer Geschäftspartei, die einer Vorschrift, die ihr Kraft verleiht, nicht bedarf. Die Römer nennen diese Unterstützung

---

Zusicherung empfangen hat, muß und soll es ihm gleichgültig sein, ob man auf seine Kosten spekulire oder nicht.

[1]) Mot. 176. Diese Vorschriften gelten daher nur als Auslegungsregeln.

[2]) Sog. Plus-Auktion im Gegensatze zur Minus-Auktion. Kuhlenbeck 356.

[3]) Verworfen ist namentlich die absonderliche Annahme, daß der Versteigerer mit jedem Bieter einen Vertrag unter der auflösenden Bedingung des besseren Gebotes abschließe (Mot. 177).

eines fremden Geschäftsabschlusses, die von der Rechtsordnung unabhängig ist: Beihülfe zum Geschäftsabschlusse Dig. XIII, 5 de const. pecunia fr. 15. Jhering spricht daher von „Geschäftsgehülfen".[1]) Besser ist „Geschäftsabschluß-Gehülfe". Hülfskräfte, die kraft eines Rechtssatzes bei einem fremden Geschäfte wirksam sind, nennt die Redeweise der Juristen dagegen „Stellvertreter" oder: „Vertreter im Willen" (Mot. 223), während in den Anschauungen und den Ausdrücken des Volkes ein scharfer Unterschied zwischen Gehülfen und Vertretern kaum zu finden ist.

Die übliche Anschauung sieht als Merkmal des juristischen Stellvertretungsbegriffes einen Willensakt an, den der Vertreter vornehmen soll.[2]) Natürlich handelt es sich um einen geäußerten Willensakt, der kraft Ermächtigung der Rechtsordnung wirksam sein soll. In diesem Sinne stimmt das soeben Gesagte mit der herrschenden Meinung überein.

Nur insofern ist sie einzuschränken, als eine „Willenswahl" eines Menschen, der neben der Geschäftspartei steht,[3]) möglich ist, ohne daß irgend Jemand geneigt sein wird, ihn als Vertreter anzusehen. Wenn z. B. einem Kinde unter sieben Jahren die Auswahl zwischen mehreren Weihnachtsgeschenken überlassen ist, unter denen man das von ihm auszuwählende gekauft hat, so ist diese Wahl keine Vertretung.[4]) Wenn einem Boten die „Willenswahl" überlassen bleibt, ob er einen Brief im Laden oder in der Wohnung des Empfangsberechtigten abgeben wolle, so wird er dadurch nicht zum Stellvertreter.

[1]) Jhering, Jahrb. f. Dogm. I, 273 ff. Vgl. hierzu und über den Begriff des Boten des Verfassers Festschrift: Die Anfechtbarkeit der Verträge für das Vermögen eines Dritten. Leipzig 1892. S. 10 ff. und anderweitige Litteratur bei Endemann 343, Anm. 14. Natürlich muß der Gehülfe bei dem Geschäftsabschlusse von dem Gehülfen der Geschäftsausführung scharf unterschieden werden. Die Scheu vor dieser Verwechselung mag dem Ausdrucke Geschäftsgehülfe hindernd im Wege stehen.

[2]) Mot. 223: „Im Allgemeinen wird festzuhalten sein, daß, soweit der Person, deren man sich bedient, eine Willenswahl offen gehalten ist, da Grundsätze von der Vertretung Platz zu greifen haben."

[3]) Vielleicht verstehen übrigens die Motive 223 bei dem ungebräuchlichen Ausdruck „Willenswahl" unter Willen den Geschäftsinhalt, wie das zuweilen geschieht (vgl. Zitelmann 91, 92). Dann ist ihre Bemerkung durchaus zutreffend.

[4]) Planck hält Anm. 2, S. 210 die Vertretung in Ausübung eines Wahlrechts allerdings für eine wahre Vertretung und zwar mit Recht. Darum handelt es sich aber in dem vorliegenden Falle nicht, da der Wahlberechtigte selbst wählt. Hält man freilich die einem Dritten überlassene Wahl für ein wirkliches Rechtsgeschäft, so ist der im Texte angegebene Vertrag wegen Geschäftsunfähigkeit des Kindes unmöglich.

Es kommt also nicht darauf an, daß der Stellvertreter etwas wählen soll, sondern, was er wählen soll.

Er ist ein Vertreter in einem solchen Willen, der ohne Rechtsschutz nicht gelten würde, also in der Bethätigung des Willens, das Geschäft abzuschließen, m. a. W. in der Bekräftigung des Geschäftsinhalts.

Man kann daher den Vertreter im Geschäftsabschlusse als diejenige Hilfsperson im weiteren Sinne des Wortes bezeichnen, die nur kraft eines Rechtssatzes wirksam werden kann.

Das Kennzeichen der wahren Vertretung ist daher die Verantwortlichkeit für den Geschäftsinhalt. Darum ist diese Form der Unterstützung eines Geschäftsabschlusses erheblich gefährlicher für das Wohl des Herrn, als eine bloße Botschaft. Darum war diese im römischen Recht bei formlosen Geschäften freigegeben, jene nicht, und darum ist auch jetzt noch die Stellvertretung den völlig Geschäftsunfähigen versagt (165).

II. Die Redeweise des Gesetzbuches.

Das Bürgerliche Gesetzbuch spricht von Vertretung im Sinne der eigentlichen Stellvertretung. Die Geschäftsbeihülfe erwähnt es nicht und regelt es nicht. Unter Vertretung versteht es nach § 164 das „Handeln in fremdem Namen" in Anlehnung an das nomine alicujus agere im Sinne der römischen Quellen, worunter in der Regel das Handeln mit unmittelbarem Einflusse auf ein fremdes Vermögen verstanden wird.[1])

Diese Verwendung des Wortes „Vertretung" im Bürgerlichen Gesetzbuch deckt sich nicht mit der Redeweise des Volkes. Dieses versteht unter Vertretung zwei verschiedene Dinge, die sich oft, aber nicht immer decken: die wahre Stellvertretung (= Rechtsvertretung), d. i. die Ausübung fremder Rechte und die bloße Interessenvertretung, d. i. die bloße Fürsorge für fremde Bedürfnisse (z. B. Vertretung eines Lehrfaches, Vertretung einer Ansicht und dergl.).[2])

[1]) Ob die römische Redewendung noch weiter griff, als die entsprechende deutsche, kann hier nicht näher untersucht werden, vgl. auch Franz Leonhard, Vertretung beim Fahrnißerwerb. Leipzig. Dieterich. 1899. S. 8 ff. Auch die Bürgschaften geschahen nach römischer Redeweise alieno nomine, nicht aber nach der heutigen in fremdem Namen, ebenso wenig wie die Zahlungen einer Bürgschaftsschuld im Namen des Hauptschuldners geschehen (Matthiaß 212). Vgl. z. B. auch Dig. XVIII, 1, fr. 12, wo suo nomine sicherlich nur so viel, wie auf eigene „Verantwortung" bedeutet. Im weitesten Sinne besagte also: „nomine alicujus" so viel wie „im Hinblicke auf jemand".

[2]) Eine Frage, die nicht hierher gehört, ist, zu welcher der beiden Arten die

Wenn man daher behauptet hat, auch der Bote sei ein Vertreter „in der Erklärung" (richtiger im Ueberbringen der Erklärung),[1] so braucht man das Wort im Sinne der Interessenvertretung;[2] denn das Ueberbringen einer Botschaft ist kein besonderes Recht des Absenders, das ihm allein zusteht und deshalb statt seiner ausgeübt werden kann. Die bloße Geschäftsbeihülfe ist also nur Interessenvertretung, nicht Vertretung in einer Rechtsausübung.

Das Bürgerliche Gesetzbuch, das nur von wahrer Stellvertretung redet, bedarf daher eines bestimmten Unterscheidungsmerkmals des Stellvertreters (= Vertreters im Sinne des Bürgerlichen Gesetzbuches) vom bloßen Geschäftsgehülfen, namentlich vom Boten, weil seine Vorschriften über Vertretung diesen nicht berühren.[3] Die Lösung dieser Aufgabe hat es schlechterdings der Wissenschaft überlassen, die sie nur aus dem Zwecke der Gesetzesvorschriften über Vertretung finden kann.[4] Dieser ist: Geschäfte durch Vertreter zu ermöglichen, die ohne besondere Vorschrift nur vom Geschäftsherrn selbst würden vorgenommen werden können. Da nun Jeder nur über seinen Herrschaftskreis geschäftliche Verfügungen treffen darf, so enthält die Stellvertretung die Vornahme eines Geschäftsaktes, nämlich den Abschluß eines Geschäftes über einen fremden Herrschaftskreis. Eine Hülfsthätigkeit, die dem Herrn die Bekräftigung eines Geschäftsinhaltes, also den eigentlichen Geschäftsabschluß, nicht erspart, kann nur Geschäftsbeihülfe, nicht Stellvertretung sein.

Vertreter im Sinne des Bürgerlichen Gesetzbuchs ist, wer statt eines andern eine Erklärung über dessen Herr-

---

sog. Volksvertretung gehöre. — Hölder 357 behauptet mit Recht, das daß Leben schwerlich aufhören werde, das Wort „Vertreter" in einem weiteren Sinne zu gebrauchen als das Gesetzbuch.

[1]) Vgl. Windscheid, Pand. I, § 73. Richtig Weyl 274, Enneccerus 690 nennt den Boten „Erklärungswerkzeug". Bei schriftlichen Erklärungen ist er ein bloßes „Ueberbringungswerkzeug".

[2]) Vgl. Mot. 223: Der Ausdruck „Vertretung in der Erklärung des Willens" ist vermieden, vgl. gegen ihn auch Hölder 359.

[3]) Es giebt aber auch Verbotsvorschriften, die zugleich den Boten wie den Vertreter treffen, vgl. z. B. 2256, 2 und 3 (Rückgabe eines Testaments), vgl. ferner 2064, 2274, 2284, 2290, 2347, 2, 2351. Zitelmann 119.

[4]) Vgl. hierzu Planck, Anm. 2, S. 210: „Möglich ist auch, daß dieselbe Person theils Vertreter, theils Bote ist", z. B. der Ueberbringer einer Vertragsannahme, der zugleich ein Wahlrecht vertretungsweise ausüben soll. Dabei handelt es sich aber natürlich immer um verschiedene Geschäfte. In ein und demselben Geschäfte kann Jemand nur entweder Bote oder Vertreter sein.

schaftskreis abgiebt[1]) oder für diesen einen anderweitigen nicht wahrnehmungsbedürftigen Geschäftsakt vornimmt (für ihn etwas occupirt, spezifizirt, einen Wohnsitz aussucht u. dergl.)

Geschäftsgehülfen werden wir aber jeden nennen, der der Rechtshandlung, die ein anderer für seinen eigenen Herrschaftskreis vornimmt, in irgend einer Weise förderlich ist (s. den nächsten Paragraphen).

Der Zweck der Aufstellung dieses letzteren Begriffes liegt lediglich darin, Verwechselungen der bloßen Gehülfen mit den Vertretern abzuwehren und die Vorschriften über Vertretung in den rechten Schranken zu halten.[2])

III. Die entsprechende Anwendung des Stellvertretungsrechtes, das in erster Linie für Rechtsgeschäfte im Sinne des Bürgerlichen Gesetzbuches (s. oben S. 257) berechnet ist, auf die nicht wahrnehmungsbedürftigen Rechtsakte, namentlich den Besitzerwerb, ist mit Unrecht bezweifelt worden,[3]) da bei der Abfassung des Gesetzbuches nach den Motiven ausdrücklich erwartet wurde (Mot. 127), daß man die Vorschriften über Rechtsgeschäfte auf ähnliche Rechtshandlungen in angemessener Weise ausdehnen werde.

b) Die Beihülfe zum Geschäftsabschlusse.[4])

§ 74.

I. Praktische Bedeutung. Die bloße Beihülfe zu fremden Geschäften unterliegt keinen besonderen Regeln. Wichtig ist sie nur

---

[1]) Ueber die Vertretung im Empfange einer Erklärung siehe den nächsten Paragraphen.

[2]) Nach Cosack 216 sind die Begriffe Bote und Stellvertreter flüssig und gehen in einander über, weil es Hülfspersonen giebt, die die stilistische Erklärungsform selbst wählen oder den Geschäftsgegenstand näher festsetzen dürfen (z. B. für 10 oder für 20 Pfennig Hustenbonbons). Die ersteren sind wahre Boten; denn nur der Gedanke ist der wesentliche Kern der Erklärung. Die letzteren sind Vertreter, denn sie geben dem Geschäfte den Inhalt. Dieser Fall ist nicht zu verwechseln mit dem S. 296 Anm. 4 Erwähnten, in dem der Herr einen alternativen Inhalt setzt, d. h. eine von mehreren Sachen kauft und nur den Dritten wählen läßt. Hier ist die Wahl kein Rechtsgeschäft. In diesem Sinne kann, wie Cosack hervorhebt, sogar ein Hund, dem eine von mehreren Würsten gekauft ist, die Wahl treffen.

[3]) Vgl. gegen diesen Zweifel mit Recht Kuhlenbeck 482.

[4]) Vgl. Fleck, Der Bote (nuntius). Eine Studie im B.G.B. Archiv f. bürg. Recht, Bd. XV S. 337 ff. Charakteristisch, daß unter den vielen Fällen der Beihülfe gewöhnlich nur die Botschaft als Gegenstück der Vertretung genannt wird. Es erklärt sich dies daraus, daß gerade bei ihr die Verwechslung mit der wahren Vertretung besonders naheliegt. Leider beschränkt sich aber die Verwechslungsgefahr nicht auf dies enge Gebiet. Vgl. aber auch Rehbein 251.

deshalb, weil sie den Vorschriften über Vertretung nicht unterliegt, z. B. nicht dem Satze, daß der Vertreter zwar in der Geschäftsfähigkeit beschränkt, aber nicht geschäftsunfähig sein darf (165). Die bloße Beihülfe ist daher auch Kindern und Wahnsinnigen gestattet. Noch wichtiger war ihre Abgrenzung gegen die wahre Stellvertretung im römischen Rechte, das die freie Stellvertretung im Erwerbe verwarf, während das Bürgerliche Gesetzbuch sie mit dem gemeinen Rechte und den neueren Gesetzbüchern in 164 anerkennt.

II. Arten der Geschäftsbeihülfe. Neben dem bereits besprochenen Boten giebt es noch andere Gehülfen eines Geschäftsabschlusses, z. B. den Empfänger einer mündlichen Erklärung für den Herrn, dem sie bestimmt ist.

Ob freilich die Annahme einer Erklärung für einen andern eine bloße Beihülfe zum Geschäftsabschlusse sei oder nicht, oder eine wahre Vertretung, mag zweifelhaft sein, zumal die Motive (226) sie zur Vertretung zählen.[1])

Die Frage ist deshalb wichtig, weil Kinder und Wahnsinnige keine Vertreter sein können.[2])

Dem bisherigen Rechte entspricht es nicht, hier eine Vertretung anzunehmen. Der richtigen Meinung nach ist ein bloßer Empfang einer Erklärung etwas rein Passives, ein Erdulden, kein Handeln, also kein Willensakt. Man hat z. B. immer auch das gehört, was man nicht hören will. Eben deshalb ist dazu eine besondere Fähigkeit nicht nöthig und falls so etwas für einen andern geschieht, liegt eine bloße Beihülfe vor. Wo kein Wille vorliegt, da kann es auch keinen Vertreter im Willen geben. Allerdings bezeichnet 164 Abs. 3 die Empfänger von Erklärungen als Vertreter und stellt sie in einem wichtigen Punkte (unmittelbare Wirkung des Empfanges für den Herrn) den Vertretern gleich. Hieraus wird man zu folgern geneigt sein, daß sie auch in allen übrigen Punkten (z. B. der Fortdauer

---

[1]) Ebenso die Litteratur vgl. z. B. Cosack 215, der diese „passive" Stellvertretung von der aktiven sondert. Ebenso Zitelmann 119, Endemann 338, vgl. A.L.R. I, 13 § 157. Die Motive (226) knüpfen hieran die Frage, ob dieser Akt auch unfreiwillig von Seiten des Bevollmächtigten wirksam vorgenommen werden könne. Meines Erachtens steht dem nichts im Wege, wenigstens bei mündlichen Kündigungen nicht. Im Empfang eines Briefes kann die Annahme einer Eigenthumsübertragung liegen, die, wenn sie für einen andern geschieht, eine wahre Stellvertretung ist und ein freiwilliges Verhalten des Empfängers allerdings verlangt.

[2]) Auch die Willensmängel der Gehülfen stehen denen der Vertreter nicht gleich. Endemann 344, Planck Anm. 2 a. E. zu 166.

einer Vollmacht nach 170) dem Rechte der Vertretung unterliegen sollen.

Es dürfte dies wohl dem Stande der Litteratur entsprechen.[1])

Vielleicht wird sich aber die Praxis doch allmählich dazu entschließen, die wahre Vertretung im Willen von der bloßen Vertretung im Erdulden einer Mittheilung zu unterscheiden und die letztere auch durch Kinder und wahrnehmungsfähige Entmündigte zuzulassen.

Ob dies geschehen wird, ist abzuwarten.[2])

III. Bloße Gehülfen des Geschäftsabschlusses und jedenfalls keine Vertreter sind: der Verfertiger eines Geschäftsinhaltes (z. B. ein Notar), der Unterhändler (Mäkler), der Schreiber, dem der Vertrag diktirt wird, der Dolmetscher und dergl.[3]) Ein bloßer Gehülfe ist auch, wer einem Vertrage hinterher deshalb zustimmt, weil die Parteien das Geschäft nur gelten lassen wollen, wenn er dies thut (so z. B., wenn bei Miethe einer Wohnung durch den Ehemann die Zustimmung der Frau vorbehalten worden ist). Der Zustimmende erfüllt hier nur eine Bedingung des bereits abgeschlossenen Geschäftes, er erspart dem Hauptkontrahenten nicht den Geschäftsabschluß, d. h. die entscheidende Zustimmung zum Geschäftsinhalte, also ist er kein Vertreter, obwohl er eine Entscheidung trifft.

Auch bei den Rechtshandlungen, die den Rechtsgeschäften ähnlich sind, also den nicht wahrnehmungsbedürftigen Erwerbsakten (siehe oben S. 253 Anm I. 259), kann man Beihülfe im Erwerbe von Vertretung

---

[1]) Vgl. S. 300 Anm. 1, Planck Anm. 2 zu 165. Vgl. aber auch Rehbein 250 u. 251.

[2]) Vgl. Rehbein 251. Ob eine Bestellung auf eine Tafel oder in das Gedächtniß eines Kindes geschrieben wird, scheint mir gleichgültig zu sein. Wenn man den Boten einen lebendigen Brief genannt hat, so könnte man auch hier von einem lebendigen Briefkasten reden. Namentlich scheint mir das bloße Abnehmen eines Briefes, wenn es sich nicht um die Frage des Eigenthumserwerbes handelt, sondern nur um die Frage der Ankunft, keine Stellvertretung zu sein. Es kann keinen Unterschied machen, ob der Postbote einen Brief in meiner Wohnung auf den Tisch legt oder in die Hand eines kleinen Kindes.

[3]) Weitere Beispiele bei Rehbein 251. Vgl. Endemann § 80, § 343 und die dort angeführten. Endemann will den Dolmetscher aus dem Kreise der Gehülfen zum Geschäfte ausschließen. Es ist nicht einzusehen, warum. Der Zweck des Begriffes „Gehülfe beim Geschäftsabschlusse" ist doch nur, eine Verwechslung gewisser Personen mit den Stellvertretern auszuschließen. Besondere Rechtssätze über die Gehülfen der Geschäftsabschlüsse giebt es nicht. Ein Stellvertreter ist aber der Dolmetscher sicherlich nicht und daß er bei dem Abschluß hilft, steht fest.

unterscheiden. Man denke an einen Förster, der dem Herrn die Flinte bei der Jagd ladet und einen andern, der im Auftrage des Herrn statt dessen die Jagd abschießt. Jener ist Aneignungsgehülfe, dieser Aneignungsvertreter. Bei dem Besitzerwerbe tritt namentlich der Unterschied zwischen dem Diener, der die erworbene Sache neben dem Herrn in die Hand nimmt, und dem Vertreter, der sie in der Abwesenheit des Herrn empfängt, klar hervor.

c) Die vorgeschobenen Geschäftsherren (sog. mittelbaren Vertreter).

§ 75.

I. Begriff. Wenn Jemand für einen Geschäftsabschluß nicht den erwünschten Kredit findet, so kann ein Anderer statt seiner das Geschäft abschließen (sog. persona interposita, Intervenient), mit der Absicht die Geschäftsfolgen zunächst selbst zu übernehmen und später auf seinen Auftraggeber entweder dieselben Folgen, oder ähnliche zu übertragen.

So z. B. wenn A für B eine Sache kauft und bezahlt und sie sodann gegen Erstattung des gezahlten Preises dem B übergiebt.

In Rom war dies Geschäft wegen der Unzulässigkeit der freien Stellvertretung im Erwerbe sehr häufig, bei uns ist es seltener.

Das Bürgerliche Gesetzbuch erwähnt es nicht;[1]) die Motive aber reden davon (223). Seine Gültigkeit ist selbstverständlich. (So ausdrücklich K.Prot. I, 138).

Das Handels-Gesetzbuch bezeichnet es bei der Begriffsbestimmung des Kommissionärs (§ 383) als Kaufen „im eigenen Namen (d. h. für den eigenen Herrschaftskreis) und für fremde Rechnung (d. h. zum Besten eines andern").[2])

Die Praxis nennt es „mittelbare Vertretung", wobei zu beachten ist, daß hier nur eine Interessenvertretung, keine Ausübung eines fremden Rechtes (wahre Stellvertretung) vorliegt.

Der Ausdruck „stille Stellvertretung" ist unpassend; denn es ist gleichgültig, ob der Sachverhalt bei dem Geschäftsabschlusse verdeckt oder offen dargelegt wird. Das Wort „Ersatzmann" für den eingeschobenen Geschäftsführer hat sich nicht recht eingebürgert. Das Wort „Geschäftsmittler"[3]) legt eine Verwechslung mit dem Mäkler

---

[1]) Vgl. aber auch den in 456 erwähnten Kauf „durch einen Andern".

[2]) Vgl. hierzu namentlich Dernburg, das bürgerl. Recht, II. Recht der Schuldverhältnisse 9 und über 392, 2 H.G.B. Enneccerus 191, auch oben S. 297 Anm. 1.

[3]) So Franz Leonhard, Vertretung beim Fahrniserwerb 1899. S. 5.

nahe. Auch vermittelt, genau genommen, der eingeschobene Geschäftsführer kein Geschäft zwischen seinem Vertragsgenossen und seinem Auftraggeber. Am Besten wäre es wohl, von einem „eingeschobenen Geschäftsherrn" zu reden.

Es dürfte übrigens pedantisch sein, den unter Juristen gemeinverständlichen Ausdruck (= mittelbarer Vertreter) darum ängstlich zu vermeiden, weil der Text des Gesetzbuches ihn nicht enthält.[1]) Auch in der Volkssprache redet man hier von Vertretung, freilich in der Regel ohne den Unterschied von der wahren Stellvertretung zu erfassen.

II. Praktische Bedeutung des Begriffes. Besondere Vorschriften über dieses einfache Rechtsverhältniß giebt es nicht; dadurch rechtfertigt es sich, daß es der Text mit Schweigen übergeht.

Namentlich kennt das Gesetzbuch nicht die (nach gemeinem Rechte sehr bestrittene) Nebenhaftung (adjekticische Haftung)[2]) einer Partei, zu deren Besten der eingeschobene Geschäftsherr handelt, neben diesem letzteren aus dem Auftrage oder der Bereicherung.[3])

III. Ein Gegenstück des eingeschobenen Geschäftsherrn, der im eigenen Namen ein fremdes Interesse vertritt, ist der procurator in rem suam, der im fremden Namen, aber im eigenen Interesse handelt. Insoweit darin ein Surrogat der im römischen Recht unzulässigen Uebertragung von Ansprüchen lag, ist dieses Institut weggefallen, seitdem es eine solche Veräußerung giebt (398 ff.). Wohl kann es aber aus besondern Gründen auch sonst noch vorkommen, z. B. nach der C.P.O. §§ 835, 849 bei dem Rechte, eine zur Einziehung überwiesene Forderung einzutreiben.

Auch durch Vertrag können solche Ermächtigungen gewährt werden, bei denen nicht der Anspruch selbst übergeht, sondern das bloße Beitreibungsrecht. So wenn Jemand seinen Gläubiger, dem

---

[1]) Ueber die vergeblichen Bemühungen, bei der zweiten Lesung die mittelbare Vertretung in den Gesetzestext hineinzubringen, vgl. Planck, S. 211 Anm. 8.

[2]) Vgl. Lenel, Jahrb. f. Dogmatik. Bd. XXXVI, 127 ff.

[3]) Mot. II, 872. De lege ferenda hätte sich wohl ein Fortbestand der adjekticischen Klagen in einem beschränkten Umfange rechtfertigen lassen. Ein erfahrener Praktiker wies den Verfasser übrigens darauf hin, daß die angeblich mit den übrigen Klagen dieser Art gänzlich beseitigte actio utilis de in rem verso doch in der Vorschrift des 816 Satz 2 in besonderen Fällen einen gewissen Ersatz gefunden hat. Das Nähere gehört in das Recht der Schuldverhältnisse.

er 100 Mark schuldet, zehn Forderungen von gleichem Betrage gegen unsichere Schuldner abtritt, damit er sich aus ihnen befriedige, so gut es geht. Hier können nicht die sämmtlichen Forderungen in das Vermögen des zur Eintreibung Ermächtigten übergehen, folglich liegt überhaupt keine Uebertragung der Ansprüche vor, sondern nur ein mandatum in rem suam.

Dies werden wir auch für das neue bürgerliche Recht annehmen müssen.

d) Geschäfte über einen fremden Herrschaftskreis.[1])

α) Allgemeine Vorschriften über Vertretung.[2])

§ 76.

I. Der Gegenstand der wahren Stellvertretung.

Es giebt nicht bloß eine Stellvertretung in Geschäftsabschlüssen, sondern auch eine solche in der Ausübung von Rechten gegenüber einem Herrschaftsgegenstande z. B. in der Benützung einer Wegegerech-

---

[1]) Vgl. Lenel, Jahrb. f. Dogm. Bd. 36. S. 1 ff.

[2]) Gewöhnlich stellt man an die Spitze der Vertretungslehre die Frage, ob der Stellvertreter oder der Vertretene der wahre Contrahent sei (vgl. Dernburg 272) oder ob beide als Contrahenten zu gelten haben (Mitteis Stellvertretung 1885). Es läuft dabei eine quaternio terminorum mit unter, gegründet auf die Mehrdeutigkeit des Wortes Contrahent, da es bald so viel bedeutet wie „Urheber der Geschäftsverhandlungen", bald so viel wie „der vom Geschäfte Betroffene", endlich auch so viel wie „die für die Beurtheilung des Geschäftes maßgebende Person". Nur im letzteren Sinne ist die Person des Contrahenten zweifelhaft. In Wahrheit liegt die Sache nun so, daß in diesem Sinne bald der Geschäftsherr und bald der Vertreter der Maßgebende ist. Die Frage aber, inwieweit das eine oder das andere der Fall sei, kann nur bei jedem einzelnen streitigen Punkte aus dem besonderen Zwecke des Rechtssatzes, um den es sich gerade handelt, geprüft werden. Stellt man eine sogenannte Repräsentationstheorie oder Nichtrepräsentationstheorie als Ausgangspunkt der Vertretungslehre an die Spitze, so verletzt man den Grundsatz: Non jus ex regula, sed regula ex jure. Derartige Theorien sind keine Ausgangspunkte (principia) der Rechtsbildung, die vielmehr in ganz anderen Ursachen wurzelt (s. oben § 16 S. 41 ff), sondern sie sind nur zusammenfassende Abschlüsse, die von der Theorie aus den Einzelbestimmungen als Endergebniß gezogen werden. So liegt es auch hier. Beide Theorien, die Repräsentationstheorie und ihr Gegentheil, lassen sich aus zwei neben einander stehenden Gruppen von Rechtssätzen durch Verallgemeinerung gewinnen. Bald sieht das Gesetz auf den Vertreter, bald auf den Geschäftsherrn. Als Ausgangspunkt kann also auch für das B.G.B. keine der oben genannten Theorien verwerthet werden, sondern statt ihrer vielmehr auch hier nur das rechtserzeugende Schutzbedürfniß. Was aber den Verfassern des Gesetzbuches an jeder dieser Theorien richtig erschien, das finden wir an den geeigneten Stellen wieder.

tigkeit. Auf die letztere beziehen sich die Vorschriften des allgemeinen Theiles §§ 164 ff. nicht, auf eine Vertretung im Ausüben von Rechten also höchstens insofern, als auch die Befugniß zum Geschäftsabschlusse ein Recht genannt werden kann. Nur von der Vertretung im Ausüben dieses Rechtes reden die angeführten Gesetzesstellen.[1])

Die Vertretung im Ausüben aller andern Befugnisse ist für jedes Recht besonders zu beurtheilen und vielfach zweifelhaft. (Können z. B. elterliche Zustimmungsrechte zur Verheirathung eines Kindes[2]) oder elterliche Züchtigungsrechte einem Vertreter anvertraut werden?) Die Beurtheilung solcher Fragen muß dem besondern Theile überlassen werden.

Der Satz des kanonischen Rechtes Potest quis per alium quod potest facere per se ipum[3]) bezieht sich auf alle Arten der stellvertretenden Rechtsausübung, auch auf eine solche, die sich dem Rechtsgegenstande zukehrt. Ob er aber, insofern er Geschäftsabschlüsse betrifft, in seinem vollen Umfange in das Bürgerliche Gesetzbuch aufgenommen worden ist, ist für die Geschäfte des Familien- und Erbrechts zweifelhaft geblieben,[4]) soweit nicht besondere Vorschriften aushelfen.

Wir werden, auf die Rechtsgeschichte des Mittelalters zurückgreifend, feststellen können, daß es die Bedürfnisse des Vermögensverkehrs waren, die eine Ueberwindung des strengen römischen Rechtes bewirkt haben. Wir müssen daher für das bisher gültige Recht in der Regel die freie Stellvertretung auf die Vermögensrechtsgeschäfte unter Lebenden beschränken.[5])

Die unbegrenzte Zulässigkeit einer Vertretung in Geschäftsabschlüssen und Rechtsausübungen ist hiernach im Bürgerlichen Gesetzbuche weder ausdrücklich anerkannt noch verneint.

Für Rechtsausübungen insbesondere ist eine allgemeine Vorschrift über die Möglichkeit, sie anderen zu überlassen, vermieden.

---

1) Auch eine solche Ermächtigung zum Ausüben eines Rechtes, z. B. der Benützung eines Weges, die nicht dazu bestimmt ist, einem Dritten auf Verlangen vorgezeigt oder mitgetheilt zu werden, ist keine „Vollmacht" im Sinne des Gesetzestextes, wenigstens unterliegt sie nicht allen über Vollmacht getroffenen Vorschriften.

2) Dagegen jetzt 1307.

3) Cap. 68, in 6to de regulis juris.

4) Vgl. Mot. 224, sehr unbestimmt: „Das Institut der Vertretung gehört vorwiegend dem vermögensrechtlichen Verkehre an."

5) Ebenso Endemann 844.

„Natur und Inhalt der Rechte haben darüber zu entscheiden" (Mot. 275). Vgl. auch 1092, Satz 2: „Die Ausübung der Dienstbarkeit kann einem Anderen nur überlassen werden, wenn die Ueberlassung gestattet ist."

Für die Vertretung in Geschäftsabschlüssen ist die Zulässigkeit in 164 vorausgesetzt, der Umfang dieser Zulässigkeit ist aber nirgends bestimmt.

Daß der Standpunkt des römischen Rechtes preisgegeben ist, nach dem die Vertretung, auch bei Geschäften des Vermögensrechtes, nur ausnahmsweise zugelassen wird, ist klar.[1]) „Das Prinzip der unmittelbaren Stellvertretung sei gegenwärtig allgemein, auch im gemeinen Rechte anerkannt." (K.Prot. I, 135.)[2])[3])

Eine allgemeine Vorschrift über Unzulässigkeit der Vertretung auf familien- und erbrechtlichem Gebiete wurde aber trotzdem abgelehnt (K.Prot. 135). Wir müssen daher diese Unzulässigkeit, soweit sie nicht ausdrücklich bestimmt ist, für jede Geschäftsart besonders prüfen.

Uebrigens ist auch für das Bürgerliche Gesetzbuch die Ansicht aufgestellt worden, daß eine Vertretung grundsätzlich blos bei allen das Vermögen betreffenden Geschäften gestattet sei.[4])

Dagegen ist hervorzuheben, daß der Gesetzestext nur bei einer Reihe familienrechtlicher Geschäfte, z. B. bei Eheschließungen (1317) und Einwilligungen zur Annahme an Kindesstatt (1748) es für nöthig hält, die Unzulässigkeit der Vertretung besonders auszusprechen. Ein allgemeiner Gedanke hat sich hier in eine unerquickliche Kasuistik aufgelöst (vgl. II, b).

II. Besondere Vertretungsverbote sind:

a) Die Unzulässigkeit eines secum contrahere (kontrahiren mit

---

[1]) Der römische Satz per liberam personam acquiri nihil potest und die römische Unmöglichkeit, Schulden durch Vertreter übernehmen zu lassen, rechtfertigte sich einstmals wohl aus der erfahrungsmäßigen Unzuverlässigkeit vieler Vertreter. Das Vertretungsbedürfniß wurde durch Sklaven und Hauskinder befriedigt (vgl. Mot. 223, Endemann 338). Dieser Rechtszustand wurde unerträglich, als die Sklaverei und die lebenslängliche Dauer der väterlichen Gewalt wegfielen.

[2]) Endemann 338 vergleicht 164 mit der Anerkennung der freien Stellvertretung im alten H.G.B. Art. 52 und hebt hervor, daß ein unbedeutender stilistischer Unterschied beider Stellen nichts besagt.

[3]) Die Haftung des Vertretenen für schuldhafte Handlungen des Vertreters bestimmt sich nach 831. Vgl. Mot. 228.

[4]) Endemann 344, woselbst mit Recht bemerkt wird, daß in der vom Gesetzbuche erforderten Anwesenheit beider „Theile" unter den Theilen immer auch die Vertreter zu verstehen seien.

sich selbst)[1]) ist ausgesprochen (181). Es ist dies ein Vertrag, bei dem ein und derselbe Mensch zwei Parteien vertritt, entweder als Vertreter beider Theile oder als Vertreter des einen, der sich selbst als die andere Partei behandelt und in diesem Sinne das Geschäft abschließt. (Ein Doppelvormund verkauft z. B. die Sachen des einen Mündels an den andern durch einseitige notarielle Erklärung. — Ein Vormund kauft auf gleiche Weise eine Sache seines Mündels.) Die erste Lesung ließ dies als möglich zu. (Mot. 224 ff.) Das Bürgerliche Gesetzbuch erklärt dagegen solche Geschäfte, die überhaupt den Thatbestand eines Vertragsschlusses, nämlich zwei verschiedene gegenseitige Erklärungen, nicht enthalten,[2]) für unzulässig (181). Dies rechtfertigt sich aus der Thatsache, daß Jemand zwei widerstreitenden Interessen nicht zugleich genügen kann.[3])

Eine Ausnahme macht das Gesetzbuch bei der Selbstbezahlung eines Vertreters, der den Zahlungsgegenstand einfach dem Vermögen des Vertretenen entnimmt. So schon Dig. XXVI, 7, fr. 9 § 7.[4])

Da dies Geschäft von dem Bestande der bezahlten Schuld abhängt, so liegt hierin eine Gewähr dafür, daß die Interessen der Vertretenen nicht verletzt werden können. Eine Schuldtilgung liegt immer zugleich im Interesse des Gläubigers und des Schuldners.[5])

---

[1]) Vgl. M. Rümelin, Das Selbstkontrahiren des Stellvertreters. Endemann 344.

[2]) Vgl. Mot. 100. Die Mot. 224 meinen, daß ein solcher Vertrag zwar nicht durch Monolog geäußert werden könne, wohl aber an Zeugen und Urkundspersonen, auch durch thatsächliche Ausführung des Inhaltes. Erklärungen „gegenüber dem andern Theile" liegen aber hierin nicht. Man kann nicht sich selbst gegenübertreten, um sich eine Mittheilung zu machen, auch kann Niemandem etwas mitgetheilt werden, was er vorher schon weiß.

[3]) Für das Verbot des sog. Selbstkontrahirens waren namentlich die Ausführungen M. Rümelin's entscheidend. (Zus. z. d. gutachtl. Aeuß. I, 185. K.Prot. I, 175.) Vgl. Cohn 61; „In einer Sache kann man nicht zwei Aemter führen" und „Selbstvertrag ist kein Vertrag", vgl. auch Dig. XVIII, 1. fr. 34, § 7. Tutor rem pupilli emere non potest.

[4]) Die Römer erlauben hier sogar ein sibi creditam pecuniam scribere (Dig. XXVI, 7, fr. 9 § 7), was wohl mit dem Grundsatze der blos mittelbaren Vertretung durch Vormünder zusammenhing. Ein Vertrag ist dies jedoch nicht, sondern eine ausnahmsweise zugelassene einseitige Rechtshandlung mit Vertragsfolgen. Bei bevollmächtigten Vertretern kommt in Frage, ob eine brevi manu traditio vorliege. Secum contrahere nemo potest, secum aliud negotium gerere potest.

[5]) Das zulässige Mitbieten des Pfandgläubigers bei dem Pfandverkaufe (1289) ist keine Ausnahme davon, daß der Vertreter nicht mit dem Vertretenen in dessen

Außerdem nimmt man an, daß bei Ertheilung der Vertretungsmacht ein Selbstkontrahiren erlaubt werden könne,[1]) weil 181 es nur verbietet, „soweit nicht ein Anderes ihm gestattet ist". Das kann man wohl nur auf eine Gestattung der Geschäftsherren beziehen; denn, auf eine gesetzliche Erlaubniß bezogen, würde es selbstverständlich sein. Nach bisherigem Rechte galt das Gleiche der richtigen Meinung nach nur, falls in der Erlaubniß des Herrn ein Vertragsanerbieten an den Vertreter lag. Auch nach Bürgerlichem Gesetzbuch wird ein solches in der Regel darin zu sehen sein.[2])

b) Sonstige Verbote der Vertretung gehören dem besondern Theile an. Vgl. z. B. 1336 (Anfechtung einer Ehe), 2064, 2274 (Testamentserrichtung), 2282 (Anfechtung eines Erbvertrages), 2290 (Aufhebung eines Erbvertrages), 2296 (Rücktritt von einem solchen), 2347, 2351, 2352 (Erbverzicht und dessen Aufhebung).[3])

c) Die Rolle des Vertreters ist den Geschäftsunfähigen versagt, nicht aber den in der Geschäftsfähigkeit blos Beschränkten (s. oben S. 300).[4])

Hiernach können Kinder erst nach Vollendung des siebenten Jahres als Vertreter verwendet werden. Werden noch jüngere Kinder oder Geisteskranke thatsächlich als Vertreter verwendet, so muß man[5]) den Vorgang, so weit dies möglich ist, in einen Geschäftsabschluß durch Boten umdeuten; denn zur Botschaft ist jeder fähig.[6]) Freilich kommt ein solches Geschäft erst dann zu Stande, wenn der Geschäftsherr dem Inhalte der Verhandlungen zustimmt, nicht bei der Zustimmung der Mittelsperson, die in einem solchen Falle rechtlich

---

Namen kontrahiren kann (Mot. 225); denn dieser Verkauf geschieht im gemeinsamen Interesse aller an der Sache Berechtigten, also nicht im ausschließlichen Interesse des Pfandgläubigers. Vgl. hierzu auch 456.

[1]) Eck, Sammlung 69, Endemann 345, Cosack 227. Aehnlich, wie es scheint, auch Enneccerus 196 gegen Planck zu 181.

[2]) Z. B. das Anerbieten eines Tausches, wenn der Herr dem Kassirer erlaubt, sein Geld aus der Kasse umzuwechseln.

[3]) Schon erwähnt (S. 306) sind 1817 und 1748, 2, vgl. auch noch §§ 1307, 1337, 3, 1358, 3, 1437, 1, 1516, 2, 1595, 1598, 3, 1728, 2, 1755, 1770, 2256, 2, 1872, 2, C.P.O. 612, 641. Zitelmann hebt 119 hervor, daß in einigen Fällen nur persönlicher Entschluß, wenn auch nicht persönliches Handeln des Geschäftsherrn verlangt ist.

[4]) Eine Begründung siehe bei Hölder 360, vgl. Cohn 57: „Kinder und Narren vertreten nicht."

[5]) Nach 140.

[6]) Endemann 344.

bedeutungslos ist. Auch ein minderjähriger Vormund oder Vereinsvorstand soll Vertretungsrechte haben können (K.Prot. I, 139),[1]) wobei natürlich vorausgesetzt wird daß ersterer unter Nichtbeachtung des 1781, 1 bestellt worden ist.[2])

III. Die Vertretung kommt nicht blos bei den eigentlichen Rechtsgeschäften vor, die zur Kenntnißnahme bestimmt sind, sondern auch bei allen ähnlichen Rechtshandlungen, namentlich auch beim Besitzerwerbe. Dies hätte nicht bezweifelt werden sollen. Wenn irgendwo eine Analogie geboten ist, so ist sie es hier.

Die entsprechende Verwendung der einzelnen Vorschriften über Vertretungsfähigkeit auf derartige der Wahrnehmung nicht bedürftige Erwerbsakte (namentlich Aneignungen und Verarbeitungen) bleibt jedoch zweifelhaft. Die Verwendung von Kindern und Wahnsinnigen als Vertreter in der Ausübung einer Jagd dürfte nur dann erscheinen, wenn die Form der Jagd keine gemeingefährliche ist (z. B. Einfangen der Maikäfer, nicht aber die Jagd mit Schußwaffen). Andererseits wird man geschäftsunfähige Arbeitsgehülfen, die unter Aufsicht thätig sind, auch dann als brauchbare Erwerbswerkzeuge anerkennen müssen, wenn man (s. oben S. 260 Anm. 1) das Recht der Verarbeitung den Geschäftsunfähigen absprechen will. Man denke z. B. an Geisteskranke, die für ihre Pflegeanstalt unter Aufsicht arbeiten.[3])

Bei andern Rechtshandlungen, z. B. Wahl des Wohnsitzes, Anbieten einer Leistung und dergl. wird es wohl dem Geschäftsherren überlassen bleiben dürfen, ob er geisteskranke Vertreter zu verwenden gedenkt. Vor Allem aber ist die bloße Beihülfe zum Geschäftsabschlusse in ihrem vollen Umfange den Geschäftsunfähigen gestattet. Daher können Geisteskranke als Boten auftreten, die Vertragsurkunde niederschreiben und dergl. mehr.

IV. Die Bestimmung des Geschäftsherrn gehört zum Inhalte der Geschäfte, die von Personen mit Vertretungsmacht abgeschlossen sind. Zuweilen ist es aber nicht ganz sicher, ob Jemand ein Geschäft für sich oder seinen Herrn, den er vertreten darf, abge-

---

[1]) Nach K.Prot. VI, 134 ist die Möglichkeit, bevollmächtigt zu werden, ein rechtlicher Vortheil im Sinne des § 107.

[2]) Enneccerus 190.

[3]) Zweifelhaft ist, ob auch die Entziehung der Pertinenzeigenschaft hierher gehört (s. oben S. 261, 281 Anm. 5, wonach dies zu bestreiten ist).

schlossen hat. Die hierfür geltenden Grundsätze s. unten § 84, Nr. VI, 4.[1])

Sie können nur auf dem Boden der Lehre vom unausgesprochenen Geschäftsinhalte verstanden werden.

V. Rechtlich wichtige Seelenzustände bei Vertretungsgeschäften (z. B. Zwang, Irrthum, Kenntniß heimlicher Mängel) brauchen nicht bei beiden, dem Vertretenen und dem Vertreter, vorzuliegen, um erheblich zu sein. Bald wird man auf die Seele des Herrn, bald auf die Seele des Vertretenen sehen.[2]) Es wird auf den Zweck ankommen, zu dem der Seelenzustand als erheblich betrachtet werden soll.[3]) Die Kenntniß eines Mangels der gekauften Sache wird z. B. Minderungs- oder Wandlungsrechte ausschließen, wenn sie bei dem Vertreter vorliegt, weil das Gesetz von den Menschen, die bei dem Geschäftsakte die Rolle des Käufers vertreten, verlangt, daß sie offenbare Mängel nicht übersehen, widrigenfalls diese in den Kauf genommen werden müssen.

Ist aber einem Vertreter der Kauf einer Sache aufgetragen, deren Mangel der Herr kennt, so sind diesem die Ansprüche aus der Fehlerhaftigkeit der Sache zu versagen, auch wenn der Mangel dem Vertreter bekannt war, weil der Herr in dieser Hinsicht keines Schutzes bedurfte. Diese richtige Entscheidung hat das Gesetzbuch in § 166 verallgemeinert.

Willensmängel und Thatsachenkenntniß sind aus des Vertreters Seele zu beurtheilen, insoweit dieser nicht in bestimmte Weisungen eingeschlossen war, und *insoweit*, wie wir hinzudenken müssen, *die in Frage stehende Thatsachenkenntniß gerade diese Weisung betrifft*.[4])

---

[1]) § 164, 2, der dort besprochen werden soll, gehört zu den schwierigsten Stellen des Gesetzbuches.

[2]) Namentlich kann der gute Glaube des Vertreters keineswegs den Herrn vom Erfordernisse des guten Glaubens entbinden. *Hölder* 362.

[3]) So der Verfasser in seiner Schrift: Der Irrthum bei nichtigen Verträgen. II. S. 493 ff. Die Mot. S. 227 übersehen, daß auch die Vollmachtsertheilung eine „Willensentscheidung" ist, also nicht blos der Vertreter eine Entscheidung trifft. Richtiger das dort weiter unten folgende.

[4]) Letzteres fehlt im unsorgfältig abgefaßten 166, 2. Es ist aber durch einschränkende Auslegung zuzufügen. Nach dem Wortlaute der Stelle dürfte der Herrn, falls sein Vertreter ein krankes Thier gekauft hat, dessen Mangel der Vertreter nicht kannte, auch dann kein Wandlungsrecht haben, wenn der Vertreter das Thier ausgesucht hat und zufälliger Weise an ein dem Herrn als mangelhaft bekanntes

Für das Verständniß des Textes ist es nicht vortheilhaft, wenn man aus dem Satze, daß der Vertreter Repräsentant des Herrn sei (der sog. Repräsentationstheorie), herleitet, daß des Vertreters Seelenzustände überall den Ausschlag geben müssen.[1]) Vielmehr folgt umgekehrt erst daraus, daß die Zweckgedanken des Rechtes zumeist auf die Seelenzustände des Vertreters hinweisen, die Möglichkeit den Vertreter in der Regel als „Repräsentanten" des Herrn in den Seelenzuständen zu bezeichnen.

Von den Willensmängeln der Vertreter soll insbesondere unten §§ 97 ff. die Rede sein.

Die genannte Vorschrift über die Seelenzustände des Vertreters (166, 2) spricht, insoweit sie von besondern Weisungen des Herrn redet, nur von der Vertretung, die durch Rechtsgeschäft (Vollmacht) veranlaßt ist.[2]) Es erklärt sich dies daraus, daß bei gesetzlichen Vertretern und Vertretern, die keine Ermächtigung haben, die Weisungen des Geschäftsherrn für die Befugnisse des Vertreters völlig belanglos sind.

β) Die verschiedenen Arten der Vertretung.

αα) Die gesetzlichen Vertreter.

§ 77.

I. Begriff. Das Vertretungsrecht entsteht auf drei Arten (wie fast alle andern Rechte): durch Rechtsgeschäft, durch obrigkeitliche Verfügung und durch Gesetz ohne jede besondere Erklärung (so das

---

Stück gerathen ist. Dies freilich nur dann, wenn der Vertreter bestimmte Weisungen hatte, z. B. den Auftrag, nur Rappen einzukaufen. Es ist aber schwerlich die Absicht des Verfassers des Textes, hier an alle beliebigen Weisungen zu denken. Die Kenntniß des Herrn muß den Inhalt der ertheilten Weisung betreffen. — Die besprochene Vorschrift bezweckt, aus Rücksicht auf die Sicherheit der Rechtsprechung diese Frage dem richterlichen Ermessen zu entziehen, dem sie schließlich hätte überlassen werden können. K.Prot. I, 143. Vgl. Näheres über die bestimmten Weisungen bei Kuhlenbeck 475 ff.

[1]) Dies ist herrschende Meinung, vgl. Enneccerus 191, vgl. auch Weyl 278 und Planck Anm. 1 zu 166: „Der 166 Abs. 1 spricht die praktisch wichtigsten Konsequenzen des Grundsatzes aus, daß die Erfordernisse der Willenserklärung aus der Person des Vertreters beurtheilt werden." M. E. ist dieser Grundsatz eine Folge aus jenen Konsequenzen, die wiederum im Zweckgedanken ihre Quelle haben. Die Frage ist zunächst natürlich eine rein methodologische, sie wird aber in ihrem Einflusse auf die Deutung des 166 praktisch, vgl. oben S. 304 Anm. 2. Der § 166 giebt also sowohl zu der bisweilen geltenden Repräsentationstheorie wie zu der bisweilen geltenden entgegengesetzten Lehre je einen Baustein.

[2]) Zitelmann 123.

Vertretungsrecht des Vaters für das Kind). Die Vertretung aus obrigkeitlicher Vorschrift wird grundsätzlich in der Praxis und der Wissenschaft von der gesetzlichen nicht unterschieden (vgl. Mot. 223).

Ebenso rechnet man zu ihr auch solche Vertretungen, die durch ein Rechtsgeschäft bestellt sind, aber nicht vom Geschäftsherren, nämlich die Testamentsvollstrecker, denen eine letztwillige Vollmacht ertheilt ist. (2197 ff.)[1])

Gesetzliche Vertreter sind daher alle Vertreter, die nicht durch ein Rechtsgeschäft des Vertretenen ernannt sind.

II. Juristische Natur. Man könnte zweifeln, ob hier eine bloße Interessenvertretung vorliegt, oder eine wahre Stellvertretung in der Ausübung von Verfügungsrechten. Geschäftsunfähige Personen haben bekanntlich keine Verfügungsrechte. Ihr Vormund oder ihr elterlicher Gewalthaber erscheinen daher eher als ihr Herr und nicht als ihr Stellvertreter. Dies gilt auch vom Testamentsvollstrecker, dessen Vertretungsrecht als Ausdruck eines fremden Willens dem Vertretenen gegenübersteht.

Indem das Gesetz aber dennoch diese Beherrscher fremder Vermögensmassen als Vertreter bezeichnet, drückt es aus, daß es sie nach den Vorschriften über beauftragte Vertretung im Zweifel behandelt sehen will. Es beruht dies auf dem Gedanken, daß solche Verwalter ihre Schützlinge nicht unterjochen, sondern unterstützen sollen. Sie erfüllen daher ihre Pflicht nur dann, wenn sie nicht blos auf das Wohl und die Eigenart der ihnen Anvertrauten, sondern auch auf ihre berechtigten Wünsche Rücksicht nehmen. Eine volle rechtliche Verantwortlichkeit hierfür ist freilich im Gesetzbuch nicht ausgesprochen, man kann sie aber aus dem Namen Vertreter folgern.[2])

Jedenfalls berechtigt uns der Name der gesetzlichen Vertreter, ihre Handlungsbefugniß im Zweifel in demselben Umfange zuzulassen, in dem eine Vertretung kraft einer Vollmacht des Geschäftsherrn möglich ist.[3])

---

[1]) Enneccerus 195 erwähnt hier auch noch den Nachlaßverwalter 1981 ff. und den Konkursverwalter (K.O. § 6).

[2]) Es liegt hier ein gewisser Parallelismus mit der Volksvertretung vor, der jedoch an dieser Stelle nicht weiter verfolgt werden kann.

[3]) Die in dieser Hinsicht für den Besitzerwerb geäußerten Zweifel sind unbegründet. Das Gesetzbuch brauchte die Möglichkeit der Stellvertretung im Besitzerwerbe nicht besonders hervorzuheben, nachdem es in den Motiven die Analogie der Rechtsgeschäfte und der ihnen ähnlichen Erwerbshandlungen als erwünscht bezeichnet hatte. Die gleiche Möglichkeit den gesetzlichen Vertretern einzuräumen,

III. Die einzelnen Arten der gesetzlichen Vertretung. Die Organe der juristischen Personen sind gesetzliche Vertreter der in diesen Personen verwirklichten Vermögensverwaltung. Ihre Bestellung durch Wahl ist keine Vollmacht, da sie Befugnisse überträgt, die die Uebertragenden selbst nicht haben,[1]) sondern sie ist eine Ernennung.

Die andern Fälle der gesetzlichen Vertreter gehören dem besonderen Theile an. Sie zerfallen in Vollmachten von sehr verschiedenem Umfange.[2])

IV. Die sogen. nothwendige Stellvertretung der Gewalthaber durch ihre „Hauskinder" nach römischem Rechte ist dem Bürgerlichen Gesetzbuch fremd.[3])

ββ Der vom Geschäftsherrn ernannte Vertreter.

§ 78.

I. Der Geschäftsabschluß durch Bevollmächtigte unterscheidet sich vom gewöhnlichen Rechtsgeschäfte durch eine besondere Erklärung, die zu dem gewöhnlichen Thatbestande hinzutritt: Die Vollmacht. Sie bildet ein Stück des Thatbestandes des mit Hilfe eines Vertreters abgeschlossenen Geschäfts, das ohne sie unvollkommen und somit ohne die in Aussicht genommene Wirkung ist.

II. Die Begriffsmerkmale der Vollmacht. Eine Vollmacht ist eine Erklärung oder eine über diese Erklärung aufgenommene

---

war überflüssig, eben weil diese als Vertreter bezeichnet und damit den vom Herrn ernannten Vertretern gleichgestellt waren. A.M. Franz Leonhard, Vertretung beim Fahrnißerwerb 57 ff.

[1]) Auch das Mandat der Abgeordneten ist bekanntlich kein „imperatives", wie es die wahre Vollmacht ist.

[2]) Vgl. 370 (Empfangsvollmacht des Ueberbringers einer Quittung), ein Fall, dessen Zugehörigkeit zur Vertretung Zitelmann 122 bezweifelt, 714 u. 715, (Vollmacht des Gesellschafters) 857 (das sogen. Schlüsselrecht der Frau), 1450 (Vertretungsrechte der Frau bei dem Gesammtgute im Nothfalle) 1627, 1685 (väterliches Vertretungsrecht), 1793 (vormundschaftliches Vertretungsrecht). Die sogen. vermuthete Vollmacht des preußischen Rechtes ist verworfen. (Mot. 230.) Ueber die Vertretung juristischer Personen siehe oben § 39 S. 122 ff. und andere Beispiele des Reichsrechts bei Rehbein 250.

[3]) Die Nichtübereinstimmung dieses Begriffes mit dem Stellvertretungsbegriffe ist oft hervorgehoben worden. So auch jetzt Matthiaß 212. Sie ist wohl aber doch nicht so groß, wie man annimmt. Als jene Geschäftsform galt, mußten die Kinder, so weit sie in Frage kam, immer für ihren Hausherrn erwerben wollen, da sie sich selbst zu sagen genöthigt waren, daß ein entgegengesetzter Wille nach dem damals geltenden Rechte vollkommen sinnlos sein würde.

Urkunde, in der einem andern das Recht zertheilt wird, über den Herrschaftskreis des Vollmachtgebers statt dessen zu verfügen.

Ein für sich selbständiges Rechtsgeschäft ist daher die Vollmacht ebenso wenig, wie das Vertragsanerbieten und die Vertragsannahme (vgl. K.Prot. I, 141 ff.). Sie ist nur eine Willenserklärung, die einen Theil des Geschäftsabschlusses durch einen Beauftragten bildet, einen Zusatz zu den übrigen Theilen, nicht zum Ganzen.

Hierdurch unterscheidet sich die bevollmächtigte Vertretung von der gesetzlichen, bei der der Vertreter am Geschäftsabschlusse allein thätig ist, der Herr aber nicht (Mot. 226).[1])

Wenn man die Vollmacht als besonderes Geschäft bezeichnen will, so darf man sie höchstens ein Hülfsgeschäft nennen, das für sich allein keine Rechtsfolgen hat.[2])

Die Beweislast bezüglich des Daseins der Vollmacht liegt dem Vertreter ob. (K.Prot. I, 161.)

III. Vollmacht und Auftrag. Ein der Vollmacht verwandter Begriff ist der Auftrag.[3]) Das Bürgerliche Gesetzbuch versteht darunter in Anlehnung an den römischen Ausdruck mandatum einen Vertrag, nämlich die Auftragsübernahme (662 ff.). Diese Redeweise wird jedoch nicht verhindern, daß im Volksmunde die einseitige Erklärung eines Auftraggebers an einen Beauftragten, auch dann, wenn der Auftrag nicht übernommen ist, für sich allein Auftrag genannt werden wird. (Die Redeweise des Volkes nennt sogar das Vertragsanerbieten Auftrag, was aber der Jurist streng vermeidet.)[4])

Der einseitige Auftrag (bei den Römern ebenso wie der Mandatsvertrag als mandatum bezeichnet, aber auch jussus oder jussum genannt) fällt thatsächlich oft mit der Vollmacht

---

[1]) Die Annahme, daß der Vertreter gegenüber dem Geschäftsherrn der eigentliche alleinige Kontrahent sei (Thöl und Bähr) wird in den K.Prot. I, 159 abgelehnt, vgl. hierzu oben S. 304 Anm. 2.

[2]) Zitelmann 121, der die Frage, ob die Vollmacht ein accessorisches Recht (nicht Rechtsgeschäft) sei, aufwirft und verneint, spricht wohl von etwas Anderem.

[3]) Mot. 228. „Die Erkenntniß, daß damit (d. h. mit der Vollmacht) ein von dem Auftrage verschiedenes Rechtsgeschäft gegeben sei, gehört verhältnißmäßig neuerer Zeit an." Der Unterschied zwischen beiden Begriffen kann jedoch auch früheren Zeiten nicht entgangen sein, nur benannte man beide ununterschiedlich mit demselben Namen „Mandat, Vollmacht, Auftrag", was zur Quelle von Mißverständnissen werden mußte. Die neuerdings üblich gewordene reinliche Scheidung der Namen war sicherlich auch für die Begriffssonderung von höchstem Werthe.

[4]) Einen Anklang hieran siehe in den §§ 675, 718.

zu einem einzigen Akte zusammen, nämlich in der Regel dann, wenn der Auftrag dahin geht, als Vertreter des Auftraggebers bei einem Geschäftsabschlusse oder in einem Rechtsstreite aufzutreten. Es kann aber auch zuerst ein derartiger Auftrag mündlich und sodann die Vollmacht hinterher schriftlich ertheilt werden. Ferner giebt es Bevollmächtigungen (Ermächtigungen), die keine Aufträge sind, nämlich alle solche Ertheilungen einer Vertretungsbefugniß, bei denen es dem Empfänger anheim gestellt bleiben soll, ob er sie benutzen will oder nicht; so, wenn Jemand ermächtigt, aber nicht verpflichtet werden soll, im Nothfalle bei einem Dritten Gelder zu erheben (Mot. 226).[1]) Auch die unmittelbar vom Gesetz gegebenen Vollmachten sind keine Aufträge;[2]) ebenso beruhen die Vollmachten des Dienstverhältnisses nicht auf einem Auftragsverhältnisse (Mot. 226).

Andererseits giebt es aber auch einseitige Aufträge ohne Vollmachtsertheilung, nämlich, wenn eine Handlung aufgetragen ist, zu der es keiner Vollmacht bedarf, weil sie keine Rechtsausübung, sondern ein von der Erlaubniß der Rechtsordnung unabhängiger Akt ist, z. B. der Auftrag, eine Stube zu fegen, einen Botendienst zu übernehmen, entscheidendes Gutachten über einen Vertragsinhalt abzugeben u. dergl.

Die Gebiete der Begriffe Auftrag und Vollmacht, die beide mit dem römischen Namen **mandatum** bezeichnet wurden, verhalten sich daher zu einander, wie zwei sich schneidende Kreise.

Es kann somit ein Auftrag nichtig, aber eine dabei ertheilte Vollmacht gültig sein (Mot. 229) und umgekehrt.

IV. **Die Form der Vollmacht.** Sie ist eine einseitige, empfangsbedürftige Erklärung (Mot. 226). Da sie den Zweck hat, den Dritten, mit dem der Bevollmächtigte verhandeln soll, über dessen Vertretungsbefugniß aufzuklären, so sollte man meinen, daß sie stets eine Erklärung an den Dritten sein müsse, so daß also auch dann, wenn sie dem Bevollmächtigten selbst erklärt ist, dieser nur als Bote der Erklärung in Betracht kommen kann, um sie dem Dritten zu überbringen. Hiernach würde der Dritte sich nicht auf den Inhalt einer Vollmacht berufen können, die ihm weder unmittelbar noch mittelbar durch den Vertreter mitgetheilt worden ist.

Anders ist die Vorschrift des Bürgerlichen Gesetzbuches. Nach

---

[1]) Nicht zu verwechseln mit den vormundschaftlichen Ermächtigungen 112, 113. **Zitelmann** 109.

[2]) Mot. 229 z. B. 714, 715.

dieser vollendet sich die Ertheilung der Vollmacht auch schon durch Erklärung an den Bevollmächtigten (167, 174), so daß sich der Dritte auf sie selbst dann berufen kann, wenn er ihren Inhalt nur zufällig erfährt, ohne daß sie ihm mitgetheilt ist. In Wirklichkeit wird er freilich dazu nur selten im Stande sein.

Bei einseitigen Rechtsgeschäften (z. B. Kündigungen) ist die trügerische Vorspiegelung einer nicht vorhandenen Vollmacht von Seiten eines Vertreters besonders gefährlich (174). Mot. 240.

Darum darf der dritte Erklärungsempfänger hier die Vorlegung der Vollmacht in einer schriftlichen Form verlangen,[1]) doch muß er dies unverzüglich thun. Andernfalls genügt die behauptete mündliche Vollmacht, sofern sie wirklich ertheilt worden ist. Das Erforderniß der Schriftform hängt hiernach vom Willen des Dritten ab. Das Gesetzbuch sucht hier die Vorzüge des Gebots einer Schriftform mit denen der Formfreiheit so viel, wie möglich, zu verbinden.[2])

Abgesehen hiervon ist die Vollmacht formlos und insbesondere in 167 von der Form des Rechtsgeschäftes, auf das sie sich bezieht, ausdrücklich entbunden.

V. Der Vollmachtinhalt. Nach dem Inhalte unterscheidet man allgemeine und besondere Vollmachten. Die Regel des bisherigen Rechts (vgl. Dig. III, 3, 58 ff. cap. 4 in VI° I, 19), daß auch die allgemeinen Vollmachten nicht zu allen Geschäften berechtigen, ist dem Bürgerlichen Gesetzbuch fremd. Das Institut der Spezialvollmacht für gewisse Geschäfte ist als verkehrsfeindlich verworfen.[3]) Den Umfang des Vollmachtinhalts soll die Auslegung allein bestimmen, insbesondere auch die Zulässigkeit der Ernennung eines Substituten, d. i. eines Vertreters des Vertreters (Mot. 232). Auf eine lex dispositiva ist in diesem Punkte verzichtet.

---

[1]) Eine solche Vorlegungspflicht kennt schon das preußische Recht (A.L.R. I, 13, §§ 91, 140, 141). Vgl. z. Texte K.Prot. I, 153.

[2]) Etwas Aehnliches gilt für die vormundschaftliche Einwilligung zu einseitigen Geschäften s. unten § 80. Auf den Parallelismus von 174 und 111 weist Planck, Anm. zu 174, hin. Etwas Aehnliches gilt auch hinsichtlich der Form der Anspruchsabtretung, vgl. 410 Satz 2 und über diese mittelbare Begünstigung der Schriftform Dernburg, bürg. R. II, Recht der Schuldverhältnisse, S. 306.

[3]) Vgl. Pr.L.R. I, 13 §§ 99 ff. und die Mot. 231 Anm. genannten Gesetze. Das Verkehrsleben hatte sich gegen dies Institut vielfach aufgelehnt, indem es in den Formularen der Generalvollmachten die erforderlichen Zuthaten spezieller Ermächtigungen jedesmal hinzufügte und dadurch zu selbstverständlichen Dingen

Zweifelhaft ist, inwieweit für den Vollmachtinhalt das, was zwischen dem Vollmachtgeber und dem Empfänger der Vollmacht verhandelt worden ist, als bedeutsam gelten muß.[1])

Ein lebhafter Streit wird insbesondere darüber geführt, wie die Beziehungen der Vollmacht zu dem Rechtsverhältnisse zwischen dem Vollmachtgeber und dem Bevollmächtigten zu beurtheilen seien.[2]) Es giebt Vollmachten, die unabhängig von diesem Rechtsverhältnisse bestehen können. Diese nennt Planck[3]) abstrakte, und die von dem Rechtsverhältnisse abhängige Vollmachtsertheilungen kausale, während Enneccerus[4]) die Vollmacht immer für ein abstraktes Geschäft hält.

In Wahrheit bezieht sich gewöhnlich die Eintheilung der Geschäfte in abstrakte und konkrete oder kausale nur auf solche, die eine Vermögensminderung in sich schließen (vgl. oben S. 264). Hiernach steht jede Vollmacht jenseits, d. h. außerhalb des Gegensatzes von abstrakt und kausal,[5]) wie er in der Regel verstanden wird.

Es wird also bei dem Streit über die abstrakte Natur der Vollmacht unter dem „Abstrakten" etwas anderes verstanden, als vielfach sonst, nämlich die Unabhängigkeit des Vollmachtinhalts von dem voraus gehenden Rechtsverhältnisse zwischen dem Vollmachtgeber und dem Bevollmächtigten, dem Rechtsverhältnisse, das zur Ertheilung des Vertretungsrechtes Anlaß giebt,[6]) z. B. dem Verhältnisse aus dem Dienstvertrage, aus dem der Diener die Befugniß erhält, im Namen des Herrn zu handeln.[7])

Die Unabhängigkeit der Vollmacht von diesem Verhältnisse kann wiederum als eine doppelte in Frage kommen: als Unabhängigkeit

---

machte (Mot. 232). Diese Mühe soll ihm in Zukunft erspart werden. Nur ausnahmsweise wird ein sogen. mandatum ad hoc verlangt vgl. 1945 Abs. 2.

[1]) Vgl. Endemann 350: „Wer sich mit einem Vertreter einläßt, handelt mithin auf eigene Gefahr, wenn er nur dessen Angaben über den Umfang der Vertretungsmacht Glauben schenkt."

[2]) Vgl. namentlich Enneccerus 209.

[3]) Commentar zu 167, 3.

[4]) A. a. O. (Anm. 2).

[5]) Aehnlich auch Zitelmann 121, doch wohl in etwas anderem Sinne.

[6]) Ueber die Quelle der Doppeldeutigkeit der Ausdrücke abstrakt und kausal, die sich hier in der Form unangenehmer Mißverständnisse bemerklich macht, siehe oben S. 264 ff.

[7]) Daß ein solches Verhältniß immer vorliege, bestreitet Hölder 365: Wo jedoch kein anderes Verhältniß gegeben ist, liegt immer ein Auftragverhältniß vor. So auch bei der von Hölder erwähnten Vollmacht, die ein Gatte dem andern giebt, selbst wenn sie an die Dauer der Ehe gebunden sein sollte.

des Vollmachtsinhalts und als Unabhängigkeit der Vollmachtsgültigkeit von der Beziehung, die die Vollmachtsquelle ist.

Was zunächst diese letztere betrifft, so streitet man darüber, ob eine Vollmacht gelte, die ihre Aussteller in der irrigen Unkenntniß davon, daß das Dienstverhältniß des Bevollmächtigten nichtig ist, ertheilt hat.[1])

Man hat behauptet, daß in einem solchen Falle schon nach dem inneren Willen des Herrn eine bedingte Vollmachtertheilung nicht vorliege, sondern nur ein rechtlich gleichgültiger falscher Beweggrund, weil der Herr an die Gültigkeit des Dienstverhältnisses glaubte.[2])

Man kann aber sehr wohl von der Richtigkeit eines Umstandes überzeugt sein und doch dabei sich dessen bewußt bleiben, daß die menschliche Ueberzeugung, also auch die eigene, nicht unfehlbar ist. Man kann deshalb (aus Rücksicht auf diesen Mangel an eigener Unfehlbarkeit) einem Geschäfte die Bedingung einfügen, daß es nicht gelten solle, wenn der Erklärende sich über diesen Punkt geirrt haben sollte.[3])

Eine Bedingung muß aber geäußert sein, nicht bloß gedacht. Wo daher die Vollmacht nicht ausdrücklich oder durch eine der Erklärung gleichwerthige Verkehrssitte die besondere Bedingung in sich schließt, daß sie nur gelten solle, wenn das Verhältniß zwischen Vollmachtgeber und Bevollmächtigten rechtlich bestehe, kommt die blos gedachte Bedingung nicht in Betracht. Wo dies also nicht der Fall ist, würde nur ein Irrthum des Vollmachtgebers vorliegen, der dessen Erklärung nur dann anfechtbar machen würde, wenn er unter 119 fiele, was meines Erachtens nicht ohne Weiteres anzunehmen ist.[4])

Wenn also hiernach eine Vollmacht auch nicht im Zweifel von der Gültigkeit des Vertrages zwischen dem Vollmachtgeber und dem Bevollmächtigten abhängt, so hängt sie doch in ihrem Inhalte, d. h. Umfange allerdings von diesem Vertrage ab.[5]) Den Interessen des redlichen Dritten, der diesen Vertrag nicht kennen kann, ist

---

[1]) Planck will hier die Analogie der Vorschrift des 168 über das Erlöschen der Vollmacht gelten lassen. A.M. Enneccerus 224.

[2]) Vgl. Enneccerus 214.

[3]) Diese Erwägung ist für die Irrthumslehre von durchschlagender Bedeutung (s. unten § 100).

[4]) Näheres siehe unter § 101. Im praktischen Ergebnisse ist daher insoweit Enneccerus a. a. O. beizutreten, der mit Recht auf die Nothwendigkeit eines Schutzes redlicher Dritter gegen nicht erkennbare Vollmachtsmängel hinweist.

[5]) Vgl. Endemann oben S. 317 Anm. 1.

hier grundsätzlich nicht Rechnung getragen, namentlich bei mündlichen Vollmachten nicht. Nur in den Ausnahmefällen der §§ 170—172 ist der Dritte geschützt (s. unten zu VI).

Es ergiebt sich hieraus die praktische Konsequenz, daß ein vorsichtiger Dritter, ehe er sich mit dem Vertreter einläßt, gut thun wird, sich eine Vollmachtsurkunde vorlegen zu lassen, um durch 172 geschützt zu sein. Nur bei unbedingt zuverlässigen Vertretern wird man sich mit mündlich bestellten Vollmachten, die der Bevollmächtigte selbst berichtet,[1]) begnügen dürfen.

Sogen. abstrakte Vollmachten, d. h. hier solche, bei denen das Verhältniß zwischen Herrn und Vertreter gleichgültig ist, kennt das Gesetzbuch bei den mündlich vom Vertreter übermittelten Vollmachten nicht. Noch weniger kann man ohne Weiteres alle Vollmachten als abstrakt erklären.[2])

VI. Die Widerruflichkeit der Vollmacht soll von dem Rechtsverhältnisse, das der Ertheilung zu Grunde liegt, insoweit abhängen, als sie nur dann gilt, wenn sich nicht aus diesem das Gegentheil ergiebt (168). Das Bürgerliche Gesetzbuch erkennt daher mit vollem Rechte auch die Zulässigkeit unwiderruflicher Vollmachten an.[3]) Anders die erste Lesung (§ 119, Mot. 233). Hiermit hängt die Frage zusammen, ob man den verkaufenden Pfandgläubiger als Bevollmächtigten des Verpfänders ansehen könne, die in das Sachenrecht gehört.

Beispiele einer unwiderruflichen Vollmacht sind nach K.Prot. 1, 144: die Ermächtigung, einen Theil der für den Ermächtigenden eingetriebenen Forderung als Prämie zu behalten,[4]) die Ermächtigung der Hypothekengläubiger zur Einziehung der Miethszinsen, das Blankoaccept, Ermächtigung des Inhabers einer Stammhypothek zur Vertretung der Inhaber von Partialobligationen.

---

[1]) Diese fallen nicht unter 170, sonst würde der Paragraph keine Ausnahmebestimmung mehr sein.

[2]) Insoweit ist also Enneccerus nicht beizutreten.

[3]) Nach der herrschenden Meinung ist dies eine Abweichung vom römischen Rechte. Ob mit Recht, kann hier nicht untersucht werden.

[4]) Vgl. oben S. 303 unten. Wer eine solche Ermächtigung gebraucht, schließt nach 151 einen Vertrag ab, den ihm der Ermächtigende angeboten hatte, und der keineswegs immer eine Auftragübernahme enthält, sondern auch eine Schenkung oder Zahlung oder ein Vorschuß u. dergl. sein kann, jedenfalls aber dem Empfänger der Ermächtigung etwas zuwendet, nämlich das, was er durch sie eintreibt.

Wo der Widerruf zulässig ist, ist er mittheilungsbedürftig. Die Mittheilung kann dem Vertreter erklärt werden, oder auch dem Dritten, mit dem dieser zu verhandeln ermächtigt ist (Mot. 233).

Die sonstigen Erlöschungsgründe der Vollmacht sollen ohne Weiteres von der Endigung des Verhältnisses, das der Vollmachtsertheilung zu Grunde liegt, abhängig sein (168, Mot. 233).[1])

VII. Die Zuverlässigkeit der Vollmacht für den Dritten mit dem sich der Bevollmächtigte einlassen soll, ist auf mehrfache Weise durch Gesetzesvorschrift erhöht.

Es handelt sich hier um drei bevorzugte Fälle, die aber bei großen und werthvollen Gegenständen sehr häufig vorkommen werden, weil die vorsichtigen Geschäftsleute verlangen werden, daß der Bevollmächtigte, mit dem sie sich einlassen wollen, einer der Bedingungen dieser Fälle genügen soll.

Die drei bevorzugten Fälle sind

a) die öffentlich bekannt gemachte Vollmacht,

b) die dem dritten Geschäftsherrn unmittelbar[2]) mitgetheilte („durch Erklärung gegenüber einem Dritten ertheilte") Vollmacht.[3]) Die Vollmacht, die der Herr durch den Vertreter dem Dritten mittheilen läßt, kann hier nicht gemeint sein, sonst würde neben dieser Ausnahme kein Gebiet für die Regel übrig bleiben.

c) Die Vollmacht, die der Herr dem Dritten durch den Vertreter in der Form einer vorgelegten Vollmachtsurkunde mittheilen läßt.

In diesen drei Fällen darf sich der Dritte auf das Mitgetheilte

---

[1]) K.Prot. I, 144. Unter „dem der Ertheilung der Vollmacht zu Grunde liegenden Rechtsverhältniß" soll eventuell auch ein Rechtsverhältniß zwischen dem Machtgeber und einem Dritten zu verstehen sein. Gedacht ist wohl z. B. an das Bevormundungsrecht, kraft dessen der Vormund einem Dritten eine Vollmacht für Angelegenheiten des Mündels ertheilt. Wider die analoge Verwendung dieser Bestimmung (168) auf den Vollmachtsbeginn Enneccerus s. oben S. 318 Anm. 1 gegen Planck mit Recht. Wer eine Vollmacht ertheilt, erklärt dabei, daß sie nicht mehr verwendet werden dürfe, wenn sein Verhältniß zum Bevollmächtigten es verbiete. Er erklärt aber nicht das Gleiche für den Fall, daß dies Verhältniß etwa rechtlich ungültig sein würde.

[2]) Dies Wort steht nicht im Texte. Hölder 267 betont das Wort „ertheilt" im Gegensatze zu „mitgetheilt".

[3]) Die K.Prot. I, 146 machen nicht ganz klar, ob man die Mittheilung an den Dritten, daß hierdurch ein anderer ihm gegenüber bevollmächtigt werde, von der Mittheilung, daß dieser bereits früher bevollmächtigt worden sei, unterscheiden wollte. M. E. schließt entweder die letztere immer auch die erstere in sich oder die letztere betrifft eine abgethane Angelegenheit und ist daher ohne rechtliche Bedeutung.

verlassen.[1]) Dem Vertrauen auf blos mündliche Bevollmächtigungen, die der Vertreter dem Dritten nach dem Willen des Vollmachtgebers übermittelt, giebt das Bürgerliche Gesetzbuch dagegen nicht denselben Schutz. Darin liegt ein mittelbarer Antrieb zur Schriftlichkeit der Vollmachten, weil es hiernach mißlich ist, sich mit einem Vertreter einzulassen, der eine blos mündliche Vollmacht hervorkehrt.[2])

VIII. Der Inhalt des Sonderrechts der drei bevorzugten Vollmachtsfälle ist ein mehrfacher:

a) Der Schutz gegen einen Fortfall der Vollmacht, der dem Dritten unbekannt ist.

Ist die Vollmacht erloschen, wird aber trotzdem von dem früher Bevollmächtigten mißbraucht, so schützt das römische Recht lediglich den Vollmachtgeber, nicht den Dritten.[3])

Den entgegengesetzten Standpunkt vertraten neuere Ausnahmevorschriften (Mot. 234). Dem entspricht das Bürgerliche Gesetzbuch in den drei bevorzugten Vollmachtsfällen, nicht aber, wenn die Vollmacht blos mündlich durch Vermittelung des Vertreters an den Dritten gelangt war oder später gelangt.

Diese Regel läßt sich daraus erklären, daß in der Gegenwart Bevollmächtigungen häufiger vorkommen, als im Alterthume und daher der redliche Dritte in höherem Maße schutzbedürftig erscheint.[4])

---

[1]) Planck folgert dies zu 172 daraus, daß die Vollmachturkunde dem Vertreter gegeben ist, um vorgelegt zu werden. Dies genügt jedoch zur Erklärung der Vorschrift nicht. Auch mündliche Vollmachten werden dem Empfänger mitgetheilt, damit dieser sich vor dem Dritten darauf berufe. In Wahrheit liegt eine gesetzliche Bevorzugung der Schriftform vor.

[2]) Seitenstücke siehe oben S. 316 Anm. 2. Hier sind die schriftlichen Vollmachten durch Erhöhung ihrer Zuverlässigkeit begünstigt, wenn auch nicht anbefohlen. Der Schutz gegen den Fortfall der Vollmacht ist nicht blos auf Widerruf und Kündigung beschränkt. K.Prot. I, 148. Ueber den Fall der Konkurseröffnung vgl. 149.

[3]) Die Mot. 236 bemerken ganz im Sinne des römischen Rechtes: „Der Schutz des guten Glaubens ist kein allgemeines Rechtsprinzip, sondern eine Ausnahme.“ Im modernen Rechte, namentlich im Grundbuchrechte, wachsen freilich die Ausnahmen der Regel mehr und mehr über den Kopf. Die Ausnahmenatur der §§ 171, 172 veranlaßt Zitelmann, bei ihnen von einer vollmachtähnlichen Vertretungsmacht zu reden, die in Wahrheit auch Vertretungsmacht kraft Gesetzes sei. M. E. ist sie es nicht mehr als die gewöhnliche Vollmacht, denn auch hier ist es der Thatbestand der Vollmachtsertheilung, dem das Gesetz Kraft verleiht.

[4]) Der Geschäftsherr ist überdies öfter ein Großkapitalist als der Dritte, schon deshalb, weil er einen Vertreter hat. Also wird er in der Regel den Schaden leichter tragen können als dieser. Derartige Rücksichten auf den Mittelstand waren

Als redlich gilt der Dritte nicht, wenn er das Erlöschen der Vollmacht kennen mußte.[1]) Wir werden das in entsprechender Weise auch auf besondere Vollmachtsschranken, die in der Urkunde nicht erwähnt sind, auszudehnen haben.[2])

Der dritte Empfänger dieser Urkunde verliert seinen Schutz, wenn sie dem Vollmachtgeber zurückgegeben (oder für kraftlos erklärt) wird.[3])

b) Ein Schutz gegen heimliche Schranken des Vertretungsrechts, die der Herr dem Vertreter auferlegt, aber nicht dem Dritten erkennbar macht, ist diesem ebenso nöthig, wie ein Schutz gegen den unbekannten Untergang der Vollmacht.

Bei öffentlich erkennbaren Vertretungsverhältnissen scheint schon das römische Recht einen solchen Schutz gewährt zu haben.[4])

Ausdrücklich erwähnt das Gesetzbuch diesen Schutz allerdings nicht einmal bei den drei bevorzugten Fällen.

Hält man sich an den Wortlaut des § 171, so soll in jenen Fällen der Bevollmächtigte „auf Grund der Kundgebung“ an den Dritten bevollmächtigt sein. Darin liegt m. E., daß er auch nach Maßgabe des Inhalts der Kundgebung berechtigt ist, sonst würde ja hier in 171 etwas Selbstverständliches, schon in 167 Gesagtes bestimmt sein.[5])

Dem Wortlaute entspricht auch der Zweck der Bevorzugung der drei privilegirten Vollmachtsfälle (s. oben).

Heimliche Vollmachtsschranken braucht also der Dritte in diesen

---

freilich der Politik des älteren kaiserlichen Rom fremd. Hier, wie bei andern Bestimmungen, die in das Gebiet derselben Politik gehören, war das Preußische Recht ein Vorbild des Bürgerlichen Gesetzbuches, vgl. A.L.R. I, 13, §§ 161, 167, 168, 169, 179.

[1]) Die K.Prot. VI, 134 weisen auf die Möglichkeit hin, daß dem Dritten eine auffallend alte Vollmachtsurkunde vorgelegt wird.

[2]) Zitelmann 122 bemerkt zu 171, 172: „Gleichgültig Wissen des Dritten von dem Nichtbestehen der Vollmacht.“ Dies scheint mir mit 173 nicht vereinbar zu sein.

[3]) Eine diesen Regeln verwandte Vorschrift enthält 674, der nach 168 auch für Vollmachten aus einem Auftragsverhältnisse gilt (ähnlich 729). Ueber 169 vgl. die Mot. 236, die diese Vorschrift in der ersten Lesung ablehnten. Für andere Vollmachtsverhältnisse soll eine derartige Verlängerung nicht eintreten (Mot. 237).

[4]) Vgl. über den institor Dig. XIV, 3, fr. 11, 2: De quo palam proscriptum fuerit ne cum eo contrahatur, is praepositi loco non habetur.

[5]) Nur durch eine besondere Erklärung an den Dritten kann hier der Herr die Vertretungsmacht ausschließen. Hölder 369.

drei Fällen nicht gelten zu lassen. In den andern Fällen gilt freilich das Gegentheil.[1])

IX. Die Folgen der Bevorzugung der drei privilegirten Vollmachtsfälle für das deutsche Verkehrsleben.

Jeder, der in Zukunft eine Vollmacht ertheilen will, hat die Wahl zwischen zwei Vollmachtssystemen, einem, das für ihn ungefährlicher und einem, das für ihn gefährlicher, aber dafür dem Dritten, mit dem verhandelt werden soll, um so ungefährlicher ist.

Will er vorsichtig sein, so ertheilt er eine mündliche Vollmacht. Diese hilft freilich nur, wenn der Dritte damit zufrieden ist. Darf aber der Vollmachtgeber erwarten, daß er es sein werde, so wird er diese vorsichtigere Bevollmächtigungsform wählen.

Darf er jedoch nicht hoffen, daß sein Vertreter dabei einen Kredit finden werde oder verlangt der Dritte eine größere Sicherheit, dann muß der Vollmachtgeber zu einer der drei bevorzugten Formen greifen, d. h. eine Vollmachtsurkunde ausstellen, oder die Vollmacht dem Dritten unmittelbar mittheilen oder endlich sie öffentlich bekannt machen.

So beschränkt das Gesetzbuch hier den Schutz der redlichen Dritten auf die Fälle, in denen er für das Kreditbedürfniß des Geschäftsherrn nöthig erschien.

X. Gegengewichte wider die mißbräuchliche Verwendung einer Vollmacht.

Wie wir sahen, gilt bei den Vollmachten ein Zuverlässigkeits-Formalismus in ähnlicher Weise wie bei dem Grundbuchsinhalte. Es bedarf also auch hier, wie im Grundbuchsrechte, besonderer Schutzvorschriften, die seine Härten abschwächen. Dahin gehören:

a) Die Rückgabepflicht ist hinsichtlich der Vollmachtsurkunde verschärft, indem ein Zurückbehaltungsrecht ausgeschlossen ist (175) Mot. 239.

b) Die schriftliche Vollmacht kann auf Antrag ihres Ausstellers aufgeboten und für kraftlos erklärt werden (176). Dies steht einer Rücknahme der Vollmachtsurkunde gleich.[2])

Die Kraftloserklärung ist bei unwiderruflichen Vollmachten unwirksam. 176, 3. (K.Prot. I, 151.) Bei ihnen hat der Geschäftsherr die Befugniß, die er durch die Vollmacht gewährt hat, gleichsam

[1]) Vgl. oben S. 321 Anm. 2.

[2]) Mot. 240, K.Prot. VI, 135, 136. Cohn 58: „Kraftloserklärung ersetzt Rückgabe.“

aus seinem Vermögen ausgeschieden und darf sie daher nicht eigenmächtig zerstören.

γγ) Vertreter ohne Vertretungsrecht.

§ 79.

I. Arten.

Ein Handeln Unberechtigter bei Geschäftsabschlüssen ist auf drei Arten möglich

a) der Unberechtigte handelt in erklärter Erwartung einer späteren Genehmigung des Berechtigten in dessen Namen.[1]) Auch mit einem zunächst unbestimmten Geschäftsherren, den der unbeauftragte Geschäftsführer oder ein anderer oder auch ein zufälliger Umstand näher bestimmen soll, kann in solcher Weise ein Geschäft abgeschlossen werden.[2])

b) Der Unberechtigte, der in fremdem Namen handelt, behauptet fälschlich bevollmächtigt zu sein. Dabei rechnet er entweder innerlich auf eine spätere Genehmigung oder er unternimmt die Handlung auch ohne dies.

c) Es tritt Jemand in der irrigen Meinung auf, zu einem Geschäfte bevollmächtigt zu sein, während er zu einem andern bevollmächtigt war, z. B. er bestellt irrthümlicher Weise eine Droschke erster Klasse statt eine solche zweiter Klasse für den Auftraggeber. Vgl. hierzu III.

d) Der Unberechtigte verfügt in eigenem Namen über ein fremdes Vermögensstück. Auch hier kann die Hoffnung auf nachträgliche Zustimmung des Berechtigten vorhanden sein oder fehlen (s. hierüber § 81).

II. Die offenkundige Stellvertretung ohne Vertretungsmacht.

a) Das einseitige Geschäft ohne Vertretungsmacht, z. B. die Kündigung einer Miethswohnung braucht sich der Empfangsberechtigte, z. B. der Hauswirth, nicht gefallen zu lassen, auch wenn der unbefugte Vertreter eine nachträgliche Genehmigung beizubringen ver-

---

[1]) Dies ist namentlich dann nöthig, wo er dem Absender durch eine bloße mittelbare Vertretung nicht helfen kann, weil dieser mehr Kredit findet, als er selber. Mot. 241.

[2]) Ein Beispiel siehe K.Prot. II, 460. Vgl. hierzu Dernburg, Bürg. Recht. II. R. der Schuldverhältnisse S. 81 ff. und die dort Genannten.

spricht (180).[1]) Ebenso geht es den Empfangsberechtigten nichts an, wenn ein Unbefugter in seiner Abwesenheit eine solche Erklärung statt seiner entgegennimmt (vgl. K.Prot. I, 174).

Läßt sich der Kündigungsempfänger auf die Kündigung eines Vollmachtlosen ein, ohne dessen Vertretungsmacht dabei zu beanstanden,[2]) so liegt darin ein Vertrag des Vertreters im fremden Namen, den der Vertretene genehmigen muß, im vorliegenden Falle also eine vertragsmäßige Miethsauflösung (Mot. 245).[3])

Bei nicht empfangsbedürftigen Erklärungen, z. B. Auslobungen, kann natürlich noch weniger von einer Vertretung ohne Vollmacht die Rede sein.

b) Der Vertrag mit erwarteter Genehmigung des Geschäftsherrn (sog. stellvertretende negotiorum gestio) ist schon dem römischen Rechte bekannt. Für ihn gilt Dig. XLVI, 3 de solut. fr. 12, § 4: Ratihabitio mandato comparatur.

Das Geschäft hat eine gewisse Aehnlichkeit mit den hinkenden Verträgen der Minderjährigen, bei denen gleichfalls die eigenmächtige Fürsorge eines Unbefugten in eine Vermögensverwaltung eingreift und die Genehmigung des zum Vertragsabschlusse Berechtigten (hier des Vormundes, dort des Geschäftsherren) den Mangel heilt.

Das Bürgerliche Gesetzbuch hat diesen Gedanken auf das Schärfste betont.[4])

Bei formlosen verpflichtenden Verträgen, die ein Unbeauftragter so vermittelt, daß er das Geschäftsanerbieten für den Geschäftsherrn annimmt, um es diesem zu berichten, liegt kein Handeln im fremden Namen vor, sondern eine bloße Beihülfe zum Geschäftsabschlusse (nämlich eine Botenthätigkeit), wenn dem Herrn die abschließende Zustimmung zu dem Geschäftsinhalte doch nicht erspart wird.[5])

---

[1]) Vgl. Cohn 61: „Machtlosen Mannes Mahnung weist ein weiser Mann zurück."

[2]) Bei schriftlichen Erklärungen genügt eine baldige Beanstandung nach dem Erklärungsempfange. Planck 1a zu 180.

[3]) Ueber besondere Schwierigkeiten bei der Verbindung zweiseitiger und einseitiger Geschäfte s. Planck 2 zu 180.

[4]) Schärfer als die erste Lesung Planck zu 177. In beiden Fällen liegt eine eigenmächtige Fürsorge vor, deren vortheilhafte Folgen das Gesetz gewähren will, ohne die Nachtheile mit in den Kauf zu nehmen. Vgl. Cohn 59: „Nimm vor Vertretern ohne Macht, wie vor minores Dich in Acht."

[5]) Diese Ansicht, die der Verfasser früher für alle Verabredungen vertrat (Anfechtbarkeit der Vertr. f. das Vermögen eines Dritten. Leipzig 1892), läßt sich nur für formlose obligatorische Verträge aufrecht erhalten.

Der Dritte bestellt das Vertragsanerbieten dem Geschäftsführer, der es freiwillig für den Herrn in Empfang nimmt; die Antwort (Annahme) ertheilt dann der Herr dem Dritten oder, wenn dies verabredet ist, einem andern als dem Dritten, z. B. dem Geschäftsführer selbst. Da der Geschäftsführer aus der negotiorum gestio zur Mittheilung des ihm gemachten Antrages an den Herrn verpflichtet ist, so ist der Dritte während der Wartezeit an den Anrag gebunden.

Das römische Recht gestattet jedoch solche negotiorum gestiones nicht blos bei obligatorischen Verträgen, sondern auch bei dem Eigenthumserwerbe aus einer Tradition und da es die Genehmigung auf die Verhandlungen des Vertreters zurückzieht (Dig. XLVI, 3 de sol. fr. 58, § 2, 71, § 2), so hat es eine wahre Stellvertretung durch Vollmachtlose zugelassen.[1])

Auch das Bürgerliche Gesetzbuch behandelt das Verhältniß als wahre Vertretung, woraus folgt, daß eine sog. stellvertretende negotiorum gestio durch einen Geschäftsunfähigen, z. B. einen Wahnsinnigen, nicht möglich ist. Man wird freilich da, wo sie vorkommt, wenigstens einen formlosen Vertrag im Nothfalle durch Umdeutung (Conversion) vor der Unverbindlichkeit retten können, indem man z. B. den Wahnsinnigen als Boten betrachtet, der den Geschäftsabschluß zwischen dem Dritten und dem Geschäftsherren vermittelt hat.

Auch da, wo die Parteien die Mittelperson aus andern Gründen blos als Boten ansehen, wird dies zu beachten sein.

Wo aber eine wahre Vertretung vorliegt, geht das Gesetzbuch davon aus (177), daß im Zweifel der Herr seine Genehmigung, die „eine Gesetzesbedingung für die Wirksamkeit" des Geschäftes ist (Mot. 241), nicht dem Dritten, der darauf wartet, zu erklären braucht, sondern auch der Mittelsperson erklären kann, was nach bisherigem Rechte nicht außer Zweifel war. Will der Dritte Klarheit haben, so kann er sich an den Geschäftsherrn wenden und binnen zwei Wochen Antwort verlangen[2]) (hier ist also die Wartezeit gesetz-

---

[1]) Dies ist auch nicht wunderbar, wenn man bedenkt, daß ein auftragloser Vertreter den Herrn niemals so schwer schädigen kann, wie ein Bevollmächtigter. Der Geschäftsherr kann nur bei jenem den Vertragsinhalt prüfen, ehe er ihn genehmigt, nicht bei diesem.

[2]) Ueber die Doppelnatur dieser Anfrage als Wunsch einer Aufklärung und als Wunsch einer Entscheidung vgl. Hölder 375.

lich genau fixirt, während dies bei einfachen Vertragsanerbieten nicht geschehen ist, vgl. oben S. 289).

Wenn nun der Geschäftsherr dem Geschäftsführer eine andere Erklärung abgegeben hat als dem Dritten, jenem z. B. gegenüber das Geschäft genehmigt hat, diesem gegenüber aber es ablehnt, so gilt dann die Antwort, die dem Dritten gegeben ist (177, 2).[1] Die Erklärung an den Geschäftsführer wird hinfällig, sobald der Dritte den Herrn unmittelbar um eine Antwort angeht.

Vermuthet daher ein Dritter, daß der Herr das Geschäft dem Vertreter gegenüber genehmigt habe, kann es aber nicht nachweisen, so ist er in einer üblen Lage.[2] Fragt er den Herrn, so verliert er durch diesen Ausdruck einer berechtigten Wißbegierde seine Rechte aus der Genehmigung, die dem Geschäftsführer bereits ertheilt worden ist. Fragt er ihn nicht, so bleibt er im Ungewissen. Es wird ihm also wohl nichts anderes übrig bleiben, als die Rechte, die er vielleicht aus einer dem Vertreter ertheilten Genehmigung erworben haben kann, durch jene Frage preiszugeben, wenn er nicht zufälliger Weise darthuen kann, daß das Geschäft hinter seinem Rücken bereits gegenüber dem unbeauftragten Geschäftsführer genehmigt worden ist.

Sehr viel einfacher würde sich die Sachlage gestaltet haben, wenn das Gesetz nur die Erklärung an den Dritten, nicht aber eine solche an den Geschäftsführer als vollgültig angesehen hätte. So war es auch in der ersten Lesung geschehen. (Mot. 243. Ebenso noch K.Prot. I, 155.) Der Gedanke, daß man Genehmigungen der Geschäfte eines vollmachtlosen Geschäftsführers und eines Mündels nicht blos dem Dritten, sondern auch dem, der mit ihm verhandelt hat, erklären dürfe, ist mit der immer bedenklichen Begründung aus dem „natürlichen Rechtsgefühle“ erst ganz zuletzt in den Vorberathungen aufgetaucht und angenommen worden. K.Prot. VI, 125 ff.

III. Die unwahre Behauptung einer Vollmacht.

a) Die Folgen eines Geschäftes dessen, der nicht bevollmächtigt ist, aber behauptet es zu sein, sind nach bisherigem Rechte zweifelhaft. Es ist fraglich, ob der Herr ein solches Geschäft genehmigen darf, oder höchstens ein neues Geschäft desselben Inhalts selbst oder durch den Vertreter abschließen kann.

---

[1] Es ergiebt sich dies m. E. aus dem Erklärungszwecke.

[2] Hölder 375 unten.

Insbesondere ist zweifelhaft, ob die Vertretung ohne jede Vollmacht oder über die Vollmachtsgrenzen hinaus einer Vertretung aus einer mißverstandenen Vollmacht gleichstehe; also die vorgespiegelte Vollmacht der putativen.[1])

Das Bürgerliche Gesetzbuch unterstellt beide Geschäfte der Genehmigung des Herrn. Es behandelt die eingebildeten Vollmachten ebenso wie die vorgespiegelten. Der betrogene Dritte kann daher nach Aufklärung der Täuschung, die ihm widerfahren ist, allerdings das Geschäft, wenn es ein Vertrag ist, widerrufen (178).[2]) Er kann aber auch den angeblichen Vollmachtgeber befragen, ob er das Geschäft genehmige und dieser darf dann binnen zwei Wochen diese Angelegenheit, die ihn eigentlich nichts angeht, gut heißen. Ja er darf dies auch ohne Anfrage, so lange der Betrogene das Geschäft nicht widerrufen hat.[3])

Es ist dies eine bewußte Abweichung vom römischen Rechte (Mot. 243), die nicht unbedenklich sein würde, wenn nicht 178 dem Enttäuschten ein Widerrufsrecht gäbe.

Wenn sie auch vielleicht nicht nöthig war, so kann sie doch wohl auch nichts schaden.

Im Uebrigen sind die einseitigen Geschäfte von den zweiseitigen der unbefugten Vertreter zu sondern.

Bei ersteren gilt eine eigenthümliche Umdeutung (Konversion) der unbefugten Erklärung. Ihr Empfänger, z. B. ein Hausherr, dem Namens des Miethers von dessen unbeauftragtem Freunde die Wohnung gekündigt wird, muß dies bei dem Empfange (oder kurz nachher) beanstanden. Thut er es nicht, dann behandelt das Gesetz (180) ihn so, als habe er mit dem Erklärenden einen Vertrag für dessen Geschäftsherrn abgeschlossen, bei dem jener (der Erklärende) als unbeauftragter Vertreter thätig geworden sei (180).[4]) Durch diese

[1]) Für die putative Vollmacht galt auch bisher der Satz: Ratihabitio mandato comparatur (die Folge einer Konversion); nicht aber für die wissentlich erlogene, die eine Konversion nicht verdient. Man denke z. B. an einen Betrüger, der mit vorgespiegelter Vollmacht eine Kiste Zigarren für seinen angeblichen Herrn bestellt hat, um sie sodann zu unterschlagen. Den Herrn berührt m. E. nach bisherigem gemeinem Rechte das Geschäft überhaupt nicht. Dem Betrüger fehlte einerseits der animus aliena negotia sine mandatu gerendi und andererseits die Vollmacht.

[2]) Ein Seitenstück des 109 f. Planck zu 178.

[3]) Dem Geschäftsherrn fällt hier gewissermaßen als Ersatz dafür, daß sein Namen mißbraucht ist, ein unerwartetes Geschäft in den Schooß.

[4]) Anders im ähnlichen Falle des 109 f. unten § 95. Wir haben also auch

eigenartige Begünstigung lügnerischer Mittelspersonen, die sich in fremde Angelegenheiten drängen, werden wir in Zukunft genöthigt sein, wenn uns Jemand eine einseitige Erklärung im Namen eines andern macht, uns Vollmachtsurkunden vorweisen zu lassen, um ganz sicher zu gehen.[1]) Es liegt also auch hier eine mittelbare Begünstigung der Schriftform bei Vollmachten vor.[2])

b) Die Folgen des Geschäftes, das von einem Vollmachtlosen abgeschlossen ist, für den Vertreter selber bestehen in der Selbsthaftung des Vollmachtlosen (Wechselordnung Art. 95, altes H.G.B. §§ 55, 298). Da sein enttäuschter Vertragsgenosse jede Rücksicht verdient, der Enttäuscher aber keine, so nimmt das Gesetzbuch diesen zwischen zwei Feuer.[3]) Er muß nach der Wahl des andern entweder Schadensersatz zahlen, der dem anderen sehr oft lieber sein wird, als die Erfüllung des Geschäftes durch den unzuverlässigen Vertreter, oder er muß erfüllen. Eine bloße Haftung für culpa in contrahendo auf das negative Vertragsinteresse tritt dann ein, wenn der Vertreter den Mangel seiner Vertretungsmacht nicht gekannt hat.[4])

Diese Forderungen werden einem Dritten dann abgesprochen, wenn er den Vollmachtsmangel kannte oder kennen mußte[5]) oder, wenn der vollmachtlose Vertreter in der Geschäftsfähigkeit beschränkt war und ohne Zustimmung seines gesetzlichen Vertreters handelt

hier das besprochene förmliche negotium claudicans vor uns, wie bei den Verträgen der Minderjährigen ohne vormundschaftliche Zustimmung.

[1]) Anders noch die K.Prot. I, 172: „Es entspreche den im Verkehre herrschenden Anschauungen nicht, demjenigen, dem gegenüber von irgend einem Unbefugten Namens eines Andern eine Erklärung abgegeben werde, die Zurückweisung derselben zuzumuthen." Schließlich hat man dies aber doch bestimmt.

[2]) Das Gesetz zwingt den Empfänger, die Urkunde zu verlangen und dadurch den Erklärenden, sie sich geben zu lassen, sowie den Vollmachtgeber, sie auszustellen. Vgl. über Fälle, in denen die Regel des § 180 nicht unbedenklich ist. K.Prot. I, 169. Ueber derartige mittelbare Nöthigungen zur Schriftlichkeit im B.G.B. siehe unten § 82, Nr. VII und oben S. 321 Anm. 2.

[3]) Die Annahme eines „stillschweigenden Garantieversprechens für das Dasein der Vollmacht" (Mot. 244) wurde als anfechtbar bezeichnet. (K.Prot. I, 158.) Sie passe nicht bei einem Irrthume des Vertreters über den Vollmachtsmangel. Doch bedarf der Gesetzgeber ihrer nicht, um festzustellen, daß man die Rolle eines Vertreters nur auf „eigene Gefahr" soll übernehmen können (K.Prot. I, 159 ff.).

[4]) Ueber die Triebfedern zur Entwicklung dieses eigenartigen Begriffes s. unten § 102.

[5]) Ueber die später eintretende Kenntniß des Dritten von der Anfechtbarkeit einer Vollmacht vgl. K.Prot. I, 166.

(K.Prot. I, 164, 179, 3). Im letzteren Falle wird also eine Unzuverlässigkeit minder streng beurtheilt.

Eine Schadensersatzpflicht aus einer unerlaubten Handlung ist dadurch natürlich nicht ausgeschlossen. Im Uebrigen hängt die dargestellte strenge Haftung der Vertreter vom eigenen Verschulden nicht ab, weil der Schutz des Dritten gegen Enttäuschung dem Gesetze wichtiger erscheint, als das natürliche Bestreben, die Haftung des unschuldigen vollmachtlosen Vertreters zu vermeiden.[1])

IV. Die Kraft der Genehmigung.

Die Genehmigung steht neben dem übrigen Geschäftsabschlusse ebenso, wie die Vollmacht, und ist eine einseitige formfreie Willenserklärung (Mot. 241).

Sie soll im Zweifel zurückwirken, wie im römischen Rechte.

Ganz unbedenklich ist dies bei Verpflichtungsverträgen, die Dritte nichts angehen. Wenn aber ein solches noch nicht genehmigtes Geschäft über ein Vermögensstück verfügt und in der Zeit der Ungewißheit Rechtsnachfolger für eine der geschäftsabschließenden Parteien eintreten, so fragt es sich, ob für diese bei späterer Genehmigung der Satz gilt: Resoluto jure concedentis, resolvitur jus concessum, d. h. ob alles, was im Schwebezustande an Rechtsveränderungen eintritt, möglicherweise am Ende dieses Zustandes zusammenfällt. (Siehe unten § 89.)

Das Bürgerliche Gesetzbuch unterscheidet hier grundsätzlich die Nachfolger des Dritten, der sich mit dem vollmachtlosen Vertreter eingelassen hat, von denen des Vertretenen (184). Der Dritte hat durch das abgeschlossene Geschäft über sein Vermögen bereits gleichsam bedingungsweise verfügt; er kann seinen Rechtsnachfolgern unbedingte Rechte nicht mehr gewähren. Der Vertretene aber weiß zunächst von nichts; wenn er über einen Vertragsgegenstand verfügt, den ein anderer inzwischen in seinem Namen vorbehaltlich seiner Genehmigung einem Dritten zugewandt hatte, so handelt er, weil er dies nicht zu beachten braucht, mit vollem Rechte und alle, die seine Rechtsnachfolger werden wollen, dürfen dieses noch unversehrte Herrschaftsgebiet in sein Vermögen hineinbeziehen. Auch darf er nicht etwa durch die Genehmigung des Geschäfts Erwerber schädigen, die sich inzwischen auf sein Wort verlassen haben.

---

[1]) Cohn 60: „Falsche Vertretung fragt nicht nach Verschulden." Aehnliche Gedanken finden sich in der Irrthumslehre, siehe unten § 102.

Dies gilt nicht nur bei auftraglosen Vollmachten, sondern bei allen Genehmigungsfällen des Bürgerlichen Gesetzbuches (s. §§ 80, 81).

Ein Beispiel mag dies veranschaulichen.

A. schließt mit B. einen gegenseitigen Schulderlaß ab, wobei B. den C. ohne Auftrag vertritt. X., der Gläubiger des A., läßt sich die preisgegebene Forderung des A. gegen C. von A. an Zahlungsstatt übertragen. Y., der Gläubiger des C., läßt sich dessen Gegenforderung an A. überweisen. Jetzt genehmigt C. den Schulderlaßvertrag. Dies berührt den Y. nicht, wohl aber den X., weil nur dessen Rechtsvorgänger A. den Erlaß selbst abgeschlossen hat, den C. aber das von B. für ihn abgeschlossene Geschäft zunächst nichts anging.

Eine andere Frage ist, ob nicht unter Umständen durch solche Verfügungen in der Zwischenzeit die ganze genehmigungsbedürftige Abrede hinfällig werden kann. Wer z. B. von einem auftraglosen Freunde des Nachbarn ein Grundstück kauft, braucht das Geschäft nicht gelten zu lassen, wenn der Nachbar inzwischen Hypotheken auf den Kaufgegenstand gelegt hat und erst hinterher den Vertrag genehmigen will.[1])

V. Das Verhältniß der Vertretungen ohne Auftrag zu den sog. „Versprechen der Leistung an einen Dritten" muß dem Rechte der Schuldverhältnisse zur näheren Erörterung überlassen bleiben.[2]) Es soll aber hier wenigstens kurz berührt werden.

Ein Unterscheidungsmerkmal der auftraglosen Stellvertretung und des sog. Vertrags zu Gunsten eines Dritten ist in der Redeweise des Volkes nicht vorhanden. Die Juristen verstehen dagegen unter den sog. Verträgen zu Gunsten Dritter nur solche, welche keine wahren Vertretungen sind und daher den Rechtsvorschriften über Vertretung nicht unterliegen.

Das Bürgerliche Gesetzbuch hat dingliche Verträge dieser Art nirgends anerkannt, obgleich sie denkbar sind, wohl aber hat es im Gegensatze zum römischen Rechte und in Anlehnung an die nach-

---

1) Derartige Fälle mögen wohl Hölder 386 zu der Bemerkung veranlaßt haben, das Gesetz hätte besser die Ungültigkeit einer solchen Genehmigung (die einer rechtsgültigen Verfügung der Zwischenzeit zuwiderläuft) bestimmen sollen, als nur die fortdauernde Geltung der Verfügung der Zwischenzeit. Auf die im Texte angedeutete Weise wird man aber wohl mit dem Gesetzbuche auskommen können.

2) Vgl. Hellwig, Die Verträge auf Leistung an Dritte. Leipzig 1899 und über die Ansichten des Verfassers, dessen Festschrift: Die Anfechtbarkeit der Verträge für das Vermögen eines Dritten. Leipzig 1892.

römische Entwicklung obligatorische Verträge zu Gunsten Dritter in weitem Umfange zugelassen. Es kennt (§§ 328 ff.) „Versprechen der Leistung an einen Dritten" und beschränkt diesen Ausdruck in § 328 auf solche Versprechen für das Vermögen eines Dritten.[1]) Während also die Redeweise des Volkes ihn ohne Weiteres auch bei der Entgegennahme von Versprechen durch einen unbeauftragten Geschäftsführer anwendete und vermuthlich auch fernerhin anwenden wird, muß sich der Jurist vor dieser Redeweise hüten. Als Unterscheidungsmerkmal ergiebt aber der Gesetzestext die Zustimmungsbedürftigkeit eines Geschäftes. Sie ist das Kennzeichen des Vertretungsgeschäftes im Gegensatze zu den Versprechen der Leistungen an Dritte.[2])

Dieser Begriff des Bürgerlichen Gesetzbuches deckt sich keineswegs mit dem gemeinrechtlichen Begriffe der sog. Verträge zu Gunsten Dritter. Unter diesen verstand man in der Regel nur solche Geschäfte, die ebensowohl das Vermögen des Dritten wie dasjenige des sogen. Versprechensempfängers (331) so berühren, daß dabei eine Begünstigung des Dritten für Rechnung dieses Empfängers vorliegt. (So bei der Lebensversicherung zu Gunsten der Frau auf Kosten des Mannes.)

Das römische Recht ließ der richtigen Meinung nach solche Geschäfte nicht zu (m. E. auch nicht bei Zustimmung des anwesenden Dritten).

Das Bürgerliche Gesetzbuch weiß in Anlehnung an späteres Gewohnheitsrecht davon nichts. Seitdem aber diese Geschäfte nicht mehr

---

[1]) Er gilt also nicht bei der Annahme eines Lehrers für den Sohn u. dgl. Fälle, in denen Dritte zwar einen Vortheil, aber kein Forderungsrecht erhalten sollen.

[2]) Ein zweiseitiges Geschäft für einen Abwesenden, dessen Unkosten dieser übernehmen soll, wird ein Vollmachtloser daher auch in Zukunft nur als Vertretungsgeschäft abschließen können, da der Dritte ohne Zustimmung nicht gebunden sein kann. Handelt es sich dagegen um ein Geschäft, dessen Unkosten der Anwesende auf sich nimmt oder um die Entgegennahme einer Schenkung, so hängt es von den Vertragschließenden ab, ob eine bloße vollmachtlose Vertretung oder ein unmittelbares Recht des Dritten ausbedungen wird. Ein Onkel will z. B. dem verreisten Neffen ein Schenkungsversprechen abgeben; ein Freund dieses Neffen nimmt es vor Gericht in Empfang. Hier kann verabredet werden, daß der Neffe es noch besonders genehmigen müsse. Dies wäre dann „Vertragsschluß ohne Vertretungsmacht" (177). Es kann aber auch sofortige Geltung verabredet sein. Dies wäre ein Versprechen der Leistung an einen Dritten. Ein Vertrag zu Gunsten des Dritten im gemeinrechtlichen Sinne wäre es m. E. nicht, jedenfalls nicht ein solcher, den der Empfänger des Versprechens auf eigene Unkosten abschließt.

als verboten gelten, verliert ihre begriffliche Abgrenzung den praktischen Werth.

Natürlich sind die in diesem Begriffe zusammengefaßten Lebenserscheinungen nicht verschwunden, auch behält die Deutung des im römischen Rechte verbotenen alteri stipulari ihren rechtsgeschichtlichen Werth. Für das Bürgerliche Gesetzbuch ist sie gleichgültig. Es kennt keine Verträge zu Gunsten Dritter als technischen Rechtsbegriff, weil es sie nicht mehr untersagt.

VI. Das Verhältniß der vollmachtlosen Vertretung zur Schuldübernahme.

Wo der neue Schuldner dem Gläubiger gegenüber die Schuld des andern auf sich nimmt, da liegt deshalb keine Vertretung vor, weil hier der alte Schuldner auch ohne seinen Willen frei wird (414). Der neue Schuldner bietet hier zugleich dem alten einen zweiten Vertrag an, der je nach dem Zwecke, zu dem der neue Schuldner für den alten eintritt, einen verschiedenen Inhalt haben kann. Lehnt der alte Schuldner diesen Vertrag ab, so ist er grundlos bereichert.

Verabreden dagegen der alte und der neue Schuldner die Schuldübernahme in Abwesenheit des Gläubigers, so liegt ein Doppelgeschäft vor, dessen beide Theile mit einander stehen und fallen sollen. Einmal verspricht der neue Schuldner den Gläubiger zu befriedigen, dem alten, der insoweit, aber nur insoweit vollmachtloser Vertreter des Gläubigers ist, jedoch auch nur dann, falls er es sein will. Zugleich einigen sich die beiden Schuldner über den Zweck der Schuldbefreiung, die der neue dem alten zusagt.

Wegen dieser Doppelnatur gilt hier nicht das gewöhnliche Recht der vollmachtlosen Vertretung, sondern ein Sonderrecht (415). Lehnt der Gläubiger das Doppelgeschäft dem alten Schuldner gegenüber ab, so ist das Geschäft endgültig gescheitert. Erklärt trotzdem der neue Schuldner dem Gläubiger gegenüber den Willen, die Schuld zu übernehmen, so ist das wieder ein ganz neues Geschäft. Das alte Doppelgeschäft unter den beiden Schuldnern ist und bleibt gescheitert.[1])

Es ist dies namentlich wegen der Beziehungen wichtig, die das alte Geschäft zwischen dem früheren und dem späteren Schuldner herstellen wollte.

---

[1]) Vgl. über diese Streitfrage Dernburg, Recht der Schuldverhältnisse 357 § 156 Anm. 3 und die dort Genannten.

d) Die Zustimmung zu den Geschäften eines fremden Geschäftsherrn.

α) Der Begriff der Zustimmung im Bürgerlichen Gesetzbuch.

§ 80.

I. Die Redeweise des Volkes und des Gesetzbuches.

Die Ausdrücke, Zustimmung, Einwilligung, Genehmigung, Einverständniß-Erklärung, Beitritt und dergl. werden in der Redeweise des Volkes in der Regel als gleichbedeutend angesehen. Sie bezeichnen sowohl die Akte des eigentlichen Geschäftsabschlusses, als Vollmachten, nachträgliche Genehmigungen oder auch bevormundende Nebenerklärungen.

Die Juristen reden von Konsensen gewöhnlich nur bei den bevormundenden Nebenerklärungen und von Ratihabitionen bei nachträglichen Zustimmungen zu einem von einem andern festgestellten Geschäftsinhalte.

Die Volksrede unterscheidet auch kaum die Vollmacht von der vorherigen obervormundschaftlichen Einwilligung, während diese beiden Ermächtigungsformen einer verschiedenen rechtlichen Behandlung unterliegen und deshalb zu sondern sind.

Daher sucht das Bürgerliche Gesetzbuch der Sprachverwirrung durch feste Begriffsnamen zu steuern.

Unter der Zustimmung versteht es nur solche Fälle des Zustimmens, die weder Geschäftsabschluß-Akte sind, wie Vertragsantrag und Annahme oder etwa die Unterschrift unter einer letztwilligen Verfügung, noch auch Vollmachten, sondern die zu einem anderweitig festgesetzten oder später festzusetzenden Geschäfts-Inhalte bekräftigend hinzutreten[1]) mit Ausnahme der Vollmacht, die eine Sonderstellung erhält (182 ff.).

Die Zustimmung zerfällt wieder in

a) die vorherige Zustimmung (Einwilligung);

b) die nachträgliche Zustimmung (Genehmigung).

Zu ihr gehören namentlich auch die erwähnten Genehmigungen der Vertretungen ohne Vertretungsmacht.

Auf Genehmigungen von öffentlich-rechtlichem Charakter, z. B.

---

[1]) Vgl. Hölder 383. Zu 182: „Ein Dritter ist hier, wer weder das Rechtsgeschäft vollzieht noch bei seiner Vollendung mitwirkt". „Die Bestimmung des Gesetzes über die Widerruflichkeit der Einwilligung findet daher keine Anwendung auf den Fall der einem Andern überlassenen Ausfüllung einer in blanco unterzeichneten Schuldurkunde, auf den sie angewendet wird durch Strohal in Jh. Jahrb. 30 S. 187."

Stiftungsgenehmigungen soll sich das für Privatgeschäfte berechnete Recht der §§ 182 ff. nicht beziehen (vgl. K.Prot. I, 589. Mot. 246 K.Prot. I, 178).

Die nicht vom Vormunde ausgehenden, sondern vom Vormundschaftsgerichte, Gegenvormunde oder mütterlichen Beistande ausgehenden bevormundenden Einverständnißerklärungen heißen übrigens auch dann, wenn sie im Voraus geschehen, nicht Einwilligungen, sondern Genehmigungen (Mot. 247); wohl, weil sie der Einwilligung des Vormundes genehmigend hinzutreten.

In dieser eigenartigen Doppelbenennung der vormundschaftlichen Ermächtigungen entfernt sich das Bürgerliche Gesetzbuch übrigens ebensoweit von der Volkssprache, wie von der Redeweise der Juristen, die bisher die Zustimmung des Vormundes und diejenige des Gegenvormundes durchaus mit denselben Namen zu bezeichnen gewohnt war, auch wenn sie dem Geschäftsabschlusse, dem sie galten, vorangingen.

II. Die Hauptarten der Zustimmungen im Sinne des Bürgerlichen Gesetzbuches sind:

a) Die bevormundende Zustimmung.

b) Die Zustimmung zu Uebergriffen in das Verfügungsrecht eines andern, die vom Verletzten ausgeht, d. i. die ergänzende Zustimmung.

III. Gemeinsame Rechtsregeln über Zustimmungen.

a) Nach allgemeinen Gesichtspunkten müßte jede bevormundende oder das fehlende Verfügungsrecht der Geschäftspartei ergänzende Zustimmung dem andern Theile erklärt werden, der sich mit dem Mündel oder dem Unbefugten eingelassen hat, da diese andere Partei an der Kenntnißnahme vornehmlich interessirt ist. Anders das Bürgerliche Gesetzbuch 182.[1]) Die Zustimmung an jede der Parteien soll genügen (vgl. Mot. 246). (Gerade wie bei der Vollmacht s. S. 315, 316.) Ausnahmen enthalten die §§ 1828, 1832, 1643, 1691, wonach die Genehmigungen des Vormundschaftsgerichts Gegenvormundes oder Beistandes dem Vormunde, dem Vater oder der Mutter zu erklären sind.

b) Einwilligungen zu einseitigen Geschäften, die nicht in schriftlicher Form auf Wunsch des andern Theiles vorgelegt werden, sollen ebenso unwirksam sein, wie Vollmachten (182, 3).

[1]) Vgl. über die Ausnahmen dieser Regeln Fischer-Henle 182 Nr. 4 u. 5, 183 Nr. 1, Cosack 232, 233.

c) Die Zustimmungen sollen nicht als Bestandtheile des Rechtsgeschäftes gelten, vielmehr als besondere Zusätze (K.Prot. I, 177) und daher der Form des Hauptgeschäftes nicht bedürfen, eine m. E. nichts weniger als selbstverständliche Vorschrift, bei der dem bevormundenden und beweissichernden Zweck der Formvorschriften keineswegs durchaus genügt wird.[1])

d) Die Verpflichtungskraft der Zustimmungen unterliegt nicht den allgemeinen Grundsätzen über Vertragsanerbieten, sondern diese Zustimmungen sind nach 183, wie die Vollmachten, im Zweifel widerruflich, sofern nicht das zu Grunde liegende Rechtsverhältniß etwas Anderes bestimmt (K.Prot. I, 176). Auch dieser Widerruf kann dem Ermächtigten oder auch dem Dritten gegenüber erklärt werden. Bei vormundschaftlichen Zustimmungen wird man aus dem zu Grunde liegenden Bevormundungsverhältnisse wohl das Widerrufsrecht ausnahmslos zu folgern haben, weil es dem Schutze der Mündel dient.

IV. Die Analogie der Vollmacht ist gegenüber der vormundschaftlichen Einwilligung auf die im Gesetzbuche verzeichneten Punkte zu beschränken (Erklärbarkeit nach verschiedenen Richtungen,[2]) Freiheit von der Geschäftsform mit einer Modifikation für einseitige Erklärungen und regelmäßige Widerruflichkeit). Die andern Vorschriften über Vollmacht finden keine entsprechende Ausdehnung auf die bevormundenden Einwilligungen. Dafür spricht nicht blos der äußere Grund, daß ohnedies die analog zu behandelnden Punkte nicht besonders hervorgehoben sein würden.[3]) Noch mehr folgt dies daraus, daß das Sonderrecht der Vollmachten den Bedürfnissen des Vollmachtgebers dient, dasjenige der Einwilligungen, die zum Bevormundungszwecke geschehen, dem Wohle der Bevormundeten. Auch können die Interessen Dritter gegenüber dem Vollmachtgeber naturgemäß schärfer betont werden, als gegenüber einem schutzbedürftigen Mündel.

Ist daher eine Einwilligung erloschen oder inhaltlich beschränkt, so wird — immer abgesehen von unerlaubten Handlungen — der Mündel nicht darunter zu leiden haben, daß sie dem Dritten un-

---

[1]) Die K.Prot. I, 178 geben folgendes Beispiel: A. verschenkt ein fremdes Grundstück, er erkauft vom Eigenthümer die Zustimmung. Dieser soll dann nicht der Form des Grundstücksverkaufes bedürfen. Vgl. Cohn 62: „Formelles Geschäft, formlose Zustimmung.“ Cosack 231 bezeichnet den Zustimmenden als Nebenpartei.

[2]) Vgl. z. B. 1748.

[3]) Vgl. aber auch Mot. I, 246 und Cohn 62: „Einwilligung ist der Vollmacht Zwillingsschwester.“

mittelbar oder in Form einer Ermächtigungsurkunde mitgetheilt war (s. oben S. 323 IX).

β) Die einzelnen Fälle (insbesondere die hinkenden Verträge).

§ 81.

I. Das gemeinsame Merkmal der Zustimmungsfälle der §§ 182—185 ist eine Hülfe gegen die Unfähigkeit einer Geschäftspartei.

So helfen die vormundschaftlichen Zustimmungen gegen die unvollkommene Geschäftsfähigkeit, Zustimmungen, die das beschränkte Verfügungsrecht (z. B. eines Gatten) ergänzen, gegen die sog. Dispositionsunfähigkeit, d. i. die Unfähigkeit, über gewisse Stücke des eigenen Vermögens allein zu verfügen. Endlich hilft die Zustimmung des Berechtigten zu Eingriffen, die in seinen Vermögenskreis gemacht sind, gegen die allgemeine Unfähigkeit über fremde Vermögensstücke zu verfügen.

II. Vormundschaftliche Zustimmungen zu einseitigen Rechtsgeschäften.

Der Empfänger einseitiger Erklärungen eines in der Geschäftsfähigkeit Beschränkten soll jedoch nicht blos dagegen geschützt sein, daß dieser die Ermächtigung des Vormundes erst später beibringen will, sondern auch dagegen, daß er eine solche fälschlich vorspiegelt. Das Erforderniß der Schriftlichkeit der Einwilligungen lag hierbei als Sicherungsmittel nahe. Doch ist sie nicht unbedingt vorgeschrieben. Vielmehr kann der Empfänger der Erklärung nur verlangen, daß ihm eine schriftliche Einwilligung des Vormundes vorgelegt werde. Geschieht dann das Verlangte nicht, so ist die Erklärung des Bevormundeten unwirksam, mag ihr nun eine Ermächtigung vorangegangen sein oder nicht (111).

Dadurch werden die Vormünder veranlaßt, solche Einwilligungen in eine Schriftform einzukleiden, damit nicht ihr Mündel, wenn er davon Gebrauch machen will, einer Zurückweisung ausgesetzt sei.

III. Vormundschaftliche Zustimmung zu Verträgen.

a) Der Zweck der Zulassung hinkender Verträge.[1]

Der Gedanke, daß die Minderjährigen über sieben Jahre und die ihnen Gleichgestellten vortheilhafte Geschäfte abschließen dürfen, ist auch bei zweiseitig belastenden Verträgen soweit anwendbar, als es

[1]) Vgl. Krückmann Archiv f. Civ. Pr. Bd. 85, S. 234: Die natürliche Verbindlichkeit der Geschlechtsunreifen.

bei ihnen dem Minderjährigen vortheilhaft ist, den andern Theil gebunden zu wissen.

Andererseits muß dieser Gebundenheit ein Endziel gesteckt sein, damit der Gebundene nicht allzu sehr beschränkt werde, und dieses kann nur in der Entscheidung liegen, die der Vormund trifft, d. h. in der Ablehnung des Geschäftes durch den gesetzlichen Vertreter.

Bis zu dieser Erklärung heißt das Geschäft ein hinkendes (Mot. 134 ff.), weil es nur auf einem Fuße sicher steht. Zuweilen hinkt es freilich auf beiden Füßen,[1]) namentlich dann, wenn zwei in der Geschäftsfähigkeit Beschränkte miteinander einen Vertrag schließen, oder wenn eine Partei dieser Art mit einem vollmachtlosen Vertreter verhandelt hat und von der einen Seite der gesetzliche Vertreter, von der anderen Seite der Geschäftsherr die Verhandlung genehmigen soll.

b) Rechtliche Behandlung der hinkenden Verträge.

Der Vertragsgenosse des in der Geschäftsfähigkeit Beschränkten ist allein gebunden, wird aber frei, wenn dessen gesetzlicher Vertreter die Genehmigung des Geschäftes ablehnt oder versäumt. Erlangt der bisher Beschränkte die volle Geschäftsfähigkeit, so ist die Genehmigung des Geschäftes seine eigene Sache (108, 3).

Indem das römische Recht solche vorläufig einseitig bindende Geschäfte der impuberes zuließ, entband es sie nicht von dem Erfordernisse vormundschaftlicher Mitwirkung, wohl aber von der Anwesenheit der Vormünder bei den Geschäftsabschlüssen. Die auctoritas tutoris wurde hier ausnahmsweise durch einen nachträglichen consensus ersetzt, wie er beim curator der Minderjährigen zulässig war.

Nach der Regel des deutschen Rechtes ist der Mündel nicht selbst die Geschäftspartei. Er bedarf also nicht einer Nebenzustimmung (auctoritas oder consensus). Vielmehr geht die entscheidende Erklärung vom gesetzlichen Vertreter aus.

Es liegt also nach Deutschem Rechte nahe, den Vertragsschluß des in der Geschäftsfähigkeit Beschränkten dahin zu deuten, daß hier der Beschränkte für seinen Vertreter als unbeauftragter Geschäftsführer

---

[1]) Vgl. Cohn 341 „Vertrag des Minor hinkt auf beiden Füßen" (vgl. auch ebenda 60 zu 178), ein Spruch, den Eck, Vorträge 118 mit Recht im Sinne seines Verfassers auf den Fall bezieht, in dem der Vertragsgenosse des Minderjährigen dessen Minderjährigkeit nicht gekannt hat oder der Minderjährige ihm eine Einwilligung des Vormundes vorgespiegelt hat und er deshalb (im Gegensatze zu dem bisherigen Rechte) das Geschäft widerrufen darf. 109 (vgl. 177).

(negotiorum gestor) handle, gewissermaßen als dessen vollmachtloser Substitut.

Das Bürgerliche Gesetzbuch hebt daher die Aehnlichkeit dieser beiden Fälle hervor[1]) und behandelt sie beinahe völlig gleich.[2])

In beiden Fällen macht die Genehmigung des zum Vertragsabschlusse Berechtigten das Geschäft gültig (dort die Genehmigung des gesetzlichen Vertreters, hier des Geschäftsherrn).

Ueber die Frist, die Richtung und die Folgen dieser Genehmigung s. oben S. 326 ff., auch Mot. 136 ff. Die zweiwöchige Frist, binnen deren der Dritte nunmehr in beiden Fällen Antwort verlangen kann (dort vom gesetzlichen Vertreter, hier vom Geschäftsherrn), lehnt sich an das preußische Gesetz vom 12. Juli 1875, betr. die Geschäftsfähigkeit Minderjähriger an, in dem sie für die hinkenden Verträge der Minderjährigen festgesetzt ist.

Ein einziger Unterschied besteht zwischen beiden Fällen:[3])

Ein Dritter, der den Mangel des abgeschlossenen Geschäftes nicht kannte, weil er entweder die Großjährigkeit oder die Vertretungsmacht des andern Theiles annahm, darf das Geschäft widerrufen. Unbedingt darf er dies jedoch nur im Falle der vollmachtlosen Vertretung. Bei den hinkenden Verträgen eines in der Geschäftsfähigkeit Beschränkten aber darf er es nur dann, wenn sein Vertragsgenosse der Wahrheit zuwider bei dem Geschäftsabschlusse die Einwilligung des Vertreters behauptet hat,[4]) und zwar dann wiederum nicht, wenn er die Unwahrheit dieser Behauptung durchschaut (109).[5])

Der Grund dieser Verschiedenheit liegt in der größeren Nachsicht, die das Recht den der Bevormundung bedürftigen Vertragsgenossen schenkt; vgl. Mot. 243.

c) Seitenstücke der hinkenden Verträge sind neben dem genannten Falle der Vertretung ohne Vertretungsmacht:

α) Der Zustand der Parteien nach einem Vertragsanerbieten vor Ablauf der Wartefrist s. oben S. 287 ff. Hier hat die er-

---

[1]) Vgl. oben S.

[2]) Vgl. § 104 und 109 mit 177 und 178 und Planck zu diesen §§. Mot. 241. K.Prot. I, 155.

[3]) Vgl. Planck zu 178.

[4]) Dann erscheint der Minderjährige einer Bevorzugung unwürdig.

[5]) Dann liegt der Thatbestand einer Täuschung nicht vor. Dem Minderjährigen soll der Beweis der Kenntniß des Vertragsgegners, die dessen Rücktrittsrecht ausschließt, obliegen (K.Prot. I, 61).

wartete Erklärung des Einverständnisses keine rückwirkende Kraft, weil erst durch sie der Vertrag abgeschlossen wird, was bei dem hinkenden Vertrage schon vor der Genehmigung des gesetzlichen Vertreters geschehen ist. Darum wirkt diese Genehmigung zurück, die Vertragsannahme aber nicht.

β) Bei dem Kaufe auf Probe wird ebenfalls eine endgültige Erklärung erwartet, die das Geschäft zur Vollwirksamkeit bringt. Diese hat aber in der Regel keine rückwirkende Kraft (158), da das Geschäft im Zweifel nach den Grundsätzen des bedingten Kaufvertrages behandelt werden soll (495).

γ) Ein Fall des Familienrechts (1396) ist dem Rechte der hinkenden Verträge, denen er sehr ähnlich ist, unbedingt angepaßt: die unzulässige Verfügung der Frau über eingebrachtes Gut (s. Nr. V S. 341).

d) Eine böswillige falsche Vorspiegelung der Großjährigkeit durch den Minderjährigen kann ihn nach den Vorschriften über unerlaubte Handlungen haftbar machen,[1]) aber nicht die Wirksamkeit des Geschäftes erhöhen. Der Satz: **Malitia supplet aetatem**, gilt also in dieser letzteren Hinsicht nicht.

IV. Vormundschaftliche Einwilligungen allgemeineren Inhaltes.

Gewisse Befreiungen vom Einwilligungsrechte des Vormundes beruhen darauf, daß des Vormunds Ermessen die Geschäftsfähigkeit des Beschränkten erweitern kann, um seine wirthschaftliche oder gesellschaftliche Lage zu verbessern.[2])

Eine Erweiterung der Geschäftsfähigkeit wird jedoch in den hierher gehörigen Fällen verschieden beurtheilt.

a) Bei dem Taschengelde und ähnlichen Vermögensgegenständen, die der Mündel vom Vormunde oder mit dessen Zustimmung erhalten hat, ist die freie Veräußerung erlaubt. Die Wirksamkeit eines darüber abgeschlossenen Vertrages bleibt aber in der Schwebe, bis der Vertrag erfüllt ist (110).[3])

Es ist dies die (K.Prot. I, 66) sog. Leistung mit zur Verfügung gestellten Mitteln.

b) Bei der Genehmigung eines selbständigen Erwerbsgeschäfts

---

[1]) Böswilligkeit schadet überdies bei der fälschlich vorgespiegelten Einwilligung insofern als sie dem andern Theile ein Widerrufsrecht giebt (199).

[2]) Vgl. Mot. 141 ff. über die Vorläufer dieser Bestimmungen.

[3]) Vgl. Cohn 35: „Taschengeld ist gute Zahlung." Von einer Analogie der römischen Haftung in Höhe des Peculiums soll also nicht die Rede sein. Mot. 148.

nach 112 tritt der bisher Bevormundete außer Vormundschaft, soweit der Erwerbsbetrieb reicht. Der Vormund darf nicht in diesen Betrieb eingreifen.[1])

Der Mündel wird hier trotzdem nicht von der erforderlichen Mitwirkung des Vormundschaftsgerichtes bei seinen Geschäften frei.[2]) Darum wird er in der Regel einer Volljährigkeitserklärung bedürfen, wenn er ein Handelsgeschäft führen soll (K.Prot. I, 65).

c) Hat der Vormund dem Mündel den Eintritt in ein Dienst- oder Arbeitsverhältniß genehmigt, so verliert er seine Befugniß, später selbst in dieses Verhältniß einzugreifen, nicht. (Mot. 145.)[3])

Hier liegt also eine wahre Einwilligung allgemeineren Inhaltes vor.[4])

Verweigert der Vormund seine Einwilligung ohne Grund, so tritt statt seiner die Behörde ein (113, 3).[5])

V. Zustimmungen zu den Geschäften anderer, deren Verfügungsrechte über das eigene Vermögen beschränkt sind.

Hierher gehören namentlich die Zustimmungen eines Gatten zu den Geschäften des anderen über ein Vermögensstück, das der gemeinsamen Verfügung unterstellt ist (1375, 1395). Wir werden hierher aber auch die Zustimmung zu dem Schuldübernahmevertrag zwischen dem alten und dem neuen Schuldner ziehen müssen, da dieser Vertrag den Gläubiger erst bindet, wenn er zustimmt (415), während die Versprechen einer Leistung an einen Dritten diesen sogleich berechtigen können (328). (Siehe oben S. 333.)

Diese Zustimmungen sind den Vollmachten gerade nur so weit ähnlich, wie die bevormundenden Zustimmungen. Aber auch die

---

[1]) Mot. 143 meinen, das Gesetz erweitere hier die Geschäftsfähigkeit, nehme aber nicht einen „Generalkonsens" an, der dem Vormunde einen Widerspruch gegen einzelne Geschäfte übrig lassen würde. Leitend war hier wohl der Gedanke, daß eine Doppelherrschaft über einen Erwerbsbetrieb vom Uebel ist. Richtiger ist wohl, von einem Generalkonsense zu reden, der ausnahmsweise in seinen einzelnen Theilen unwiderruflich ist.

[2]) Cohn 36: „Was der Mundwalt nicht darf, darf auch der Mündel nicht."

[3]) Eine Vertheidigung dieser Vorschrift wider den Vorwurf einer Nichtbeachtung der Interessen der besitzlosen Volksklassen (A. Menger, das Bürgerliche Recht und die besitzlosen Volksklassen. Tüb. 1890, 570 ff.); vgl. bei Eck, Vorträge 121. Man spricht insbesondere in diesen Fällen von „Ermächtigungen" (Zitelmann 109). Eine andere Bedeutung desselben Wortes siehe oben S. 315 Anm. 1.

[4]) Vgl. zu 113 Abs. 4. Cohn 36: „Wer einmal dienen darf, darf immer dienen."

[5]) Vgl. Cohn 36: „Dem arbeitslustigen Mündel hilft das Amt."

Analogie der letzteren paßt hier nicht, da der Zustimmende um seinetwillen und zum eigenen Besten bei dem Geschäfte mitspricht, nicht zum Wohle dessen, der seiner Mitwirkung bedarf, mithin mehr als Hemmschuh, wie als fürsorglicher Freund das Wort ergreift. Von hinkenden Verträgen kann hier demnach nicht die Rede sein. Das Geschäft ist vielmehr völlig erfolglos, bis die Zustimmung vorliegt. Nur wenn z. B. der eine Gatte für sich handelt und daneben noch erklärt, hinsichtlich der Zustimmung des andern als Vertreter ohne Vollmacht (negotiorum gestor) auftreten zu wollen, so entsteht für den Dritten dieselbe Gebundenheit, wie bei andern vollmachtlosen Vertretungen (vgl. 1396). Auch bei der Schuldübernahme kann in dieser Weise auf das Abänderungsrecht der Vertragschließenden (415, 1 a. E.), d. h. des alten und des neuen Schuldners verzichtet werden, indem der eine der beiden als unbevollmächtigter Vertreter des abwesenden Gläubigers auftritt und dadurch den andern bindet, bis sich der Gläubiger über die Genehmigung innerhalb der ihm zustehenden Frist erklärt hat.

VI. Die Zustimmungen zu Verfügungen eines Anderen über ein Vermögensstück des Zustimmenden.

a) Einwilligungen eines Berechtigten zu einer Verfügung, die ein Anderer im eigenen Namen über ein Vermögensstück des Einwilligenden treffen soll, sind dem bisherigen Rechte völlig fremd. Man kann einem Andern ein Vermögensstück übertragen, damit er es dann im eigenen Namen weiterveräußere. Der Herr des Vermögensstückes kann auch eine Vollmacht dazu ertheilen, es in des Berechtigten Namen zu veräußern oder zu belasten und es dadurch fremder Verfügung unterstellen. Unmöglich aber ist es ihm nach bisherigem Rechte, dies Stück der Verfügung eines Andern so zu unterwerfen, daß es zwar nicht in des Andern Vermögen fällt, also dessen Gläubigern nicht haftet, daß aber dieser Andere dennoch darüber in seinem Namen soll verfügen dürfen, gerade wie über einen eigenen Vermögensgegenstand.

Anders das Bürgerliche Gesetzbuch, das solche Geschäfte erlaubt. Es schafft damit eine neue Verkehrsform. Wollte bisher Jemand einen tüchtigen, aber überschuldeten Handelsmann so unterstützen, daß er ihm Waaren überließ, die einerseits den Gläubigern des Empfängers nicht verfallen sollten und bei deren Weiterverkaufe andererseits der Name des Eigenthümers nicht genannt werden sollte, so war dies nicht möglich. Das Bürgerliche Gesetzbuch gestattet dieses die Sachlage verschleiernde Geschäft. Hat der Handelsmann die Einwilligung des Eigenthümers der Waaren, so kann er diese, als seien sie sein Eigenthum, auf andere übertragen. Der Satz: Nemo plus juris transferre potest quam ipse haberet, erleidet hier eine Ausnahme.

Die Zulassung dieser neuen Verkehrsform läßt sich durch die große Mannigfaltigkeit der neueren Verhältnisse erklären.[1])

b) Die nachträgliche Genehmigung eines solchen Geschäftes, z. B. der Veräußerung eines fremden Gegenstandes (die, wo es sich um Sachen handelt, eine Unterschlagung in sich enthält), macht es hinterher vollwirksam, wie aus dem zuvor Erläuterten folgt. (Ratihabitio mandato aequiparatur.) Wenn also ein Sohn die Uhr seines Vaters heimlich auf das Leihhaus getragen hat, so kann der Vater, um öffentliches Aergerniß zu vermeiden, dies Geschäft durch einfache Genehmigung, die er dem Sohne erklärt, in eine vollgültige Verpfändung der Sache umwandeln. Strenge genommen müßte das Pfandgeschäft wiederholt werden, da der Sohn sein eigenes Vermögensrecht verpfändet hat, nicht das Eigenthum des Vaters, also ein ganz anderes Geschäft abgeschlossen hat, als dasjenige, das fortan gelten soll (vgl. Dig. XVIII, 1, fr. 15, 2).

Man kann allerdings schon nach heutigem Rechte die Verpfändung einer angeblich eigenen Sache dahin deuten, daß sie in zweiter Linie als vollmachtlose Verpfändung für den wahren Eigenthümer gelten solle, falls dieser sie genehmigen werde (Konversion). Das Bürgerliche Gesetzbuch macht solche mühevolle und gewagte Deutungen überflüssig und zeigt hier ein wohlverständliches Bestreben, Ungehörigkeiten, die vorgekommen sind, auf eine möglichst einfache Weise unschädlich zu machen. Bei Gelegenheit der Regelung dieser Verhältnisse behandelt 185 (als lex erratica) einen andern Heilungsfall, der mit Einwilligung oder Genehmigung nichts zu thun hat (s. unten § 108 am Ende).

Freilich wird andererseits auch die Scheu vor ungehörigen Uebergriffen in fremde Vermögenskreise da abgeschwächt, wo bei ihnen auf die Genehmigung des Vermögensherrn spekulirt wird.[2])

---

[1]) Die Gläubiger des zu einer solchen Verfügung über fremdes Gut in eigenem Namen Berechtigten können freilich dadurch verleitet werden, einen Kredit zu gewähren, den sie bei Kenntniß der Sachlage nicht geben würden. Das Bürgerliche Gesetzbuch ist in dieser Hinsicht vigilantibus scriptum.

[2]) Hölder 885 bestreitet gegen Rehbein (S. 286 d), daß die Rückziehung der Genehmigung dem alten Rechte entspreche und gegen Planck, daß sie aus dem Begriffe der Genehmigung stamme. Da die Rechtssätze überhaupt nicht aus den

3. Erschwerungen von Geschäftsabschlüssen durch Formvorschriften.

§ 82.

I. Gebotene Geschäftsformen sind entweder innere, d. h. stilistische (Formen der als Einkleidung der Gedanken gewählten Worte) oder andere außerhalb der Wahl der Worte stehende Formen. Bei diesen müssen wir wieder die äußeren Formen des Erklärungsinhalts, z. B. die Feststellung der gewählten Worte durch Schriftform, von den Formen des Erklärungsaktes unterscheiden. Zu diesen letzteren gehören nicht blos gewisse Handlungen der Partei, z. B. die Abgabe einer Erklärung vor Gericht, sondern auch solche Handlungen anderer Personen, welche neben der Zustimmung zum Geschäftsinhalte stehen müssen (Geschäftssolennitäten), z. B. die Mitwirkung von Zeugen u. dergl.

II. Stilistische Formgebote sind dem Bürgerlichen Gesetzbuche fremd, und überhaupt im neueren Rechte kaum noch vorhanden. Die Wahl der Worte für den Ausdruck der Gedanken ist freigegeben. (Eine Ausnahme macht die Wechselordnung Art. 4, 1.) Der Zweck des Wortzwanges war, Unklarheit darüber, was die Parteien wollten, abzuschneiden und dadurch Prozesse zu vermeiden.

Das Verkehrsleben und der Gerichtsgebrauch haben indessen statt des Gesetzes Formulare geschaffen, deren Benutzung räthlich, aber rechtlich nicht bindend ist.

III. Die übrigen (nichtstilistischen) Formen des Erklärungsinhaltes und des Erklärungsaktes, die für Geschäfte geboten sind, haben verschiedene Zwecke, namentlich die Bevormundung der Partei, zuweilen auch eine Erschwerung gewisser Geschäfte, deren allzu häufige Wiederkehr unerwünscht ist, z. B. der Grundstücksveräußerungen (313). Ferner dienen (insbesondere bei letztwilligen Verfügungen) die Formen zum Schutze gegen falsche Zeugen oder umgekehrt gegen Beweislosigkeit.

Nach diesen Zwecken, die nur im einzelnen Falle festzustellen sind, bestimmt sich auch die Kraft der Formvorschriften. Das Bürgerliche Gesetzbuch verordnet übrigens in 125, im Einklange mit dem gelten-

---

Begriffen herrühren, sondern aus den Volksbedürfnissen, ist ihm im letzteren Punkte unbedingt Recht zu geben. Was dagegen das „alte Recht" betrifft, so greift das neue Recht der Genehmigung nach seinem Anwendungsgebiete weiter, als das alte. Wo dagegen schon bisher eine Genehmigung zulässig war, da hatte sie — wenigstens nach römischem Rechte — rückwirkende Kraft arg. Dig. XLVI, 3 de sol. fr. 58 § 2, 71 § 2.

den Rechte, daß im Zweifel alle Formvorschriften leges perfectae sind, d. h. daß die Geschäfte, bei denen sie mißachtet werden, nichtig sein sollen.[1]) Das Gleiche gilt als Auslegungsregel für die durch Rechtsgeschäft bestimmte Form, z. B. die Schriftlichkeit einer Kündigung.[2]) Eine Entbindung der sog. Punktationen von den Formvorschriften des durch sie vorbereiteten Geschäftes ist absichtlich vermieden worden (Mot. 182).

IV. Förmlichkeiten, die neben dem Erklärungsakte der Partei stehen müssen, sog. Solennitäten, sind im Zweifel ebenfalls Gültigkeitserfordernisse. Wo sie aber fehlen, z. B. eine Ehe ohne Zuziehung eines Standesbeamten geschlossen worden ist, da liegt ein unvollständiger Geschäftsversuch vor, nicht aber ein nichtiges Geschäft, das etwa nach 141 durch einen Vertrag mit rückwirkender Verpflichtungskraft geheilt werden könnte (vgl. unten §§ 95, 168).

Ob bei solchen Mitwirkungen Dritter am Geschäftsabschlusse die Parteien schon vorher gebunden sind, oder nicht, ehe der Dritte thätig wird, kann (nach Mot. 187) nur in jedem einzelnen Falle beurtheilt werden.

V. Die einzelnen Formvorschriften gehören den einzelnen Rechtszweigen an.[4])

Das Bürgerliche Gesetzbuch ist im Gegensatze zum Preußischen Landrechte mit solchen Vorschriften sehr sparsam. Es berücksichtigt den Aufschwung der Volksbildung in den letzten hundert Jahren und ist somit ebenso, wie bisher das deutsche Handelsgesetzbuch, vom Grundsatze der Formfreiheit geleitet.[5]) Im ersten Entwurfe war er ausdrücklich ausgesprochen (§ 91 K.Prot. I, 88), im Gesetzbuche ist es als selbstverständlich beibehalten worden.

---

[1]) Eine Formvorschrift darf im Zweifel kein Schlag in's Wasser sein.

[2]) Mot. 181. Dies (125) sowie 154 leitet man vielfach aus Cod. IV. de fide instrument. c. 17, Inst. III, 23 pr. her. Die Abrede einen beabsichtigten Vertrag aufzuzeichnen (154), ist noch kein Rechtsgeschäft, daher 154, 2 neben 125 Satz 2 nöthig scheinen mußte (vgl. K.Prot. II, 88). Daß eine solche Abrede der späteren Aufzeichnung eines Geschäftsinhaltes den Willen des sofortigen Vertragsschlusses ausschließe, entspricht übrigens oftmals nicht dem Parteiwillen. Vgl. oben S.

[3]) Die erste Lesung läßt noch eine Unterscheidung des nicht geschlossenen und des geschlossenen, aber dennoch nichtigen Vertrages vermissen (vgl. Mot. 182). Anders das Bürgerliche Gesetzbuch s. unten §§ 95, 108.

[4]) Besonders einschneidend ist 313.

[5]) In Anlehnung an die Verhandlungen des zehnten Juristentages (Mot. 179) und an die unter der Herrschaft des Formenzwanges gemachten Erfahrungen. Auch der Standpunkt des französischen Rechtes ist verworfen (Mot. 180).

VI. Allgemeine Vorschriften über die Behandlung der wichtigsten Geschäftsformen (deutschrechtlichen Ursprunges).

a) Die Schriftlichkeit eines Geschäftes verlangt da, wo sie vom Gesetz anbefohlen wird, die Parteiunterschrift (oder ein beglaubigtes Handzeichen) unter der Urkunde.[1]) Es müssen alle Geschäftsparteien dieselbe Urkunde unterzeichnen, weil (K.Prot. I, 92) die Schriftform nach Bürgerlichem Gesetzbuche nicht blos eine Beweisunterlage geben, sondern eine sichere Grenze gegenüber den bloßen Traktaten feststellen soll.[2])

Diese Erschwerung der preußischen Praxis, die den Briefwechsel als schriftlichen Vertrag anerkannte, erklärt sich daraus, daß die Schriftlichkeit im Bürgerlichen Gesetzbuche seltener verlangt und darum strenger beurtheilt wird.[3]) Bei der durch Rechtsgeschäft bestimmten Schriftform sollen übrigens Telegramme und Briefwechsel genügen,[4]) für sie trifft der genannte Grund einer Erschwerung der Form nicht zu.

b) Gerichtliche oder notarielle Vereinbarungen können stückweise von jeder einzelnen Partei erklärt und beurkundet werden, ohne daß die Parteien sämmtlich zugegen sind. Eine Ausnahme macht die Auflassung (925).[5])

Die Mot. 186 unterscheiden die gerichtliche und notarielle Form von der öffentlichen Urkunde, die auch vor anderen Beamten

---

[1]) „Quervermerke" genügen nicht (Mot. 185). Bei erlauchten Personen ist Unterschrift des bloßen Vornamens herkömmlich (Mot. 185).

[2]) Maßgebend war hier Mot. 184 (K.Prot. I, 89), eine Rücksicht auf § 381 (jetzt § 416) der R.C.P.O. „Privaturkunden begründen, sofern sie von den Ausstellern unterschrieben oder mittelst gerichtlichen oder notariellen Handzeichens unterzeichnet sind, vollen Beweis dafür, daß die in derselben enthaltenen Erklärungen von den Ausstellern abgegeben sind."

[3]) Die K.Prot. VI, 181 heben hervor, daß die wenigen Fälle, in welchen der erste Entwurf die Schriftform verlangte, keine Verkehrsgeschäfte betrafen. Auf die im B.G.B. für die Bürgschaft bestimmte Schriftform paßt dies freilich nicht mehr.

[4]) Anders die erste Lesung § 92, Mot. 185 und § 94, Mot. 188. Die zweite Lesung bestimmte dies hinsichtlich der Telegramme (K.Prot. I, 94, 101) und der Reichstag hinsichtlich des Briefwechsels. Anders K.Prot. I, 92. Daß, wie es dort heißt, die Parteien die Schriftform aus denselben Gründen verlangen, wie der Gesetzgeber, war sicherlich nicht richtig. Der Bevormundungsgedanke liegt ihnen fern.

[5]) Vgl. hierzu Art. 151, Einführungsgesetz und dazu das preußische Ausführungsgesetz.

nach besonderer Vorschrift errichtet werden kann und unter Umständen muß.

c) Die Beglaubigung eines Handzeichens bezieht sich auch auf die Erklärung, unter der es steht.

d) Besondere Schutzvorschriften für die Verträge der des Schreibens Unkundigen und der Gebrechlichen sind aus Scheu vor Erschwerung des Verkehrs unterblieben (Mot. 188). Diese Leute sollen sich „durch eigene Vorsicht" helfen.

VII. Versteckte Schriftlichkeitsgebote liegen da vor, wo das Gesetz mündliche Erklärungen zwar gestattet, aber gegenüber schriftlichen so benachtheiligt, daß die Parteien schließlich doch gut daran thuen, die Schriftform zu wählen. Dies gilt für das Zurückweisungsrecht, das gegenüber einseitigen Erklärungen gegeben ist, wenn bei ihnen nicht eine schriftliche Vollmacht oder eine vormundschaftliche Einwilligung, soweit die eine oder andere nöthig ist, auf Wunsch des Empfängers vorgelegt wird (174, 111), vgl. oben S. 316 und S. 337 II.

Dies gilt aber auch für alle sonstigen Vollmachten, weil die Vollmachtsurkunde, sofern sie dem Dritten vorgelegt wird, diesem einen höhern Schutz giebt, als die Mittheilung einer mündlichen Vollmacht s. oben S. 323, vgl. auch zu 180 des Bürgerlichen Gesetzbuches oben S. 325.

In einer ähnlichen Weise ist die Schriftform auch bei den Abtretungsverträgen begünstigt worden.[1])

III. Der Geschäftsinhalt.

1. Die Auslegung der Rechtsgeschäfte.[2])

a) Die Deutung der Geschäftsworte.

§ 83.

I. Begriff.

Unter Auslegung eines Rechtsgeschäftes versteht man die zu seiner Ausführung erforderliche geistige Behandlung.

Das Wort Auslegung im Sinne der Juristen ist eine Verdeutschung der römischen interpretatio. Daher kommt es, daß es

---

1) Dernburg, Recht der Schuldverhältnisse, 306.

2) Danz, Auslegung der Rechtsgeschäfte, Jena 1897, Iherings Jahrb. 38, S. 373 ff. Jacobi in Iherings dogm. Jahrb. Bd. 35. S. 1 ff. Regelsberger, Jahrb. Bd. 40, S. 481 ff. Vgl. überhaupt oben § 20 S. 49 ff.

weiter greift, als das Volk das gleiche Wort verwendet. In der gewöhnlichen Rede ist namentlich eine ergänzende Auslegung ein Unding oder ein Name für eine Fälschung. Bei Rechtsgeschäften muß jedoch sehr häufig nicht blos von Seiten des Richters, sondern auch der Partei zu der Auslegung der Worte eine Ergänzung des Gesagten hinzutreten. Beide Thätigkeiten aber, die Wortdeutung und die Ergänzung, gehen so sehr in einander über, daß man sie mit einem gemeinsamen Namen bezeichnen muß, für den dann schließlich nur das Wort „Auslegung" im Deutschen Sprachschatze bereit steht.

Dieser weite Umfang der Rechtsgeschäftsauslegung, der sie zugleich mit der Gesetzauslegung von der einfachen Deutung der Schriften, Erzählungen und Beweisführungen sondert, ergiebt sich daraus, daß die Geschäftsakte nicht Selbstzweck, sondern Mittel zur Erreichung praktischer Vortheile sind und in diesem Sinne aufgefaßt werden müssen.

Nicht zu verwechseln mit der Auslegung der Erklärungen im Sinne des Bürgerlichen Gesetzbuches (siehe oben S. 257 ff.) ist die rechtliche Behandlung solcher Willensakte, die nicht zur Wahrnehmung bestimmt sind und von manchen ebenfalls Erklärungen genannt werden (Occupationen u. dergl.). Bei ihnen kommt es lediglich auf den innern Willen des Handelnden an, der einer eigentlichen Deutung nicht bedarf, da er an keinen Menschen gerichtet ist. Wohl aber ist ein solcher Rechtsakt in seiner Gültigkeit von einem vorhergehenden Willen in der Regel abhängig. Die Feststellung dieses Willens ist keine Auslegung.

II. Der Gegenstand der Geschäftsauslegung ist nicht die volle Gesammtheit der durch Worte oder durch Geberdensprache bei dem Geschäftsabschlusse geäußerten Gedanken der Parteien. Diese Aeußerungen greifen oft über den eigentlichen Geschäftsinhalt hinaus, der als ihr Kern aus ihnen herausgeholt werden muß.

Die Grenzlinie zwischen dem wichtigen Auslegungsgegenstande und den unerheblichen Zuthaten kann nur aus dem Zwecke der Rechtsgeschäfte gefunden werden. Da dieser dahin geht, einen thatsächlichen Erfolg unter Rechtsschutz zu stellen, so werden wir auch den Geschäftsinhalt hiernach zu bestimmen haben. Geschäftsinhalt ist somit alles, was den bezweckten Geschäftserfolg unter Rechtsschutz stellen soll. Es gehört also dazu nichts, was überhaupt den Geschäfserfolg nicht betrifft, oder was solche Erfolge berührt, die nicht unter den Schutz des Rechtes gestellt werden sollen, z. B. die besonderen

Vortheile, die sich die Parteien von der Ausführung des Geschäftes versprechen.

Dieser Begriff des Geschäftsinhalts ist namentlich für die Anfechtbarkeit der Verträge wegen Irrthums (119) von praktischer Bedeutung.

III. Der Standpunkt des Gesetzbuches.

Es enthält nur eine Vorschrift allgemeinerer Art[1]) nämlich 133.[2]) „Bei der Auslegung einer Willenserklärung ist der wirkliche Wille zu erforschen und nicht an dem buchstäblichen Sinne des Ausdrucks zu haften."[3])

Der Befehl dieses Paragraphen wendet sich nicht etwa blos an den Richter, der in einem Streite eine frühere Parteierklärung deuten soll, sondern er wendet sich zunächst an die Geschäftspartei, die aus den Erklärungen des Gegners den Maßstab ihres Verhaltens gewinnen muß. Der Richter darf unmöglich hinterher aus der Erklärung eine andere Norm des Verhaltens der Partei herauslesen, als diese selbst herauszulesen im Stande war.

Der Sinn des Ausdruckes ist der aus ihm ersichtliche Wille; der buchstäbliche Sinn ist der nur aus den Sprachgesetzen und dem Wortlaute ersichtliche Sinn. An ihm festzuhalten, war das Gebot der älteren römischen Verbalinterpretation. Diese stand und fiel mit den obligatorischen Geschäftsformularen. Die neuere Methode verlangt, daß neben den Sprachgesetzen auch alle andern Auslegungsmittel verwendet werden, die den Willen des Urhebers erkennbar hervortreten lassen.[4])

Diese neuere Methode dient der Bequemlichkeit der Geschäftsparteien, die sich in Folge dessen in ihren Ausdrücken zwanglos bewegen können. Was aber so an Bequemlichkeit gewonnen wurde, ging an Rechtssicherheit verloren, daher ein unbewußter Trieb die Juristenwelt immer wieder unwillkürlich zur strengen Auslegung zurückzieht.

Vermieden ist, und zwar schon in der ersten Lesung (Mot. 155) der Satz, daß gegen denjenigen auszulegen ist, der deutlicher hätte

---

[1]) Blos von Verträgen redet 157. Anders § 73 d. ersten Lesung der Motive.

[2]) Eine Wiederholung des Art. 278 des alten Handelsgesetzbuches.

[3]) Auf die nicht wahrnehmungsbedürftigen Akte (Occupationen, Spezifikationen u. dergl.) ist dies völlig unanwendbar. „Buchstäbliches" kommt dabei nicht vor.

[4]) Hölder 299.

reden sollen.[1]) Die Ungunst, die das römische Recht dem Verkäufer oder Vermiether zeigt (Dig. XVIII, 1 fr. 21, 33, II, 14, fr. 39) ist also gleichfalls dem Bürgerlichen Gesetzbuche fremd.

Die übrigen bei der Geschäftsauslegung maßgebenden Grundsätze müssen demnach lediglich aus dem Zwecke des Schutzes der Rechtsgeschäfte entnommen werden.[2])

IV. Das Ziel der Auslegung von Rechtsgeschäften.

Da jede Erklärung bezweckt durch Kenntnißnahme zu wirken, so muß der dem Empfangsberechtigten erkennbare Inhalt das Ziel der Auslegung sein.[3]) Was nicht erkennbar ist, ist auch nicht erklärt, kann also auch nicht ausgelegt werden. Die Feststellung nichterkennbarer Hintergedanken, die zuweilen rechtlich bedeutsam ist, fällt nicht in den Begriff der Auslegung hinein.[4])

Der „Wille" im Sinne des 133 ist somit nicht das, was von der Partei gewollt ist und möglicher Weise dem andern Theile verborgen bleibt, sondern, was dem Erklärungsempfänger als gewollt erscheint, der aus dem Verhalten des Erklärenden hervorleuchtende Gedanke. Anderen Falls würde 133 befehlen, das Unerforschliche zu „erforschen", was völlig undenkbar ist.

Hierin ist die Auslegung der Rechtsgeschäfte derjenigen der Gesetze durchaus ähnlich (s. oben S. 50).[5])

Auch bei dem Rechtsgeschäfte ist die oberste Erzeugungsquelle

---

[1]) Eine vereinzelte Anwendung kann man allenfalls in den §§. 366, 367 finden; vgl. Dernburg, R. der Schuldverh. 264.

[2]) Vgl. Rehbein 162.

[3]) Diesen unanfechtbaren Satz verwechseln die Motive 155 mit der andern Frage, ob die unzweideutige Erklärung bindend ist (s. unten § 97). Ein der wirklichen Erklärung widersprechender, blos beabsichtigter, nicht erkennbar gemachter Gedanke gilt auf keinen Fall, kann also auch nicht durch Auslegung festgestellt werden (Mot. 155). Alles dies gilt nicht für die Geschäftsakte, die der Wahrnehmung nicht bedürfen (Spezifikationen u. dergl.), nur für die wahren Erklärungen.

[4]) So ist z. B. die Feststellung eines Irrthums nach § 119 keine Auslegung, sondern eine davon verschiedene Thätigkeit. Ebenso die Feststellung der durchschauten Mentalreservation nach 116 und des verkannten Mangels an Ernstlichkeit nach 118 (anders der Fall des § 117). Richtig Enneccerus 254 Anm. 1.

[5]) Vgl. Danz, Die Auslegung der Rechtsgeschäfte (oben S. 20). Diese Aehnlichkeit ist bei einseitigen Geschäften stärker als bei Verträgen und überhaupt empfangsbedürftigen Erklärungen, bei denen nicht die Zwecke und Pläne der Einzelnen in Betracht kommen, sondern nur das, was davon beiden Theilen gemeinsam wichtig ist, die sog. voluntas contrahentium, nicht die voluntas der einzelnen Partei.

ein Lebensbedürfniß, das einen Geschäftszweck, einen Ausführungsplan und schließlich einen Erklärungsinhalt hervorruft.[1])

Im Uebrigen ist die Auslegung der Rechtsgeschäfte dadurch ausgezeichnet, daß ihr Ziel stets ein Doppeltes ist: der erklärte Geschäftsinhalt und die Unterwerfung der Partei unter diesen Inhalt. Bei mündlichen Vertragsanerbieten verwischt sich beides, die Vertragsannahme besteht hier in der Regel nur aus der bloßen Unterwerfung unter den von der andern Seite verfaßten Geschäftsinhalt. Bei schriftlichen Vertragsanträgen kann der Verfasser der Vertragsurkunde ein anderer sein, als die Partei, die sie unterschreibt, z. B. ein Notar. Die Urkunde muß dann zunächst im Sinne ihres Verfassers gedeutet werden, da die Partei zuweilen sie gar nicht versteht und dennoch im Vertrauen auf den Verfasser bekräftigt. So wenn rechtsunkundige Parteien einen Vertrag von einem Juristen in technischen Ausdrücken aufsetzen lassen. Auch in mündlicher Weise kann Jemand die Verhandlungen eines Agenten blindlings bestätigen, ohne von ihnen nähere Kenntniß zu nehmen. So namentlich, wenn der Dolmetsch die Erklärung abgiebt und die sprachunkundige Partei sie durch Zunicken billigt, oder wenn Jemand dem zustimmt, was sein Reisender vorher abgemacht habe.

Wo der Wille der Partei in solchen Fällen von demjenigen des Verfassers der Geschäftsurkunde in erkennbarer Weise abweicht, da entscheidet der erstere, da das Geschäft der Partei dienen soll, nicht ihrem Gehülfen.

V. Die Vertragsauslegung nach Treu und Glauben mit Rücksicht auf die Verkehrssitte.[2])

Einer solchen Deutung bedurfte es nicht zu der Zeit der Verbalauslegung (oben S. 349) und sie gilt auch jetzt nicht da, wo ausnahmsweise Ueberreste der alten Auslegungsart in die Gegenwart hineinragen.[3])

---

[1]) Eine Anerkennung des bekanntlich von Jhering besonders betonten Gedankens, daß der Zweck es ist, der den Inhalt bestimmt (und ergänzt) finden wir z. B. in § 328, 2. Er gilt für Geschäfte wie für Gesetze. Man darf die Analogie der Gesetzesauslegung und der Geschäftsauslegung aber nicht übertreiben, weil über der Partei ein Gesetzgeber steht, der ihre Aussprüche im Sinne des Gemeinwohles in gewisser Weise auszulegen befiehlt. Ueber dem Gesetzgeber steht aber keine derartige Gewalt.

[2]) Vgl. hierzu Stammler, Das Recht der Schuldverhältnisse in seinen allgemeinen Lehren, 36 ff. Planck 277.

[3]) So kann z. B. das Wort Wechsel auf einer Urkunde nicht in etwas anderes, auch ein den Wechsel nicht bezeichnendes Wort (Geldversprechen, Schuldversprechen und dergl.) nicht in „Wechsel" umgedeutet werden.

Im Uebrigen bestimmt 157: „Verträge sind so auszulegen, wie Treu und Glauben mit Rücksicht auf die Verkehrssitte es fordern." Diese Vorschrift bezieht sich aber nicht blos auf die Deutung der erklärten Worte oder der ihnen gleichstehenden Handlungen, sondern auch auf ihre Ergänzung (siehe den nächsten Paragraphen). Was die Deutung betrifft, so würden wir die Verkehrssitte auch schon nach 133 (s. oben S. 349) zu beachten haben, wie jeden andern Umstand, der über den Sinn eines Wortes Auskunft giebt. Dies gilt namentlich bei den sog. verba concludentia.

Auch bei der Auslegung der Erklärung ohne Worte durch zielbewußte Anwendung schlüssiger Handlungen (z. B. Bestellung von Waaren durch ein verabredetes Signal, Aufziehen einer Fahne und dergl.) kann nur von einer solchen Willenserklärung die Rede sein, die andere Gewohnheiten als die Sprachregeln zum Stützpunkte hat.

Bei der Auslegung des durch die Verkehrssitte zu einem Geschäfte gestempelten Verhaltens[2]) (ohne ausdrückliche Erklärung dieses Geschäfts), namentlich des zustimmenden Schweigens (s. oben S. 279), entscheidet einzig und allein die Verkehrsgewohnheit, da ohne sie in derartigen Fällen kein Anlaß zur Annahme eines Geschäftes vorhanden wäre.[3])

Da dasselbe Wort in verschiedenen Dialekten eine andere Bedeutung hat, so kann auch dieselbe Erklärung, je nach dem Empfänger, an den sie sich richtet, einen verschiedenen Sinn haben. Dies gilt aber auch dann, wenn sich Jemand „die neulich besprochenen Waaren" bestellt. Hier hängt die Auslegung, falls mehrere Vorbesprechungen mit Verschiedenen stattgefunden haben, immer vom Standpunkte des Deutungsberechtigten ab. Deutungsberechtigt ist bei allen empfangsbedürftigen (d. h. bei dem Geschäftsabschlusse empfangsbedürftigen) Erklärungen der Empfangsberechtigte, in dem Zeitpunkte, in dem er sich auf sie verlassen sollte, um sich nach ihr zu richten.

Ein Däne, der z. B. Oel bestellt und aus Sprachunkenntniß Bier meint, kann nicht verlangen, daß der Empfänger der Er-

---

[1]) Z. B. es mahnt Jemand seinen Schuldner in der Form einer bloßen Andeutung, etwa mit den Worten: „Sie wissen, daß ich noch etwas von ihrer Seite erwarte" (verba concludentia).

[2]) Z. B. bei der Bedeutung des Kopfnickens als einer Zustimmung oder der Rückgabe eines Schuldscheins Dig. II, 14 fr. 2, § 1 (sog. pantomimische Erklärungen durch die Blume).

[3]) Vgl. Dig. II, 14, fr. 4. Eine lex dispositiva steht natürlich der Verkehrssitte gleich.

klärung ihm Bier liefere, falls dieser das Versehen nicht bemerken konnte, auch wenn Andere seinen Willen richtig würden auslegen können. (Dies ist unstreitig,[1]) streitig ist nur, ob er das bestellte Oel nehmen muß, s. unten § 97.)

Wo neben den Parteien zum Geschäftsabschlusse ein Dritter mitwirkt, wie z. B. der Standesbeamte bei dem Eheschlusse, da müssen auch diesem gegenüber alle Geschäftsbestandtheile erkennbar hervortreten.

Unter der Hervorhebung von Treu und Glauben und dem Hinweise auf die Verkehrssitte darf man nicht allzu viel suchen, namentlich nichts neues. Alt ist die Beurtheilung ex fide bona, herrschend die Ansicht, daß sie heutzutage das ganze Geschäftsgebiet betreffe, althergebracht die Rücksicht auf den mos regionis.

Noch klarer betonte das deutsche Recht die Regel „Ein Mann ein Wort" ursprünglich im Sinne einer rein wörtlichen Auslegung, später im Sinne der Pflicht, den Wortsinn nur im Zweifel aus den Nebenumständen zu vertiefen und zu erweitern.[2])

Die Ausdrucksweise des Bürgerlichen Gesetzbuches ist dieser Entwicklung durchaus angemessen. Treu und Glauben sind volksthümliche Ausdrücke. Beide deuten auf Zuverlässigkeit hin, die Treue auf die Zuverlässigkeit der Versprechen, der Glaube wohl auf die Zuverlässigkeit der Behauptungen.[3])

Diese Zuverlässigkeit der Geschäftsparteien muß natürlich eine gegenseitige sein. Es ist einseitig, den Standpunkt der Erklärungsempfänger hierbei allein in Betracht zu ziehen; auch die erklärende Partei kann verlangen, daß der andere Theil sie nicht allzu strenge beim Worte nehme, sondern ihre Zusicherungen mit einem gewissen Wohlwollen deute.

Darin liegt der Keim zu Konflikten, wenn jede Partei auf die Treue der andern allzusehr pocht.

Es bedarf für derartige Streitigkeiten einer unparteiischen Macht, die über den entgegengesetzten Interessen der beiden Theile steht und

---

[1]) Die Geltung eines völlig unerkannt gebliebenen Willens behauptet kein Mensch.

[2]) So richtig Cosack 195.

[3]) Anders Hölder 340. Nach ihm ist „Glauben" das Vertrauen auf die Treue des andern, eine Deutung, die ebenfalls einen guten Sinn giebt. Wenn Hölder a. a. O. ausführt, daß in 157 nicht etwa eine höhere Instanz gegenüber dem positiven Rechte hat geschaffen werden sollen, so ist ihm darin beizustimmen. Treu und Glauben sind nur Thatbestände, auf die das Gesetz Bezug nimmt.

eine eigennützige Selbstabschätzung des Maßes von Treue, das jeder verlangen kann, verhindert.[1])

Dies ist die Verkehrssitte, eine Gewohnheit, die zwar kein eigentliches Gewohnheitsrecht ist, es aber dadurch wird, daß ein Gesetz sie mit der Kraft einer maßgebenden Norm ausstattet.[2])

Sie hat ein räumliches Gebiet (mos regionis). In diesem aber gliedert sie sich für verschiedene Volkskreise. Die Grenzen ihrer Herrschaft sind daher ebenso zweifelhaft wie diejenigen der Rechtssätze und was von diesen hinsichtlich ihres Umfanges gilt (s. oben S. 22 ff.), findet auf die Verkehrssitte eine entsprechende Anwendung.[3])

Wo die Verkehrssitte Treu und Glauben widerspricht, wird sie keine Beachtung finden dürfen.[4])

VI. **Das Gebot, Treue, Glauben und Verkehrssitte zu berücksichtigen, ist auf Verträge beschränkt** (157). Dies fordert eine Erklärung heraus.[5])

Es lassen sich hierfür verschiedene Gründe angeben.

Zunächst paßt die oben dargestellte Auslegungsart zwar ebenso gut, wie auf Verträge auf Auslobungen[6]) und dergl., nicht aber auf

---

[1]) Vgl. Stammler, R. der Schuldverh. 47 und Kuhlenbeck II, 40.

[2]) Für den Inhalt der Schuldverhältnisse verallgemeinert 242 den auf Verträge berechneten 157.

[3]) Ein gewisser Widerspruch scheint mir darin zu liegen, daß manche behaupten 1. die Auslegung richte sich nur auf das wirklich Gewollte und 2. gegenüber dem Inhalte der Erklärung, wie ihn die Verkehrssitte bestimme, dürfe man sich nicht auf einen innerlich gebliebenen, abweichenden Willen berufen. So Rehbein 162. Eines von Beiden kann nur richtig sein. M. E. ist das Zweite das Richtige. Enneccerus 255 bemerkt treffend, daß die Nichtbeachtung eines Willens, der wider Treu und Glauben geht, ein Seitenstück der Mentalreservation bildet. Hat Jemand irriger Weise etwas versprochen, was nach der Verkehrssitte etwas anderes bedeutet, als er wollte (z. B. Rubel unter Umständen, in denen dies Silberrubel bedeutete, während er Papierrubel meinte), so kommt nach Enneccerus 255 nur eine Anfechtung wegen Irrthums in Frage, was m. E. durchaus richtig ist. Vgl. daselbst auch andere Ansichten. Diese beruhen aber durchweg auf einer leider häufigen Verwechslung zweier Bedeutungen des Wortes „Willen", nämlich eines inneren Gedankens und eines aus dem Parteiverhalten äußerlich erkennbaren Gedankens, die beide „Wille" heißen, aber verschiedene Dinge sind.

[4]) So richtig Hölder 341.

[5]) Hölder 341 bestreitet grundsätzlich eine solche Beschränkung, die der Text allerdings enthält. In der praktischen Auffassung der vorliegenden Fragen weicht er aber wohl kaum von dem im Texte Gesagten ab.

[6]) Sind denn diese Auslobungen wirklich nicht empfangsbedürftig? Empfangen

andere einseitige Geschäfte, die nicht bei ihrem Abschlusse empfangsbedürftig sind, z. B. nicht auf die letztwilligen Verfügungen. Diese richten sich nicht an einen bestimmten Empfänger, sondern an alle, die ihr Inhalt angeht (wenn auch nicht, wie manche wollen, an alle überhaupt.)

Kommt nun hier bei der Auslegung die Zuverlässigkeit des Erklärungsinhaltes gar nicht in Frage, so daß nur das wirklich Gewollte gilt?

Dies wird mit Recht allgemein verneint. Auch hier muß der Wille den Betheiligten erkennbar sein.[1]) Fraglich ist nun aber, ob er allen Betheiligten erkennbar sein müsse, oder ob es genügt, daß einer der Betheiligten den wahren Willen erkennen kann. Z. B. Fritz erhält ein Vermächtniß und nur einer der Miterben oder sogar nur ein Unbetheiligter weiß, daß der Erblasser einen Freund dieses Namens hatte und wer dies ist.

Wir werden hier wohl annehmen dürfen, daß bei den an einen unbestimmten Kreis gerichteten Erklärungen jeder gleiche Deutungsrechte hat und diejenige Deutung, die den wahren Willen noch rechtzeitig aufklärt, unbedingt zu beachten ist.

Es ergiebt sich dies auch daraus, daß unmöglich dieselbe Erklärung für verschiedene Personen einen verschiedenen Sinn haben darf. Darum kann der Urheber einer solchen Erklärung nicht so streng bei seinem Worte festgehalten werden wie der Absender einer solchen, die bei dem Abschlusse empfangsbedürftig ist.

Die Erkennbarkeit des auszulegenden Willens muß also bei dem Geschäftsabschlusse vorliegen, falls der Empfang zu diesem Abschlusse nöthig ist.[2]) In allen andern Fällen kann sie auch später irgendwie

heißt doch im Gesetze nur „Wahrnehmenkönnen“. Dies liegt aber bei veröffentlichten Angeboten vor. Das Gesetzbuch will sie aber jedenfalls nicht als empfangsbedürftig im technischen Sinne angesehen wissen.

[1]) Anders bei den überhaupt nicht wahrnehmungsbedürftigen Akten (Besitzergreifung, Verarbeitung, Wahl des Wohnsitzes u. dergl.). Bei diesen ist die rechtliche Bedeutung des Willens von der Erkennbarkeit völlig unabhängig.

[2]) Wo einer Partei die spätere Ergänzung eines Geschäftspunktes überlassen bleibt, da braucht der Inhalt dieser Ergänzung natürlich nicht schon beim Geschäftsabschlusse erkennbar zu werden. So erklärt sich die scheinbare Ausnahme der im Texte angegebenen Regel bei Cosack 197 6 a. Ende. Natürlich muß auch bei letztwilligen Verfügungen eine Zeitgrenze beachtet werden, hinter der spätere Aufklärungen des wahren Willens des Erblassers nicht mehr beachtet werden können. Diese Frage bedarf einer eingehenden Untersuchung, die hier nicht am Platze ist.

hervortreten, namentlich so lange, als sie noch nicht thatsächlich ausgeführt worden ist.

So erklärt es sich wohl, warum das Gesetzbuch nur für Verträge „von Treu und Glauben“ bei der Auslegung redet (157). Wir werden dies auf alle empfangsbedürftige Geschäfte auszudehnen haben.

Aber noch ein anderer Grund läßt sich für die Beschränkung des 157 auf Verträge sagen.

Zum Verkehre gehören mindestens zwei Personen. Bei den nichtempfangsbedürftigen Erklärungen schließt aber ein Einziger das Geschäft ab. Solche Selbstgespräche, wie z. B. das holographische Testament, sind mithin keine Verkehrsakte.

Eine Verkehrssitte kann aber nur bei Verkehrsgeschäften gelten, bei andern (z. B. letztwilligen Verfügungen) kann nur höchstens statt ihrer die „übliche Lebensgewohnheit“ in Frage kommen.[1]) Es entspricht einer angemessenen Analogie, diesem letzteren Begriffe außerhalb des Verkehrs dieselbe Rolle zuzuweisen, wie sie die Verkehrssitte im Verkehre spielt. So wenn Jemandem die Küchengeräthe letztwillig vermacht sind. Der Verkehr kann hier nicht entscheiden. Was gemeint ist, ist nur die Lebensgewohnheit; denn ein Verkehrsgeschäft liegt nicht vor.

Es läßt sich aber noch ein dritter Grund dafür angeben, daß die Verkehrssitte nur bei Verträgen für unbedingt maßgebend erklärt wird.

Die Auslegung des Geschäftsinhalts kann nur für einseitige Geschäfte eine individuelle, höchst persönliche sein. Bei ihnen erklärt sich nur eine Partei, daher muß nur eine die Treue wahren. Bei Verträgen stehen zwei zur Treue verpflichtete einander gegenüber. Wenn einer von dem andern ein Uebermaß an Treue, d. h. an Rücksicht verlangt, so wird er dadurch selbst treulos. Es bedarf daher nur in Vertragsverhältnissen bei Meinungsverschiedenheiten über diesen Punkt eines Unparteiischen, der über den Parteien steht und ihnen das Maß der geschuldeten Treue festsetzt (s. oben. S. 354). Das freie richterliche Ermessen genügt nicht; denn die Parteien müssen schon ehe es zum Prozesse kommt, wissen, was sie zu thun haben. So bleibt denn nur die Verkehrssitte als Maßstab übrig. Das allgemein Beobachtete muß auch der Einzelne beobachten.

[1]) Man müßte dann auch an einen „Verkehr mit Sachen“ denken, wozu vielleicht 276 Anlaß geben könnte. Vgl. auch Hölder 301.

Weicht eine Partei davon in ihren Gedanken ab, wenn auch im besten Glauben, ohne daß es bei dem Geschäftsabschlusse hervortritt, so haftet sie dennoch nach Maßgabe der Verkehrssitte.[1])

Bei einseitigen Rechtshandlungen, die gar nicht wahrnehmungsbedürftig sind (oben S. 258), kann der Wille des Einzelnen von dem Ueblichen abweichen, ohne daß es bei der Willensäußerung hervorzutreten braucht. Er ist für die Gültigkeit und die Bedeutung des Erwerbsaktes auf alle Fälle entscheidend.

VII. Die besondern Auslegungsregeln des Bürgerlichen Gesetzbuches müssen der Darstellung der einzelnen Rechtszweige vorbehalten bleiben.[2])

Sie beugen der Nichtigkeit von Geschäften insofern vor, als sie Lücken ausfüllen und ohne sie ein Parteiwille nicht zu ermitteln sein würde.

VIII. Das Verhältniß der Auslegungsregeln zu den vermeidbaren (ergänzenden) Rechtssätzen (leges dispositivae)[3]) ist bestritten.[4])

Versteht man unter den sog. leges dispositivae solche, die eine Geschäftserklärung ergänzen, so sind die Auslegungsregeln im volksthümlichen Sinne des Wortes keine leges dispositivae; denn sie ergänzen nicht die Willensäußerung, sondern erläutern sie; weil sie nicht neben sie treten, sondern sie selbst in einem gewissen Sinne deuten.[5])

Versteht man dagegen unter leges dispositivae alle solche Normen, die dann gelten, wenn nichts anderes bestimmt ist (vermeidbare Rechtssätze), mit anderen Worten solche, die „im Zweifel" gelten,[6]) so ist es ganz in der Ordnung, daß man auch die Auslegungsregeln zu ihnen zählt; denn, wenn sie auch sonst von eigentlich ergänzenden Normen verschieden sind, so gleichen sie ihnen doch

---

1) Richtig namentlich Cosack 199. Vgl. auch Enneccerus 255 gegen abweichende Ansichten.

2) Beispiele bei Rehbein 162. Besonders wichtig ist 2084.

3) Nicht zu verwechseln mit den Sätzen, die nicht den lückenhaften Privatwillen ergänzen, sondern sanktioniren, vgl. Zitelmann 18 und Bülow, Archiv f. civ. Pr. Bd. 64, S. 1, der vom allgemeinen Sprachgebrauche abweicht.

4) Dagegen K.Prot. I, 87. Vgl. hierzu die oben S. 7 Anm. 1 angeführte Schrift von Ehrlich, auch Zitelmann 18, Stammler, Schuldverhältnisse 55 ff., Planck S. 41. Regelsberger, Iherings Jahrb. f. Dogm. Bd. XL, 381.

5) Richtig Matthiaß 243.

6) So das Gesetzbuch, Zitelmann 19.

darin, daß sie nur dann gelten, wenn die Partei nicht das Gegentheil bestimmt hat.

In der üblichen juristischen Redeweise, der zufolge das Wort Auslegung nicht blos die Deutung des Erklärten, sondern auch seine rechtlich vorgeschriebene Ergänzung umfaßt, sind alle sog. leges dispositivae oder subsidiariae über Rechtsgeschäfte, zugleich Auslegungsregeln; denn sie bestimmen, wie eine Geschäftserklärung aufzufassen und zu behandeln ist.

Mit dieser Frage hängt auf das engste zusammen, ob Auslegungsirrthümer eine Revision begründen können. In ihrer Allgemeinheit ist sie weder zu bejahen noch zu verneinen. Eine falsche Auslegung kann auf einer unrichtigen Beurtheilung beweisbedürftiger Thatsachen beruhen, wozu auch die Grundlagen einer Verkehrssitte gehören, oder auch auf einem Verstoße gegen eine gesetzliche Auslegungsregel.[1])

b) Der unausgesprochene Geschäftsinhalt.

§ 84.

I. Uebersicht.

Ergänzungen der Geschäftsworte oder der ihnen gleichwerthigen konkludenten Handlungen (Geberdensprache) sind in verschiedener Weise möglich: 1. als Ergänzung des Erklärten aus dem verborgen gebliebenen innern Parteiwillen, 2. als Ergänzung des Erklärten aus

[1]) Vgl. Hölder 301 Anm. 5, ferner Danz in der deutschen Juristenzeitung Nr. 7, 1899, dagegen Petersen ebenda Nr. 14, 1899 S. 281 und dagegen wiederum Danz Nr. 3, 1300, 65. Gleichgültig ist dabei, ob man die Verkehrssitte für einen Rechtssatz hält oder nicht. Jedenfalls hat diese Art von Rechtssätzen im Beweisrechte eine Sonderstellung, vermöge deren ihre Erkenntniß nicht auf allgemeiner juristischer Bildung, sondern auf einer Beobachtung aus der Nähe beruht, so daß ihre Revision durch den höchsten Richter dem Zwecke des Rechtsmittels nicht entspricht. Gleichgültig dürfte auch sein, ob man bei Rechtsgeschäften dem inneren Willen gegenüber dem Erklärungssinne eine ausschlaggebende Bedeutung beimißt (vgl. unten § 97). Beides, die inneren Regungen, wie die erkennbaren Gedanken, die sich aus dem Erklärungsakte entnehmen lassen, sind Dinge, die nach Raum und Ort bestimmt sind und deshalb einer nicht revisibeln thatsächlichen Feststellung unterliegen. Anders, wenn der Richter den inneren Willen, den er festgestellt hat, unrichtiger Weise trotz einer abweichenden Erklärung entweder beachtet oder nicht beachtet, weil seine juristische Ansicht ihm dies entweder gebietet oder verbietet. Hier handelt es sich um einen Rechtssatz, dessen falsche Auffassung der Revision unterliegt. Ebenso sind Treue und Glauben im Gegensatz zur Verkehrssitte Dinge, die keinen lokalen, sondern einen allgemein menschlichen Maßstab verlangen, in dessen Anlegung der höchste Richter den unteren m. E. verbessern darf (Thatsachen von allgemeinerem Geltungsgebiete).

Gesetzestexten oder Verkehrsgebräuchen und endlich 3. als Ergänzung einzelner Theile der Verhandlungen aus dem Ueberreste, namentlich der getroffenen Anordnung aus dem Geschäftszwecke.[1])

II. Die Ergänzung des verfehlten Ausdruckes aus dem unerklärt gebliebenen wahren Willen, d. h. bei Verträgen aus dem übereinstimmenden wahren Willen aller Vertragsparteien kommt in zwei Fällen vor: zur Berichtigung eines fehlerhaften Ausdruckes und zur Beseitigung einer Mehrdeutigkeit des Ausdruckes.

a) Die Berichtigung eines mangelhaften Ausdruckes geschieht nach dem Satze falsa demonstratio non nocet, der sich aus 133 und 157 herleiten läßt.

Er paßt nur auf solche falsche Ausdrücke, die auf einer bloßen Namensverwechslung beruhen, nicht auf solche, bei denen eine Verwechslung von Personen, Sachen oder Leistungen vorliegt.[2])

Wo bei der Auslegung eine Verwechslung der letzteren Art auftaucht, da ist das wirklich Gewollte nicht zum Inhalte der Erklärung gemacht worden, es liegt als ein bloßer Hintergedanke vor, der jedenfalls nicht gelten kann. (Ob das Erklärte gelte, ist eine andere Frage, s. unten § 97.) Die Römer entschuldigten übrigens Namensverwechslungen nur, wenn sie Menschen, nicht wenn sie Sachen trafen. Diesen strengen Grundsatz hat das Bürgerliche Gesetzbuch schweigend aufgegeben.[3])

b) Eine Ergänzung zweideutiger Parteierklärungen aus dem wahren unausgesprochenen Willen ist im römischen Rechte ausdrücklich vorgeschrieben. Dig. XXXIV, 5, fr. 3. In ambiguo sermone non utrumque dicimus, sed id dumtaxat quod volumus.

Bei Verträgen wird natürlich nur auf den übereinstimmenden Parteiwillen zurückgegriffen. Wo ein solcher fehlt, da ist die zweideutige Abrede unausführbar.

Zweideutig ist überhaupt eine Erklärung im Sinne dieser Vorschrift dann, wenn sie wegen Unbestimmtheit nicht ausgeführt werden kann und namentlich die Auslegungsregeln ihren Inhalt nicht aufklären,

---

1) Vgl. z. B. 328, 2.

2) A. und B. haben einen Kaufvertrag und einen Miethsvertrag entworfen. Sie entscheiden sich für den Kaufvertrag und unterschreiben aus Versehen den Miethsvertrag. Hier kann der Satz falsa demonstratio non nocet nicht helfen.

3) Dig. de leg. III fr. 25 § 1. Die bisherige Geltung war ohnehin sehr streitig; vgl. Dernburg, Pand. III, 150, § 77 Anm. 9.

auch keine lex dispositiva ihn ergänzt. So wenn Jemand eine seiner zwei leer stehenden Wohnungen vermiethet, ohne daß erhellt, welche gemeint ist.[1])

Wollte man solche Erklärungen nicht aus dem innern Willen ergänzen, falls die Wortdeutung nicht ausreicht, so würde man sie als unausführbar anzusehen haben (vgl. unten § 99). Wir dürfen annehmen, daß im Sinne der §§ 133, 157 der soeben dargestellte römische Satz auch in Zukunft weitergelten soll.

III. Ergänzung der Geschäftsworte aus den Verkehrssitten und den vermeidbaren Rechtssätzen über Geschäftsinhalte (leges dispositivae, s. oben S. 6 ff.).

Der Geschäftsinhalt reicht über das Gebiet bewußter Erklärungen hinaus. Er umfaßt neben diesen auch selbstverständliche Geschäftszusätze, die ihnen gleichwerthig zur Seite stehen.

Eine Ergänzung des Geschäftsinhaltes durch die Verkehrssitte und die vermeidbaren Regeln des Rechtes kann von den Parteien ausdrücklich angeordnet sein. So, wenn Geschäftsformulare auf Gesetzbuchsparagraphen verweisen. Sie kann aber auch als selbstverständlich (selbstredend) ins Auge gefaßt sein (tacite).

Es ist streitig, ob der durch lex dispositiva an eine Erklärung angehängte Geschäftsinhalt den Namen Erklärung oder Willen verdiene,[2]) ferner ob er überhaupt auf den Parteiwillen zurückzuführen sei, oder als rein gesetzliche Erklärungsfolge zu gelten habe, ob z. B. das Pfandrecht des Vermiethers durch stillschweigende Einräumung oder nur durch Gesetz bestellt sei.

Das Letztere würde nur richtig sein, wenn die Parteien nicht wüßten, daß es leges dispositivae giebt, die ohne Weiteres in gewissen Fällen für jeden gelten, der ihre Kraft nicht besonders ausschließt, indem er eine bestimmte Handlung vornimmt, z. B. Möbel in eine Miethswohnung hineinbringt. Da aber das Gegentheil der Fall ist, so unterwirft sich jede Partei bei jedem bewußten Verhalten

---

[1]) Wo die Verkehrssitte der Erklärung einen bestimmten Sinn giebt, braucht für die Auslegung auf den Willen nicht zurückgegriffen zu werden, höchstens für die Anfechtung wegen Irrthums. Enneccerus 255. Ebenso bedarf es des Rückgriffes auf den Willen da nicht, wo eine lex dispositiva ergänzend aushilft.

[2]) Zitelmann 89 hebt sehr zutreffend hervor, daß in der Redeweise des Gesetzbuches die Worte „Erklärung" und „Wille" über dasjenige hinausgreifen, was man im Leben so nennt. Da es nicht unsere Aufgabe ist, den Verfassern einen verspäteten Sprachunterricht zu ertheilen, so müssen wir uns dem fügen.

ohne Worte (tacite) den etwa für ein solches Verhalten vorhandenen Dispositivgesetzen.[1])

Allerdings ist es nicht bei jeder einzelnen Partei sicher, ob sie so denkt. Aber Treu und Glauben in Verbindung mit Verkehrssitte und Lebensgewohnheiten zwingen den Richter dazu, diesen Gedanken dem Inhalte seiner Erklärung hinzuzulegen (s. oben). Denn treulos wäre es von einer Partei, sich auf eine solche Gedankenlosigkeit zu berufen, die ihr die Rücksicht auf den andern Theil verbietet.

Die Ergänzung der Geschäftsworte durch die Volkssitte ist nach bisherigem Rechte, wie nach Bürgerlichem Gesetzbuch (157) durch eine allgemeine lex dispositiva vorgeschrieben. Dasselbe wiederholt für Schuldverhältnisse 242.[2])

Hierbei ist nun nicht zu übersehen, daß es verschiedene Verkehrssitten giebt, Sitten, die bloße Anstandspflichten regeln z. B. die Hingabe von Trinkgeldern, und Sitten, die Rechtspflichten als solche anerkennen. Nur die letzteren sind im Bürgerlichen Gesetzbuch unter dem allgemeinen Ausdrucke verstanden.[3])

Die Praxis wird hierauf strenge zu achten haben, damit nicht die Grenzscheide zwischen Sitte und Recht verwischt werde.[4])

IV. Die Ergänzung unzulänglicher Erklärungen aus den Nebenverhandlungen, namentlich aus dem Geschäftszwecke ergiebt sich daraus, daß alle Rechtsgeschäfte nicht Selbstzweck sind, sondern den Parteien nur als Werkzeug und Mittel zur Befriedigung ihrer Wünsche dienen sollen. Bei Verträgen kann freilich nur das gelten, was alle Parteien gedacht haben. Zuweilen lehrt man, daß das, was Jemand gewollt haben würde, wenn er darüber nachgedacht hätte, daß es bedeutsam sein könnte, auch zur Auslegung seines Willensaktes gehöre. Dies geht zu weit und gilt nur dann, wenn sicher ist, daß bei Verträgen nicht nur er selbst die unterlassene Bestimmung als selbstverständlich ansehen durfte, sondern daß auch die andere Partei dasselbe gewollt haben würde, wenn sie daran gedacht hätte. So z. B. in dem von Dernburg (Das bürgerliche Recht II, Recht der Schuldver-

---

1) Kuhlenbeck 306 spricht in diesem Sinne von einem Blankett-Willen der Parteien, den das Civilrecht ausfülle.

2) Vgl. Cohn 60: „Die Auslegung sei ängstlich nicht begrenzt. Nach Sitte, Glauben, Treu sei auch der Will ergänzt."

3) Dernburg, Das bürgerliche Recht des Deutschen Reiches II, § 10, 5, 24 ff.

4) Vgl. Dernburg a. a. O. 5, 24.

hältnisse S. 25) angeführten Beispiele, daß neben den versprochenen Diensten auch die verkehrsüblichen dem Dienstherrn geschuldet werden.[1])

Nur in den Grenzen der beiderseits anerkannten Zwecke kann also ein solcher „Wille" supplirt werden.

Ob man so etwas „Wille" nennen darf, ist nicht zweifellos.[2])

Man könnte hier von einem eventuellen Willen reden, doch versteht man darunter wohl besser einen wirklich vorhandenen Willen, den Jemand für einen bestimmten Fall hat (z. B. ein Schenkungsversprechen an die Frau für den Fall, daß keine Scheidung erfolgt).

Von dem wahren Willen unterscheidet sich allerdings bei genauer Betrachtung eine solche bloße Praedisposition zum Wollen, d. h. eine Seelenstimmung, in der nach dem natürlichen Laufe der Dinge ein gewisser Wunsch zu erwarten ist.[3]) So z. B. der Wunsch einer vernünftigen Behandlung der vermietheten Sache und dergl. mehr, Dinge, die bei dem Vertragschlusse selbst die Schwelle des Bewußtseins nicht überschreiten. Hier handelt es sich allerdings nicht um etwas, was man für einen gewissen Fall will, sondern gewollt haben würde.

Ein Beispiel für eine dem Geschäftszwecke entnommene Ergänzung der Geschäftsworte enthält auch 119, 2: „Als Irrthum über den Inhalt der Erklärung gilt auch der Irrthum über solche Eigenschaften der Person oder der Sache, die im Verkehr als wesentlich angesehen werden."[4])

Die Bestimmung, daß eine Sache oder Person, über die man verhandelt, die im Verkehre als wesentlich vorausgesetzten Eigenschaften haben solle, wird in der Regel nicht ausgesprochen, ja nicht einmal gedacht. Dennoch ergiebt sich aus dem erklärten Geschäftszwecke, daß die Parteien diese Bestimmung oder eine andere, die der Bedeutung einer solchen Eigenschaft Rechnung trägt, gewollt haben würden, wenn sie daran gedacht hätten.[5])

---

[1]) Das Gesetzbuch verweist mehrfach auf das, was gewollt sein würde. 139, 155, 2025, 2195. Matthiaß 243.

[2]) Vgl. oben S. 360 Anm. 2.

[3]) Vgl. Cosack 198.

[4]) Es ist dies eine absichtliche Berichtigung einer im ersten Entwurfe (Mot. 199) angenommenen Ansicht K.Prot. I, 114, die den Parteigedanken wenig entsprach. Im Verkehrsleben bezahlt man gerade die Eigenschaften der Menschen und der Sachen. Für das „Ding an sich" wird nichts gegeben. Die Eigenschaften bilden also den wichtigsten Geschäftsinhalt.

[5]) Das Gleiche gilt von der Zusicherung der Eigenschaften der Probe oder

Derartige nicht zum vollen Bewußtsein entwickelte Stimmungen rechnet in der Volkssprache Niemand zum Erklärungsinhalte[1]) und scharfsinnige Denker scheuen sich, sie als Willen zu bezeichnen.

Die Juristen sind aber längst daran gewöhnt, auch derartige durch Schlußfolgerung gewonnene Zusätze zu den Geschäftsworten als einen selbstverständlichen oder selbstredenden, d. h. unausgesprochenen Geschäftsinhalt, ja gradezu als Willensinhalt zu bezeichnen. Sie sind kein „Wille", aber man nennt sie nun einmal so in Anlehnung an eine römische Redeweise. Dem entspricht 119, 2 für einen besonders wichtigen Fall durch authentische Auslegung des Wortes „Geschäftsinhalt". Näheres siehe in § 101.

Wir werden daher in einer dem bisherigen Stande der Rechtslehre entsprechenden Redeweise von einer ergänzenden Auslegung reden dürfen und alle Zusätze zu den Geschäftsworten, die auf solche Weise gewonnen werden, Geschäftsinhalt nennen können, wenn auch beides dem Sprachgefühle des Nichtjuristen bisweilen in höchstem Maße zuwider ist. So lange uns dieses Sprachgefühl nichts Besseres geben kann, müssen wir eben festhalten, was wir an gangbaren Ausdrücken besitzen.

V. Eine bloße Anwendung dieser „ergänzenden Auslegung" (richtiger Zulegung) ist die **Umdeutung** eines **mißlungenen Geschäftes** in ein gültiges (sog. **Konversion**). Sie beruht darauf, daß bei jedem Geschäfte aus seinem Zwecke die Anweisung zwischen den Zeilen herauszulesen ist, es im Falle seiner Ungültigkeit in zweiter Linie anders zu deuten, falls sein Zweck dadurch erreicht werden kann (Mot. 218 K.Prot. I, 127). Diese Anweisung gehört in der Regel zu den Dingen, die von den Parteien im Zweifel gewollt sein würden, wenn sie es für nöthig gehalten hätten, darüber nachzudenken. Deswegen ist es unzulässig, einen wegen Formmangels ungültigen Wechsel als einen Schuldschein zu behandeln, weil die Zwecke der beiden Geschäfte verschieden sind.[2]) Wohl aber wird man z. B. eine später

des Musters bei dem Kaufe auf Probe oder nach Muster (494) und von der Haftungsübernahme für die zugesicherte Größe (468), wie überhaupt für alles Zugesicherte.

[1]) In diesem Sinne glaubt man in 119, 2 eine „Fiktion" sehen zu müssen, so z. B. Fischer-Henle zu 119, 2. Siehe hierüber unten § 101.

[2]) Ein zweifelhaftes Beispiel siehe auch bei Dernburg, Recht der Schuldverhältnisse 306, § 137 Anm. 3. Auch die beiden Regeln bei Cohn 48: „Was als Nießbrauch fällt, kann als Pacht bestehen" und „Muß Erbvertrag vergehen, kann Testament bestehen" sind in ihrer Allgemeinheit keineswegs unbedenklich.

genehmigte auftraglose Geschäftsführung in fremdem Namen durch einen Geisteskranken in eine bloße Beihülfe des Geschäftsunfähigen zu dem Geschäftsabschlusse umdeuten können, so, daß der Geschäftsherr dem Anerbieten des anderen Theiles, das ihm der Geisteskranke überbracht hat, beizutreten und dadurch den Vertrag abzuschließen vermag.

Die Frage, ob eine Umdeutung zulässig sei, ist daher überall Auslegungsfrage.

Eine gesetzliche Anerkennung der Konversion enthält 140.

VI. Die Ergänzung der unzulänglichen Bezeichnung des Geschäftsherrn bei Stellvertretungen: Hierauf bezieht sich der überaus zweifelhafte zweite Absatz des 164:

„Tritt der Wille, in fremdem Namen zu handeln, nicht erkennbar hervor, so kommt der Mangel des Willens, im eigenen Namen zu handeln, nicht in Betracht."[1])

Insoweit ein Vertreter ausdrücklich im fremden Namen handelt, heimlich aber für sich handeln will, kommt nach dem Recht der Mental-Reservationen nach Bürgerlichem Gesetzbuch dieser innere Wille von vornherein nicht in Betracht und insoweit ist diese Stelle überflüssig.[2])

Um so wichtiger ist sie aber für Fälle, wo die Erklärung des Vertreters es dunkel läßt, ob er für sich oder für einen andern handeln will.

Nach allgemeinen Regeln müßte bei zweideutigen Erklärungen auf den wahren Willen der Parteien zurückgegangen werden, bei einseitigen Rechtsgeschäften also auf den Willen des Erklärenden. So namentlich auch bei Verträgen da, wo der andere Theil mit dem einverstanden ist, was der Vertreter will (z. B. der Bäcker, der einem Dienstboten ein Brot verkauft und es von dessen Willen abhängig macht, ob es ihm oder dem Herrn verkauft sein solle). Dies hält der Verfasser auch nach Bürgerlichem Gesetzbuche für richtig.

---

[1]) Der eigenartige Stil der Vorschrift paßt nur zur ersten Lesung, nach der alle Geschäfte wegen Nichtübereinstimmung des Willens und der Erklärung nichtig waren. So richtig Endemann 339.

[2]) Ueber das Verhältniß des § 164, 2 zu Willensdogma und Erklärungstheorie vgl. K.Prot. I, 137. Etwas besonderes gilt bei Besitzergreifungen, auf die sich die Stelle nicht bezieht. Hier kommt der Wille des Vertreters auf alle Fälle als Werkzeug der thatsächlichen Gewalt des Herren in Betracht. Dig. XLII, 1, fr. 1, § 19.

Nach dem Wortlaut des 164, 2 würde jedoch gemäß einer vielfach vertretenen Ansicht in solchen zweifelhaften Fällen der innere Wille nur dann gelten, wenn er auf Selbstkontrahiren gerichtet ist, dagegen nicht, wenn der Vertreter für einen Andern zu handeln beabsichtigt und dies erkennbar zu machen verabsäumt hat, mag er immerhin von diesem andern bevollmächtigt sein.

Auch die Protokolle sprechen zunächst dafür, daß jeder, der es nicht erkennbar macht, daß er ein Geschäft für einen Andern abschließe, im Zweifel als Selbstkontrahent gelten solle (K.Prot. I, 138).

Nach dieser Ansicht würde das Gesetz den Vertretern einen Zwang auferlegen, ihre Absicht, für andere zu handeln, jedesmal völlig klarzustellen, widrigenfalls das Geschäft auf ihnen selbst hängen bleiben würde, weil sie dies verabsäumt haben (sog. Offenheitsprinzip).

Die Frage nach dem Zwecke dieser Vorschrift würde schwer zu beantworten sein.

Man darf einen solchen Gedanken jedoch nicht in dieser vollen Schroffheit aus dem Gesetze herauslesen.

Der Grundsatz, daß im Namen des Herrn verhandelt werden soll, damit die Folgen der Stellvertretung eintreten, verleitet zuweilen zu der absonderlichen Vorstellung, daß der Vertreter den Namen des Herrn nennen müsse. Diese Ansicht beruht offenbar auf einem Mißverständnisse des zweideutigen Ausdruckes: „Namen“, wohl auch auf Ueberresten der alten Verbalauslegung, die nur das anerkannte, was ausdrücklich gesagt war.

Ebensowenig, wie wir beim Selbstkontrahiren unsern Namen zu nennen brauchen, ebenso wenig braucht dies unser Vertreter zu thun, wenn er für uns handelt.

Allerdings herrscht ein sog. „Offenheitsprinzip“[1]) insofern, als der Vertreter nicht geradezu „verdecken“ (d. h. dissimuliren) darf, daß er in fremdem Namen handeln will. Bei Geschäften, die Jemand nur mit bestimmten Parteien abzuschließen pflegt, z. B. milden Gaben an blinde Bettler[2]) oder bei Kreditgeschäften muß der andere Theil, wenn er nur als Vertreter handeln will, dies hervorkehren.

Bei andern Verträgen ist dies nicht unbedingt nöthig, wie sich

[1]) Cohn 56 „Vertretung muß offen sein“, vgl. hierzu neuere Litteratur bei Cohn Anm. a. a. O.

[2]) Man denke z. B. an einen Blinden, der dazu gemiethet ist, für den Miether zu betteln.

aus dem Folgenden ergiebt: Zunächst kann man mit einem Vertreter unter alternativer Bestimmung des Geschäftsherrn ein Geschäft abschließen, d. h. so, daß entweder A. oder daß B. der Geschäftsherr sein solle. Die Zahl der verschiedenen Seiten der Alternative kann dabei beliebig groß sein. Eine solche Alternativität ist aber gerade bei Verkäufen an Dienstboten unbekannter Herrschaften, die für diese abgeschlossen werden, sehr häufig. Hier wird der Geschäftsherr nicht verdeckt, sondern nur alternativ bestimmt und zwar ganz offen.[1])

Die Konzentration des alternativen Geschäftes auf einen von mehreren Herren kann dabei dem Vertreter überlassen bleiben. Dies sind die Verträge mit unbestimmten Gläubigern,[2]) die nur mit Hülfe von Vertretern abgeschlossen werden können.[3])

Die Vertreter konzentriren dann später das Rechtsverhältniß auf einen der alternativ bestimmten Herren.[4])

Wie nun ein Vertreter alternativ den A. oder den B. als Geschäftsherrn bezeichnen kann, mit dem Vorbehalte, das Geschäft auf einen der beiden konzentriren zu dürfen, so kann er auch bestimmen, daß er selbst dabei die Rolle des A. oder B. übernehme, d. h. daß das Geschäft nach seiner Entscheidung entweder für ihn selbst oder seinen Herrn gelten solle. Wo dies ausdrücklich erklärt ist, gilt es unzweifelhaft. Wo aber nur die Verkehrssitte das Geäußerte in diesem Sinne deutet, muß es ebenfalls gelten. Verdeckt ist in solchem Falle der Sinn der Erklärung nicht, er ist blos als selbstverständlich nicht weiter besonders hervorgehoben.

Namentlich liegt aber keine Veranlassung vor, es einem Vertreter zu verweigern, ein Geschäft so abzuschließen, daß er es durch seine Bestimmung entweder auf sich oder auf einen vorhandenen Herrn, der aber nicht seinem Namen nach bezeichnet ist, konzentriren werde.[5])

---

[1]) Alternativität und Offenheit sind also hier zwei ganz verschiedene Dinge. Ebenso „Dissimuliren" und das „Selbstverständliche verschweigen".

[2]) Vgl. Dernburg, Bürg. R., II, Schuldverhältnisse S. 300 und die dort Genannten.

[3]) Den Thatbestand des Vertragschlusses kann nur ein Wesen von Fleisch und Blut herstellen, nicht eine persona incerta. Nur bloße Anerbietungen sind an unbestimmte Empfänger möglich. Ein Beispiel eines alternativen Vertragsanerbietens an den Vertreter entweder als solchen oder als Hauptpartei giebt Cosack 218, 2, bγ.

[4]) Schon das römische Recht kannte solche Konzentrationen. Dig. VII, 1, fr. 25, § 1.

[5]) A.M. Cohn 59, nach Planck, Anm. 2 zu 164. „Wer mich vertreten

Die Absicht, im Falle einer späteren dahin gehenden Entscheidung für den unbenannten Herrn zu kontrahiren, tritt hier klar hervor und § 164, 2 ist hier unanwendbar, weil der Wille, möglicher Weise für einen andern zu handeln, aus den Umständen erhellt.[1])

So namentlich bei den erwähnten zahllosen Verkäufen in Läden gegen Baarzahlung, bei denen der Kaufmann die Frage, ob der erwerbende Dienstbote für sich oder seinen Herrn gehandelt habe, lediglich dem Dienstboten zur Entscheidung überläßt, weil ihm beides ganz gleichgültig ist.[2])

Bei Verkäufen auf Kredit liegt die Sache freilich anders.

Wo ein Versprechen auf Kredit abgegeben wird, da kann das Geschäft immer im Zweifel nur auf den Vertreter bezogen werden,

---

will, doch dies nicht publizirt, hat nolens volens für sich selber kontrahirt." Daselbst auch die Angabe der Gegner. M. E. könnte man im Stile der Cohnschen Sprichwörter sagen: „Der Vertreter muß offen sein, aber nicht geradezu redselig."

[1]) Zitelmann 119 verweist hierzu auch auf das Schlüsselrecht der Frau 1357, 1.

[2]) Hölder 357. Vgl. Lenel, Jahrb. f. Dogm. XXXVI, 9 ff. gegen den m. E. (mit Unrecht) Endemann 339 Anm. 4 behauptet, daß hier gar keine Vertretung vorliege. — Sehr lehrreich ist hierfür ein Beispiel, das von Eck (Sammlung, 66) herrührt und dessen Behandlung Planck's Widerspruch hervorgerufen hat (Anm. 1 zu 164). Eine Hausdame hat mit Vollmacht ihres Hausherren, ohne diese zu erwähnen, ein Dutzend silberne Löffel gekauft und mit des Herrn Gelde bezahlt. Sodann werden die Löffel bei ihr gepfändet. Darf der Herr Widerspruchsklage (660 C.P.O.) erheben? Planck verneint dies, weil der Verkäufer der Dame habe Eigenthum übertragen wollen. Er urtheilt hier, wie ein alter Römer, der nach dem vermuthlichen Willen neben dem ausdrücklich Gesagten nicht fragt (vgl. Kuhlenbeck 481). Wollte man die zahllosen Kaufleute, die solche Geschäfte täglich abschließen, also wissen müssen, was sie dabei wollen, hiergegen als zweite Instanz anrufen, so würde m. E. ihre Gesammtabstimmung gegen Planck entscheiden. Zweifelhaft bleibt nur, ob der Kaufmann für einen solchen Fall, den er bei jedem Baarverkaufe als möglich voraussetzt, das Eigenthum dem Herrn übertragen will oder ob er der Dame die Entscheidung darüber überläßt, wem das Eigenthum zugewandt sein solle. M. E. das Letztere, weil er die Rechtsverhältnisse zwischen Auftraggeber und Beauftragten nicht zu kennen braucht und, wenn er sie kennt, sie nicht beachtet, ne curiosus videatur (Dig. XLVI, 2, fr. 19). Richtig auch Hölder 357, der aber m. E. zu viel Gewicht darauf legt, ob der Vertreter nur für seinen Herrn handeln durfte. Was er durfte, ist gleichgültig. Wichtig ist nur, was er gethan hat. Enneccerus 198 hebt übrigens zu dem besprochenen Beispiele richtig hervor, daß man ein und dasselbe Geschäft nicht gut in gewisser Hinsicht, d. h. zu Gunsten des Herrn als Vertretungsgeschäft und in anderer als Geschäft des Vertreters behandeln kann. Vgl. aber auch andererseits Zitelmann 119, Matthiaß 213.

der es abschließt,[1]) da Niemand einer Person, von der er gar nichts weiß, eine Schuld stundet. Daß in solchen Fällen der abwesende Herr, der einen Auftrag gegeben hatte, dies Geschäft abzuschließen, solidarisch neben dem Beauftragten hafte, ist nicht bestimmt.[2]) 164,2 spricht sogar dagegen.

Wenn wir nun zum Schlusse fragen, was denn diese streitige Vorschrift (164, 2) überhaupt besage, so müssen wir antworten:

Ein Vertreter, der den Schein erweckt hat, nur für sich zu handeln und nicht für einen Herrn, kann diese Erklärung (trotz 119) nicht wegen Irrthums anfechten.

Dagegen verhindert diese Vorschrift nicht, daß der zweifelhaft gebliebene Geschäftsherr hinterher durch den Vertreter bestimmt werden kann.

2. Die Zergliederung des Geschäftsinhalts.

a) Der anordnende Theil des Geschäftsinhalts (lex negotii).

α) Die Erfordernisse des Geschäftsinhalts.[3])

§ 85.

I. Der Zweck eines jeden Geschäftsinhaltes ist ein Einfluß auf fremdes Verhalten, der durch Rechtsschutz verstärkt sein soll, d. h. entweder ein Antrieb (z. B. in Folge einer Kündigung) oder die Ermächtigung eines oder mehrerer Geschäftsgenossen zu einem Thun oder Unterlassen.

Jedes Rechtsgeschäft muß daher einen imperativen, anordnenden Theil enthalten, aus dem man ersieht, welches Verhalten unter Rechtsschutz gestellt, d. h. in Folge des Geschäftes gestattet oder hervorgerufen werden, mit anderen Worten, was in Folge des Geschäftes geschehen oder unterbleiben soll. Jede zur Wahrnehmung bestimmte Willensäußerung enthält somit einen Antrieb oder eine Erlaubniß zu der Geschäftsausführung. Eine Aeußerung über die gewünschte oder gestattete Geschäftsausführung ist hiernach der Kern eines jeden Geschäftes,

---

[1]) Hölder 357.

[2]) A.M. Cosack 217 für den Fall, daß der Kourier eines Fürsten mehrere Zimmer bestellt. Muß der Empfänger der Bestellung bemerken, daß sie für einen Abwesenden geschieht, so haftet dieser. Muß er es nicht erkennen, so haftet nur der Kourier. Cosack läßt den Kourier und den Fürsten solidarisch berechtigt und verpflichtet werden.

[3]) Dernburg 216 ff. Bekker, Pandekten II § 97, III S. 131 ff., Endemann 262.

das in einer wahren Erklärung, die für andere bestimmt ist, zu Tage tritt (lex negotii).

II. Zeit und Ort der in das Auge gefaßten Geschäftsausführung sind vielfach durch die Handlung oder Unterlassung bestimmt, in der sie sich vollziehen soll, so z. B. wenn ein Fuhrwerk den Besteller zum Theater abholen soll. Ist eine Geschäftsausführung zu verschiedenen Zeiten oder an verschiedenen Orten möglich, so gilt das Geschäft im Zweifel sofort, immer und überall, wo seine Ausführung nicht unangemessen erscheint (wie es z. B. eine Schuldzahlung während einer Theatervorstellung sein würde). Abweichende Bestimmungen, die diese Regeln ändern, sind die Befristungen und die Lokalisierungen eines Geschäftsinhaltes.

III. Die übliche Dreitheilung des Geschäftsinhaltes zerlegt ihn in

a) wesentliche (unvermeidliche) Bestandtheile, essentialia negotii, das sind solche, die nach Rechtssatz zur Gültigkeit nöthig sind, also die Bezeichnung eines ausführbaren Inhaltes und was außerdem vom Gesetze verlangt wird, z. B. bei der Einräumung von Rentenschulden die Angabe einer Ablösungssumme (1199) u. s. w.

Man muß hier die für die rechtliche Wirksamkeit eines Geschäftes wesentlichen Bestandtheile von denen unterscheiden, die für seine Zuzählung zu einer bestimmten Geschäftsart unerläßlich sind.[1]) So ist z. B. für die Gültigkeit des Versprechens eines Dienstes nicht wesentlich, daß es unentgeltlich ist, wohl aber für seine Behandlung als Uebernahme eines Auftrags im juristischen Sinne. Diese beiden Arten der Wesentlichkeit (Gültigkeitswesentlichkeit und Subsumptionswesentlichkeit) werden zuweilen verwechselt. Beide betreffen Bestandtheile, die nach Rechtssatz wesentlich sind und müssen von den nach dem Parteiwillen wesentlichen Bestandtheilen unterschieden werden.[2])

b) Naturalia negotii nennt man die selbstverständlichen Zusätze, deren ausdrückliche Festsetzung überflüssig ist, weil entweder die Verkehrssitte oder eine lex dispositiva sie auch ohne dies dem gültigen Inhalte einfügen. Man bezeichnet sie als natürliche, weil sie sich ohne künst-

---

1) Vgl. z. B. Matthiaß 200.

2) In der Irrthumslehre hat die Mehrdeutigkeit des Wortes „wesentlich" eine große Rolle gespielt. S. unten § 101.

liche Willensthätigkeit, gleichsam wie durch einen Naturvorgang, zu Geschäftsbestandtheilen gestalten (s. oben § 84).[1])

c) Accidentalia negotii sind vermeidliche Zusätze, die (vom Standpunkte der Rechtsordnung) nicht zur Gültigkeit des Geschäftes nöthig sind, aber dennoch von den Parteien beliebt werden, denen sie keineswegs gleichgültig sind. Nur der Rechtsordnung sind sie entbehrlich und „außerwesentlich",[2]) nicht der Partei. Sie stehen entweder innerhalb der in dem Geschäfte enthaltenen Anordnung (z. B. die Festsetzung eines Zahlungstermins oder einer zu zahlenden Geldsorte) oder treten neben sie (Nebenbestimmungen im engeren Sinne).[3]) Zu den letzteren gehören:

α) Beschränkende Zusätze bedingender oder befristender Art, §§ 88—91.

β) Belastende Zusätze imperativer, anordnender Art, die neben die Hauptanordnung treten (§§ 92 u. 93).

IV. Der der Geschäftspartei unbekannte Geschäftsinhalt ist in mehreren Formen denkbar:

a) Der bereits vorhandene und niedergeschriebene, aber der Partei unbekannte Inhalt kann von ihr blindlings unterschrieben oder durch mündliche Zustimmung anerkannt werden. Ebenso kann man blindlings auf mündliche Verhandlungen einer anderen Person Bezug nehmen.[4]) Aus der Unkenntniß des Inhalts können der Partei hier möglicher Weise Anfechtungsrechte erwachsen (119), allein zunächst ist er vollwirksam.

b) Die sog. Unterschrift in blanco, d. i. die Unterschrift auf ein leeres Blatt, ist im Wechselrecht als Blanko-Accept anerkannt (vgl. K.Prot. I, 145). Aus dem Bürgerlichen Gesetzbuche kann die Zulassung solcher zunächst inhaltsloser Geschäfte nirgends herausgelesen werden. Ueberall setzt dies einen ausführbaren Geschäftsinhalt voraus, wo es von bindenden Erklärungen handelt. Nun kann aber (S. 287)

---

[1]) Die naturalia negotii sind keine Bestandtheile des Geschäftsabschlusses (Engelmann 115), wohl aber Bestandtheile des nach Rechtsvorschrift gültigen Geschäftsinhaltes.

[2]) Engelmann 115.

[3]) Dieser Unterschied erklärt wohl, warum nach den Mot. 249 der Ausdruck „Nebenbestimmung" als gemeinsame Bezeichnung für Bedingungen und Befristungen vermieden worden ist, weil er keineswegs „einwandsfrei" sei. Man kann damit sowohl Bestimmungen neben dem vom Rechte verlangten Geschäftsinhalte bezeichnen, als auch Bestimmungen, die neben dem imperativen Kern dieses Inhaltes stehen.

[4]) Man denke z. B. auch an Bestellungen auf Grund einer Speisekarte, deren Preise der Besteller sich anzusehen nicht die Mühe nimmt.

bei Verträgen der Anbietende dem andern Theile die Vervollständigung eines Vertragsentwurfes überlassen. Diese darf sich aber der richtigen Meinung nach nicht auf den ganzen Inhalt beziehen. Ein Geschäftsabschluß kann daher nicht durch Ueberreichung eines leeren Blattes mit der Namensunterschrift geschehen. Ein Bedürfnis, zu einem solchen Sprung ins Dunkle zu ermächtigen, liegt für den Gesetzgeber nicht vor. Ein Höchstbetrag der Nachtheile, der dem Unterschreibenden erwachsen kann, muß von ihm festgesetzt sein.[1])

Daher muß z. B. ein Miether dem von ihm höchstens zu zahlenden Zinse zustimmen, der Vermiether mindestens der Zahl der von ihm höchstens zu gewährenden Räume, wenn er den näheren Vertragsinhalt der andern Partei zur Bestimmung überlassen will. (Sonst sind ihre Unterschriften unter leere Miethsformulare unverbindlich.)

Ohne das würden den schlimmsten Ausbeutungen Thür und Thor geöffnet sein.

Allerdings redet 315 so allgemein, daß man das im Texte Gesagte bezweifeln kann. Doch würde ohne seine Geltung das in 315 erwähnte richterliche Ermessen keinen Anhalt haben und in richterliche Willkür ausarten müssen.

Daß bei Geschäften mit unbeauftragten oder mehrfach beauftragten Vertretern die Person des Geschäftsherrn späterer näherer Bestimmung durch den Vertreter offengelassen werden kann, wurde schon oben erwähnt (vgl. S. 366).

c) Die Partei kann auch einen wesentlichen Punkt des unvollständigen Geschäftsinhaltes der Verkehrssitte zur Ausfüllung überlassen. So bei den bekannten Verkäufen zum „üblichen Preise“, deren nähere Beurtheilung dem Rechte der Schuldverhältnisse angehört.

Wo nicht eine Vervollständigung des wegen Lückenhaftigkeit undurchführbaren Geschäftes der Partei oder der Verkehrssitte überlassen ist, da ist es nicht zu Stande gekommen (s. unten § 94).

β) Unzulässige Geschäftsinhalte.

§ 86.

I. Verschiedene Arten der Mißbilligung eines Rechtsgeschäftes.

1) Bei Verträgen, die der Schriftform bedürfen, in dieser Form. Die Motive 185 erwecken hier übrigens Zweifel. Vgl. hierzu Sohm, Zeitschr. f. Handelsr. XVII S. 70 ff. und die in Bekkers Pandekten II S. 213 note p abgedruckten Reichsgerichtsurtheile. — Diese Zulässigkeit von Blanko-Cessionen (vgl. Dernburg, Recht d. Schuldverh., 304) bleibt nach dem oben Gesagten außer Zweifel.

Das Recht verbietet solche Geschäfte, deren Vornahme es entweder überhaupt nicht wünscht oder doch nicht durch Gewährung eines Rechtsschutzes begünstigen will.

Es macht nichts aus, ob der Abschluß oder der Inhalt des Geschäftes verboten ist. Auch die Nichtigkeit der sog. Umgehungsgeschäfte (in frandem legis), die als selbstverständlich galt (K. Prot. I, 233),[1]) muß ohne besondere Vorschrift als Folge einer ausdehnenden Auslegung der Verbotsgesetze gelten.[2])

Einzelne Geschäfte werden, weil sie minder erwünscht sind, zwar nicht verboten, aber der rechtlichen Verpflichtungskraft beraubt, so Spiel und Wette (762), auch Ehevermittelungsverträge (656).

Die Folge eines Verstoßes gegen ein Geschäftsverbot ist nach der schon bisher herrschenden Meinung im Zweifel Nichtigkeit des verbotenen Geschäftes (vgl. Mot. 210, 211); sofern nicht minder strengere Vorschriften gegeben sind (vgl. z. B. 458).

Die einzelnen Verbote gehören dem besonderen Theile an.[3])

II. Das allgemeine Verbot der sittengefährlichen Geschäfte.

Ein Rechtsgeschäft das gegen die guten Sitten verstößt, ist nichtig (138).[4])

Bei der großen Unklarheit, die über den Begriff der Sitte und ihr Verhältniß zu Recht und Sittlichkeit verbreitet ist, ist es nicht wunderbar, daß diese Vorschrift sowohl nach ihrem Zwecke als nach ihrem Inhalte bestritten ist.

Es erscheint zunächst als stelle sich hier das Recht in den Dienst der Sitte und nehme ihre Geschäftsverbote einfach in sich auf.

Dies ist aber in doppelter Hinsicht nicht der Fall: einmal weil nur die guten Sitten in Betracht kommen und weil der Verstoß gegen eine Sitte sich mit der Sittenlosigkeit nicht deckt.

Zunächst scheidet das Gesetz die gute Sitte von jeder anderen.[5])

---

[1]) Vgl. Ivo Pfaff, Zur Lehre vom sogenannten in frandem legis agere 1892, Kuhlenbeck 30 und dort weitere Literatur.

[2]) Das Umgehungsgeschäft darf nicht mit dem fiduziarischen Geschäfte verwechselt werden, das mit Erlaubniß der Rechtsordnung abgeschlossen wird und die Verwendung einer Geschäftsform zu einem ungewöhnlichen, nicht zu einem ungesetzlichen Zwecke in sich schließt. Vgl. Matthiaß 203.

[3]) Beispiele siehe b. Bendix 109.

[4]) Code civil 1133. contraire aux bonnes moeurs. — Erst nach vollendetem Drucke erschien: Jacoby, Recht, Sitte u. Sittlichkeit, Jahrb. f. Dogm., Bd. 41, S. 68 ff.

[5]) Hölder 304.

Es spricht sich also ein Recht zur Kritik der Sitten zu, zur Aussonderung der gegen Verstöße zu schützenden Sitte von jeder anderen.

Aus diesem Schutze scheiden daher alle solche Sitten aus, die man Unsitten nennt, weil sie gemeinschädlich oder unsittlich sind.[1]) Das Recht kümmert sich aber auch nicht um die indifferenten, d. h. für das Gemeinwohl gleichgültigen Sitten, die jenseits von gut und böse liegen. Wenn sich z. B. Jemand ein Kleidungsstück bestellt, das der Mode widerspricht, so verstößt er gegen eine Sitte, die einen zu geringen Werth für das Gemeinwohl hat, als daß man über ihre Güte reden könnte.

Eine gute Sitte ist aber keineswegs identisch mit dem Gebote der Sittlichkeit.[2]) Die Sitte beruht auf den äußern Regeln des

---

[1]) Die Frage, ob eine Sitte irgendwo vorhanden ist, ist durch Beobachtung an Ort und Stelle zu entscheiden. Eine gleichartige Sitte eines ganzen Volkes giebt es nur in wenigen Punkten. (Von einer solchen redet Fischer-Henle Anm. 1 zu 139). Folglich ist die Antwort auf die Frage, ob irgendwo eine Sitte besteht, eine thatsächliche Feststellung und dem Revisionsrichter entzogen. Die andern beiden Fragen aber, ob die festgestellte Sitte eine gute sei, und ob ein bestimmtes Geschäft wider sie verstoße, sind dagegen nicht aus der Nähe durch die Beobachtung von Thatsachen, sondern aus dem Gesammtstande der eigenen Kenntnisse und Fähigkeiten des Richters zu beantworten und daher der Prüfung des Revisionsrichters zugänglich. Ohne diese Unterscheidung ist der Streit darüber, ob die Anwendbarkeit des 138 einer solchen Prüfung unterliege, überhaupt nicht zu beantworten. Vgl. gegen Lotmar 91: Enneccerus 224, Hölder 305. Die individuelle Ueberzeugung (Hölder 305) bedeutet m. E. hier nicht mehr als bei allen schwierigeren Fragen.

[2]) Die bahnbrechenden Ausführungen in Ihering's Zweck im Recht II. cap. IX. über den Unterschied von Sitte und Sittlichkeit werden immer wieder übersehen — (vgl. oben S. 2). Vgl. z. B. Motive I, 211, auch Lotmar, der unmoralische Vertrag 1896, eine Schrift, die von Planck Anm. 1 zu 138 auch zur Erläuterung des B.G.B. empfohlen und überhaupt vielfach berücksichtigt wird. Die Gleichstellung des „sittenwidrigen" Geschäftes (so nennt es Neumann zu 138) mit dem „unsittlichen" ist allgemein üblich. Selbst Riedel, der S. 445 Sitte und Sittlichkeit klar unterscheidet, nimmt S. 436 keinen Anstoß daran, die den Sitten gefährlichen Geschäfte als „unsittliche" zu kennzeichnen. Ebenso Matthiaß 205, v. d. Pforten 135, Heilfron 449, Enneccerus 220, Endemann 439, Rudorff und Schäfer zu 138, ähnlich Cosack 172, der die Anstandsgebote neben der Sittlichkeit nennt. Weyl 255 (Archiv f. bürg. R. XIV 79 ff.) warnt vor der Verwechslung des Verstoßes gegen die guten Sitten mit ähnlichen Begriffen. Planck unterscheidet zwar 190 Sittlichkeit und gute Sitte, jedoch in dem Sinne, daß die Sitte der Ausdruck des jeweiligen Volksbewußtseins über die Anforderungen der Sittlichkeit sei. Aehnlich Endemann 435. Auch Kuhlenbeck 32 bezeichnet die Sitte als gesellschaftliche Moral. — Daß die sittlichen Anschauungen den Inhalt der

Anstandes, die Sittlichkeit auf den innern Geboten des Gewissens.[1]) Nur in dem letzten obersten Ziele, dem Wohle der Menschen hängen Recht, Sitte und Sittlichkeit zusammen. In der äußeren Erscheinung trennen sie sich nach der Beschaffenheit der Gewalten, die sie gewährleisten. Die Sitte beruht auf dem gesellschaftlichen Ansehen, das sie gewährt, die Sittlichkeit auf dem Streben nach Ruhe des Gewissens. Ein braves Naturkind kann aus Unerfahrenheit sittenlos sein und ein heimlicher Sünder in der öffentlichen Meinung als Maßstab der guten Sitte gelten.[2]) Ja sogar die offene Unsittlichkeit verstößt da nicht gegen die Sitte, wo wegen allgemeinen Sittenverfalls die letztere fehlt.[3])

Andererseits verbietet die Sitte vieles, was aus den anständigsten Beweggründen geschehen kann. So verstößt z. B. das unbewachte Zusammenwohnen von Personen verschiedenen Geschlechtes, die nicht mit einander verheirathet oder nahe verwandt sind, auf alle Fälle gegen die gute Sitte, mag es auch auf den edelsten Beweggründen beruhen.

Dahin gehört alles, was, mag es auch aus den besten Absichten geschehen, nach den herrschenden Anschauungen über Anstandspflichten ein schlechtes Beispiel zu geben im Stande ist.[4])

Sitte wie des Rechtes beeinflussen und einen Maßstab für den Werth der Sitte geben (Hölder 305), soll übrigens nicht bestritten werden. Eine Identität des Beeinflussenden und des Beeinflußten ergiebt sich aber daraus nicht.

1) Vgl. 814, 826. Cosack 172.

2) Das heimliche Unrecht entzieht sich dem Richterspruche der Sitte, aber nicht dem Urtheile des Gewissens. (Dies wird in der Literatur vielfach verkannt, s. unten). Darum erwähnt das Gesetzbuch neben 826, der gegen die Verletzung der guten Sitte schützt, noch einige andere Unsittlichkeitsfälle, die zu dem Gebiete der geheimen Sünden zu gehören pflegen, 825, 847, 2, 1300, 1715.

3) Aus den Stimmen der römischen Dichter erschallt die Klage der noch immer vorhandenen Sittlichkeit über die verschwundene Sitte.

4) Die Anschauungen über den Inhalt der Anstandspflichten sind trotz gewisser gemeinsamer Grundzüge nicht minder der Entwicklung unterthan, wie die Gebote des Rechtes. Ein Römer hielt es z. B. für eine Anstandspflicht, sein Leben hindurch darüber zu wachen, ob bei seinem Tode sein Gut in rechte Hände gerathe. Darum galt es für unanständig, dieser Pflicht durch einen Erbvertrag auszuweichen. In Deutschland, wo ursprünglich der Satz galt: „Deus solus heredem facere potest", konnte sich diese Anschauung nicht entwickeln, wie ja auch das Auszüglerwesen beweist. Darum wird es uns schwer, uns in die römische Beurtheilung der Erbverträge hineinzudenken. Natürlich kann sie für uns nicht maßgebend sein. Die geschichtliche Wandelbarkeit der Sitte wird allgemein anerkannt. Vgl. z. B. Weyl 256 und zu Dig. 47, 10, fr. 15, 6 adversus bonos mores hujus civitatis. Endemann 437.

Daher will der Staat mit seinem Verbote (138, 1) keineswegs das unsittliche Geschäft treffen, aber auch nicht einmal nur das sittenlose, sondern das den guten Sitten gefährliche,[1]) alles was durch ein böses Beispiel vorhandene gute Sitten verderben könnte, die im allgemeinen Interesse geschützt werden sollen.

Der Inhalt der Sitte giebt daher nicht immer an, ob ein Geschäft der guten Sitte gefährlich ist oder nicht. Es ist Sache der richterlichen Einsicht, derartige Gefahren vorauszusehen. Sittenlosigkeit und Gefährlichkeit für die Sitte sind zweierlei.[2])

Auch die vielbesprochenen Verträge gegen die freie wirthschaftliche Bewegung fallen lediglich unter diesen Gesichtspunkt.[3]) Die Freiheit der Lebensführung wird allerdings in ihrem vollen Umfange gegen Verträge nicht geschützt. Jeder Vertrag beschränkt vielmehr die Freiheit der Partei, die er bindet. Die Freiheit willkürlicher Entschließungen wird daher durch sich selbst verkümmert, wo aus Rücksicht auf die guten Sitten die Möglichkeit beliebiger Abreden zum Besten der freien Bewegung verkürzt ist, wie z. B. bei dem Versprechen der Ehelosigkeit.[4]) Dies gilt auch von den Verträgen, die Güter von höherem Werthe zur Handelswaare herabwürdigen, also um ihrer Entgeltlichkeit

---

[1]) Vgl. Art. 40 E.G.: „Wenn die Anwendung (eines ausländischen Gesetzes) gegen die guten Sitten verstoßen würde." (Vgl. auch 817 und 826.) Eine solche Anwendung ist wohl nicht als sittenlos gedacht, aber als den guten Sitten gefährlich. Vgl. auch Zitelmann internationales Privatrecht I, 352 ff.

[2]) Nach Matthiaß 204 sollen die moralischen Durchschnittsanschauungen entscheiden, nach v. d. Pfordten 135 die überwiegende Meinung, nach Fischer-Henle, Anm. 1 zu 138, die Sitten des ganzen Volkes. Die Sitte bindet überhaupt immer nur die Angehörigen eines bestimmten Kreises. Ein Verstoß gegen eine gute Sitte ist aber auch von Seiten dessen möglich, in dessen Umgangskreis keine solche Sitte herrscht, sofern er andere in ihrer guten Sitte stört. So z. B. wenn auf der Bühne Redensarten, an denen der Pöbel keinen Anstoß findet, in besseren Kreisen verbreitet werden sollen, ohne daß dies durch künstlerische Rücksichten entschuldigt wird. Auch wo eine gute Sitte nicht bindet, also eigentlich nur ein bloßer Brauch ist, z. B. eine besonders stark entwickelte Sonntagsheiligung, würde eine Abrede, die ihre absichtliche Gefährdung bezweckt, als ein Vertrag gegen die guten Sitten angesehen werden können. Von einer unabsichtlichen Gefährdung würde man dies wohl aber kaum sagen können. Vgl. hierzu Hölder 305.

[3]) Vgl. insbesondere zu dem Folgenden Lotmar a. a. O. 68 ff., Kuhlenbeck 31, Enneccerus 222.

[4]) Krückmann 161 spricht von Forderungen, die nicht den juristischen Zwang vertragen.

Willen tadelnswerth sind, wie das entgeltliche Eheversprechen oder die entgeltliche Zusicherung eines gerechten Urtheils.[1])

Wenn in dieser Hinsicht die Rechtsprechung nicht einer schrankenlosen Willkür verfallen will, so muß sie, falls sie Rechtsgeschäften wegen Verstoßes gegen 138, 1 ihren Schutz entziehen will, den Kampf gegen die Gefahr für eine vorhandene gute Sitte als Leitstern festhalten.

Die Freiheit als solche ist daher auch hier nicht der Zielpunkt des Schutzes.

Da die Regeln des Anstands an dem äußeren Verhalten haften, ebenso, wie die Gefahren der Ansteckung eines schlechten Beispiels, so ist auch im § 138 ein Verstoß des Inhalts der gepflogenen Verhandlungen gegen die guten Sitten gemeint, nicht ein bloßer Verstoß des Geschäftsabschlusses wider die Gebote eines anständigen Empfindens (Mot. 211). Wer z. B. kurz nach der Beerdigung eines nahen Angehörigen für sich ein Theaterbillet kauft, verstößt gegen die guten Sitten, das Geschäft ist aber, namentlich wenn die Sachlage nicht bei dem Geschäfte hervortritt, nach seinem Inhalte einwandsfrei. Nichtig ist dagegen der Kauf von Wahlstimmen oder ein Vertrag mit Leuten, die eine politische Versammlung stören sollen, oder auch die Verpflichtung, eine Werkstätte zur Falschmünzerei einzurichten, nicht aber die Vermiethung einer Werkstätte, die hinterher zur Falschmünzerei dienen soll, ohne daß diese Absicht des Miethers bei den Geschäftsverhandlungen zum äußerlich erkennbaren Ausdrucke gekommen ist.[2])

Nach K.Prot. I, 123[3]) soll es allerdings nicht nur darauf ankommen, ob der Inhalt des Geschäfts gegen die gute Sitte verstößt, auch die Motive seien bedeutsam, um „den Inhalt des Rechtsgeschäfts in das richtige Licht zu setzen". Es wird sich jedoch hierbei wohl nur um solche Motive handeln können, die bei dem Geschäfte hervorgetreten sind, z. B. um eine Schenkung zu einem klar erkenn-

---

[1]) Vom Ehemaklerlohn war schon oben die Rede (656), siehe S. 372, Cosack 172 erwähnt hier auch das Versprechen, gegen Entgelt die Wirkung einer Arznei an sich zu probiren.

[2]) Bei der kürzlich viel besprochenen Vermiethung von Wohnungen an Prostituirte kommt auch dieser Gesichtspunkt in Betracht. Nach XVIII, 1 fr. 34 § 7 verstößt der Verkauf von Gift dann gegen die guten Sitten, wenn er nur einem schlechten Zwecke dienen kann. Man wird dies auch auf Abtreibungsmittel beziehen können.

[3]) Vgl. hierzu Planck Anm. 1 zu 138.

baren Bestechungszwecke, also schließlich doch nur um den Inhalt des Besprochenen und Mitgetheilten, wenn auch nicht gerade nur um den eigentlichen rechtlich wichtigen Geschäftsinhalt.

Geschäftsinhalt und Verhandlungsinhalt dürfen hier also nicht verwechselt werden.[1])

Auch hier liegt die häufige Verwechslung zwischen Sitte und Sittlichkeit nahe. Gewissenspflicht und Anstandspflicht decken sich aber nun einmal nicht. In der Regel ist die erstere die strengere. Ihr widerstrebt z. B. jedes Geschäft aus einer schlechten Absicht, z. B. ein Geschenk mit der Absicht der Verführung,[2]) auch wenn der Mangel nicht erkennbar hervortritt.[3]) Andererseits ist aber auch wieder die Sitte strenger. Allerdings verstoßen alle nach ihrem Inhalte unmoralischen Geschäfte immer gegen die guten Sitten, freilich nur da, wo solche vorhanden sind. Aber auch die im einzelnen Falle vielleicht aus moralisch tadellosen Gründen abgeschlossenen Geschäfte, z. B. ein Versprechen an einen anderen, ihn zu unterstützen, wenn er durch einen aus Ueberzeugung geschehenen Religionswechsel Schaden leidet, sind dennoch Geschäfte gegen die guten Sitten, weil sie leicht falsch aufgefaßt werden und deshalb ein schlechtes Beispiel geben können.[4])

Die Sitte ist in dieser Hinsicht strenger als die Moral, weil diese sich nur an das Gewissen des Einzelnen wendet, jene aber das äußere Zusammenleben in das Auge faßt[5]) und gegen gefährliche Einflüsse sichert.

Das wucherliche Geschäft[6]) soll nach einer Einschiebung des

---

1) Vgl. hierzu Hölder 305, Bendix 114, Cosack 172, Enneccerus 221.

2) Cosack 172.

3) Manche legen das Hauptgewicht darauf, ob die böse Absicht dem andern Theile bekannt war, nicht darauf, ob sie auch erkennbar hervortritt. So z. B. v. d. Pfordten 185 bei der Absicht, ein gekauftes Haus zum Bordell zu machen. Das geht m. E. zu weit. Auch die Entscheidung bei Dernburg, R. der Schuldverh. II, 348 ist mir zweifelhaft.

4) A.M. z. B. Hölder 306.

5) Vgl. hierzu Eck, Vortr. 127 und Lotmar a. a. O. 571 ff. Der Antrag, statt des Verstoßes gegen die guten Sitten, den Verstoß gegen die Sittlichkeit zu setzen, ist abgelehnt worden (K.Prot. I, 123), damit die Bestimmung einen „umfassenderen Geltungsbereich" erhalte. Wie wir sahen, hat aber das sittenwidrige Geschäft nicht in jeder Hinsicht einen weiteren Umfang als das unsittliche. Die Mot. I, 211 verwechselten noch den Verstoß gegen die Sittlichkeit mit dem Verstoß gegen die Sitte.

6) Vgl. L. Cohn, Die wuchergesetzlichen Bestimmungen des Bürgerl. Gesetzbuchs, Beitr. zur Erläut. des Deutschen R. Bd. 41, S. 784 ff.

Reichstages (§ 138, 2) unter allen Umständen nichtig sein und zwar nach der Wortfassung des Gesetzes als ein Verstoß gegen die guten Sitten. Zu verstehen ist darunter ein Rechtsgeschäft, durch das Jemand „unter Ausbeutung der Nothlage, des Leichtsinns oder der Unerfahrenheit eines Anderen sich oder einem Dritten für eine Leistung Vermögensvortheile versprechen oder gewähren läßt, welche den Werth der Leistung dergestalt übersteigen, daß den Umständen nach die Vermögensvortheile in auffälligem Mißverhältnisse zur Leistung stehen.“ (138, 2.)

Die „Auffälligkeit“ des Mißverhältnisses enthält jedenfalls da den Hinweis auf die verletzte gute Sitte, wo eine solche besteht.[1])

Wenn der wucherliche Zweck aus dem Vertragsinhalte hervorleuchtet, z. B. bei einem Verkaufe zu einem übermäßigen Preise (eine laesio enormis in neuer Auflage!), so kann man in der That heutzutage überall da von einem Vertrage gegen die guten Sitten sprechen, wo solche vorliegen, obwohl die bisherige Praxis nicht leicht dazu geneigt war. Wo dagegen in einer bestimmten Gegend Ausbeutungen an der Tagesordnung sind, wie dies z. B. gegenüber den Kur- und Badegästen mancher Gegenden der Fall ist, da giebt es keine gute Sitte, gegen die man verstoßen könnte. Trotzdem wird auch dort bei „auffälligen“ Ausschreitungen 138, 2 gelten.[2]) Mit dieser Bestimmung verläßt das Bürgerliche Gesetzbuch den Satz des Paulus Dig. XIX, 2, fr. 22, § 3. In emendo et vendendo naturaliter concessum est, quod pluris sit, minoris emere, quod minoris sit, pluris vendere et ita invicem se circumscribere.[3])

---

[1]) Ob dies der Fall ist, braucht der Richter nicht weiter zu prüfen, sofern der Thatbestand des 138, 2 vorliegt, vgl. Szkolny und Caro zu 138, 2.

[2]) Vgl. Hellmann 78. Es ist dies eine Ausnahmebestimmung, die eine entsprechende Erweiterung nicht verträgt. Wo es uns sonst an guten Sitten fehlt, da darf auch der Richter nicht solche einzuführen bemüht sein. Man denke nur an die Geldheirathen und die Zeitungsschreiber, die sich verpflichten, politische Ansichten zu vertreten, die ihnen von anderer Seite vorgeschrieben werden sollen. Hier hat also die von Enneccerus 222 mit Recht gewünschte „schöpferische Rechtsprechung“ ihre natürliche Schranke, damit nicht unsere Prätoren zu Censoren werden. Nach Szkolny und Caro 169 (in Anlehnung an Lotmar a. a. O. S. 95) soll der Richter „nach der herrschenden ethischen Ueberzeugung die Moral der Rechtsgeschäfte prüfen“.

[3]) Heutzutage verstößt, wie oben erwähnt ist, der Wucher gegen die gute Sitte (A.M. Hölder 306). Wir wissen dagegen aus den römischen Dichtern zur Genüge, daß zur Zeit des römischen Sittenverfalls die Ausbeutung nicht als anstößig galt. Eine gute Sitte, an der in dieser Hinsicht etwas zu verderben war, gab es damals nicht mehr, ebenso wenig wie auf dem Gebiete der Erbschleicherei, der der Senat durch eine Sondervorschrift

Wo die wucherliche Absicht aus dem Vertrage nicht hervorleuchtet, so bei der Annahme eines Wechsels oder dem Schuldversprechen, das über den Entgelt schweigt, da wird trotz der Verwerflichkeit des Zweckes das Geschäft nicht unter 138, 2 fallen, weil dieses nur von auffälligen Vermögensopfern „für eine Leistung" redet, also abstrakte Geschäfte nicht in den Kreis seiner Bestimmung hineinzieht.

Ein Einrederecht gegen die des Wuchers schuldige Vertragspartei wird man aber dem Ausgebeuteten auch hier durch erweiternde Auslegung der Vorschrift gewähren können.

Wollte man dagegen eine wahre Nichtigkeit bei den zu wucherlichen Zwecken erlangten Wechselschulden annehmen, so würde der redliche Verkehr mit derartigen Papieren schweren Schaden leiden.

Auf abstrakte Geschäfte ist daher 138 in seinem vollen Umfange unanwendbar.[1])

Einem Mißbrauche der Vorschrift des § 138, 2 durch böswillige Schuldner, die ohne Grund einen gegen sie verübten Wucher behaupten, wird eine strenge Praxis entgegentreten müssen.[2])

Andererseits bietet das Gesetz in 138, 2 Gelegenheit dazu, den vielfach beklagten sog. Sachwucher auszurotten, namentlich die Ausbeutung in den Formen des Verkaufes und der Vermiethung zu übermäßigen Preisen.[3])

III. Das Verbot vertragmäßiger Veräußerungsschranken.

Ein Rechtsgeschäft, das die Verfügungsbefugniß über ein veräußerliches Recht dem Berechtigten entziehen soll, ist nichtig. (137, bisher streitig). Jede Umwandlung eines veräußerlichen Rechtes in ein unveräußerliches entwerthet dieses Recht zum Theile und mindert somit das Nationalvermögen in einem seiner Stücke. Von der Uebernahme einer rein obligatorischen Pflicht, eine Veräußerung zu

---

über institutiones captatoriae entgegentreten mußte. Das B.G.B. entspricht aber durchaus den Ansichten über anständige Geschäftsführung, wie sie sich seit der Zeit des Paulus glücklicher Weise verschärft und verfeinert haben. L. Cohn, Beiträge zur Erläut. des Deutschen Rechts. 41, 796 hält die neue Vorschrift für „verkehrsfeindlich". Ihr Mißbrauch könnte sie freilich dazu machen. Für ihren Werth Kuhlenbeck 328.

1) Dies ist namentlich von Enneccerus 223 ausgeführt.

2) Vgl. Mot. 211 und oben S. 378 Anm. 2.

3) Vgl. §§ 302a, 302b des R.Str.G.B. (Gesetz v. 19. Juni 1893). Art. 47 E.G. Das Element der Gewerbsmäßigkeit wird vom B.G.B. 138, 2 nicht mehr betont. Planck 190.

unterlassen, gilt dies nicht (§ 137 a. E.). Eine solche ist daher zulässig. (133).[1])

IV. Gültige Veräußerungsverbote.[2])

Die Veräußerungsverbote werden in absolute und relative eingetheilt (Mot. 212).

Die letzteren liegen dann vor, wenn nur der Schutz bestimmter Personen beabsichtigt wird.[3]) Um eine zwecklose Härte zu vermeiden, macht hier das Gesetz eine Ausnahme der Regel (134), daß das verbotene Geschäft im Zweifel nichtig sein soll.[4]) Vielmehr tritt hier eine Unwirksamkeit[5]) des Geschäftes nur theilweise ein.

Der Rechtsnachfolger des mit dem Veräußerungsverbote Belasteten, z. B. sein Erbe, wird ebenso dadurch betroffen, wie der Vorgänger. Hieraus erklärt sich 135 Satz 2, wonach der Arrestschlag und die Zwangsvollstreckung wider den in der Veräußerung Gehemmten dem Verbote gegenüber keine Kraft haben können.[6])

Der Schutz redlicher Dritter richtet sich auch bei Veräußerungsverboten nach den allgemeinen Grundsätzen (Mot. 214). Gegen absolute Veräußerungsverbote werden redliche Dritte jedenfalls nicht weiter geschützt, als diese Grundsätze es verlangen (Mot. 215).

Das richterliche Veräußerungsverbot[7]) steht dem gesetzlichen grundsätzlich gleich (136).

---

[1]) Vgl. Cohn 53: „Ist dem Kridar auch der Verkauf verwehrt, die Gläubiger sind dadurch nicht beschwert." Wie weit die Verpflichtung, über ein Grundstück nicht zu verfügen, durch Eintragung verdinglicht werden kann, bleibt dem Sachenrechte zur Erörterung vorbehalten, vgl. auch Cosack 178 zu E. I, 295 und Cohn 53: „Auch Deine Forderung kannst nicht uncessibel machen, es wär Dir sonst zu leicht, die Gläubiger auszulachen," ein Grundsatz der ersten Lesung, den 399 fallen läßt.

[2]) Ueber den Begriff der Veräußerung siehe oben Seite 263, 264.

[3]) Hölder 302 rechnet dahin nicht blos Geschäfte, die bei ihrer Vornahme untersagt sind, sondern auch solche, die, wie z. B. entgeltliche Veräußerungen vor dem Konkurse, erst später unwirksam werden. Diese ausdehnende Auslegung rechtfertigt sich durch den Zweck des Gesetzes.

[4]) Ein Fortschritt gegenüber der herrschenden Lehre des gem. Rechts. v. Buchka 26.

[5]) Vgl. über diesen Ausdruck unten 96 und zur Sache selbst K.Prot. I, 125, auch C.P.O. § 772, auch § 7 und 13 Konkursordnung und zu § 772 Planck 187. Das zweifelhafte Anwendungsgebiet des 135 prüft Neumann 69 in einer m. E. allzu vorsichtigen und zurückhaltenden Weise und einem deshalb negativen Ergebnisse.

[6]) Mot. 218: „Es kann keinen Unterschied machen, ob der Gebundene selbst verfügt oder ob die Verfügung aus seinem Rechte erfolgt." Ebenso K.Prot. VI, 133.

[7]) Beispiele bei Neumann 60.

Das unbedingte Verbot der Geschäfte über die dem Verkehre entzogenen Sachen (res extra commercium) ist dem deutschen Rechte in seiner römischen Bedeutung fremd. Es gestattet über sie für den Fall zu verfügen, daß sie in den Verkehr kommen.[1])

Nach Mot. III, 25 überläßt das Bürgerliche Gesetzbuch die res extra commercium, soweit ihre rechtliche Lage der gesetzlichen Anordnung bedarf, den Landesgesetzen.

V. Von den verbotenen Geschäften zu unterscheiden sind die rechtlich überhaupt gar nicht möglichen, d. h. solche, die einen Inhalt haben, dem durch keinen Rechtssatz ein Schutz zugesichert ist. So z. B. nach Bürgerlichem Gesetzbuche die Emanzipationen und die Pupillarsubstitutionen. Derartige völlig rechtsfremde Geschäfte heißen in der Redeweise des Bürgerlichen Gesetzbuches „unwirksam", nicht nichtig (388, 701, 925 Abs. 2, 1253, 1950, 2171, 2180 Abs. 2, 2202, H.G.B. 50, 123, 126, 128, 130, 151, 172 Abs. 3), vgl. hierüber unter § 95.

Der Standpunkt des Rechts gegenüber den nicht besonders genehmigten Geschäften hat sich im Laufe der Geschichte geändert. Für Rechtsgeschäfte gilt nicht ebenso, wie für die Handlungen, die ohne Rechtshülfe wirken, der Satz: „Was nicht verboten ist, ist erlaubt." Die Römer ließen kein Rechtsgeschäft zu, das nicht einen anerkannten Typus hatte.[2])

Aus dem Verfalle der römischen Formen erwuchs namentlich in der canonistischen und der naturrechtlich-individualistischen Theorie der Gedanke der freien Zulässigkeit eines jeden beliebigen Vertragsinhaltes. Schlechte Erfahrungen, die man namentlich mit gemeinschädlichen Grundstücksbelastungen gemacht hat, haben aber dahin geführt, daß das Bürgerliche Gesetzbuch nur für verpflichtende Abreden Vertragsfreiheit beibehält, für alle andern Geschäftsformen ablehnt.[3]) Namentlich folgt aus dem Systeme der geschlossenen Zahl der dinglichen Rechte auch die Nichtanerkennung der Verträge, die ein Recht, das außerhalb dieser Zahl liegt, z. B. ein dingliches Wiederkaufsrecht, herstellen wollen.[4])

---

[1]) Anders Dig. XLV, 1, de verb. obl. fr. 83 § 5, 137 § 6.

[2]) Diese Typen sind nicht verschwunden, nur ihre Erkennbarkeit ist durch die Formlosigkeit erschwert worden, vgl. hierzu Matthiaß 200.

[3]) Vgl. zu 133, Mot. III, 77: Das Prinzip der rechtsgeschäftlichen Aktionsfreiheit solle nur für das Gebiet des Rechtes der Schuldverhältnisse eine „allgemeine Wahrheit" sein. Vgl. auch Mot. 273 über unzulässige Verzichte.

[4]) Vgl. Planck 271 zu 497, Preuß. Ausführungsges. zum B.G.B. Berlin.

b) Beschränkende Zusätze zu einer rechtsgeschäftlichen Anordnung.

α) Bedingungen.

αα) Begriff.

§ 87.[1])

I. Begriffsbestimmung.

Das Wort Bedingung hat in der Volksrede eine weitere Bedeutung als in der Juristensprache.

Bedingung im rein logischen (oder stilistischen) Sinne ist jeder Zusatz zu einem Gedanken, der dessen Geltung für einen gewissen Fall ausschließt, daher es in diesem Sinne auch blos bedingte Zugeständnisse von Thatsachen oder bedingte Mittheilungen, z. B. bedingte Anzeigen geben kann (z. B. eine Anzeige an das Nachlaßgericht nach 2146, daß eine Nacherbfolge eingetreten sei, falls ein dem Anzeigenden zugegangener Bericht die Wahrheit enthalte u. dergl.).

Im weiteren juristischen Sinne ist die Bedingung ein Zusatz zu einer Anordnung von rechtlichem Werthe.

In diesem Sinne ist jedes Gesetz, ja überhaupt jeder Rechtssatz bedingt, da er unter bestimmten Vorbedingungen etwas ankündigt, und jede Rechtsfolge ist an rechtliche Bedingungen geknüpft, ohne die sie nicht eintritt.[2]) In einer freieren juristischen Redeweise wird man daher geneigt sein, bei den Vorbedingungen oder Bedingungen eines Rechtsgeschäftes an die Gültigkeitsbedingungen zu denken, die das Gesetz diesem Geschäfte setzt, also namentlich die Geschäftsfähigkeit der Partei, den Geschäftsabschluß, das Vorhandensein eines vollständigen, nach Rechtssatz möglichen Inhalts, sowie der etwa nöthigen Form.

Heymann 1899. S. 101, 102. Ob man nicht dennoch durch Eintragung einer Vormerkung das Wiederkaufsrecht nach 883, 1 verdinglichen könne, ist streitig. Das Nähere gehört nicht hierher (s. unten § 92, III).

[1]) Vgl. Enneccerus, Rechtsgeschäft, Bedingung und Anfangstermin, Marburg 1889, und Bürg. R., 224 ff.

[2]) Vgl. hierzu Enneccerus 225: „Bedingen heißt eine Rechtswirkung von einem zukünftigen ungewissen Ereigniß abhängig machen", und dazu 226: „Bedingung ist nach dem B.G.B. wie nach gemeinem Recht die einer Willenserklärung eingefügte Beschränkung u. s. w." Vgl. hierzu Hölder 342: „Man kann nicht den allgemeinen Begriff der Bedingung oder der conditio sine qua non aus der Rechtswissenschaft deshalb verbannen, weil die gesetzliche Bezeichnung der Bedingung eine weit engere Bedeutung hat." Allein, weil wir ihn nicht verbannen können, müssen wir ihn um so mehr von dem gesetzlichen Begriffe unterscheiden.

An diese geschäftserzeugenden Gesetzesbedingungen denken aber unsere Rechtsquellen nicht, wenn sie von bedingten Geschäften reden. Sie verstehen unter Bedingungen dabei im Zweifel geschäftsabschwächende Zusätze zu einem sonst vollständigen Geschäftsinhalte. Es sind dies Parteibedingungen oder solche Zusätze, die von der Verkehrssitte oder einem ergänzenden Gesetze einem Geschäftsinhalte hinzugefügt werden.[1])

Auch bei andern Anordnungen als Rechtsgeschäften kommen solche Zusätze vor. Man denke an bedingte Strafbefehle oder Verurtheilungen. Bei den Geschäften bedürfen sie aber deshalb einer ganz besondern Regelung, weil durch sie Zukunftspläne verwirklicht werden, wie sie einsichtsvollen Vermögensverwaltern zukommen.[2])

Der Staat hat namentlich auch ein volkswirthschaftliches Interesse daran, solche Pläne zu begünstigen. Darum nimmt er bedingte Geschäfte unter seinen Schutz und schafft für sie ein Sonderrecht. Dies gründet sich darauf, daß bei ihnen ein Zustand der Ungewißheit eintritt, der den Betheiligten gewisse Rücksichten aufnöthigt (sog. Schwebezustand).

Das Bürgerliche Gesetzbuch, das in § 158[3]) überhaupt keine Begriffsbestimmung giebt, setzt den Bedingungsbegriff als bekannt voraus. Er kann daher nur aus dem Stande der Deutschen Wissenschaft zur Zeit der Entstehung des Bürgerlichen Gesetzbuches entnommen werden, so wie aus dem offensichtlichen Zwecke der über Bedingung gegebenen Vorschriften. Hiernach ist eine Bedingung auch nach Bürgerlichem Gesetzbuche ein Zusatz zu einer Anordnung, die es eine Zeit lang ungewiß macht, ob sie einen Rechtsschutz erlangen werde.[4])

---

[1]) Vgl. z. B. 2107. In dieser Bestimmung und 2191 sieht Hellmann 157 Ausnahmen davon, daß Bedingungen „grundsätzlich nirgends subintellegiert werden", was m. E. nicht richtig ist. Siehe unten.

[2]) Vgl. Hölder 343, Kuhlenbeck 360.

[3]) Zur Redaktion des 158 vgl. K.Prot. I, 180.

[4]) Vgl. des Verfassers Artikel condicio in Pauly-Wissowa, Real-Encyklopädie der klassischen Alterthumswissenschaft, der noch nicht veröffentlicht, aber älter als der Text dieser Schrift ist. Es soll hier ein unfruchtbarer Zwist (s. Windscheid, Pandekten I, § 86 Anm. 3 a), dem manche eine sachliche Bedeutung beimessen, nicht völlig übergangen werden. Man streitet darüber, ob bei dem bedingten Geschäfte der „Wille" oder „das Gewollte" in Ungewißheit bleibe. Zunächst nennt man das Gewollte vielfach Wille (= erklärter Wille). Vom Standpunkte dieser Redeweise ist der Streit gegenstandslos. Versteht man aber unter Wille den innern Entschluß, der dem Erklärungsakte vorhergeht, so wird dieser natürlich nicht suspendirt (hinaus-

Ein verbreiteter Sprachgebrauch versteht unter Geschäftsbedingungen vielfach die in dem Geschäfte enthaltenen Bestimmungen.[1]) Es stellt z. B. Jemand bei Vorverhandlungen seine Bedingungen, die Anstellung eines Beamten erfolgt unter günstigen Bedingungen u. dergl.[2]) Diese „Bedingungen" bilden in der streng juristischen Redeweise einen Theil des (unbedingten) Geschäftsinhalts. Der Jurist vermeidet es daher gern, sie als Bedingungen zu bezeichnen, ohne jedoch die abweichende Redeweise des Volkes beseitigen zu können. Diese erklärt sich wohl am Besten daraus, daß jeder einem Vertrage nur unter der Bedingung der Gültigkeit des ihm vortheilhaften Inhaltes zustimmt, daß also für die innere Parteiabsicht der Geschäftsinhalt die Vorbedingung des Geschäftsabschlusses ist.

Diese Doppeldeutigkeit des Wortes „Geschäftsbedingung", nach der es bald den anordnenden Geschäftsinhalt, bald einen beschränkenden Geschäftsinhalt bezeichnet,[3]) ist nicht ohne praktische Folgen geblieben. Auf ihr beruht die Theorie Dernburgs, daß man abstrakte Verträge durch Einfügung einer Bedingung in nicht abstrakte ver-

---

geschoben), sondern durch Abgabe der bedingten Erklärung ausgeführt. Richtig Endemann 324. Natürlich wird auch der Erklärungsakt nicht suspendirt, worauf wohl Planck (1 zu 158) hindeuten will. Vgl. auch Hellmann 157. Erklärt und gewollt ist aber auch die Bedingung, nicht blos das Bedingte. Hiernach wird sie nicht suspendirt, sondern sie selbst suspendirt den unbedingten Erklärungstheil. Die einfache Lösung der Frage ist hiernach, daß bei den bedingten Geschäften, der imperative Theil des Geschäftes durch den konditionalen suspendirt wird, der anordnende Inhalt durch den Bedingungszusatz, also ein Theil des Ganzen durch den andern. Darum sollte man die (aufschiebende) Bedingung nicht nach Savigny „Nebenbestimmung" nennen (dagegen auch Enneccerus 226, vgl. hierzu auch Hölder 343, auch Matthiaß 232), sondern eine „Nebenerklärung" neben der Bestimmung, zu der sie tritt (nach Hellmann 157 ein „Inhaltsbestandtheil", nach Kuhlenbeck 361 eine „Zugabe"). Die (aufschiebende) Bedingung bestimmt nicht, sondern sie hemmt.

[1]) Das, was man sich „ausbedingt.". So Kuhlenbeck 359.

[2]) So auch zuweilen die Römer, vgl. Dig. XVIII, 1, fr. 6 § 2. Merkwürdig ist die Wendung ut condicione data ea condicio observaretur Dig. XXI, 1, fr. 12, weil hier der Ausdruck condicio in beiden Bedeutungen vorkommt, als wahre Bedingung und als bedingte Bestimmung.

[3]) Nicht zu verwechseln mit der vorher erwähnten anderweitigen Mehrdeutigkeit des Wortes Bedingung. In der Bedingungslehre bleibt man überhaupt auf Schritt und Tritt in den Fallstricken der quaternio terminorum hängen und kann sich ihnen nur durch sorgfältige Begriffsbestimmungen entwinden.

wandeln könne und zwar sogar unter Umständen ohne ausdrückliche Anordnung durch stillschweigende Bestimmung.[1])

Dies ist m. E. unmöglich, weil Bedingung und Gegenleistung zwei verschiedene Dinge sind. Das abstrakte Versprechen einer Summe, das fällig sein soll, wenn mir ein Pferd geliefert wird, ist m. E. kein Kauf eines Pferdes. Dies zeigt sich darin, daß der andere Theil auf Lieferung des Pferdes nicht haftet und die Vorschriften über gegenseitige Verträge (exceptio non adimpleti contractus und dergl.) hier nicht gelten. Dasselbe ist von den durch eine Gegenleistung bedingten Cessionen oder Erlaßverträgen ebenfalls anzunehmen.

Auf einer Verwechslung des imperativen mit dem konditionalen Geschäftsinhalte (beides Geschäftsbedingung genannt) beruht auch die Gleichstellung des bedingten Geschäftes mit dem negotium imperfectum, d. h. einem Geschäfte, das hinsichtlich eines unentbehrlichen Inhaltsstückes der Ergänzung bedarf. Auch bei diesem liegt ein Schwebezustand vor (Dig. XVIII, 1, fr. 35 § 5, quasi sub conditione). So wenn bei dem Kaufe der Preis durch den Käufer, einen Dritten oder durch Abwägen und Abzählen bestimmt werden soll. Die Ausfüllung der Inhaltslücke bringt hier das Geschäft zu Stande. Sie darf aber nicht nach den Vorschriften über Bedingungseintritt behandelt werden.[2])

II. Uneigentliche Bedingungen erwähnt das Gesetzbuch nicht. Es sind dies Bedingungssätze (stilistische Bedingungen), die keine juristische Bedingungen sind, d. h. hinsichtlich der Geschäftsgültigkeit keinen Schwebezustand erzeugen, also auch den Vorschriften über einen solchen nicht unterliegen.

Dahin rechnet man

a) die überflüssigen Bedingungen (conditiones supervacuae, tacitae oder juris), die von der Partei nicht gesetzt zu werden brauchen, weil die Rechtsordnung sie ohnehin setzt.[3]) Z. B. die Bedingung, daß der Miethszins nur dann zu zahlen sei, wenn der Vermiether vorgeleistet haben werde.

---

[1]) So Dernburg, Bürg. R., II, Recht der Schuldverhältnisse für die Cession, S. 302 und für den Erlaßvertrag S. 296.

[2]) Eine eigenthümliche Gleichstellung des Geschäftsinhaltes und der Geschäftsbedingung gilt bei Ansprüchen von unbestimmtem Betrage in § 14 Zwangsversteigerungsgesetz vom 24. März 1897. Fischer sieht in ihr eine Fiktion (Kretz und Fischer zu diesem Gesetze § 14). Vgl. oben S. 287, 371.

[3]) Mot. 250. „Rechtsbedingungen" sind, die von dem Gesetze unmittelbar ausdrücklich oder stillschweigend gesetzt sind.

Solche Bedingungen sind natürlich auch immer von der Partei stillschweigend gesetzt, weil diese sie kennt und als selbstverständlich betrachtet. Sie werden deshalb vielfach conditiones tacitae genannt. Es giebt aber auch noch andere stillschweigend (d. h. nicht durch einen förmlichen Bedingungssatz, sondern durch konkludente Handlungen oder Worte) gesetzte Bedingungen, die sich nicht aus einem Rechtssatze, sondern aus den Umständen des Falles ergeben, z. B. die Bedingung des erwarteten Abschlusses einer Ehe bei der Bezeichnung einer Gabe als Mitgift. (Dig. XXIII, 3, fr. 21, 68.)

Auf die conditiones tacitae können die besondern Vorschriften über Bedingungen immerhin insoweit angewendet werden, als auch sie einen Schwebezustand erzeugen.

Ein Schuldner, der z. B. bei dem Versprechen der Mitgift die stillschweigende Bedingung eines Eheschlusses wider Treu und Glauben vereitelt, unterliegt den Vorschriften über hintertriebene Bedingungen ebenso, wie eine Partei, die etwas derartiges bei einer ausdrücklich gesetzten Bedingung thut.

Das Gleiche gilt aber auch von den vorher genannten Bedingungen, die nicht von der Partei, sondern von der Verkehrssitte oder einer lex dispositiva dem Geschäftsinhalte eingefügt werden. (Vgl. z. B. 2107.)[1])

Diese conditiones tacitae, die geschäftsabschwächende Zusätze sind, werden sehr häufig mit allen vom Rechte gesetzten conditiones juris und folgeweise auch mit den geschäftserzeugenden Gesetzesbedingungen (z. B. der Geschäftsfähigkeit der Partei oder dem Tode bei der Erbeseinsetzung) verwechselt. So werden Existenzbedingungen und Zusätze zu Parteierklärungen identifizirt. Auch gesetzliche Daseinsbedingungen eines Geschäftes sind, wenn sie besonders erwähnt werden, überflüssige Zusätze (z. B. A soll Erbe sein, wenn ich sterbe). Sie unterscheiden sich aber von den stillschweigend gesetzten, d. h. als Zusätze beigefügten, vornehmlich dadurch, daß sie auch da in Betracht

---

[1]) In diesem Sinne einzuschränken ist die Bemerkung Dernburg's, Recht der Schuldverhältnisse S. 285: „Zu einer Bedingung aber gehört, daß die rechtliche Wirkung durch den Parteiwillen von künftigen Umständen abhängig gemacht wird.“ Aehnlich Endemann 323. Die herrschende Meinung hält freilich alle Bedingungen für uneigentliche, sobald sie nicht ausdrücklich gesetzt sind, z. B. auch die Bedingung des Eheabschlusses bei dem Mitgiftversprechen. Engelmann 117. Es beruht dies auf der sogleich im Texte zu erwähnenden Verwechslung. Vgl. auch Hellmann 157 oben S. 383 Anm. 1.

kommen, wo Bedingungen verboten sind, m. a. W. Bedingungsverbote beziehen sich, ebenso wenig wie alle Sondervorschriften über Bedingungen, auf die geschäftserzeugenden Gesetzesbedingungen.[1]) So ist z. B. mit Unrecht bezweifelt worden, daß es Eventualaufrechnungen (d. h. Aufrechnungen für den Fall des Bestehens der Forderung des andern Theiles) giebt.[2]) Jede Aufrechnung ist vielmehr eine eventuale, d. h. gesetzlich durch das Bestehen der beiden Forderungen bedingte.[3]) Eine geschäftserzeugende gesetzliche Vorbedingung ist hier vorhanden, eine Parteibedingung liegt dagegen in dem Hinweise auf diese Eventualität nicht, auch nicht einmal eine vom Gesetze gestellte geschäftsabschwächende Bedingung.

Aus alledem ergiebt sich, daß die stillschweigenden oder durch Rechtssatz aufgestellten Bedingungen nur dann uneigentliche (d. h. den Sondervorschriften über Bedingungen entzogene) sind, wenn sie gesetzliche Gültigkeitsbedingungen enthalten, nicht aber wenn sie dem Geschäfte abschwächende Zusätze einfügen.

b) Die nothwendigen und unmöglichen Bedingungen (conditiones necessariae und impossibiles).[4])

Es sind dies Bedingungen, deren Eintritt oder Nichteintritt gewiß ist, z. B. einerseits die Bedingung des Todes eines Menschen oder andererseits die Bedingung des Eheschlusses mit einem Verstorbenen.

Wir unterscheiden:

α) Die den Parteien als nothwendig und unmöglich bekannten

---

[1]) Die von Matthiaß 287 sog. Rechtsvoraussetzungen. Vgl. hierzu des Verfassers Ausführungen in seiner Schrift: Der Irrthum bei nichtigen Verträgen I, S. 252 ff. und Enneccerus 227: „Die Rechtsbedingung ist nicht mit der stillschweigend erklärten zu verwechseln.“ Auch Hölder's Ausspruch 356, daß es gesetzliche Bedingungen gebe, die man wegbedingen kann, ist auf bedingende Zusätze zu beziehen, nicht auf Daseinsbedingungen des Geschäfts.

[2]) Dagegen Dernburg, R. der Schuldverh., S. 285.

[3]) So richtig a. a. O. Dernburg wider abweichende Meinungen. Rehbein 230 bemerkt: „Die eventuelle prozessuale Aufrechnung ist nicht bedingte Aufrechnung, weil sie die Wirkung der Aufrechnung an zweiter Stelle, dann aber unbedingt will.“ Dies würde m. E. für sich allein nicht genügen, um die Annahme einer Bedingung auszuschließen, weil man etwas Aehnliches bei allen conditiones in praesens relatae sagen kann.

[4]) In Dig. 45, 1, fr. 7 heißt impossibilis conditio jede, die von etwas Unmöglichem spricht, also auch die Bedingung, daß das Unmögliche nicht geschehe, si in coelum non ascenderit (eine nothwendige Bedingung = ein als Bedingung unmöglicher Zusatz). Diese Redeweise ist der deutschen Sprache fremd geblieben.

Bedingungen. Hier fehlt der ernstliche Bedingungswille, es kann höchstens in der Form einer als nothwendig bekannten Bedingung eine in ihrem Eintritte ungewisse Frist gesetzt sein (z. B. eine Verpflichtung, wenn der andere Theil stirbt). Sonst ist die Zufügung einer bewußt nothwendigen oder unmöglichen Bedingung eine zwecklose Aeußerung, die geeignet ist, die Ernstlichkeit des Willens zum Geschäftsabschlusse in Frage zu stellen. Jedenfalls liegt hier entweder ein unbedingtes Geschäft vor oder gar keins.[1])

β) Die Bedingung, deren Nothwendigkeit oder Unmöglichkeit den Parteien **nicht bewußt** ist.

Es kann sich hier um zukünftige und um gegenwärtige oder vergangene Umstände handeln. So wenn ein Kranker seine Kleider verschenkt, falls er an seinem Leiden sterben werde, dessen tödtlicher Ausgang sicher, aber dem Kranken nicht bekannt ist (unbewußte Nothwendigkeit). Ebenso, wenn dieser für den Genesungsfall etwas verspricht (unbewußte Unmöglichkeit). Sehr häufig erscheint aber diese von vorn herein in unbekannter Weise entschiedene Bedingung in der Form der conditio in praesens relata, namentlich bei den Wetten über ein vergangenes, den Parteien noch nicht bekannt gewordenes Ereigniß.[2])

Auch hier besteht ein Schwebezustand für die Zeit der Unkenntniß (putativen Ungewißheit).[3])

Kautionen oder Arrestschläge zu Gunsten des seines Rechtes noch Unkundigen sind in allen diesen Fällen nicht undenkbar. Kann die Ungewißheit der Parteien nicht aufgeklärt werden, so hat das Geschäft eine blos theoretische Wirksamkeit.

Immerhin ist aber (wenigstens nach römischem Rechte) nicht anzunehmen, daß auf diesen Zustand das Recht der Bedingungen anwendbar ist (z. B. nicht die dem römischen Rechte eigenthümliche Unvererb-

[1]) Ein Geschäft unter einer unmöglichen Resolutivbedingung ist als unbedingt errichtetes anzusehen (K.Prot. I, 185).

[2]) Diese conditio in praesens vel praeteritum relata wird vielfach von der nothwendigen oder unmöglichen Zukunftsbedingung unterschieden. So Mot. 264. Von ihr sprach § 137, 1 der ersten Lesung, der dann aus redaktionellen Gründen als überflüssig gestrichen wurde (K.Prot. I, 185). Auch das preußische Landrecht hatte sich mit ihr beschäftigt. I, 4, §§ 140 ff.

[3]) Man kann hier von **inhaltsbeschränkenden Vorbedingungen** reden im Gegensatze zu den geschäftserzeugenden gesetzlichen Vorbedingungen (siehe oben S. 382 unten). Es giebt eben Vorbedingungen des Geschäftsabschlusses und Vorbedingungen des Geschäftsinhaltes, die man nicht mit einander verwechseln darf.

lichkeit der bedingten Vermächtnisse, die auch nach 2074 im Zweifel gilt). Das Bürgerliche Gesetzbuch drückt sich freilich sehr unbestimmt aus. Wenn der Gesetzgeber Zuständen wirklicher Rechtsungewißheit seinen Schutz zusichert, so ist damit noch nicht gesagt, daß ihm auch die Zustände einer blos eingebildeten Ungewißheit der Rechtslage werthvoll genug erscheinen, um auch sie unter seinen Schutz zu nehmen.[1]) Sicher ist, daß das volle Recht der Bedingungen auf solche Fälle nicht anwendbar ist. So hat z. B. das Verbot der Vereitelung des Bedingungseintrittes hier keinen Sinn und die Pflicht des bedingt Belasteten, den Gegenstand der bedingten Leistungspflicht zu schonen, ergiebt sich bei der conditio necessaria schon aus der Gültigkeit des Geschäftes.

Ein bedingter Arrestschlag würde sich bei einer blos eingebildeten Ungewißheit durch Analogie rechtfertigen lassen,[2]) dagegen dürfte eine volle analoge Anwendung des Konkursrechtes oder des Zwangsversteigerungsrechtes über bedingte Ansprüche kaum zulässig sein.[3])

Wir werden daher auch nach Bürgerlichem Gesetzbuche die conditiones necessariae und impossibiles, auch wenn ihre Nothwendigkeit oder Unmöglichkeit den Parteien unbekannt ist, nicht als eigentliche Bedingungen ansehen, d. h. das Sonderrecht der Bedingungen nicht ohne Weiteres auf sie beziehen können.[4])

---

[1]) So z. B. Kuhlenbeck 361. Vgl. v. d. Pfordten 142: „Von objektiver Ungewißheit zu reden, ist Unsinn." (M. E. ebenso schroff, wie unhaltbar.) Vgl. auch Fischer-Henle Anm. 2 a. E. zu 158. Gewöhnlich beansprucht man eine „objektive" Ungewißheit der Bedingung. Enneccerus 226 verlangt, daß ein „für menschliches Wissen ungewisser Umstand" zur Bedingung gesetzt werde, eine Formulirung, die jedem Konflikte mit der Prädestinationslehre in glücklicher Weise aus dem Wege geht.

[2]) Vgl. Planck Anm. 2ab zu 160.

[3]) Vgl. § 137, erste Lesung (Mot. 264), welcher hinsichtlich der vorläufigen Sicherung des bedingt Berechtigten die den Parteien unbekannten Bedingungsthatsachen den ungewissen gleichstellte und nur aus redaktionellen Gründen weggefallen ist.

[4]) Richtig Cosack 188, Endemann 325, Engelmann 116, Hölder 347, Zitelmann 125. Der Grundsatz, eine Bedingung, deren Inhalt nur den Parteien unbekannt ist, als eigentliche zu behandeln mit Rückwirkung bei der erlangten Kenntniß (Bendix 165, Bunsen 94, v. d. Pfordten 142), entspricht nur dem preußischen Landrechte, nicht aber dem gemeinen Rechte und dem B.G.B. Auch Fischer-Henle 78 verlangt nur subjektive Ungewißheit. Das Gleiche gilt auch von dem Sprichworte bei Cohn, erste Auflage, 60. „Ein Anspruch wird auch dann bedingt genannt, wenn die Bedingung sich bereits entschieden, sofern nur das Ergebniß unbekannt." In der zweiten Auflage, 54, ist dies weggelassen.

Die nothwendigen und unmöglichen Bedingungen sind übrigens, abgesehen von den auf Gegenwart oder Vergangenheit gestellten, schon in der ersten Lesung mit Stillschweigen übergangen worden. Mot. 265. Ihre erbrechtliche Sonderstellung, die vielfach als „irrationell" gilt,[1]) ist damit weggefallen.

Im Uebrigen sind die auf vergangene Thatsachen bezüglichen Gültigkeitsbedingungen, obwohl sie keine eigentlichen Bedingungen sind, von großer praktischer Bedeutung.

Man kann sie auch als „Voraussetzungen" bezeichnen; doch hat das Bürgerliche Gesetzbuch diesen mehrdeutigen Ausdruck als technischen vermieden (Mot. 249). Er bezeichnet nämlich ebensowohl die erklärte Gültigkeitsvorbedingung, wie den gleichgültigen bloßen Beweggrund, wie endlich die Grundlage zu einem Anspruche wegen ungerechtfertigter Bereicherung (z. B. die irrige Voraussetzung der Schuld bei der condictio indebiti),[2]) also rechtlich sehr verschiedene Dinge.

III. Kraftlos sind Geschäfte unter unverständlichen und widersinnigen Bedingungen (es wird z. B. ein Lehrer für den Sohn angenommen für den Fall, daß dieser sterben sollte). Ihre Kraftlosigkeit wurde bei der zweiten Lesung als selbstverständlich erachtet. K.Prot. I, 185 (vgl. § 139, erste Lesung, Mot. 267).

Was unausführbar ist, dessen Durchführung anzubefehlen, übersteigt die Macht des Gesetzgebers. Er braucht sich nicht selbst zu dieser seiner Ohnmacht besonders zu bekennen.

Derartige Geschäfte mit sog. conditiones perplexae beruhen in der Regel auch nur auf Geistesverwirrung, Scherz oder redaktionellen Versehen.

Daß mit einer solchen Bedingung das Hauptgeschäft fällt, er-

---

[1]) So Enneccerus 241. Es liegt immerhin ein gewisser Sinn darin, daß das Gesetz bedingt Bedachte davon abhält, sich aus Erwerbsucht an unmöglichen Aufgaben zu versuchen und dadurch zu Grunde zu richten. Ebenso darin, daß die oftmals zweifelhafte Frage, ob ein Erblasser die Unmöglichkeit einer Bedingung gekannt habe, von vorn herein als überflüssig abgetödtet wird. Beides erreichte das römische Recht, indem es solche Bedingungen grundsätzlich strich. Es wird sich freilich auch ohne dies auskommen lassen.

[2]) Vgl. unten § 92. Die Voraussetzung wird von Windscheid, Die Lehre des röm. R. von der Voraussetzung, 1850. Pand. I, § 97 (7. Aufl., S. 275) eine „unentwickelte Bedingung" genannt, wohl deshalb, weil sie sich in der Seele dessen, der an ihre Richtigkeit glaubt, nicht zu dem klaren Gedanken, das Geschäft durch diese Richtigkeit zu bedingen, entwickelt.

giebt sich daraus, daß beides von den Parteien als Eins gedacht wird.

IV. Die Beweislast bei Geschäften, die von der einen Partei als bedingte, von der andern als unbedingt bezeichnet werden, ist im Gegensatze zur ersten Lesung (196, 197) im Gesetzbuche unerwähnt geblieben, weil § 289, 2 der Civilprozeßordnung (früher 261) dem Richter auf den einzelnen Fall verweise (K.Prot. 263).[1])

Da im Allgemeinen jeder, der sich auf einen Geschäftsabschluß berufen will, für dessen Thatbestand die Beweismittel bereit halten muß, so darf er bei bedingten Geschäften seine Lage nicht dadurch verbessern, daß er einen unbestreitbaren Geschäftsabschluß behauptet und dabei eine diesem Abschlusse eingefügte Bedingung verschweigt. Er würde es aber können, wenn nicht auch in diesem Falle die Beweislast für den vollen Geschäftsinhalt bei ihm bliebe.

Ist die Bedingung nicht bei dem Geschäftsabschlusse eingefügt, sondern erst später bei einer besondern Gelegenheit, so ist es Sache des andern Theils, dem dieser Sondervertrag Vortheile bringt, den Beweis für ihn zu führen. Die Behauptung des zugefügten Bedingungssatzes enthält hier immer die Anführung eines späteren Geschäftsabänderungsvertrages in sich.[2])

Diesen Erwägungen wird sich der Richter auch bei noch so freier Handhabung des § 289, 2 der Civilprozeßordnung nicht entziehen können.

V. Die Anwendbarkeit des Bedingungsrechtes auf die nicht wahrnehmungsbedürftigen Erwerbsakte (Besitzergreifung, Verarbeitung) und dergl. ist grundsätzlich zu verneinen. Man kann es nicht ungewiß lassen, ob man Besitz ergreift oder nicht, so, daß sich dies später entscheiden solle. Heimliche Vorbehalte in dieser Hinsicht können höchstens den Erwerbswillen ausschließen.[3]) Eine **conditio in praesens relata** könnte nur für den inneren Willen dessen, der so etwas vornimmt, in Betracht kommen. So wenn Jemand für den Fall, daß sein Erblasser noch leben sollte, für diesen Besitz erwirbt oder eine Verarbeitung herstellt, für den andern Fall aber sich selbst erwerben will. Juristisch gleichgültig ist ein solcher Gedanke nicht, aber auf ihn ist das Recht der Bedingungen nicht zugeschnitten. Nur im

[1]) Vgl. zu dem Folgenden: v. d. Pfordten 144.

[2]) v. d. Pfordten 143.

[3]) 116 bezieht sich hierauf nicht, weil er nur von solchen Rechtsgeschäften handelt, die es in der Redeweise des Gesetzbuches sind, vgl. oben S. 253.

nichtjuristischen Sinne kann ein solcher Eventualwille bedingt genannt werden.

VI. Der Unterschied der Bedingung vom Beweggrunde des Erklärungsaktes liegt

a) in der Form. Die Bedingung muß geäußert sein. Sie kann freilich auch ohne Worte (= stillschweigend) geäußert werden, was manche ohne jeden Grund zu bezweifeln scheinen, da in diesem Punkte die Bedingung von sonstigen Geschäftsbestandtheilen nirgends gesondert wird.[1]) Namentlich kann sie auch bei der Ergänzung der Geschäftsworte aus der Verkehrssitte (s. oben S. 358 ff.) als selbstverständlich beigefügt werden.[2])

b) In der Bedeutung, die auch der geäußerte bloße Beweggrund haben kann. Oft soll er nur das Verhalten, das er nach sich zieht, dem andern Theile erklären, nicht aber für den Fall seiner Unrichtigkeit das Geschäft in Frage stellen. So wenn sich Jemand einen Regenschirm nur in der erklärten falschen Voraussetzung, daß sein alter Schirm verloren sei, kauft, dem Verkäufer aber nicht zumuthet, den neuen Schirm zurückzunehmen, falls sich der alte noch irgendwo wieder vorfinden sollte. Von einem derartigen vielleicht geäußerten, aber dennoch nicht in den Geschäftsinhalt eingefügten Beweggrunde gilt: falsa causa non nocet.[3]) Das Bürgerliche Gesetzbuch hat (im Gegensatze zur ersten Lesung) diesen Satz, der selbstverständlich ist, nicht besonders hervorgehoben. (Siehe unten § 105.)

---

[1]) Vgl. z. B. oben Hellmann 157, S. 383 Anm. 1, ferner Endemann 326 Anm. 7: „Jede Bedingung muß ausdrücklich eingefügt sein.“ Hiernach würde sich die Bedingung von allen andern Geschäftsbestandtheilen unterscheiden, die bekanntlich ebensogut ausdrücklich wie stillschweigend gesetzt sein können. Eine solche Ausnahme müßte aber auf bestimmten Rechtsquellen beruhen, um eine Anerkennung zu beanspruchen.

[2]) Die Abneigung, die gegen stillschweigende, nur durch die Verkehrssitte gesetzte Bedingungen in weiten Kreisen besteht, ist wohl begründet. Der Mißbrauch mit einer Behauptung solcher Geschäftszusätze liegt gar zu nahe. So erzählte mir ein Wiener Kollege, daß neulich in Wien ein Familienvater seinen Miethskontrakt nicht anerkennen wollte, als vor dem Beginne der Vertragszeit im Miethshause der Keuchhusten ausgebrochen war, weil damit eine „stillschweigende Bedingung“ ausgefallen sei. Auf diese Weise kommt man zu clausula rebus sic stantibus zurück, die dem B.G.B. fremd sein soll. Auch die Entscheidungen bei Dernburg (Recht der Schuldverhältnisse 248 Anm. 5 u. 6) halte ich nicht für unbedenklich. Eine gewisse Zurückhaltung der Praxis in der Annahme stillschweigender Bedingungen ist also geboten, darf aber nicht zu weit gehen.

[3]) Es enthält eine „einseitige Voraussetzung“, vgl. Rehbein 229.

Außerdem kann zwar die Richtigkeit eines Beweggrundes in das Geschäft eingefügt werden, ohne als Gültigkeitsbedingung gedacht zu sein, sondern nur in dem Sinne, daß bei Unrichtigkeit des Vorausgesetzten ein persönlicher Anspruch auf Geschäftsauflösung oder auf Herausgabe der Bereicherung gegeben sein soll (siehe hierüber unten § 92).

ββ) Arten der Bedingung.

§ 88.

I. Die „Schuleintheilung" (Mot. 250) der affirmativen und negativen Bedingungen ist eine rein stilistische ohne praktischen Werth. „Wenn X. bis zum Neujahr lebt" bedeutet so viel wie: „wenn X. nicht vor dem Neujahr stirbt". Insbesondere ist auch gleichgültig, ob die Bedingung im Eintritte oder im Nichteintritte eines Ereignisses liegt.

II. Die Unterscheidung der Bedingungen nach ihrer Beziehung zu dem freien Belieben der Geschäftspartei wird gleichfalls von dem Gesetzbuche der Systematik überlassen (Mot. 250). Im Sinne einer solchen Sonderung nennt man Potestativbedingung die Bedingung, die in dem freiwilligen Verhalten eines bedingt Berechtigten besteht, namentlich auch eine solche, die in seiner einfachen Willensäußerung liegt.[1]) So z. B. die Kündigung (s. oben S. 264). Unter der kasuellen Bedingung versteht man die vom Willen des bedingt Berechtigten unabhängige Bedingung und unter einer gemischten eine solche, die von seinem Willen und andern Nebenumständen zugleich abhängt. Die gemischten Bedingungen bilden die Regel, da es nur wenig Willensakte giebt, die nicht durch ungünstige Zufälle vereitelt werden könnten. Darum hat auch die ganze Unterscheidung wenig Werth.

Ein weiterer Sprachgebrauch bezeichnet unter Potestativbedingungen alle vom Willen einer Geschäftspartei abhängigen Bedingungen.

Das Bürgerliche Gesetzbuch hat einen dem Worte potestativ entsprechenden Ausdruck nicht aufgenommen.[2])

Man könnte das Wort potestativ allenfalls mit „selbsterfüllbar" verdeutschen.

---

[1]) Vgl. zu dem Folgenden Franz Leonhard, Jahrb. f. Dogm. Bd. 39 S. 174 ff. § 2075 betrifft nur die Potestativbedingungen dauernden Charakters (sog. cautio Muciana).

[2]) Der Ausdruck „willkürliche" Bedingungen Bendix 164 könnte leicht auf den Gegensatz der selbstverständlichen hinführen.

Eine besonders zweifelhafte Form der selbsterfüllbaren Bedingung ist die Bedingung: si voluero, d. h. die Bedingung der einfachen Parteizustimmung zu der vorher ungewissen Geschäftsgültigkeit.

§ 138. Entwurf I, der die auf Willkürhandlungen gestellten Bedingungen betraf, wurde als doktrinär gestrichen.[1]) Im Anschluß an ihn unterscheiden die Motive (266) die auf eine willkürliche Handlung einer Geschäftspartei gestellte Bedingung (z. B. die an das Unterbleiben geknüpfte Vertragsstrafe) und die auf ein bloßes Wollen gestellte. Doch muß auch das bloße Wollen jedesmal in einer Handlung, d. i. einer Willenserklärung heraustreten, um Beachtung finden zu können; die in der Seele verborgene Willensregung kann vernünftiger Weise nicht zur Bedingung eines Geschäftes gesetzt werden. Mit dem Worte „Wollen" hatte man auch hier, wie sonst vielfach, die Willenserklärung bezeichnet.

Im Uebrigen war das, was 138 sagte, selbstverständlich und darum werthlos: „Besteht die aufschiebende Bedingung in dem bloßen Wollen des Verpflichteten, so ist die Verpflichtung unwirksam".[2]) Das Wesen einer Verpflichtung besteht darin, zu müssen, auch ohne zu wollen. Zur Verkündung dieser Wahrheit bedurfte es eines Gesetzestextes nicht.

Wohl aber sind folgende Fragen zweifelhaft:

a) Gilt ein Versprechen, das an eine Form gebunden ist (z. B. ein Schenkungsversprechen oder ein Schuldversprechen nach 780) und diese Form wahrt, im Uebrigen aber seine Gültigkeit von einer späteren formlosen Haftungsübernahme des Schuldners abhängig macht?[3])

Nach dem Stande der römischen Quellen ist dies zu verneinen, da das Rechtsgeschäft unter der Bedingung „si voluero" schlankweg für nichtig erklärt ist. (Dig. XVIII, 1 fr. 7 pr.) Aus Gründen der

---

[1]) Nach K.Prot. I, 75 sollen Wissenschaft und Praxis die Lücke füllen. Nach Planck (Anm. 8 zu 158) ist dies „ohne Schwierigkeit" möglich. Leider hat der Verfasser nicht denselben Eindruck von dieser Aufgabe empfangen.

[2]) Eine Uebersetzung von Dig. XVIII, 1, 7 pr. neque enim debet in arbitrium rei conferri an sit obstrictus. Natürlich handelt es sich hier nur um einen Willkürakt, nicht um eine Entscheidung nach billigem Ermessen. Wer sich diese vorbehält, macht sich nicht von Haftung frei; vgl. Rehbein 231.

[3]) Man denke an Leute, die zufälliger Weise bei Gericht sind und dort einen solchen Schenkungsvertrag aufnehmen lassen, um sich eventuell, d. h. wenn der Schenker sich später zu dem Geschäfte entschließen sollte, den Gang auf das Gericht zu ersparen.

Rechtssicherheit läßt sich dies auch sehr wohl erklären. Selbstverständlich ist es aber nicht. Daher ist es nach dem Bürgerlichen Gesetzbuch, das über diesen Punkt schweigt, nicht anzunehmen.

b) Gilt ein Rechtsgeschäft, namentlich ein zweiseitiges, wenn der eine Theil nur unter der Bedingung späterer endgültiger Zustimmung zunächst blos vorläufig zugestimmt hat? Ist namentlich der andere Theil inzwischen gebunden?

Nach römischem Rechte ist dies ebenfalls zu verneinen. Selbst der Kauf auf Probe[1]) ist m. E. nach reinem römischem Rechte insoweit er Kauf ist, nur eine widerrufliche Offerte. So erklärt sich, warum die Beziehungen aus der vorläufigen Hingabe der auf Probe verkauften Sache als ein besonderer Innominatkontrakt angesehen wurden. (Dig. XIX, 5 prscr. verb. fr. 20 pr.)

Dieser Innominatkontrakt mußte sich in Deutschland gleich ähnlichen Geschäften in einen konsensualen verwandeln, und da inzwischen auch die Offerten bindend geworden waren (s. oben S. 288), die Verpflichtungskraft des Anerbietens des Verkäufers auf Probe in sich verschlingen. So wurde aus der römischen Offerte eines solchen Verkaufes, dem vorläufigen Innominatkontrakte und dem endgültigen Kaufe auf Probe schließlich ein einziges Geschäft. Mit dessen Gültigkeit ist der römische Grundsatz, daß die Bedingung si voluero ein Geschäft immer nichtig machen müsse, einfach über Bord geworfen worden.

Der Abschluß dieser Entwicklung liegt für den Kauf auf Probe vor uns in 495: „Der Kauf ist im Zweifel unter der aufschiebenden Bedingung der Billigung geschlossen".

Das Gleiche muß m. E. auch von der Miethe auf Probe gelten und von allen ähnlichen Geschäften.

Das Endergebniß ist also:

Die Bedingung der späteren endgültigen Zustimmung einer Partei zur Geschäftsgültigkeit ist heutzutage zulässig. (In Rom war sie es nicht.)[2])

Bei einem einseitigen angenommenen Versprechen ist die Bedingung: „wenn der Berechtigte will" überflüssig und selbstverständlich, daher denn die sog. Bedingung der eintreibenden Kündigung keine wahre Bedingung ist (s. oben S. 244). Es ergiebt sich dies daraus,

---

[1]) Ueber diesen vgl. hierzu Hölder 345.

[2]) Anders die h. M., die am römischen Rechte festhält. Vgl. Windscheid, Pand. I, 193, Engelmann 119 u. A. Vorsichtiger drückt sich Regelsberger 566 aus.

daß jedes verzichtbare Privatrecht nur dann gilt, wenn der Berechtigte es will.[1])

III. Der Unterschied der suspensiven und der resolutiven Bedingung.[2]) Er ist dem römischen Rechte der Sache nach wohl bekannt, da es nur resolutive Bedingungen bei Erbeinsetzungen für unzulässig erklärt, nicht aber suspensive. Die Ausdrücke sind jedoch nachrömisch und in ihrer Bedeutung zweifelhaft.[3]) Das Bürgerliche Gesetzbuch bezeichnet (§ 158) als aufschiebende Bedingung diejenige, die, sobald sie erfüllt wird, eine Wirkung des Rechtsgeschäftes eintreten läßt, als auflösende eine solche, die diese Wirkung durch ihre Erfüllung beendigt.[4])

Unter „Wirkung eines Rechtsgeschäftes" versteht die Redeweise des Volkes alles, was dadurch hervorgerufen wird, also auch den Einfluß, den es auf ein fremdes Verhalten ausübt. In der Rechtssprache versteht man jedoch darunter den Einfluß, den es darauf ausübt, daß der Rechtsschutz für den Geschäftsinhalt beginnt oder fortfällt, also die Fähigkeit eines Geschäftsabschlusses, die Verbindlichkeit oder Unverbindlichkeit des Geschäftes nach sich zu ziehen. So schiebt z. B. die bedingte Tradition

---

1) Darum ist auch die Forderung unter der Bedingung si creditor voluerit von seinen Gläubigern pfändbar und ausübbar. Anders die Potestativbedingungen, deren Erfüllung ein Vermögensopfer in sich schließt, wie die Ausübung eines Vorkaufs- oder eines Wiederkaufsrechtes. Hier ist der dadurch bedingte Anspruch vor der Erfüllung noch nicht entstanden, also auch noch nicht pfändbar.

2) Vgl. zu dem Folgenden Pietzker, Ueber den Begriff der aufschiebenden Bedingung, Archiv f. civ. Pr. Bd. 74 S. 462 und Arthur Kohler, die Resolutivbedingung im Archiv für bürg. R. Bd. XV, 1 ff.

3) Vgl. über die römische Redeweise Dig. XVIII, 1 fr. 4 constat non esse sub conditione distractam, sed resolvi emptionem sub condicione. Hölder meint 350, diese Ausdrücke seien nicht bei allen auflösenden Bedingungen zur Anwendung gekommen. M. E. ist dies höchst zweifelhaft.

4) Man hat hierbei oft genug den Geschäftsakt mit den Geschäftsfolgen verwechselt und behauptet, daß auch jener durch die Bedingung in's Ungewisse komme, was handgreiflich falsch ist. Die Motive 250 ff. haben sich hiervon frei gemacht. Die Streitfrage, ob die Bedingung „das Geschäft" nach seiner Existenz in Frage stellt, hängt hiernach davon ab, ob man unter dieser Existenz den Abschluß oder den imperativen Theil des Geschäftsinhalts versteht; s. oben S. 257 Anm. 2. Vgl. auch Bunsen 98: „Während man von dem aufschiebend bedingten Rechtsverhältnisse das Bild des Embryo, welcher den Keim des Lebens in sich trägt, gebrauchen kann, kann man das auflösend bedingte Rechtsverhältniß mit dem Kranken vergleichen, welcher den Keim des Todes in sich trägt. Im ersteren Fall ist die Todtgeburt nicht ausgeschlossen, wie im andern Falle die Genesung". Vom „nasciturus" redet auch Kuhlenbeck 369. Derartige Bilder darf man nicht allzu wörtlich nehmen.

die thatsächliche Uebergabe nicht hinaus,[1]) wohl aber den dabei angeordneten Rechtsschutz, m. a. W. die Eigenschaft der Uebergabe, rechtlich voll geschützt zu werden oder einen Eigenthumsübergang hervorzurufen.

In der Regel schieben die Bedingungen beides hinaus, den Rechtsschutz des Geschäftes und die thatsächliche Ausführung.

Im Uebrigen sind die Verfasser des Gesetzbuches, indem sie nach der üblichen Lehre die aufschiebende Bedingung schilderten, dem Satze zum Opfer gefallen: **Omnis definitio periculosa est.** Sie haben zu eng definirt und eine ganze Klasse vergessen, die man die „Zwischenzeitbedingungen" nennen kann. Es sind dies die Bedingungen, die zwischen dem Geschäftsabschlusse und seiner Wirkung eintreten sollen. So z. B. die Bedingungen letztwilliger Verfügungen, deren Eintritt bei Lebzeiten des Erblassers erwartet wird. X. soll mein Erbe sein, wenn er sich noch vor meinem Tode verheirathet.[2]) Hier gilt nicht der Wortlaut des 158, daß mit dem Eintritte der Bedingung „die von der Bedingung abhängig gemachte Wirkung eintritt".

Auch die Bestimmung der Kraft der Resolutivbedingung ist nicht erschöpfend angegeben. Nach 158 erlischt bei ihrem Eintritte die Wirkung des Geschäftes und es tritt der frühere Rechtszustand wieder ein. Neben dieser unsichtbaren Kraft bezweckt aber solche auflösende Bedingung auch eine sichtbarliche Forträumung der Geschäftsfolgen, z. B. eine Rückgabe der aus dem aufgelösten Geschäfte übergebenen Sache (eine obligatorische Nebenwirkung der dinglich wirkenden Resolutivbedingung).[3])

Es ergiebt sich daraus, daß die Resolutivbedingungen nicht blos Rechte, sondern Geschäfte auflösen sollen, d. h. die vollen Geschäftsfolgen zu beseitigen bestimmt sind.[4]) Insbesondere kann die auflösende

[1]) Sinnlich wahrnehmbare Ereignisse kann man überhaupt nicht bedingen. Entweder treten sie ein oder nicht. Einen bedingten Eintritt giebt es für sie nicht.

[2]) Vgl. Dig. XXXV, 1, 91, (Maecianus) Condicionum . . . natura est, ut quaedam ad id tempus, quo testator vivat . . . pertineant. Andere Beispiele sind solche Bedingungen bei noch anderweitig bedingten oder bei befristeten Geschäften, die vor dem Eintritte der andern Bedingung oder dem Fristablaufe sich entscheiden sollen, z. B. die A. soll bei der Hochzeit 1000 bekommen, wenn sie nicht vorher ihre Tante beerbt, oder die B. soll 1000 am ersten Januar erhalten, wenn sie nicht vorher heirathet.

[3]) Einen besondern Fall siehe bei Fischer-Henle 1 zu 162.

[4]) Die auflösende Bedingung ist somit die stärker wirkende und darum im Zweifel nicht anzunehmen. Dafür Enneccerus 229 mit Ausnahme der lex commissoria und des § 2075. Vgl. über diese Frage auch Matthiaß 332, Kuhlenbeck 379. Wenn sie auch eine Auslegungsfrage ist, so unterliegen doch die thatsächlichen Grundlagen, die zur Auslegung nöthig sind, der Beweislast.

Bedingung (z. B. der vereinbarte Rückfall des Eigenthums einer übergebenen Sache) nach Parteivorschrift früher eintreten, als die daraus folgende Rückgabepflicht, nämlich dann, wenn eine besondere Restitutionsfrist gewährt ist.

Nur da, wo ein Geschäft lediglich in der Einräumung eines Rechtes besteht ohne alle andern Folgen, deckt sich die Geschäftsauflösung mit der Rechtsauflösung, sonst greift sie weiter.

Ueberhaupt unterscheidet sich die aufschiebende Bedingung von der auflösenden dadurch, daß jene nur ein Zusatz zu einem Imperativ ist, diese aber immer auch selbst einen bedingten Imperativ in sich schließt, nämlich die Auflösung des zunächst wirksam gewordenen Geschäftstheiles durch den Eintritt der zugefügten Bedingung seines Fortfalles.[1])

Bei Geschäften, die eine dingliche Wirkung haben, ist der Wegfall dieser Wirkung von einer bloßen bedingten Geschäftsaufhebungspflicht zu unterscheiden, die in der Redeweise des Bürgerlichen Gesetzbuchs nicht als auflösende Bedingung des Rechtsgeschäftes gilt.[2]) Aber auch bei persönlichen Pflichten, z. B. aus einem Wechsel, würde das Versprechen des Gläubigers, unter gewissen Umständen den Wechsel herauszugeben, keine rechtsaufhebende Kraft haben.[3])

[1]) Vgl. hierzu Enneccerus 227: „Streng genommen liegen also nicht zwei Arten der Bedingung vor, sondern das Bedingte ist verschieden, nämlich das Inkrafttreten bezw. die Wiederauflösung der Rechtswirkung", d. h. natürlich nur derjenigen Rechtswirkung, die zunächst eintreten soll.

[2]) Vgl. Mot. 253: „Soll . . . nur ein persönlicher Anspruch auf Rückgängigmachung der Wirkung von der Bedingung abhängig sein, so ist das Rechtsgeschäft kein auflösend bedingtes, sondern ein unbedingtes Rechtsgeschäft, an welches ein aufschiebend bedingter Nebenvertrag sich anschließt, der ebenso gut erst später hinzutreten könnte". (N. B. Dies könnte auch die Abrede einer wahren Resolutivbedingung.)

[3]) Vgl. Rehbein 231. Wenn man hiernach die sog. obligatorischen Resolutivbedingungen nicht als solche bezeichnen will, so darf man doch nicht die verpflichtende und nur unter den Parteien wirkende Resolutivbedingung mit der das Geschäft unvollkommen auflösenden verwechseln. Erstere ist der weitere Begriff. Bei dem resolutiv bedingten Schulderlaß wirkt die Bedingung nur unter den Parteien und doch ist sie eine wahre auflösende Bedingung. Bei dem resolutiv bedingten Schuldversprechen wird man das Gleiche sagen müssen, vorausgesetzt, daß die Bedingung vor der Fälligkeit der Schuld eintritt. Nur bei dinglich wirkenden Verträgen ist die blos obligatorische Vertragsauflösung in der Sprache des Gesetzbuches keine wahr auflösende Bedingung. Hier ist daher auch das Rücktrittsrecht weniger als der Vortheil aus einer wahren Resolutivbedingung (vgl. über diese Frage Zitelmann 128, der sie dem Recht der Schuldverhältnisse überweist). Bei unerfüllten Verträgen, die nur obligatorisch wirken, ist dagegen der ausbedungene Rücktritt eine potestative Resolutivbedingung; seine auflösende Kraft ist eine vollkommene.

Die Redeweise des Volkes ist aber einer so feinen Unterscheidung nicht fähig. Sie sieht z. B. einen Kauf auch dann als auflösend bedingt an, wenn ein Wiederkaufsrecht vorliegt. Nach dem natürlichen Sprachgefühle ist die Auflösung eines Geschäftes ein weiterer Begriff als die Auflösung eines Rechtes.[1])

Die praktische Werthlosigkeit der „rechtsphilosophischen Frage,[2]) ob Hauptgeschäft und Resolutivbedingung zwei untrennbare Theile eines Geschäftsinhalts seien oder einen einzigen Akt des rechtserzeugenden Wollens bilden, erkennen die Motive 251 an. Die beiden scheinbar widerstreitenden Ansichten über diesen Punkt stehen bei schärferer Betrachtung überhaupt gar nicht in logischem Widerspruche. Richtig ist hierbei nur Folgendes: Bei der aufschiebenden Bedingung bilden Anordnung und Bedingungssatz einen einzigen Gedanken, bei der auflösenden zwei Gedanken, die aber vom Parteiwillen als untrennbar angesehen werden. Herrscht z. B. Uneinigkeit über den Inhalt der auflösenden Bedingung, etwa darüber, ob der Tod des X. oder des Y. als solche gesetzt ist, so fällt wegen eines Dissenses über die Resolutivbedingung das Hauptgeschäft im Zweifel weg. Mag man beides als ein Geschäft oder als zwei ansehen, jedenfalls hängt das Ganze in sich zusammen.[3]) Die Resolutivbedingung ist also ein solcher (inhärirender) Theil des ganzen Geschäftes, der für sich betrachtet, einem suspensiv-bedingten Aufhebungsgeschäfte gleicht.

Dies gilt jedoch nur für wahre auflösende Bedingungen, die sogleich in den Geschäftsplan aufgenommen sind, nicht für solche Bedingungen der Geschäftsauflösung, die erst durch spätere Abrede eingeschoben werden. Ein solcher nachträglicher Sondervertrag steht und fällt für sich, er ist nicht

---

1) Bei dem Wegfalle eines Kaufgeschäftes ist dessen Auflösung z. B. nicht identisch mit der Auflösung einer Uebergabe aus dem Kaufgeschäfte. Das Volk versteht eben unter **Wirkung** eines Geschäftes nicht blos die unsichtbare Wirkung, die sich in der Entstehung oder Endigung von Rechten vollzieht, sondern auch die sichtbarlichen Geschäftsfolgen, wie das Hin- und Hergeben der Sache und des Preises. Sollen diese Folgen rückgängig gemacht werden, so sieht darin der Nichtjurist eine Auflösung des früheren Geschäftes. Darum erblickt er auch in einer Bedingung der Pflicht, dies zu thun, eine geschäftsauflösende Bedingung. Eben deshalb muß hier betont werden, daß das Gesetzbuch diese unserem Sprachgefühle nahe liegende Redeweise absichtlich vermeidet.

2) Vgl. hierzu **Kuhlenbeck** 374 und Litteratur bei **Endemann** 306. Vgl. auch v. d. **Pfordten** 142.

3) **Planck**, Anm. 3 zu 158. Deshalb kann man auch von der mangelhaften Bedingung sagen, daß sie das „ganze Geschäft infizire“, **Endemann** 327.

mit dem Hauptgeschäfte als eins ersonnen worden. Man wird aber auch hier von einer Geschäftsumwandlung reden müssen, weil sich der innere Zusammenhang zwischen Resolutivbedingung und Hauptgeschäft auch noch darin zeigt, daß die Verfügungsgewalt des resolutiv bedingt Berechtigten über den Geschäftsgegenstand durch die Bedingung gelähmt wird,[1]) also die Hauptfolgen des Geschäftes auch schon vor dem Bedingungseintritte beeinträchtigt werden.

Die Motive 252 erwähnen als ein besonderes Geschäft die suspensiv bedingte Beendigung eines Rechtsverhältnisses neben der resolutiv bedingten Dauer. Diese beiden Geschäftsformen gleichen sich scheinbar wie ein Ei dem anderen, und man wird an dem Werthe dieser Unterscheidung zunächst irre. Dennoch aber ist es möglich, daß die Parteien bei der bedingten Aufhebung eines Vertrages bestimmen, daß der Inhalt dieses Vertrages, namentlich die Verfügungsrechte, die er giebt, dadurch zunächst nicht beeinträchtigt werden solle. Ein solches Geschäft mögen wohl die Motive als ein suspensiv bedingtes Aufhebungsgeschäft ins Auge gefaßt haben, mit der Absicht, es von der Resolutivbedingung zu unterscheiden.

IV. Erlaubte und verbotene Bedingungen.

a) Manche Geschäfte sind nach dem Inhalte der Bedingung, die sie enthalten, verboten (s. oben S. 377, b Anm. 4 über die **condicio religionis mutandae**). Diese sind nicht besonders erwähnt (Mot. 297).[2]) Die Hinzufügung einer Bedingung darf ebenso wenig gegen die guten Sitten verstoßen, wie jeder andere Geschäftsinhalt.[3]) Bedingungen, die dem widersprechen, können hiernach im Erbrechte in Zukunft nicht anders behandelt werden als die gleichen Zusätze bei Geschäften unter Lebenden.[4])

---

[1]) Sog. dingliche Gebundenheit. Siehe den nächsten Paragraphen. Eine resolutiv bedingte Rechtsübertragung ist daher keine volle. So Endemann 326 Anm. 6.

[2]) Die Sondervorschrift des A.L.R. I, 4, §§ 133—135 über unnütze Bedingungen ist dem B.G.B. fremd. Die Frage, ob der Geschäftsinhalt „unnütz sei", ist Sache der Parteierwägung und geht die Rechtsordnung grundsätzlich nichts an.

[3]) Vgl. Zitelmann 125. Ob der Bedingungssatz einen unsittlichen Inhalt hat, ist gleichgültig. Ein Strafversprechen für den Fall eines unsittlichen Verhaltens ist z. B. gültig. Ungültig ist das Geschäft nur dann, wenn seine Giltigkeit der Bedingung wegen gegen die guten Sitten verstößt, z. B. das Versprechen eines Lohnes für das unsittliche Verhalten. Eine abweichende Darstellung, welche zwei Arten unsittlicher Bedingungen annimmt, siehe bei Matthiaß 238.

[4]) Das abweichende römische Recht, das die den Sitten gefährliche Bedingung einfach strich, hielt den bedingt Berechtigten davon ab, ihren Eintritt zu bewirken.

b) Nach dem Inhalte des Geschäftes ist sein bedingter Abschluß zuweilen verboten (sog. actus legitimi qui nec recipiunt diem nec conditionem).[1]) Dahin gehören Aufrechnungserklärungen (388), Auflassungen (925), Eheschließungen (1317), Anerkennung der in der Ehe geborenen Kinder als eheliche (1598), Ehelichkeitserklärungen unehelicher Kinder (1724), Annahme an Kindesstatt (1742), Aufhebungen dieser Annahme (1768), Uebernahme der Testamentsvollstreckung (2202), Annahme oder Ausschlagung einer Erbschaft (1947) oder eines Vermächtnisses (2180).

Auch die Zufügung einer selbstverständlichen Gesetzesbedingung als Parteibedingung, z. B. „wenn ich verfügungsfähig bin", kann solche Geschäfte entkräften, jedoch wohl nur dann, wenn das Gesetz durch das Bedingungsverbot eine einfache Erklärungsform herzustellen wünscht, z. B. bei der römischen acceptilatio[2]) und auch nach dem Bürgerlichen Gesetzbuch bei allen Erklärungen dieser Art vor Beamten (z. B. Eheschließungen und Auflassungen). Die Beamten müssen alle überflüssigen Zusätze zurückweisen. Bei ganz formlosen Akten, wie z. B. der Aufrechnung (388), wird man dagegen unschädliche Zusätze, wie sie in solchen selbstverständlichen Bedingungen enthalten sind, als unschädlich ansehen dürfen. So z. B. wenn Jemand bei der sog. Eventualaufrechnung den Eventualwillen überflüssiger Weise noch besonders erklärt (vgl. S. 387). Der Satz: Expressa nocent non expressa non nocent[3]), (d. h. hier: Nichterwähnung selbstverständlicher Bedingungen schadet nicht, die Erwähnung schadet aber), gilt also nicht für alle Bedingungsverbote.[4]) Wohl aber wird bei allen diesen

Man denke z. B. an eine Gabe für Jemanden, falls er seine (mit dem Erblasser verfeindete) Mutter verlassen werde. Das neue Recht hat den Nachtheil, daß in solchen Fällen die verwerfliche Bedingung von habgierigen Leuten erfüllt werden wird, entweder in der Hoffnung, durch sophistische Gründe nachzuweisen, daß sie gar nicht gegen die guten Sitten verstoße oder namentlich dann, wenn der ebenfalls in seiner Denkart unsittliche, bedingt Belastete die Verfügung anzuerkennen bereit ist. Cosack 189 bestreitet, daß die unsittlichen Bedingungen wirkliche Bedingungen seien, weil sie keine rechtsgeschäftliche Wirkung haben. Allein die Bedingungen haben niemals eine Wirkung, sie hemmen immer nur die Wirkung des Imperativs, dem sie angeheftet sind. Darum sind auch strenge genommen nicht diese Bedingungen sittenwidrig, sondern das Geschäft ist es, dem sie angeheftet sind. Vgl. Engelmann 116.

[1]) Dig. L. 17, fr. 77.

[2]) In einem Quittungsformulare ist jeder Bedingungszusatz sinnlos. Das Ereigniß der Zahlung kann als Thatsache nicht bedingt sein. Siehe oben S. 391, Nr. V.

[3]) Vgl. Fitting, Archiv f. civ. Pr. XXXIX, 310 ff. Bunsen 94.

[4]) So giebt es also zwar eine Eventualaufrechnung, nicht aber eine Eventual-

Geschäften, die einen unbedingten Abschluß verlangen, die Zufügung eines solchen Zusatzes den Akt dann vernichten, wenn er irgendwie, auch nur für die Parteien, ungewiß macht, ob das Geschäft gelten solle oder nicht.[1])

Es ergiebt sich dies aus dem Zwecke solcher Verbote, Schwebezustände da abzuschneiden, wo es für die Betheiligten besonders erwünscht ist, bald zu wissen, woran sie sind.[2])

Das römische Verbot der bedingten Vormundsbestellung, so wie alles, was mit der verworfenen Regel „semel heres semper heres" zusammenhängt, ist dem Bürgerlichen Gesetzbuch fremd.[3])

Eine entsprechende Ausdehnung der Bedingungsverbote z. B. auf Kündigungen[4]) ist m. E. nicht ausgeschlossen, da diese Vorschriften weniger als Ausnahmen, wie als Anerkennungen der Eigenart gewisser Geschäfte gedacht sind. Nur darf die Analogie nicht über den Verbotszweck hinausgehen.[5])

γγ) Folgen bedingter Geschäftsabschlüsse.[6])

ααα) Der Schwebezustand.

§ 89.

I. Bedingte Rechte.

Nach dem Einflusse des bedingten Geschäftes auf die Rechte oder Pflichten, die es gewährt, redet man von bedingten Rechten oder

heirath, z. B. „wenn der anwesende angebliche Standesbeamte wirklich ein solcher ist" u. dergl. Solche Zusätze entkräften die Erklärung. Das Gleiche gilt von Eventualauflassungen.

1) Vgl. Dig. XXIX, 2 de adquir. vel. om. her. fr. 51 § 2: Sed et si quis ita dixerit: si solvendo hereditas est, adeo hereditatem, nulla aditio est.

2) Bei den Familienrechtsgeschäften treten noch sittliche Rücksichten dazu, Enneccerus 230.

3) Enneccerus 231. Vgl. hierzu auch 1790 (bedingte Entlassung kann vorbehalten werden), 1858, 2 (bedingter Wunsch der Einsetzung eines Familienrathes).

4) Vgl. Zitelmann 125 und über bedingte Mahnungen Matthiaß 288, so wie über bedingte Wahlerklärungen Franz Leonhard, Iherings dogm. Jahrb. Bd. 41, S. 57 ff.

5) Man darf z. B. dem Hauswirthe vor Ablauf der Frist unter der Bedingung die Wohnung kündigen, daß er während dieser Frist einen Umbau beginnen werde, nicht aber unter der Bedingung, daß der Miether in demselben Zeitraume nach außerhalb versetzt werden sollte. Jene Kündigung ihm zuzumuthen, ist nicht unbillig. Anders liegt es bei dieser Kündigung, weil er vielleicht den Bedingungseintritt nicht mit Sicherheit sogleich erfährt. Aehnliches gilt bei Mahnungen.

6) Der allgemeine Theil enthält nur solche Vorschriften, die für alle bedingte Rechtsgeschäfte oder doch für ihre Hauptgattungen gemeinsam sind. Mot. 250. Ueber bedingte letztwillige Verfügungen vgl. 2074—2076, 2279, 2299.

Pflichten, bei bedingten Forderungen von einer spes debitum iri.[1]) Diese Rechte (in K.Prot. 181 „Anwartschaften" genannt) sind noch keine sichern Vermögensstücke, aber doch vererblich, aus Geschäften unter Lebenden unbedingt, aus letztwilligen Geschäften jedoch nur, wenn der Erblasser ihre Vererblichkeit will (2074 Mot. 256). Er bedenkt dann die Erben des ursprünglich Bedachten, also personae incertae, was in diesem Falle nach römischem Rechte auch nach der Justinianischen Zulassung der letztwilligen Gaben an personae incertae nicht erlaubt war, nach dem Bürgerlichen Gesetzbuche aber durch besondere Bestimmung des Erblassers möglich ist (2074).

Bei bedingten Uebertragungen von Rechten ist das Recht des Erwerbers aufschiebend-bedingt und das Recht des Veräußerers auflösend-bedingt. Umgekehrt ist bei dem Rückfalle eines Rechtes durch auflösende Bedingung, das rückfallende Recht des Rückempfängers zunächst aufschiebend-bedingt, während das Recht des augenblicklich Befugten auflösend-bedingt ist.[2])

Daß hiernach die bedingten Rechte minderwerthige Vermögensstücke sind, ist zweifellos.[3])

II. Die wichtigsten Vorschriften zum Schutze bedingt Berechtigter.

a) Der bedingt Benachtheiligte haftet für verschuldete „Beeinträchtigung des abhängigen Rechtes" K.Prot. I, 183, d. h.

---

[1]) Zu scharf bemerken Mot. 255 „Eine bedingte Schuld ist noch keine Schuld." Sie ist immerhin mehr als nichts. Eine Feststellungsklage erkennen bezüglich ihrer die Mot. a. a. O. ausdrücklich an. Daher geben auch die Mot. 256 zu, daß derartige Ausdrücke sich wegen ihrer Kürze empfehlen; auch die K.Prot. I, 181 sprechen bei Resolutivbedingungen von einem bedingt Berechtigten. Jedenfalls seien bedingte Rechte von den unbedingten qualitativ verschieden. K.Prot. I, 181, 183.

[2]) Ueber den Vergleich des bedingten Rechtes mit dem Embryo s. oben S. 346 Anm. 4. Derartige geistvolle Bilder sind für die nüchterne Denkweise des Juristen, der alle Dinge in ihrer nackten Wirklichkeit anschauen soll, nicht ungefährlich. Zwischen der Entstehung des Menschen aus dem Embryo und des unbedingten Rechts aus dem bedingten ist der handgreifliche Unterschied, daß dort eine Entwicklung aus einem Keime hervortritt, hier durch eine außerhalb des bedingten Rechtes liegenden Thatsache etwas ganz Neues entsteht. Uebersieht man dies, so macht man aus der bloßen spes debitum iri mehr als sie wirklich ist, vgl. hierzu auch Planck 2 zu 158 und Hölder 346.

[3]) Enneccerus 234 zählt sie zu den „Erwerbsrechten", d. h. den Rechten auf einen Erwerb, wogegen sicherlich nichts einzuwenden ist, sofern ihre große Verschiedenheit von den andern Erwerbsrechten (Jagdrechten und dergl.) nicht verwischt wird.

für Vereitelung und Schädigung des bedingt gewährten Rechtes, z. B. durch Beschädigung des Schuldgegenstandes. Wo etwas derartiges in Vertragsverhältnissen geschieht, wird aus dem Vertrage für das entsprechende Maß der Sorgfalt gehaftet.[1]) Sonst ist eine besondere actio ex delicto nach § 160 gewährt. (So z. B. wenn der Erbe den Gegenstand des bedingten Vermächtnisses schuldhafter Weise beschädigt.)[2])

Die Verletzung der vorläufigen Diligenzpflicht bei schwebender Bedingung erzeugt übrigens keine unbedingte, sondern nur bedingte Schadensersatzansprüche. Nur wenn die Bedingung hinterher eintritt, braucht der Nachlässige diese Forderungen zu befriedigen. Man hat dies in die Form gekleidet, daß solche Haftungen durch eine Rückziehung eintreten. Man kann aber denselben Gedanken auch noch einfacher, ohne den Rückziehungsbegriff zu verwerthen, als Entstehung bedingter Ersatzpflichten ausdrücken.

Diese dem bedingt Belasteten verwehrte Vereitelung des bedingten Rechtes ist nicht zu verwechseln mit der Vereitelung des Bedingungseintrittes, s. den nächsten Paragraphen.

b) Die Rechtsgeschäfte des bedingt Belasteten (sog. dingliche Gebundenheit, vgl. Mot. 259). Wer bedingt zur Herausgabe einer Sache oder zur Abtretung eines Rechtes blos verpflichtet ist, kann über Sache oder Recht inzwischen vollwirksame Verfügungen treffen, selbst wenn er dadurch die Vertragspflicht verletzt. Wer jedoch einem andern ein bedingtes Recht eingeräumt oder abgetreten hat, dessen Verfügungen über das Recht fallen bei dem Bedingungseintritte als unwirksam zusammen. 161.[3]) (Resoluto jure concedentis resolvitur jus concessum.)[4])

Die Frage, ob man diesen sehr wichtigen Rechtssatz als eine Unterart der Rückziehung zu bezeichnen hat, ist eine rein stilistische ohne praktischen Werth. Die Verfasser des Gesetzbuches thaten es

[1]) (Mot. 258), vgl. Planck Anm. 1 zu 160 und dagegen Hölder 352.

[2]) Nach Mot. 261 verlangt der Rechtszweck „Unverkümmerbarkeit des in Aussicht gestellten Rechtes". Die Mot. 260 vergleichen die Beschränkung des bedingt Gebundenen mit dem Veräußerungsverbote, das über dem Konkursschuldner schwebt (s. hierzu oben S. 380 IV).

[3]) 161, 1 Satz 2 entspricht 135 Satz 2, vgl. oben S. 380 Anm. 6, Achilles zu 161.

[4]) Der Verfügung des bedingt Benachtheiligten steht auch das rechtskräftige Urtheil gleich, das über den Vertragsgegenstand wider ihn ergeht. Mot. 262. Daß die dem bedingt Berechtigten vortheilhaften Interimsverfügungen gelten, hebt Zitelmann 128, 3, 6, hervor.

nicht. Sie haben vielmehr in Anlehnung an Windscheid[1]) diese Gebundenheit des Verfügungsrechts in der Zwischenzeit von der Rückwirkung unterschieden und vorgeschrieben, während die Rückwirkung verworfen worden ist (s. den nächsten Paragraphen). In der That war es nicht nöthig, Wirkungen, die schon vor der Entscheidung der Ungewißheit auf alle Fälle eintreten, als Rückwirkungen zu bezeichnen.[2]) Andererseits ist es aber auch nicht geradezu unmöglich, so zu reden, und es geschieht noch jetzt mehrfach.[3]) Es zeigt sich hier, daß es manche Gedanken giebt, die man ebenso gut in die Form einer Fiktion einkleiden, wie auch ohne dies ausdrücken kann. So liegt es auch hier. Man kann Niemand verhindern eine umständlichere Redeweise der einfacheren vorzuziehen, wenn sie ihm sympathischer ist. Die Rückziehung ist eine Fiktion, mit deren Formel man, wenn man will, auch den Satz: „Resoluto jure dantis resolvitur jus concessum" umspannen kann. Irgend welche praktische Folgen ergeben sich daraus nicht.

c) Eine allgemeine Sicherheitsleistungspflicht bei bedingten Schulden ist im Gesetzbuche nicht erwähnt.[4])

d) Nach der Prozeßordnung kann bedingten Gläubigern mit Arrestschlägen oder einstweiligen Verfügungen geholfen werden (Mot. 258. K.Prot. I, 182).[5])

e) Besondere Schutzmittel für bedingte Rechte kennen die Konkurs-Ordnung 54, 65, 66, 67, 154, 171 und das Zwangsversteigerungsgesetz vom 24. 3. 97. §§ 14, 48, 50, 111, 119, 120.

III. Der Schwebezustand bei auflösenden Bedingungen (Mot. 261 ff.). Hier ist „der vorübergehend Berechtigte bedingt ver-

---

[1]) Pand. I, § 91, vgl. hierzu und über weitere Literatur Endemann 330 Anm. 8.

[2]) Planck Anm. 2 zu 158.

[3]) Matthiaß 236. Zitelmann 160 und 161. Kuhlenbeck 371.

[4]) Anders erste Lesung. § 133 Abs. 1, gewährte Sicherheitsleistungen, soweit ein Arrest gerechtfertigt erschien. Dies wurde abgeändert (K.Prot. 182), weil ja auch bei betagten Rechten ein Anspruch auf Sicherstellung nicht bestehe, vgl. hierzu Regelsberger Jahrb. f. Dogm. Bd. 40 S. 451 ff., der auch für das römische Recht die Annahme einer allgemeinen Sicherheitsleistungspflicht verneint (468). Cosack 190 spricht den bedingt Berechtigten unter den Voraussetzungen eines Arrestschlages auch nach B.G.B. einen Anspruch auf Sicherheitsleistung zu. A.M. mit Recht Enneccerus 285. Ebenso Fischer-Henle Anm. 1 zu 160, der aber auch auf 1986 und 2217, sowie auf die Sicherung bedingter Rechte durch Vormerkung (853) hinweist. — Einen besonderen Fall betrifft 52, 2 Cosack 189.

[5]) Näheres vgl. 916, 2 C.P.O. Mot. 260.

pflichtet" (Mot. 261). Seine Lage gleicht also durchaus der Lage dessen, der einem andern ein bedingtes Recht eingeräumt hat.

Verfügungen über auflösend bedingte Rechte sind daher nur bis zum Bedingungseintritte wirksam (Resoluto jure concedentis resolvitur jus concessum). Die Enttäuschung, die ein solcher Eintritt dem Rechtsnachfolger der Partei gewährt, deren Recht auflösend bedingt war, wird durch die besonderen Vorschriften abgeschwächt, die dem Schutze redlicher Dritter dienen.

IV. Die Wirkung bedingter Geschäfte während des Schwebezustandes ist hiernach auch im Bürgerlichen Gesetzbuch anzunehmen. § 158, der die Wirkung des Geschäfts hinausschiebt, redet nur von derjenigen Wirkung, die vom Bedingungseintritt abhängig sein soll, berührt aber die vorläufigen Wirkungen des bedingten Geschäftsabschlusses nicht. Jedes bedingte Geschäft hat daher doppelte Wirkungen: vorläufige während des Schwebezustandes[1]) und endgültige bei dem Bedingungseintritte: Daß man nur die letzteren in der Regel „Wirkungen" nennt, kann an dieser Thatsache nichts ändern.

Das in dem Schwebezustand Wirkende ist aber nicht die Bedingung, da ein Bedingungssatz überhaupt keine Wirksamkeit hat, sondern eine solche beschränkt.[2]) Es ist vielmehr der bedingte Geschäftsakt, welcher nur vorläufig wirkt, während die Frage seiner endgültigen Wirkung noch aussteht.

Hierbei macht es keinen Unterschied, ob eine sogen. Rückwirkung der Bedingung verabredet ist, oder nicht.

Diese „Rückwirkung" erhöht nur den Umfang der Wirkung, verfrüht aber nicht den Zeitpunkt, in dem sie eintritt.[3]) Allerdings wird der unter einer rückwirkenden Bedingung Belastete die rückwirkende Kraft der ausstehenden Bedingung schon vorher in seinem Verhalten beachten. Muß er z. B. später eine Sache mit den

---

1) „Interimswirkungen" Zitelmann 126.

2) Anders Enneccerus 233. Rehbein 233 u. a.

3) A.M. Enneccerus 227, welcher von dem Falle spricht, „daß die Rechtswirkung zwar von dem Eintritte der Bedingung abhängig sein, aber doch für diesen Fall schon jetzt eintreten soll." Dabei wird der blos bildliche Ausdruck „Rückwirkung" ernst genommen, mit dem Bemerken, daß hier ausnahmsweise die Bedingung keine „Befristung", d. h. keinen Aufschub der Wirkungen enthalte. In Wahrheit merkt man aber auch hier in der Schwebezeit noch nichts von den Dingen, die da kommen sollen.

Früchten der Zwischenzeit herausgeben, so wird er diese vorsichtiger Weise aufsparen müssen und nicht vergeuden dürfen, wie es ihm bei einer nicht rückwirkenden schwebenden Bedingung gestattet sein würde. Ein wahrer Kern der Lehre von der gegenwärtigen Wirkung der Aussicht auf eine später eintretende rückwirkende Bedingung ist also anzuerkennen. Nur nennt man einen solchen Einfluß auf das sichtbare Verhalten der Partei nicht Wirkung des Geschäfts im technischen Sinne, unter der man vielmehr nur den unsichtbaren Einfluß der gepflogenen Verhandlung auf das Entstehen oder Vergehen von Rechten versteht (s. oben S. 396).

βββ) Die Entscheidung der Ungewißheit.

§ 90.

I. Arten. Die Ungewißheit des bedingten Geschäfts entscheidet sich entweder durch den Eintritt oder den Ausfall der Bedingung. Dieser ist vorhanden, sobald die Unmöglichkeit des Bedingungseintrittes gewiß wird (z. B. Jemand ledig stirbt, dessen Verheirathung Bedingung einer Leistungspflicht war).

Der in pflichtwidriger Weise vereitelte Eintritt der Bedingung (K.Prot. I, 184) steht dem Ausfalle gleich, ebenso der in gleicher Art vereitelte Ausfall dem Eintritte. 162 (Mot. 263 „nach dem Vorbilde aller Gesetzgebungen"). Gemeint ist bei dieser „pflichtwidrigen Vereitelung des Eintrittes" (K.Prot. I, 184) eine Vereitelung „wider Treu und Glauben",[1]) d. h. „in einer dem Sinne, der Tendenz des Rechtsgeschäfts zuwiderlaufenden Weise" (K.Prot. I, 184). A. macht z. B. das Pferd des B. scheu, das dadurch von seinem Pferde im Wettlaufe überwunden wird. Hier wird Alles so gehalten, als ob das erfolgreiche Pferd nicht gesiegt hätte und der Sieg von dem andern Pferde errungen worden wäre.[2])

Eine Schadensersatzforderung genügt hier oftmals nicht, weil es sich in der Regel nicht feststellen läßt, ob die Bedingung nicht auch ohne das vereitelnde Ereigniß aus irgend einem andern Grunde gescheitert sein würde.

---

[1]) Vgl. oben S. 353 ff.

[2]) Vgl. Zitelmann 126: Dolus pro impleta conditione est (162, 1) und pro non impleta conditione est (162, 2). Der Vereitelungszweck ist nicht wesentlich, nur ein Schädigungszweck, Matthiaß 282, Rehbein 239, der als Beispiel die bösliche Entlassung eines Angestellten, dem bei zehnjähriger Vertragserfüllung eine Gehaltserhöhung versprochen war, erwähnt. Diese wird geschuldet, auch wenn der Herr nicht gerade, um sie zu ersparen, den Vertrag gebrochen hat.

Sonstige Fälle eines fingirten Eintritts oder Nichteintrittes der Bedingung hat das Bürgerliche Gesetzbuch in den allgemeinen Theil nicht aufgenommen (Mot. 263, 264). Offen bleibt daher z. B. die Frage, ob die Bedingung einer Ehe mit einem bestimmten Mädchen schon durch einen bloßen mißglückten Heirathsantrag erfüllt wird. Dies wird im Einzelnen durch Geschäftsauslegung festzustellen[1]) und im Zweifel zu verneinen sein, da es sich durchaus nicht von selbst versteht.[2])

II. Die Folgen des Ausfalls bestehen bei aufschiebenden Bedingungen in der Pflicht der Betheiligten, etwaige Folgen des vorläufigen bedingten Bestandes des Geschäftes wiederaufzuheben, z. B. ein Pfand zurückzugeben, das die bedingte Schuld sichern sollte. „Die Thatsache der Errichtung des Rechtsgeschäftes bleibt bestehen" [3]) (Mot. 255).

Bei dem Ausfalle der auflösenden Bedingung dauert die Wirkung des Geschäftes weiter.

III. Die Folgen des Eintrittes einer Bedingung.

Es liegt ein gewisser Widerspruch darin, daß manche die Existenz des Rechtsgeschäftes erst bei dem Bedingungseintritte annehmen,[4]) obwohl ein mit vorläufigen Wirkungen ausgestatteter Geschäftsabschluß schon früher fertig vorliegt. Dieser Widerspruch löst sich auf, wenn man bedenkt, daß hier mit den Worten Dasein des Geschäftes etwas Anderes gemeint ist, als der Geschäftsabschluß, nämlich entweder der volle „successive eintretende" Thatbestand, an den sich die endgültigen Geschäftsfolgen anknüpfen,[5]) oder auch diese endgültigen Folgen selbst, da man ja auch die Geschäftsfolge vielfach als Geschäft bezeichnet.

Im Einzelnen gilt für den Bedingungseintritt:

a) Bei aufschiebenden Bedingungen treten mit ihm die bisher ungewissen Geschäftsfolgen als gewisse ein, d. h. der Rechtsschutz für den Geschäftsinhalt wird fortan voll gewährt.

b) Bei auflösenden Bedingungen kommen die bisher dauernden Geschäftsfolgen in Wegfall, d. h. dem bisher geschützten Geschäftsinhalte wird dieser Schutz entzogen. Handelt es sich um wegfallende dingliche Rechte, so trifft ihr Ende einen jeden Betheiligten, namentlich

---

[1]) Litteratur siehe b. Endemann 331.

[2]) Ueber zwei Sonderbestimmungen des Erbrechts (2075 und 2076) siehe Enneccerus 232, Wanjeck 138, Zitelmann 126.

[3]) Vgl. hierzu Enneccerus 237.

[4]) Vgl. Hölder 349.

[5]) Vgl. Endemann 332 und Kuhlenbeck 365.

auch den Rechtsnachfolger des unter solcher Bedingung Berechtigten ohne Weiteres. Eingetragene Rechte gehen ohne besondere Löschung unter (Mot 253), und es kann eine Berichtigung des Grundbuchs verlangt werden, die sie löscht (894). Wer inzwischen mit dem beschränkt Berechtigten sich eingelassen hat, muß den Schaden tragen. Der Schutz redlicher Dritter reicht hier jedoch soweit wie sonst. 161, 3 (Mot. 254).

Die auflösende Bedingung hat also, was früher streitig war, dingliche (d. h. allseitige) Kraft, nicht eine blos obligatorische Wirkung.[1])

In dieser dinglichen Geschäftsauflösung liegt allerdings ein gewisser Widerspruch mit den Grundsätzen des Bürgerlichen Gesetzbuchs für die Uebertragung dinglicher Rechte. Ohne Pflicht der körperlichen Uebergabe und ohne Eintragungszwang vollzieht sich durch den Eintritt der auflösenden Bedingung ein Rechtsübergang, der auf dem Parteiwillen beruht, obwohl sich doch sonst der Uebertragungswille von den genannten besondern Erfordernissen nicht frei machen kann.

Die Ausnahme läßt sich dadurch erklären, daß es sich bei auflösenden Bedingungen immer nur um ein Hin- und Hergeben handelt, also um ein Geschäft unter Parteien, die z. B. bei einer auflösend bedingten Eigenthumsübertragung bereits eine Uebergabe vollzogen oder eine Auflassung bewirkt haben, unter denen daher die Gefahr von Verwechslungen, Mißverständnissen oder falschen Eintragungen minder groß ist, als bei Verträgen unter Personen, die noch nicht vorher in eine Geschäftsbeziehung getreten waren. Solche Gefahren aber sind es, denen Uebertragungen und Auflassungen durch ihre Form vorbeugen.

Neben der dinglichen Wirkung des geschäftsauflösenden Bedingungseintrittes steht auch noch die schon oben erwähnte (S. 398), sie ergänzende obligatorische Geschäftsauflösung, bestehend in einer Rückgabepflicht, die den Gewinn aus dem Geschäfte umfaßt.[2]) Sie ist

[1]) Vgl. Mot. 251. Die entgegengesetzte Vorschrift des pr. L.R. I, 11 § 262, die Engelmann 118 auch der herrschenden Meinung des gemeinen Rechts zusprechen zu wollen scheint, ist verworfen. Mot. 253, K.Prot. I, 180. Der weitgehende allgemeine Schutz redlicher Dritter im B.G.B. ließ den Verfassern hier einen noch weiter gehenden besondern überflüssig erscheinen (vgl. ähnliches bei der absoluten Kraft der Anfechtung § 96 und bei der Simulation 97). Rechtsgeschichtliches siehe bei Kuhlenbeck 375.

[2]) Auf solche Nebenleistungen bezieht sich die dingliche Wirkung des Eintritts der auflösenden Bedingung auch dann nicht, wenn eine Rückbeziehung angeordnet

überflüssig, wo das Geschäft bisher nur unsichtbar wirkte, z. B. ein Schulderlaß (Mot. 252) oder eine Forderungsübertragung war. Hier löst sich einfach die unsichtbare Geschäftsfolge durch den Eintritt der aufhebenden Bedingungen in Nichts auf.[1]) Ist aber aus dem Geschäfte schon etwas geleistet, z. B. eine Sache zum Eigenthume übergeben, so genügt es nicht, daß dies Eigenthum wegfällt. Der Empfänger ist vielmehr gebunden, auch die Sache zurückzugeben.

Die der herrschenden Ansicht des gemeinen Rechtes entsprechende Pflicht, dem andern Theile auch im Zweifel den Gewinn der Zwischenzeit zu erstatten,[2]) ist in das Bürgerliche Gesetzbuch nicht aufgenommen worden.

IV. Die sog. Rückwirkung der Bedingungen.

Rückbeziehung eines Bedingungseintrittes auf den Geschäftsabschluß im weiteren Sinne ist jeder Rückblick, der geschieht, um die Bedeutung des Eintrittes zu ermessen. Dahin gehört:

a) Die Feststellung der rechtlichen Gültigkeitsbedingungen und des Inhaltes der bedingten Parteiverhandlungen geschieht nach dem Augenblicke ihrer Vornahme. Hierauf bezieht sich Dig. XLV, 3 fr. 26 ex praesenti vires accipit stipulatio, quamvis petitio ex ea suspensa sit.[3])

Nicht dazu gehört jedoch die Frage nach der thatsächlichen Ausführbarkeit eines Geschäftes, z. B. des bedingten Kaufes eines bei schwebender Bedingung verbrannten Holzstoßes. Wird die Erfüllung des Vertrages auf solche Weise unmöglich, weil der Zufall ihn vereitelt, so ist die Bedingung ausgefallen, denn ihr Eintritt ist unfähig, die angeordneten Wirkungen auszuüben.

---

ist. So fällt z. B. das von der zurückzugebenden Kuh geworfene Kalb, auch wenn es mitzuliefern ist, nicht ohne Uebergabe in das Eigenthum des Rückempfängers. Enneccerus 237.

[1]) Bei den Zwischenzeitbedingungen, die eintreten, ehe noch das Geschäft ausgeführt wird, z. B. Bedingungen eines Vermächtnisses, die vor dem Tode des Erblassers eintreten sollen, macht es keinen Unterschied, ob man das Geschäft als aufschiebend oder resolutivbedingt auffaßt. Die Verfügung: „Wenn X. bis zu meinem Tode ledig bleibt, so soll er das Vermächtniß erhalten," ist gleichwerthig mit der Bestimmung, daß das Vermächtniß gelten, aber bei einer etwaigen Verheirathung des X. vor dem Tode des Erblassers wegfallen solle. Deshalb ist es auch unfruchtbar, darüber zu streiten, ob bei Alternativschulden eine suspensive oder eine resolutive Pendenz stattfinde.

[2]) Vgl. v. Buchka 35.

[3]) Vgl. hierzu Matthiaß 233.

Die Motive 250 haben diese Frage der Wissenschaft überlassen. Der Gesetzestext hat sie aber trotzdem in durchaus angemessener Weise geregelt (308, 2).

b) Die Feststellung des Alters des bedingten Geschäftes ist mehrfach von Bedeutung, z. B. bei der Frage nach der Pfandpriorität. Hier erfolgt ein Rückblick auf den Geschäftsabschluß nur da, wo er dem erklärten oder nach der Verkehrssitte selbstverständlichen Wunsche aller Betheiligten entspricht.[1]) Das Datum einer bedingten Wohnungskündigung kann dagegen z. B. nicht nach einseitiger Anordnung des Kündigenden zurückbezogen werden, wenn die Bedingung erst nach dem zulässigen Termin eintritt.[2])

Da nach Bürgerlichem Gesetzbuche (Mot. 252, K.Prot. I, 180) eine Rückziehung im Zweifel nicht eintritt, kann ebenso, wie bisher, auch das Alter der ursprünglich bedingten Rechte nur dann nach dem Augenblicke des Geschäftsabschlusses bestimmt werden, wenn besondere Gründe dafür sprechen (wie z. B. bei der bedingten eingetragenen Hypothek).[3])

c) Die Folgen eines bedingten Geschäftes können in der Weise bestimmt werden, daß alles so gehalten werden solle, als ob der Bedingungseintritt früher geschehen wäre. So wenn ein Landgut, falls eine Bedingung sich erfüllt, mit den Früchten der Zwischenzeit herausgegeben werden muß.[4]) Dies versteht man unter der Rückwirkung oder Rückbeziehung eines Bedingungseintrittes im technischen Sinne des Wortes (159 Bürgerliches Gesetzbuch) Mot. 254.

Die Anwendbarkeit dieser Rückbeziehung ist Auslegungsfrage und nach Bürgerlichem Gesetzbuche nicht zu vermuthen (Mot. 254).[5]) Die verabredete Rückbeziehung des Alters enthält nicht ohne Weiteres eine Rückbeziehung der Folgen.[6])

---

[1]) So bei dem römischen Vertragspfande.

[2]) Dernburg, der mit besonderer Schärfe (Pand. I § 111. 6. A.S. 258), die Rückbeziehung des Alters und die Rückbeziehungen der Folgen eines bedingten Geschäftes unterscheidet, redet daher wohl zu allgemein.

[3]) Vgl. hierzu 1118, 2, 1204, 2, 1209, Rehbein 228, auch Kuhlenbeck 870. Für den Verjährungsbeginn gilt natürlich die Rückdatirung keinesfalls. Zitelmann 128.

[4]) Auch für den Uebergang der Gefahr, den Verfall einer Vertragstrafe und dergl. ist dies wichtig. Mot. 244.

[5]) Es giebt übrigens auch Rückziehungen, die auf einen andern Zeitpunkt, als den Geschäftsabschluß zurückgreifen. v. d. Pfordten 147.

[6]) Ein Beispiel mag dies veranschaulichen: Für einen Zuschuß, der einem Ver-

Die Zulässigkeit der vertragsmäßigen Rückziehung von Bedingungen trotz der Unzulässigkeit der Rückziehung von Rechtssätzen (s. oben S. 32 ff.) erklärt sich daraus, daß, sobald bei Geschäften eine Rückziehung festgesetzt wird, die Betheiligten selbst verlangen, daß zurückbezogen werde, sich also sogleich darauf gefaßt machen können, daß es später geschieht. Ein zurückbezogener Rechtssatz bringt dagegen überraschende Verletzungen mit sich, die ein wohlwollender Gesetzgeber im Zweifel den Rechtsgenossen nicht zumuthet.

Eben deshalb verwehrt auch das Bürgerliche Gesetzbuch der vereinbarten Rückwirkung jede dingliche Kraft gegen Dritte und läßt sie nur unter den Parteien wirken.[1])

Es sind aber nicht blos praktische Gründe, die den Ausschluß einer dinglich wirksamen Rückwirkung verlangen.[2])

Eine dingliche Rückbeziehung des Bedingungseintrittes enthält nämlich etwas Undenkbares in sich. Eine dingliche Wirkung ist bekanntlich Gewährung eines nach allen Seiten hin greifenden Rechtsschutzes. Ist nun ein solcher eine Zeitlang nicht gegeben worden, so kann diese Thatsache nicht hinterher in ihr Gegentheil umgewandelt werden (facta infecta fieri nequeunt). Nur eine Verpflichtung kann in solchem Falle in ihrem Umfange der vergangenen Zeit Rechnung tragen. Was darüber hinaus ist, kann blos für die Zukunft gelten.[3])

Manche verstehen freilich unter der dinglichen Rückwirkung, die das Bürgerliche Gesetzbuch verwirft, den (jedenfalls nicht Platz greifenden) dinglichen Einfluß des Bedingungseintritts auf das Eigenthum an

---

wandten versprochen ist, falls er Offizier werden sollte, wird ein Pfand bestellt. Dies soll in der Zwischenzeit haften und später begründeten Pfandrechten vorgehen, auch bevor sich die Bedingung erfüllt. Hier braucht, jedoch nicht ohne Weiteres für diese Zeit auch der Zuschuß nachgezahlt zu werden, falls die Bedingung später eintritt. — Die ganze Frage nach der Rückwirkung der Bedingungen ist aber überhaupt darum von geringer Bedeutung, weil die Partei und der Richter doch nich davon frei werden, sie in jedem einzelnen Falle nochmals zu prüfen (vgl. Engelmann 118), mag nun der Gesetzgeber sie entscheiden, wie er will.

[1]) Vgl. Cohn 55: „Gewollte Rückwirkung gilt nur für die Parteien."

[2]) A.M. Enneccerus 228. Die Ausschließung bezieht sich nicht blos auf auflösende Bedingungen (wie dort und bei andern angenommen wird), sofern man nicht etwa an die Zurückdatirung der bedingten Rechte denkt.

[3]) Man hat dies früher deshalb übersehen, weil man die dingliche vorläufige Wirkung des bedingten Geschäftes mit der erst bei dem Bedingungseintritte beginnenden Wirkung verwechselte.

Früchten, die mit herauszugeben sind.[1]) Auch dieser würde aber, wenn er vorläge, mit einer wahren Rückbeziehung nichts zu thun haben, sondern erst vom Eintritte der Bedingung wirksam werden.

β) Zeitbestimmungen bei Rechtsgeschäften.

§ 91.

I. Der Begriff der Zeitbestimmung.

Man versteht unter der rechtsgeschäftlichen Zeitbestimmung oder der Befristung eines Rechtsgeschäftes im weiteren Sinne einen Zusatz, der seine Wirkung nach Anfang oder Ende an einen Zeitpunkt knüpft,[2]) im engern Sinne die Anknüpfung an einen solchen, dessen Eintritt sicher ist (dies certus an), wenn auch vielleicht noch nicht sicher ist, wann er eintritt.

Es ist der Vorschlag gemacht worden, die weitere Bedeutung von der engeren dadurch zu sondern, daß man jene „Befristung" diese „Zeitbestimmung" nennt.[3]) Der letztere Ausdruck entspricht der Ueberschrift des fünften Titels des ersten Buches im Bürgerlichen Gesetzbuch.

Im Allgemeinen pflegt man jedoch „Befristung" und „Zeitbestimmung" als gleichbedeutende Ausdrücke zu verwerthen.

Dabei ist die engere Bedeutung des Wortes Befristung oder Zeitbestimmung die allgemein übliche geworden. Man hat sich völlig dessen entwöhnt, den dies incertus an als Frist zu bezeichnen und nennt ihn einfach „Bedingung", was er auch in Wirklichkeit ist.[4]) Dies ist ohne Zweifel die Redeweise des Gesetzbuches.[5])

---

[1]) So Enneccerus 237.

[2]) Vgl. Enneccerus 224. „Befristen heißt, eine Rechtswirkung an einen zukünftigen Zeitpunkt knüpfen." Römische Beweisstellen für diesen weiten Begriff des dies siehe daselbst 235.

[3]) Enneccerus 225, der daher auch in den Bedingungen, soweit sie nicht rückwirken, Befristungen sieht 228. Kuhlenbeck 879 dagegen nennt auch die Befristung im weiteren Sinne Zeitbestimmung. Rehbein 241 bezeichnet wiederum eine besondere Unterart der Zeitbestimmung als „Befristung". Wir sind also bezüglich des letzteren Ausdruckes auf dem besten Wege zu einer Sprachverwirrung. In dieser Schrift bedeutet das Wort Befristung die Setzung einer Zeitgrenze vgl. z. B. oben S. 182 ff.

[4]) „Eine verschleierte Bedingung" v. d. Pfordten 148. Aehnlich Enneccerus 225. Weyl 278. Eine Präklusivfrist, binnen der die Partei etwas thun muß, um einen Nachtheil zu vermeiden, ist ebenfalls nur scheinbar eine Zeitbestimmung, in Wahrheit aber eine Bedingung. Rehbein 243.

[5]) So ausdrücklich § 143 der ersten Lesung Mot. 270, später als selbstverständlich gestrichen.

II. Das Verhältniß der Zeitbestimmung zur Bedingung. Beide Bestimmungen kommen als aufschiebende und auflösende vor. Der Suspensivbedingung entspricht bis zu einem gewissen Grade der mit Zeitbestimmung versehene Aufschub des begehrten Rechtsschutzes, der Resolutivbedingung der Wegfall des gewährten Rechtsschutzes an einem späteren Zeitpunkte.

Dies veranlaßte das Gesetzbuch, vorzuschreiben, daß einige Sätze des Bedingungsrechtes auf die Zeitbestimmungen in entsprechender Weise anzuwenden seien. Dahin gehören namentlich die Pflicht des unter einer Frist Benachtheiligten, das Recht des andern Theils nicht zu beeinträchtigen, der Satz: Resoluto jure concedentis resolvitur jus concessum und insbesondere die im gemeinen Rechte streitige Zulassung des Endtermins mit dinglicher Kraft bei der Bestellung und Uebertragung dinglicher Rechte.[1])

Neben dieser Aehnlichkeit steht ein durchgreifender Unterschied. Er liegt in der Ungewißheit des Eintritts der Bedingung. Der Eintritt der Zeitbestimmung ist gewiß.[2])

Dem Schweben der Bedingung entspricht also der Lauf des Zeitraumes, dem Eintritte der Ablauf, dem Ausfalle Nichts.

Wir sehen hieraus, daß die Ausdehnung einiger Sätze des Bedingungsrechtes auf die befristeten Rechte nicht etwa als Ausdruck einer allgemeinen Regel gedacht ist, so daß im Zweifel überall die Grundsätze der bedingten Geschäfte auf die befristeten anzuwenden wären.[3])

Als Ausnahmevorschrift ist sie freilich aber auch nicht anzusehen, so daß diese Analogie per argumentum e contrario verboten sein würde, soweit sie nicht besonders zugelassen ist (vgl. oben S. 53).

Wir werden sie vielmehr da anzuwenden haben, wo sie auch außerhalb der genannten Punkte passend scheint,[4]) hingegen da nicht,

[1]) Bunsen 102.

[2]) Eine Gleichstellung des dies incertus quando mit einer Bedingung enthält 111 des Zwangsversteigerungsgesetzes vom 24. 3. 97.

[3]) Zu allgemein reden daher in der Gleichstellung des bedingten und des mit Zeitbestimmung versehenen Geschäftes z. B. auch Müller und Meikel 108.

[4]) 159, der von der unter den Parteien wirksamen Rückwirkungsabrede spricht, gehört nicht zu den Vorschriften, bei denen die Bedingungslehre auf die Befristungen angewandt werden soll (163). Endemann sagt sogar 336: „Eine Rückziehung kann hier niemals in Frage kommen.“ Aehnl. Fischer-Henle 4 zu 163. Kuhlenbeck 382. Dies geht m. E. zu weit. Ich kann mir sehr wohl ein Geschäft denken, bei dem Jemandem ein Vermögensstück erst zu einem späteren Termine zugewandt

wo der Zweck der Vorschriften sie verbietet, natürlich auch da nicht, wo das Gesetz sie besonders ausschließt.[1])

Es erklärt sich dies daraus, daß jede Vergleichung ähnlicher Dinge von vorn herein ihre Grenzen in dem Gebiete der Aehnlichkeit hat.

Undenkbar ist z. B. die analoge Verwendung des 162 (vereitelter Bedingungseintritt) auf Fristen.

Die Untersuchung, ob die bedingten letztwilligen Zuwendungen den betagten mit einem der Zeit nach unbestimmten Fälligkeitstermine (dies incertus quando) gleichzustellen seien (2074), ist dem Erbrechte vorbehalten,[2]) wie überhaupt jede Einzelfrage dieser Art dem besonderen Theile.

III. **Der Zustand des mit einer Zeitbestimmung versehenen Rechtes vor dem Eintritte des Termins.**[3])

Die Frist, deren Lauf begonnen hat, heißt dies cedens, die abgelaufene Frist dies veniens. Ein Rechtserwerb ist schon beim dies cedens vollendet, tritt aber erst beim dies veniens unter Rechts-

wird, damit sich nicht dessen Gläubiger inzwischen daran halten können, wobei ihm jedoch versprochen wird, daß er bei dem Termine auch noch die Früchte der Zwischenzeit erhalten solle. Freilich ist so etwas sehr selten und war darum im Gesetzbuche nicht zu erwähnen. Allein unmöglich ist es nicht. Dies scheint auch Enneccerus 240 anzunehmen. — Hölder 355 macht darauf aufmerksam, daß es eine dolose Hinausschiebung des dies incertus quando giebt, die eine Analogie des Bedingungsrechtes verträgt.

[1]) Vgl. 272, 813, 2, auch die S. 405, e angeführten Rechtssätze des Prozeßrechts, insbesondere 916 C.P.O. Zutreffend ist dagegen wiederum die Analogie von condicio und dies bezüglich der Beweislast. Rehbein 243, Matthiaß 241.

[2]) Enneccerus 226 nimmt an, daß das Gesetzbuch diese Frage schweigend verneine und sieht darin einen bedeutenden Fortschritt. M. E. ist sie durch Willensauslegung im einzelnen Falle zu entscheiden.

[3]) Der Begriff des betagten Rechtes war seit längerer Zeit der Gegenstand einer unfruchtbaren Zergliederung, in der man Scharfsinn auf Kosten der Klarheit bethätigte. Namentlich hat die Frage, ob das betagte Recht schon vor dem Termine existire, Zweifel erweckt. Eine Existenz, die nur in gewisser Hinsicht vorliegt, mochte man nicht annehmen, da bei greifbaren und sichtbaren Dingen allerdings so etwas undenkbar ist. Man übersah dabei, daß bei bloßen Beziehungen, zu denen auch die Rechte gehören, in der That eine unvollkommene Existenz möglich ist, in der gewisse Eigenschaften dieser Beziehungen schon vorhanden sind, andere aber noch fehlen. So auch hier. Die Veräußerlichkeit, Pfändbarkeit, Bezahlbarkeit und dergl. sind bei betagten Forderungen früher da, als ihre Ausübbarkeit, weil die Menschen schon jetzt mit Ereignissen rechnen, die später in sicherer Erwartung stehen. Daraus ergiebt sich die beschränkte Existenz dieser Gebilde vor dem Eintritt des Termins und ihre spätere Steigerung zu einer vollen.

schutz, daher er vorher auch nicht klagbar ist. Das Bürgerliche Gesetzbuch kennt entsprechende Ausdrücke nicht. In der Sache bleibt es aber beim Alten.[1])

Die „betagte" Forderung (Mot. 269) ist zwar auch nur eine Hoffnung darauf, daß das befristete Geschäft seine Erfüllung finden werde. Sie ist aber eine Hoffnung, die sich sicher erfüllt und daher mit dem betagten Rechte selbst im Wesentlichen identisch.[2])

Es ist dies übrigens nur für Forderungen anerkannt, nicht für betagte andere Rechte.[3]) Man wird aber diese beiden Arten von Befugnissen mit demselben Maße zu messen haben. Die erste Lesung machte in der Beurtheilung der betagten Rechte einen merkwürdigen Unterschied zwischen zwei Arten befristeter Geschäfte, solchen mit stärkerer und mit schwächerer Befristung. Nur die stärker-befristeten Rechte sollten hiernach in ähnlicher Weise behandelt werden, wie die bedingten (141, vgl. Mot. 269. K.Prot. I, 186). Die stärkere Befristung nahm man aber dann an, wenn „aus dem Inhalte des Rechtsgeschäftes erhellt, daß nicht bloß die Geltendmachung, sondern auch die rechtliche Wirkung erst mit dem Anfangstermine eintreten solle."

Diese Unterscheidung ist zwar als „theoretisch" gestrichen worden. Dennoch wird behauptet, daß sie durch die Auslegung in den Gesetzestext hineinzudeuten sei.[4])

---

[1]) Weitgehende Klagerechte auf später fällige Leistungen gewährt die C.P.O. §§ 257—259.

[2]) Vgl. Enneccerus Anm. 238. Hölder macht 343 darauf aufmerksam daß es Rechte, wie der Nießbrauch, giebt, die durch den Tod des Berechtigten während des Laufes der Frist völlig vereitelt werden können. Ein solches befristetes Recht gilt freilich nur eben so viel als ein bedingtes.

[3]) Bei diesen nimmt Enneccerus 239 vor dem Eintritt des Termins eine bloße Erwerbsberechtigung an. Eine Begründung dieses Unterschiedes giebt er jedoch a. a. O. nicht.

[4]) Dafür spricht allerdings der Wortlaut der K.Prot. I, 186. Es muß dies als herrschende Meinung bezeichnet werden, obwohl einige Schriftsteller den Unterschied zwischen den zwei Befristungsfällen übergehen. Betont wird er von Endemann 335, Engelmann 120, Kuhlenbeck 380, Kaufmann 161, Neumann 86, Planck Anm. 1, 163, der wenigstens anerkennt, daß sowohl das Bürgerliche Gesetzbuch als die Prozeßgesetze zwischen den beiden Arten der Zeitbestimmung in der Regel nicht unterscheiden, wodurch sich der praktische Werth dieses Unterschiedes mindert. (Aehnlich Neumann 87.) Vgl. auch Rehbein 241 ff., dessen scharfsinnige und inhaltreiche Ausführungen mich jedoch von dem Unterschiede der „Befristung", welche die Wurzel des Rechtes treffe, und der „Betagung", welche nur die Fälligkeit berühre, nicht überzeugt haben.

Der Verfasser vermag dem nicht beizutreten. Die Wirkung eines Rechtsgeschäfts besteht im Sinne des Gesetzbuches in der Möglichkeit, seinen Inhalt unter Rechtsschutz geltend zu machen. Man kann daher die endgültige Wirkung eines Geschäfts nicht früher eintreten lassen, als die Geltendmachung. Die vorläufige Wirkung aber, die dem erst später fälligen Rechte schon früher eine gewisse Bedeutung verschafft, beruht nicht auf Gesetzesvorschrift, aber auch nicht auf Parteiwillen, sondern lediglich auf einer Art von Naturnothwendigkeit, nämlich auf dem Triebe der Menschen, spätere Erfolge, die in sicherer Aussicht stehen, schon im Voraus bei ihren Zukunftsplänen in Betracht zu ziehen und ihnen dadurch einen gegenwärtigen Werth zu verleihen (repraesentatio). Auch das später ausübbare Recht ist schon jetzt eine Handelswaare. Man denke an das Diskontiren der später fälligen Wechsel. Dieser Umstand greift bei allen mit Zeitbestimmung versehenen Rechten Platz, diese vorläufige Wirkung läßt sich also gar nicht hinausschieben. Eine Parteiabrede, die so etwas bestimmen wollte, würde keinen praktischen Werth haben. Der Glaube an ihre Möglichkeit entstammt sicherlich der Studirstube, nicht der Beobachtung des Rechtslebens.

Es ist daher als ein Vortheil anzusehen, daß der unklar gedachte Unterschied zwischen der aufgeschobenen Wirkung und der aufgeschobenen Geltendmachung noch zur rechten Zeit wenigstens aus dem Texte des Gesetzbuches weggestrichen worden ist,[1]) wenn er auch leider durch die Protokolle fortlebt.

Man wird hiergegen einwenden, daß es doch einen Unterschied mache, ob man Jemandem eine Forderung einräume und sich blos bis zum Fälligkeitstage eine Stundungseinrede vorbehalte oder ob man die Forderung selbst erst an diesem Tage entstehen lassen wolle. Es sei dies der bekannte Unterschied zwischen dem Nichtdasein eines Anspruches und seiner Entkräftung durch Einrede.[2])

Dieser Unterschied kommt aber hier nicht in Betracht.

Er zeigt sich bekanntlich darin, daß Einrederechte verzichtbar

[1]) Wer einen Unterschied bestreitet, den andere zu sehen behaupten, hat von vornherein die unwiderlegliche Vermuthung mangelnden Scharfsinns gegen sich. Diesen Schaden will der Verfasser gern auf sich nehmen und dankbar sein, wenn sein Zweifel Jemandem Anlaß dazu geben sollte, ihn zu widerlegen und den besprochenen dunklen Punkt völlig klarzustellen; denn derartige Unklarheiten sind für die Praxis ein wahres Unglück. In sie flüchten sich die bösen Schuldner als in einen willkommenen Schlupfwinkel. Der unklar redende Gesetzgeber ist ein unbewußter Gönner des Rabulisten. Tiefsinn ist keine gesetzgeberische Tugend.

[2]) So Enneccerus 289 Anm. 3.

sind, Bestreitungsrechte aber nicht (vgl. oben S. 220). Bei den noch nicht fälligen Schulden ist aber ein Verzicht darauf, die Schuld in der Zeit vor der Fälligkeit zu bestreiten, unbedingt möglich, nämlich als Umwandlung des betagten Ausspruches in einen unbetagten (Abänderungsvertrag).

Dieser würde aber dem Verzichte auf eine Einrede gleichen wie ein Ei dem andern.

Also besteht kein Unterschied zwischen dem betagten Forderungsrechte und der Schuld, bei der eine Stundung gewährt ist.

Dingliche betagte Rechtsgeschäfte kann man aber überhaupt nicht abschließen, wenn man sich für einige Zeit das Recht an der Sache vorbehält, das dabei einem Andern gewährt werden soll. Eine wahre Eigenthumsübertragung mit pactum reservati dominii wäre eine contradictio in adjecto.

Also auch hier kann die Geltendmachung des Geschäfts, insoweit es den Eigenthumserwerb bezweckt, nicht ohne seine Wirkung hinausgeschoben werden. Wirkung und Geltendmachung sind auch hier untrennbar verbunden.

IV. Geschäfte mit gemischter Kraft, d. h. mit dinglicher und zugleich persönlicher Kraft können in ihrem dinglichen Erfolge befristet, im blos persönlichen unbefristet sein und umgekehrt.

So kann z. B. eine Sache mit der Bestimmung übergeben werden, daß ihr Eigenthum erst nach einem Jahre übergehen soll, sonst aber inzwischen der Empfänger die Sache benutzen darf. Ebenso kann der Eigenthumsrückfall nach einem Jahre verabredet sein, während die Rückgabe erst einen Monat später erfolgen soll. (S. oben S. 398.) Hier ist jeder Theil des Geschäftes für sich zu behandeln.

V. Die Berechnung der Fristen s. oben S. 182 ff.

c) Verpflichtende Zusätze zu einem Geschäftsinhalte.

α) Der Vorbehalt eines Rückforderungsanspruches.

§ 92.

I. Arten. Eine Partei kann sich bei der Veräußerung eines Rechtes ausbedingen, daß sie unter Umständen das Veräußerte zurückfordern darf (so z. B. bei dem Rückkaufe oder einem besonders ausbedungenen Rücktrittsrechte). Sie hängt hier an ein Geschäft ein anderes an und zwar ein Rückgabeversprechen. Dies gilt auch namentlich für den Fall einer irrigen Erwartung.[1]) Besteht dagegen

[1]) Dieser Ausdruck ist im Erbrechte verwendet, 2078.

ein Geschäft, wie z. B. die Leihe, selbst im Hin- und Zurückgeben, so ist das Rückgabeversprechen kein Geschäftszusatz (Nebenbestimmung), sondern ein wesentliches Stück des Geschäftsinhaltes. Anders, wenn einer Schenkung für einen gewissen Fall eine Rückgabepflicht angehängt wird.

Ein solches zusätzliches Rückgabeversprechen kann sich auf das Gegebene selbst beziehen oder auch blos auf die später noch vorhandene Bereicherung.

Wer z. B. eine Schuld zahlt, kann dem Empfänger unmöglich zumuthen, daß für den Fall eines Irrthums über das Bestehen der Schuld das Eigenthum des Gezahlten an den Geber zurückfallen soll. Darauf würde kein Empfänger eingehen. Aber auch das wäre zu viel, daß im gleichen Falle der volle Betrag des Gezahlten erstattet werden soll. Dagegen scheint es nicht unbillig, den Empfänger wenigstens zur Herausgabe der grundlosen Bereicherung zu verpflichten (813).

II. Die Ansprüche auf Rückgabe einer grundlosen Bereicherung, die im Forderungsrechte nähere Erörterung finden, beruhen nur zum Theile auf stillschweigenden Nebenabreden, nämlich nur da, wo etwas in der Erwartung gegeben wird, daß sich die Gabe nicht später als grundlos herausstellen werde, d. h. daß ein als wahr vorausgesetzter vergangener Umstand (z. B. das Bestehen einer bezahlten Schuld) sich als unwahr ergeben oder ein erwarteter zukünftiger Erfolg ausbleiben sollte. Zuweilen fußen aber die Bereicherungsansprüche nicht auf einem Rechtsgeschäfte, sondern unmittelbar auf dem Gesetze, namentlich da, wo die Bereicherung aus einem nichtigen Geschäfte zurückverlangt wird oder wegen eines unerlaubten Geschäftsabschlusses und insbesondere eines verwerflichen Geschäftszweckes herausgegeben werden muß. 812 ff. (Näheres siehe in den Darstellungen des Rechtes der Schuldverhältnisse.)

Wo die Ansprüche wegen ungerechtfertigter Bereicherung (812) auf einem Rechtsgeschäfte beruhen, da kann man bei ihnen von enttäuschten Voraussetzungen reden. Nur darf man nicht die Voraussetzung der Partei mit dem Rückgabeversprechen für den Fall ihrer Unrichtigkeit verwechseln. Dieses Versprechen ist eine Nebenbestimmung, nicht aber ist es die Voraussetzung, die überhaupt keine Bestimmung ist.[1]) Auch handelt es sich hier (insbesondere bei den

[1]) Dies ist die Achillesferse des Windscheid'schen Ausdruckes „Voraussetzung",

condictiones ob causam datorum) nicht um Voraussetzungen der Geschäftsgültigkeit, sondern um Voraussetzungen der Abwesenheit eines Rückforderungsanspruches. Ihr Gegenstand heißt in 820 „Rechtsgrund", wie sie ja auch im römischen Rechte, namentlich bei der condictiones ob causam datorum mit dem Namen „causa" bezeichnet werden. Weiter greift „der rechtliche Grund" in 812, d. i. jeder Umstand, der die Fortdauer eines Erwerbes rechtfertigt. Der Rechtsgrund ist hiernach im Bürgerlichen Gesetzbuche „der durch Rechtsgeschäft bestimmte rechtliche Grund".

Man darf den Rechtsgrund des 820 übrigens nicht mit der ebenso genannten Abrede über den Geschäftszweck verwechseln, deren Nichterwähnung ein Geschäft zum abstrakten macht (S. 265 ff.). Diese Entgeltbestimmung verhält sich in der Seele der Partei ebenso wie der Rechtsgrund des 820 zum Geschäftsabschlusse, wie sich die Ursache zur Wirkung verhält; daher denn beides causa oder Rechtsgrund genannt wird.

III. Die Verdinglichung persönlicher Rückforderungsrechte durch Eintragungen oder durch besondere Abreden gehört dem Sachenrechte an. Ihre Möglichkeit ist bestritten.[1])

Die Frage gehört aber deshalb auch in den allgemeinen Theil, weil die Denkschrift 79 ausdrücklich erklärt, daß die Parteien ihr

---

vgl. Mot. 249. Wenn daher Windscheids „Voraussetzung" verworfen ist (Enneccerus 242), so hat das nur den unpassenden Ausdruck getroffen, nicht die Sache, die er bezeichnen sollte, d. i. den ausdrücklichen oder stillschweigenden „Vorbehalt eines Rückforderungsanspruches;" dieser lebt weiter fort. Wie sollte auch wohl ein Gesetzgeber ihn beseitigen können? Vgl. hierzu auch Kuhlenbeck 385 ff. Nach Planck 204 Anm. 2 zu Titel 4 sind die Vorschriften ihrer ungerechtfertigten Bereicherung die einzigen Surrogate der Windscheid'schen Voraussetzung.

[1]) In der Heimath des Verfassers (Schlesien) hat gerade in neuerer Zeit diese Frage die Landwirthe viel beschäftigt. Es handelt sich namentlich darum, ob man Rückkaufsrechte durch Eintragung einer Vormerkung zu dinglichen machen könne, was insbesondere für die Großgrundbesitzer sehr werthvoll sein würde. Zweifel erweckt vornehmlich die Möglichkeit, nach § 883 durch Vormerkungen zu helfen, vgl. hierzu auch Planck Anm. 1 zu 496, und namentlich Dernburg, das bürgerliche Recht III. Sachenrecht § 50 S. 150, 151. Dernburg leugnet die dingliche Kraft der Vormerkung, spricht aber allen dritten Erwerbern die Möglichkeit ab, im Widerspruche mit der Vormerkung etwas zu erwerben. Sollte man dies nicht als dingliche Kraft bezeichnen müssen? Vgl. aber auch gegen eine solche Kraft das preußische Ausführungsgesetz zum Bürgerlichen Gesetzbuche mit Materialien Berlin, Heymann 1899 S. 102 oben. — Für die Rücktrittsrechte erkennt Dernburg, b. R. II. Schuldverhältnisse 239 die Möglichkeit, durch Eintragung eine dingliche Wirkung zu erzeugen, ausdrücklich an.

persönliches Rücktrittsrecht auch ohne Eintragung dadurch zu einem dinglichen machen können, daß sie es zu einer Resolutivbedingung erheben (also zu einer potestativen Resolutivbedingung).

Das Gleiche müßte nun aber auch bei dem Wiederkaufsrechte gelten.

Wollte man dies aber annehmen, so würde es erlaubt sein, dingliche Rücktritts- und Wiederkaufsrechte in der Form der auflösenden Bedingungen zu verabreden.

Dies steht nun aber wiederum in klarem Widerspruche mit dem vom Gesetzbuche angenommenen Systeme der geschlossenen Zahl der dinglichen Rechte, in die das dingliche Rücktritts- und das Wiederkaufsrecht nicht aufgenommen worden sind.

Es liegt also ein Widerspruch innerhalb der Gesetzgebungsmaterialien vor, der nur dadurch aufgehoben werden kann, daß die allgemeinen Grundsätze, die sich widersprechen, nach dem vermuthlichen Willen des Gesetzgebers eingeschränkt werden.

So wird man für das Rücktrittsrecht nach der Denkschrift eine Ausnahme von dem System der geschlossenen Zahl der dinglichen Rechte (Mot. III, 53) annehmen müssen, und für das Wiederkaufsrecht eine Ausnahme von der Zulässigkeit der dinglich wirksamen Resolutivbedingungen (Mot. II, 339).

β) Die Auflage auf eine Zuwendung.

§ 93.

I. Begriff.

Die Volksrede versteht unter Auflage alles, was einer Person oder einer Sache als Last zugemuthet wird. Die neuere Rechtssprache verwendet das Wort als Gesetz für den gemeinrechtlichen Ausdruck modus. Dieser wurde benutzt, um eine Nebenbestimmung zu bezeichnen, für die es einen andern technischen Namen nicht gab.[1])

Wo ein Geschäftsinhalt auf eine Zuwendung eine Gegenleistung auflegt, da gehört dies zum Geschäftsinhalte. Wo aber auf eine unentgeltliche Gabe eine Auflage erfolgt, da ist dies ein zweites Nebengeschäft und dieses eben nannte man modus. So machte man den Ausdruck modus zum terminus technicus für verpflichtende Zusätze

---

[1]) Im weiteren Sinne hieß jede Geschäftseigenthümlichkeit modus (= Modalität), vgl. Dig. XXXV, 1 rubr. Enger Cod. VIII, 54 (55) rubrica: De donationibus, quae sub modo vel conditione vel ex certo tempore conficiuntur.

bei unentgeltlichen Zuwendungen (soweit sie nicht unter den Vermächtnißbegriff fallen).[1])

Das Bürgerliche Gesetzbuch hat die neuerdings übliche Verdeutschung des Ausdruckes modus in dem Worte „Auflage" anerkannt. (1940, 2192 ff., 2278, 2.)

II. Rechtliche Behandlung der Auflage. Auf sie beziehen sich folgende Rechtssätze.

a) Der Geber kann auf die Erfüllung einer Auflage klagen. Nach Bürgerlichem Gesetzbuch ergiebt sich dies aus den Vorschriften über Versprechen einer Leistung an einen Dritten von selbst (328 ff.), ist aber noch besonders in 525 bestimmt.

b) Wegen nichterfüllter Auflage kann die Bereicherung zurückverlangt werden. Auch dies ergiebt sich aus den allgemeinen Regeln über ungerechtfertigte Bereicherung (812 ff.) und ist überdies in 527 angeordnet.[2])

c) Bei Auflagen von öffentlichem Interesse kann die Obrigkeit („die zuständige Behörde") klagen. Dies ist im Bürgerlichen Gesetzbuch im § 525, 2 für die Zeit nach dem Tode des Schenkers und ebenso für letztwillige Auflagen bestimmt (2194 Satz 2).[3])

d) Besondere Weigerungsrechte des mit der Auflage Belasteten enthält 526, ein Seitenstück der Einrede des nicht erfüllten Vertrages.[4])

III. Die Sonderung der Auflagen von den aufschiebenden Bedingungen. Savignys geflügeltes Wort:[5]) „Die Bedingung suspendirt, zwingt aber nicht; der Modus zwingt, suspendirt aber nicht," hat auch für das Bürgerliche Gesetzbuch seine selbstverständliche Gültigkeit (Mot. 262).[6]) Wem ein Vermächtniß zugedacht ist, wenn er ein Denkmal errichtet, dessen Erwerb ist aufgeschoben, die Errichtung des Denkmals ist aber nicht seine Pflicht. Wem es mit der Auflage der Errichtung zugedacht ist, der erwirbt sofort, muß aber das Auferlegte

---

[1]) Insoweit ein Dritter aus einer letztwilligen Auflage einen Vortheil hat, liegt es nahe an eine Unterart des Vermächtnisses zu denken (1939, 1940 B.G.B.). Dieser Punkt muß dem Erbrechte zur Erörterung vorbehalten werden.

[2]) Freilich nur insoweit, als das Geschenk zur Vollziehung der Auflage hätte verwendet werden müssen; vgl. hierzu Schollmeyer, das Recht der einzelnen Schuldverhältnisse. Berlin, Guttentag 1897, S. 82 ff.

[3]) Diesen Klagen entsprechen keine Ansprüche im Sinne des Gesetzbuches, jedenfalls nicht Ansprüche, die für den Klageberechtigten Geldwerth haben, s. oben S. 198, V.

[4]) Näheres über letztwillige Auflagen siehe im Erbrechte.

[5]) System III S. 231.

[6]) Dig. XVIII, 1, de contrah. emt. fr. 41 pr.

thun. Der angeführte Satz Savignys unterscheidet übrigens die Bedingung nicht blos von der Auflage, sondern auch von der vertragsmäßigen Gegenleistung.

Zu beachten ist auch, daß Parteien zuweilen eine Auflage fälschlich in Bedingungsform kleiden. So, falls Jemandem eine Geldsumme zugedacht ist, falls er aus einem Theile der Summe ein Denkmal errichten läßt. Hier wird in der Regel nur eine Auflage beabsichtigt sein, insbesondere dann, wenn sonst der gewünschte Bau dem Beauftragten aus Geldmangel nicht ausführbar sein würde.

IV. Auflage und Voraussetzung.

Wenn ein Beschenkter eine Auflage (z. B. die Errichtung eines Krankenhauses) übernimmt, so muß man unterscheiden:

a) die Erwartung des Gebers, daß die Auflage erfüllt werde,

b) die Uebernahme der Erfüllungspflicht,

c) das Rückgabeversprechen für den Fall der Nichterfüllung.

Diese drei Dinge dürfen nicht dadurch verwischt werden, daß man sie mit dem gemeinsamen Namen der „Voraussetzung" belegt (s. oben S. 419 Anm. 1).[1]

IV. Geschäftsmängel.[2]

1. Unvollständige Geschäftsabschlüsse.[3]

§ 94.

I. Geschäftsmängel nennt man die Unvollkommenheiten von Geschäftsverhandlungen. Sie können ebensowohl in einer Unvollständigkeit des Geschäftsabschlusses bestehen wie in einem schädlichen Nebenumstande eines vollständigen Geschäftsabschlusses.

Dort liegt der Mangel eines Thatbestandes vor, ohne den man von einem Geschäftsabschlusse überhaupt nicht reden kann, hier eine Mangelhaftigkeit des im Uebrigen vollständigen Thatbestandes, der

---

1) Auch die dem preußischen Landrechte eigenthümliche Kategorie des Zweckes (I, 4 §§ 152 ff.), die sich nicht auf unentgeltliche Geschäfte beschränkte, ist in Wegfall gekommen.

2) Vgl. Jacobi im Archiv f. civ. Pr. Bd. 86 S. 51 ff. „Die fehlerhaften Rechtsgeschäfte." Die Schwierigkeit dieser Lehre ist im Wesentlichen eine terminologische. Sie liegt weder in der Dunkelheit der Rechtssätze noch der Begriffe, die sich aus ihnen ergeben, sondern lediglich in der Sprachverwirrung, die hinsichtlich der üblichen Begriffsnamen herrscht. Dies gilt leider auch von der Ausdrucksweise des B.G.B.

3) Vgl. Krückmann 307.

immerhin den Namen eines Geschäftsaktes verdient, wenn auch nur denjenigen eines fehlerhaften.

Das Bürgerliche Gesetzbuch hebt zwar diesen Unterschied nicht ausdrücklich hervor, er ergiebt sich aber daraus, daß das Gesetzbuch ebenso wie alle anderen Rechtsordnungen, zu jedem Geschäftsabschlusse einen gewissen Thatbestand voraussetzt, ohne den die gepflogenen Verhandlungen in der Redeweise des Gesetzbuches gar nicht den Namen eines bestimmten Geschäfts erhalten können.[1])

Wo die Parteiverhandlungen eine solche Vollständigkeit vermissen lassen, da könnte man in der Redeweise des Strafrechtes von einem blos versuchten Geschäftsabschlusse oder einem bloßen unvollendeten Geschäftsversuche reden.[2])

Dahin gehören:

a) die noch nicht vollendeten Geschäftsabschlüsse, z. B. der Vertrag mit mehreren Miteigenthümern über Bestellung eines Rechtes an ihrer Sache, so lange, als noch nicht alle zugestimmt haben, oder in einem noch einfacheren Beispiele: der Vertragsantrag vor der Annahme. Bei solchen ergänzungsbedürftigen Akten ist der Abschluß noch im Werden. Kommt er nicht zu Stande, so liegt ein unvollendeter Versuch vor, ihn herzustellen.

Diesen Fällen stehen gleich:

b) die vor dem Abschlusse abgebrochenen Geschäftsverhandlungen. Hier ist eine Wiederaufnahme und Fortsetzung denkbar. Ebenso sind aber auch anzusehen

c) die vor dem Abschlusse gescheiterten Geschäftsabschlüsse, d. h. solche, bei denen der Abschluß während der Verhandlungen unmöglich geworden ist, z. B. der Vertragsantrag bei dem Ablaufe der Wartefrist (s. oben S. 289, δ) oder der Verlöbnißantrag bei dem Tode der begehrten Braut.

Alle diese unvollständigen Abschlüsse sind in der Redeweise des Gesetzbuches weder nichtige noch anfechtbare noch unwirksame Geschäfte.[3]) Diese letzteren Ausdrücke beziehen sich vielmehr auf voll-

---

[1]) Dies ist gelegentlich z. B. in den Motiven V, 82 anerkannt, wo hervorgehoben wird, daß der Gesetzestext es als selbstverständlich nicht erst noch besonders ausgesprochen habe.

[2]) Vgl. hierzu unten S. 428 Anm. 1.

[3]) Manche sind geneigt, sie den unwirksamen Geschäften beizuzählen (s. dazu S. 428 Anm. 2 und den folgenden Paragraphen). Daß sie unwirksam sind, ist klar, aber Rechtsgeschäfte kann man sie nicht nennen, sie sind nur Theile eines beabsichtigten Geschäftes.

ständige, aber dennoch mangelhafte Geschäftsabschlüsse (s. § 95). Von der Bestätigung eines noch nicht vollendeten oder bereits gescheiterten Vertragsabschlusses (im Sinne des § 141) kann daher bei unvollständigen Geschäftsabschlüssen nicht die Rede sein, sondern höchstens von einer Vervollständigung der Verhandlungen, oder, wo diese nicht angeht, von einem neuen Geschäfte mit dem Inhalte des früher beabsichtigten, von dem aber § 141, 2 nicht gilt, d. h. bei dem eine rückwirkende Verpflichtungskraft nicht im Zweifel angenommen werden kann.

Wo zum Geschäftsabschlusse neben den Parteien noch ein Anderer mitwirken muß, wie z. B. der Standesbeamte bei der Ehe, da ist ohne dessen Mitwirkung der Akt unvollständig, also überhaupt kein Geschäftsabschluß. Ebenso, wenn etwa ein verkleidetes Weib die Ehe als Mann abschließen sollte. Seine Erklärung würde kein Erklärungsakt sein, wie er zum Thatbestande des Eheschlusses gehört. In solchen Fällen ist gar kein Vertragsschluß zu Stande gekommen und einer besonderen Nichtigkeitsklage bedarf es nicht, wenn der eine Theil sich anderweitig verheirathen will. Was hier fehlt, ist mehr als ein bloßer Formmangel.[1])

II. Neben den erwähnten Lücken des Errichtungsaktes stehen als Unvollständigkeitsgründe die Lücken des Geschäftsinhalts.

Hierher gehört freilich nicht die schon oben besprochene absichtliche Unvollständigkeit eines Geschäftsinhaltes, bei der für eine Vervollständigung Sorge getroffen ist (vgl. oben S. 287). Soweit eine solche Vervollständigung erlaubt ist, ist das lückenhafte Geschäft vollgültig.

Dies gilt auch für die Punktationen; das sind (nach Mot. 163) Festsetzungen der kraft Gesetzes unerläßlichen Geschäftsbestandtheile mit der (erklärten) Absicht, noch andere den Parteien wesentliche Bestimmungen hinzuzufügen. Eine solche Absicht soll (Mot. 184) ohne besondern Grund nicht angenommen, vielmehr die Vollständigkeit gepflogener Verhandlungen vermuthet werden, wenn ihr Inhalt thatsächlich ausführbar ist und den Erfordernissen des Gesetzes genügt.

---

[1]) Man könnte hier von einem fehlgeschlagenen Versuche eines Geschäftsabschlusses mit einem untauglichen Mittel reden. Vgl. des Verf. Ausführungen im Archiv f. bürg. R. Bd. X S. 8 ff., nochmals abgedruckt (in einer dem B.G.B. vom Landgerichtsrath Meisel angepaßten Form) im Archiv für prakt. Rechtswissenschaft Bd. 18 S. 285 ff. Die Frage ist wichtig, wo es sich um die Bestrafung einer angeblichen Bigamie handelt, wenn eine derartige Ehe zur Zeit der zweiten Heirath nicht für nichtig erklärt war.

Im Folgenden ist nur von der unbeabsichtigten Unvollständigkeit die Rede.

Auch hier finden wir sowohl schwebende Verhandlungen mit einem noch nicht vollständigen Inhalte als auch abgeschlossene Verhandlungen, die wegen einer Lücke des Inhalts fehlgeschlagen sind.

a) Die Lücken der abgeschlossenen Verhandlungen sind dann unschädlich, wenn die Verkehrssitte oder ein dispositiver Rechtssatz sie ausfüllt (s. oben S. 360 ff.). So z. B. wenn die taxmäßige Vergütung als vereinbart gilt, weil eine Lohnabrede fehlt (612, 632).

Ebenso schaden nicht die nach der Absicht der Parteien unwesentlichen Lücken, d. h. Lücken in Punkten, die den Parteien so wenig wichtig sind, daß sie die Gültigkeit des lückenhaften Vertrages der Ungültigkeit vorziehen. So wenn z. B. bei Vermiethung eines Hauses die beabsichtigte Festsetzung einer besonderen Klausel über stillschweigende Miethsverlängerung vergessen worden ist und dergl. (154).[1]

b) Die schädlichen Lücken des Geschäftsinhaltes sind theils versteckte (155), theils offene.

α) Versteckte Lücken finden sich nicht blos bei Verträgen, sondern bei allen Geschäften da, wo eine bei dem Abschlusse übersehene Mehrdeutigkeit einer wesentlichen Geschäftsbestimmung vorliegt (z. B. eine ungenaue Bezeichnung der gekündigten Wohnung von Seiten eines Miethers, der von dem Kündigungsempfänger mehrere Wohnungen gemiethet hatte).[2]

Die versteckten Geschäftslücken können und sollen durch den unausgesprochenen Willen der Parteien ergänzt werden, bei Verträgen jedoch nur, falls dieser bei allen Parteien übereinstimmt (**XXXIV**, 5 fr. 3).

Mangelnde Willensübereinstimmung in undeutlich erklärten wesentlichen Punkten eines Vertrages läßt, soweit nicht eine gesetzliche Auslegungsregel hilft, den Abschluß wegen Unvollständigkeit der Abrede nicht zu Stande kommen. Es fehlen hier die erforderlichen, nach ihrem Inhalte zweifellosen Erklärungsinhalte, da die Lücken der abgegebenen Erklärungen nicht durch den übereinstimmenden Willen der Parteien ausgestopft werden können. (Bei Verträgen ist dies der sog. ver-

[1]) Ueber solche Lücken in Vertragsformularen vgl. Dernburg, bürg. Recht II, Recht der Schuldverhältnisse S. 171 Anm. 2.

[2]) Der Begriff des „Dissenses“ ist daher nur die Unterart eines weiteren Begriffes. (Unzulänglichkeit der Erklärung zu dem erforderlichen Ausdrucke des Willens.)

steckte Dissens oder Widerspruch der Parteiabsichten.)[1]) Bei einseitigen Erklärungen kann man von einem versteckten Willensmangel reden. So wenn Jemand eine von mehreren Wohnungen kündigt, ohne daß feststeht, welche er meint und er in Wahrheit keine Wohnung, sondern nur eine Hypothek kündigen wollte, so daß seine lückenhafte Erklärung nicht aus seinem Willen ergänzt werden kann.

Ein Irrthum, der eine solche versteckte Unmöglichkeit, die Erklärung zu vervollständigen, nach sich zieht, hat daher immer einen völlig erfolglosen Akt zur Folge. Der Grund der Erfolglosigkeit liegt aber in der Unvollständigkeit der erforderlichen Verhandlung, nicht im Irrthume als solchen (s. unten § 99).

Auf derartige Irrthümer beziehen sich also die §§ 119 ff. des Bürgerlichen Gesetzbuchs nicht, namentlich nicht die Schadensersatzpflicht des Irrenden.

β) Offene Lücken eines Geschäftsinhaltes liegen nicht blos da vor, wo ein wichtiges Stück der Erklärung gänzlich vergessen, z. B. bei einem Miethsformulare der Zins nicht ausgefüllt worden ist, sondern auch sonst, wo der erforderliche erklärte Geschäftsinhalt nicht zu Stande gekommen ist, insbesondere bei Verträgen im Falle des offenen Widerspruches der Parteierklärungen (sog. offener Dissens, Mot. 162) über einen Punkt des besprochenen Vertragsinhaltes, der von allen Betheiligten als wesentlich anerkannt ist; denn bei Verträgen ist das, was nicht alle Parteien festgesetzt haben, gerade so bedeutungslos, wie das, was von keiner Partei bestimmt worden ist (155).

Wir fassen alle diese Fälle unter dem Namen des „unzulänglichen Erklärungsinhaltes“ zusammen.

III. Das Verhältniß der unvollständigen Geschäftsabschlüsse zu den nichtigen.

Unvollständigkeit und Nichtigkeit eines Geschäftsabschlusses dürfen nicht miteinander verwechselt werden. Das Gesetz knüpft nämlich an den Thatbestand eines nichtigen Geschäftes Folgen, die er mit dem unvollständigen Geschäftsabschlusse nicht verbindet. So namentlich die Möglichkeit der Konversion (140) und des Bestätigungsgeschäftes mit rückwirkender Verpflichtungskraft (141, 2). Bei nichtigen Eheschließungen sind namentlich die Folgen des nichtigen Aktes sehr bedeutsam. Es kann z. B. die Strafe der Bigamie eintreten, wenn

---

[1]) Ganz anders faßt Endemann diesen inneren Dissens auf, worüber jedoch erst unten bei der Irrthumslehre gesprochen werden kann.

bei einer wiederholten Heirath die nichtige, aber noch nicht für nichtig erklärte Ehe nicht beachtet wird. Handelt es sich dagegen um einen bloßen Anlauf zu einem Eheschlusse, bei dem z. B. der Standesbeamte fehlt, so liegt auch nicht einmal eine nichtige Ehe vor. Ebenso wenn das Jawort der einen Partei ausgeblieben ist. Einen Heirathsantrag kann man nicht eine nichtige Verlobung nennen und ein Vertragsanerbieten nicht einen nichtigen Kontrakt.

Wir bedürfen daher eines scharfen Unterscheidungsmerkmales des noch nicht vollendeten vom nichtigen Geschäft.

Dies liegt darin, daß bei jenem noch ein Stück des von den Parteien beabsichtigten Thatbestandes des Geschäftsabschlusses fehlt. Bei den nichtigen Geschäften muß wenigstens dieser Thatbestand vorhanden sein.[1]) Ohne diesen liegt ein bloßer Versuch des Geschäftsabschlusses vor, d. h. eine Summe von Ereignissen, die man für sich allein überhaupt nicht mit dem Namen eines Geschäftsabschlusses bezeichnen darf, auch nicht mit dem Namen eines nichtigen. Ein nichtiger Geschäftsabschluß ist somit immer ein vollständigerer Thatbestand als ein noch unvollendeter.[2])

2. Mängel eines vollständigen Geschäftsabschlusses.

a) Die Abstufung der Geschäftsmängel nach ihrer Stärke.

α) Unwirksame und nichtige Geschäfte.

§ 95.

I. Einleitende Uebersicht.

Die Mangelhaftigkeit der Geschäfte wird in der Volkssprache nicht nach Arten unterschieden. Die Ausdrücke: Ungültigkeit, Nichtigkeit, Anfechtbarkeit, Unwirksamkeit, Kraftlosigkeit, Fehlerhaftigkeit und dergleichen werden von der großen Menge im Wesentlichen als gleichartig gebraucht.

Dagegen bemüht sich die Wissenschaft, aus der Gesammtheit

---

[1]) Man kann daher das nichtige Geschäft nicht mit Cosack 153 einen Geschäftsversuch nennen, vielmehr liegt eine vollendete That vor. Eher könnte man es mit der straflosen That vergleichen, z. B. dem Diebstahle unter Ehegatten.

[2]) In diesem Sinne ist m. E. Zitelmanns Bemerkung 102, daß ein Geschäft nichtig sei, wenn ein Errichtungserforderniß fehle, einzuschränken. Bedenklich ist auch die Bezeichnung einer der Vervollständigung bedürftigen Erklärung als einer „unwirksamen" (so Dernburg, Recht der Schuldverhältnisse 295). Dies entspricht m. E. nicht der Redeweise des Gesetzbuches. Siehe den folgenden Paragraphen.

dieser Thatbestände einzelne Gruppen herauszuheben, die sich durch verschiedene rechtliche Behandlung von einander unterscheiden. Noch hatten sich die gährenden Gedankenmassen nicht zu unstreitigen klaren Gebilden abgeklärt, als die Abfassung des Gesetzbuches dazu zwang, eine feste Terminologie anzuwenden.

Eine große Rolle spielte dabei die noch vor Kurzem herrschende Ansicht, daß auf diesem Gebiete nicht neu entstehende, zum Theile noch unabgeschlossene Begriffsbenennungen vorliegen, sondern daß schon die Römer in ihrer Redeweise solche Terminologien besessen hätten.

Von geradezu ausschlaggebender Bedeutung war hierbei ein Irrthum, der sich an die Uebersetzung des Wortes „nullus“ anknüpft, das in den römischen Rechtsquellen häufig wiederkehrt.[1]) Man übersah, daß dieses Wort, genau so wie der deutsche Ausdruck „nichtig“, zwei ganz verschiedene Bedeutungen hat.[2]) Es bezeichnet bald das nicht Vorhandene (non existens), bald das Mangelhafte (vitiosum).

Aus diesem Mißverständnisse ergab sich die Lehre, daß das negotium nullum nach seinen Wirkungen immer ein negotium non existens sei.[3]) Aus dieser Lehre wurden dann unrichtige Folgerungen gezogen, namentlich der Unterschied zwischen dem unvollendeten Geschäftsversuche und dem vollendeten negotium nullum (= vitiosum) verwischt (s. oben S. 428 Anm. 2). Es wurde fernerhin in diesem Sinne z. B. behauptet, daß sich auf die Nichtigkeit eines Geschäftes wegen Irrthums nicht blos der Irrende, sondern auch der andere Theil müsse berufen dürfen und dergl. mehr.[4])

Am drückendsten erwies sich diese Irrlehre im kanonischen Rechte, in dem die vorläufige Wirksamkeit des negotium nullum einem Jeden erkennbar werden mußte.

Die soeben dargestellte Lehre gilt im Allgemeinen nicht nur für die römische, sondern gewissermaßen als eine über alle rechtsgeschicht-

---

1) Den Anlaß zu einer Prüfung dieses Punktes gab vornehmlich Schloßmann, Zur Lehre vom Zwange, 1874.

2) Vgl. hierzu des Verfassers Schrift „Der Irrthum bei nichtigen Verträgen.“ II. 294 ff.

3) Vgl. Windscheid, Pand., 7. Aufl., S. 220 Anm. 2. „Das nichtige Rechtsgeschäft existirt für das Recht nicht, thatsächlich ist es vorhanden.“ Windscheid giebt a. a. O. zu, daß die Redeweise der römischen Quellen dem keineswegs genau entspricht.

4) Vgl. dagegen Regelsberger S. 525, 526.

liche Sprachwandlungen erhabene logische Wahrheit. So wenigstens unter den Juristen. Der Nichtjurist pflegt den Unterschied zwischen einem nichtigen Menschen und einem gar nicht vorhandenen Menschen nicht zu übersehen, der Lehrer des Rechts thut das Gleiche öfters, wo es sich um nichtige Rechtsgeschäfte handelt.[1])

Wie sich ein Krankheitsstoff, der in eine Wohnung eingedrungen ist, auch späteren Miethern mittheilt, so ist die falsche gemeinrechtliche Doktrin in Kurzem auch in der neuen Wissenschaft des bürgerlichen Rechtes zur Vorherrschaft gelangt.[2])

Aus solchen Anschauungen ist die Terminologie des Gesetzbuches entstanden. Sie sehen wir in den Ausdrücken: Unwirksamkeit, unvollkommene Wirksamkeit, Nichtigkeit, Anfechtbarkeit und Gültigkeit vor uns und müssen jeden dieser Begriffsnamen zu deuten suchen.

Hierbei entsteht eine besondere Schwierigkeit, daß die Verfasser des Gesetzbuches ihre leitenden Gedanken nicht in allgemeiner Fassung, sondern nur in der Form der Einzelbestimmungen veröffentlicht haben.

Es war dies die natürliche Folge davon, daß man, wie es scheint, die wandelbare, rechtsgeschichtliche Natur der Terminologien, namentlich qes Ausdruckes „Nichtigkeit" verkannte und etwas bereits Vorhandenes nur festzustellen glaubte, während man in der That etwas Neues schuf. Daher das gänzliche Schweigen über die treibenden Gedanken. Diese können wir nunmehr nur vom Einzelnen zum Allgemeinen vorschreitend aus dem Gesammtbilde der Bestimmungen gewinnen.

II. Die Bedeutung des Ausdruckes „unwirksam" gehört zu den dunkelsten Punkten des Gesetzbuches. In den römischen Quellen ist er nur gelegentlich erwähnt,[3]) daher manche Schriftsteller

1) Vgl. des Verfassers Ausführungen im Archiv für bürg. R., Bd. X, 8 ff. Vgl. auch Fischer-Henle 1 zu 139: „Das nichtige Geschäft, das sich jedenfalls thatsächlich von dem Nichts unterscheidet, kann auch rechtliche Wirkungen haben."

2) Für das Nichtvorhandensein des nichtigen Geschäftes oder doch der in ihm angeordneten Rechtsfolgen erklären sich u. A. Enneccerus 242, v. d. Pfordten 137, der von Wirkungslosigkeit und Nichtbeachtung spricht, Krückmann 308, vgl. insbesondere Endemann: „Das nichtige Geschäft ist eine Todtgeburt" und ähnlich Cosack 153, Bendix 147. Daß der Thatbestand des nichtigen Geschäfts besteht. bestreitet Niemand, es handelt sich nur um das Bestehen seiner Geltung. Hölder 240, Aber gerade dieses wird, namentlich bei der nichtigen Ehe, mit Unrecht verneint. Für die andern nichtigen Geschäfte läßt es sich ja allenfalls nach B.G.B. vertheidigen.

3) Vgl. ineffioax in Dig. XXXIV, 4. Auch der häufig verwendete Ausdruck inutiliter gehört dahin.

glauben, ihn auch im Bürgerlichen Gesetzbuche völlig übersehen zu dürfen.[1])

In der Redeweise des Volkes wird jedes Geschäft für wirksam erklärt, das eine rechtliche Wirkung hat, also z. B. auch der Vertrag eines vollmachtlosen Vertreters, der dem andern Theil eine Vollmacht vorspiegelt und sich selbst dadurch haftbar macht. Er ist im Sinne des § 179, 2 unwirksam, in der Redeweise des Volkes aber deshalb wirksam, weil er eine Verpflichtung des betrügerischen Vertreters bewirkt.

Hieraus werden sich mancherlei Mißverständnisse ergeben.

Um so bestimmter muß vorangestellt werden, daß unwirksam im Gesetzbuche etwas anderes ist als wirkungslos.[2]) Es ist ein Geschäft, das „ohne die im Geschäftsinhalte bestimmten Wirkungen ist".[3])

Aus dieser Begriffsbestimmung geht hervor, daß wir keine Veranlassung haben, nach dem Vorgange Vieler die Unwirksamkeit einerseits in eine gänzliche und in eine unvollkommene, andererseits in eine endgültige und eine vorübergehende[4]) zu zerspalten.[5])

Auch die unvollkommene, insbesondere die relative Unwirksamkeit enthält ein Geschäft, dem die darin angeordneten Wirkungen fehlen, denn es werden immer in den Rechtsgeschäften vollkommene Wirkungen erstrebt.

---

[1]) Auf diesem Standpunkte der grundsätzlichen Nichtbeachtung des Unwirksamkeitsbegriffes stehen z. B. Kuhlenbeck 324 ff., v. d. Pfordten 137, Cosack 152 ff., v. Buchka 24 ff., Enneccerus 244 ff., Goldmann und Lilienthal 67 ff. Namentlich wird vielfach der Ausdruck nichtig statt unwirksam gesetzt, wo das Gesetzbuch ihn sichtlich vermeidet, vgl. z. B. Hellmann 127 und die unten bei der relativen Nichtigkeit Genannten. Enneccerus bemerkt insbesondere 130: „Diese definitive und von vornherein entschiedene Unwirksamkeit wird also rechtlich nach genau denselben Regeln behandelt, wie die Nichtigkeit, ist also Nichtigkeit, und es ist zu bedauern, daß nicht überall, wo sie vorliegt, der Ausdruck Nichtigkeit gebraucht ist."

[2]) A.M. v. d. Pfordten 137.

[3]) Richtig Zitelmann 101. Die übliche Definition (Mot. I, 216) „ohne die gewollte oder beabsichtigte Wirkung" (Krückmann 808, Leske 81, Engelmann 127 „ohne die beabsichtigte Wirkung") ist aus zwei Gründen unhaltbar: erstens weil es Erklärungsinhalte giebt, die nicht gewollt worden sind (s. oben S. 360) und zweitens, weil es auch solche giebt, die ungewollt sind (vgl. namentlich B.G.B. 116).

[4]) Von der vorübergehenden Unwirksamkeit spricht Planck 145 mit Bezugnahme auf Jacobi, Archiv für civ. Pr., Bd. 86, S. 551 ff. Ebenso Eck, Sammlung 41, 42, Müller und Meikel 100, Zitelmann 102, Fischer-Henle 69.

[5]) Das bedingte Geschäft ist während der Schwebezeit nicht unwirksam, sondern hat seine „Interimswirkungen" (s. oben S. 406, IV). Zitelmann 101 zählt es zu den unwirksamen, ebenso Kaufmann 126. Ein werdendes Geschäft ist aber m. E. aus demselben Grunde kein unwirksames, aus dem ein Embryo keine Mißgeburt ist.

Der Unwirksamkeitsbegriff umfaßt also alle diese scheinbaren Unterarten; daher denn auch die Gesetzessprache solche Unterarten nicht kennt.

Im Uebrigen hat das Gesetzbuch einen weiteren und einen engeren Unwirksamkeitsbegriff. Der weitere umfaßt auch die nichtigen Geschäfte.[1]) Ihm entspricht z. B. 344, woselbst die Vertragsstrafe unwirksam sein soll, wenn die von ihr gesicherte Vertragsschuld unwirksam ist, was sich sicherlich auch auf nichtige Versprechen bezieht.[2])

Der engere Unwirksamkeitsbegriff enthält die blos unwirksamen Geschäfte, d. h. solche, die zwar unwirksam im weiteren Sinne sind, aber nicht zugleich „nichtig" im technischen engeren Sinne des Wortes.

Bisher nahm man an, daß Unwirksamkeit im Sinne der Erfolglosigkeit sich mit Nichtigkeit decke. Dafür sprach auch der später gestrichene § 108 des ersten Entwurfes: „Ein nichtiges Rechtsgeschäft wird in Ansehung der gewollten rechtlichen Wirkung so angesehen, als ob es nicht vorgenommen wäre." (Mot. 217.)[3])

Bei den weiteren Berathungen wurde vorausgesetzt, daß diese Vorschrift entbehrlich sei, weil der Begriff der Nichtigkeit „in der Wissenschaft feststehe".[4]) Man strich darum § 108 E. I, zumal das

---

[1]) Der weitere Begriff zeigt sich auch in 2085. Einer ganzen Reihe von Schriftstellern ist Unwirksamkeit der Name eines andern noch allgemeineren Begriffes, der die Nichtigkeit und die Anfechtbarkeit umfaßt. Vgl. Eck, Samml. 42, Engelmann 127, Bendix 147, Bunsen 70, Endemann 316, Leske 81, Wanjeck 22, Kaufmann 126, Szkolmy und Caro 116, Matthiaß 206, der 207 Nichtigkeit, Anfechtbarkeit und relative Nichtigkeit unterscheidet. Hierfür läßt sich freilich die Reichskonkursordnung 29 anführen: „Rechtshandlungen, welche vor der Eröffnung des Konkursverfahrens vorgenommen sind, können als den Konkursgläubigern gegenüber unwirksam nach Maßgabe der folgenden Bestimmungen angefochten werden." Abgesehen von dieser Stelle, deren Stil, wie wir sehen werden, zu der Ausdrucksweise des B.G.B. nicht recht paßt, heißt aber im B.G.B. nur das angefochtene Geschäft nichtig und folgeweise auch unwirksam, nicht das blos anfechtbare. Sehr eigenartig ist Hachenburg 59, dessen Ausführung nicht auf alle Arten der Unwirksamkeit paßt.

[2]) Vgl. hierzu Riedel 329.

[3]) In der ersten Lesung (vgl. auch Mot. I, 216) war also ohne Zweifel eine scharfe durchgreifende Unterscheidung der endgültigen Unwirksamkeit von der Nichtigkeit noch nicht geplant.

[4]) K.Prot. I, 125. In Wahrheit liegt die Sache so, daß wir froh sein wollen, wenn es dem B.G.B. gelingen sollte, ihn in Zukunft festzustellen. — Der angeführte Ausspruch beweist das oben Nr. I. am Ende S. 430 Ausgeführte.

Fehlen „der gewollten rechtlichen Wirkung" als Merkmal beanstandet werden könne". In der That mußte man hier unter der gewollten die angeordnete oder die aus dem Geschäftsinhalte ersichtliche Wirkung verstehen, wenn man nicht falsch definiren wollte. (Man denke nur an den Fall der Mentalreservation!)

Außerdem wurde dann dem Ausdrucke nichtig in der Ausarbeitung des Textes der Ausdruck „unwirksam" überall da substituirt, wo man aus irgend einem Grunde es für angemessen hielt, den erstgenannten Ausdruck zu vermeiden. Es geschah dies theils schon in der ersten Lesung (vgl. z. B. E. I, § 122), theils erst später (vgl. z. B. E. I, 65 mit 111).

Hierbei muß eine Absicht obgewaltet haben.[1])

Auf diese Weise entstand denn ein neuer Rechtsbegriff des blos unwirksamen, aber nicht zugleich nichtigen Geschäftes, ohne daß der Gesetzestext oder die Materialien darüber, wo die Grenzscheide zwischen der bloßen Unwirksamkeit und der Nichtigkeit laufen solle, die dringend erwünschte Auskunft geben.

Wir müssen daher diese Grenzscheide aus den Quellen des Gesetzbuchinhaltes zu gewinnen suchen, d. h. die treibende Kraft einer blos instinktiven Sprachbildung zur vollen Klarheit eines bewußten Gedankens fortentwickeln.

Den einzigen festen Anhaltspunkt giebt uns hier die Vorschrift des Gesetzes, daß nichtige Geschäfte einer Konversion (140) und einer Bestätigung mit rückwirkender Verpflichtungskraft (141, 2) unterliegen können.

Nun giebt es kraftlose Geschäfte, bei denen diese Rechtsvorschriften nicht gelten können, d. h. solche, die weder umdeutungs- noch bestätigungsfähig im Sinne des Gesetzbuches sind.

Dies sind die blos unwirksamen und nicht zugleich nichtigen Geschäfte in der Redeweise des Gesetzbuches.

Der Unterschied darf namentlich für die Ehe nicht übersehen werden. Die Vereinbarung einer bedingten Ehe, die nicht abgeschlossen werden soll, aber bei einem Versehen des Standesbeamten nicht geradezu undenkbar ist, ist unwirksam (vgl. 1317, 2 mit 388), also nicht nichtig und daher auch nicht einer besonderen Auflösung bedürftig.[2])

---

[1]) A.M. anscheinend Enneccerus 130, s. oben S. 431 Anm. 1.

[2]) Bedeutsam ist dies für die Frage, ob bei einer anderweitigen Verheirathung eines Theiles eine strafbare Bigamie vorliege.

Die Entwicklung der neuen Terminologie, die die Nichtigkeit von der bloßen Unwirksamkeit absondert, beruht darauf, daß man bereits früher den Begriff der Nichtigkeit auf ein engeres Gebiet einzuengen suchte.

Schon Windscheid (Pand. I, § 86) unterschied mit besonderer Schärfe diese Selbstvernichtung des Geschäftsinhalts von seiner Ungültigkeit aus einem neben der Erklärung stehenden Umstande und nannte sie eine „Selbstbeschränkung der Wirksamkeit des Geschäftes.“ (7. A. S. 234.) Darin lag der gute Gedanke, daß nur solche Geschäfte durch Befehl der Rechtsordnung ihrer Kraft beraubt werden (und deshalb ungültig, d. h. nichtig oder anfechtbar) genannt zu werden verdienen, die ihre Kraftlosigkeit nicht aus dem Geschäftsinhalte selbst herleiten.[1]) In der That besteht da, wo eine Bedingung ausfällt, der Inhalt des Geschäfts, welches eben für diesen Fall anordnet, daß alles beim Alten bleiben soll, in voller Geltung. Gerade in der Wirkungslosigkeit des Geschäftes zeigt sich seine Gültigkeit. Es fehlt hier der Gedanke der gesetzlichen Mißbilligung, der dem nichtigen Geschäfte anhaftet.

Wo also bei einem Rechtsgeschäfte eine durch Parteiwillen, Verkehrssitte oder lex dispositiva gesetzte Vorbedingung fehlt, eine aufschiebende Bedingung ausfällt oder eine auflösende eintritt, da zerstört der konditionale Theil des Geschäftsinhaltes den imperativen, so daß nichts übrig bleibt, was wirken könnte. Es liegt hier eine Selbstvernichtung des Geschäftsinhaltes vor, ein selbstmörderisches Geschäft, dem der eigene Inhalt das Todesurtheil spricht, nicht der Befehl des Gesetzgebers.[2])

In solchen Fällen kann auch weder von einer Umdeutung noch von einer Bestätigung die Rede sein, wie sie 141 bei nichtigen Geschäften erwähnt. Wer ein bedingtes Geschäft nach ausgefallener Bedingung unbedingt abschließt, der bestätigt nicht das alte Geschäft, sondern erzeugt eine nach ihrem Inhalte völlig andere Bestimmung.

Darum sind im Bürgerlichen Gesetzbuche alle Fälle einer ausfallenden Bedingung oder fehlenden Vorbedingung (conditio in

---

[1]) Windscheid, Pand. 7, A. 219 (§ 82): „Ein Rechtsgeschäft kann unwirksam sein, auch ohne daß durch seine Mangelhaftigkeit sein Können gelähmt ist“ und hierzu Anm. 1: „So wenn die ihm zugefügte Bedingung ausgefallen ist.“

[2]) In diesem Sinne unterscheidet auch Zitelmann 101 das Geschäft, das nicht wirken will, von dem Geschäfte, das nicht wirken kann.

praesens relata) grundsätzlich als unwirksam bezeichnet, nicht als nichtig, wobei unter der fehlenden Vorbedingung die als unerläßlich bezeichnete Voraussetzung der Gültigkeit zu verstehen ist. Dies hat die praktische Folge, daß die bestätigende Wiederholung mit der im Zweifel rückwirkenden Verpflichtungskraft (141, 2) bei solchen Geschäften undenkbar ist, vgl. 137, 1 des ersten Entwurfes (später gestrichen, K.Prot. I, 185).

In diesem Sinne ist der Bedingungsausfall mehrfach als Unwirksamkeitsgrund anerkannt. So in 161, wo das bedingte Recht des Veräußerers auch dem Veräußerungsgeschäfte eine Bedingung aufprägt, vgl. ferner 779, 2077, 2086, 2101, 2160, 2169, 2171, 2201, 2268, 2270, 2298.[1])

Nachdem man hier zu der Anschauung gekommen war, daß nichtig (ungültig) nicht das von der Partei kraftlos gemachte, sondern das vom Gesetzgeber verbotene Geschäft sei, ging man in der Ausdehnung des Begriffes des unwirksamen Geschäfts im engern Sinne noch weiter und verstand darunter auch das vom Gesetzgeber nicht besonders verbotene, sondern das nach seinem rechtlichen Inhalte überhaupt nicht mit dem Schutze des Gesetzes ausgestattete Geschäft.[2]) Solche Geschäfte, die das Bürgerliche Gesetzbuch überhaupt nicht kennt, scheute man sich, nichtige zu nennen, zumal der Gegensatz, nämlich gültige Geschäfte dieser Art, gar nicht vorkommt. Dies paßt sehr gut dazu, daß bei ihnen von Konversion und Bestätigung nicht die Rede sein kann. Das nichtige Geschäft ist also nur ein solches rechtlich unmögliches Geschäft, dessen Verbot nicht die im Geschäfte bestimmte Rechtsfolge als solche betrifft. Das auf einen unzulässigen Rechtserfolg gerichtete Geschäft heißt vielmehr unwirksam.

Zu diesen rechtsfremden Geschäften, die gänzlich ihrer Art nach außerhalb der Rechtsordnung liegen, gehören die bedingten oder be-

---

[1]) Bernhardi, Handwörterbuch zum Bürgerlichen Gesetzbuch, 2. A., Berlin, Vahlen 1899, S. 316, macht darauf aufmerksam, daß das Vermächtniß der unmöglichen Leistung als unwirksam bezeichnet wird (2171, ähnlich 2201), das Versprechen der unmöglichen Leistung aber als nichtig (308). Es läßt sich dies daraus erklären, daß das Vermächtniß immer erst später beim Tode wirken will. Deshalb kann die Unmöglichkeit der Leistung als Ausfall der Bedingung, daß sie bei dem Tode möglich sein werde, aufgefaßt werden; was bei dem Versprechen der unmöglichen Leistung sich nicht sagen läßt, wenigstens nicht, wenn es unbedingt ist.

[2]) Vgl. darüber, daß ein Geschäft, wenn es nicht vorgenommen werden kann, unwirksam ist, Planck 204 Anm. 1 zu Titel 4.

tagten Aufrechnungen (388) oder Auflassungen (925 Abs. 2)[1]) oder andere vom Bürgerlichen Gesetzbuche nicht aufgenommene Geschäftsarten vgl. 701, 1253, 1950, 2171, 2180 Abs. 2, 2202, vgl. auch das neue Handelsgesetzbuch 50, 123, 126, 128, 130, 151, 172 Abs. 3.

Von einer bestätigenden Wiederholung kann natürlich hier nicht die Rede sein.

Endlich heißen alle Geschäfte, die, für sich allein betrachtet, tadellos sind, aber doch wegen des Mangels gewisser Nebenumstände keine Kraft haben, nicht nichtig, sondern blos unwirksam.

Deshalb erklärt Art. 22 gewisse Legitimationen für unwirksam, weil eine bloße bestätigende Wiederholung sie nicht wirksam machen kann.

In gleichem Sinne nennen die K.Prot. I, 594 eine Stiftung, der die Genehmigung versagt wird, unwirksam.

Andere Beispiele enthalten die §§ 111, 357, 359, 410, 554 Abs. 2, 581 Abs. 2, 1398, 1831.

Der Mangel liegt hier nicht im Geschäftsakte selbst, sondern nur in einem Nebenumstande. Betrachtet man den Geschäftsabschluß für sich allein, so erscheint er tadellos. Deshalb mochte man ihn wohl nicht als „nichtig" bezeichnen.

Hieraus dürfte zu erklären sein, warum die einseitigen zustimmungsbedürftigen Geschäfte der beschränkt Geschäftsfähigen oder der Vertreter ohne Vollmacht, dann, wenn die erforderliche Zustimmung fehlt, oder wenn sie wegen des Fehlens einer schriftlichen Einwilligung zurückgewiesen sind, nicht als nichtig, sondern als unwirksam bezeichnet worden sind, z. B. Kündigungen einer Wohnung durch den minderjährigen Hauseigenthümer (111, 174).[2]) Solche Akte können ja mit Einwilligung des Vormunds wiederholt werden. Aber eine bestätigende Wiederholung mit einer im Zweifel rückwirkenden Verpflichtungskraft ist dies nicht, vielmehr ein auch seinem Inhalte nach völlig neues Geschäft. Auch von einer Konversion kann hier nicht die Rede sein.

Alle diese Fälle unwirksamer Geschäfte (Bedingungsausfall, Nichtanerkennung der angeordneten Rechtsfolge durch das Gesetz, Abwesen-

[1]) Analog sind 1317, 2, 1598, 2, 1742, 1768, 1, 1947. Ausdrücklich reden von Unwirksamkeit 2180, 2202.

[2]) E. I, § 65 sprach hier noch von nichtig. Anders E. I, 122, vergleiche hierzu auch 1898.

heit eines nothwendigen Nebenumstandes) fassen wir in einen einzigen Begriff zusammen: Abwesenheit einer Thatsache, die noch neben dem eigentlichen Geschäftsabschlusse für die Wirksamkeit nöthig ist.[1])

Diese Unvollkommenheit steht im klaren Gegensatze zu den Fehlern, die dem Geschäftsabschlusse selbst einen Mangel anheften und „Nichtigkeit" zur Folge haben (Formmangel, Verstoß gegen die guten Sitten oder ein besonderes Verbotsgesetz) und dergl.[2])

III. Das bisher Ausgeführte paßt auch durchaus auf die Fälle der Unwirksamkeit, bei denen die angeordneten Geschäftsfolgen nicht völlig ausbleiben.

Unwirksam heißen im Bürgerlichen Gesetzbuche nämlich insbesondere auch alle solche Geschäfte, die nicht sämmtlichen Betheiligten, sondern nur gewissen Personen gegenüber unverbindlich sind (506, 574, 1160, 1400) oder auch die gesammte Geschäftswirkung in gewissen Beziehungen nicht besitzen (883 Abs. 2, 2289).

Eine relative Nichtigkeit kennt also die Redeweise des Bürgerlichen Gesetzbuches nicht, nur eine relative Unwirksamkeit (vgl. Mot. 222).[3]) Es stimmt dies damit überein, daß auf letztere das Sonderrecht der Nichtigkeit, nämlich die Konversion und die bestätigende Wiederholung mit der im Zweifel rückwirkenden Verpflichtungskraft,

---

[1]) Richtig Bendix 147.

[2]) Das Verbotsgesetz, das einen der Rechtsordnung bekannten Geschäftsinhalt ausnahmsweise für unzulässig erklärt, wird daher von der grundsätzlichen Ausschließung gewisser Geschäftsinhalte in einer sehr scharfsinnigen Weise im Gesetzbuche unterschieden. Dort Nichtigkeit, hier Unwirksamkeit. Praxis und Geschäftsleben werden sich aber schwerlich die Mühe machen, hierbei den Spuren des Gesetzgebers genau zu folgen. Einzelne Ausleger sind daher auch für diesen Unterschied völlig farbenblind und stellen das Verbot der Rechtsform andern Geschäftsverboten in der Terminologie völlig gleich. So namentlich Riedel 329. Vgl. überhaupt oben S. 431 Anm. 1.

[3]) Man kann in solchen Akten eine Unterart der theilweise ungültigen Geschäfte sehen. Die Ungültigkeit kann den Gesammtinhalt des Geschäfts betreffen. Sie kann aber auch auf einen Theil der Parteien oder einen Theil seiner Beziehungen (883 Abs. 2, 2289) beschränkt sein, oder auf einen Theil des Geschäftsinhaltes. Dieser Unterschied ist scharf hervorgehoben von Zitelmann 103, 104, vgl. auch Eck, Sammlung 41. Von der relativen Unwirksamkeit ist die relative Unvollständigkeit zu unterscheiden. So wirkt die Schuldenzahlung in Schenkungsabsicht jedenfalls gegenüber dem Gläubiger (516), aber zunächst nicht gegenüber dem zu beschenkenden Schuldner, ebenso kommt durch die Schuldübernahme gegenüber dem Gläubiger ohne Zuziehung des Schuldners (414) das Geschäft zwischen dem alten und dem neuen Schuldner noch nicht zu Stande.

unanwendbar ist (vgl. z. B. 1124, 1125). Separatabmachungen mit den von einem solchen Mangel Betroffenen, wobei diese versprechen, ihn nicht hervorzukehren, können nicht als Bestätigung des Gesammtgeschäfts erscheinen, sind aber natürlich möglich.[1])

Zu den nicht allseitig kraftlosen Geschäften gehören auch die sog. hinkenden Verträge, vgl. oben S. 337 ff.[2]) Diese können zwar durch die Bestätigung des gesetzlichen Vertreters oder der inzwischen geschäftsfähig gewordenen Partei vollwirksam werden. Eine bestätigende Wiederholung ist aber bei ihnen entweder völlig kraftlos oder, wenn die bisher in der Geschäftsfähigkeit beschränkte Partei inzwischen voll geschäftsfähig geworden ist, nicht nöthig (108), weil dann die einfache Genehmigung genügt.

Auch von einer Konversion wird man hier schwerlich reden können.

Den hinkenden Verträgen steht auch hier die vollmachtlose Vertretung gleich (177), sowie der familienrechtliche Sonderfall der §§ 1396, 1397.

Da übrigens die Nichtigkeit eines Geschäftes keine ernstliche Nichtexistenz des Geschäftsaktes darstellt, sondern nur eine Mangelhaftigkeit der angeordneten Geschäftsfolgen bezeichnet, so hätte man sehr gut auch von einer relativen (= nicht allseitigen) Nichtigkeit reden können[3]) und es fehlt nicht an Schriftstellern, die sich die gewohnte Ausdrucksweise nicht nehmen lassen.[4])

1) Nach Hölder 303 zu 135 ist hier der Ausdruck Nichtigkeit deshalb vermieden, weil das Geschäft heilbar ist. Es giebt aber auch unheilbare unwirksame Geschäfte, vgl. oben S. 135 Anm. 2. Zur Lehre von der relativen Unwirksamkeit der Veräußerungen siehe oben S. 380, auch Bendix 153, der m. E. unnöthige Bedenken gegen die unbeschränkte Anwendbarkeit der Grundsätze des redlichen Erwerbes auf diesen Fall ausspricht. Besondere handelsrechtliche Fälle sind dort 154 ff. erwähnt.

2) Hierbei ist zu beachten, daß nach der Auffassung des Gesetzes die vormundschaftliche Genehmigung nicht ein Thatbestandsmoment des hinkenden Vertrages, sondern ein accessorisches besonderes Geschäft ist, sonst wäre dieser Vertrag ohne Genehmigung ein unvollständiger Geschäftsversuch, nicht ein unwirksames Geschäft. Die Bindung einer Partei durch den Geschäftsvertrag ist keine im Geschäftsinhalte bestimmte Wirkung, ebenso wenig wie die Bindung des Offerenten an das Vertragsanerbieten.

3) Die relative Nichtigkeit macht übrigens nach wie vor denen Pein, die Nichtexistenz und Mangelhaftigkeit verwechseln und deshalb an einer „relativen Existenz" einen nicht ungegründeten Anstoß nehmen. Vgl. hierzu auch Regelsberger 525, 526, 635.

4) Matthiaß 211, Cosack 153, Endemann 318 Anm. 4, Heilfron 452 Anm. 3, Enneccerus 244.

Wie die relative Nichtigkeit von dem Sprachgefühle der Verfasser des Gesetzbuches verworfen wurde, so auch die „nachfolgende Nichtigkeit“.[1]) Diese ist im Grunde nichts anderes als „Vernichtung“. Der Vernichtung unterliegt aber nicht blos das Fehlerhafte, Nichtige, sondern auch das Vollkommene und was erst später vernichtet wird, ist bis dahin gültig. Darum ist nicht blos bei dem Bedingungsausfalle oder dem Eintritte der auflösenden Bedingung von nachfolgender „Unwirksamkeit“ die Rede, was ja schon aus dem oben unter a Gesagten folgt, sondern auch in ähnlichen Fällen, die den Folgen eines Geschäfts das Lebenslicht ausblasen (108, 2, 161, 1, 177, 2, 184, 2, 2001, 2109, 2113, 2115, 2162, 2171, 2201, 2270, 2337, 2339 Abs. 2).

Auch diesen Fällen bleibt naturgemäß die Konversion (140) und der Bestätigungsvertrag (141) fern.

IV. Der voraussichtliche Einfluß der Redeweise des Gesetzbuches auf die Sprache der deutschen Gerichte.

Rückblickend stellen wir fest, daß das gemeinsame Band, welches alle Fälle der Unwirksamkeit im Bürgerlichen Gesetzbuche vereinigt und zur Nichtigkeit in Gegensatz stellt, darin besteht, daß die Umdeutung nach 140 und das im § 141, 2 erwähnte Bestätigungsgeschäft unanwendbar sind.[2]) Unwirksam ist umdeutungs- und bestätigungsunfähig.

Damit ist die Sprache des Gesetzbuches zwar erläutert, aber keineswegs empfohlen. Sie betont einen praktischen Unterschied von ganz geringfügiger Bedeutung, um daran eine Terminologie zu knüpfen, die man nicht verwenden kann, ohne jedesmal Gedächtniß und Scharfsinn in hohem Maße anzustrengen. Diese Mühe würde aber keinen andern Zweck haben, als eine dem Texte entsprechende Redeweise zu erzielen, ohne sonstiges praktisches Unterscheidungsbedürfniß.[3]) Sie steht überdies im Kampfe mit der Nachwirkung der

---

[1]) Vgl. Zitelmann 102.

[2]) Im schroffsten Widerspruche zu dem Gesagten steht die Ausführung Hölders 240: „Unwirksam im Sinne des Gesetzes ist eine Willenserklärung ohne rechtliche Geltung, sollte sie auch eine andere rechtliche Bedeutung haben. Nichtig ist sie, wenn auch die Möglichkeit ihrer zukünftigen rechtlichen Geltung ausgeschlossen ist.“ M. E. kann dies überhaupt nur auf die noch nicht vollwirksamen Geschäfte bezogen werden, nicht auf alle andern unwirksamen Akte.

[3]) Das praktische Unterscheidungsbedürfniß fehlt deshalb, weil die Unmöglichkeit einer Konversion und einer Bestätigung mit rückwirkender Verpflichtungskraft von

alten Gewohnheit, die von „nichtig“ sprach, wo das Gesetz von unwirksam redet.

Nun ist allerdings unser Juristenstand von rühmlicher Treue gegen den Gesetzesbuchstaben; doch auch diese Tugend hat ihre Grenze, falls ihr Unerträgliches zugemuthet wird. So befindet sich denn die Literatur bereits in voller Empörung gegen die Sprache des Gesetzbuches, indem sie dessen kunstvolle, aber hochnothpeinliche Sonderung von „nichtig“ und „unwirksam“ wie Spinnweben zerreißt und den Unterschied entweder völlig ignorirt[1]) oder ihm eine Deutung giebt, die ihn für die Praxis entwerthet.[2])

Man wird wohl nicht irren, wenn man dieser Strömung einen durchschlagenden Erfolg voraussagt. Die Redeweise des Gesetzbuches wird in der Juristenwelt nicht Wurzel fassen.[3])

Nur in einem Punkte würde es bedauerlich sein, wenn die scharfsinnige Sonderung des Unwirksamen und des Nichtigen gänzlich in Nichtbeachtung geriethe, nämlich in dem dogmengeschichtlichen Ausgangspunkte der Unterscheidung. Es liegt in der That ein Bedürfniß vor, den Bedingungsausfall von dem Gesetzesverbot zu sondern, d. h. die Kraftlosigkeit, die aus dem Geschäftsinhalte selber folgt, von der diesem Inhalte durch Rechtsbefehl aufgeprägten Mangelhaftigkeit. Jene heißt niemals Nichtigkeit und immer Unwirksamkeit. Das selbstmörderische Geschäft sollte man in Zukunft immer nur „unwirksam“, das zum Tode verurtheilte immer nur „nichtig“ nennen.

Da hier ein Unterschied vorliegt, der die praktische Behandlung beeinflußt, namentlich auch die Anwendbarkeit des Bedingungsrechtes auf diese Art von unwirksamen Geschäften verlangt, so will wenigstens der Verfasser sich hüten, in diesem Punkte im Nachfolgenden vom Gesetzestexte abzuweichen und den Unwirksamkeitsgrund des Bedingungsausfalls niemals als Nichtigkeitsgrund bezeichnen.

---

sehr geringer Bedeutung ist, bei den unwirksamen Geschäften sich von selbst versteht und durch das Wort „unwirksam“ in keiner Weise gekennzeichnet wird.

[1]) Vgl. oben S. 431 Anm. 1. Vgl. z. B. auch Weyl 271 Anm. 2, woselbst ein Unwirksamkeitsfall, der kein Nichtigkeitsfall ist, ohne Weiteres als solcher bezeichnet wird.

[2]) Vgl. oben S. 432 Anm. 1. Ob man den Gesammtbegriff, der die Nichtigkeit und die Anfechtbarkeit umfaßt, als Unwirksamkeit oder als Ungültigkeit bezeichnet, ist ohne jede praktische Bedeutung.

[3]) Es liegt hierin ein werthvoller Beweis dafür, daß sogar eine völlig folgerichtige Begriffsbildung auf dem Boden einer rein logischen Intuition zu einer brauchbaren Terminologie nicht führen kann, wenn sie nicht von einem Rechtsanwendungsbedürfnisse hervorgetrieben ist (s. oben S. 57 Anm. 1).

Dazu kommt, daß es für das Eherecht schlechterdings unerläßlich ist, das unwirksame Geschäft vom nichtigen zu sondern. Die bedingte Eheschließung ist unwirksam, aber nicht nichtig. Sie hat also nicht die für die Parteien überaus drückenden Folgen der nichtigen Ehe. Dieser praktische Unterschied muß auch terminologisch hervorgehoben werden.

Für den Bedingungsausfall muß also der Unterschied des unwirksamen Geschäftes vom blos nichtigen festgehalten werden.

In allen andern Punkten mag immerhin die innerhalb der Gesetzestexte ohne Noth gemachte Unterscheidung von Nichtigkeit und Unwirksamkeit der wohlverdienten Nichtbeachtung anheimfallen. Eine brauchbare Verbesserung der Terminologie ist jedenfalls[1]) durch sie für die Zukunft gewonnen worden.

β) Die anfechtbaren Geschäfte und ihre Gültigkeit.[2])

§ 96.

I. Der Ursprung des Begriffes der Anfechtbarkeit. Die deutsche Wissenschaft empfand das Bedürfniß, stärkere und schwächere Grade der Unvollkommenheit der Geschäfte zu sondern und glaubte, daß für diesen Unterschied schon von den Römern in dem Gegensatze der **negotia nulla** und **negotia quae rescindi possunt** technische Ausdrücke geschaffen worden seien. Die neuere Wissenschaft hat jedoch festgestellt, daß die Römer für diesen Gegensatz feste Terminologien nicht geschaffen haben,[3]) vielmehr festgesonderte Gruppen der **negotia vitiosa** nicht kannten. Das römische Recht stand demnach hinsichtlich Unterscheidungen verschiedener Formen der Vitiosität der Geschäfte und hinsichtlich ihrer Behandlung auf dem Boden des freien richterlichen Ermessens. Dies bestimmte, wann ein Geschäft als fehlerhaft gelten und welches die Kraft fehlerhafter Geschäfte sein sollte, für jede Form der Fehlerhaftigkeit besonders, d. h. nach den besonderen Zwecken der Rechtssätze, um die es sich handelte.

---

[1]) In Anlehnung an den oben angeführten Gedanken Windscheid's S. 434 Anm. 1.

[2]) Vgl. Schefold: Ueber Nichtigkeit und Anfechtbarkeit in der nichtstreitigen Rechtspflege Archiv für civilist. Praxis Bd. 87, S. 453 ff. Hachenburg 58 ff.

[3]) Dig. XXVIII, 3 fr. 1. XVII, 2 fr. 3 § 33. IV, 4 fr. 16 § 1. XXXV, 1 fr. 64 § 1. Gaj. III, 123. Vgl. hierzu Windscheid, Pand. I, § 82. Anm. 2 a. E. Schloßmann, Zur Lehre vom Zwange 1874. Gradenwitz, Die Ungültigkeit obligatorischer Rechtsgeschäfte 1887. Jacobi, Archiv f. civ. Praxis 1886 S. 97 und die dort S. 96, Anm. 86, Genannten.

So finden wir denn in den römischen Quellen eine bunte Mannigfaltigkeit der Behandlung vitiöser Geschäfte, die man vielfach irriger Weise als eine Gesetzgebungs-Kasuistik angesehen hat. In Wahrheit sind es nur Beispiele des freiwaltenden Ermessens, wie es allerdings den spanischen Schnürstiefeln des kanonisch-gemeinrechtlichen Prozesses nicht entsprach.[1])

Im Interesse der Rechtssicherheit strebte nunmehr die Wissenschaft darnach, feste Gruppen der Fehlerhaftigkeit aufzustellen und feste Rechtssätze für sie zu entdecken.

Diese Aufgabe war unlösbar; denn die Rechtsquellen enthielten das nicht, was man suchte.[2])

Inzwischen wurde der Wunsch nach festeren Terminologien zum Vater des Gedankens. Schon die ältere Wissenschaft, die sich ohne den Anfechtbarkeitsbegriff behalf, kannte Arten und Grade der Nullität (= Fehlerhaftigkeit). Auch das kanonische Recht bezeichnete Eheschlüsse als matrimonia nulla, die man in der heutigen Redeweise hätte anfechtbar nennen sollen.

Inzwischen hatte sich nämlich eine andere feste Redeweise eingebürgert. Diese unterschied Nichtigkeit und Anfechtbarkeit dahin, daß „Nichtigkeit" den stärkeren, und „Anfechtbarkeit" den geringeren Grad der rechtlichen Erfolglosigkeit eines Geschäftes bezeichnen sollte.[3]) Dabei herrschte aber insofern eine Sprachverwirrung, als man mit diesem Gegensatze bald auf diesen, bald auf jenen Punkt hindeutete, in dem ein mangelhaftes Geschäft noch schwächer sein kann als ein anderes, z. B. bald an die Unheilbarkeit des Mangels dachte, bald an seine Unabhängigkeit von einer besonderen Erklärung seitens der

---

[1]) Jacobi scheint (Archiv f. c. Pr. Bd. 85 S. 96 Anm. 87) zu bezweifeln, daß das römische Recht hier recipirt worden sei. In Wahrheit ist es im Zwange des unrömischen Prozeßrechtes als etwas rezipirt, was es nicht war, als Conglomerat positiver Vorschriften statt als eine Sammlung von Variationen eines einfachen Gedankens, nämlich des freien richterlichen Ermessens. Das Gleiche gilt von der Indignitäts-, der Irrthumslehre und vielen andern Zweigen der Rechtslehre. In allen diesen Gebieten hat man die römischen Quellen durch die Brille der kanonistischen Prozeßgrundsätze angeschaut und deshalb verkannt.

[2]) Man denke nur an die Danaidenarbeit bei der Feststellung der Folgen, die ein Verstoß gegen novella 115 haben soll.

[3]) Man darf den Ausdruck „Anfechtbarkeit" auf Savigny, System IV S. 537 zurückführen, der ihn dort in Vorschlag bringt, vgl. hierzu Jacobi, Archiv f. civ. Pr. Bd. 86 S. 97: „Eine den deutschen Bezeichnungen „Anfechtbarkeit" und „Anfechtung" entsprechendes Wort sucht man vergebens in den römischen Quellen" vgl. ebenda das über impugnare Gesagte.

Geschäftspartei, bald an die Beschränkung des Mangels gegenüber gewisser Personen u. s. w.[1]) Der überwiegende Sprachgebrauch geht aber dahin, daß das nichtige Geschäft dasjenige ist, das auch ohne Anfechtungserklärung einer Geschäftspartei erfolglos sein soll, während das anfechtbare nur bei einer solchen Erklärung erfolglos wird.

Der Nichtjurist unterscheidet freilich die Hervorkehrung eines Nichtigkeitsgrundes von der Anfechtung nicht und nennt beide „Anfechtung".

II. Die Verwendung des Ausdruckes „Anfechtbarkeit" im Bürgerlichen Gesetzbuche.

Eine Rückkehr zu dem römischen Grundsatze des freien richterlichen Ermessens in der Behandlung der Geschäftsmängel, der den Unterschied des anfechtbaren Geschäftes vom nichtigen überflüssig machte, war von keiner Seite ernstlich begehrt worden.

Dieser Ausweg verbot sich für die Verfasser des Gesetzbuches von selbst, wenn sie nicht die Billigung ihres Werkes gefährden wollten.

Sie mußten also den Ausdruck „Anfechtbarkeit" festhalten und suchten sich in seiner Verwendung möglichst an die übliche Redeweise der Juristenwelt anzulehnen.

Der tiefere Grund dieser Unterscheidung liegt nach wie vor darin, daß man nur bei schlimmeren Mängeln es für gerechtfertigt hält, dem Geschäfte seinen Erfolg auch ohne den Willen der betheiligten Geschäftspartei sofort zu entziehen, bei minder schlimmen es aber dem Verletzten vorbehalten will, den Mangel hervorzukehren.

Während aber der etymologische Kern des Wortes, das von einem Angriffe auf eine feindliche Stellung hergeleitet ist, überall da auf eine Anfechtung hindeutet, wo eine durch ein Rechtsgeschäft geschaffene Lage eines andern angegriffen und erschüttert wird, engt das Bürgerliche Gesetzbuch den Begriff erheblich ein.[2]) Die bloße Bereicherungsklage soll nicht als ein Anfechtungsfall gelten, ebensowenig

[1]) Eine Uebersichts-Tabelle über die herrschende Sprachverwirrung giebt des Verfassers Schrift: Der Irrthum bei nichtigen Verträgen II, S. 320. Der Willkür war hier Thür und Thor geöffnet.

[2]) Jacobi rühmt es namentlich Bd. 86 S. 136, daß das Gesetzbuch die Rücktritts-, die Widerrufs- und die Rückforderungsrechte vom Begriffe der Anfechtbarkeit ausschließt. Es war dies m. E. nur die nothwendige Folge davon, daß die neue, schroffe Regelung der Anfechtungskraft sich auf diese Erscheinungen schlechterdings nicht anwenden ließ.

die Ansprüche auf Wandlung und Minderung[1]) oder der Widerruf einer Schenkung wegen Undanks.

Auch der Pflichttheilsanspruch hat im Gesetzbuche mit der Anfechtung nichts mehr zu thun.

Das Gesetzbuch bemüht sich also, die sog. „bloße obligatorische" Anfechtung, d. h. eine solche, die ein Geschäft nicht unmittelbar aufhebt, sondern nur dazu verpflichtet, die Geschäftsfolgen wegzuräumen, dem Anfechtungsbegriffe zu entziehen.

Anders redet die Konkurs-Ordnung (29, 37), welche eine solche blos obligatorische Geschäftsauflösung „Anfechtung" nennt und ebenso das Gesetz, betreffend die Anfechtung von Rechtshandlungen eines Schuldners außerhalb des Konkursverfahrens § 7.[2])

Wir haben hier eine residuäre Inkonsequenz der Gesetzessprache vor uns. Die soeben angeführten Gesetze haben einen vom Bürgerlichen Gesetzbuche preisgegebenen Sprachgebrauch beibehalten.

Eigenthümlich ist dem Gesetzbuche das Bestreben, den Anfechtungsbegriff auch in das Eherecht als Gegensatz der Nichtigkeit einzuführen. Hier (ebenso wie im Prozeßrechte) hatte die Trennung der Civilisten von den Kanonisten einen Sprachgebrauch hervorgerufen, der von dem privatrechtlichen abwich. Während man nämlich im neueren Civilrechte vornehmlich nur solche Akte für nichtig ansah, die auch ohne Anfechtung kraftlos waren, nannte man die anfechtbaren Ehen und Urtheile matrimonia und judicia nulla. Eine einheitliche Definition der Nullität für das civilistische und das kanonistisch-prozessuale Gebiet war deshalb in der neueren Zeit, wenigstens bisher, unmöglich;[3]) das Wort Nullität hatte auf jedem dieser Gebiete eine andere Bedeutung. Das Bürgerliche Gesetzbuch hat diesen Dualismus für das Eherecht beseitigt, indem es auch hier den Gegensatz der Nichtigkeit und der Anfechtbarkeit einführte, in Anlehnung an das preußische Land-

---

[1]) Anders Windscheid, Pand. § 82 Nr. 7.

[2]) Hierauf weist Cosack 154 hin. Aus den Mot. I, 218 geht hervor, daß man bei der Festlegung der Redeweise des Gesetzbuches diese beiden Gesetze absichtlich bei Seite ließ. Hinterher war eine Fühlung mit ihrer Sprache nicht mehr zu gewinnen, vgl. Eck, Vorträge 128. Vgl. auch das oben zu dem Ausdrucke „Unwirksamkeit" Bemerkte S. 432 Anm. 1.

[3]) Die ältere Wissenschaft wußte daher wohl, warum sie Nullität und Anfechtbarkeit nicht sonderte. Savigny hat sich durch diese scharfe Scheidung als einseitiger Civilist erwiesen. Seitdem entstand in der Rechtslehre eine tiefe Kluft der Redeweise.

recht, das bei den Ehen Nichtigkeit und Ungültigkeit unterschieden hatte. (II, 1. §§ 933 ff.)

Leider ist dieser Fortschritt nur ein halber geblieben, weil in § 579 der neuen C.P.O. die Anfechtungsklage gegen rechtskräftige Urtheile noch immer Nichtigkeitsklage heißt.

Das Unterscheidungsmerkmal von Nichtigkeit und Anfechtbarkeit liegt aber auf dem Eherechtsgebiete nicht darin, daß das nichtige Geschäft ohne Weiteres erfolglos ist, sondern darin, daß bei ihm nicht blos die Geschäftspartei, sondern auch die Obrigkeit das Rechtsgeschäft seiner Kraft berauben kann.

Wir haben also in Zukunft einen einheitlichen Anfechtungsbegriff für das Bürgerliche Gesetzbuch, nicht aber für das bürgerliche Recht und das Prozeßrecht zugleich.

Die Definition dieses Begriffes ist:

Anfechtbar sind Geschäfte, deren Mangel nur dann beachtet wird, wenn eine Geschäftspartei ihn hervorkehrt, dann aber zur Aufhebung des Geschäftes hinführt, nichtig oder unwirksam, wenn er auch sonst unter Umständen beachtet werden kann, m. a. Worten: „Anfechtbarkeit ist der ausschließlich vom Parteiwillen abhängige Geschäftsmangel, dessen Hervorkehrung das Geschäft nichtig macht“.

Nach zwei Seiten ist also die Anfechtbarkeit im Bürgerlichen Gesetzbuch gekennzeichnet worden. Gegenüber der Nichtigkeit durch die geringere Kraft des Mangels und gegenüber den Fällen der Rückforderungsansprüche oder ähnlichen Forderungen durch dessen größere Stärke.

Der Begriff der Anfechtbarkeit ist ebensowenig wie der Begriff der Nichtigkeit auf die den Rechtsgeschäften ähnlichen Rechtshandlungen anwendbar, die der Kenntnißnahme anderer nicht bedürfen (sog. Rechtsgeschäfte im weiteren Sinne s. oben S. 258 ff.), namentlich Besitzergreifung, Verarbeitung, Wahl eines Wohnsitzes u. dgl. Hier kann man nur von Wirksamkeit oder Unwirksamkeit reden, nicht von Geschäften, die bestätigt oder angefochten werden könnten.

Die Anfechtung von Rechten ist etwas anderes als Anfechtung von Rechtsgeschäften.[1]) Sie hat andere Gegner, andere Formen, andere Fristen, wenn auch eine gewisse Aehnlichkeit beliebt worden ist. Der gleiche Name darf hier nicht zu Verwechslungen führen. Ueber die Frage, ob Einrederechte Anfechtungsrechte sind, siehe oben S. 224, 225.

[1]) Vgl. Jacobi 1830 ff., 1593 ff., 2840 ff., Archiv f. civ. Pr. Bd. 85 S. 120.

III. Die Form der Anfechtung war bisher der richtigen Meinung nach ein Prozeßakt, Klage oder Einrede.[1]) Dies diente in hohem Maße der Rechtssicherheit, weil der Anfechtungswille außer Zweifel gestellt wurde und grundlose Anfechtungen im Keime erstickt werden konnten.[2]) Es hatte das freilich andererseits die unangenehme Folge, daß das Anfechtungsrecht eines Verpflichteten durch Zeitablauf nicht verloren gehen konnte, da Einredesrechte nicht verjähren (s. oben S. 231). Nun liegt aber offenbar ein Bedürfniß vor, die Dauer der Anfechtungsrechte auch nach dieser Seite hin in feste Schranken zu bannen, da Anfechtungsgründe sich leicht durch Zeitablauf verdunkeln. Darum war ja auch die römische in integrum restitutio, eine wichtige Anfechtungsform, in feste Zeitgrenzen eingeschlossen.

Um nun das Gleiche zu ermöglichen, mußte man den aus einem anfechtbaren Geschäfte Verpflichteten eine Gelegenheit geben, sich in der Anfechtungsfrist das Anfechtungsrecht zu wahren. Wohl aus diesem Grunde braucht nach dem Bürgerlichen Gesetzbuch die Anfechtung nicht durch einen Prozeßakt zu geschehen, sondern durch eine außergerichtliche Anfechtungs-Erklärung (ein einseitiges, Mittheilungen bedürftiges Aufhebungsgeschäft).[3])

Schon das bisherige Recht kannte eine Anfechtungserklärung. Allein sie war eine bloße Willensmittheilung, kein Rechtsgeschäft. Sie enthielt die Drohung, durch Klage oder Einrede anzufechten. Auch diese Drohung war thatsächlich wirksam, ihrem Empfänger gegenüber und jedem, der von ihr Kenntniß erlangte, vielleicht nicht weniger als das neue Anfechtungsgeschäft es sein wird. Nur in einem Punkte war sie unter allen Umständen erheblich wirkungsloser, als es das Anfechtungsgeschäft des Bürgerlichen Gesetzbuches sein wird. Sie band ihren Urheber nicht; denn sie war kein Willensakt. Anders das neue Recht.

---

[1]) Enneccerus 245.

[2]) Vgl. Mot. 221. „Die Ausübung der Anfechtung würde indessen damit ohne Noth erschwert."

[3]) Jacobi, Archiv f. civ. Pr. Bd. 85, S. 118: „Die Anfechtbarkeit ist .. sachlich nichts Anderes als die Befugniß zu einer privaten Nichtigkeitserklärung." Vgl. hierzu K.Prot. I, 131. VI, 147, 148. Daselbst heißt es, ein Testamentsvollstrecker, der die Annahme seines Amtes anfechten wolle, werde schwerlich Jemand finden, den er verklagen könne. Wo sich jedoch ein Empfänger der Anfechtungs-Erklärung findet, da würde sich auch der Gegner einer Feststellungsklage finden lassen. Der wahre Grund der Einführung des Anfechtungsaktes lag daher wohl eher in dem Bedürfnisse einer Präklusivfrist. Vgl. auch über das Verhältniß der Begriffe Anspruch und Anfechtungsrecht oben S. 230, IV.

Dies hat jedenfalls den Vorzug, daß die erklärte Anfechtung nicht einseitig aus bloßer Chikane zurückgenommen werden kann, um dann später doch noch einmal verwerthet zu werden.[1]

Nachdem erst einmal die besondere Anfechtungs-Erklärung verlangt worden war, mußte der Gesetzgeber bestimmen, an wen sie zu richten sei. Dieser heißt der „Anfechtungsgegner", ein Wort, unter dem man sich zunächst die von der Anfechtung Betroffenen vorstellen könnte. Diese sind aber nicht gemeint. Anfechtungsgegner heißt vielmehr nur eine bestimmte Person unter ihnen, der Anfechtungsempfänger. Nicht allen, die von der Anfechtung betroffen werden, kann und muß sie erklärt werden.

Da der Gegenstand der angefochtenen Geschäfte vielleicht bereits von Hand zu Hand weitergegangen ist, so ist dem Anfechtungsberechtigten nicht zugemuthet, den Gegner, bei dem sich das Vermögensstück befindet, das er zurückverlangt, aufzusuchen und zu entdecken. Vielmehr giebt ihm das Gesetzbuch eine sicher auffindbare Anfechtungsstelle, indem es als Anfechtungsgegner bei empfangsbedürftigen Erklärungen den Empfänger hinstellt,[2] bei den übrigen den, der aus dem anzufechtenden Geschäfte einen unmittelbaren Vortheil erlangt hat. Das ist z. B. bei einer Lebensversicherung zu Gunsten eines Dritten dieser Letztere, nicht aber sein Rechtsnachfolger.[3] Ist die Anfechtungserklärung erst einmal an die richtige Stelle gelangt, so wirkt sie nicht etwa blos gegen den, dem sie zugekommen ist. Vielmehr werden alle seine Rechtsnachfolger von der Anfechtung mitbetroffen ohne Rücksicht darauf, ob sie etwas von der Anfechtung erfahren oder wissen.

Die Anfechtungserklärung hat daher nicht den Zweck, die von der Anfechtung Berührten über ihr Schicksal zu unterrichten. Sie dient nur dazu, den Anfechtungsberechtigten gegen den Ablauf der Anfechtungsfrist zu schützen. Bei den nicht von der Partei empfangsbedürftigen Geschäften kann die Anfechtung auch der Behörde gegenüber erklärt werden, wenn die angefochtene Erklärung an sie zu richten war, wie

[1]) Wo die Partei nicht anfechten, sondern nur mit der Anfechtung drohen will, da wird man ihr dies schließlich nicht verwehren können, vgl. oben S. 256 Anm. 3. Der Rechtsgeschäftswille wird keinem aufgedrängt, sobald er fehlt. — Ausnahmsweise an eine Klage gebunden ist die Anfechtung des Eheschlusses 1341. Eine andere Anfechtungsform enthalten 1955, 2081, 2308. (Erklärung an das Nachlaßgericht.)

[2]) 143. Eine Ausnahme macht 123 Abs. 2, Satz 2.

[3]) Ein anderes Beispiel giebt 928.

z. B. die Erbschaftsausschlagung, die nach 1945 dem Nachlaßgerichte zu erklären ist.[1]) Die Behörde soll eine solche Anfechtung den von ihr Betroffenen mittheilen (143).

Man kann hiernach durch eine Anfechtung einen Vermögensverlust erleiden, ehe man diese Anfechtung erfahren hat. Der Nachfolger des Anfechtungsempfängers muß also unter der Anfechtung leiden. Daraus folgt aber nicht, daß ein neben dem Anfechtungsempfänger stehender Anfechtungsgegner, der ebenso, wie er, ein Anrecht auf Mittheilung des Anfechtungswillens hat, übergangen werden kann, d. h. daß Jemand, der mehrere Anfechtungsgegner hat, nur einem gegenüber anzufechten braucht.[2])

Diese Nebenpartei des Anfechtungsgegners hat ja auch nicht, wie dessen Nachfolger, die Rechte dritter Erwerber. Darum soll man ihr das Recht auf Empfang der Anfechtung nicht verkümmern. So lange sie die anfechtende Erklärung nicht erhalten hat, ist der Anfechtungsakt unvollständig.[3]) Das Gegentheil hätte ausdrücklich bestimmt werden sollen. Theilbare Geschäfte können freilich theilweise angefochten werden, aber nur bei diesen ist das anzunehmen.[4]) Ein Stück eines Rechtsgeschäftes, das von dem Uebrigen untrennbar ist, kann dagegen nicht durch Anfechtung herausgeschnitten werden.

IV. Die Kraft der Anfechtung war der Gegenstand lebhafter Zweifel (Mot. I, 122. K.Prot. I, 131).

Um den Verfassern des Gesetzbuches gerecht zu werden, muß zugestanden werden, daß die Rechtsunsicherheit, die in den großen neueren Gesetzgebungen durch Unklarheit dieses Punktes besteht, schlechterdings nicht durch ein Schweigen über ihn verlängert werden durfte. Aber auch das römische System war unanwendbar. Die Römer behandeln die verschiedenen Anfechtungsgründe verschieden. Die Anfechtung wegen metus wirkt gegen Jedermann (ebenso wie im Bürgerlichen Gesetzbuche jede Anfechtung).[5]) Die Anfechtung wegen dolus wirkte nach römischem Rechte nur wider arglistige Gegner. Die Anfechtung

---

[1]) Vgl. 1342, 1484, 2, 1597, 1599, 2081.

[2]) Vgl. hierzu im Widerspruche gegen die Motive Planck 4 zu 143. S. 195.

[3]) Man hat z. B. von zwei Miteigenthümern ein Haus gemiethet und ist von dem einen betrogen worden. Hier muß man m. E. beiden gegenüber den Vertrag anfechten, wenn er seine Kraft verlieren soll.

[4]) So z. B. wenn Jemand einem Brüderpaare ein Kapital geschenkt hat und dabei nur von dem einen Beschenkten durch Betrug zu der Gabe bestimmt worden ist, während er den andern auch ohnedies beschenken wollte.

[5]) K.Prot. I, 131 erwecken übrigens in dieser Hinsicht Zweifel.

wegen Irrthums durch in integrum restitutio stand, wie alle andern Fälle dieser Anfechtungsart, in ihrem Umfange unter dem Grundsatze einer Abwägung des Schadens, den sie anrichtet, gegen den Nutzen den sie giebt. Wo der Schaden den Nutzen überstieg, da sollte der Richter sie verweigern.[1]) Nur auf diese Weise sind z. B. Anfechtungen eines Testaments erträglich, die eine Unzahl redlicher Dritter berühren, welche sich auf das Testament verlassen haben.[2])

Dieser Abwägungsgrundsatz beruhte aber auf derselben Freiheit des richterlichen Ermessens, auf die das verworfene Institut der restitutio in integrum gegründet war (vgl. oben S. 202 § 58).

Ein solches von keiner Seite befürwortetes und sogar hart gescholtenes Recht aufzunehmen, konnte von den Verfassern des Gesetzbuches kaum gewagt werden, obwohl der Sprung von der gesetzlichen Festsetzung der Anfechtungskraft zu dieser Form des freien Ermessens nicht größer sein würde, als der Sprung von der formellen Beweistheorie zur freien Beweiswürdigung war.

Wollte man ihn nicht wagen und andererseits eine kasuistische Gesetzgebung vermeiden, so blieb nichts Anderes möglich, als die Anfechtung ein für alle Mal mit derselben gesetzlichen Wirkung auszustatten. Unmöglich konnte man namentlich das Anfechtungsrecht des Betrogenen in engere Grenzen einschließen als dasjenige des durch bloßen Irrthum Getäuschten, dessen Recht, sobald die Anfechtung erst einmal über den Anfechtungsempfänger hinausgehen sollte, sich schlechterdings nicht einengen ließ, weil hier jeder Anhalt für eine Grenzlinie fehlte.

Da also die Verfasser des Gesetzbuches alle Fälle der Anfechtung über einen Leisten schlagen mußten, so blieb ihnen nichts übrig, als entweder die möglichst geringe oder die möglichst weitgreifende Kraft der Anfechtbarkeit anzunehmen.[3])

Den letzteren Weg hat das Gesetzbuch eingeschlagen (vgl. Mot. I, 22) indem es das in gültiger Weise angefochtene Geschäft dem

[1]) Dig. IV, 1 fr. 4. IV, 4 fr. 24 § 2. Vgl. etwas Aehnliches in 228.

[2]) Die römische Idee, daß bei der außerordentlichen Hülfe der Schaden den Nutzen nicht übersteigen darf, beherrscht das Nothstandsrecht (s. oben S. 212). Gern wäre ihr der Verfasser auch als einer Schranke des Anfechtungsrechtes begegnet.

[3]) Der mildere Grundsatz war wohl im Zweifel der römische bei der Handhabung des freien Ermessens. Ne quid nimis. Die römische Einreißung des Geschäfts glich dem rescindere eines Bauwerks, während die nach dem Bürgerlichen Gesetzbuche wirksame Anfechtung einer Sprengung durch Dynamit vergleichbar ist.

nichtigen gleichstellt. Die den auflösenden Bedingungen verweigerte rückwirkende dingliche Kraft ist der Anfechtungserklärung gewährt worden.[1])

Jedenfalls hat dies den Vortheil, die Scheu vor Anfechtungsgründen auf den höchsten Grad zu steigern.

Die Schroffheit, die im Uebrigen in dieser allseitigen Wirkung liegt, wird sich zuweilen durch Gesetzes- und Vertragsauslegung abschwächen lassen, soweit dem kein jus cogens im Wege steht.[2]) Vielleicht empfiehlt sich auch für Geschäftsformulare der Zusatz: „Etwaige Anfechtungen sollen nur die zum Empfange der Anfechtungserklärung Berechtigten berühren."

Der Grundsatz, daß im Zweifel milde Mittel anzuwenden seien, ist absichtlich preisgegeben. Die Schwäche erschien dem Gesetzgeber hier im Vergleiche mit der Schroffheit als das größere Uebel.

Daß die allseitig wirkenden Anfechtungen bei Testamenten und dergl. Geschäften sehr weite Kreise beunruhigen und die Rechtssicherheit gefährden werden, ist klar. Sollte das deutsche Verkehrsleben diese Belastungsprobe dauernd nicht ertragen, so würde immer noch der Ausweg übrig bleiben, zu dem römischen System der in integrum restitutio zurückzukehren. Oft mildert übrigens schon die Sitte des Geschäftslebens solche Bestimmungen, so daß man ihren Druck nicht spürt.

Wohl begreiflich ist das Bestreben, die schroffe Vorschrift des 142 durch einschränkende Auslegungen abzuschwächen. So will man sie z. B. auf empfangsbedürftige Geschäfte beschränken,[3]) obwohl ein tieferer Zusammenhang zwischen der Empfangsbedürftigkeit und der Kraft der Anfechtung kaum nachweisbar ist.

Von anderer Seite ist behauptet worden, daß selbst untheilbare Geschäfte durch die Anfechtung nur zum Theile vernichtet werden, wenn der Anfechtungsgrund nicht alle Betheiligten trifft. Hiernach würde z. B., wenn nur ein Gesammtschuldner betrogen ist und das Geschäft angefochten hat, der andere ganz allein im Schuldverhältnisse hängen bleiben.[4]) Der Gesetzestext weiß davon nichts und es ist fraglich, ob wir dies bedauern müssen.

Auch eine Einschränkung der Anfechtungskraft auf die Fälle, in

---

[1]) Mot. I, 219 sprechen von einer auflösenden Gesetzesbedingung. Siehe über diesen letzteren Begriff oben S. 383.

[2]) Wie weit dies der Fall ist, bleibt jedesmal zu untersuchen.

[3]) So (nach Zitelmann, II S. 77) Cosack 154, der zugiebt, daß dieser Punkt sehr zweifelhaft sei.

[4]) Vgl. Endemann 321.

der der Nutzen, den sie bringt, den Schaden, den sie anrichtet, überwiegt, ist kaum möglich.[1])

Daß da, wo die Nichtigkeit nur den Theil eines Geschäftes trifft, auch die Anfechtbarkeit nicht weiter reicht, versteht sich von selbst.[2])

Die Strenge der Vorschrift über die Anfechtungskraft (142) wird einigermaßen dadurch abgeschwächt, daß das Bürgerliche Gesetzbuch redlichen dritten Erwerbern einen sehr weitgehenden Schutz giebt. Dies mag auch dazu beigetragen haben, daß man die Anfechtungsfolgen gegenüber dem bisherigen Rechte erweitert hat.[3])

V. Der praktische Unterschied zwischen Nichtigkeit und Anfechtbarkeit ist hiernach nicht so groß, wie es scheint.[4]) Wird der Nichtigkeitsgrund von keiner Seite hervorgehoben, so gilt er nicht mehr, als ein Anfechtungsgrund im gleichen Falle. Wird die Hervorhebung des Anfechtungsgrundes befürchtet, so wirkt diese Furcht ebenso, als ob eine Nichtigkeit vorläge.

Im Verkehrsleben hat daher auch das anfechtbare Geschäft keine volle Geltung.[5])

Man hat diesen Gedanken dahin gefaßt, daß auch das anfechtbare Geschäft ein nichtiges sei, bei dem die Nichtigkeit einer bloßen Entschleierung bedürfe.[6])

Als ein bloßes Bild mag dies zulässig erscheinen. Streng genommen ist es nicht genau; denn eine „verschleierte" Nichtigkeit, die vor Gericht nicht gilt, ist ein Messer ohne Klinge, dem der Stiel fehlt.[7])

---

1) Einer solchen Analogie des Nothstandsrechtes (s. oben S. 212 Anm. 5) würde man wohl nicht ohne Erfolg den Vorwurf machen, daß sie eine wohlthätige Rechtsbeugung anstrebe.

2) So wenn eine unwesentliche Nebenabrede wegen Irrthums angefochten wird.

3) Die sog. „Unverbindlichkeit" als dritte Ungültigkeitsart neben Nichtigkeit und Anfechtbarkeit ist abgelehnt in dem K.Prot. I, 105. Daß aber die Unwirksamkeit im engeren Sinne eine solche dritte Art bezeichnet (namentlich bei der sog. relativen Ungültigkeit), ist oben ausgeführt, s. § 95.

4) Nach Bunsen 71 ein „mehr formeller".

5) Dies Schicksal theilt es mit dem resolutiv-bedingten Geschäfte, dessen besonderen Regeln es übrigens nicht ohne Weiteres untersteht.

6) Vgl. Endemann 820 und hierzu Cohn 48: „Die Anfechtung enthüllt die Nichtigkeit", vgl. auch Bendix 149. Nach Enneccerus 245 liegt eine „schwebende Nichtigkeit" vor. In Wahrheit schwebt allerdings die drohende Anfechtung wie ein Damoklesschwert in der Luft.

7) Die Meisten sehen das anfechtbare Geschäft als zunächst wirksam an, vgl. z. B. Engelmann 127, v. Buchka 25, Neumann 78. Die Anfechtung ist also keine bloße „Feststellung" der Nichtigkeit (Endemann 321). Insbesondere bleibt das Geschäft wirksam, wenn die Anfechtbarkeit wegfällt.

Die Geringschätzung des anfechtbaren Geschäftes im Verkehre ist dagegen keine verschleierte oder bedingte, sondern liegt in der Regel offen und unbedingt zu Tage.

Viel wichtiger als der Unterschied zwischen Nichtigkeit und Anfechtbarkeit ist der Unterschied der absoluten (allseitigen) und relativen (auf gewisse Betheiligte beschränkten) Mangelhaftigkeit.[1]) Man könnte hier von aktiv-absoluten und passiv-absoluten Mängeln sprechen, je nachdem jeder Betheiligte den Mangel für sich hervorkehren darf (z. B. auch die Gläubiger dessen, der ungültiger Weise etwas veräußert hat) oder jeder sich die Hervorkehrung dieses Mangels gefallen lassen muß. Hiervon war oben die Rede (vgl. S. 437).

Das Gesetz kann sehr wohl ein Geschäft für aktiv-absolut mangelhaft, aber für passiv-relativ mangelhaft erklären. (Man denke an die bekannten Streitfragen, die sich an die Klage aus novella 115 anknüpfen.) Das Bürgerliche Gesetzbuch hat aber grundsätzlich diesen Unterschied nicht gemacht. Nur bei der passiv-relativen Mangelhaftigkeit spricht es von relativer Unwirksamkeit. Einen aktiv-relativen Mangel finden wir höchstens bei der Ehe, deren Nichtigkeitserklärung nicht von Jedermann erwirkt werden kann, dann aber, wenn sie festgestellt ist, gegen Jedermann wirkt (etwa mit Ausnahme der Kinder aus nichtigen Ehen). Sonst ist das (nicht nur zum Theile, sondern im vollen Umfange) Nichtige nicht blos für Jeden mangelhaft, dem dies vortheilhaft ist, sondern auch zugleich für Jeden, dem dies Nachtheil bringt, und das Gleiche gilt auch von dem angefochtenen Geschäfte.

VI. Vorschriften, die für nichtige und für anfechtbare Geschäfte zugleich gelten sollen.

a) Da die drohende Anfechtung im Geschäftsverkehre nicht anders wirkt wie die bevorstehende Hervorkehrung eines Nichtigkeitsgrundes, so werden alle, die in Kenntniß der Anfechtbarkeit eines Geschäftes etwas erworben haben, ebenso behandelt, als ob das Geschäft nichtig oder unwirksam gewesen wäre (K.Prot. I, 165). Wer also z. B. eine Sache von einem Eigenthümer erwirbt, der sie in betrügerischer Weise erlangt hat, ist kein gutgläubiger Erwerber im Sinne des Bürgerlichen Gesetzbuches (§ 142, 2 u. § 932).

b) Die Konversion (Umdeutung) (s. oben S. 363) ist nur für nichtige Geschäfte anerkannt (140). Man wird jedoch eine entsprechende Anwendung auf anfechtbare Geschäfte deshalb nicht für ausgeschlossen

[1]) Mit der relativen Nichtigkeit stellt Endemann 128 die Anfechtbarkeit zusammen, m. E. nicht im Einklange mit der üblichen Redeweise.

ansehen, weil die Anfechtung Nichtigkeit bewirkt, also das Geschäft für den Anfechtungsfall umgedeutet werden kann.

Für unwirksame Geschäfte, die nicht nichtig sind, ist dagegen eine Umdeutung ungeeignet. Es könnte höchstens etwa eine ungültige Kündigung eines zinsbaren Darlehens Seitens eines Minderjährigen in eine Mahnung bezüglich des bereits vom Vormunde gekündigten Schuldverhältnisses umgedeutet werden und dergl. M. E. entspräche dies jedoch der Redeweise des Gesetzes nicht (s. oben § 95).

c) Die Ausdehnung der Nichtigkeit von einem Geschäftstheile auf das Ganze ist zu vermuthen (139).[1] Dies muß auch auf angefochtene Geschäfte ausgedehnt werden. Es hängt dies wohl damit zusammen, daß (vgl. oben S. 437) das Gesetzbuch nur solche Mängel als Nichtigkeitsgründe bezeichnet, bei denen das ganze Geschäft nach allen Seiten hin hinfällig sein soll. Die nicht allen Betheiligten gegenüber vorhandene Erfolglosigkeit ist absichtlich den Unwirksamkeitsfällen beigezählt.

Die genannte Vorschrift (139) ist daher auf die Nichtigkeit und die erfolgte Anfechtung zu beschränken.

Für Testamente und Auflagen ist sogar das Gegentheil für den Unwirksamkeitsfall ausdrücklich bestimmt (2085, 2098). Hier soll aber wohl der Ausdruck „Unwirksamkeit" auch die Nichtigkeit mitumfassen, also eine Ausnahme von 139 aufgestellt werden. (Utile per inutile non vitiatur.)

d) Die Bestätigung ist bei nichtigen und bei anfechtbaren Geschäften möglich, bei beiden aber verschieden (s. unten § 108).

Sehr viel weiter greifen die Unterschiede zwischen Nichtigkeit und Anfechtbarkeit im Eherechte, das jedoch außerhalb dieses Buches liegt,[2]) ebenso auch bei dem Rechte der letztwilligen Verfügungen (s. Erbrecht).

VII. Der Begriff der Ungültigkeit. Das Recht kann, wie wir sahen, dem vollendeten Geschäftsabschlusse den Schutz verweigern. Man nennt solche Geschäfte „erfolglose", auch mangelhafte, fehlerhafte, mißlungene oder auch „kraftlose" (176 K.Prot. VI, 147).

Der bisherige Sprachgebrauch redete von „ungültigen" Geschäften.

---

[1]) Vgl. Cohn 48. „Theilweise nichtig, gänzlich nichtig."

[2]) Der Verfasser hat diesen Rechtszweig an anderer Stelle behandelt (Archiv f. bürg. Recht, Band X, S. 1 ff., nochmals abgedruckt im Archive für praktische Rechtswissenschaft, Bd. 18, S. 228 ff.). — Vgl. auch Jacobi, Das persönliche Eherecht des B.G.B. Berlin 1899, 2. Aufl. S. 40 ff. und Buhl, Nichtigkeit und Anfechtbarkeit der Ehe nach dem B.G.B., Heidelberg 1899 (in den Festgaben für Bekker).

Diesen letzteren Ausdruck, den noch die erste Lesung kannte, meidet das Bürgerliche Gesetzbuch. Er ist auch aus der Civilprozeßordnung im Eherechte ausgemerzt worden, woselbst er den Gegensatz der Nichtigkeit bezeichnete (vgl. C.P.O. 568 ff.).

Eine Unebenheit der Redeweise unserer bisherigen Wissenschaft lag jedenfalls darin, daß man die nichtigen Ehen von den ungültigen Geschäften anderer Art unterschied, sonst aber die nichtigen Geschäfte als Unterart der ungültigen behandelte.

Schließlich hat aber doch das Bürgerliche Gesetzbuch den Ausdruck Gültigkeit mehrfach gebraucht (122, 307, 308), so daß man es sich nicht wird nehmen lassen, auch seinen Gegensatz nach wie vor mit dem Worte „Ungültigkeit“ zu kennzeichnen.

Im Verkehrsleben nennt man freilich auch solche Geschäfte ungültig, die rechtlich wirksam sind, aber dennoch bei dem Publikum nichts gelten, wie z. B. die Verträge eines Zahlungsunfähigen oder die Unterschrift eines gewissenlosen Betrügers.[1]) Der Jurist wird nach wie vor diesen Sprachgebrauch zu meiden haben und bei der „Gültigkeit“ immer nur an die von der Rechtsordnung verliehene Gültigkeit denken müssen und ebenso bei der Ungültigkeit an die von der Rechtsordnung versagte Kraft.

Als ein Ausdruck, der noch weiter greift als die Gültigkeit, ist überall das Wort „Wirksamkeit“ gewählt.[2]) Es bezeichnet ebensowohl die Vollendung des Geschäftsaktes (130, 131), wie den nachträglichen Hinzutritt einer fehlenden Zustimmung (108, 177, 182, 185), wie die Abwesenheit der Mängel, die das Geschäft unwirksam oder nichtig machen (115, 137, 165). Auch die Unempfindlichkeit gegen scheinbare Tilgungsgründe (2161) und das Wiederaufleben des entkräfteten Geschäfts (2258) werden als „Wirksamkeit“ gerühmt. Das anfechtbare Geschäft ist daher in der Redeweise des Gesetzbuches vorläufig wirksam, bis die Anfechtung geschieht,[3]) aber trotzdem im Sinne der §§ 122, 307 nicht gültig.

Die Redeweise der Verfasser des Gesetzbuches ist sich hierbei nicht

---

[1]) Die Römer reden in solchen Fällen von nomina non idonea. Dig. XXII, de usuris fr. 11 pr.

[2]) Die Ausdrücke Wirksamkeit und Unwirksamkeit sind nach dem im Texte Gesagten keine unbedingten Gegensätze, ebensowenig wie Lust und Unlust, Tugend und Untugend u. dergl. Vgl. hierzu auch Franz Leonhard in Iherings dogm. Jahrb. XLI, 41 ff.

[3]) Daß hierzu § 219 der Reichskonkursordnung nicht paßt, wurde schon oben bemerkt, S. 432 Anm. 1.

ganz treu geblieben. Zunächst wollte man die anfechtbaren Geschäfte als gültige ansehen. Da ihnen ein vorläufiger Rechtsschutz gewährt wird, hielt man es für nicht unbedenklich, sie ungültig zu nennen. Man betrachtete sie vielmehr als „einstweilen gültig", K.Prot. I, 106. (Aehnlich Mot. 219.)

Deshalb wurde die Redeweise des ersten Entwurfes (108 ff.) gestrichen, welche die nichtigen und die anfechtbaren Geschäfte mit dem gemeinsamen Namen „ungültig" bezeichnet hatte. Dem ließ sich freilich entgegensetzen, daß die Scheu vor der drohenden Anfechtung solchen Geschäften im Verkehrsleben thatsächlich ihre Geltung raubt, so daß sie in einem derartigen Sinne auch „einstweilen" nicht gelten.

Diese Erwägung scheint dann dazu geführt zu haben, in 122 das Wort „Gültigkeit" als Gegensatz der Anfechtbarkeit zu gebrauchen, so daß es dieser Fassung des Textes gegenüber nicht unerlaubt erscheinen kann, auch in Zukunft Nichtigkeit und Anfechtbarkeit in alter Weise als „Ungültigkeit" zusammenzufassen.

Die Ausdrücke mangelhaft[1]) und fehlerhaft[2]) eignen sich deshalb nicht als Zusammenfassungen der nichtigen und der anfechtbaren Geschäfte, weil sie auch die unvollständigen und mißglückten Verhandlungen in sich schließen, deren Unverbindlichkeit selbstverständlich und von keiner Rechtsvorschrift abhängig ist,[3]) während bei nichtigen und anfechtbaren Geschäften die Rechtsordnung es ist, die den Mangel bestimmt und ihn auch außer Betracht lassen kann, wenn sie es will.

Die kraft Rechtsvorschrift mangelhaften Geschäfte meint man also, wenn man in der Rechtssprache von ungültigen Akten redet.

b) Die Willensmängel insbesondere.

§ 97.

1. Begriff. Das Wort Willensmangel leidet unter einer doppelten Zweideutigkeit.[4]) Zunächst heißt Mangel einmal das Fehlen oder die Abwesenheit einer Sache (vgl. K.Prot. I, 140) und zweitens die Fehlerhaftigkeit oder Mangelhaftigkeit einer vorhandenen Sache.[5])

---

1) Regelsberger 681 ff., Kuhlenbeck 325 ff.

2) Jacobi, Archiv f. civ. Pr., Bd. 85 S. 51 ff.

3) Cosack 155 rechnet zu den mangelhaften Geschäften auch die Verlöbnisse, weil sie nicht klagbar sind, die mündlichen Miethsverträge auf mehr als ein Jahr, weil sie nur so lange gelten, und dergl.

4) Vgl. Zitelmann 110 (mangelnder oder mangelhafter Wille) und bei Neumann 54 einen allgemeinen Begriff des Willensmangels.

5) Man vgl. z. B. die Ausdrücke „Geldmangel" und „Viehmängel."

Ebenso aber bezeichnet das Wort „Wille" vornehmlich zweierlei: den aus einer Erklärung ersichtlichen Gedanken, daß etwas sein soll (erklärter Wille),[1]) und den dieser Erklärung vorangegangenen inneren Gedanken (unausgesprochener Wille). Auch da, wo diese beiden Willen in ihrem Inhalte übereinstimmen, stellen sie zwei verschiedene Thatsachen dar, von denen die eine der andern nachfolgt.

Daher bezeichnet das Wort „Willensmangel" sowohl Mängel des Willensinhalts, als auch Mängel der Willensbildung und deshalb vier verschiedene Dinge:

a) das Fehlen eines geäußerten Willensinhaltes,
b) die Mangelhaftigkeit eines geäußerten Willensinhaltes,
c) das Fehlen eines inneren unausgesprochenen Willens,[2])
d) die Mangelhaftigkeit einer inneren Willensbildung.

II. Das Fehlen eines ausgesprochenen Geschäftswillens kann den Erklärungsakt oder den Erklärungsinhalt betreffen.

Das erste ist z. B. der Fall, wenn ein Brief an eine falsche Adresse abgegeben ist. Eine Erklärung an den richtigen Adressaten ist hier nicht zu Stande gekommen, nur der trügerische Schein einer solchen.

Anders, wenn ein Erklärungsakt vorliegt, aber der erklärte Inhalt eine Lücke hat. Diese Lücke kann einen einzelnen Punkt und eine ganze Erklärung betreffen.

Fehlt ein wesentlicher Punkt, ist z. B. in einem Miethsformular der Miethspreis nicht ausgefüllt, so ist das Geschäft weder unwirksam, noch nichtig, noch anfechtbar, sondern es liegt wegen Unvollständigkeit überhaupt gar kein Geschäftsabschluß vor (s. oben S. 425 II).

---

[1]) Dieser Wille ist im Wesentlichen identisch mit dem oben durchweg so genannten „Geschäftsinhalte."

[2]) Zitelmann 87 unterscheidet mit Recht bei dem unausgesprochenen Willen das Wollen der Erklärung und das Wollen des Erklärten. Das „Wollen des Erklärungsinhalts" ist aber nicht zu verwechseln mit dem „Wollen der Geltung eines Erklärungsinhalts," was auch für solche Fälle möglich ist, in denen der Erklärende den Inhalt nicht kennt und ihn also auch ungewollt in den Kauf nimmt, weil er jedenfalls zu dem Inhalte stehen will, selbst wenn er etwa seinen Wünschen nicht entsprechen sollte. Man darf übrigens nicht übersehen, daß hier nicht etwa vier verschiedene Willen vorliegen, von denen der eine sich auf die Erklärungshandlung richtet, der zweite auf den Erklärungsinhalt, der dritte auf dessen Geltung und der vierte auf den angestrebten Geschäftserfolg; vielmehr will die Partei ein Einziges, nämlich den Eintritt einer Causalreihe, in der die vier Dinge hinter einander entstehen (Erklärungshandlung, Erklärungsinhalt, Erklärungsgeltung, Geschäftserfolg).

Ein völliger Mangel eines aus der Erklärung ersichtlichen Willens zeigt sich bei dem offenkundig nicht ernstlich gemeinten Geschäft, also auch bei einem solchen klar erkennbaren Irrthume, der den erklärten Geschäftswillen ausschließt.[1])

So, wenn der Geldbriefträger aus einer Post-Anweisung einem falschen Empfänger zahlt, der die Verwechslung merkt, aber sich gefallen läßt. Hier fehlt der gültige Erklärungsinhalt.

Wer das Gesagte offenbar nicht will, dessen Erklärung hat den Sinn, daß er keinen Rechtserfolg wolle.[2])

Das Gleiche gilt aber auch von jeder Erklärung, aus der der Mangel der Ernstlichkeit ersichtlich ist, z. B. einer rechtsgeschäftlichen Erklärung auf der Bühne im Vortrage einer Rolle, ein Lehrbeispiel und dergl.[3])

Hier fehlt zwar nicht eine Angabe darüber, was gelten soll, sondern was noch weit wichtiger ist, die Bestimmung, daß das Erwähnte gelten soll.

Ein solcher dem Empfangsberechtigten erkennbarer Mangel des Willens, ein Rechtsgeschäft abzuschließen, kann nicht blos auf einem Irrthume beruhen, sondern auch auf Absicht, und zwar entweder auf Täuschungsabsicht (bei der ungeschickten Mentalreservation s. unten V) oder auf der Absicht zu scherzen oder eine rein gesellschaftliche Zusage ohne Rechtszwang abzugeben.[4]) Wird eine solche Absicht von dem Empfänger der Erklärung erkannt, so kommt die Gültigkeit des Geschäfts gar nicht in Frage, weil ein Thatbestandsmoment fehlt. Ob der Empfänger der Erklärung mit ihrem Mangel an Ernstlichkeit einverstanden war (117), ist gleichgültig, sobald er sie als solche er-

---

[1]) Auf ihn bezieht sich 119 nicht.

[2]) Man darf hier wie sonst die nachträgliche Reue über ein unbesonnenes Geschäft nicht mit dem vorher fehlenden ernstlichen Willen verwechseln. Matthiaß 185 Anm. 1. Jene Reue ist rechtlich völlig unerheblich; vgl. auch Endemann 297. Zweifelhaft ist freilich der Fall, in dem jemand etwas zwar ernstlich will, aber offenbar unüberlegt. So wenn jemand sich ein Bauwerk bestellt, ohne sich über dessen Zweckwidrigkeit und Kostspieligkeit klar geworden zu sein, während der Empfänger der Bestellung dies erkennen muß. M. E. gebieten Treu und Glauben, auch solche Aeußerungen den nicht ernstlichen gleichzustellen. Doch ist dies sehr zweifelhaft.

[3]) Der Mangel der Ernstlichkeit ist eine Unterart des Mangels der Geschäftsabsicht. Zitelmann 111 sondert beides.

[4]) Sog. „höfliche Redensart“ siehe Planck 168, z. B.: „Betrachten Sie mein Haus als das Ihrige.“

kennt. Selbst wenn er sie mißbilligt, kann sie nicht gelten, weil sie eben keine Rechtsgeschäfts-Erklärung ist.

Der Jurist redet in solchen Fällen von einer Simulation, während der Nichtjurist unter Simulation in der Regel einen Betrugsfall versteht. Ein Betrug gegen Dritte ist aber dem simulirten Geschäfte nicht wesentlich, wenn er auch bei ihm möglich ist. Er fehlt z. B. bei dem Scheingeschäfte auf der Bühne oder der Erklärung zum bloßen Lehrzwecke. Er liegt aber andererseits vor, wenn eine Veräußerung zum Scheine erklärt ist, um ihren Gegenstand den Gläubigern des Veräußerers zu entziehen.[1])

Bei allen diesen Geschäften, sofern sie einem Andern gegenüber abzuschließen sind, fehlt der erklärte Rechtsgeschäfts-Wille oder, was dasselbe ist, die Willenserklärung. Was erklärt ist, ist kein Geschäftsinhalt, sobald man es richtig auslegt. Der Inhalt der simulirten Erklärung ist und bleibt nicht vorhanden. Nur der Wortlaut eines Geschäftes liegt vor, nicht sein Sinn. Blos für den Dritten, der den Sinn nicht kennt, ist ein scheinbares Geschäft vorhanden, für die Partei, der die Erklärung als eine nicht ernst gemeinte, also nicht als wahre Geschäftserklärung entgegentritt, nicht einmal dieses.

Das bürgerliche Gesetzbuch stellt diese als nicht ernstlich erkennbare Erklärung mit der anderen, die den Schein der Ernstlichkeit erwecken muß, aber nicht erwecken soll, in 118 grundsätzlich auf eine Linie. Es unterscheidet also nicht, ob der Erklärungsempfänger den Ausdruck eines ernstlichen Willens empfangen hat oder nicht, sofern nur der Erklärende glaubte, daß der andere Theil den Mangel der Ernstlichkeit nicht erkennen werde. So bestimmt das Gesetz im Einklange mit der bei seiner Abfassung herrschenden Lehre, nach der eine jede Erklärung ohne gewollten Inhalt im Zweifel nichtig sein soll.[2])

Zugleich fühlte aber der Gesetzgeber das Bedürfniß, Parteien,

---

[1]) Was dem Empfänger der Erklärung erkennbar werden soll, kann einem Dritten verborgen werden sollen; vgl. Matthiaß 186.

[2]) Der Verfasser würde auch von seinem entgegengesetzten Standpunkte für das gemeine Recht dann keinen Geschäftsabschluß annehmen, wenn der Ernstlichkeitsmangel erkennbar war, daher dann auch keine Entschädigungspflicht des Erklärenden, wie sie ja ebenfalls das Gesetzbuch nach 122, 2 bei Erkennbarkeit des Ernstlichkeitsmangels ausschließt. Wo der Mangel aber nicht erkennbar war, würde der Verfasser nach gemeinem Recht ein vollgültiges Geschäft annehmen, während das Gesetzbuch hier Nichtigkeit mit Entschädigungspflicht festsetzt.

die solche unzuverlässige Erklärungen erhalten haben, gegen Schäden zu sichern. (Näheres siehe unten § 103.)

Das Gesetzbuch schickt im Uebrigen in 117 die einem Andern gegenüber mit dessen Einverständnisse zum Scheine abgegebene Erklärung den andern nicht ernstlichen Erklärungen ohne Täuschungsabsicht voraus und schließt damit für sie von vornherein jeden Gedanken an Entschädigungsforderungen aus, die in der That hier keinen Sinn haben würden.

Die K.Prot. I, 96 nennen die in solcher Weise, d. h. im Einverständnisse mit dem andern Theile, simulirte Erklärung ein „Scheingeschäft“ [1]) und heben ausdrücklich 97 hervor, daß es nur bei empfangsbedürftigen Erklärungen vorkommen könne.

Dies Letztere paßt jedoch nur auf das sog. verdeckte Geschäft, z. B. die durch einen Scheinverkauf verschleierte Schenkung. Hier liegen zwei Erklärungen vor: eine scheinbare ohne alle Kraft und daneben eine ernstliche, die hier ebenso gültig ist, wie bei jeder andern Gelegenheit.[2]) Einen solchen Vertrag kann man sich freilich nicht anders als bei empfangsbedürftigen Erklärungen und mit Einverständniß des andern Theiles denken. Wollte man dieses Geschäft erwähnen, so mußte der Fall des 117 aus der allgemeinen Gruppe der nicht ernstlichen Geschäfte besonders herausgehoben werden.[3]) Sonst hätte man sich seine Erwähnung auch wohl ersparen können, da der Inhalt des 117 selbstverständlich ist. Immerhin läßt sich aber seine besondere Abfassung dadurch rechtfertigen, daß er in seinem Gebiete Nichtigkeit anordnet und nicht „Unwirksamkeit“, an die man hier sehr wohl hätte denken können. Die praktische Bedeutung hiervon (Anwendbarkeit der §§ 140, 141 B.G.B.) ist oben dargelegt (S. 433 ff.).

Wird der Antrag, ein Scheingeschäft abzuschließen, von der andern Seite mißverstanden und ernst genommen, so liegt ein sog. mißlungenes Scheingeschäft vor, das unter 118 fällt.[4])

Alle Geschäfte, die wegen Ernstlichkeitsmangel nichtig sind, vertragen in derselben Weise, wie andere nichtige Geschäfte, Bestätigungen.

---

[1]) In offenem Widerspruche mit der bisherigen Redeweise, die jedes, auch das nicht empfangsbedürftige simulirte Geschäft als Scheingeschäft bezeichnet. Ob den Protokollen eine Umwandlung dieser Redeweise gelingen wird, ist abzuwarten.

[2]) Von der Konversion unterscheidet sich dieser Fall dadurch, daß hier das thatsächlich Erklärte nicht in erster Linie gewollt ist.

[3]) Vgl. Cosack 202. Mot. II, 93.

[4]) Vgl. Denkschrift 31.

Man nehme z. B. an, daß Jemand einem andern seine Hypothek zum Scheine abgetreten hat, um sie dem Zugriffe der Gläubiger zu entziehen. Nachher verabreden die Parteien aus Furcht vor einer Aufdeckung ihres unlautern Verhaltens, vielleicht sogar aus Reue, das Geschäft gelten zu lassen. Hier ist 141 am Platze. Eine bestätigende Wiederholung liegt vor und hat im Zweifel eine rückwirkende Verpflichtungskraft.

Bei Eheschließungen wird der Sinn der Parteierklärung nicht blos vom Standpunkte des Vertragsgenossen ausgelegt, sondern auch von demjenigen des Standesbeamten, dem sie ebenfalls gilt.[1] Das Bürgerliche Gesetzbuch erkennt dies dadurch mittelbar an, daß es die nur unter den Parteien vereinbarte Simulation unter den Nichtigkeitsgründen der Ehe nicht aufführt (1323—27).

Ein von den Parteien simulirtes Geschäft kann redliche Dritte schädigen, die auf seinen Inhalt vertrauen.[2] Diese sind lediglich durch die allgemeinen Vorschriften zu Gunsten redlicher Dritter geschützt. Besondere Vorschriften für betrügerische Simulationen hat das Bürgerliche Gesetzbuch absichtlich vermieden (Mot. 192).

Eine ausdrückliche Ablehnung des Schutzes redlicher Dritter gegen die Folgen von Betrügereien, die sich nicht wider sie, sondern wider andere richteten, findet sich in den K.Prot. I, 97 (Mot. 192).[3]

Kein Scheingeschäft ist das fiducicarische Geschäft,[4] bei dem die Partei ein stärkeres Mittel verwendet, als der Geschäftszweck unbedingt verlangt, z. B. zum Pfandzwecke Eigenthum überträgt. Hier

---

1) Vgl. Cohn 88: „Ihr gingt aufs Standesamt zum Schein, müßt dennoch Eheleute sein." Riedel 485, Hölder 256: „Ist sie (die Ehe) formrichtig vollzogen, so kann sie nicht eine nur zum Scheine gewollte sein." Betheiligt sich aber der Standesbeamte an einer beiderseits gewollten Eheschließungskomödie, so ist fraglich, ob eine Eheschließung überhaupt vorliege. Vergl. hierzu auch Matthiaß 189 Anmerkung 1 und Regelsberger S. 517 Anm. 10.

2) A. veräußert seine Juwelen zum Schein an B., damit sie nicht von dem Gerichtsvollzieher gepfändet werden. B. verkauft und übergiebt sie an C.

3) Anders empfanden in dieser Hinsicht die Römer. Dig. XLIV, 4 fr. 2 § 2 neque enim quaeritur, adversus quem commissus sit dolus. Vgl. hierzu Cosack 203, Fischer=Henle 4 zu 117 erwähnt als Fälle, in denen das Scheingeschäft aus besonderen Gründen im Verhältniß zu Dritten wirksam sein kann 172, 405, 892, 893, 932 ff., 1032, 1207; vgl. auch 171, 172 (Endemann 297) 576 (Bendix 131). Ueber die Simulationseinrede des debitor cessus siehe Rehbein 485.

4) Vgl. z. B. Dernburg, Recht der Schuldverhältnisse, S. 304.

wird genau dasselbe erklärt, was später gelten soll,[1]) die Einräumung eines Rechtes und das Nebenversprechen des Erwerbers, es nur in einem bestimmten Sinne auszuüben.[2])

III. Die Mangelhaftigkeit des erklärten Willens ist oben bei der Auslegung besprochen (S. 358 ff.).

IV. Der Mangel einer inneren Willensbildung bei dem Geschäftsabschlusse kommt in doppelter Hinsicht in Betracht.

a) Als Mangel des Bewußtseins oder der dauernden Willensfähigkeit bei dem Erklärungsakte (s. oben S. 270 ff.).

Dieser Mangel ist in der Regel ein Nichtigkeitsgrund und nur ausnahmsweise ein Grund zur Anfechtung (1331).

Ueber hinkende Verträge s. oben S. 337 ff.

b) Als Mangel eines innerlich beabsichtigten Geschäftsinhaltes.

Wir unterscheiden hier:

α) Bei einer zweideutigen Erklärung Fälle, in denen eine innere Absicht fehlt, die an die Stelle des unausführbaren, lückenhaften Inhaltes der abgegebenen Erklärung treten kann (s. oben S. 359). So wenn der Vermiether zweier Wohnungen eine einfache Wohnungskündigung erklärt, in Wahrheit aber keine von beiden, sondern ein Darlehnskapital kündigen wollte. Dies ist der Fall der berühmten Stelle Dig. XXXIV, 5 fr. 3 s. oben S. 359.

Das Gesagte ist im Bürgerlichen Gesetzbuch zwar nirgends bestimmt, ergiebt sich aber daraus, daß unausführbare Geschäfte auch bei uns nicht verwirklicht werden können. Es ist dies eine Art von Naturnotwendigkeit und gilt, mag es dem Gesetzgeber gefallen oder nicht.

β) Bei unzweideutigen Willensäußerungen ist ein Rechtsakt auch dann unwirksam, wenn er in einer der den Rechtsgeschäften ähnlichen nicht wahrnehmungsbedürftigen Rechtshandlungen besteht, (s. oben S. 258 ff.), also: Besitzergreifung, Verarbeitung, Wahl des Wohnsitzes und dergl. Hier gilt nicht das, was man äußert, aber

---

[1]) A.M. Endemann 300.

[2]) So Cosack 204. Dies Geschäft ist neuerdings viel behandelt worden. Bendix 131 rechnet dazu auch die Bestellung des procurator in rem suam, m. E. mit Unrecht, da dieser in seinen Befugnissen nicht beschränkt wird. Vgl. von Lang im Archiv für civilistische Praxis Bd. 83 S. 336 ff. Dreyer in den Beiträgen zur Erläuterung des Deutschen Rechts Bd. 40 S. 233 ff., 449 ff. u. a. Riedel 510 unterscheidet es von dem Treuhänderverhältnisse des 1189 u. Art. 17 W.O. Auch mit dem „Umgehungsgeschäft" oder „Schleichgeschäft," das in fraudem legis geschieht, ist das simulirte nicht zu verwechseln. Rehbein 128, Cosack 205.

nicht will. Hier gilt vielmehr nur das Gewollte. Wer statt eines Rebhuhns aus Kurzsichtigkeit eine Krähe schießt, die er schlechterdings nicht haben will, erwirbt sie nicht, falls er sie sich nicht besonders aneignet. Anfechtungen wegen Willensmangels sind bei solchen Rechtshandlungen völlig überflüssig. Für sie gilt nach wie vor unbestritten der Grundsatz, daß die ihrem Inhalte nach nicht gewollte Aeußerung unwirksam ist.

Dagegen ist diese Lehre für unzweideutige wahrnehmungsbedürftige Willenserklärungen angefochten und soll im Folgenden untersucht werden.

V. Willensdogma und Erklärungstheorie.

Man streitet, ob die Gültigkeit unzweideutiger wahrnehmungsbedürftiger Aeußerungen (um diese handelt es sich allein) von dem inneren Willen des Erklärungsinhalts abhänge. Der Streit bezieht sich auf das bisherige Recht und auf das Bürgerliche Gesetzbuch.

Man spricht hier von zwei entgegengesetzten Theorien, dem sog. Willensdogma „Der nicht gewollte Erklärungsinhalt gilt nicht“[1]) und der sog. Erklärungstheorie: „Der unzweideutige Inhalt einer abgegebenen Erklärung gilt, auch wenn er nicht gewollt ist.“[2])

Nur in diesem Sinne ist das sog. „Willensdogma“ bestritten. Daß jede Erklärung nur um des Willens wegen, der dahinter steht, geschützt wird, nicht um ihrer selbst willen, ist unangefochten, ebenso wie der Grundsatz, daß der Gesetzgeber Willensmängel einer Partei so viel wie möglich beachten muß, insofern nicht dadurch der Verkehrssicherheit und dem berechtigten Schutze der Mitmenschen Abbruch geschieht.[3])

---

[1]) Dieser Grundsatz findet auch nach dem B.G.B. noch Vertreter, vgl. z. B. Kuhlenbeck 408, Kaufmann 101.

[2]) Leider werden die Worte „Willensdogma“ und „Erklärungsinhalt“ vielfach auch im andern Sinne gebraucht. Das Gebiet der Wissenschaft gleicht hier einem vom Nebel der Mißverständnisse verdunkelten Schlachtfelde auf dem Freund und Feind versehentlich auf die eigenen Leute schießen. So bekämpft z. B. Enneccerus 255 Anm. 2 angeblich die „Erklärungstheorie“ mit Anschauungen, die vielleicht andere als Ausdruck der Erklärungstheorie bezeichnen würden. Engelmann 102 nennt den Verfasser dieses Buches mit Bähr in einer Linie als Vertreter derselben Theorie, wozu zu bemerken ist, daß Bähr ursprünglich auch solche Erklärungen gelten lassen wollte, die nicht von der Partei abgegeben sind (vgl. dagegen den Verfasser, Der Irrthum als Nichtigkeitsgrund Berlin 1889 5, 9). Enneccerus 125 giebt den Unterschied zwischen der reinen und der gemäßigten Erklärungstheorie zu. Letztere weicht sachlich kaum von dem gemäßigten Willensdogma ab. Beide Ansichten kommen sich auf halbem Wege entgegen.

[3]) Wer in dieser Hinsicht das Willensdogma gegen seine angeblichen Gegner vertheidigt, reitet gegen Windmühlen an.

Für das Gebiet der sog. Mentalreservation ist ferner die sog. Erklärungstheorie allgemein anerkannt (s. unten Nr. V). Es giebt aber neben der eigentlichen dolosen Mentalreservation eine kulpose und kasuelle. Zur letzteren gehört namentlich der durch Irrthum veranlaßte Mangel des Willens, den Geschäftsinhalt gelten zu lassen.

Man hat die Unerheblichkeit solcher Hintergedanken vielfach auf einen sittlichen Grundsatz zurückgeführt,[1]) nämlich auf die Pflicht, an seinem Worte festzuhalten. Die Erfahrung hat aber gelehrt, daß dieses Argument auf die Vertreter der entgegengesetzten Ansicht einen überaus geringen Eindruck macht, da dieses sittliche Gebot für den Inhalt des Rechtes geradezu als unmaßgeblich bezeichnet worden ist.[2])

Es ist aber ein anderer Gesichtspunkt, der hier durchschlägt: das eigene Interesse des Erklärenden selbst, das den Inhalt seines Willens bestimmt. Die rechtliche Bedeutsamkeit dieses Umstandes läßt sich nicht so leicht bestreiten wie diejenige des erwähnten Sittlichkeitsgebotes. Man verwechsle hier nur nicht den Willen, einer Erklärung einen bestimmten Inhalt zu geben (den Inhaltswillen) mit dem Willen, ihn gelten zu lassen (den Geltungswillen).[3]) Auf letzteren kommt es allein an. Er kann vorhanden sein, auch wenn der Inhaltswille aus Versehen fehlte. Er ist aber da vorhanden, wo Jemand einem andern einen Gedankeninhalt zukommen läßt, damit dieser sein Verhalten nach diesem Inhalte richte. Hier gilt die Erklärung deshalb, weil die Partei selbst es will, daß man die Zuverlässigkeit ihrer Erklärungen nicht anzweifle und dadurch ihren Kredit schädige. Namentlich will jeder Urheber einer unzweideutigen Auslassung, daß der andere Theil sich an seine Worte halte und nicht deren Ausführung durch die Ausflucht verzögere, es seien ihm von dritter Seite her nachträglich Zweifel an der Uebereinstimmung des erklärten Willens mit den Wünschen des Erklärenden entstanden. Die unzweideutige nach ihrem Inhalte ungewollte Erklärung gilt also nicht, weil der Empfänger ihr vertraut, sondern weil der Erklärende

---

1) Vgl. jetzt noch Cosack 200: „Das Gesetz stellt eben als leitende Regel auf: „nicht ein Mann ein Wille," sondern „ein Mann ein Wort." v. d. Pfordten 141. Manche halten diesen Gedanken für einen lediglich deutschrechtlichen, vgl. Cosack 200 und Riedel 319 nach Gierke, deutsches Privatrecht I S. 288 ff.

2) So vor allen Lotmar, Krit. Vierteljahrsschrift Bd. 25 S. 392.

3) Ueber diesen Unterschied des gewollten Inhaltes und der gewollten Geltung eines Inhalts siehe oben S. 456 Anm. 2.

selbst es im Zweifel so will.[1]) Man bedenke nur, daß Niemand einen Erfolg unmittelbar durch seine Erklärung hervorrufen will, sondern jeder nur durch den Eindruck, den er dem Empfänger erweckt, eine mittelbare Wirkung erstrebt. Er will also nichts Anderes gelten lassen, als was den erkennbaren Inhalt seiner Erklärung bildet.

Hieraus ergeben sich folgende Konsequenzen:

1. Der Name Erklärungstheorie ist aufzugeben.[2]) Was in der Erklärungstheorie wahr ist, ergiebt sich aus dem richtig gefaßten Willensdogma von selbst. Es ist nicht einmal eine Ausnahme,[3]) sondern eine Folge dieses Dogmas. Die Frage: „Wille oder Erklärung" war falsch gestellt. Die Erklärung gilt überall nur durch die Kraft des richtig ausgelegten Willens.

2. Auch der Name Vertrauenstheorie ist preiszugeben. Was an ihr zutreffend ist, gilt nicht, um das Vertrauen des Empfängers der Erklärung zu schützen, sondern dient dem richtig ausgelegten Willen des Erklärenden.

3. Das Willensdogma ist richtig zu formuliren. Es muß nicht heißen: „Keine Erklärung ohne gewollten Inhalt," sondern „Keine Erklärung ohne gewollte Geltung des Inhalts" mit dem Zusatze: „Die Zuverlässigkeit eigener unzweideutiger Erklärungen ist im Zweifel gewollt." Der Geltungswille entscheidet, nicht der Inhaltswille.

Diese Ausführungen sind unabhängig von den Rechtsquellen. Sie stellen nur die thatsächliche Meinung der Parteien durch Beobachtung fest. Sie sind aber auch für die Deutung des Gesetzes wichtig, weil anzunehmen ist, daß dieses so viel wie möglich den Parteiwillen gelten lassen werde. Wenigstens ist dies der Zweck, den der Schutz der Rechtsgeschäfte verfolgt.

Das Bürgerliche Gesetzbuch hat dies auch im Großen und Ganzen gethan. Gerade deshalb, weil hier Zweifel vorlagen, sind die Vorschriften über das streitige Gebiet um so bestimmter ausgefallen.

Der Ausgangspunkt für das Bürgerliche Gesetzbuch ist allerdings das Willensdogma, jedoch nur in dem weiteren Sinne, in dem dies

---

[1]) Für den Irrthum in der Vertretungsabsicht hatte dies schon die erste Lesung richtig erfaßt, vgl. Mot. 226, für die andern Irrthümer aber das Gegentheil bestimmt; vgl. Entw. I § 97 (in der zweiten Lesung gestrichen).

[2]) Der Verfasser bittet ihn in Zukunft nicht mehr als Vertreter der Erklärungstheorie anzuführen, sondern als Vertreter des in seinem Sinne richtig formulirten Willensdogmas.

[3]) So Enneccerus 125.

Dogma das Streben, Willensmängel möglichst zu beachten, bezeichnet und völlig unangefochten dasteht.

Im Uebrigen sucht das Gesetzbuch dem Streite zwischen Willensdogma und Erklärungstheorie auszuweichen. Es läßt seine Entscheidung offen.[1])

Es ist trotzdem die Gefahr vorhanden, daß jeder seine Ansicht aus dem dunkeln Texte herausliest.[2]) Bezeichnend ist, daß man ihn bereits ebensowohl als Anerkennung des Willensdogmas in der üblichen Form[3]) wie als Bestätigung der ihm entgegengesetzten Lehre[4]) gerühmt hat. Obwohl doch die Denkschrift ausdrücklich hervorhebt, daß das Gesetzbuch außerhalb und über diesem Meinungsgegensatze stehen will.

Und doch ist es eine wissenschaftliche Todsünde, bei der Darstellung einer fremden Meinung die eigene davon abweichende zu schildern.

Gegenstand der Forschung ist vielmehr zunächst die Ansicht der Gesetzgebungs-Kommission. Da jedoch diese das offene Bekenntniß abgelegt hat,[5]) daß das Gesetzbuch weder das Willensdogma noch die ihm entgegengesetzte Theorie grundsätzlich angenommen habe, so ist es eine rechtsgeschichtliche Unrichtigkeit, das Gegentheil zu behaupten.

Jedenfalls ist in ihm die Uebereinstimmung der Erklärung mit dem Wunsche des Erklärenden kein unentbehrliches Thatbestandsmerkmal des Geschäftsabschlusses, sondern namentlich da, wo sie wegen Irrthum fehlt, nur ein besonderer Anfechtungsgrund.[6])

---

[1]) Vgl. über die Möglichkeit einer „rein praktischen Fassung des Problems," Eck, Sammlung 42 und die dort Angeführten.

[2]) So lange dieser Trieb unbewußt bleibt, ist er verzeihlich, weil jeder seinem Vaterlande das Recht wünscht, das er für das heilsamste ansieht.

[3]) Rehbein 132, Müller und Meikel 84, Bendix 129. Richtig: Bunsen 81.

[4]) So früher der Verfasser Archiv f. bürg. R. Bd. 10 S. 18 u. f. prakt. R. W. Bd. 18 S. 245. Cosack 200.

[5]) Die K.Prot. I, 94 erklären, weder das Willensdogma noch die Vertrauensmaxime (Erklärungstheorie) sei vom Gesetzbuche anzunehmen. Ebenso K.Prot. I, 106. Denkschrift S. 30.

[6]) K.Prot. I, 259. „Es werde insbesondere hervorgehoben, daß in den Fällen mangelnder Willensfreiheit wegen Drohung und Betruges die rechtliche Wirkung des Thatbestandes nicht verneint werde, daß sie vielmehr ‚gehemmt‘ erscheine . . . Das Gleiche gelte jetzt von der Willensbeeinflussung durch Irrthum.“ In dem „jetzt“ liegt eine Konzession an die bestrittene Ansicht, daß es bisher anders gewesen sei.

Hieraus folgt, daß auch bei solchen Geschäften, bei denen nicht blos verlangt wird, daß die Parteien sich einigen, sondern daß sie wirklich einig sind, wie bei der Uebertragung beweglicher Sachen (929) und bei der Schenkung (516) die unzweideutige Erklärung zunächst gelten muß, selbst wenn sie dem eigentlichen Wunsche des Urhebers widerspricht, z. B. eine falsche Sache verschenkt ist, ohne daß der Empfänger es merken konnte. Denn im Zweifel sind beide darüber einig, daß das Wort des Gebers zunächst gelte und heilig gehalten werde, namentlich liegt dies in dessen eigenem Interesse. Natürlich bleiben dem Schenker seine besondern Anfechtungsrechte (119) vorbehalten.

Im Uebrigen ist es eine Selbsttäuschung der Verfasser des Gesetzbuches, wenn sie sich einbilden, dem Streite ausgewichen zu sein. Die Theorien, um die es sich handelte, waren rein praktische Rechtsanwendungsregeln. Jede Regelung ihres Gebietes mußte sie selbst berühren.

Darum hat das Gesetzbuch das Willensdogma in der herrschenden Form als allgemeingültige Regel ebenso verworfen, wie die sog. Erklärungstheorie.[1])

Es hat eine dritte neue Theorie aufgestellt, die man „Unterscheidungstheorie" oder „Dreigruppentheorie" nennen kann.[2]) Der ungewollte unzweideutige Erklärungsinhalt[3]) unterliegt einer dreifachen Behandlung:

a) Zuweilen ist er nichtig (116, 2, 118).

b) Zuweilen ist er gültig (116, 1 und in den Fällen, wo nach 119 die Anfechtung ausnahmsweise versagt wird).[4])

c) Zuweilen ist er anfechtbar (119, 120).

Bei dieser Spaltung hat die sog. Erklärungstheorie den Löwenantheil erhalten. Das Gesetz erklärt nämlich die wegen Irrthums ungewollten Erklärungsinhalte nicht für nichtig oder unwirksam, sondern nur für anfechtbar und zwar nur unter besondern Er-

---

[1]) Eine vermittelnde Stellung wird ihm mit Recht mehrfach zugeschrieben; vgl. Planck 166, Matthiaß 185, Weyl 223 ff.

[2]) Mit Rücksicht darauf, daß Nichtigkeit und Anfechtbarkeit nur zuweilen Schadensersatzpflichten begründen, gewinnt Zitelmann 112 sogar fünf Gruppen.

[3]) 117 gehört nicht hierher. Die Nichtigkeit folgt hier auch aus der Erklärungstheorie s. oben S. 458. Dies wird von Weyl 225 m. E. übersehen.

[4]) Diese Fälle läßt Rehbein 124 unerwähnt.

schwerungen für anfechtbar.[1]) Dies ist es, was die Erklärungstheorie einzig und allein wollte. Dem Irrenden besondere Anfechtungsrechte zu gewähren, war sie gern bereit.[2]) Treibend war für sie das Streben, den Geschäftsgenossen des Irrenden gegen Enttäuschung zu schützen. Da dies Ziel erreicht ist, (122) so kann die Erklärungstheorie um so eher von der Bühne der Wissenschaft des geltenden Rechtes abtreten. Ihre Aufgabe ist erfüllt.[3])

Die beiden singulären Zugeständnisse an die aus der ersten Lesung weggestrichene Lehre von der Ungültigkeit des nicht gewollten Inhalts, sind von verschwindender praktischer Bedeutung (116. 118). Es sind dies die durchschaute Mentalreservation und der nicht erkannte und auch nicht erkennbare Mangel an Ernstlichkeit ohne Täuschungsabsicht.[4])

VI. Die Mangelhaftigkeit der innern Willensbildung bei Geschäftsabschlüssen gewährt besondere Nichtigkeits- und Anfechtungsgründe. Hierher gehört:

a) Der durchschaute geheime Vorbehalt (reservatio mentalis). Eine Mentalreservation ist der verborgene Vorsatz, einen erklärten Geschäftsinhalt, insoweit er lästig erscheint, nicht auszuführen. Das

---

1) Vgl. Planck 168. Es nimmt sich seltsam aus, wenn manche die seltenen Fälle, in denen der ungewollte Erklärungsinhalt nichtig ist, als die Regel und die häufigen Irrthumsfälle, in denen er blos anfechtbar ist, als die Ausnahme hinstellen. Vgl. Leske 66, Riedel 320, Wanjeck 23, Engelmann 103. Von der Ansicht Endemanns (296 Anm. 9) über die Unanwendbarkeit des 119 bei Verträgen wegen Dissenses soll unten § 101 die Rede sein.

2) Namentlich hat auch der Verfasser sich in seinem Gutachten für den 20. Juristentag dafür erklärt, daß auch der Irrthum, dessen Abwesenheit nicht zur Geschäftsbedingung gemacht ist, Anfechtungsrecht geben solle, als Surrogat für die römische in integrum restitutio. Des Verfassers ältere Schrift „Der Irrthum bei nichtigen Verträgen" berührte diese Frage nicht, weil in ihr nur rechtsgeschichtlich-exegetische Ziele angestrebt wurden und nur die Nichtigkeit, nicht die Anfechtbarkeit der Geschäfte wegen Irrthums in Frage kam.

3) Die exegetische Behandlung des römischen Rechtes bleibt freilich ein Gegenstand für sich, der hier nicht erörtert werden kann; vgl. den (noch unveröffentlichten) Artikel consensus in Pauly-Wissowas Realencyklopädie der klassischen Alterthumswissenschaft.

4) S. über erstere unten V, a. Wird man nach 116 und 118 die Nichtigkeit des ungewollten Geschäftsinhaltes auch dann annehmen dürfen, wenn die Partcien einmüthig seine Geltung wollten? Ich nehme keinen Anstand, dies zu verneinen. Damit wird das kleine Gebiet der Geltung des unrichtig gefaßten Willensdogmas noch geringer, als es zuerst scheint. Einen andern Zweck als denjenigen, der herrschenden Lehre ein Zugeständniß zu machen, haben m. E. diese Vorschriften überhaupt nicht.

Bürgerliche Gesetzbuch bezeichnet sie als geheimen Vorbehalt, das „Erklärte nicht zu wollen." Es ist das nicht genau; denn ein Zechpreller, der sich ein Glas Bier bestellt mit der heimlichen Absicht, es nicht zu bezahlen, will nur einen Theil des Erklärten nicht. Er will nämlich, daß man ihm das Bier bringen müsse, will aber nicht bezahlen. Ein bloßes gegenwärtiges Nichtwollen braucht man sich überhaupt nicht vorzubehalten. Wenn man etwas nicht will, so geschieht dies ohne besondern Vorbehalt. Ein Vorbehalt kann sich nur auf ein zukünftiges Thun oder Unterlassen beziehen.

Alle derartigen Betrachtungen über die Ausdrucksweise des Bürgerlichen Gesetzbuchs ändern jedoch nichts daran, daß es hinsichtlich des Begriffs der (nicht durchschauten) Mentalreservation beim Alten bleibt.[1]) Die rechtliche Gleichgültigkeit der Mentalreservation ergiebt sich auch ohne 116 Satz 1 einfach daraus, daß die unausgesprochenen Gedanken des Erklärenden nicht mit zum Erklärungsakte, also nicht zum Thatbestande des Rechtsgeschäftes gehören.

Eine Ausnahme macht hiervon nach ausdrücklicher Vorschrift des Bürgerlichen Gesetzbuchs 116 Satz 2 die durchschaute Mentalreservation.[2])

Das Gesetzbuch will nicht, daß man eine unredliche Partei an ihrem nicht gewollten Geschäfte festhalte, wenn man zufälliger Weise weiß oder merkt, wessen Geistes Kind man vor sich hat.[3]) Ein Gastwirth, der also z. B. weiß, daß er einem Zechpreller gegenübersteht, darf diesem keinen Kredit geben. Es gilt für richtiger, daß er ihn abweist, als daß er bei dem späteren voraussichtlichen Streite um die Bezahlung eine occasio majoris tumultus giebt.

Dem römischen Rechte war dies fremd. Man könnte in der neuen Vorschrift eine verschärfte Ethik finden, die es mißbilligt, die

---

[1]) Auch der Scherz mit Täuschungsabsicht gehört hierher. Denkschrift 30, Rehbein 124. Es giebt auch eine wohlwollende Mentalreservation (vgl. Hölder 253, 254), wenn z. B. Jemand ein Darlehn mit heimlicher Schenkungsabsicht giebt. M. E. gilt auch hier nur das Erklärte.

[2]) Riedel 485 nennt sie „zweiseitige Mentalreservation."

[3]) Darum will wohl Bendix 129 das Sonderrecht des durchschauten Vorbehalts dann nicht gelten lassen, wenn ein zum Empfange der Erklärung befugter Richter ihn durchschaut, nicht aber eine Partei. Damit hängt die Frage zusammen, ob der Richter eine solche Erklärung entgegennehmen soll. M. E. ist sie zu verneinen. Auch der Standesbeamte soll m E. eine solche Erklärung nicht aufnehmen. Man nimmt freilich an, daß bei Eheschließungen das Recht des durchschauten Vorbehalts überhaupt nicht gelte. Bunsen 81, Cohn 37. Ein Nichtigkeitsgrund ist er hier freilich nicht.

Verschlagenheit eines Geschäftsgenossen mit gleicher Münze zu bezahlen. Die Vorschrift ist aber im Wesentlichen nur ein Zugeständniß an das herrschende Willensdogma.[1]) Die ungeschickte Mentalreservation die durchschaut wird, wird hiernach, was die Verbindlichkeit des Geschäfts betrifft, besser behandelt, als die geschickte. Jene soll gelingen, diese nicht (vgl. hierzu Mot. 192).

Bei Geschäften, die nicht sogleich erfüllt werden, wird hiernach eine Partei durch den Zweifel darüber, ob ihr heimlicher Vorbehalt durchschaut sei, in Rechtsungewißheit gerathen; diesen Nachtheil wird sie sich freilich selbst durch ihre Verschlagenheit zuziehen. Sollte übrigens in Zukunft ein Vertragsgenosse behaupten, daß er einen heimlichen Vorbehalt des andern Theils durchschaut habe und deshalb nach 116 nicht hafte, so wird ihm der Beweis dafür obliegen. Die Rechtsprechung wird gut daran thun, es mit diesem Beweise sehr streng zu nehmen, damit nicht das neue Recht unzuverlässigen Schuldnern eine wohlfeile Ausflucht gewähre.[2])

Bei Rechtshandlungen, die einer Wahrnehmung nicht bedürfen, wie Besitzergreifungen, Verarbeitungen, Auswahl eines Wohnsitzes u. dergl. kann von einem geheimen Vorbehalte ebensowenig die Rede sein, wie von einem offensichtlichen Scheingeschäfte. Fehlt hier der innere Wille, so fehlt ein Stück des Thatbestandes, das zu dem Geschäfte gehört. Hier soll das sog. Willensdogma in seiner schroffsten Form völlig unangefochten bleiben.

b) Die übrigen Mängel der Willensbildung, namentlich die Irrthumsfälle und die Drohung sind theils bereits erwähnt, theils im Folgenden noch näher zu erörtern.

c) Willensmängel von besonderer Bedeutung.

α) Der Irrthum bei Geschäftsabschlüssen.

αα) Die verschiedenen Formen des Einflusses eines Irrthums.[3]) Sog. unächte Irrthümer.

§ 98.

I. Der Begriff des Irrthums und der Verirrung. Ein error oder Irrthum im weiteren Sinne ist jede unerwünschte Ablenkung

[1]) Gegen sie auch Hölder 253.

[2]) Die Denkschrift 30 betont, daß bei dem geheimen Vorbehalt eine Schädigung dessen, der ihn durchschaut, nicht eintreten könne. Dies entschuldigt die Sondervorschrift, beweist aber nicht ihre Nothwendigkeit.

[3]) Vgl. Strohal, Jahrb. f. Dogmatik Bd. 34 S. 348 ff., 356 ff.

eines Seelenzustandes von seinem Ziele. Mit Recht unterscheidet man einerseits das äußerliche Hervortreten des Irrthums in einer Handlung (eine sog. Verirrung oder Irrung,[1]) auch Mißgriff oder Fehlgriff oder error in faciendo) und andererseits dessen innere Vorgeschichte, nämlich den Irrthum, der in einer unhaltbaren Vorstellung besteht, einer falsa opinio, in der Regel Irrthum schlankweg genannt, d. i. einem error in judicando,[2]) besser in cogitando, m. a. Worten die unrichtige Meinung im Gegensatze zur verkehrten Handlung.[3])

Dieser Gegensatz war auch den römischen Quellen in der Unterscheidung des errare de aliqua re und des errare in aliqua re nicht unbekannt. Jenes deutet auf die falsche Meinung hin, dieses auf den Mißgriff.[4])

Eine falsche Ansicht kann vorhanden sein, ohne daß ihr ein Mißgriff folgt. Dieser rein passive Zustand ist aber für die Rechtsgeschäftslehre ohne Bedeutung. Für diese interessiert die irrige Meinung nur, wenn ihr eine dadurch verursachte Erklärung, also ein Mißgriff, folgt; denn nur da, wo eine solche Erklärung in ihrer Gültigkeit angezweifelt wird, fragt der Jurist nach dem ihr vorhergehenden Seelenzustande.

Für die Rechtsgeschäftslehre giebt es also keine praktisch bedeutsame falsche Ansicht ohne einen dazu gehörigen Mißgriff.

Eins wird aber dabei neuerdings in der Regel übersehen (woraus eine sonst unnöthige Umständlichkeit des Wortlautes des § 119 hervorgegangen ist). Es ist dies die Thatsache, daß auch der error in faciendo niemals ohne einen vorhergehenden error in cogitando vorkommt. Man spricht gewöhnlich von einem Irrthum in der Entschließung im Gegensatze zu dem Irrthume in der Erklärungshandlung oder über die Erklärungshandlung.[5]) Dahinter steht aber eine quaternio

---

1) Vgl. namentlich Zitelmann 111, Kaufmann 103.

2) Eck, Sammlung 44.

3) Im Sinne der Erkenntnißlehre giebt es freilich strenge genommen überhaupt keine als richtig erkennbare Meinung (so richtig Kuhlenbeck 403); denn die Erkenntnißwerkzeuge des Menschen sind unvollkommen, und er weiß nicht, wie das, was er Wahrheit nennt, einem besseren Erkenntnißvermögen erscheinen würde. Im täglichen Leben aber versteht man unter Wahrheit nur das der denkbar besten menschlichen Erkenntniß dauernd Einleuchtende. Dies nennt man „richtig“ und alles Unhaltbare falsch, unwahr oder irrig. Diese vulgäre Redeweise ist auch die juristische, weil sich die Rechtspflege dem Schutze des täglichen Lebens anpaßt und ihre Ausdrucksweise daher mit der Volkssprache eine Fühlung suchen muß.

4) Vgl. hierzu des Verfassers Schrift: Der Irrthum bei nichtigen Verträgen 399 und daselbst insbesondere die Anmerkung über ältere Litteratur.

5) Vgl. z. B. Endemann 304, Monich 57, Matthiaß 190, der mit

terminorum; denn der Irrthum im Entschließen bedeutet eine falsche Meinung, der Irrthum in der Handlung einen Mißgriff; das Wort wird also dann in verschiedenen Bedeutungen verwendet, wenn man den Irrthum im Willen dem Irrthum in der Erklärung gegenüberstellen will. Bei dem Mißgriffe in der Erklärungshandlung, zu dem man die Fälle rechnet, in denen Jemand sich verspricht, verschreibt oder vergreift,[1]) ist immer ein falscher Gedanke der falschen That vorangegangen.[2]) Wer z. B. aus Zerstreutheit „zehn" statt „fünf" schreibt, hat in dem Augenblicke, ehe er die falsche Zahl schrieb, geglaubt, sie sei die für seinen Zweck angemessene, also eine irrige Meinung und einen verkehrten Willen gehabt. Sonst würde er sich nicht verschrieben haben. Die schreibende Hand bewegt sich nicht ohne einen treibenden Gedanken, ebenso wenig wie die redende Zunge oder der Finger, der auf eine falsche Sache zeigt.[3])

Wir sehen also, daß jeder Irrthum, mag er nun erst zuletzt bei dem Reden, Schreiben oder Bezeichnen des Geschäftsgegenstandes auftauchen oder schon früher der Seele des Handelnden einen ungeeigneten Willen einflößen, juristisch nur dann erheblich sein kann, wenn er ein Doppelversehen in sich schließt: ein irriges Meinen und ein nachfolgendes verkehrtes Handeln.[4])

Für das Recht ist daher der error in cogitando vom error in faciendo nicht weiter zu unterscheiden. Dies ist ausdrücklich für die

Anderen meint, daß hier die in bewußtem Zustande abgegebene Handlung dessen, der sich verspricht, in Bewußtlosigkeit geschehen und überhaupt nicht gewollt sei. Aehnlich Kaufmann 108, 107, Engelmann 106, Riedel 571, v. d. Pfordten 129 u. A. Wenn der Zerstreute ein Recht darauf hätte, als bewußtlos behandelt zu werden, so würde dies im Strafrechte z. B. bei Brandstiftungen aus Zerstreutheit zu sehr eigenthümlichen Folgerungen hinführen.

[1]) Hölder 259. Kuhlenbeck 405 bemerkt mit Recht, daß es so viele Formen des Versehens bei einer Erklärungshandlung giebt, wie Ausdrucksmittel vorhanden sind. Ist der Ausdruck mißrathen, so spricht man von einem „Verlautbarungsirrthume". Zitelmann 111, Matthiaß 190. Muskat in den Beiträgen z. Erl. des D.R. XLII, 770.

[2]) A.M. z. B. auch v. d. Pfordten 129, der die Fehler in der Denkoperation von denen im Ausdrucke grundsätzlich sondern will.

[3]) Vgl. Hölder 258 unter 4. „Dem den Entschluß bestimmenden Irrthum steht gleich ein Versehen bei der Ausführung." Es ist in der That nicht einzusehen, welchen Unterschied es machen soll, ob eine störende verkehrte Vorstellung ein wenig früher oder später in die psychologische Vorgeschichte des Erklärungsaktes eingreift.

[4]) Vgl. hierzu Hölder, Archiv f. civ. Pr. Bd. 80, S. 85. v. Jecklin, Der Entwurf in zweiter Lesung in den Beiträgen zur Erläuterung des D. Rechts XXXVI, 397. Burchardt ebenda XXXIX, 515.

Anfechtung wegen Irrthums ausgesprochen, weil nach 119 jeder, der bei der Abgabe einer Willenserklärung über deren Inhalt im Irrthume war, dem gleichstehen soll, der eine Erklärung dieses Inhalts überhaupt nicht abgeben wollte.[1])

Der Wortlaut dieser Bestimmung erweckt den Anschein, als sollten hier die beiden Fälle einander gleichgestellt werden, in denen der Irrende bei rechtzeitiger Aufklärung seiner falschen Ansicht entweder gar keine Erklärung oder eine andere abgegeben haben würde (zwei zweifellos gleichartige Fälle). Die Vorgeschichte aber belehrt uns darüber, daß sich das Gesetz gegen die Ansicht kehrt, die eine Irrung bei der Erklärung (Versprechen, Verschreiben und dergl.) von dem Irrthume bei der Entschlußfassung trennen und anders behandeln wollte.[2]) Dem entspricht auch die allgemeine Ansicht.

Der Gesetzgeber hat also die Gleichartigkeit beider Fälle richtig erkannt, und sie nur deshalb neben einander erwähnt, um ihrer Gleichstellung vorzubeugen, so daß es also keinen andern Zweck hat, sie weiterhin zu sondern, als denjenigen, die Umständlichkeit der Redeweise des 119 aus seiner Vorgeschichte zu erläutern.[3])

II. Die praktische Bedeutung einer irrigen Ansicht für die Mangelhaftigkeit der dadurch beeinflußten Geschäftsabschlüsse ist eine mannigfache.[4]) Man hat zuweilen die Ansicht geäußert, daß es unmöglich sei, diese verschiedenen Einflußformen zu einem Gesammtbilde zu vereinigen.[5]) In Wahrheit ist dies aber sehr wohl durchführbar und zur Vermeidung von Verwechselungen dringend nöthig.

Ein Irrthum kann die Vollständigkeit des Geschäftes hindern, er kann ferner dessen Unwirksamkeit wegen Ausfalls einer besonders gesetzten Bedingung nach sich ziehen, er kann drittens von Rechts wegen als Anfechtungsgrund oder als Nichtigkeitsgrund zugelassen sein oder endlich die Grundlage eines besonderen Wandlungs-, Minderungs-

[1]) Besser wäre „bei richtiger Aufmerksamkeit nicht abgegeben haben würde". Vgl. über die ursprünglich noch enger an Zitelmann angelehnte Fassung Eck, Samml. 45. Sie beweist ganz klar, worauf hier hingezielt werden sollte. Ein Seitenstück des 119 ist 1332.

[2]) Vgl. Regelsberger 509, Zitelmann in Bekkers und Fischers Beiträgen X, 149 und für die Beziehung der Vorschrift auf diesen Punkt Achilles zu 119, Bendix 132, Bunsen 84, Fischer-Henle 4 zu 119 u. A., besonders aber den Bericht bei v. Jecklin, Beiträge z. Erläuterung des D.R. XXXVI, 397.

[3]) Die Neuheit dieser Bestimmung (Riedel 576), erklärt sich aus der Neuheit der Unterscheidung, der sie entgegenzuwirken bestimmt ist.

[4]) Vgl. Rehbein 132, Hellmann 148 ff.

[5]) Vgl. Riedel 569 nach Savigny, Syst. III, 312.

oder Bereicherungsanspruches bilden, nach römischem Rechte auch eines Antrages auf in integrum restitutio.

Alle diese Fälle sind unter dem Gesammtnamen „beachtlicher Irrthum" zusammengefaßt (vgl. Mot. 197, K.Prot. I, 108).

Neben ihnen steht auch der rechtlich völlig gleichgültige, weil nicht beachtenswerthe Irrthum.

III. Der sog. unächte Irrthum. Nach Savigny, System III S. 441 sprechen die K.Prot. VI, 147 von einem „unächten" Irrthume. Darunter versteht man einen Irrthum, aus dem ein Willensmangel folgt, der das Geschäft nicht zu Stande kommen läßt.[1]) Die Wichtigkeit dieses Irrthums ist jedenfalls für zweideutige Erklärungen außer Zweifel. So z. B. wenn Jemand aus Versehen einen Rappen verkauft, der mehrere Rappen besitzt, in Wahrheit aber einen seiner mehreren Schimmel verkaufen wollte, wobei ungewiß ist, welcher gemeint ist. (Sonst könnte vielleicht die Regel: falsa demonstratio non nocet das Geschäft retten.)[2])

Solche Irrthümer heißen unächte, weil sie nur scheinbare, d. h. unächte Nichtigkeitsgründe sind; der wahre Grund der Mangelhaftigkeit der gepflogenen Verhandlungen ist ihre Unvollständigkeit und der Mangel eines zur Ergänzung geeigneten Willens. Auch wenn dieser Mangel nicht auf Irrthum beruhen würde, sondern auf einer Unlust, das Geschäft zu Stande zu bringen, so würde doch die unausführbare zweideutige Erklärung nicht gelten können.

Die Unächtheit dieser Irrthümer betrifft daher nicht ihre Eigenschaft als Irrthümer, sondern ihre Eigenschaft als Nichtigkeitsgründe. Die Möglichkeit derartiger Irrthümer ist auch bei den nicht wahrnehmungsbedürftigen Erwerbsakten (oben S. 259), namentlich der Besitzergreifung, anzunehmen. Fehlt hier der Wille, so gilt der Erwerb nicht. Ist ein Irrthum die Ursache des fehlenden Willens, so ist er auch hier ein blos scheinbarer (unächter) Nichtigkeitsgrund.[3])

[1]) Vgl. Rehbein 133: Wo unbewußt erklärt ist, was nicht gewollt ist.

[2]) Nach römischem Rechte half hier zuweilen auch der dem B.G.B. fremde Grundsatz, daß gegen den Käufer auszulegen sei. Dig. XVIII, 1 fr. 33 pr. Auch nach B.G.B. giebt es Fälle, in denen das Gesetz eine lückenhafte Erklärung ergänzt (vgl. z. B. 2084, Cosack 210). Hier braucht auf den inneren Parteiwillen nicht zurückgegriffen zu werden.

[3]) Der Ausdruck unächter Irrthum ist daher entbehrlich, wo er aber fortlebt, unter der Herrschaft des B.G.B. ebenso zu verwenden, wie vorher, nämlich als Namen für einen solchen rechtlich beachtenswerthen, willensausschließenden Irrthum, der dem Geschäftsabschlusse ein Thatbestandsmoment entzieht.

Unwesentlich oder „ächt" nannte man in der Juristenwelt vielfach jeden andern Irrthum, auch wenn er von rechtlicher Bedeutung war, z. B. eine condictio indebiti begründete.

Dem Sprachgefühle des Volkes ist es freilich völlig fremd, etwas unwesentlich zu nennen, was doch von praktischer Bedeutung ist.

Indem der Text des Bürgerlichen Gesetzbuches die Ausdrücke wesentlicher (unächter) und unwesentlicher (ächter) Irrthum vermeidet, schließt es sich der dem Volke fremdartigen Juristensprache nicht an.[1])

IV. Die Entschuldbarkeit des Irrthums ist im Bürgerlichen Gesetzbuch für die Kraft der Rechtsgeschäfte bedeutungslos. Bei dem sog. unächten Irrthume versteht sich dies von selbst. Wo der Thatbestand eines Geschäftsabschlusses fehlt, da kann ein solcher nicht angenommen werden, gleichviel, ob seine Lücken auf Schuld oder auf Zufall beruhen. Aber auch da, wo der Irrthum ein bloßer Anfechtungsgrund ist, entschuldigt das Gesetzbuch die natürliche Schwäche des menschlichen Geistes, die zu Irrthümern hindrängt, unbedingt und zwar um so mehr, als auch der entschuldbare Irrthum Schadensersatzpflichten mit sich bringen kann (s. unten § 102). Nur gegen unverständige Erwägungen ist das Gesetzbuch unduldsam (119 vgl. unten § 102).[2])

Darum ist auch der Satz des § 146 des ersten Entwurfes: „Das Kennenmüssen ist das auf Fahrlässigkeit beruhende Nichtkennen" als überflüssig und selbstverständlich gestrichen worden (K.Prot. I S. 188). Er findet sich freilich in 122 am Ende wieder.[3])

V. Der irrige Glaube an eine Thatsache und die irrige

---

[1]) Nur von wesentlichen Eigenschaften redet das Gesetzbuch beim Irrthume 119, 2 s. unten.

[2]) Vgl. v. Buchka 30, Cohn 38 „Irren ist menschlich". In andern Beziehungen ist die Entschuldbarkeit des Irrthums übrigens keineswegs gleichgültig, vgl. Enneccerus 189 (z. B. nicht bei der Frage, ob eine grobe Fahrlässigkeit vorliegt). Bei der Anfechtung wird selbst Rechtsirrthum beachtet (Cosack 208, Monich 56), jedoch wohl nicht ein Irrthum über die Rechtsfolgen des Erklärten. (Hölder 265, vgl. auch Cosack 209), also doch nicht jeder Rechtsirrthum. Vgl. auch das von Eck, Sammlung 44 angeführte Urtheil in Seufferts Archiv Bd. 29 Nr. 215 über die Unzweckmäßigkeit des ersten Entwurfes in diesem Punkte (Betonung des Grades der Fahrlässigkeit des Irrenden).

[3]) Vgl. Mot. I, 200. Wo der Irrthum den Thatbestand der Abrede ausschließt, z. B. in dem oben S. 473 Anm. 2 angegebenen Falle, da muß die Entschuldbarkeit gleichgültig sein. Im Uebrigen meint Regelsberger, Jahrb. f. Dogm. Bd. 40 S. 480, die Praxis müsse den unentschuldbaren Irrthum als unbeweisbar und daher im einzelnen Falle als unbewiesen ansehen. Ob dies geschehen wird, ist zunächst abzuwarten.

Unkenntniß einer solchen sind im Bürgerlichen Gesetzbuch nicht unterschieden. In der That ist jede Vorstellung einer falschen Sachlage mit der Unkenntniß der damit unvereinbaren wahren Sachlage verknüpft, z. B. der Glaube an den Tod eines Menschen mit der Unkenntniß seines Lebens und der Glaube an das Leben eines Verstorbenen mit der Unkenntniß seines Todes.[1]) So setzt sich jede irrige Meinung aus falschen Vorstellungen und Unwissenheit zusammen. Ein Gebot, beides zu unterscheiden, würde sich nicht durchführen lassen. Ein solches ist auch im Bürgerlichen Gesetzbuch nicht vorhanden.

ββ) Der Irrthum als Hemmniß eines vollständigen Geschäftsabschlusses (der Irrthum als Unvollständigkeitsgrund).

§ 99.

I. Der Irrthum als Hemmniß eines Erklärungsaktes kommt als Unvollständigkeitsgrund in Frage. So, wenn er bewirkt, daß die eine der Vertragserklärungen an einer falschen Stelle abgegeben wird, d. h. einer Person, der sie nicht bestimmt ist. Hier ist der Irrthum kein Geschäftsmangel, sondern der Geschäftsabschluß selbst fehlt. Um dies zu erweisen, kann jeder sich hier auf den vorgefallenen Irrthum berufen, ohne irgend eine Schadensersatzpflicht dadurch zu übernehmen.

Von einer Entschädigungspflicht dessen, der sich auf den Irrthum beruft nach 122, kann hier schon deshalb nicht die Rede sein, weil der Empfänger der Erklärung auf ihre Gültigkeit nicht vertrauen kann.

Gleichgültig ist hier auch, ob ein Geschäftsherr oder ein Vertreter den Irrthum angerichtet hat und im letzteren Falle, ob er den Inhalt der vom Vertreter angebahnten Verhandlungen oder die Weisungen des Geschäftsherren betrifft. 166 ist daher hier unanwendbar, da nicht die Folgen einer Willenserklärung vom Irrthum beeinflußt sind, sondern die Erklärung selbst nicht vollendet worden ist.

II. Der Irrthum hindert das Dasein eines ausführbaren Erklärungsinhaltes, wenn er eine zweideutige Aeußerung veranlaßt, die nicht aus dem inneren Willen ergänzt werden kann. So bei einem solchen Verkaufe eines nicht genau bestimmten Pferdes, bei dem jede Partei ein anderes meinte (versteckter Dissens 154). Das Geschäft ist hier nicht ausführbar und bedarf deshalb einer besonderen

---

[1]) A.M. anscheinend Kuhlenbeck 405, auch Hölder 258.

Anfechtung nicht.[1]) Daher trifft die Partei, welche die undeutliche Ausdrucksweise verschuldet hat, nicht die Schadensersatzpflicht des 122, der eine anfechtbare Erklärung voraussetzt. Was aber nicht ausführbar ist, ist auch nicht anfechtbar.

Eine besondere Vorschrift, die den schuldigen Urheber der zweideutigen Erklärung haftbar machen würde, ist im Bürgerlichen Gesetzbuch nicht vorhanden. Gegen sie würde sich übrigens nichts einwenden lassen.

In allen diesen Fällen ist es nicht der Irrthum, aus dem die Unvollkommenheit des Geschäftes folgt, sondern der fehlende Thatbestand eines ausführbaren Erklärungsinhaltes (sog. unächter Irrthum, s. oben S. 473).[2])

III. Der dem Erklärungsempfänger erkennbare Willensmangel wegen Irrthums (so wenn der Verkäufer aus Versehen ein Haus als Verkaufsgegenstand nennt, das er jedenfalls nicht meint) schließt den Thatbestand einer rechtsverbindlichen Erklärung ebenfalls aus, da alle Erklärungen nicht nach dem Wortlaute, sondern nach dem erkennbaren Willen zu deuten sind (133).

Die Erklärung hat, richtig ausgelegt, den Sinn, nicht gelten zu wollen. Ihre Geltung ist undenkbar. Es fehlt ein Stück zu dem Thatbestande des Geschäftes.

Auch hier würde man daher von einem „unächten", d. h. nicht um seiner selbst willen erheblichen Irrthume reden können.

In diesem Falle kann von einer Entschädigung dessen, der auf die gar nicht vorhandene Erklärung eines Geschäftswillens vertraut hat, nicht die Rede sein.

Diese überaus wichtige Beachtung des bei der Erklärung erkennbar hervortretenden Willensmangels ist leider keineswegs anerkannt. Es ist vielmehr vielfach die Ansicht vertreten, daß auch bei der Erkennbarkeit eines Nichtwollens, das auf einem Irrthume beruht, die nach ihrem Wortlaute vollkommene Erklärung zunächst gelte und nur nach 119 anfechtbar sei.[3]) Diese Ansicht zeigt sich namentlich in der

---

[1]) Vgl. oben S. 359.

[2]) Vgl. Cohn 38: „Irrthum, den rechten, kann man anfechten". In der ersten Lesung 44 heißt es: „Irrthum, den ächten, kann man anfechten", d. h. der unächte macht eine Anfechtung unmöglich. Die zweite Lesung enthält m. E. hier keine Verbesserung der ersten.

[3]) Vgl. Cohn 3: „Erkennbarer Irrthum ist auch Irrthum."

Form eines Streites darüber, ob bei erkennbarem Willensmangel die gewöhnlichen Anfechtungsfristen gelten.[1])

Wenn dies richtig wäre, so würde das Bürgerliche Gesetzbuch die strenge altrömische Verbalinterpretation, die es in 133 verworfen hat, in 119 für Irrthumsfälle wieder eingeführt haben. Es würde dann hier eine Aeußerung, die nach ihrem erkennbaren Sinne nicht gelten will, als zunächst gültiges Geschäft anzusehen sein und besonders angefochten werden müssen.

Ein solcher Rückfall in eine überwundene Kulturstufe ist jedoch ohne ausdrückliche Vorschrift nicht zu vermuthen. 119 bezieht sich vielmehr nur auf solche Aussprüche, die überhaupt nach ihrem Sinne Willenserklärungen sind (nicht blos nach dem Wortlaute), weil nur solche eine vorläufige Geltung haben können, die einer Anfechtung unterstellt werden kann. Nicht aber betrifft er Aeußerungen, aus denen ersichtlich ist, daß ihr Urheber einen Geschäftserfolg überhaupt nicht will.[2])

Mit dem Gesagten steht keineswegs im Widerspruche, daß auch ein erkennbarer Irrthum unter Umständen das Geschäft zunächst zu Stande kommen lassen und einen bloßen Anfechtungsgrund bilden kann. War ja sogar die Ansicht vertreten, daß die Erkennbarkeit des Irrthums zur Anfechtung nöthig sei, eine Ansicht, die allerdings verworfen worden ist.[3]) Es handelte sich dabei offenbar um eine Verwechslung der Erkennbarkeit des Irrthums mit der Erkennbarkeit des Willens, im Irrthumsfalle nicht gebunden zu sein. Nur wo die letztere Erkennbarkeit vorliegt, ist für diesen Fall eine ernstliche Geschäftserklärung nicht vorhanden. Ist dagegen der Irrthum erkennbar, seine Wichtigkeit für den Irrenden aber nicht, so liegt ohne Zweifel der Thatbestand eines zunächst verbindlichen Rechtsgeschäftes vor. So z. B. wenn Jemand einen Menschen als Schreiber annimmt und dabei in scheinbar zufälliger Weise erwähnt, gehört zu haben, daß dieser die französische Sprache

---

[1]) Vgl. die Ausführungen von Eck 49 gegen Strohal, insbesondere Eck's Beispiel, auch Endemann 310.

[2]) Mit der im Texte vertretenen Ansicht im Einklange ist Rehbein 148: „Wem ein Schuldschein so vorgelegt wird, daß sich darunter . . . ein anderer Schuldschein befindet, den er unwissentlich unterschreibt statt des darüber gelegten Schriftstückes, das er unterschreiben will, hat überhaupt nicht unterschreiben wollen, was er unterschrieben. Die Unterschrift ist Schein und ist rechtlich keine Willenserklärung".

[3]) K.Prot. I, 106 B.

beherrsche, ohne aber dabei erkennbar zu machen, daß er beabsichtige, ihn zu Uebersetzungsarbeiten zu verwenden. Hier liegt auch für den Irrthumsfall eine jedenfalls zunächst verpflichtende Erklärung vor.

γγ) Erfolglosigkeit eines Geschäftes wegen Irrthums nach dem Inhalte des erklärten Parteiwillens (der Irrthum als Unwirksamkeitsgrund.)

§ 100.

I. Anwendungsgebiet. Die Partei oder bei Verträgen die Parteien können bestimmen, daß ein Geschäft nur gelten solle, falls sie sich nicht über einen bestimmten Punkt irren sollten, z. B. falls ein Kurszettel, auf den sie Bezug nehmen, nicht einen Druckfehler enthalten sollte.

Man hat behauptet, daß man einen Umstand, den man für unwahr halte, nicht zum Gegenstand der Vorbedingung einer Geschäftsgültigkeit machen könne. Es kommt darauf an, ob man sich für unfehlbar hält. Dann kann man es freilich nicht. Andernfalls ist es sehr wohl möglich, zu bestimmen, daß ein Geschäft nicht gelten solle, wenn irgend eine Ueberzeugung (z. B., daß ein Gegenstand von ächtem Golde sei) sich als unrichtig herausstellen sollte.[1])

---

[1]) Der Verfasser hat es unternommen, die römischen Quellenentscheidungen über Irrthum aus diesem Gesichtspunkte des Bedingungsausfalles zu erklären. (Der Irrthum bei nichtigen Verträgen 1882, 1883.) Er glaubt, daß sie sich durchweg auf ihn zurückführen lassen. Es ist dies das Endergebniß einer lange andauernden, mühevollen Einzelexegese, nicht aber, wie vermuthet worden ist, eine vor dieser Exegese vorgefaßte Meinung. Der Verf. vermag zufälliger Weise durch die Theilnehmer an den von ihm geleiteten Uebungen hierfür einen Beweis anzutreten. Diese langsame und mühsame Entwickelung seiner Ansicht mag erklären, warum er sie wegen einiger zweifelhaften Punkte untergeordneter Art nicht leichthin preiszugeben vermag. Unter den mancherlei Besprechungen seiner Schrift sind ihm besonders die Ausführungen des Grafen Leo Piniński, Der Thatbestand des Sachbesitzerwerbes II, Leipzig 1888, 402 ff. und diejenigen von Kindel, Das Rechtsgeschäft und sein Rechtsgrund, Berlin 1892, 219 ff. von Werth gewesen. Eine Revision der Einzelexegese, deren Grundgedanken er festhält, will er bei einer andern Gelegenheit vornehmen. Die in seiner Schrift vertheidigte Formel: „Wesentlicher (d. h. eine Nichtigkeit begründender) Irrthum ist Ausfall der Bedingung der Abwesenheit eines derartigen Irrthums" möchte er dahin verbessern, daß nicht die Abwesenheit des Irrthums als Bedingung dem Geschäftsinhalte eingefügt zu werden pflegt, sondern die Nichtaufklärung oder die Aufklärung eines Irrthums und zwar jene als aufschiebende, diese als auflösende Bedingung. Auch wird oftmals blos die stillschweigende (d. h. selbstverständliche) Bestimmung eines Rücktrittsrechtes für den Fall eines Irrthums anzunehmen sein. So namentlich Zitelmann, Bekkers und Fischers Bei=

Trotzdem liegt in der hier abgewehrten Meinung ein wahrer Kern. Sobald man will, daß ein Geschäft sofort ausgeführt werden soll, kann man nicht seine Geltung von der Aufklärung eines Irrthums abhängig machen. Man kann nicht ein Geschäft sofort gültig werden lassen und zugleich seine Geltung hinausschieben.

Wohl aber kann man bei Geschäften, die erst später wirksam zu werden bestimmt sind, festsetzen, daß eine vorher (d. h. in der Zwischenzeit) eintretende Aufklärung eines Irrthums die Kraft des Geschäftes ausschließen solle.[1])

Wie die Aufklärung eines Irrthums vor der Geschäftsausführung zur aufschiebenden Bedingung gesetzt werden kann (die oben S. 397 sog. Zwischenzeitsbedingung), so kann auch eine später nach der Geschäftsausführung eintretende Aufklärung eines Irrthums zur auflösenden Bedingung gesetzt sein. Dies wird im Zweifel nicht anzunehmen sein. Vielmehr wird, sofern nichts anderes bestimmt ist, das Scheitern der „irrigen Erwartung" nur einen Bereicherungsanspruch „wegen Nichteintritt des bezweckten Erfolges" (condictio ob causam datorum 812) begründen. Bei Testamenten giebt freilich die irrige Erwartung nach 2078, 2 einen Anfechtungsgrund; ein Satz, der nach römischem Rechte der Regel semel heres semper heres widersprochen haben würde.[2])

träge X, 155. Dies ist nicht mit dem gesetzlichen Rücktrittsrechte zu verwechseln, auf das die Anfechtung nach 119 im Wesentlichen hinausläuft und noch nebenher gilt, wie es auch der Verfasser in seinem Gutachten für den XX. Deutschen Juristentag Bd. III S. 102 anempfohlen hatte.

[1]) Vgl. zum Begriffe der stillschweigenden Bedingung auch noch Riedel 596. Der Verfasser zieht aus dem im Texte Ausgeführten die für das B.G.B. sehr wichtige Folgerung, daß die Erbeinsetzung einer falschen Person dann, wenn sich der Irrthum noch vor dem Erbfalle aufklärt, nicht blos nach 2078 anfechtbar, sondern wegen Bedingungsausfalles unwirksam ist. (So deutet er auch Dig. XXVIII, 1 fr. 9 pr.) Nur dann, wenn der Irrthum erst später aufgeklärt wird, nimmt er nach B.G.B. bei einem solchen Irrthume eine bloße Anfechtbarkeit an, sonst eine Unwirksamkeit, wie sie in 2077 angeordnet ist. — Ueberhaupt werden die Ausführungen des Verfassers in der in der vorigen Anmerkung erwähnten Schrift durch 119 nicht berührt, da diese nicht von der Anfechtung, sondern von der Unwirksamkeit wegen Irrthumes handelt.

[2]) Deshalb halfen sich die Römer bei Irrthümern, die erst nach der Testamentsausführung entdeckt wurden, mit dem Indignitätsrechte, der restitutio in integrum oder dem stillschweigenden Universalvermächtnisse. Dies kann hier nicht weiter dargelegt werden. Vgl. die Breslauer Dissertationen von Curt Neuman, Der Einfluß des Irrthums im Beweggrunde auf Erbeinsetzung und Vermächtniß, Breslau 1898, Brodnitz, Der Irrthum im Beweggrunde bei der Erbeinsetzung und dem Vermächtnisse nach römischem Recht. Würzburg 1899.

II. Der Irrthum als Unwirksamkeitsgrund wird mehrfach im Bürgerlichen Gesetzbuch erwähnt.

Dahin gehört 2077: „Die letztwillige Verfügung zu Gunsten des Gatten ist unwirksam, falls die Ehe nichtig sein sollte". Einen andern Fall enthält 779, der den Irrthum beim Vergleiche unter Umständen in der Art eines Bedingungsausfalles behandelt.[1])

Eine Entschädigungspflicht des Irrenden kommt in diesen Fällen nicht in Betracht, da es keine Anfechtungs-, sondern Unwirksamkeitsfälle sind.

Fraglich ist, ob diese Vorschriften Singularitäten sind oder Ausflüsse der allgemeinen Vorschriften über Bedingungen, die hier in der Form selbstverständlicher Geschäftszusätze erscheinen.

Zunächst wird man wohl, da die Rechtspflege im Anfange gegenüber neuen Gesetzestexten in der Regel zaghaft ist, das Erste annehmen und selbstverständliche Bedingungssätze ohne gesetzlichen Anhalt nicht leichthin anerkennen.[2])

Der Verfasser zweifelt jedoch nicht daran, daß das Zweite das Richtige ist und daß die zunächst wahrscheinlich zurückhaltende Praxis allmählich der Verkehrssitte freieren Raum gewähren wird.

Im Uebrigen ist zuzugeben, daß die deutsche Verkehrssitte in der Annahme solcher Gültigkeitsbedingungen, wie es scheint, sehr hinter der römischen zurückbleibt,[3]) weil der Irrende bei uns ohnehin in hohem Maße gegen die Folgen seiner falschen Meinung geschützt ist, nach der bisher herrschenden Ansicht durch eine weitgehende Annahme der Nichtigkeit und nach dem Bürgerlichen Gesetzbuch durch eine weitgehende Anfechtbarkeit der irrthümlich abgeschlossenen Geschäfte.[4])

In der Redeweise des Bürgerlichen Gesetzbuchs ist da, wo ein Irrthum durch Parteierklärung mit geschäftsausschließender Kraft bekleidet ist, das Geschäft wegen Ausfalls der Vorbedingung oder Eintritts der auflösenden Bedingung nicht nichtig, sondern „unwirksam" (s. oben S. 434 ff.). Der Irrthum ist hier ein Unwirksamkeitsgrund.

---

[1]) Einen dritten Fall erwähnt 2201, die Einsetzung eines Testamentsvollstreckers, dem die volle Geschäftsfähigkeit fehlt. Hier ist jedoch ein Irrthum weder vorausgesetzt, noch der eigentlich entscheidende Unwirksamkeitsgrund.

[2]) So hält z. B. Matthiaß 195 den § 778 für eine Ausnahmevorschrift.

[3]) Vgl. oben S. 392 Anm. 2.

[4]) Ein Beispiel der Unwirksamkeit wegen Irrthums ohne Schadensersatzpflicht, das hierher gehört, ist auch die von Dernburg, Das bürgerliche Recht des D.R. II, 1899 S. 93 Anm. 2, erwähnte, auf irrigen Voraussetzungen beruhende Decharge (Entlastung). Beispiele stillschweigender Bedingungen siehe auch bei Burchard, Beiträge z. Erläut. des D.R. XXXIX, 34 ff.

Ueberall, wo die bloße Geschäftsauslegung klarstellt, daß der Urheber der Erklärung die Rechtsfolge, von der er spricht, bei Aufklärung eines Irrthums einer bestimmten Art nicht will, liegt ein solcher Unwirksamkeitsgrund vor falls die Aufklärung eintritt. Das Geschäft vernichtet sich selbst.

In allen diesen Fällen trifft eine Schadensersatzpflicht (122) den, der sich auf den Irrthum beruft, nicht; denn er stützt sich nur auf seine Vertragsrechte.

III. Bei Stellvertretungsverhältnissen kommt hinsichtlich solcher Irrthümer, deren Entdeckung als Ausfall einer Gültigkeitsbedingung oder als Rücktrittsgrund gelten soll, die Vorschrift des 166 nicht in Betracht. Ob des Herrn oder des Vertreters Irrthum entscheiden soll, hängt hier einzig und allein vom Inhalte des Geschäftes ab. Das Eine kann eben so gut bestimmt sein, wie das Andere.

IV. Erbschaftsantretungen vertragen keine Bedingungen. Ihre Auflösung für den Fall, daß ein Irrthum aufgeklärt werden sollte, kann daher von der Partei nicht angeordnet werden. Auch selbstverständliche Bedingungssätze nach der Verkehrssitte kommen hier nicht in Frage. Der Vorbehalt eines Rücktrittsrechts für den Irrthumsfall kann ebenso wenig nicht solchen Erklärungen beigefügt werden. Darum ist bei ihnen ausnahmsweise der Irrthum im römischen Rechte wie im Bürgerlichen Gesetzbuch im weiteren Umfange als Ungültigkeitsgrund zugelassen worden als bei anderen Geschäften (1949).

δδ) Der Irrthum als gesetzlicher Anfechtungsgrund.

ααα) Voraussetzungen der Anfechtung wegen Irrthums.[1])

§ 101.

I. Die Stellung der Anfechtung wegen Irrthums nach Bürgerlichem Gesetzbuche zur bisherigen Wissenschaft.

Die Ansichten über die Irrthumslehre gehen in der bisherigen Rechtslehre weit auseinander.[2])

---

[1]) Vgl. in den Beiträgen zur Erläuterung des Deutschen Rechts Burchardt, zur Behandlung des Irrthums in der künftigen Praxis und im künftigen Recht, Bd. 39, S. 14 ff., Muskat, Ueber Ecks Irrthumslehre, ebenda Bd. 42, S. 769 ff., Türk, der Irrthum über die Zahlungsfähigkeit des Schuldners beim Vertragsschlusse nach dem B.G.B., Bd. 48, S. 548 ff.

[2]) Hellmann 133: „Keine Materie der gemeinrechtlichen Doktrin liegt mehr im Argen." Die Wissenschaft hatte, in dunkeln Gedankengängen umhertastend, den Ausweg in das Freie noch nicht gefunden, als die Noth den Gesetzgeber dazu zwang, die unklare Frage als spruchreif zu behandeln.

Das günstige Urtheil, das über die Neugestaltung dieses Zweiges durch 119 von mehreren Seiten ausgesprochen worden ist,[1]) wird durch die vielen Zweifel getrübt, die aus seiner Auslegung entsprungen sind. Jedenfalls giebt dieser Paragraph ein ganz anderes Bild, wenn man ihn für sich allein, als wenn man ihn in Verbindung mit den Materialien betrachtet.

Indessen auch diese reichen nicht aus, um festzustellen, was die Vorschrift eigentlich bezweckt.

Dies wird nur klar, wenn man auf die Materialien der Materialien zurückgreift, d. h. auf die wissenschaftlichen Gegensätze, unter denen der Text eine Vermittelung anzubahnen sucht.[2])

Der Ausgangspunkt des Bürgerlichen Gesetzbuches war die herrschende Lehre, die den Parteien, sobald sie durch Irrthum zu ungewollten Geschäftserklärungen verleitet worden waren, eine weitgehende Hülfe, d. h. entweder Nichtigkeit oder Anfechtbarkeit zusprach (vgl. Mot. 196 ff.).[3]) Der schroffere Standpunkt der sog. reinen Erklärungstheorie (S. 462), welche bei unzweideutigen Erklärungen die Irrenden ihrem Schicksale überlassen wollte, ist nicht derjenige des Gesetzbuches.[4])

Es ist dabei zu beachten, daß die natürlichste Form einer Hülfe für die Urheber derartiger Erklärungen, die Wiedereinsetzung in den vorigen Stand, die dem richterlichen Ermessen den freiesten Spielraum gab, in Deutschland niemals eine erhebliche Rolle gespielt hat.

---

[1]) Vgl. Eck, Sammlung 49 ff., Weyl 227, Kuhlenbeck 415, Burchard, Beitr. z. Erl. des D. R., Bd. XXXIX, 14.

[2]) Es mag dabei bemerkt werden, daß die mancherlei Zweifel, die bereits über 119 aufgetaucht sind, zum Theile nur als Erbstücke des alten Rechtes angesehen werden müssen, die man ohne Noth dem neuen Gesetzbuche aufdrängt. Die neue Wissenschaft des B.G.B. gleicht zuweilen einem Erben, der die Schulden seines Vorgängers übernehmen muß. Es läßt sich daher oftmals am besten mit dem neuen Rechte auskommen, wenn man es nicht ohne Noth mit dem alten identifizirt. Man muß es aus dem alten erklären, aber nicht ohne Weiteres ergänzen.

[3]) Die Erklärungsempfänger als solche schützt kein Gesetz gegen die Folgen ihrer Irrthümer, Cosack 208, vgl. jedoch auch Endemann 301.

[4]) Pro domo möchte ich bemerken, daß in diesem Punkte das Gesetzbuch meinen Vorschlägen für den zwanzigsten Deutschen Juristentag durchaus entspricht. Neben den Fällen, in denen der Irrthum Nichtigkeitsgrund ist (s. oben § 100), und von denen meine Schrift: „Der Irrthum bei nichtigen Verträgen" allein handelt, habe ich in meinem Gutachten ein allgemeines Rücktrittsrecht wegen Irrthums anempfohlen, dem das Anfechtungsrecht des 119 im Wesentlichen gleichkommt. Burchardt (Beiträge zur Erläut. des D. R., Bd. 39, S. 36 Anm. 33) scheint dies übersehen zu haben (vgl. Verhdl. des XX. Deutschen Juristentages, III, S. 102).

Sie widersprach, ebenso wie die in integrum restitutio überhaupt, den Rechtsanschauungen des kanonisch-gemeinrechtlichen Verfahrens, das nach seiner ganzen Anlage den unbeschränkten Regungen des richterlichen Beliebens so viel wie möglich Fesseln anzulegen suchte. (Vgl. oben S. 203).

Da man somit den Irrenden im einzelnen Falle nicht aus besondern Gründen unterstützen konnte, so suchte man ihm durch eine allgemeine Regel zu helfen, die man den Rechtsquellen entnehmen zu können glaubte, die jedoch keineswegs den gesuchten Satz in dem vollen Umfang, dessen man bedurfte, enthielten, sondern eine schwer verständliche Kasuistik darboten.

In den Bemühungen aus diesen Bruchstücken ein Ganzes zusammenzuschweißen, sind einige Hauptfragen nicht gelöst worden. Namentlich blieben drei Punkte zweifelhaft, nämlich:

a) Der Umfang, der zur Hervorkehrung des Irrthums Berechtigten,

b) die Grenzscheide zwischen den beachtenswerthen und den gleichgültigen Irrthümern.

c) der Schutz, der den durch fremden Irrthum Geschädigten zu gewähren ist (s. § 102).

Die beiden erstgenannten Punkte sollen unter II und III erörtert werden, der dritte im folgenden Paragraphen.

Das Bürgerliche Gesetzbuch hat hier eine für alle Rechtsgeschäfte gemeinsame Grundlage erstrebt und insbesondere den Freigebigkeitserklärungen, sowie den Familienrechtsgeschäften im Verkehrsinteresse eine erhöhte Anfechtbarkeit verweigert (Mot. 201), dagegen aber den Ehen und erbrechtlichen Geschäften eine Sonderstellung gewährt, die nur bei der Erörterung dieser Rechtszweige gewürdigt werden kann.[1])

II. Die zur Anfechtung eines Geschäftes wegen Irrthums Berechtigten sind im Bürgerlichen Gesetzbuche in der Regel nur die Irrenden selber.[2])

Es ergiebt sich dies daraus, daß man hier keine Nichtigkeit, sondern eine Anfechtbarkeit angenommen hat (K.Prot. VI, 123)[3]) und

[1]) 1332, 1333, 2078, 2079, 2281.

[2]) Eine Ausnahme enthält 318. Natürlich wird, wie Hölder 266 hervorhebt, mit der eigenen Erklärung immer auch eine fremde angefochten, wenn beide zusammen ein Geschäft bilden.

[3]) Vgl. Cohn 88: „Irrig erklärt, einstweilen gültig."

zwar auch für Testamente (2078, 2079), hier natürlich nicht für die irrenden Erblasser. Die Meinung, daß bei diesen eine Entkräftung wegen Willensmangels durch jeden Beliebigen weniger gefährlich sei, als bei Verfügungen unter Lebenden, ist dem Bürgerlichen Gesetzbuche fremd.

Mit der Zulassung einer bloßen Anfechtbarkeit wegen Irrthums statt der bisher im gemeinen Rechte in der Regel angenommenen Nichtigkeit (K.Prot. I, 105) glaubte man dem französischen und dem preußischen Rechte zu entsprechen. Dies ist sicherlich nur insofern richtig, als eine verständige Praxis in der Handhabung der Gesetzbücher in diesem Sinne verfahren ist. Im Uebrigen vermeiden sie bekanntlich die scharfe Scheidung von Nichtigkeit und Anfechtbarkeit in ihren Texten.

Auch für das römische Recht wird behauptet, daß die Hervorkehrung der Unwirksamkeit eines Geschäftes wegen Irrthums lediglich dem Irrenden zusteht, nicht dem andern Theile, also von einer Willenserklärung des Irrenden abhängt.[1])

Es entspricht dies aber wohl nicht der bisher herrschenden Meinung.

III. Die grundsätzliche Bevorzugung des Irrthums über den Geschäftsinhalt.

Die Grenze des bei der Anfechtung beachtenswerthen und des gleichgültigen Irrthums bildet im Gesetzbuche, wie in der bisherigen Wissenschaft eine Mittellinie zwischen zwei entgegengesetzten Strömungen.

Die römische Aushülfe der **in integrum restitutio** wegen Irrthums ist, wie schon erwähnt wurde, ebenso wie dieses Rechtsmittel überhaupt, dem Bürgerlichen Gesetzbuche fremd. Sie würde das freie Ermessen im einzelnen Falle haben entscheiden lassen.

Da man von ihr absehen mußte, so hätte man vielleicht einseitig die Zuverlässigkeit der unzweideutigen Erklärungen betonen können. Dann würde jede Anfechtung derartiger Erklärungen wegen Irrthums wegfallen und der Irrthum nur unter dem Ge-

---

[1]) Vgl. Regelsberger 525, Nr. IV. Wenn man die römisch-rechtliche Mangelhaftigkeit eines Geschäftes wegen Irrthumes aus der Auslegung des Parteiwillens folgert, wie dies der Verfasser thut, vgl. oben S. 478 Anm. 1, so versteht sich dies wohl von selbst. Die Frage ist auch für die Unwirksamkeitsfälle des B.G.B. von Wichtigkeit (s. oben S. 480). Die Unwirksamkeit eines Vergleiches nach 779 kann m. A. nach nur von der irrenden Partei geltend gemacht werden.

sichtspunkte eines Bedingungsausfalles (als Unwirksamkeitsgrund) erheblich sein. Hiernach wäre 119 überflüssig gewesen.[1])

Man konnte aber allenfalls auch einseitig den Schutz des Irrenden betonen. Hiernach wäre jeder Irrthum beachtlich geworden, dessen Aufklärung dem Irrenden eine schmerzliche Enttäuschung bereitet.

Dieser Standpunkt würde die Sicherheit des Verkehrs zu sehr gefährden.[2])

Darum hat man von Alters her die Beachtlichkeit der Irrthümer nach einem doppelten Maßstabe gemessen, nämlich einmal nach den Wünschen des Irrenden (sog. subjektives Moment) und zweitens nach Umständen, die außerhalb der Seele des Irrenden liegen (sog. objektive Momente).[3])

Das sog. subjektive Moment, d. h. das Schutzbedürfniß des Irrenden, ist in 119 in Fiktionsform als Voraussetzung des Anfechtungsrechtes anerkannt. Der Irrthum soll nach 119 nur dann

---

1) Dies wäre die schroffste Form der sog. Erklärungstheorie s. oben S. 462, verkehrsfreundlich aber mitleidslos. Der Standpunkt des Verf. ist dies nicht, vgl. oben S. 482 Anm. 4.

2) Des Verfassers Vorschlag in seinem Gutachten zum zwanzigsten Deutschen Juristentag, Verhdl. III, 102 empfahl eine solche unbeschränkte Rücksicht auf die Parteiwünsche und wollte ihre Gefährlichkeit durch eine ebenfalls unbeschränkte Entschädigungs-Parteipflicht des Irrenden ausgleichen. Das Gesetzbuch ist aber in beiden Richtungen nicht so weit gegangen, wie er wollte, weder hinsichtlich des Kreises der beachtlichen Irrthümer noch in der Entschädigungspflicht (s. § 102). Der Verf. muß nunmehr selbst diese vorsichtige Haltung der Kommission als wohl verständlich anerkennen.

3) Gänzlich unhaltbar ist die Behauptung, daß man nach dem bisherigen Rechte die Beachtlichkeit des Irrthums nur nach objektivem Maßstabe bemessen habe, jetzt im B.G.B. aber nach subjektivem bemessen solle (so Bendix 182, vgl. auch Riedel 114, der m. E. mit Unrecht behauptet, daß das bisherige Recht die Kausalität des Irrthums nicht betone). Dagegen ist hervorzuheben, daß das B.G.B. neben dem subjektiven Gesichtspunkte sogar zwei objektive, d. h. außerhalb der Seele des Irrenden liegende Umstände beachtet: 1. die Zugehörigkeit des Irrthumsgegenstandes zum Geschäftsinhalte, 2. die sog. verständige Würdigung des Falles (s. unten § 102). Andererseits haben die einsichtsvolleren Juristen das subjektive Element immer für erheblich gehalten, d. h. Erklärungen nur dann wegen Irrthums als erfolglos angesehen, wenn die Partei bei rechtzeitiger Aufklärung des Irrthums die Erklärung unterlassen haben würde, nicht aber dann, wenn der Irrthumsgegenstand ihr gleichgültig war. Man denke nur an Savignys bekannte Ausführungen über die unerheblichen errores in persona. — Daß 119 sowohl subjektive als objektive Momente enthalte (so Prot. I, 110), wird übrigens von vielen ausdrücklich anerkannt, vgl. Leske 70, Reatz 52, Endemann 306, Zitelmann 112, Wanjeck 24, Riedel 618.

beachtet werden, wenn der Irrende die Erklärung „bei Kenntniß der Sachlage .... nicht abgegeben haben würde."[1]) Dies ist keineswegs neu, aber gewiß zu billigen.

Neu ist nur die objektive Bestimmung, daß sich der Irrthum auf den Erklärungsinhalt beziehen muß, um zur Anfechtung zu berechtigen.

Diese Vorschrift wird uns als das Endergebniß einer dogmengeschichtlichen Entwickelung verständlich.[2])

Man hat im Laufe der Zeiten verschiedene Wege eingeschlagen, um den Kreis der beachtlichen Irrthümer aus Rücksicht auf die Verkehrssicherheit einzuschränken, unter denen vier eine besonders bedeutende Rolle gespielt haben:[3])

1. die Einschränkung des beachtenswerthen Irrthums auf die Quellenbeispiele,
2. auf die nach Rechtssatz unerläßlichen Geschäftserfordernisse,
3. auf die Irrthümer, die den Geschäftswillen mit dem Geschäftsinhalte in Widerspruch bringen,
4. auf die den Geschäftsinhalt berührenden Irrthümer.[4])

Die Skala der Quellenbeispiele (error in negotio, persona, re, substantia) darf als aufgegeben betrachtet werden.[5])

---

[1]) Diese Ausdrucksweise ist bekanntlich den römischen Quellen geläufig, vgl. z. B. Dig. XVIII, 1, fr. 35 § 8.

[2]) Vgl. über diese und ihre Ursachen des Verfassers Schrift: Der Irrthum bei nichtigen Verträgen, S. 589 ff.

[3]) Allerdings handelte es sich hierbei in der Regel darum, welcher Irrthum Nichtigkeitsgrund sei, nicht darum, welcher zur Anfechtung berechtige. Doch liegt es nahe, zu untersuchen, in wie weit es möglich war und ist, die Abgrenzung der beachtenswerthen Irrthümer in der einen Hinsicht auch in der anderen, d. i. zur Feststellung der Anfechtungskraft des Irrthumes, in entsprechender Weise zu verwerthen.

[4]) Die Beschränkung des wesentlichen Irrthums auf die zur Gültigkeitsbedingung oder zur Bedingung eines Rücktrittsrechtes gemachten Umstände (in des Verfassers Schrift „Der Irrthum bei nichtigen Verträgen") bezog und bezieht sich nur auf die im vorigen Paragraphen besprochenen Fälle, in denen der Irrthum Unwirksamkeitsgrund ist, kommt also hier nicht in Frage.

[5]) Mot. 198. Mit Recht hat die neuere Wissenschaft darauf hingewiesen, daß ein Irrthum über Erfüllungsort und =Zeit der Partei ebenso wichtig sein kann, wie diejenige über eine Person oder über eine Sache. So namentlich Zitelmann, Irrthum und Rechtsgeschäft, 491 ff. und hierzu des Verfassers Schrift „Der Irrthum" II, 565 ff. Im Uebrigen lag es nahe, daß man sich zunächst an die Quellenbeispiele anklammerte, um ein Schema zu gewinnen. Erst der weitere Fortschritt der Wissenschaft konnte zu einer allgemeinen Formel führen. Endemann 306

Ebenso wurde die Beschränkung der beachtenswerthen Irrthümer auf die Irrthümer über essentialia negotii fallen gelassen.[1])

Die Gründe, die den Gesetzgeber veranlassen, gewisse Geschäftserfordernisse aufzustellen, decken sich nicht mit den Punkten, denen die Partei entscheidende Bedeutung beilegt.

Die übliche Unterscheidung zwischen Irrthümern, die den Inhalt des inneren Parteiwillens mit dem Inhalte des erklärten Willens in Widerspruch bringen, und andern Irrthümern fand sich in der ersten Lesung vor (§§ 97, 98). Sie wurde aber absichtlich weggestrichen, weil vielfach behauptet wird, daß der Irrthum über den Erklärungsinhalt die Willenswirklichkeit nicht ausschließe, und die Kommission es nicht für zweckmäßig hielt, „der Entscheidung dieser psychologischen Frage einen Einfluß auf die Auslegung des Gesetzes zu gewähren."[2])

Deshalb kam man dazu, den Irrthum über den Inhalt[3]) als den grundsätzlich beachtenswerthen zu bezeichnen, falls seine rechtzeitige Aufklärung verständiger Weise die geschehene Abgabe der Erklärung verhindert haben würde (119).

Die wichtige Neuerung des Gesetzbuches besteht darin, daß es den Maßstab der Beachtlichkeit des Irrthums nicht mehr dem inneren Willen, der dem Erklärungsakte vorausgeht, entnimmt, sondern dem äußerlich wahrnehmbaren Thatbestande der Erklärung, die dem Erklärungsakte nachfolgt. So ist das Kennzeichen der Wichtigkeit des Irrthums der dunkeln Innenwelt des Irrenden entrückt und an das Tageslicht der wahrnehmbaren Außenwelt herausgezogen worden.

Anm. 8 hält die altmodischen Kategorien noch immer für brauchbar, um danach die Verkehrsanschauungen festzustellen. M. E. beruhen sie jedoch lediglich darauf, daß ihr Inhalt zufälliger Weise in den Beispielen des corpus juris civilis erwähnt ist und zwar als Nichtigkeits- (d. h. Unwirksamkeits-) Grund, nicht aber als Anfechtungsgrund. Zu 119 passen sie schlechterdings nicht.

[1]) Mot. 196. Die Ursache dieser Lehre liegt in der Vieldeutigkeit des Wortes wesentlich, das sowohl die Wesentlichkeit für die Partei, wie die Wesentlichkeit für den Gesetzgeber bezeichnet. Beides verwechselte man. Im Uebrigen empfahl sich diese Ansicht durch ihre bequeme Anwendbarkeit den Richtern, weniger dem Publikum.

[2]) So v. Jecklin in den Beiträgen zur Erläuterung d. D. R. Bd. 36. S. 397.

[3]) Die Betonung des Irrthums über den Inhalt gegenüber andern Irrthümern ist nach der richtigen Bemerkung der K.Prot. I, 108 nicht neu. Wohl aber ist es die Bedeutung, die ihm das Gesetzeswort beimißt. Ausschlaggebend waren hierbei sicherlich die bekannten Ausführungen Zitelmann's (Irrthum und Rechtsgeschäft, 1879) der nicht auf den Mißklang zwischen Wille und Erklärung, sondern auf die Fälschung des Willens- oder Erklärungsinhalts das Hauptgewicht legte.

Es war dies um so verdienstlicher, als allmählich hinsichtlich des Wortes „Wille" eine wahre Begriffsverwirrung eingerissen war, weil verschiedene Dinge diesen Namen tragen, die fortwährend mit einander verwechselt wurden.[1])

Man kann also den Begriff des inneren Geschäftswillens in Zukunft in der Irrthumslehre vollkommen vermeiden.

Es wird nun aber vielfach behauptet, daß die weggestrichene Formel der ersten Lesung: „Nichtübereinstimmung des Willens mit der Erklärung" trotzdem noch immer gelte und in § 119 enthalten sei.

Dies läßt sich dann „vertheidigen, wenn man diese Nichtübereinstimmung richtig auffaßt, nämlich als die Nichtübereinstimmung des beabsichtigten unter Rechtsschutz zu stellenden Erfolges mit dem Erfolge, der thatsächlich nach dem Erklärungsinhalte unter Rechtsschutz gestellt ist, oder kürzer: den Widerspruch zwischen dem beabsichtigten und dem angeordneten Rechtserfolge.[2])

Der auf den Erfolg des Erklärungsinhaltes gerichtete Wille deckt sich nicht immer mit dem auf den bestimmten Erklärungsinhalt gerichteten Willen. Nur der erstere ist bei dem entscheidenden Irrthume im Widerspruche mit der Erklärung, nicht der letztere. So gedeutet ist die alte Formel richtig und daraus erklärt es sich wohl, daß man an ihr festhält.[3])

Die Frage, ob dies berechtigt sei, kann übrigens auf sich beruhen bleiben, damit nicht die Absicht der Gesetzgeber, den Streit über die Richtigkeit der alten Formel (Nichtübereinstimmung von Wille und

[1]) Den quaterniones terminorum entgegengetreten zu sein, ist ebenfalls das Verdienst Zitelmann's in der angeführten Schrift. Nur war seine Aufzählung nicht erschöpfend. Es fehlte die quellenmäßige Hauptbedeutung von voluntas contrahentium, in der das Wort einfach den „Geschäftsinhalt" bezeichnet. Gerade in dieser Hinsicht bemüht sich der Verfasser in seiner Schrift: „Der Irrthum bei nichtigen Verträgen" Zitelmanns Ausführungen zu ergänzen (nicht zu bekämpfen). — Jeder, der sich in die Irrthumsliteratur vertiefen will, ohne dabei an der Klarheit seines Denkens einen empfindlichen Schaden zu erleiden, muß sich überhaupt in jedem Augenblicke dessen erinnern, welches die fünf Begriffe sind, die unter dem gemeinsamen Namen Willen häufig mit einander verwechselt werden, nämlich 1. der Wille zur Erklärungshandlung, 2. der Wille zu einem bestimmten Erklärungsinhalt, 3. der Wille zur Geltung dieses Inhalts, 4. der Wille zu einem bestimmten Erfolge des Erklärungsinhalts, 5. der Sinn der Erklärung. Zu 1—4 vgl. oben S. 456 Anm. 2.

[2]) Vgl. v. d. Pfordten 129, 130.

[3]) Bendix 131, Enneccerus 145, Szkolny und Caro 119.

Erklärung) von dem neuen Gesetzbuche fernzuhalten, ohne Noth vereitelt werde.[1])

Zu dem Inhaltsirrthume gehört auch der durch die sog. „Irrung" hervorgerufene.

Man kann, wie wir sahen, in einen Inhaltsirrthum bei zwei Gelegenheiten gerathen, entweder schon früher, während man sich den Inhalt ausdenkt (beim Denken) oder erst später, während man den richtig ausgedachten Inhalt in falsche Worte einkleidet (beim Reden).[2])

Den Irrthum beim Denken, der nachher in die Erklärung übernommen wird, bezeichnet das Gesetz, wie schon oben erwähnt wurde, als die Lage dessen, „der bei der Abgabe einer Willenserklärung über deren Inhalt im Irrthume war" (während er im Uebrigen eine Erklärung dieses Inhalts beabsichtigt), den Irrthum beim Reden oder Schreiben oder bei einer Geberdensprache aber als die Lage dessen, der „eine Erklärung dieses Inhalts überhaupt nicht abgeben wollte" (weil er eine Erklärung mit anderem Inhalte beabsichtigte).

Beide Arten des Inhaltsirrthums, die für die Praxis überhaupt vielfach im einzelnen Falle nicht zu sondern sind, sollen nicht unterschieden werden.[3]) Sie haben das gemeinsam, daß der Irrthum den Inhalt der Erklärung entweder im Ganzen betreffen kann (z. B. Unterschreiben einer falschen Urkunde) oder in einem einzelnen Punkte.

Bei beiden Irrthumsfällen kann man über jeden beliebigen Punkt des Inhalts (Vertragsgegenstand, Vertragsgenosse, Ort und Zeit der zugesicherten Leistung, Beschaffenheit, Alternativität, Bedingtheit der Leistung und dergl.) in rechtserheblicher Weise irren. Auch diese letzteren Irrthümer z. B. darüber, ob man in Berlin oder in Breslau liefern solle, sind unter dem Inhalte der Erklärung mitverstanden.[4])

Mit dieser Hervorhebung der Irrthümer über den Geschäftsinhalt verwirft das Bürgerliche Gesetzbuch die alte Lehre, welche nur gewisse

---

[1]) Nur um Farbe zu bekennen, bemerkt der Verfasser, daß er seinen früher mehrfach geäußerten Widerspruch gegen die Formel „Nichtübereinstimmung von Wille und Erklärung" zurückzieht, falls diese Formel in der soeben angegebenen Weise gedeutet wird.

[2]) Vgl. hierüber oben S. 470 ff.

[3]) Vgl. Hölder 258 Nr. 4, v. d. Pfordten 129. Damit erübrigt sich auch die Frage, ob ein „Irrthum" oder eine „Irrung" vorliege, wenn Jemand eine falsche Urkunde unterschreibt (Planck 169). Sie ist juristisch völlig gleichgültig.

[4]) Vgl. Bunsen 84, Enneccerus 147.

Punkte des Geschäftsinhalts als ausschließliche Gegenstände eines rechtserheblichen Irrthums hinstellte[1]) und bekennt sich insbesondere zu der richtigen Lehre Zitelmann's (Irrthum und Rechtsgeschäft, S. 495 ff.), daß auch der Irrthum über Zeit und Ort unter Umständen wesentlich sein kann.[2]) Abgelehnt sind zugleich die Ansichten, daß man über einen unbekannten Geschäftsinhalt überhaupt kein Geschäft abschließen könne, und daß ein innerer Wille, der dem Geschäftsinhalte entspricht, zum Thatbestande des Geschäftsinhaltes gehöre (s. oben S. 465 Anm. 6).

Für die Gerichtspraxis ist mit dem Inhaltsirrthume somit eine einfache, gut brauchbare Formel geschaffen.

Fraglich bleibt nur, ob es möglich sein wird, den Sinn für diese Vorschrift auch den betheiligten Volkskreisen zugänglich zu machen.

Da das Anfechtungsrecht die Partei gegen die Enttäuschungsfolgen in Irrthumsfällen schützen soll, die Folgen aber dieselben sein können, mag sich nun die Partei über einen Punkt im Geschäftsinhalte geirrt haben oder über etwas anderes, so ist es zunächst zweifelhaft, warum gerade diese Grenzlinie gezogen worden ist.[3])

Dennoch lassen sich für den Standpunkt des Gesetzbuches verschiedene Gesichtspunkte geltend machen.

Zunächst entspricht jede Einschränkung der Anfechtung wegen Irrthums der Rücksicht auf den Geschäftsgenossen des Irrenden, wie sie die strengere Erklärungstheorie verfocht. In der Vorschrift, daß Irrthümer, die den Inhalt nicht betreffen unerheblich sein sollen, liegt also ein weiteres Zugeständniß an diese Theorie.

Ferner läßt sich nicht leugnen, daß der Urheber eines falschen Erklärungsinhalts bei Aufdeckung eines Irrthums, der den Geschäftsinhalt betrifft, ein noch größeres Mitleid verdient, als die durch eine andere falsche Vorstellung irregeleitete Geschäftspartei.

Zu dem Gefühle, enttäuscht zu sein, tritt nämlich bei jenem noch

---

1) Vgl. oben S. 486 Anm. 5.

2) Man wollte nach Planck 169 auch der Ansicht entgegentreten, daß sogar der Identitätsirrthum unerheblich sei, einer Ansicht, nach der für den Kreis der beachtenswerthen Irrthümer allerdings nur noch wenig übrig blieb.

3) Einem Manne aus dem Volke wird es kaum einleuchten, daß er Anfechtungsrechte haben soll, wenn er aus Irrthum geglaubt hatte, daß eine Medizin, die er kaufte, Opium wäre, nicht aber, wenn seine irrige Meinung dahin ging, daß ihm sein Arzt Opium verschrieben hätte, obwohl ihm selbst beide Irrthümer gleich unerfreulich und ihre Hervorkehrung dem Gegner ebenfalls gleich unangenehm sind.

der Aerger darüber, daß er sich selbst ein für seinen Zweck untaugliches Werkzeug hergestellt hat. Dem größeren Aerger entspricht ein größeres Mitleid und folglich ein größerer Rechtsschutz.[1])

In Wahrheit war freilich kaum diese Erwägung für die Gesetzgebungskommission bestimmend, sondern der Einfluß der herrschenden Auffassung der Lehre von der „Nichtübereinstimmung des Willens und der Erklärung" (Windscheid).

Man wird jedoch wohl kaum fehlgehen, wenn man die allgemeine Vorliebe für diese Auffassung aus dem in ihr verborgenen Zweckgedanken erklärt, der im Vorstehenden entwickelt ist.

IV. Die Bedeutung der verkehrswesentlichen Eigenschaften nach 119, 2.

Das Gesetzbuch trifft in 119, 2 eine Bestimmung, deren Inhalt bei richtiger Einsicht selbstverständlich erscheint, die daher lediglich als Abwehr verbreiteter falscher Ansichten nöthig war, und, nachdem sie diesen Zweck erfüllt hat, nicht weiter in Theorie und Praxis beachtet zu werden braucht.

Sie lautet:

„Als Irrthum über den Inhalt der Erklärung gilt auch der Irrthum über solche Eigenschaften der Person oder der Sache, die im Verkehre als wesentlich angesehen werden."

Viele erblicken freilich in dieser Bestimmung eine „positive Vorschrift", d. h. eine Ausnahmeregel, die sich keineswegs von selbst verstehe, sondern eine aus praktischen Rücksichten erklärbare „Fiktion" sei.

Da nun alle darüber einig sind, daß sie jedenfalls gilt, gleichviel ob als Ausfluß der richtigen Auffassung des Geschäftsinhalts oder als Ausnahme, und daß sie auf praktischen Rücksichten beruht, so können wir unsere Fragestellung dahin vereinfachen: Welches sind die praktischen Ziele der besondern Erwähnung verkehrswesentlicher Eigenschaften in 119, 2?

Der Wortlaut der Bestimmung stellt uns dabei vier Fragen: Was sind Eigenschaften? Was sind wesentliche Eigenschaften? Was sind verkehrswesentliche Eigenschaften? Was bedeutet es, daß sie als Geschäftsinhalt gelten sollen?

a) Der Begriff der Eigenschaft im Sinne des 119.

Der juristische Begriff der Eigenschaft ist von dem grammatikalischen und dem naturwissenschaftlichen Begriff zu sondern.

[1]) Auf diese Weise kann namentlich der praktische Jurist den Parteien den Gesetzesinhalt menschlich näher bringen.

Der letztere versteht unter Eigenschaften sinnlich wahrnehmbare Zustände eines isolirt betrachteten Wesens, die an ihm haften.

Die Grammatik nennt alles Eigenschaft, was in ein Beiwort eingekleidet werden kann. Dem entspricht etwa die Definition Zitelmann's (Irrthum und Rechtsgeschäft) S. 442: „Eigenschaft in dieser weitesten Bedeutung ist jedes Merkmal des Dings, überhaupt alles, was von dem Dinge ausgesagt werden kann.[1])

Rechnet man zu den Beiwörtern auch die Partizipien, so läßt sich so ziemlich alles unter den grammatikalischen Eigenschaftsbegriff bringen.

Ein engerer Begriff der Eigenschaft sowohl im naturwissenschaftlichen wie im grammatikalischen Sinne sind die guten Eigenschaften. Eigenschaft ist hiernach: was eine Tauglichkeit verleiht.[2])

Eine Eigenschaft im Sinne eines Rechtssatzes ist demgemäß, was zu dem Gegenstande dieses Rechtssatzes tauglich macht.

Da 119 von Rechtsgeschäften redet, so versteht er unter Eigenschaften alles, was zu einem Geschäftszwecke tauglich macht.[3])

Eine Beschränkung auf den naturwissenschaftlichen Eigenschaftsbegriff verbietet sich dadurch, daß der Verkehr die Dinge nicht isolirt in Betracht zieht, sondern in ihrem Zusammenhange mit der übrigen Welt.

Daher können auch Erlebnisse einer Person (z. B. ein Konkurs) ihre Tauglichkeit beeinflussen, insbesondere wo es sich um Gesellschaftsverträge handelt,[4]) ebenso Abstammungsverhältnisse bei Rennpferden u. dergl. mehr.

Aus diesem weiten Begriffe ersehen wir, daß fast alle Umstände, falls sie verkehrserheblich sind, unter den Begriff einer Eigenschaft der Vertragspartei oder eines Vertragsgegenstandes fallen.

---

[1]) Vgl. hierzu des Verfassers „Irrthum bei nichtigen Verträgen" S. 438 ff.

[2]) Man denke an das Wort Goethes „Eigenheiten, die werden schon haften; kultivire Deine Eigenschaften."

[3]) Nach 1333 ist Eigenschaft, was zu einer Ehe tauglich macht. Da bei diesem Vertrage nur die höchstpersönlichen Eigenschaften entscheiden sollen, so gilt hier vieles als zu den bloßen „Umständen" (1334) gehörig, was bei andern Geschäften Parteieigenschaft sein würde. Kuhlenbeck 432.

[4]) Vgl. über den Irrthum, der die Zahlungsfähigkeit betrifft, Türk in den Beiträgen zur Erläuterung des D. R., Bd. 43, S. 560 ff., Rehbein 139 Anm. 1 und über Widersprüche in den Entscheidungen höchster Gerichte, Burchard, Beiträge, Bd. 39, S. 32, vgl. auch Rehbein 139.

Insbesondere kann auch der Sachwerth als Eigenschaft in Betracht kommen, sofern nicht die Verkehrssitte diese Eigenschaft auf Gefahr des Erwerbers stehen läßt.[1])

So viel über den Eigenschaftsbegriff. Wir wenden uns zu dem

b) Begriffe der Wesentlichkeit.

Bekanntlich ist das Wort wesentlich so lange sinnlos, als nicht hinzugefügt wird, wofür die Wesentlichkeit in Frage kommt. Für Schwachsichtige ist eine helle Wohnung wesentlich, für Augenleidende eine dunkle u. s. w.[2])

Die nähere Bedeutung des Beiwortes „wesentlich" hängt daher immer von der Gelegenheit ab, bei der man es anwendet. Handelt es sich nun, wie in 119, 2, um die Geschäftsgültigkeit, so wird man unter wesentlichen Eigenschaften solche verstehen dürfen, die für den Geschäftszweck wichtig sind.

c) Weiterhin wird die Verkehrswesentlichkeit von der Parteiwesentlichkeit in 119, 2 unterschieden.

Der Verkehr ist der Inbegriff aller Rechtsgeschäfte. Im Verkehre wird das als wesentlich angesehen, was erkennbar hervortritt, da man den Menschen nicht in das Herz schauen kann. Das im Verkehre als wesentlich Angesehene steht also im Gegensatze zu dem Parteiwillen, der im Innern der Geschäftsabschließenden verborgen bleibt.

Die Verkehrswesentlichkeit einer Eigenschaft liegt mithin dann vor, wenn die Wichtigkeit dieser Eigenschaft für den Geschäftszweck erkennbar hervortritt,[3]) eine Parteiwesentlichkeit aber auch dann, wenn diese Wichtigkeit in der verborgenen Seele der Geschäftsgenossen vorhanden ist.

Man verwechsle im Uebrigen die Verkehrswesentlichkeit nicht mit der Verkehrsüblichkeit. Auch das nicht Uebliche gilt im Verkehre als wesentlich, wenn dies im einzelnen Falle hervortritt.

---

[1]) Vgl. Müller und Meikel 88, Rudorff und Schäfer 25 zu 119, 2. Kuhlenbeck betont 431, daß auch Eigenschaften „nicht stofflicher Natur" (Authenticität, Autorschaft, Alter u. s. w.) in Betracht kommen müssen. Vgl. aber auch Hölder 263.

[2]) Vgl. über die Ledigkeit einer Frauensperson, die bald als wesentliche Eigenschaft gelten kann und darf, bald aber nicht, je nach der Art des Geschäfts, Kuhlenbeck 430.

[3]) Nach Kuhlenbeck 429 ist die sog. Verkehrsanschauung nur „der Herren eigener Geist." Fraglich bleibt, an welche Herren dabei gedacht ist. Sind es die Geschäftsparteien, so ist dem zuzustimmen. Vgl. Endemann 307.

Daß man von seinem Lieferanten nicht abgeht, mag z. B. üblich sein,[1]) wesentlich ist es nicht, da es im Verkehre auch Leute giebt, die die Abwechslung lieben und das Gute nehmen, wo sie es finden.[2])

d) Es fragt sich nun noch, was das bedeute, daß die verkehrswesentlichen Eigenschaften als Geschäftsinhalt gelten soll.

Die Wendung: „als etwas gelten", hat eine doppelte juristische Bedeutung. Bald bezeichnet sie eine Fiktion, bald eine Auslegungsregel, keineswegs nur die erstere.

In 119, 2 deutet sie aber auf eine Gesetzesauslegung hin, nicht auf eine Fiktion.[3])

Das Wort „Inhalt" (119, 1) soll hier erklärt werden.

Wir müssen dies deshalb annehmen, weil dann der Zweck der Vorschrift verständlich ist; sie kehrt sich dann gegen die oft ausgesprochene Lehre, daß die Eigenschaften nicht zum Geschäftsinhalte zu rechnen seien.[4])

Diese Ansicht verwechselte den vom bewußten Parteiwillen erzeugten Geschäftsinhalt mit dem Gesammtinhalte des Geschäfts, zu dem auch selbstverständliche Zusätze neben den Parteierklärungen gehören (vgl. oben S. 358 ff.).

Sieht man in 119, 2 eine Fiktion, so wirft sich die Frage auf, warum denn der Gesetzgeber gerade die verkehrswesentlichen Eigenschaften so ausgezeichnet habe, andere Dinge aber nicht; eine Frage, auf die, wie es scheint, die Anhänger der Fiktionstheorie bisher die Antwort schuldig geblieben sind.

Daß aber 119, 2 eine Auslegungsregel ist, und zwar eine richtige, ergiebt sich aus dem Begriffe des Geschäftsinhaltes.[5])

---

[1]) So Cosack 206, vgl. dagegen Rehbein 188.

[2]) Daß das „Durchschnittliche" entscheiden soll (Cosack 206), ist also nicht bestimmt. Daß die Unfähigkeit der sog. perfekten Köchin nur parteiwesentlich und nicht verkehrswesentlich sein soll (Cosack 207), vermag der Verfasser nicht einzusehen.

[3]) A.M. Enneccerus 148, Endemann 308, Fischer-Henle zu 119, 2, Riedel 599, Goldmann und Lilienthal 119, Cohn 89: „Wesentliche Eigenschaft steht dem Inhalt gleich an Kraft." Neumann zu 119, 2 bezeichnet diesen Satz als „positive Vorschrift". Aehnlich Matthiaß 192.

[4]) Vgl. Eck, Sammlung, 45, 3. Diese Ansicht über Eigenschaften findet sich z. B. bei Enneccerus 148, Hellmann 135, Endemann 306 Anm. 9, Planck zu 119, 2 u. A. Vgl. dagegen v. d. Pfordten 130, auch Kuhlenbeck 432, der bei der Feststellung des Inhalts mit Recht den „ökonomischen oder sozialen" Zweck des Geschäftes berücksichtigt.

[5]) Dafür, daß eine Auslegungsregel und nicht eine Fiktion in 119, 2 ent-

Wir sahen oben (S. 358 ff.), daß zum Geschäftsinhalte alles gehört, was bei dem Geschäftsabschlusse unter Rechtsschutz gestellt wird, mag es nun von der Partei bewußt erklärt oder von Verkehrssitte und Rechtssatz als gleichwerthig hinzugefügt sein.

Die Eigenschaften können hiernach auch zum Geschäftsinhalte gehören. Die nach der Verkehrssitte wesentlichen fallen aber immer in das Gebiet der selbstverständlichen Zusätze zu dem bewußt gewollten Geschäftsinhalte.

Daß die Eigenschaften, auch wenn sie verkehrswesentlich sind, nicht immer zu dem gewünschten Geschäftsinhalte gehören, ist richtig. Sie sind nicht immer parteierheblich, da die Parteien oft ihre besondern Gelüste haben. Solche Eigenschaften können aber auch zu dem von den Parteien gewollten Geschäftsinhalte gehören und ebenso auch zu dem sonstigen äußeren Inhalte, der auch hier von dem innern Willen zu unterscheiden ist, weil er Ungewolltes enthalten kann.

Die Beziehungen einer Eigenschaft zum Geschäftsinhalte zeigt sich in ihrer Bedeutung für die Geschäftsausführung. Diese kann aber eine dreifache sein:

α) Die Eigenschaft kann den Gegenstand des Geschäfts oder die aon ihm berührten Personen bezeichnen sollen.[1]) So wenn das größte Pferd des Stalles gekauft und für das kranke Kind eine Pflegerin angenommen ist (die den Inhalt bezeichnende Eigenschaft).

β) Die Eigenschaft kann zu dem Inhalte einer versprochenen Handlung gehören, z. B. die Pflicht, einen Kranken gesund oder ein Klavier durch Stimmung wohlklingend zu machen (die den imperativen Inhalt bildende Eigenschaft).[2])

γ) Der Eigenschaftsmangel kann als Gültigkeitsbedingung, als Vorbedingung eines Rücktrittsrechtes, eines Anspruches auf Schadensersatz, Wandlung oder Minderung, auch eines Bereicherungsanspruches entweder gedacht oder erwähnt sein (die den imperativen Inhalt bedingende oder ergänzende Eigenschaft).

---

halten ist, spricht vor Allem die Denkschrift 82. Ebenso anscheinend Achilles zu 119, 2. von Buchka 29 weist auf die Beziehung der Vorschrift zu Savigny III, 276 ff. hin. Cosack 205 hebt mit Recht hervor, daß die Eigenschaften nur nach dem Wortsinn, nicht nach dem wahren Sinne der Erklärung außerhalb ihres Inhaltes liegen. Aehnlich Engelmann 107, Rehbein 140.

[1]) So kann als Identitätsmerkmal auch „die Eigenschaft, Sohn meines Freundes zu sein" (Hölder 257), gelten.

[2]) Kuhlenbeck 424 rechnet die dicta promissa mit Recht zum Geschäftsinhalte.

Ist nun eine Eigenschaft verkehrswesentlich, so ist zu vermuthen, daß sie in einer dieser Beziehungen von der Verkehrssitte in den Inhalt eingefügt ist, entweder als Kennzeichen oder als Leistungsgegenstand oder als Bedingung des Geschäftes selbst oder auch als Bedingung eines Zusatzes.

In welcher dieser Beziehungen die Eigenschaft als erheblich gilt, kann freilich nur im einzelnen Falle gesagt werden. Für die Anfechtung wegen Irrthums ist dies aber gleichgültig, denn alles, was Geschäftsinhalt ist, berechtigt zur Anfechtung. In welcher Weise aber eine Eigenschaft ein Stück des Inhaltes ist, ob als Kennzeichen, als Geltungsbedingung oder als Vorbedingung eines besonderen Anspruches, ist gleichgültig. In allen diesen Fällen ist sie Anfechtungsgrund, wenn sie Gegenstand eines Irrthumes ist, der auch im Uebrigen den Bedingungen des 119 genügt.

So würden wir denn den Inhalt des 119, 2 auch dann als geltendes Recht ansehen müssen, wenn er nicht im Gesetzbuche stände.

Seine Erwähnung ist nur ein Protest gegen die Ansicht, daß die Eigenschaften gleichgültig seien.[1])

Hiermit dürfte die vorstehende Behauptung, daß 119, 2 als selbstverständlich nicht weiter in Betracht kommt, erwiesen sein.[2])

---

[1]) Diese Ansicht dürfte auf den vernichtenden Einfluß zurückzuführen sein, den der Dunstkreis der Studirlampe auf die Beobachtungsgabe ausübt. Nur einem Homunkulus sind die Eigenschaften der Menschen und der Dinge gleichgültig. Lebendige Wesen von Fleisch und Blut crachten die Eigenschaften der Außenwelt für das eigentlich Maßgebende. Vgl. oben S. 362 Anm. 4.

[2]) Als willkürlich (und nebenbei auch vom Standpunkte des Gemeinwohles unverständlich sind folgende Ansichten abzuwehren:

a) Es ist auch noch behauptet worden, daß Eigenschaften, die von der Partei, nicht vom Verkehre, als wesentlich in den Geschäftsinhalt aufgenommen worden sind, nach 119 nicht als Anfechtungsgründe gelten sollen (Burchard, Beiträge zur Erläut. d. D. R., Bd. 39, S. 25). Dagegen spricht, daß das Ausdrückliche unmöglich weniger gelten kann als das blos Selbstverständliche. Richtig Goldmann und Lilienthal 119.

b) Es ist behauptet worden (Bunsen 85, Endemann 308), daß die verkehrswesentliche Eigenschaft auch dann zur Anfechtung berechtige, wenn sie für die Partei unwesentlich sei. Warum soll aber das Gesetz Jemandem einen Rechtsschutz aufdrängen, dessen er nicht bedarf? Auch „die verständige Würdigung des Falles" bezieht sich auf die verkehrswesentlichen Eigenschaften ebenso wie auf den übrigen Geschäftsinhalt. Richtig Zitelmann 113, Rehbein 133, Szkolny und Caro 144, vgl. aber auch Cosack 205.

c) Endemann 307 Anm. 10 beschränkt 119, 2 (dem Wortlaute zuwider) auf solche Eigenschaften, deren Mangel nicht schon auf andere Weise geltend gemacht werden kann. Vielmehr liegt ein Hauptvorzug des B.G.B. darin, daß es dem

V. Ein doppelter Irrthum liegt bei der unterwegs entstellten Erklärung vor (sog. falsche Uebermittelung). Ein berühmtes Beispiel ist das Telegramm, das unterwegs aus „verkaufen Sie" in „kaufen Sie" umgewandelt worden war. Der Empfänger irrt sich hier über den beabsichtigten Inhalt des Abgesandten und der Absender über den Inhalt des Angekommenen.

Dieser Doppel-Irrthum soll grundsätzlich den einfachen Irrthumsfällen gleichstehen[1]) (Mot. 202, 203 K.Prot. I, 117), zumal die Irrthümer des Erklärungsempfängers überall gleichgültig sind. Freilich liegt hier auf Seiten des Absenders keine zu dem Geschäfte bestimmende falsche Meinung, sondern eine „irrige Erwartung" vor.

Auf den Absender kommt es aber an und er bedarf einer Anfechtung, da ja zunächst das gilt, was dem Empfänger erkennbar entgegentritt.[2])

Bei der unterwegs entstellten Erklärung sind daher nicht vereitelte Wünsche des Empfängers, sondern des Absenders als Anfechtungsgründe maßgebend, da diesem die Erklärung dienen soll.[3])

Jedenfalls bedarf nur eine solche Erklärung dieser Entkräftung, deren Ankunft dem Urheber zuzurechnen ist.[4]) Ohne das ist sie nicht sein Geschäftsakt. Ob dagegen die Erklärung blos zum Theil oder völlig entstellt ist, wird im Gesetz nicht unterschieden.[5])

Im Uebrigen kommt es auch hier darauf an, ob die Entstellung der abgeschickten Nachricht den Geschäftsinhalt berührt oder nicht, da hier 119 in entsprechender Weise gelten soll.

Käufer einer schlechten Sache im Irrthumsfalle die Wahl zwischen verschiedenen Rechtshilfen giebt, zu denen auch das Anfechtungsrecht des 119 gehört. Wegen der Schadensersatzpflicht (122) wird er freilich in der Regel Minderung oder Wandlung vorziehen.

1) Vgl. Cohn 39: „Irrt sich der Draht, schafft Anfechtung Rath."

2) Andere Fälle einer irrigen Erwartung, die einen Anfechtungsgrund gewährt, siehe in 2078 Abs. 2.

3) Wenn durch ein Versehen eines Telegraphenbeamten dem angenommenen Diener 50 Mark statt 40 Lohn zugesichert werden, so ist die Erklärung anfechtbar, obwohl sie wahrscheinlich den Wünschen des Empfängers mehr entspricht, als die abgesandte Depesche. Nicht aber ist sie anfechtbar, wenn der Telegraph den dem Diener zugedachten Lohn von 50 Mark auf 40 heruntersetzt. Das Unterzeichnen einer falschen Abschrift gehört wohl zu 119, nicht hierher. A.M. Rehbein 136.

4) Beispiele siehe bei Hölder 266, 267, vgl. auch Matthiaß 193 und abweichend Kaufmann 4 zu 120. Die fehlgegangene Erklärung (Rehbein 186) gleicht also nicht der fehlgeschlagenen Erwartung (s. oben S. 475).

5) A.M. anscheinend Cosack 211, Engelmann 108.

Zu den Inhaltsentstellungen gehören auch die Irrthümer der Boten, nicht diejenigen der Vertreter (s. VI).[1])

VI. Bei Irrthümern in Stellvertretungsverhältnissen wird nach 166 der Geschäftsherr ein Anfechtungsrecht haben, wenn er entweder bei seinen Weisungen an den Vertreter sich selbst in einer rechtserheblichen Weise geirrt hat, oder wenn der Vertreter sich in einem andern Punkte in der Art geirrt hat, in der er bei seinen eigenen Geschäften wegen Irrthums anfechtungsberechtigt sein würde. Hat aber der Vertreter, ohne es zu wissen und zu ahnen, durch seinen Mißgriff zufälliger Weise etwas getroffen, was für den Herrn von Werth ist und dessen Wünschen entspricht, z. B. ein solches fehlerhaftes Buch als fehlerfrei gekauft, das, ohne daß der Vertreter es weiß, auch im mangelhaften Zustande dem Herrn für dessen wissenschaftliche Arbeiten hocherwünscht ist, so darf dieser sein Anfechtungsrecht nicht geltend machen, weil er sonst einer Chikane im Sinne des 226 schuldig sein würde.

Es folgt dies auch daraus, daß hier das Schutzbedürfniß nicht vorliegt, dem 119 offenbar dienen soll.[2])

Im Uebrigen wird es auch hier nach 119 darauf ankommen, ob der Irrthum des Stellvertreters ein Inhalts-Irrthum war oder nicht.

VII. Die voraussichtliche Abgrenzung des beachtenswerthen Irrthums in der Praxis.

Um nach 119 festzustellen, ob ein Irrthum zur Anfechtung berechtige oder nicht, wird man in Zukunft den Thatbestand unter die Begriffe Geschäftsinhalt, verständige Würdigung, Eigenschaft, Parteierheblichkeit und Verkehrserheblichkeit unterordnen müssen, lauter Begriffe, deren Grenzen im Nebel zerrinnen. Außerdem wird man von der Partei den Nachweis verlangen müssen, daß die Voraussetzungen dieser Begriffe thatsächlich bei dem Geschäfte vorgelegen haben, namentlich daß die Partei bei Aufklärung des Irrthums die Erklärung unterlassen haben würde. Was man in einem früheren Zeitpunkte gethan haben würde, wenn die Sachlage eine andere gewesen wäre, weiß man aber in der Regel selbst nicht. Um so schwerer wird es

---

[1]) Rehbein 136, Bendix 133, Cohn 39: „Telegraph und Telephon sind auch Boten", vgl. auch Weyl 230. Wird man freilich durch das Telephon falsch verbunden, so kann der Erklärungsakt an einen falschen Empfänger dem Redenden nicht zugerechnet werden. Nur ein falscher Inhalt, der an die richtige Stelle gesandt ist, ist zuzurechnen.

[2]) Vgl. des Verfassers Schrift „Der Irrthum bei nichtigen Verträgen", 502 Anm. 1, Dig. XLI, 1, fr. 34, § 1.

dem Richter werden, so etwas festzustellen, wenn er nicht von vorn herein ungewöhnlich leichte Beweisbedingungen stellt.

Aus alledem geht hervor, daß schließlich der Gesammteindruck des einzelnen Falles, namentlich die Schwere des Irrthums und seiner Folgen für den Irrenden, abgewogen gegen die Schwere des Schadens, den seine Hervorkehrung für die andere Partei hervorruft, dem Richter zu der Entscheidung darüber verhelfen muß, ob diesmal eine Anfechtung der wohlwollenden Absicht des Gesetzgebers entspreche.

An elastischen termini technici, mit denen sich jede Entscheidung rechtfertigen läßt, fehlt es, wie wir sahen, im Gesetzestexte nicht.[1])

So wird schließlich thatsächlich doch die Praxis in ihrer wirklichen Erscheinung von dem Systeme einer freien in integrum restitutio nicht allzu weit abweichen,[2]) wenn auch die Theorie es sich nehmen lassen kann, an Stelle des bisherigen Ballastes von Rechtsregeln als Sinn des 119 den einfachen Satz festzuhalten:

Nur der einer verständigen Partei wesentliche Inhaltsirrthum berechtigt zur Anfechtung.

βββ) Schranken der Anfechtung wegen Irrthums.

§ 102.

I. Selbstverständliche Schranken des Anfechtungsrechtes wegen Irrthums.

Das Anfechtungsrecht wegen Irrthumes kann dann nicht gelten, wenn das Mitleid mit dem Irrenden, auf dem es beruht, seine Zulassung nicht verlangt. Dies ist namentlich der Fall, wenn es mit dem erkennbaren Willen des Irrenden im Widerspruche steht.[3]) Wenn z. B. Jemand seinen nächsten gesetzlichen Erben tödtlich haßt und aus Versehen einen gleichgültigen Menschen statt seines Freundes einsetzt, so wird die Gültigkeit des unerwünschten Testaments ihm

[1]) Daß das freie Ermessen diesen Zweig schließlich in höchster Instanz beherrschen muß, ist zwar nicht allgemein anerkannt wohl aber in vielen einzelnen Punkten, vgl. Strohal, Iherings Jahrb., Bd. 34, S. 358, Kuhlenbeck 429, Endemann 310 Anm. 16, Kuhlenbeck 411, v. d. Pfordten 131, Weyl 228. Vgl. auch Regelsberger's Aufforderung an die Praxis zur Abwehr der selbstverschuldeten Anfechtungen (oben S. 474 Anm. 3), sowie über Kausalität und Probabilität auch Kuhlenbeck 430.

[2]) Schon bisher war das freie Ermessen unentbehrlich, Hellmann 134.

[3]) Vgl. Neumann, Der Einfluß des Irrthums im Beweggrund auf Erbeseinsetzung und Vermächtniß. Inaug.-Diss. 1898. S. 32 ff.

immer noch lieber sein als sein Fortfall und die damit verbundene gesetzliche Erbfolge. Anfechtungen aus Willensmängeln dürfen niemals im Widerspruche mit dem Willen des Geschäftsurhebers geschehen, da sie ja nur seinen wahren Willen schützen, nicht aber vereiteln sollen. Ausdrücklich ist dies freilich im Bürgerlichen Gesetzbuch nicht ausgesprochen, ergiebt sich aber aus dem Zwecke des Gesetzes.

Das Gleiche wird auch dann anzunehmen sein, wenn der Irrende an der Anfechtung des Geschäfts gar kein Interesse hat. Er hat z. B. lediglich aus Unschlüssigkeit darüber, welche von zwei Wohnungen er miethen soll, das Loos entscheiden lassen und sich über das Ergebniß der Entscheidung geirrt. Hier ist der Erfolg ihm schließlich nicht unerwünscht; denn er ist zu einer Entscheidung gekommen, wie er wollte; der Inhalt der Entscheidung war ihm von vornherein gleichgültig.

Auch dieser Fall ist im Gesetzbuche nicht besonders vorgesehen.

II. Die gesetzliche Schranke des Anfechtungsrechtes nach 119.

Da der Volkswohlstand darauf beruht, daß das Verkehrsleben überwiegend aus verständigen Erwägungen geleitet wird, so muß ein vernünftiger Gesetzgeber alles vermeiden, was geeignet ist, die menschliche Thorheit mittelbar zu begünstigen. Darum ist aus gutem Grunde nach besonderer Vorschrift dem Irrenden das Anfechtungsrecht versagt, wenn er aus unverständigen Erwägungen ein entscheidendes Gewicht auf seine falsche Vorstellung gelegt hat.

Nur wer im Falle einer rechtzeitigen Kenntniß der Sachlage „bei verständiger Würdigung des Falles" seine Erklärung nicht abgegeben haben würde, darf sie anfechten. Also nicht der, der die Erklärung bei rechtzeitiger Kenntniß der wirklichen Sachlage nur wegen einer „unverständigen Betrachtung des Falles" unterlassen haben würde. So z. B. der Reisende, der eine gekaufte Eisenbahn-Fahrkarte nicht genommen haben würde, wenn er gewußt hätte, daß der Tag des Kaufes ein Freitag und nicht, wie er glaubte, ein Donnerstag war, weil er aus Aberglauben am Freitage nicht zu reisen pflegt.[1])

[1]) Ob er das Geschäft selbst aus unverständigen Beweggründen abgeschlossen hat, ist gleichgültig. Auch das unverständige Geschäft ist unanfechtbar, wenn es nur aus thörichten Gründen wegen Irrthums angefochten werden kann. (Vgl. Hölder 260.) So z. B. der Kauf eines Amuletts, bei dem der Käufer den Verkäufer mit einem Dritten verwechselt hat, den er für einen Zauberer hielt.

Das Recht lehnt hier jede Unterstützung der thörichten Partei ab[1].) Eine solche soll die Folgen ihres Irrthums ruhig ertragen.[2])

Hiernach ist der aus bloßem Unverstand bedeutsam gewordene Irrthum unerheblich und nur der verständiger Weise für die Partei wesentliche Irrthum beachtenswerth.

Da übrigens die Ansichten über das, was thöricht ist oder nicht, sehr auseinandergehen und manche Menschen z. B. den Zweifel am Dasein von Gespenstern für ebenso thöricht halten, wie die Mehrzahl den entgegengesetzten Glauben, so fragt es sich, ob der Richter hier seine eigenen Ansichten als geltend ansehen muß oder diejenige Denkart, die er bei dem Bildungsgrade der Partei erwarten durfte, oder endlich die Durchschnittsmeinung des Verkehrslebens. Es hängt dies davon ab, wie man über den Zweck der Vorschrift denkt. Würde es sich um Volkserziehung handeln, so müßte er der eigenen Ueberzeugung folgen. Würde er den Unverstand zu bestrafen haben, so dürfte er ihn auch entschuldigen. In Wahrheit soll aber der verständige Verkehr geschützt werden. Folglich muß dieser Schutz in dem Umfange gegeben werden, in dem er erwartet werden darf, also nach Maßgabe der allgemeinen Volksanschauungen.

Daß diesem Schutze Unschuldiger gegen die Folgen fremder Thorheit nicht auch ein solcher gegen die Folgen fremder Schuld zur Seite steht, wurde schon erwähnt (S. 474 IV). Dem schuldhafter Weise Irrenden ist das Anfechtungsrecht des 119 nicht versagt.

III. Erschwerung der Anfechtungen wegen Irrthums.

a) Das Gesetzbuch drängt den Anfechtungsberechtigten zu einem raschen Entschlusse. Sobald er den Anfechtungsgrund erfährt,

---

1) Zweifelhaft ist, ob auch die Rücksicht auf fremden Unverstand dem Irrenden sein Anfechtungsrecht raube. (Cosack 206, Hölder 261, 264, Rehbein 198.) Eine gewisse Rolle spielt hierbei der Gatte, der die Furcht seiner nervösen Frau vor der Zahl 13 beachtet und deshalb eine von ihm abgegebene Erklärung wegen Irrthums über diese Zahl anfechten will. Ein solcher Gatte mag ja wohl insofern als verständig gelten, als er hierdurch den häuslichen Frieden wahrt. Doch braucht der Gesetzesgeber, der die Erklärungsempfänger gegen fremden Unverstand schützen will, die gleiche Rücksicht nicht zu üben. Die Anfechtung ist daher unzulässig.

2) K.Prot. I, 110. „Das Recht dürfe nicht blos subjektiven Launen des Irrenden, deren Geltendmachung zum Schaden des anderen Theiles nicht selten geradezu unsittlich sei, seinen Schutz gewähren, sondern nur dem verständigen Interesse des Irrenden.“ Matthiaß 191 sieht hierin eine „Abmilderung des subjektiven Standpunktes.“

soll er unverzüglich (d. h. ohne schuldhaftes Zögern),[1]) anfechten.[2])

Durch diese kurze Anfechtungsfrist sollte dafür gesorgt werden, daß der Irrende bei Entdeckung seines Versehens nach dem Geschäftsabschlusse „nicht besser gestellt werde, als wenn er ihn vorher entdeckt hätte." Auch sollte ihm die Möglichkeit abgeschnitten werden, auf Kosten des Gegners zu spekuliren. Endlich wollte man den Gegner des Irrenden besser stellen, als den Zwingenden und den Betrüger. (K.Prot. I, 113).

Eine milde Praxis wird die Härte dieser unverzüglichen Mittheilungspflicht abzuschwächen geneigt sein.[3])

Nach dreißig Jahren ist das Anfechtungsrecht unter allen Umständen verloren, selbst wenn der Irrende seine falsche Meinung bis dahin noch nicht als solche erkannt hat. Dieser Frist bedurfte es, weil die allgemeine Anspruchsverjährung nach 121, 2 gegen den der Anfechtung Unkundigen nicht laufen kann.[4])

b) Wer wegen Irrthums eine Erklärung anficht, verpflichtet sich dadurch zum Schadensersatze. Er haftet dem andern Theile, der den Irrthum seines Geschäftsgenossen nicht kannte und auch nicht, um sich nicht der Fahrlässigkeit schuldig zu machen, kennen mußte (122).[5])

Der Schaden ist das sog. negative Vertragsinteresse, d. h. der Schaden daraus, daß der verhängnißvolle Geschäftsabschluß nicht vermieden werde, oder wie das Gesetzbuch sagt, daß der Empfänger

---

[1]) Planck 171.

[2]) Ueber die Beweislast bezüglich der Entdeckungszeit s. Planck 172, Nr. 4, zu 121, auch Bendix 134, Kaufmann 4 zu 121, Hölder 260. Besondere Anfechtungsfristen enthalten 1338 ff., 2082, 2279, 2283, 2301, vgl. hierzu Cohn 39: „Kennst Du den Anfechtungsgrund, öffne schleunigst Deinen Mund." Und ebenda: „Irrthums Anzeige ist noch nicht Irrthums Anfechtung." So Endemann 309, der hierzu bemerkt: „Man darf also die Erklärung um so länger anfechten, je sorgloser und unachtsamer man sich verhält."

[3]) Vgl. Strohal Jahrb. f. Dogm. Bd. 34. S. 359. Cosack 207 weist darauf hin, daß der andere Theil, indem er den Irrenden über seinen Irrthum aufklärt, zur Entscheidung darüber, ob er anfechten wolle, zwingen kann. Gegen die mehrfach behauptete Befugniß des Richters die Anfechtungsfrist zu verlängern mit Recht Endemann 310.

[4]) Das Anfechtungsrecht ist kein Anspruch s. oben S. 224.

[5]) Auch bei der römischen in integrum restitutio konnte der Magistrat die Gewährung der Hülfe davon abhängig machen, daß sein Schützling dem andern Theile eine Entschädigung zusicherte.

der angefochtenen Erklärung „auf die Gültigkeit der Erklärung vertraut hat.“ Ueber das Erfüllungsinteresse, d. h. den Schaden aus der Nichterfüllung des Geschäftes, soll der Anspruch nicht hinausgehen.[1])

Das Verschulden der Irrenden ist für die Schadensersatzfrage gleichgültig (K.Prot. I, 107).[2])

Die Ersatzsumme ist eine Art von Schmerzensgeld für die enttäuschte Vertragspartei. Das Gesetzbuch macht hier ein Zugeständniß an die „neuere Entwickelung (K.Prot. I, 107).[3])

Trotzdem ist es weit entfernt davon, allen durch die Anfechtung Geschädigten auch einen vollen Ersatz zu geben.[4]) Nur für die (bei dem Geschäftsabschlusse) nicht empfangsbedürftigen Erklärungen ist dieser naheliegende Gedanke ausgesprochen worden. Wird z. B. eine Auslobung wegen Irrthums angefochten, so muß jeder entschädigt werden, der darunter leidet, also namentlich auch der Rechtsnachfolger des aus der Auslobung Berechtigten. Anders bei den empfangsbedürftigen Geschäften, also in dem regelmäßigen Falle. Hier ist nach 122 nur der Erklärungsempfänger ersatzberechtigt, d. h. in der Redeweise des Gesetzes nur „der Andere, nicht der Dritte,“ also nicht der Rechtsnachfolger dessen, der aus dem empfangsbedürftigen Geschäfte etwas erworben hat. Wenn A. also eine Forderung an B. abtritt und dieser an C., so kann A. seine Abtretung gegenüber dem B. anfechten und dadurch dem C. den Anspruch entziehen, ohne daß dieser etwas erfährt und entschädigt wird. Freilich wird dann C. in der Regel einen Rückgriff an B. nehmen und dieser dann daraus einen Ersatzanspruch gegen A. haben. Wenn aber B. nach dem Empfange der Anfechtung nicht mehr zu finden ist, so ist C. übel daran.

---

[1]) Eine Köchin wird mit 40 Mark vierteljährlich gemiethet. Bald darauf wird ihr eine andere Stelle mit 50 Mark angeboten. Sie lehnt ab, da sie schon versagt ist. Jetzt ficht der Dienstherr den Vertrag an, weil er sie mit einer anderen Köchin verwechselt hatte. Er braucht der enttäuschten Vertragsgenossin, die im nächsten Vierteljahre keine Stellung findet, nur 40 Mark, nicht 50 als Entschädigung zu zahlen.

[2]) Matthiaß 192. Ein Seitenstück enthält 231.

[3]) Vgl. namentlich Unger, Grünhuts Ztschr. f. Privatr. u. öff. R. Bd. 15 S. 673 ff.

[4]) Ein billiger Ausgleich der Interessen war beabsichtigt (Reatz 52), ist aber in Wahrheit schlechterdings ebenso unmöglich, wie die Quadratur des Cirkels. Richtig Burchard, Beiträge zur Erläut. des deutsch. Rechts, Bd. 39 S. 416.

Diese Vorschrift ist nur daraus erklärlich, daß die Entschädigungspflicht des Irrenden grundsätzlich in willkürlicher Weise verkürzt werden sollte.[1]) Der Nachfolger des Erwerbers aus dem angefochtenen Geschäfte leidet ebenso, wenn es zu den empfangsbedürftigen gehörte, als wenn dies nicht der Fall war. Auch der Gesetzgeber hat keinen Anlaß, ihm im ersten Falle weniger Mitleid zu schenken als im zweiten.

Es handelt sich hier also um ein willkürliches Eingreifen des Gesetzgebers, der in Ermangelung einer sachlich begründeten Grenzlinie eine ganz beliebige gezogen hat.

In der Praxis wird die schon erwähnte Gefahr des Regresses des „Dritten" an den „Andern" der in 122 gemachten Unterscheidung zum Theil die Spitze abbrechen; denn wenn der Dritte sich von dem Andern entschädigen läßt, so kann sich dieser an den Irrenden halten.

Für die Anfechtung von Testamenten gilt 122 nicht.[2])

Der Enttäuschungsschaden, den man aus einem Vertrauen auf die Geschäftsgültigkeit gehabt hat, ist nicht immer leicht zu erweisen. Ob man z. B. für eine verkaufte Waare einen anderen Käufer gefunden haben würde, wenn man sie noch weiter angeboten hätte, kann Niemand wissen. Würde nun z. B. die Praxis einem Verkäufer, dem der Käufer hinterher wegen Irrthums das Geschäft aufkündigt, derartige Nachweise aufbürden, so würde in vielen Fällen die Ersatzpflicht des Irrenden in's Wasser fallen und die Anfechtbarkeit der Verträge wegen Irrthums einen Umfang annehmen, der die Verkehrssicherheit ernstlich bedrohen könnte. Hier wird im Interesse des Gemeinwohls die höchste Nachsicht geboten sein, damit nicht das Mitleid gegen die Irrenden in sein Gegentheil umschlage.

Allein auch da, wo der Schaden ersetzt wird, erhält der durch fremden Irrthum Verletzte keineswegs immer eine volle Genugthuung.

Es liegen dem die folgenden Gedanken zu Grunde:

Der Schaden, den die Aufdeckung eines Irrthums anrichtet, kann in der Regel nicht aus der Welt geschafft werden. Das Gesetz

---

[1]) Auch die wohl verständliche Neigung, den neugeschaffenen Begriff der empfangsbedürftigen Erklärung in möglichst ausgiebiger Weise zu verwerthen, erklärt die im Texte erwähnten Bestimmungen.

[2]) 2078, 3. Für den Fall, daß Jemand die Unmöglichkeit der Leistung, die er verspricht, kennt oder kennen muß, ist eine dem 122 verwandte Vorschrift in 307 getroffen. Ebenso im Stellvertretungsrechte 179, 2. Die Klage ist nach B.G.B. keine Vertragsklage. Kuhlenbeck 412. Gegen eine analoge Ausdehnung auf den Widerruf einer Offerte mit Recht. Endemann 291.

kann ihn nur entweder dem Irrenden oder einem davon berührten Anderen auflegen. Wollte es dem Irrenden eine kostenlose Anfechtung des unerwünschten Geschäftes gestatten, so würde es den Schaden völlig von ihm abwälzen. Wollte es den andern Theil unbedingt schützen, so müßte es die Anfechtung dem Irrenden überhaupt versagen. Die Härte, die bei jedem dieser Standpunkte gegen den einen oder andern Theil liegt und die damit verbundene Verkehrsunsicherheit kann durch einen Mittelweg gemildert werden, wenn der andere Theil vom Irrenden entschädigt werden muß. Aber dieser Schaden soll nach dem Gesetzbuche nicht in dem ganzen Erfüllungsinteresse bestehen. Sonst würde in der Regel der Irrende gar keinen Vortheil von der Anfechtung haben.[1]) Auch wenn der Irrende die Anfechtung unterläßt und statt dessen das lästige Geschäft einfach nicht erfüllt, haftet er ja für keinen höheren Betrag als den Schaden der Nichterfüllung.

Die Anfechtung hat also in der Regel nur dann für ihn einen Werth' wenn er mit einem geringeren Vermögensopfer abkommen kann.

Die Möglichkeit, eine solche geringere Abfindungssumme zu berechnen und das Bedürfniß, einige mit der damals herrschenden Lehre unvereinbaren Quellentexte zu erklären, trieb Ihering[2]) dazu, bei der durch wesentlichen Parteiirrthum entkräfteten Erklärung eine Haftung des Irrenden für das negative Vertragsinteresse (genauer: Geschäftsinteresse) anzunehmen.

Der Begriff dieses Interesses ist sicher quellenmäßig,[3]) bestritten ist jedoch seine Anwendung auf den vorliegenden Fall.[4])

Zum negativen Interesse rechnet man alles, was eine geschädigte Partei durch den Geschäftsabschluß verloren hat[5]) (z. B. Transportauslagen), wozu aber auch der voraussichtliche Gewinn aus andern entgangenen Geschäften gehört. Dagegen gehört nicht dahin der Gewinn, den gerade nur das vereitelte Geschäft gebracht haben würde (z. B. aus der Gelegenheit, eine gekaufte Sache zu höherem Preise weiter zu verkaufen).

[1]) Ausnahmen bilden die Fälle, in denen ihm daran liegt, eine bestimmte Sache, z. B. ein Bild, an dem er hängt, um jeden Preis wiederzubekommen.

[2]) Jahrb. f. Dogm. IV, 16 ff., von Buchka 29, 6, Endemann 291, 811. Ihering's Lehre war für das Gesetzbuch vorbildlich. Mot. 195.

[3]) Man denke nur an das Interesse des Betrogenen, der das Geschäft nicht erfüllen will, Dig. XVIII, 1, fr. 35, § 8.

[4]) Vgl. dagegen des Verf. Ausführungen Ztschr. f. Hdlsr. Bd. 26. S. 299 ff.

[5]) Engelmann 107.

Indem er diesen letzteren Gewinn aus der vollen Entschädigungssumme herausstrich, gewann Ihering eine Schadensberechnung, bei der man in vielen Fällen (keineswegs immer) die Haftpflicht des Irrenden hinabschrauben kann, ohne den andern Theil ganz leer ausgehen zu lassen und ohne andererseits dem Anfechtungsberechtigten sein Recht völlig zu entwerthen. Dies ist auch der Standpunkt des Gesetzbuches.

Es wird also nur ein solcher Schaden ersetzt, der durch ein Mißtrauen in die Gültigkeit des Geschäfts vermieden werden konnte,[1] nicht ein solcher, der auch bei einem derartigen Mißtrauen eingetreten sein würde, und zwar keinesfalls mehr als der Schaden aus der Nichterfüllung.[2]

Auch hierbei zeigt sich, daß für ein System der in integrum restitutio, bei der sowohl die Anfechtbarkeit als auch die Entschädigung vom billigen Ermessen des Richters abhängen würde,[3] durch eine allgemeine, der Ausnahmen unfähige Regel nur sehr schwer ein Ersatz zu finden ist.

Der Ersatz des negativen Vertragsinteresses hat den Nachtheil, daß der Geschädigte den Schaden, den er immer erleidet (das Erfüllungsinteresse) nicht ersetzt bekommt, wohl aber einen Schaden, den er möglicher Weise erlitten hat, so daß der reine Zufall darüber entscheidet, ob eine Entschädigung erfolgt oder nicht.[4]

Da jedoch der Anfechtungsberechtigte in der Regel nicht wissen kann, ob der andere Theil einen Ersatzanspruch zu begründen im

---

[1]) Zitelmann 113 nennt ihn „Vertrauensschaden" im Gegensatze zum „Nichterfüllungsschaden". Aehnlich Achilles 2 zu 122, Bendix 134, Kaufmann 108.

[2]) Cohn 41: „Kein negatives Interesse über das positive Interesse." Der Beweis, daß das Erfüllungsinteresse kleiner sei, als das negative Vertragsinteresse, liegt dem Verpflichteten ob. Planck 172 A. 2 zu 122. Kommt das negative Interesse dem positiven gleich, so wird es das Anfechtungsrecht in der Regel entwerthen. Siehe S. 505 Anm. 1.

[3]) Bei der culpa concurrens ist ein solches System des freien Ermessens beliebt worden (254, 1), ebenso nach 829. Bei der Abmessung der Folgen der Anfechtung, s. oben S. 448 ff., und bei der Sonderung des beachtenswerthen Irrthums vom nicht beachtenswerthen würde man es schließlich ebenso gut haben aufstellen können.

[4]) Vgl. auch Strohal, Iherings dogm. Jahrb. Bd. 34, S. 358. A.M. Kuhlenbeck 415, der im B.G.B. den denkbar billigsten Ausgleich der entgegengesetzten Ansichten sieht. M. E. würde das unumschränkte richterliche Ermessen der Billigkeit noch mehr entsprechen.

Stande ist, so wird er aus Scheu vor dieser ungewissen Forderung seine Anfechtung zu unterlassen geneigt sein.[1]) Nur waghalsige Parteien werden von dieser Rechtshülfe ohne Bedenken einen Gebrauch machen, so daß die Gefährlichkeit des § 119 für die Zuverlässigkeit des Geschäftsverkehres voraussichtlich nicht allzu groß sein wird.[2])

IV. Die unbeschränkte Anwendbarkeit des 119 auf Verträge ist mehrfach in Frage gezogen worden, weil die Unverbindlichkeit der Vereinbarungen wegen Dissenses ihre Anfechtung nach der genannten Vorschrift in der Regel überflüssig machen werde. Es soll bei Verträgen jeder Irrthum, der den inneren, auf den Erklärungsinhalt gerichteten Parteiwillen auf einer Seite ausschließt eine Nichtigkeit des Geschäftes zur Folge haben, so daß für eine Anfechtung und für eine mit ihr verbundene Entschädigungspflicht kein Raum übrig bleiben würde.

Wäre dies richtig, so würde die ganze neue Vorschrift von verschwindender Bedeutung sein, da die einseitigen Geschäfte im Verkehre eine geringe Rolle spielen.

Bezeichnend sind die Beispiele Endemann's:[3])

Es verkauft Jemand sein Stadthaus, der zwei Stadthäuser hat. Die Parteien denken an verschiedene Gebäude. Hier ist allerdings der Vertrag wegen der Zweideutigkeit des Erklärten, die nicht aus dem Parteiwillen ergänzt werden kann, nichtig (s. oben S. 475, II) und daher Endemann's Entscheidung zutreffend.

Anders verhält es sich aber mit den übrigen Beispielen.

Ein Norweger, der bei uns ein erstes Stockwerk miethet, ohne daß dabei ersichtlich wird, daß er nach seiner Redeweise etwas Anderes darunter versteht, als der hiesige Sprachgebrauch, kann das Geschäft nur unter Entschädigung der andern Partei anfechten. Endemann will ihn davon frei erklären ebenso wie den Käufer eines Billets zur linken Prosceniumsloge, der unter diesem Namen sich die rechte vorgestellt hat.

Ebenso muß ich, wenn ich Herrn Müller seine Villa Quisisana

---

[1]) Vgl. Bunsen 85: „Die Anfechtung ist ein zweischneidiges Schwert."

[2]) Auswärtigen Gesetzgebungen würde ein einfaches System der in integrum restitutio, bei dem der Richter bei Irrthümern die Zulassung des Anfechtungsrechtes, seinen Umfang und die damit verbundene Entschädigungspflicht nach freiem Ermessen bestimmt, mehr anzuempfehlen sein, als die Vorschriften des B.G.B.. Wo das richterliche Ermessen thatsächlich herrscht, da sollte es auch das zu scheinen wagen, was es wirklich ist, nämlich die den Ausschlag gebende Macht.

[3]) 296 Anm. 9, vgl. auch 302.

abkaufe, ihn entschädigen (122), falls ich einen andern Herrn Müller und dessen andere ebenso genannte Villa im Auge hatte.[1])

Wäre dies nicht der Fall, so würden die Vorschriften der §§ 119, 122 ein wahrer Schlag in's Wasser sein. Gerade bei Verträgen ist die Verkehrssicherheit in erster Linie schutzbedürftig. Von ihnen war auch bei den Vorberathungen zu diesem Rechtszweige ganz besonders häufig die Rede. Die Beispiele für diese Bestimmungen wurden vorher wie nachher dem Vertragsrechte entnommen.[2])

Alles dies würde unzulässig sein, wenn die hier bekämpfte Ansicht richtig wäre.[3])

Sie ist ein Ueberrest einer in der gemeinrechtlichen Wissenschaft vorwiegenden irrigen Uebersetzung des Wortes dissensus. Wie das Wort consensus einfach den Thatbestand des Vertragsschlusses bezeichnet,[4]) so soll auch dissensus nur den durch Mißverständniß gescheiterten oder zerstörten Thatbestand des Vertragsschlusses benennen.[5])

Allein selbst wenn dies nach römischem Rechte nicht so wäre, so würden wir es doch für das neue Gesetzbuch annehmen müssen.

Damit soll keineswegs bestritten werden, daß zu dem Thatbestande des Geschäftsabschlusses auch blos innere unerklärte Wünsche gehören können, nämlich dann, wenn die Zweideutigkeit der Erklärungen zu einem Rückgriffe auf die innern unerklärten Absichten nöthigt. So in dem oben besprochenen Falle, daß Jemand sein Stadthaus verkauft, der zwei Stadthäuser besitzt und jede der beiden Parteien an ein anderes denkt.

Nicht so in den übrigen erwähnten Fällen, in denen unzweideutige Erklärungen einen Rückgriff auf den inneren Willen überflüssig machen.[6])

---

[1]) Anders entscheiden diesen Fall, Czkolny und Caro 142.

[2]) Vgl. z. B. Weyl 228.

[3]) Der Italiener, der sich 1 o 2 Affen bestellte (o = oder) und hundert und zwei Affen erhielt (Kuhlenbeck 407), würde sich auch nach neuem Rechte wohl auf die Erkennbarkeit seines Irrthums berufen können. Wo eine solche nicht vorliegt, da wird der Affenverkäufer nur den Schutz des 122 beanspruchen dürfen. A. M. Kuhlenbeck a. a. O.

[4]) Der Verfasser muß auch hier auf seinen gedruckten aber noch nicht veröffentlichten Artikel Pauly-Wissowa, Real-Encyklopädie der klass. Alterthumswissenschaft consensus verweisen, sowie auf seine Schrift: der Irrthum bei nichtigen Verträgen u. s. w.

[5]) Auch der contrarius consensus heißt bekanntlich dissensus (= Aufhebungsvertrag). Bei ihm ist es zweifellos, daß dissensus keinen blos innerlichen Thatbestand bezeichnet.

[6]) Vgl. von Savigny, System Bd. III, S. 258: „Demnach darf ein

Ein Dissens liegt dann nicht vor. Die Parteien haben sich nach dem Sinne ihrer Erklärungen geeinigt. § 155 ist also unanwendbar, wohl aber giebt 119 Anfechtungsrechte mit Entschädigungspflicht nach 122.

Wo freilich die beiden Vertragserklärungen nach ihrem Sinne sich nicht decken, ohne daß die Parteien dies bemerken, da liegt zwar ein Irrthum vor,[1]) aber nicht der Thatbestand eines Geschäftes. Wo dieser fehlt, ist aber auch eine Anfechtung gegenstandslos. Also ist 119 unanwendbar. Das Gleiche gilt dann, wenn das beiderseits Erklärte in erkennbarer Weise von dem beiderseitigen übereinstimmenden Willen abweicht. Für diesen Fall wollen die Parteien nicht gebunden sein, ohne zu besonderen Anfechtungsakten genöthigt zu werden.[2])

V. Auf die nicht wahrnehmungsbedürftigen Handlungen, z. B. Besitzergreifungen, bezieht sich 119 nicht. Hier kommt es lediglich auf den wirklichen Willen an, insoweit er etwa zur thatsächlichen Gewalt nöthig ist. Fehlt er wegen Irrthums, so ist der Thatbestand des Rechtsaktes unvollständig.

Einen besonderen Fall, der hierher gehört, enthält 686 (Umdeutung eines inneren Willens).

εε) Der Irrthum als gesetzlicher Nichtigkeitsgrund.

§ 103.

I. Uebersicht. Ein Nichtigkeitsgrund ist der Irrthum da, wo er ausdrücklich als solcher besonders bezeichnet ist, im Gegensatze zu den Fällen, in denen er als Unwirksamkeits- oder Anfechtungsgrund aufgeführt wird oder auf die Geltung des Geschäftes keinen Einfluß haben soll. Es gehören hierher:

a) der irrige Erbschaftsantritt nach Maßgabe des 1949. S. oben S. 481 IV.

b) der ebenfalls schon erwähnte Irrthum über den verkannten Mangel an Ernstlichkeit (118).

II. Der verkannte Mangel an Ernstlichkeit einer Erklärung

Widerspruch zwischen dem Willen und der Erklärung nur angenommen werden, insofern er für den, welcher mit dem Handelnden in unmittelbare Berührung kommt, erkennbar ist oder wird," „weil alle Rechtsordnung auf der Zuverlässigkeit jener Zeichen beruht, wodurch allein Menschen mit Menschen in eine lebendige Wechselwirkung treten können." Wie sich Matthiaß 193 zu dieser Frage stellt, ist mir nicht ganz zweifellos.

[1]) A.M. Riedel 573.

[2]) Hier hilft freilich in der Regel der Satz falsa demonstratio non nocet (S. 359).

birgt einen doppelten Irrthum in sich (118). Der Erklärende glaubt, daß der Mangel der Ernstlichkeit dem andern Theil zum Bewußtsein kommen werde und der andere Theil glaubt, ein Mangel an Ernstlichkeit liege nicht vor.

Der Irrthum des Empfängers bleibt, wie schon erwähnt ist, grundsätzlich unbeachtet. Aber auch die irrige Erwartung würde, falls sie nicht erkennbar hervortrat, eine Beachtung nicht finden, wenn dies nicht besonders vorgeschrieben wäre.

Es lag nahe, diesen Fall mit der unterwegs entstellten Erklärung auf eine Stufe zu stellen. Statt dessen hat jedoch das Bürgerliche Gesetzbuch es für nöthig befunden, ihn durch eine Sondervorschrift auszuzeichnen und das verkannte Geschäft für nichtig zu erklären (118).

Aus K.Prot. I, 98 geht hervor, daß wir einfach einen Ueberrest der ersten Lesung vor uns haben, die von dem Grundsatze des falsch formulirten „Willensdogma" ausging, das nach K.Prot. I, 94 im Uebrigen nicht mehr festgehalten werden sollte. Eine Nichtübereinstimmung des Willens und der Erklärung im Sinne der ersten Lesung liegt in der That hier vor.

III. Das Anwendungsgebiet der Sondervorschrift des 118. Hierher gehören:

a) alle Scherze, die nicht mit Täuschungsabsicht geschehen, z. B. Verlobungsanträge, die nicht ernst gemeint sind, gleichviel, ob der andere Theil dies erkennen kann oder nicht.[1])

b) Ein Mangel an Ernstlichkeit ist aber auch bei solchen Versprechen anzunehmen, bei denen Jemand sich nur eine sittliche oder gesellschaftliche Pflicht auferlegen will, während der Inhalt seiner Erklärung ihm eine Rechtspflicht aufbürdet. So wenn Jemand einem Freunde die Theilnahme an einer Gesellschaftsreise verspricht, während er nicht wußte, daß dieser ein Agent des Reiseunternehmers war und als solcher sich für die Annahme derartiger Versprechen bezahlen ließ, sie daher als ernstliche ansehen durfte.

Die gegebenen Beispiele erweisen, daß es sich hier um seltene Fälle handelt. Wo eine Täuschungsabsicht vorliegt, da ist ein ge-

---

[1]) Vielleicht hat bei der Vorschrift auch unbewußt ein gewisses Wohlwollen für harmlose Scherze mitgewirkt, das allerdings dem deutschen Volkscharakter mehr entspricht als dem römischen. Auch das preußische Landrecht I, 4 § 56, das übrigens vom B.G.B. abweicht, gab Anlaß zu einer Sondervorschrift. (Mot. 192). Ueber die „höfliche Redensart" s. oben S. 457 Anm. 4.

heimer Vorbehalt anzunehmen, wo der Mangel an Ernstlichkeit von dem andern Theile gekannt und gebilligt wird, ein Scheingeschäft nach 117, das vielleicht ein gültiges Geschäft verdeckt. Das Verhältniß des verkannten Mangels an Ernstlichkeit (118) zum heimlichen Vorbehalt (116) und zum Scheingeschäfte des 117 ist hiernach ein ausschließendes, d. h. die Fälle der drei Paragraphen 116—118 betreffen verschiedene Fälle. Man würde sie wohl auch sonst nicht neben einander aufgeführt haben.[1]) Bei dem heimlichen Vorbehalte (116) wird der Willensmangel absichtlich verborgen, mag dies nun aus Eigennutz oder Bosheit geschehen,[2]) bei dem verkannten Mangel der Ernstlichkeit (118) bleibt er unabsichtlich und ohne Einverständniß des Erklärungsempfängers verborgen. Tritt er aber bei der Erklärung im Einverständnisse mit dem andern Theile diesem gegenüber hervor, so ist ein Scheingeschäft im Sinne des 117 vorhanden, das möglicher Weise ein gültiges Geschäft verdecken kann. Alle Ernstlichkeitsmängel fallen somit unter 116, 117 und 118.

Wie steht es aber, wenn die Erklärung den Mangel der Ernstlichkeit klar ausdrückt, der andere Theil aber dennoch diesen Mangel übersieht? Hier liegt eine Willenserklärung überhaupt nicht vor; denn der Inhalt meiner Erklärung ist unabhängig von den Irrthümern eines andern. Ein Rechtsgeschäft ist hier nicht vorhanden, weil das Thatbestandsmoment des erklärten Willens fehlt. Das Bürgerliche Gesetzbuch nimmt auch hier ein nichtiges Rechtsgeschäft an, was freilich nach seiner Redeweise — abgesehen vom Eherechte — im Wesentlichen auf dasselbe hinausläuft, als ob es gar kein solches annähme (s. oben S. 430 Anm. 2).

Für das Eherecht gilt 118 nicht.

IV. Rechtliche Behandlung. Der verkannte Mangel an Ernstlichkeit führt zu einem nichtigen Geschäfte, bei dem der Urheber der nicht ernst gemeinten Erklärung dieselbe Schadensersatzpflicht trägt wie eine Partei, die wegen Irrthums ein Geschäft anficht.[3]) Nur ist

---

[1]) A.M. Fischer-Henle, Handausgabe Nr. 1 zu 118.

[2]) Die Mot. 191 nennen den heimlichen Vorbehalt mit der Absicht des Spottes einen bösen Scherz (ebenso K.Prot. I, 96). Während man in der Redeweise des Volkes die Güte eines Scherzes nach dem Grade des Verstandes, der sich in ihm ausdrückt, bemißt, sehen die Materialien des Gesetzbuches bei ihrer Unterscheidung des „bösen" Scherzes vom guten (besser gutartigen) auf die Täuschungsabsicht des Scherzenden (K.Prot. I, 98 ff.).

[3]) Vgl. Cohn 88. „Was Du im Scherz erklärt, ist null und nichtig, doch dem, der darauf vertraut, bist Du ersatzespflichtig." Der Anspruch ist auch hier kein Deliktsanspruch, insbesondere auch nicht hinsichtlich der Verjährung des

er ungünstiger gestellt, weil es nicht von seiner Erklärung abhängt, ob er sich die Ersatzpflicht aufladen will; denn sein Geschäft ist nichtig, nicht blos anfechtbar. Folglich kann auch der andere Theil nicht nur die Geschäftsfolgen von sich abwälzen, sondern auch ohne Weiteres auf Schadensersatz klagen. Es ergiebt sich daraus die besondere Mahnung mit der Abgabe von Erklärungen, die man nicht ernst meint, vorsichtig zu sein.

Allerdings ist hier ein Ausweg vorgeschlagen worden.[1])

Der Urheber der nicht ernstlichen Erklärung soll sich von der Schadensersatzpflicht dadurch befreien können, daß er das Geschäft nachträglich genehmigt. Dies würde namentlich dann für ihn von Werth sein, wenn er sich in Geldverlegenheit befindet und daher die Genehmigung des Geschäfts der Schadensersatzpflicht als das geringere Uebel vorzieht. Leider steht aber hiervon nichts im Gesetzestexte. Es wird jedoch ein Richter nicht leicht den Mangel an Ernstlichkeit einer Erklärung annehmen, wenn der Erklärende selbst sich nicht darauf berufen will. So wird in der Praxis die Nichtigkeit solcher Geschäfte einer bloßen Anfechtbarkeit ähnlich werden.

Fraglich ist, ob bei einseitigen, namentlich bei letztwilligen Verfügungen ein Schadensersatz nach den §§ 118, 122 in Frage kommen kann, z. B. bei einem holographischen Testamente, das etwa zur Schreibübung abgefaßt war, aber nach dem Tode des Verfassers ernst genommen ist. Nach dem Wortlaute des 122 haftet der Erklärende, der aber in diesem Falle bereits todt ist. Es ist indessen nicht einzusehen, warum nicht auch hier, wie sonst, der Erbe an die Stelle des Verpflichteten treten soll.[2])

Nicht blos hinsichtlich der Ersatzpflicht, sondern auch sonst gilt nach 118 das Nichtigkeits- und nicht das Anfechtungsrecht (s. oben S. 441 ff.). Namentlich ist das Geschäft nicht durch einseitige Be-

852. Bendix 130. Wo der Mangel an Ernstlichkeit erkennbar hervortrat, besteht keine Entschädigungspflicht. Hölder 271.

[1]) Hölder 270.

[2]) Endemann 294 meint, daß eine Erklärung, die vom Urheber nicht als rechtsgeschäftlich abgefaßt sei, keine Rechtswirkung habe, also auch keine Schadensersatzpflicht begründe. Dies ist m. E. nach 118, 122 nicht richtig. Wenn eine Bestellung als Schreibübung abgefaßt und aus Versehen abgesandt ist, so ist sie allerdings völlig ohne rechtliche Wirkung, aber nicht deshalb, weil bei ihrer Abfassung der rechtsgeschäftliche Wille fehlte, sondern weil der Absendungsakt nicht stattgefunden hat. Bei einem holographischen Testamente würde das Gleiche nicht gelten, da es nicht absendungsbedürftig ist.

stätigung heilbar, sondern nur durch Wiederholung[1]) (s. unten § 108).

ζζ) Der Irrthum als gesetzliche Grundlage eines Anspruches.

§ 104.

I. Anwendungsgebiet. Der Irrthum ist eine Voraussetzung der Ansprüche aus heimlichen Mängeln bei dem Kaufe und bei verwandten Geschäften, ferner auch bei den auf Irrthum gegründeten Bereicherungsklagen. Das Nähere gehört in das Forderungsrecht.

II. Ein doppelter Rechtsschutz wird dem Irrenden dann gewährt, wenn er wegen einer fehlenden Eigenschaft einen Anspruch aus dem Kaufe auf Wandlung oder Minderung und zugleich ein Anfechtungsrecht aus 119 hat. Es wird dann seine Sache sein, das ihm geeignet erscheinende Mittel zu wählen.

III. Die Enttäuschung der irrigen Erwartungen als Grundlage einer condictio ob causam datorum, die von Windscheid bekanntlich als „Voraussetzungen" bezeichnet wurden (vgl. oben S. 419 Anm. 1), heißen im Bürgerlichen Gesetzbuche „Wegfall des Rechtsgrundes" (820). Ueber das Verhältniß dieses Begriffes zu dem „rechtlichen Grunde" (812) und zu dem Ausdrucke causa in den römischen Quellen s. oben S. 419, II.

ηη) Die Bedeutung des Irrthums in den Beweggründen.

§ 105.

I. Die Stellung des neuen Gesetzbuches zu dem Begriffe des Beweggrundes.[2])

Die vorstehende Ausführung glaubt erwiesen zu haben, daß man die Irrthumslehre behandeln kann, ohne das zweifelhafte Wort „Beweggrund" zu verwenden. Es war absichtlich aus der ersten Lesung

---

1) Nach der Meinung des Verfassers hätte das Gesetzbuch die §§ 116 bis 122 sehr wohl entbehren können, wenn statt ihrer einfach eine Wiedereinsetzung in den vorigen Stand wegen Irrthums mit vorheriger richterlicher Feststellung des Schadensersatzes nach billigem Ermessen beliebt worden wäre, was allerdings zur Zeit unmöglich war, da derartige Rechtshilfen der Tagesstimmung zuwider sind (vgl. oben S. 203).

2) Der Ausdruck „Beweggrund" kommt nicht blos bei Geschäften, sondern unter dem Namen der Motive auch bei Gesetzen vor. Hier bedeutet das Wort Motive aber ebensowohl die wirklich treibende Ursache, als die nachträgliche Rechtfertigung, also das hinterher geäußerte Erläuterungsmittel, das sich nicht immer mit dem vorher wirksam gewesenen Beweggrunde deckt. In diesem Sinne ist der Begriff „Motiv" für die Rechtsgeschäfte bedeutungslos.

(§ 102)[1]) als rein psychologischer Begriff gestrichen worden.[2]) Dabei wollte man die Frage, ob es bei Rechtsgeschäften besondere Irrthümer in den Beweggründen neben andern Irrthümern überhaupt gebe, ausdrücklich als „im Wesentlichen psychologische" dahingestellt lassen (Prot. I, 108). Trotzdem bejahen die Protokolle hinterher diese Frage auf das Bestimmteste, indem sie mehrfach von „Irrthümern in den Beweggründen" wie von einer ganz zweifellosen Erscheinung reden. So unterscheiden K.Prot I, 118 den Irrthum im Motiv (Beweggrund) und im „Geschäftswillen," indem sie anerkennen, daß die Grenzlinien zwischen beiden „meist schwer zu ziehen seien," setzen also solche Grenzlinien doch als vorhanden voraus.

Hierbei erlitt aber der Begriff des Beweggrunds dadurch eine Verschiebung, daß man unter dem Geschäftswillen nicht den inneren Willen verstand, der der Erklärung vorhergeht, sondern den thatsächlich erklärten Geschäftsinhalt;[3]) denn die K.Prot. V, 114 stellen den Irrthum „über den Inhalt der Willenserklärung" in Gegensatz zum Irrthume über die Beweggründe. Diese Unterscheidung ist in die Denkschrift (32) übergegangen, so daß der bei Streichung des § 102 E. I hinausgeworfene „bloße" Irrthum im Beweggrunde sich auf einer Hintertreppe mit einer neuen Bedeutung wieder eingeschlichen hat.[4])

Wir müssen also feststellen, daß das Gesetzbuch den Inhalts-Irrthum von andern Irrthümern sondert und werden um so weniger

---

[1]) Vgl. hierzu Mot. 208.

[2]) K.Prot. I, 118.

[3]) Durch diese Aenderung, nach der der Gegensatz des bloßen Beweggrundes nicht mehr in der Seele der Partei, sondern in der Außenwelt (als Geschäftsinhalt) liegt, ist der Begriff allein praktisch verwerthbar geworden. In der Seele des Menschen sind Beweggründe und Entschlüsse untrennbar verwachsen und ununterscheidbar. Vgl. Leske 71, Monig 57, Rehbein 134. Freilich ist auch die Grenzlinie zwischen dem erklärten Geschäftsinhalte und andern Parteigedanken schwankend, da die Verkehrssitte, die ihn bestimmt, eine unsichere Größe ist. Allein die Schwierigkeit, die sich bei dieser Abgrenzung zeigt, ist nicht größer als diejenige, die die Feststellung der Verkehrssitte überhaupt darbietet. Zu ungünstig äußern sich m. E. Matthiaß 195, Szkolny und Caro 143 über die Möglichkeit einer solchen Unterscheidung.

[4]) Vgl. K.Prot. I, 114. „Wenn der Irrthum über den Inhalt der Willenserklärung als beachtlich bezeichnet werde, so sei die Auslegung nicht ausgeschlossen, daß hierunter der Irrthum über Eigenschaften als bloßer Irrthum im Beweggrunde, nicht falle." Hier ist anerkannt, daß 119 die Inhalts-Irrthümer von den übrigen Irrthümern (sog. bloßen Irrthümern im Beweggrunde) ausdrücklich unterscheidet. Vgl. die Denkschrift 32, Fischer-Henle zu 119.

verhindern können, daß die Juristenwelt für diese anderen Irrthümer den ihnen anscheinend lieb gewordenen Ausdruck: „Irrthümer in den Beweggründen" beibehält, als auch die Materialien dies thun.

Jedenfalls hat sich der Ausdruck: „Irrthum in den Beweggründen" wie ein Lauffeuer über die ganze neuere Litteratur des Gesetzbuches verbreitet,[1]) nicht zum Vortheile der Rechtswissenschaft, die diesem Ausdrucke eine Fülle von Mißverständnissen verdankt.

Die Wurzel alles Uebels besteht auch hierbei darin, daß ein und derselbe Ausdruck von verschiedenen Schriftstellern zur Bezeichnung ganz verschiedener Begriffe verwendet wird, so daß eine Verständigung von vorn herein unmöglich ist, sofern nicht eine Abrede darüber, in welchem Sinne das Wort „Beweggrund" gebraucht werden solle, vorangegangen ist.

Darum mußte vor allem festgestellt werden, daß ein durchgreifender Gegensatz zwischen der Redeweise der Denkschrift (32) und der bisher üblichen Juristensprache vorliegt.

Bisher war man darüber einig, daß Beweggrund der Name eines psychologischen Thatbestandes sei, ohne sich freilich darüber einigen zu können, worin er bestehe.

Die Denkschrift versteht aber unter dem „bloßen Beweggrunde" einfach den Gegensatz des Inhaltsirrthums,[2]) also etwa den „Nichtinhaltsirrthum" oder „den außerinhaltlichen Irrthum" oder auch „den nach 119 unbeachtlichen" Irrthum.[3])

In diesem Sinne ist der Satz, daß der Irrthum in den Beweggründen nach 119 unerheblich sei, eine selbstverständliche Tautologie.

Während also früher vielfach gelehrt wurde: Ein Irrthum ist im Zweifel dann unwesentlich, wenn er in den Beweggründen liegt (so noch die erste Lesung § 102), heißt es im Sinne der Denkschrift: Wenn ein Irrthum nach dem Rechtssatz des 119 unwesentlich ist, so nennen wir ihn fortan: Irrthum in den Beweggründen.

Man könnte über diese praktisch-gleichgültige Namensänderung einfach hinweggehen, wenn nicht die neue Litteratur mit Zähigkeit an dem weggestrichenen Satze der ersten Lesung festhielte[4]) und das Wort Be-

---

[1]) Vgl. z. B. Bendix 131, Bunsen 84, Weyl 227 und die unten Angeführten.

[2]) Ihm schließen sich mehrere an. Riedel 577, 584, Kuhlenbeck 422, Neumann 55.

[3]) Hellmann 148 spricht von einem „außergeschäftlichen Irrthume."

[4]) Vgl. Engelmann 105, Cohn 38: „Irrthum im Grunde ist im

weggrund im altmodischen psychologischen Sinne als technischen Ausdruck verwendete, zum Theile unter Nichtbeachtung des völlig veränderten Wortsinnes.

Was die zweite Lesung vermeiden wollte (K.Prot. I, 118), nämlich die psychologischen Streitfragen in die Praxis eindringen zu lassen, ist hiernach durch die Haltung der Literatur vereitelt worden.

Es bleibt uns daher nichts übrig, als die Lehre der Unerheblichkeit der Beweggründe nach ihrem bisherigen Sinne und ihrer Brauchbarkeit für das neue Gesetzbuch zu prüfen.

II. Die psychologische Bedeutung des Wortes Beweggrund ist: jeder Seelenzustand, der eine Bewegung erzeugt.

Hieraus ergiebt sich, daß jeder Irrthum ein falscher Beweggrund ist und daß daher die Unterscheidung zwischen solchen Irrthümern, die Beweggründe sind und solchen, die es nicht sind, von vorn herein einen handgreiflichen Widerspruch in sich schließt.[1])

Wer einen andern Inhalt will, als er erklärt, muß zuvor sich über den Punkt geirrt haben, in dem er sich vergreift. Wer den A. statt B. nennt, muß sie selbst oder ihre Namen verwechselt haben. Wer aus Versehen ein Lehrbuch statt eines Kursbuches eingewickelt übergiebt, muß die Bücher zuvor auch in seinen Gedanken vertauscht haben. Jeder falsche Inhalt beruht also auf einem Irrthum in den Beweggründen über den falschen Punkt und jeder Irrthum über den Inhalt ist nur das Spiegelbild eines entsprechenden Beweggrundsirrthums.

Ist hiernach jeder Inhalts-Irrthum ein bloßer Beweggrunds-Irrthum, so ist doch keineswegs jeder Irrthum der letzteren Art mit jenem identisch.

Der Inhaltsirrthum ist vielmehr eine Unterart dieses weiteren Begriffes.

Sorgfältige Schriftsteller reden daher nicht gern (wie § 102 der ersten Lesung) von Irrthümern in den Beweggründen, sondern immer nur von Irrthümern in den bloßen Beweggründen.

Grunde kein Irrthum," wozu Szkolny und Caro 148 bemerken, daß dies geistreich, aber nicht ganz richtig sei. Rudorff und Schäfer 25 zu 119, Wanjeck 24.

[1]) Auch der „willensausschließende" Irrthum ist zugleich ein „willenserzeugender" (vgl. diese Ausdrücke bei Rudorff und Schäfer zu 119). Er erzeugt nämlich einen gefälschten Willen.

Unter einem bloßen Beweggrund verstehen aber fast alle einen solchen, der den Inhalt eines Geschäftswillens unberührt läßt, im Gegensatz zu dem inhaltfälschenden Beweggrunde.

Da nun aber bei jedem Geschäfte die Beweggründe eine doppelte Bewegung hervortreiben, zunächst den Entschluß, einen bestimmten Inhalt zu erklären und später eine Ausführung dieses Entschlusses, so muß man die Beweggründe des Erklärungsaktes von den Beweggründen des vorausgehenden Entschlusses sondern.

Zu jenen gehört auch der Entschluß selbst, zu diesen nur die Vorerwägungen, die den Entschluß erzeugt haben und zwar rechnet man zu den bloßen Beweggründen im neueren Sprachgebrauche nur solche, die den Inhalt des Entschlusses nicht entstellen.

III. Die Entstehung der Lehre von den bloßen Beweggründen.

Die Römer lehren: falsa causa non nocet Inst. II, 20 § 31 und bezeichnen diese unerhebliche causa als eine causa non conditionaliter enuntiata. Zweifelhaft ist, ob sie nicht trotzdem auch die causa tantum conditionaliter cogitata bei Vermächtnissen als Ungültigkeitsgrund behandelt haben.[1])

Daß die causa non conditionaliter cogitata den Willen der Partei nicht berührt, ist klar. Man denke an einen Käufer, der durch einen Irrthum in einen Laden geführt und dadurch zu einem Kaufe veranlaßt worden ist. So auch nach Bürgerlichem Gesetzbuch.

Da man aber lehrte, daß jeder Mangel eines Willens wegen Irrthums das Geschäft unmöglich mache, so stellte man dem gleichsam als Sicherheitsventil den Satz entgegen, daß Irrthümer in den Beweggründen gleichgültig seien, auch wenn der Beweggrund als Bedingung gedacht werde. So auch die erste Lesung. Der Praxis erwuchs hieraus der Vortheil, daß sie jeden als Vorbedingung gedachten Beweggrund, wenn er irrig war, nach freier Wahl entweder wegen Willensmangels als erheblich erachten oder als „Irrthum in den Beweggründen" ansehen und deshalb als unerheblich behandeln konnte.[2])

Damit ist freilich die Unerheblichkeit der „bloßen", d. h. nicht dem Geschäftsinhalt betreffenden Irrthümer, noch immer zweifelhaft

---

[1]) Auch das Pr. L.R. I, 4 § 145 ff. faßt den unerheblichen Beweggrund als Gegensatz der Bedingung auf, nicht als Gegensatz des Parteiwillens.

[2]) Es zeigt sich auch hier, daß tröstlicher Weise auch die offenbar unhaltbaren Ansichten in der Regel nur deshalb bestehen bleiben, weil sie unter Umständen einen praktischen Nutzen nach sich ziehen.

geblieben. Wir werden, da wir gesehen haben, daß der Irrthum bei Geschäften mehrere ganz verschiedene Einflüsse ausüben kann, sie für jede Form dieses Einflusses besonders untersuchen müssen.

IV. Die Bedeutung der Beweggründe in den verschiedenen Formen der rechtlichen Bedeutung des Irrthums.

a) Der Irrthum in den bloßen Beweggründen steht als Unvollständigkeitsgrund, insoweit er den Geschäftsakt verhindert, dem Irrthum über den Geschäftsinhalt völlig gleich. Wenn die briefliche Vertragsannahme falsch adressirt wird und folglich nicht an den Urheber des Antrags gelangt, so ist es gleichgültig, ob der Absender dies aus Verwechslung zweier Menschen gethan hat oder aus der irrigen Annahme einer falschen Wohnung eines und desselben.

Anders, wenn der Irrthum zu einem zweideutigen Geschäftsinhalte geführt hat, der nicht durch den Willen der Parteien ergänzt werden kann. Hier kommt es zunächst niemals auf etwas Anderes an, als auf den Geschäftsinhalt selbst. Herrscht über die Person oder über die Sache eine Unklarheit, die nicht aus einer Gesetzesvorschrift, Verkehrssitte oder Parteiabsicht beseitigt werden kann, so scheitert daran die Ausführung des Geschäftes. Betrifft aber die Unklarheit die bloßen Beweggründe, so gilt nicht das Gleiche. Falsche Beweggründe, die nicht als Bedingungen ausgesprochen (conditionaliter enuntiata) sind, haben hier keine Bedeutung. Falsa causa adjecta non nocet. Darüber herrscht kein Streit.

Für den sog. versteckten Dissens kommen aber überhaupt nur Irrthümer über den Geschäftsinhalt in Frage. A. vermiethet sein Haus an B. Er hat zwei Häuser. Es stellt sich heraus, daß beide dasselbe Haus zum Vertragsgegenstande machen wollen, B. aber nur, weil er nicht wußte, daß er inzwischen nach außerhalb versetzt war. Hier ist der Irrthum, weil er nicht den Geschäftsinhalt betrifft, rechtlich gleichgültig.

b) Wo der Irrthum durch den Parteiwillen zum Unwirksamkeitsgrunde gemacht, d. h. seine Abwesenheit als Bedingung gesetzt ist, da muß diese Abwesenheit ausdrücklich oder als selbstverständlich (durch Verkehrssitte) zur Bedingung (causa conditionaliter enuntiata) erhoben sein.

Der ausschlaggebende Irrthum liegt also auch hier niemals außerhalb des Geschäftsinhaltes.

Dies ist so selbstverständlich, daß es keines weiteren Beweises bedarf.

c) Daß der Irrthum als Anfechtungsgrund nach 119 immer

den Inhalt betreffen muß und nicht die „bloßen" Beweggründe, d. h. alle anderen falschen Vorstellungen, ist oben ausgeführt (§ 101). Für den Fall des Betruges (s. unten § 106) und die letztwilligen Verfügungen (2078, 2) gilt dies nicht.

d) In dem besondern Falle des verkannten Mangels an Ernstlichkeit (118) kommt natürlich nur ein Irrthum über den Inhalt des Geschäftes in Betracht, nämlich der Irrthum, daß die Erklärung so beschaffen sei, wie es nöthig ist, damit der andere Theil die fehlende Ernstlichkeit erkenne.[1])

e) Bei der unrichtig übermittelten Erklärung kommen natürlich nur irrige Erwartungen des Absenders bezüglich des später angekommenen Geschäftsinhaltes in Betracht, nicht Irrthümer über Beweggründe anderer Art.

f) Wo der Irrthum als Voraussetzung eines Wandlungs-, Minderungs- und Bereicherungsanspruches in Frage kommt, handelt es sich oftmals nur um Beweggrundsirrthümer, die den Inhalt des Geschäftes nicht betreffen, zuweilen aber auch um Inhaltsirrthümer (z. B. bei den dicta promissa).

V. Endergebniß. Die Lehre von der Unerheblichkeit der Irrthümer, die den Geschäftsinhalt nicht betreffen, ist in ihrer Allgemeinheit weder richtig noch falsch, sondern für jede Form des rechtserheblichen Irrthums besonders zu prüfen.

Jedenfalls werden wir in Zukunft in der juristischen Redeweise unter den bloßen Beweggründen nicht den Gegensatz der innern Absicht, sondern den Gegensatz zum äußerlich erkennbaren Geschäftsinhalte zu sehen haben, obwohl diese neue Bedeutung des Wortes seinem ursprünglichen Sinne schlechterdings nicht entspricht.

ϑϑ) Die arglistige Täuschung als Anfechtungsgrund.

§ 106.

I. Ausgangspunkt. Die Gefahr, betrogen zu werden, ist noch größer als die Gefahr aus andern Gründen einem Irrthume zum Opfer zu fallen. Auch verdient ein Betrüger nicht dieselbe Rücksicht wie der Geschäftsgenosse einer irrenden Partei. Darum verschärft hier das Recht den Schutz, den es dem Irrenden gewährt.[2])

[1]) Anders im Falle des 1949 (s. Erbrecht).

[2]) Eck, Sammlung 52 sieht hier den Anfechtungsgrund nicht in der Willensunfreiheit, sondern in der unredlichen Handlung des Dritten. M. E. liegt er im Zusammentreffen beider Umstände, vgl. auch Sprenger, Archiv f. civ. Pr. Bd. 88 S. 388.

Das Bürgerliche Gesetzbuch ist dabei in mancher Hinsicht noch über das bisherige Recht hinausgegangen, weil es schon wegen bloßen Irrthums weitgehende Anfechtungsrechte gewährt.

II. Die Voraussetzungen des Anfechtungsrechtes wegen arglistiger Täuschung.

a) Die Person des Getäuschten muß die Geschäftspartei oder nach 166 ein Vertreter sein, auf dessen Irrthum sich aber der Geschäftsherr nicht berufen kann, insoweit das Geschäft trotz dieses Irrthums sich in den bestimmten Weisungen des Herren hielt. So wenn der Herr befiehlt, daß der Vertreter eine Wohnung auf jeden Fall kündigen solle, der Vertreter aber sich zu dieser Kündigung nur durch einen Betrug des Kündigungsempfängers hat bestimmen lassen.

Ist der Herr durch Betrug bewogen worden, die bestimmten Weisungen oder überhaupt eine Vollmacht zu ertheilen, z. B. dadurch, daß ihm nahe Beziehungen zwischen dem Bevollmächtigten und dem Dritten arglistiger Weise verschwiegen werden, so hat nach allgemeinen Grundsätzen der Herr ein Anfechtungsrecht hinsichtlich seiner Vollmacht und folgeweise auch hinsichtlich des Geschäfts des Vertreters. Anders die K.Prot. I, 142. Diese meinen, daß der Dritte, der durch Betrug eine Vollmachtsertheilung erlangt hat, allerdings aus seiner unerlaubten Handlung hafte, das Geschäft des Vertreters aber nicht anfechtbar sei. Aus dem Gesetzestexte ist diese Entscheidung nicht zu entnehmen.

Hat der Geschäftsherr dasjenige erreicht, was er wollte, z. B. zu dem von ihm festgesetzten Preise ein bestimmtes Oelgemälde, obwohl der Vertreter, der sich über den Willen des Herrn irrte, ein anderes erwerben wollte und schließlich durch einen Betrug des Verkäufers das richtige erworben hat, so wird der Herr trotz 166 das Geschäft nicht anfechten können, weil dies eine Chikane im Sinne des 226 sein würde. Vgl. oben S. 498, VI).

Eine Täuschung, die sich gegen einen Dritten kehrt, geht der Geschäftspartei nichts an. Strenger war das in diesem Punkte wenig beachtete römische Recht Dig. XLIV, 4 de doli mali et metus except. fr. 2 § 2 (neque enim quaeritur adversus quem commissus sit dolus). So, wenn ein Kommissionär Waren verkauft, um seinem Auftraggeber vorzuspiegeln, daß sie ihm vor dem Verkaufe gestohlen worden seien und ihn dadurch um den Kaufpreis zu betrügen. Dem Käufer giebt diese Arglist nach dem Bürgerlichen Gesetzbuch keine Einrede (anders fr. 2 § 2 cit.)

b) Die Person des Täuschenden muß nach römischem Rechte der Geschäftsgenosse sein, damit eine actio oder eine exceptio doli begründet werde. Dies hält das Bürgerliche Gesetzbuch nur für empfangsbedürftige Erklärungen fest. Doch stellt es auch hier dem Vertragsgenossen einen dritten Betrüger gleich, dessen Handlung der Vertragsgenosse kannte oder kennen mußte, z. B. einen bestochenen Sachverständigen, der ein Haus zu niedrig abschätzt, worauf es der Bestechende billig erwirbt. Es muß übrigens jeder, der im Einverständnisse mit einem Betrüger eine solche Erklärung ruhig für sich entgegennimmt, auch selbst als Urheber einer widerrechtlichen Täuschung gelten. (Er begeht eine sog. Unterdrückung, d. h. Nichterwähnung einer wahren Thatsache.) Die Ausnahmevorschrift des 123 ist also insoweit nur eine scheinbare. Sie ist dagegen insofern eine wahre Ausnahme, als sie auch dann gilt, wenn der Empfänger der Erklärung den verübten Betrug zwar nicht kannte, aber doch kennen mußte.[1]) Hierdurch werden namentlich Geschäftsherren getroffen, die sich um die Betrügereien ihrer Leute nicht in erforderlicher Weise kümmern und in einer unentschuldbaren Unkenntniß der Sachlage die durch solche Kunstgriffe vorbereiteten Geschäfte mit den Betrogenen abschließen.

Eine zweite Ausnahme bestimmt 123: Auch wenn ein Dritter, der aus dem Geschäfte unmittelbar einen Vortheil hat, die Täuschung kannte oder kennen mußte, z. B. Jemand, dessen Schulden von einem Betrogenen durch Hingabe an Zahlungsstatt in einer dem Hingebenden unvortheilhaften Weise getilgt worden sind, so steht dies einer Täuschung durch den Erklärungsempfänger gleich. (Vgl. K. Prot. VI, 129.)[2])

Täuschungen anderer Personen, die an dem Geschäftsabschlusse weder thätig noch als Vortheilsempfänger betheiligt sind, sollen bei empfangsbedürftigen Erklärungen keine Anfechtungsgründe sein, wohl aber bei nichtempfangsbedürftigen, z. B. Auslobungen.

Nehmen wir z. B. an, daß Jemand einen Preis auf die Einlieferung eines entlaufenen Hundes aussetzt, weil ein Betrüger, der das Thier gestohlen hatte, ihm vorspiegelt, er habe es im Walde herumirren sehen. Schließlich wird der Hund von einem der Täuschung

[1]) Hölder 275 sieht darin mit gutem Grunde eine Erweiterung des römischen Rechtes.

[2]) Das römische Recht gewährt hier wohl eine actio doli nicht, da der Vortheilsempfänger sich bei dem Betruge ganz unthätig verhält. Für die Anwendbarkeit dieser Vorschrift auf die Versprechen einer Leistung für das Vermögen eines Dritten Hölder 276 gegen Hellwig, Verträge auf Leistung an Dritte, 286 ff. Ueber das preuß. Recht vgl. Wanjeck 24.

Unkundigen eingefangen und abgeliefert.[1]) Nach 123 ist das Geschäft anfechtbar, und der Dritte kann um den Preis kommen.

Dies wird kaum befriedigen; denn wenn man überhaupt erst einmal Unschuldige aus einer Anfechtung leiden läßt, wie das im Bürgerlichen Gesetzbuch geschieht (siehe oben S. 450), so ist es dem Betrogenen und ebenso dem unschuldigen Dritten völlig gleichgültig, ob der Uebelthäter, der den Betrug verübt hat, ein Erklärungs- oder Vortheilsempfänger aus dem (bei dem Abschlusse) empfangsbedürftigen Geschäfte war oder sonst irgend Jemand überhaupt. Es ist ihnen insbesondere auch gleichgültig, ob das Geschäft empfangsbedürftig war oder nicht. Es scheint, daß das Gesetzbuch die Empfangsbedürftigkeit nur deshalb hier so scharf betont hat, weil der unbewußte Trieb vorlag, für den neuen Rechtsbegriff eine möglichst ausgiebige Verwendung zu finden (ähnlich wie in 116 und 122, s. oben S. 468 und S. 504 Anm. 1). Doch ist an der klaren Vorschrift nicht zu rütteln. Es handelt sich hier glücklicher Weise nur um seltene Fälle.

c) Die Täuschung kann in einer Vorspiegelung falscher Behauptungen bestehen oder darin, daß ein innerer Trieb, den andern über seinen Irrthum aufzuklären, wissentlich arglistiger Weise unterdrückt wird.[2]) In beiden Fällen liegt eine „ertrogene Willenserklärung" (K.Prot. VI, 147) vor.[3])

d) Die Täuschung muß eine arglistige, nicht aber nothwendiger Weise, wie im § 263 des Reichsstrafgesetzbuches, auf den Vermögensvortheil des Betrügers oder eines Dritten gerichtet sein.[4])

---

[1]) Ein anderes Beispiel ist die Ausgabe eines Inhaberpapiers, die an einen Unschuldigen in Folge des Betruges eines Dritten erfolgt. Bendix 136. Cosack 214 beurtheilt diesen Fall anders, weil sich hier die Erklärung „an die Oeffentlichkeit" richte.

[2]) Gewöhnlich legt man kein Gewicht darauf, ob der Betrüger einen innern Trieb unterdrückt hat, sondern darauf, ob er dazu verpflichtet war, einen Irrthum des andern Theils aufzuklären. Vgl. Enneccerus 185, Matthiaß 197, Rehbein 148, Cosack 213c. M. E. ist aber der kein Betrüger, der nicht das Gefühl hat, Unrecht zu thun, also sich über seine Pflicht, die Wahrheit aufzudecken, nicht klar war. Freilich wird man im Zweifel annehmen müssen, daß er es war. Endemann 318 sieht in jeder „Ausnutzung" fremden Irrthums eine wiederrechtliche Täuschung. Aehnlich Matthiaß 197.

[3]) Jede Täuschung muß eine Irrthumserregung sein. Kuhlenbeck 434 will jedes gegen Treu und Glauben verstoßende Verhalten hierher ziehen. Dies geht m. E. zu weit. Wo die Lüge nicht täuscht, giebt sie keinen Anfechtungsgrund. Kuhlenbeck 435. Cosack 213.

[4]) Vgl. Bendix 135, Matthiaß 197. Der Ausdruck Betrug ist nach

Wer aus reiner Bosheit oder Rachsucht einen andern zu schädlichen Verträgen, z. B. mit zahlungsunfähigen Personen verleitet, begeht eine widerrechtliche Täuschung, die, wenn der Vertragsgenosse sie kennen mußte, dem Betrogenen ein Anfechtungsrecht giebt.[1])

Dagegen ist nicht jede vorsätzliche Täuschung eine arglistige. Wer z. B. einem andern aus Schonung verschweigt, daß dessen Leiden ein tödtliches ist, und diesen dadurch zu Ausgaben veranlaßt, die er sonst nicht gemacht haben würde, z. B. zum Ankaufe eines Hauses, ist einer Arglist nicht schuldig. Daher steht hier dem Betrogenen gegen den Verkäufer, der diese Täuschung kannte und ebenfalls aus Schonung aufrecht erhielt, ein Anfechtungsrecht nicht zu.

Wenn eine rechtzeitige Aufklärung des Irrthums den Geschäftsabschluß des Betrogenen nicht verhindert, sondern dem Geschäfte nur einen andern Inhalt gegeben haben würde (z. B. zur Festsetzung eines niedrigeren Miethspreises bei der Wohnung, die als einzig freie des Ortes doch auf jeden Fall genommen werden mußte, geführt haben würde), so spricht man von einem dolus incidens im Gegensatz zum dolus causam dans. Beide werden der richtigen Meinung nach nicht unterschieden. Das Bürgerliche Gesetzbuch stellt auch bei dem Irrthume (ohne Rücksicht auf eine Täuschung) die beiden Fälle einander gleich (123).[2]) Es steht dem Betrogenen also auch bei dieser minder starken Form der Täuschung ein Anfechtungsrecht zu.[3]) Natürlich bleibt es dem Betrogenen unbenommen, die Aufhebung des Vertrages wegen eines bloßen Nebenpunktes zu unterlassen, ohne daß er dadurch seinen Schadensersatzanspruch aus der unerlaubten Handlung des Betrügers

---

K.Prot. I, 19 (angeregt durch v. Liszt und Zitelmann, Endemann 312) deshalb vermieden worden, damit man nicht glauben solle, daß hier der Betrugsbegriff des R.St.G.B. vorausgesetzt sei. § 263 R.St.G.B. spricht überdies von jeder Art der Vermögensschädigung und von der Verleitung zu einem Geschäftsabschlusse. Daß auch im römischen Rechte der dolus malus für das Verkehrsrecht einen anderen Begriff darstellte als bei Verbrechen, hat Pernice, Labeo II 2. Aufl. 184 ff. dargelegt.

[1]) Ein „ertrogener" rechtmäßiger Vortheil bleibt jedoch bestehen. v. d. Pfordten 184 erwähnt den Fall, daß Jemand lügnerischer Weise behauptet, ein Gerichtsvollzieher sei unterwegs, und dadurch den Schuldner veranlaßt, ihn zu bezahlen.

[2]) Endemann 312 Anm. 1, Kuhlenbeck 443 und in eingehender Ausführung Sprenger, Archiv f. civ. Pr. Bd. 88 S., 359 ff. Diese Gleichstellung rechtfertigt sich vollkommen durch eine wohl verständliche Ungunst gegen den Betrüger.

[3]) A.M. aber ohne Anhalt in dem Gesetzestexte Bendix 136, 137, Engelmann 109.

verliert. Dieser Deliktsanspruch überdauert auch die der Anfechtung gesetzte Frist.[1])

Daß die Anfechtung wegen Betruges keine dingliche Wirkung hat,[2]) entspricht zwar dem römischen Rechte, nicht aber dem Anfechtungsrechte des Bürgerlichen Gesetzbuches, das bei der arglistigen Täuschung keine Ausnahme festsetzt (s. oben S. 448).

III. Die Behandlung des Anfechtungsrechtes des arglistig Getäuschten.[3])

Ist ein zur Anfechtung berechtigender Irrthum durch Betrug erweckt, so hat der Betrogene die Wahl, ob er wegen Irrthums oder wegen arglistiger Täuschung das Geschäft anfechten will.

Das Erstere wird er namentlich dann thun, wenn er den Betrug nicht nachweisen kann oder will.[4])

Im Uebrigen greift das Anfechtungsrecht des Betrogenen in folgenden Punkten weiter als das Anfechtungsrecht wegen Irrthums.

a) Wegen arglistiger Täuschung kommt nicht blos ein Inhaltsirrthum in Betracht, sondern jeder bestimmende durch die Täuschung verursachte Irrthum genügt als Anfechtungsgrund.

Deshalb bedurfte es bei letztwilligen Verfügungen, bei denen der beachtenswerthe Irrthum ohnehin ebenso weit bemessen ist, wie bei Geschäften unter Lebenden im Betrugsfalle (2078, 2), einer Sondervorschrift für arglistige Täuschungen nicht. Anders bei der Ehe (1333, 1334).

b) Ein Anfechtungswunsch, der auf unverständigen Erwägungen beruht, wird von Seiten des Betrogenen gehört, von Seiten des Irrenden nicht.[5]) Der Kutscher, der einem abergläubischen Fahrgast vorspiegelt, daß nicht Freitag, sondern Sonnabend sei, weil er weiß, daß dieser ihn sonst nicht annehmen würde, muß sich eine Anfechtung gefallen lassen. Ohne arglistige Täuschung würde der Irrthum hier ein Anfechtungsrecht nicht geben.

---

[1]) Eck, Sammlung 58, Enneccerus 187, 188 Anm. 3, Planck zu 124 Nr. 7.

[2]) Endemann 314 Anm. 3. Vgl. auch Engelmann 109. Man verwechsle auch hier nicht den Kreis derjenigen, die zum Empfange der Anfechtungserklärung bestimmt sind mit dem größeren Kreise der von der Anfechtung Betroffenen.

[3]) Hölder 277 macht darauf aufmerksam, daß bei Betrug und Zwang 138 nicht gelte. Dies erklärt sich aus dem oben S. 373 ff. ausgeführten Unterschiede zwischen den guten Sitten und der Sittlichkeit.

[4]) Etwa, um den Betrüger zu schonen. Endemann 313.

[5]) Nach Endemann 313 gilt hier nur das subjektive Element.

c) Der Anfechtungsgegner bestimmt sich hier so, wie bei dem Irrthume. Nur ist bei den empfangsbedürftigen Erklärungen, die unmittelbar einem Dritten einen Vortheil bringen, z. B. der Bezahlung seiner Schulden in seiner Abwesenheit, der Dritte für die Anfechtung ebenfalls empfangsberechtigt, „wenn er die Täuschung kannte oder kennen mußte“. (123, 2).

d) Der durch Betrug Getäuschte ist im Gegensatz zu andern Irrenden nicht verpflichtet, den andern Theil zu entschädigen, selbst wenn dieser ein redlicher Dritter ist (K.Prot. I, 120).[1])

e) Die Anfechtungsfrist des arglistig Getäuschten ist länger als diejenige des durch Irrthum Bestimmten.[2]) Eine unverzügliche Anfechtung ist nicht nöthig. Vielmehr hat er eine einjährige Frist, von der Entdeckung des Betruges ab. Diese Frist wird aus denselben Gründen verlängert, wie die Verjährungsfrist (124). Ueber dreißig Jahre darf sie auf keinen Fall hinausgehen (K.Prot. I, 122), mag die Täuschung noch so spät entdeckt sein. Für diese dreißigjährige Frist gelten daher die Hemmungen und Unterbrechungen des Verjährungsrechtes nicht (K.Prot. I, 122).[3])

Die einjährige Frist, die auch bei der widerrechtlichen Drohung in gleicher Weise gesetzt ist, läßt sich wohl kaum mit den Mot. 209 aus einem Schonungsbedürfnisse des Uebelthäters, der keine Rücksicht verdient, rechtfertigen. Doch entspricht sie dem Bedürfnisse, solche Parteien zu schützen, denen etwa erst nach Jahresfrist der völlig ungegründete Vorwurf des Betruges gemacht wird, ohne daß die wahre Sachlage noch dann mit Sicherheit aufgeklärt werden kann.[4])

Die Motive 209 überlassen der Wissenschaft die Entscheidung der Frage, wie die einjährige Frist zu berechnen sei, wenn es, wie z. B. bei der Auslobung, an einem Anfechtungsgegner fehle. Hier wird wohl nichts anderes übrig bleiben, als ausschließlich die in zweiter Linie stehende dreißigjährige Frist gelten zu lassen. Inzwischen

[1]) Deshalb ist die Anfechtung wegen Täuschung immer vortheilhafter als diejenige wegen Irrthums. v. d. Pfordten 134.

[2]) Besondere Fristen siehe in 1338, 1954, 2082, 2340.

[3]) Es mag bei dieser Gelegenheit zu 247 Anm. 2 nachgetragen werden, daß das dort angeführte Sprichwort sich offenbar auf 207, nicht auf 202 a. E. bezieht und daß diese beiden Vorschriften im Zusammenhange zu betrachten sind, damit nicht die letztere unbillig erscheine.

[4]) Aus Rücksicht auf solche Fälle möchte ich Kuhlenbeck 434, 448, der behauptet, daß es mit dem Beweise der Kausalität beim dolus nicht so streng zu nehmen sei, wie beim Irrthume nur für solche Rechtsstreitigkeiten, bei denen der dolus sicher erwiesen ist, zustimmen.

wird sich wohl Jemand finden, der aus dem Geschäfte „unmittelbar" Rechte herleitet, also nach 143, 4 ein Anfechtungsgegner ist, nämlich Jemand, der die in der Auslobung gestellte Aufgabe löst. Gegen ihn läuft dann die einjährige Anfechtungsfrist. Findet sich aber ein solcher nicht, dann bedarf es überhaupt keiner Anfechtung.

IV. Eine exceptio doli generalis ist im Gesetzbuche nicht anerkannt, wird aber dennoch als selbstverständlich angesehen.[1])

Dagegen ist es nicht unbedenklich, die sog. compensatio doli[2]) aus dem römischen Rechte ohne Weiteres in das Bürgerliche Gesetzbuch zu übernehmen.[3]) Dieser Grundsatz mag noch so empfehlenswerth sein, selbstverständlich ist er nicht und kann daher ohne gesetzliche Anerkennung nicht gelten.

β) Die widerrechtliche Drohung als Geschäftsmangel.[4])

§ 107.

I. Die Furcht als Ursache eines Geschäftsabschlusses.

Wie der Irrthum ein unerwünschter Gedanke ist, der zu nachtheiligen Geschäftsabschlüssen treibt, so ist die Furcht ein unerwünschtes Gefühl, das zu dem gleichen Erfolge hindrängt.

Käme es auf die Wünsche der Einzelnen an, so müßten sie alle aus Furcht abgeschlossenen Geschäfte anfechten können.

Dem ist aber nicht so, sofern nicht etwa das Angstgefühl eine vorübergehende geistige Zerrüttung erzeugt.[5])

Von diesem seltenen Falle abgesehen, verbleibt dem von Furcht Bedrängten die volle sittliche und rechtliche Verantwortlichkeit.[6]) Hier, wie sonst, ist sein Wille innerhalb der ihm durch die äußere Lage und die inneren Fähigkeiten gezogenen Schranken frei.[7])

---

[1]) Nach Eck, Sammlung 49, muß sie „gleichsam von Gottes Gnaden gelten." Bendix 137 erwähnt für ihre Geltung: 157, 226, 242, 826, vgl. auch Rehbein 151.

[2]) Dig. IV 3, 36: Si duo dolo malo fecerint, invicem de dolo non agent.

[3]) Dafür Kuhlenbeck 442.

[4]) Vgl. v. Blume in v. Iherings Jahrb. für Dogm. XXXVIII, 224 ff., insbesondere 362 ff. über das Verhältniß des § 123 zu 138 und besondere Vorschriften über Bedrohungen in 1335, 1337, 1346, 1784, 2078, 2279, 2281, 2339.

[5]) Rehbein 142.

[6]) Vgl. Kuhlenbeck 453.

[7]) Der Verf. möchte seine gegenwärtige Ansicht dahin feststellen, daß er nicht mehr zu den unbedingten Anhängern des Determinismus gehört, sondern annimmt, daß der menschliche Wille innerhalb unübersteiglicher Schranken ein freies Bewegungsgebiet hat, für dessen Benützung er sittlich verantwortlich ist. Aus den Schranken

Der metus illatus bringt also keine Freiheitsentziehung mit sich, wohl aber eine unerlaubte Freiheitsbeschränkung. Hierbei muß zweierlei zusammen treffen: die unerlaubte That und der freiheitsbeschränkende Erfolg.[1])

Es ist daher gleichgültig, ob der Mensch sich in einer „Zwangslage" befindet, die seine freie Selbstbestimmung beeinträchtigt[2]) (Mot. 204). Bis zu einem gewissen Grade kommt kein Mensch jemals aus einer solchen Zwangslage heraus und dies vermag ihn nicht von der Verantwortung für seine Bewegungen innerhalb dieser Lage zu befreien. Coactus volui quamvis, si liberum esset, noluissem (Dig. IV. 2, fr. 21 § 5).

Darum berücksichtigt das Gesetz die Furcht nur da, wo es Anlaß nimmt, furchterzeugenden unerlaubten Handlungen auch mit den Waffen des bürgerlichen Rechtes entgegenzutreten, d. h. nur als metus illatus, als die durch Drohung erzeugte Furcht.

Aber auch die Drohung, d. h. die Furchterregung, erscheint in so vielen Formen, daß sie in keinem Rechte der Welt jemals für sich allein als allgemeiner Geschäftsmangel anerkannt worden ist. Man denke an die Drohungen, eine Geschäftsverbindung abzubrechen, sich eine andere Stelle zu suchen, einen Konkurrenzbetrieb zu eröffnen, sich an andere Vertragsgenossen zu wenden u. dergl. mehr. Derartige Drohungen sind eine alltägliche Waffe im Kampfe um das Dasein.[3])

Auch die Drohung ist also als solche kein Anfechtungsgrund, mag sie noch so zwingend sein, sondern nur dann, wenn sie den besonderen Bedingungen entspricht, die sie zum Anfechtungsgrunde machen.

Das römische Recht unterschied die rechtlich erhebliche Drohung von der unerheblichen durch die Größe der bedrohten Güter und die

---

erklärt sich die Möglichkeit, die Entschlüsse der Menschen bis zu einem gewissen Grade (nicht völlig) vorauszuberechnen. In sittlicher Hinsicht schließt also jede Furcht die Freiheit dann aus, wenn sie so stark ist, daß die der menschlichen Natur innewohnende Bewegungsfreiheit völlig erdrückt wird, woraus sich auch die Verwerflichkeit der Folter ergiebt. Bis dahin bleibt die Verantwortlichkeit bestehen.

[1]) Einseitig ist die Meinung, daß die Drohung bloß deshalb, weil sie unerlaubt sei, einen Anfechtungsgrund darstelle. (Kuhlenbeck 453.) Ebenso einseitig ist aber auch die andere Meinung, die lediglich in der lähmenden Kraft der Furcht (d. i. also der Freiheitsbeschränkung) den Grund der Anfechtbarkeit erzwungener Geschäfte sieht. Vgl. Eck Sammlung 52, Engelmann 109, Rehbein 143. Das Zusammentreffen beider Umstände bildet diesen Grund.

[2]) Vgl. Rehbein 142.

[3]) Andere Beispiele s. b. Rehbein 145.

Stärke der Drohung.[1]) (Widerrechtlichkeit wurde dabei noch außerdem vorausgesetzt.)

Schon die neuere Praxis ließ diese Schranke fallen; denn sie entnahm die Mangelhaftigkeit des erzwungenen Geschäftes nicht aus dem Zwecke, Uebelthaten zu unterdrücken, sondern aus dem Zwecke, den Einzelnen gegen die Nachtheile einer mangelhaften Willensbildung zu sichern.[2])

Auch das Bürgerliche Gesetzbuch legt das alleinige Schwergewicht auf die Widerrechtlichkeit der Willensbestimmung durch Drohung (123) oder kürzer gesagt lediglich auf die Widerrechtlichkeit der Drohung, nicht auf die Größe des angedrohten Uebels noch auf seinen Inhalt.[3])

Die sog. vis absoluta, non tantum compulsiva (körperliche Ueberwältigung) ist im Texte nicht erwähnt. Man kann darunter Verschiedenes verstehen. Denkt man an eine längere Mißhandlung, deren Fortsetzung Jemand ankündigt, bis der andere nachgeben werde, so ist auch hier eine vis compulsiva anzunehmen; denn das, was die Willenserklärung hervortreibt, ist nicht das erlittene Uebel, sondern die Furcht vor neuen Mißhandlungen derselben Art.[4])

Gewöhnlich denkt man aber bei der sog. vis absoluta an den Fall, in dem Jemand gewaltsam einem Andern die Hand zum Schreiben führt (vgl. Mot. 204, K. Prot. I. 119). Die Behauptung der Motive, daß eine solche Erklärung „nichtig sei", stimmt nicht zu der Redeweise des Bürgerlichen Gesetzbuchs s. oben S. 424 Anm. 3. Hier liegt vielmehr gar kein Geschäft des Gezwungenen vor; denn es ist völlig

[1]) Dig. IV. 2, fr. 3 § 1, fr. 4, 5, 7 § 1, fr. 8, 22, 28 § 1. Cod. II., 19 (20) c. 7, 10 Es ist hier zu beachten, daß die Römer die für redliche Dritte überaus lästigen Folgen der Anfechtung wegen metus auf schlimmere Erpressungsfälle einschränkten. Cosack 215 scheint die Begünstigung furchtsamer Menschen durch das B.G.B. auffallend zu finden, wie ich aus seinem Ausrufungszeichen a. a. O. entnehme. Auch bei Matthiaß 196 zeigt sich noch der Einfluß der römischen Rechtsgedanken.

[2]) In der Sorge für Hülflose und Schwache ist das spätere Recht überdies vielfach über das römische hinausgegangen.

[3]) Es ist dies eine Aenderung des römischen Rechtes, die erst durch die größere Bestimmtheit und Reichhaltigkeit des nachrömischen Strafrechtes möglich geworden ist. Vorher war der Begriff der Widerrechtlichkeit seinem Inhalte nach zu zweifelhaft, um als Hauptgrundlage des Anfechtungsrechtes wegen Drohung verwendet werden zu können.

[4]) Insoweit kann man allerdings mit Cosack 214 Gewalt und Drohung einander gleichstellen. Vgl. auch Kuhlenbeck 459.

gleichgültig, ob Jemand beim Schreiben meine Hand zwischen die seinige und den Federhalter preßt. In diesem Falle habe ich nichts geschrieben. Gebe ich freilich dem Drucke nach und schreibe, so liegt der Fall der Drohung (vis compulsiva) vor.

Von einer bestätigenden Wiederholung kann bei den Ereignissen der vis absoluta nicht die Rede sein. Sie stellen auch nicht einmal ein unwirksames Geschäft dar, sondern gar keines.

Das durch hypnotischen Zwang veranlaßte Geschäft wird man ebenso zu behandeln haben.[1]) Nur wird hier die Beweislast bezüglich des verübten Zwanges oftmals dem Gezwungenen zufallen, da der Schein gegen ihn spricht.

II. Die Widerrechtlichkeit der Drohung.

Widerrechtlich ist nicht alles, was nicht durch Rechtssatz besonders gestattet ist. Da alles, was nicht verboten ist, als erlaubt gilt, so ist widerrechtlich nur die in irgend einer Weise verbotene Drohung. Dahin gehören folgende Fälle:

a) Die Widerrechtlichkeit des angewandten Mittels.

α) Die strafrechtlich verbotene Drohung (Reichsstrafgesetzbuch §§ 105, 114, 122, 240, 253 ff.) ist sicher auch für das Bürgerliche Gesetzbuch widerrechtlich,

β) jeder Fall, in dem zwar nicht die Drohung, aber die Handlung vom Strafgesetz verboten ist, gleichviel ob diese Handlung eine größere Uebelthat oder eine bloße Uebertretung ist. Es würde also auch die bloße Drohung mit ruhestörendem Lärme, wenn sie wirksam ist, in Frage kommen,

γ) die Drohung mit einer blos civilrechtlich verbotenen Gewalt, z. B. die Besitzstörung, die ebenfalls widerrechtlich ist,

δ) der Mißbrauch eines Rechtes, das nicht als Erwerbsmittel, sondern zu andern Zwecken, von der Rechtsordnung gewährt ist, zu Erwerbszwecken. Er ist widerrechtlich, weil dem Zwecke des Rechtes widerstrebend. So dürfen z. B. die Drohung mit Stellung eines Strafantrages oder die Drohung eines Beamten, einen Verbrecher zu verhaften, nicht dazu verwendet werden, von dem Bedrohten Schenkungen zu ertrotzen. Man könnte hier von stillschweigenden Verboten der Drohung reden.[2])

---

[1]) Kuhlenbeck 448 ff.

[2]) Wie steht es aber, wenn der mit der Anzeige eines Verbrechens Drohende eine milde Gabe zu Gunsten eines Dritten erpreßt, aus der er keinen Vortheil zieht? M. E. ist das Geschäft unanfechtbar. Rehbein 144, vgl. auch Hölder

Dagegen gehört nicht hierher die Drohung mit einer ungnädigen Gesinnung seitens einer Respektsperson (sog. **metus reverentialis** s. Mot. 208), die Drohung, Geschäftsverbindungen abzubrechen oder mit einem Konkurrenten des Bedrohten einzugehen und dergl.

Viele wollen nicht von der Widerrechtlichkeit, sondern von dem Verstoße gegen die guten Sitten oder die Sittlichkeit die Erheblichkeit des Zwanges abhängig machen.

Dies ist bei der grundsätzlichen Verschiedenheit von Recht, Sitte und Sittlichkeit nur insofern richtig, als auch die Sätze des Rechtes von sittlichen Gedanken durchtränkt sind und auch die gute Sitte so viel wie möglich schonen.

Immer aber muß es ein wahrer Rechtssatz sein, dessen Zweck die Drohung widerspricht.

Ob unter allen Umständen ein Erpressungsvorsatz nöthig sei, ist zweifelhaft.[3]) Es ist dagegen hervorgehoben worden, daß auch die scherzhaft gemeinte, aber ernst aufgefaßte Drohung, wenn sie wirksam ist, einen Anfechtungsgrund enthalte.[4])

Dagegen wird man eine gar nicht, auch nicht einmal zum Scherz beabsichtigte Drohung, die ein Anderer aus dem Verhalten des scheinbar Drohenden herausgelesen hat, nicht als Anfechtungsgrund ansehen dürfen.[5]) Es ist das höchstens eine putative Drohung, keine wirkliche, und gegen eine solche bedarf es keines Schutzes.

---

274. Die Meinungen gehen aber gerade über diesen Punkt sehr auseinander. Vgl. v. Blume, Ihering's Jahrb. Bd. 36, 257. Zu weit geht m. E. Bendix 137, wenn er jede Drohung einer Anzeige und Neumann 57, wenn er jede Androhung blosstellender Klagebehauptungen für widerrechtlich hält.

[1]) Vgl. Kuhlenbeck 457, v. Blume a. a. O. 257, vgl. dagegen Enneccerus 184.

[2]) Dig. L, 17, 119.

[3]) Dafür Matthiaß 196, Hölder 272, Enneccerus 181. Jedenfalls deckt sich der Strafrechtsbegriff der Erpressung nicht mit dem der widerrechtlichen Drohung im Sinne des B.G.B.

[4]) Rehbein 143: „Drohung im Scherz ist immer schlechter Scherz". Auch hiergegen ist der Bedrohte schutzbedürftig und der Drohende verdient die selbstverschuldete Anfechtung. — Auch dadurch, daß jemand in der Kleidung eines Menschen, von dem man nichts Gutes erwarten kann, erscheint, vermag er unter Umständen eine Erpressungsabsicht auszudrücken. Hölder 272.

[5]) Vgl. hierzu Endemann 315 Anm. 5. Es ergiebt sich das im Texte Gesagte aus dem oben ausgeführten Zweck der Anfechtung wegen Zwanges S. 527 Anm. 1.

Ob die Drohung ausführbar war, oder nicht, ist gleichgültig.[1])

Zweifelhaft ist, ob man auch durch Drohung mit den Handlungen eines Dritten das Geschäft anfechtbar machen kann.[2])

Man wird bei solchen Drohungen nur dann eine Anfechtbarkeit annehmen können, wenn der Drohende ankündigt, den Dritten zu der widerrechtlichen Handlung zu bestimmen (z. B. eine Mißhandlung durch die Dienerschaft ankündigt). Hier droht er aber, genau betrachtet, mit einer eigenen Handlung.

b) Die Widerrechtlichkeit des durch Drohung ertrotzten Erfolges gehört neben der Widerrechtlichkeit des angewandten Mittels ebenfalls zu dem Thatbestande eines Geschäfts, das wegen widerrechtlicher Drohung anfechtbar ist. Wer zur Pflichterfüllung durch eine widerrechtliche Handlung gezwungen ist, kann das Geschehene nicht anfechten.[3])

III. Die erfolglose Drohung ist kein Anfechtungsgrund.

Die Drohung muß wirklich den Geschäftsabschluß bestimmt haben. Hat der Bedrohte sie nicht beachtet und den Abschluß ohne Rücksicht auf sie vorgenommen, so kann er nicht hinterher die Thatsache der Drohung benutzen, um das Geschäft anzufechten. (Erforderniß des Kausalnexus zwischen Drohung und Geschäftsabschluß.)

IV. Die Rechtsfolgen der widerrechtlichen Drohung.

Es ist eine alte Streitfrage, ob das erzwungene Geschäft im römischen Rechte nichtig oder anfechtbar war, auch ob hierin ein Unterschied zwischen verschiedenen Geschäften bestand. Dagegen ist es zweifellos, daß der Geschäftsmangel durch actio und exceptio in rem scripta gegen Jedermann geltend gemacht werden konnte. Wo dies zu hart erschien, da mochte dem davon Betroffenen eine in integrum restitutio ex generali clausula helfen.

---

1) Auch die Drohung mit der ungeladenen Pistole kommt in Betracht (Hölder 272).

2) Matthiaß 196.

3) Das Anfechtungsrecht des Schuldners, dem die Erfüllung durch Prügel abgenöthigt ist, spielt in der neueren Literatur eine große Rolle. Dafür z. B. Matthiaß 197, Enneccerus 182 Anm. 2. Dagegen u. A. v. Blume a. a. O. 231, Cosack 214, Hölder 272. Für die letztere Ansicht spricht m. E. der Wortlaut des 123 und die praktische Gestaltung der Dinge. Wenn der geprügelte Schuldner den Schuldgegenstand zurückerlangt hätte (wobei ihm freilich die §§ 273, 2 a. E. 393 zur Seite stehen würden), so würde er ihn doch wieder herausgeben müssen. Dolo facit qui petit quod redditurus est.

Da die Behandlung der nichtigen und der anfechtbaren Geschäfte im Bürgerlichen Gesetzbuch eine sehr ähnliche ist (s. oben S. 451, V) und namentlich auch die Anfechtbarkeit gegen Dritte wirkt, auch von einem gerichtlichen Verfahren unabhängig ist, und durch eine formlose Erklärung verwirklicht werden soll, so lohnte es sich sicherlich nicht, hier Unterschiede zu machen.

Dadurch ist der große Unterschied, den das römische Recht zwischen dolus und metus illatus machte, grundsätzlich verwischt. Die Anfechtung wegen dolus malus berührte nach seiner Vorschrift dritte Personen grundsätzlich nicht, diejenige wegen metus illatus betraf dagegen jeden dritten Betheiligten. Der letztere Grundsatz soll hinfort auch für den dolus malus (die arglistige Täuschung) gelten,[1]) doch wird diese Neuerung wiederum dadurch sehr abgeschwächt, daß die redlichen Dritten in vielen Punkten (nicht in allen) im Bürgerlichen Gesetzbuch einen sehr weitgehenden Schutz finden.

Nur insofern ist es beim Alten geblieben als es bei der Drohung nicht darauf ankommt, wer sie verübt hat, während dies, wie wir sahen (S. 520, b) bei der Täuschung von Wichtigkeit ist.[2])

V. Die widerrechtliche Drohung in Stellvertretungsverhältnissen. Die abgezwungene Vollmacht und die dem Vertreter abgenöthigte Erklärung sind (Widerrechtlichkeit der Drohung vorausgesetzt) ebenso zu behandeln wie die durch Betrug erzielten Erklärungen gleicher Art (s. oben S. 520, II a).

3. Die Beseitigung der Geschäftsmängel.

§ 108.

I. Uebersicht. Mangelhafte Geschäftsabschlüsse können auf zwei

---

[1]) Vgl. Mot. 204 ff. über die „in rem wirkende Anfechtbarkeit“, die für familienrechtliche und erbrechtliche Geschäfte allein verwerthbar sei, und sich durch ihre Einfachheit empfehle, und oben S. 448 ff.

[2]) Mot. 206 und K.Prot. 120 erklären die strengere Behandlung der Erpressung im Vergleiche mit dem Betruge damit, daß namentlich in aufgeregten Zeiten von Seiten Einzelner zu Gunsten Vieler gedroht werde. So auch Endemann 316 Anm. 6. Diese Deutung ist wohl für sich allein nicht ausreichend. Näher liegt, daß die Erpressung eine gemeingefährliche Roheit zeigt, die leicht zur occasio majoris tumultus werden kann, auch daß ein ungerechter Vorwurf der Erpressung leichter widerlegbar ist, als ein derartiger Vorwurf des Betruges, daher denn auch der letztere Vorwurf für gefährlicher erachtet und darum nach römischem Rechte in engere Schranken eingeengt wurde. Die Gründe ihrer Beseitigung siehe oben S. 448 ff.

Arten den verfehlten Erfolg nachträglich erlangen: durch spätere Willenserklärungen und durch Erbgang.

Die spätere Willenserklärung kann wiederum auf drei Arten vorkommen.

a) durch Vervollständigung des noch nicht gelungenen, aber auch noch nicht gescheiterten Geschäftsabschlusses,

b) durch Wiederholung des Geschäftsabschlusses mit Bezugnahme auf seine frühere mißlungene Vornahme,

c) durch Beseitigung einer Unvollkommenheit, die den Geschäftsfolgen anhaftet.

Die Verwechslung der fehlerhaften Geschäfte mit den gar nicht vorhandenen, namentlich den völlig gescheiterten Geschäftsabschlüssen hat zu der Ansicht geführt, daß das römische Recht grundsätzlich eine Heilung mangelhafter Geschäfte ablehne. Man findet diesen Grundsatz vielfach in Dig. L, 17 fr. 29: Quod ab initio vitiosum est, non potest tractu temporis convalescere, wobei man zuweilen das „tractu temporis", d. h. „durch Zeitablauf" ohne Weiteres mit „ex postfacto", d. h. „in einem späteren Augenblicke", vertauscht. Beides ist aber durchaus nicht dasselbe.[1])

Das römische Recht kennt keine Bekräftigung der Geschäfte durch Zeitablauf, das Bürgerliche Gesetzbuch kennt sie überall da, wo eine Anfechtungsfrist versäumt werden kann.

In Wahrheit erkennen die römischen Quellen die spätere Convalescenz gültiger Geschäfte da, wo sie den Römern zweckmäßig erschien, in vielen Fällen an, immer aber nur aus besondern rechtlich anerkannten Gründen.[2])

Das ältere Civilrecht vermied freilich aus Rücksicht auf die Rechtssicherheit nachträgliche formlose Aenderungen der Rechtslage, wie sie ein nichtiges Geschäft geschaffen hat. Anders das prätorische Recht und überhaupt das Recht der späteren Zeit, das weniger auf die allgemeine Rechtssicherheit sah, als auf eine billige Berücksichtigung der Bedürfnisse eines jeden Einzelnen. Man denke nur an die Convalescenzen des Pfandrechtes.

Zu den Convalescenzgründen gehört schon nach römischem Rechte die ratihabitio bei Willensmängeln, denen eine rückwirkende Kraft

---

1) Vgl. Kaufmann 129: „Heilung tritt nicht durch Zeitablauf ein."

2) Für manche Geschäfte, z. B. Erbeinsetzungen, war allerdings jure civili die Convalescenz ex postfacto ausgeschlossen. Vgl. Dig. L, 17 fr. 210. Vgl. Cod. IX, 22 c. 17.

beigelegt ist, natürlich nur, wenn das ratihabirende Geschäft von den Mängeln der ratihabirten frei ist (Cod. V, 16 c. 25 § 2). Rechtsnachfolger des Ratihabirenden können aber natürlich hiervon nicht zu ihrem Schaden betroffen werden.

Das Bürgerliche Gesetzbuch regelt die Heilung der Geschäftsmängel nach ihren verschiedenen Arten in besonderer Weise.[1])

II. Die Heilung nichtiger Geschäfte erfolgt durch die bestätigende Wiederholung des Geschäftes in derselben Form wie das bestätigte Geschäft (141). Natürlich kann das nichtige Geschäft nur dann mit bestätigender Kraft wiederholt werden, wenn die Wiederholung nicht demselben Mangel unterliegt, der die Nichtigkeit des früheren Geschäftes zur Folge hatte. Darum kann z. B. trotz 141 von einer Bestätigung des in 1229 verbotenen Verfallvertrages beim Pfande (lex commissoria) nicht die Rede sein.

Man kann bezweifeln, ob der Ausdruck Bestätigung oder Heilung hier passend ist.[2]) Man wird aber diese Frage dann bejahen, wenn man bei dem nichtigen Geschäfte den Erklärungsakt und den Geschäftsinhalt unterscheidet. Ersterer bleibt auch nach der Bestätigung des nichtigen Geschäftes so kraftlos, wie er war. Es ist das neue Geschäft, das wirkt. Der Geschäftsinhalt kommt aber durch seine Aufnahme in das neue Geschäft zur Geltung. Er ist es, der bestätigt und geheilt, d. h. der Kraftlosigkeit entkleidet wird. Der nichtige Geschäftsakt ist unheilbar, der nichtige Geschäftsinhalt ist es nicht.[3])

Die Bestätigung des nichtigen Geschäfts hat nach (141) im Zweifel eine rückwirkende Verpflichtungskraft, heilt also Schuldverhältnisse vollkommen.[4]) Es ergiebt sich dies daraus, daß obligatorische Verhältnisse nach freiem Belieben der Betheiligten mit Rückziehung versehen werden können, weil sie dritte Personen nicht berühren, sowie daraus, daß zwei Parteien, die bei der Wiederholung eines Geschäftes auf das

---

[1]) Einen eigenartigen Heilungsfall enthält 313.

[2]) Zweifellos ist er es bei der Bestätigung einer nichtigen Ehe (1325, 2), weil diese auch in ihren Folgen mehr als ein bloßes Nichts ist, vielmehr einen unvollkommenen Bund darstellt, der durch Anerkennung von seinem Mangel befreit wird.

[3]) Eine ältere Ansicht, die nichtige Geschäfte grundsätzlich als unheilbar ansah, findet sich noch in den K.Prot. I, 449 vertreten. Der Gesetzestext entspricht ihr aber, wie wir gesehen haben, nicht. Es handelt sich hierbei übrigens, wie sich aus dem Texte ergiebt, nur um eine stilistische Frage, nämlich die Frage, ob man die Bestätigung Heilung nennen solle oder nicht.

[4]) Ueber das Verhältniß der Begriffe: „Bestätigung" und „Schuldanerkenntniß" vgl. Bendix 148.

gleiche früher mißlungene Bezug nehmen, damit ihren Rückbeziehungswillen deutlich zeigen.

Die unbedingte Verneinung der dinglichen Kraft dieser Bestätigung ist jedoch nur eine scheinbare Aenderung des bisherigen Rechtes. Befindet sich nämlich der Gegenstand, dessen früher nichtige Veräußerung später ratihabirt wird, noch in der Hand des ersten Erwerbers, so wird die Ratihabition sich in der Regel als neue Uebertragung deuten lassen. So liegt z. B. in der Genehmigung der nichtigen Uebergabe einer beweglichen Sache, die sich bei dem Empfänger befindet, eine nachträgliche **brevi manu traditio**. Ist aber der Gegenstand weiter veräußert, z. B. die durch nichtige Uebertragung abgetretene Forderung von dem neuen Gläubiger weiter cedirt, so liegt in der Bestätigung nach 185, 2, eine Genehmigung. Diese heilt aber mit rückwirkender Kraft die nichtige Veräußerung des ersten Erwerbers an seinen Nachfolger. Das Geschäft hat also schließlich doch eine mehr als obligatorische Wirkung.

III. Die Heilung anfechtbarer Geschäfte geschieht in einfachster Weise durch einen einseitigen formlosen Bestätigungsakt.[1]) (144) Dies entspricht dem Gedanken, daß gerade solche Geschäfte anfechtbar sind, deren Kraft einzig und allein vom Willen der anfechtungsberechtigten Partei abhängen soll (vgl. K.Prot. I, 133).

Dingliche Geschäfte, die anfechtbar sind, können daher durch Bestätigung nach allen Seiten hin mit rückwirkender Kraft geheilt werden, nichtige nur in obligatorischer Hinsicht.

Es hängt dies damit zusammen, daß die Anfechtbarkeit lediglich aus Rücksicht auf den Anfechtungsberechtigten bestimmt ist.

IV. Eine Heilung unwirksamer Geschäfte ist in den verschiedenen Unwirksamkeitsfällen, soweit sie überhaupt möglich ist, eine verschiedene. Die noch nicht wirksamen Geschäfte, namentlich die hinkenden Geschäfte, werden einfach durch Genehmigung geheilt (108, 177, 182, 185, 2) oder richtiger: zu Stande gebracht.

Einen besonderen Heilungsfall enthält 131, die nachträgliche Ankunft einer Erklärung, die zu Unrecht dem Geschäftsherren abgegeben worden war, an den gesetzlichen Vertreter.

Daneben giebt es unwirksame Geschäfte, die gar nicht heilbar sind, z. B. die einseitigen Geschäfte ohne die erforderliche Genehmi-

---

[1]) Vgl. Cohn 49. „Formell erklärt, formlos bestätigt“.

gung des gesetzlichen Vertreters (111) oder ohne Vollmacht (180)[1]) und ferner die bedingten Geschäfte, bei denen eine Vorbedingung oder eine aufschiebende Bedingung ausfällt.

V. Die Verfügung des Nichtberechtigten über ein fremdes Vermögensstück kann nicht bloß wie alle zustimmungsbedürftigen Geschäfte durch Genehmigung gegenüber dem Erwerber, dem sie etwas zuwenden will, vollkräftig werden (s. oben S. 342), sondern auch durch Erbgang.

Deshalb ist in 185 auch hiervon bei den Einwilligungen und den Genehmigungen die Rede (K.Prot. I, 179).

Es handelt sich hier strenge genommen gar nicht um die Heilung des unwirksamen Geschäfts, sondern um eine neue Rechtsfolge, die darin besteht, daß das zu Unrecht veräußerte Vermögensstück aus dem Vermögen seines Herren in das Vermögen des Dritten, dem es von dem Unberechtigten zugedacht war, hinüberspringt.

Dieser Erfolg tritt nicht nur dann ein, wenn der Verfügende den Berechtigten beerbt, sondern auch in dem umgekehrten Falle, daß der Berechtigte Erbe des Verfügenden wird.

Letzteres gilt jedoch nur, falls er den Gläubigern für die Nachlaßverbindlichkeiten unbeschränkt haftet, z. B. wegen Verfälschung des zu errichtenden Inventars (200 5).

Hier muß er auch die unberechtigten Verfügungen gelten lassen, die der Erblasser über das Vermögen des spätern Erben getroffen hatte (185, 2).

Es ist dies ein eigenartiger Ausweg des Gesetzbuches aus der Schwierigkeit, die sich daraus ergab, daß man hier den nachträglichen Erwerb nicht unter allen Umständen eintreten lassen, aber auch nicht von einer causae cognitio des Richters abhängig machen wollte, wie das wahrscheinlich in Rom im gleichen Falle geschah (185).[2]) Eine unbedingte Wirksamkeit derartiger Geschäfte

[1]) Eine Wiederholung ist hier ein ganz neues Geschäft mit einem neuen Inhalte.

[2]) Das Recht des Besitzers, den eine exceptio rei venditae et traditae schützte, war zwar ein prätorisches Eigenthum (so der Verfasser, Jahrb. f. Dogm. Bd. 17, S. 183 ff.) aber ein prätorisches Eigenthum eigener Art, nämlich ein schwebendes Eigenthum, dessen Gültigkeit von dem freien Willen des Erwerbers (D. XXI, 2 de evictionibus fr. 17) und unter Umständen auch von dem Dekrete der Obrigkeit abhängig war. Darum mußte auch Justinian dieses eigenartige schwebende Eigenthum besonders dadurch hervorheben, daß er das Recht der exceptio rei venditae et traditae in seine Rechtsbücher aufnahm, obwohl er im Uebrigen das civile und das prätorische Eigenthum verschmolzen hatte. In diesem

des Erblassers würde in diesem Falle gegen den Erben zu hart gewesen sein, das Gegentheil den redlichen dritten Erwerber zu sehr belastet haben.

So hat denn das Gesetzbuch eine neue Bahn eingeschlagen, indem es auch in diesem Falle von dem Verhalten des Erben abhängig machte, ob der Nachlaßerwerb für ihn gefahrlos sein solle oder nicht.

Es ist dies aber, genau betrachtet, nur eine nähere Ausführung des Zieles, das Justinian bei seinem beneficium inventarii anstrebte und das auch dem Bürgerlichen Gesetzbuch bei der Anordnung beschränkter Haftungen vorgeschwebt hat: die Gewährung eines gefahrlosen Erbschaftserwerbes.[1]) Ungefährlich ist aber der Erbschaftserwerb nicht schon dann, wenn er den Erben nur dagegen sichert, die Nachlaßschulden aus seiner Tasche zu bezahlen, sondern erst dann, wenn er ihn auch außerdem noch davor schützt, widerrechtliche Geschäfte anerkennen zu müssen, die der Erblasser über das Vermögen des Erben abgeschlossen hatte.

So hat das Gesetzbuch in der Form einer scheinbar neuen Vorschrift einen althergebrachten Gedanken in folgerichtiger Weise zu seinem vollen Umfange entwickelt.

Punkte bedürfen die soeben erwähnten Ausführungen des Verfassers der Berichtigung und der Ergänzung. — Das B.G.B. hat das kunstvolle römische Rechtsinstitut vereinfacht. Vgl. auch Endemann 355 Anm. 7.

[1]) Cod. VI, 30 de jure delib. c. 22 § 4 hereditatem sine periculo habeant.

Druck von A. W. Hayns Erben, Berlin und Potsdam

FSC
www.fsc.org
MIX
Papier | Fördert gute Waldnutzung
FSC® C083411

Kolibri 360 GmbH
Ferdinand-Jühlke-Straße 7
99095 Erfurt, Deutschland
produktsicherheit@kolibri360.de